미술치료 / 용어사전

미술치료 용어사전

발행일 2012년 7월 30일 1쇄 발행

저자 박현일
발행인 강학경
발행처 (주)시그마프레스
편집 이상화
교정 · 교열 백주옥

등록번호 제10-2642호
주소 서울시 영등포구 양평로 22길 21 선유도코오롱디지털타워 A401~403호
전자우편 sigma@spress.co.kr
홈페이지 http://www.sigmapress.co.kr
전화 (02)323-4845, (02)2062-5184~8
팩스 (02)323-4197

ISBN 978-89-5832-546-8

차 례

머리말
일러두기

머리말

필자는 1980년 중후반에는 어린아이들을, 1990년 중반부터 2010년까지는 장애우를 가르치면서 신체 발달과 특수 교육학, 미술 교육, 형태 심리학, 색채 심리학, 음악들을 미술 지도에 접목하려고 많은 시도를 했다.

이러한 결과로 저서로는『사고력 발달을 위한 어린이 그림 지도 방법론』(1996), 『애니메이션이 보인다』(1999),『그림을 통한 성격 치료 미술 치료』(2009),『아동미술 인명사전』(2010),『아동미술 용어사전』(2012)이 있으며, 논문으로는「색채를 통한 청소년 심리상태의 분석연구」(1990),「유아 글자 교육 여러 가지 색」(1993),「초등학생을 위한 그림 지도」(1999),「장애인의 색채의식에 관한 연구(4)」(2006),「障害者の色彩意識に關する研究(5) : 精神遲滯障害者と肢体障害者」(2008),「C-T-S-C Personality Inventory : Circle, Triangle, Square, and Clover」(2010)이 있다.

또한 많은 사례가 있지만 여기에 몇 가지만 소개한다. 또래 아이들과 비교하여 집안의 물질적 소외감 때문에 친구들과 사이가 소원해지고, 엄마의 사랑이 부족하여 여자 선생님에게 대리 만족을 갈망하는 남자아이, 아빠의 부재로 관심과 사랑이 부족하여 손톱을 반복적으로 물어뜯는 여자아이의 그림을 보면서 위에서 언급한 학문에 대해 더욱 더 많은 호기심을 가지게 되었다.

20세기에는 현대 산업 사회의 생활에 있어서 분업화와 전문화에 따라 학문의 세계도 전공별 분업화가 시작되었다. 이런 사회 구조의 세분화는 인간의 정서가 쉽게 또는 심하게 황폐화되어 비인간화 현상으로 나타났다. 그러나 21세기에는 분업화되고 전문화된 여러 가지 학문의 영역을 하나의 분야로 통합하는 새로운 패러다임으로 흐르고 있다.

따라서 미술 치료는 황폐화된 개인의 갈등이나 심적 고통을 해소시키고, 인간의 표현을 통해 심리를 진단하여 치료하는 것이 목적이므로 미술 치료가 태동하게 된 본질적인 이유라고 생각한다. 특히 미술 치료가 출현한 태생적 이유는 기술 지배 현상에 따른 인간의 주체성 상실로 인간의 복잡한 내적 상태를 이해할 수 있는 학문으로서 접근할 수 있기 때문이라고 본다. 미술 치료는 이러한 21세기 요구에 부합하는 학문으로 자리매김을 할 것이다.

필자는 미술 치료 과정에서 아이들의 행동이나 언어, 습관적 태도, 상호작용, 현실적인 감각도 중요하다고 생각하지만 그 과정에서 나타난 어떤 결과에 비중을 더 두고 있다. 결과(완성)에서 나타난 증상이 많을수록 치료할 수 있는 과제는 심리적인 면과 행동적인 면으로 이원화되며, 이를 기반으로 한 미술 치료야말로 치료 목적에 부합된 진정한 미술 치료라고 생각한다.

미술 치료는 그림을 그리는 과정에서 시작하여 그림을 완성시킬 때에 나타난 문제점을 결론으로 삼아 각각의 개인에게 알맞은 치료 방법을 찾아내 적용하는 학문이다. 적용하는 방법으로는 여러 가지가 있겠으나 미술 치료 과정에서 시작하기 쉬운 것은 음악이고, 완성(결론) 단계에서 나타난 문제점을 분석하고 진단하여 마음을 풀어 주는 가장 좋은 방법은 형태 심리학과 색채 심리학이다.

『미술치료 용어사전』은 약 1,000개의 단어와 그 단어의 학자마다 다른 설명이나 주장 또는 학설들을 연속적으로 제시했으며, 독자들이 쉽게 이해할 수 있도록 각 내용의 아래 주석인 참고문헌을 수록하였다. 또한 이 사전은 교육과 미술 교육 또는 미술 치료에 관련된 검사들, 한글 찾기, 영어 찾기, 약어 찾기, 인명 찾기, 끝으로 미술 치료를 심도 있게 연구하고자 하는 분들을 위해 많은 저서와 논문을 참고할 문헌으로 실었다.

이 사전은 미술 치료에 관심이 많은 일반인이나 미술 치료를 전공하는 학생들, 미술 치료 센터나 미술 치료 연구소에서 근무하는 선생님들, 대학에서 학생들을 가르치는 학자들도 참고가 될 것으로 믿는다.

필자가 이 사전을 저술하게 된 이유는 크게 두 가지다.

첫째는 베르나르 베르베르의 『시도』에서 찾을 수 있다. 내가 생각하는 것, 내가 말하고 싶어 하는 것, 내가 말하고 있다고 믿는 것, 내가 말하는 것, 그대가 듣고 싶어 하는 것, 그대가 듣고 있다고 믿는 것, 그대가 듣는 것, 그대가 이해하고 싶어 하는 것, 그대가 이해하고 있고 믿는 것, 그대가 이해하는 것, 내 생각과 그대의 이해 사이에 이렇게 열 가지 가능성이 있기에 우리의 의사소통에는 어려움이 있다. 그렇다고 해도 우리는 시도를 해야 한다.

둘째는 올해 한국미술치료학회가 20주년을 맞이하여 참고할 만한 사전이 있어야 한다는 평소의 지론에 따른 것이다.

이 책이 나오기 위해 애써 주셨던 많은 분들 특히 (주)시그마프레스 편집자들에게 감사의 말을 이 글로 전하며, 이 책의 모든 부족함은 나의 것이고, 이 책이 만들어 낸 모든 공로는 그들의 몫입니다.

임진년 어느 7월
오색 물방울이 물위를 뒹굴고 있는 남쪽 바다에서

미술 치료 용어 사전 ㄱ

가계도(家系圖, genogram)

3대~4대의 가족 계보를 중심으로 가족을 종단적 관점에서 볼 수 있는 그림.

가족 치료에서 사용되는 가계도는 주로 보웬(Bowen, M.)의 가족 체계 이론에서 발전되었다. 생태도가 가족 체계도와 환경 체계 간의 관계를 보여 주는 것이라면, 가계도는 일정 기간에 걸친 가족의 역사와 관계를 묘사한 것으로 가족 치료에서 사용되는 평가도이다. 가계도의 주요 기능은 가족 치료를 위한 평가 단계에서 자료를 조직하고, 치료의 전 과정에서 관계의 과정과 삼각관계를 추적한다.

■ 류경남 외, 『가족상담심리 용어사전』, 학지사, 2006.

가법 혼합(加法混合, additive color mixture)

혼합된 색의 명도가 혼합 이전의 명도보다 더 높아지는 혼합＝가산(加算) 혼합, 가색(加色) 혼합, 빛의 혼합, 색광 혼합, 플러스(＋) 혼합.

색을 혼합하면 할수록 명도가 높아진다는 뜻에서 가법이라는 단어를 사용하며, 채도는 색(빛)을 혼합하면 혼합할수록 낮아진다. 가법 혼합의 2차색인 시안(cyan), 마젠타(magenta), 노랑(yellow)은 1차색인 빨강(red), 녹색(green), 파랑(blue)보다 명도가 모두 높다. 이 혼합의 2차색은 감색 혼합의 3원색이 된다.[1] 가법 혼합의 3차색인 하양은 백광을 분광시켜 스펙트럼(spectrum)을 만든 것이고, 스펙트럼을 집광(集光)하면 백광이 되는 원리와 같다.[2]

가법 혼합의 특징으로 혼합된 색의 명도는 혼합하려는 색의 명도보다 높아지며, 보색끼리의 혼합은 무채색이 된다. 가법 혼합의 용도는 원색 인쇄의 색분해, 스포트라이트(spot light), 컬러 TV, 조명에 사용된다.[3]

가법 혼합의 방법에는 동시 가법, 계시 가법, 병치 가법 세 가지가 있다. 동시 가법은 색광을 동시에 투사하여 혼합하고, 계시 가법은 색광을 빨리 교대하면서 계시적으로 혼합하며, 병치 가법은 작은 색점의 집합에 의해 혼합되는 방법이다.

1853년 크래슴(Crassm, H.)은 3원색으로 이 혼합 법칙을 세웠고, 뉴턴(Newton, Isaac)에 의해 실험되었으며, 헬름홀츠(Helmholtz, Hermann)와 헤링(Hering, Ewald)에 의해 확인되었다.

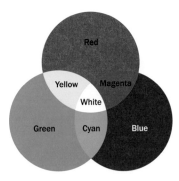

가법 혼합

가법 혼합의 중간색

---

1. 명도나 채도를 무시하고, 색상으로만 볼 때 나타난다. 가색 혼합의 2차색은 감색 혼합의 원색(시안, 마젠타, 노랑)이다.
2. 편의상 명도와 채도를 사용하지만, 빛은 명도와 채도를 사용하지 않는다.

---

3. 빨강＋녹색＋파랑＝하양

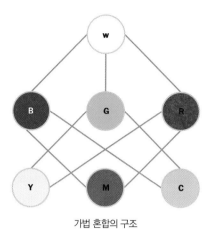

가법 혼합의 구조

▌박현일 외,『색채학 사전』, 국제, 2006.

가산 혼합(加算混合, additive color mixture) → **가법 혼합**(加法混合)

가상 놀이(假想 –, pretend play)

유아가 자신의 물리적 환경을 상징화하는 놀이.

나무토막으로 총 놀이를 하는 유아는 실제로 나무토막으로 논다기보다 자신의 머릿속에 있는 표상을 나무토막이라는 상징물을 통해 재현한다.

▌한국교육심리학회 편,『교육심리학 용어사전』, 학지사, 2000.

가색 혼합(加色混合, additive color mixture) → **가법 혼합**(加法混合)

가을의 색채(– 色彩, color of autumn)

가을에 느낄 수 있는 색.

가을의 색채는 귤색, 주황, 빨강, 노랑들로 울긋불긋한 단풍과 풍성한 수확, 황금빛 들판을 상징하는 색을 말한다.

▌박현일 외,『색채학 사전』, 국제, 2006.

가정 폭력(家族暴力, Domestic Violence, DV)

동거 관계인 배우자 또는 내연 관계의 사람이나 부모, 자식, 형제 또는 친척 간에 행해지는 폭력.

마틴(Matin)은 그의 저서에서, 가정 폭력은 한 개인의 안정에 대한 권리 침해뿐아니라 그 폭력과 더불어 살아가는 자녀들의 생존에도 부정적 영향을 미친다.

▌Matin, G. L., 김연 옮김,『가정폭력과 학대』, 두란노, 2002.

가족 구조(家族構造, family structure)

가족 구성원의 지위와 역할 관계, 가정의 지배적인 가치관과 규범, 문화를 중심으로 한 가족 구성원의 상호 관계.

미셸(Michael)은 리처드(Richard)와 함께 쓴 그들의 저서에서, 가족 구조는 가족 구성원이 상호 작용 방식을 조직화하는 것으로서 보이지 않는 기능적 유형이다. 이것은 행동을 결정하는 요인은 아니지만 일어날 수 있는 일련의 행동을 예측 가능하게 해 준다. 가족 간에 상호 교류가 반복됨에 따라 기대를 만들어 내고, 이러한 기대는 지속적인 유형을 확립시킨다. 가족 구성원들은 일단 몇 가지 유형이 만들어지면 다양한 행동들을 선택할 수 있음에도 불구하고 아주 소수의 행동만을 선택한다.

■ Michael, P. N. & Richard, C. S., 김영애 외 역, 『가족치료』, 시그마프레스, 2002.

가족 그림(家族 −, family drawing) → 가족화

가족 그림 검사(家族 − 檢査, Family Drawing Test, FDT) → 가족화 검사

가족 미술 검사(家族美術檢査, Family Art Test, FAT)

아동 및 아동의 가족에 대해 미술 과제를 주고 그것에 대해 측정하는 방법.

〈가족 미술 검사〉는 루빈(Rubin)에 의해 실시되었으며, 세 가지 과제를 연속적으로 준다. 첫째, 각자 개인 앞에 있는 16절지에 난화를 그리고, 그릴 때 눈은 감아도 되고 떠도 된다. 모든 가족이 그림을 다 그리면 각자 그림을 설명한 뒤 가족들의 반응을 듣는다. 둘째, 가족을 상징하는 가족 초상화를 그리거나 찰흙으로 작업을 해도 된다. 작업이 끝나면 벽에 붙이든지, 테이블 위에 올려놓든지, 한꺼번에 볼 수 있도록 배열한다. 그런 뒤 서로의 작품을 보고 질문하며 이야기를 나눈다. 셋째, 벽에 붙인 넓은 종이(90cm×180cm)에 가족이 공동으로 작업을 한다. 공동 작업은 어떤 사람이 문제의 결정을 주도하는지, 어떻게 상호 작용을 하는지 보여 주는 장면이며, 가족들 간에 문제를 해결하기 위해 필수적인 단계이다.

■ Rubin, J. A., *Child Art Therapy : Understanding & Helping Children Through Art*, (Revised, Ed., 1984), New York : Van Nostrand Reinhold Publishing Co., 1978. / Rubin, J. A., *The Art of Art Therapy*, New York : Brunner & Mazel Publishers, 1984. / Rubin, J. A., *A Child Art Therapy : Understanding and Helping Children Grow through Art*, New York : Van Nostrand Reinhold, Publishing Co., 1984. / Rubin, J. A., (Ed.), *Approaches to Art Therapy*, New York : Brunner & Mazel Publishers, 1984. / Rubin, J. A., *Art Therapy : An Introduction*, Washington, D. C. : Taylor & Francis, 1999.

키아코스카(Kwiatkowska)는 주로 심각한 심리적 문제로 입원한 청소년이나 성인의 가족을 대상으로 〈가족 미술 검사〉를 실시했다. 첫 번째 자유화는 분위기를 부드럽게 하기 위한 일종의 완화제로 사용되며, 지시를 하지 않고 가족 구성원들이 자유롭고 유연하게 반응할 수 있도록 한다. 두 번째와 세 번째 가족화는 가족들이 있는 상태에서 가족을 그린다고 하는 것 자체가 매우 의미 있는 반응을 끌어내곤 한다. 대개 가족들은 서로의 그림에 대해 반응하며 상호 작용하는데, 그런 관계가 그림에도 잘 드러나게 된다. 세 번째 과제인 추상적인 가족화는 가장 어려워한다. 이 과제는 각 구성원의 추상적 사고 능력을 보여 주지만 그보다 가족들에 대한 생각과 느낌이 어떠했는지가 매우 흥미롭다. 네 번째와 다섯 번째 과제는 둘 다 난화이다. 하나는 개인적으로 하는 것이고, 다른 하나는 가족이 공동으로 작업하는 것이다. 이러한 공동 작업은 가족 구성원이 어떤 방식으로 의견을 조정하고 결정하는지, 어떻게 서로 의사소통을 하는지 잘 보여준다. 만약 가족들이 난화에서 이미지를 찾는 것을 잘 이해하지 못한다면, 구름을 보았을 때 여러 가지 형태가 나타난다. 마지막 그림은 첫 번째 그림과 마찬가지로 자유화이다. 두 그림 간의 차이와 공통점을 비교해보면, 가족들 간의 상호 작용 흐름과 그에 따른 변화를 살펴볼 수 있다.

키아코스카는 마지막 자유화가 매우 의미 있는 그림이라고 보았다. 이 그림은 가족들이 함께 검사를 받는 동안 각자 느꼈던 긴장이나 스트레스를 집약해서 보여 준다. 그리는 과정이 끝나면 이름을 쓰고,

제목을 붙이고, 날짜도 기입한다.

▌ Kwiatkowska, H. Y., *Family Therapy & Evaluation through Art*, Springfield, Illinois : Charles C. Thomas, 1978.

가족 미술 치료(家族美術治療, Family art Therapy, FAT)

가족 구성원의 병리적 현상을 그림으로 치료하는 미술 치료의 한 가지 종류.

1960년대의 가족 미술 치료는 정신 의학 분야로서 가족 연구에 대해 새롭게 등장했고, 가족 전체를 대상으로 한 역동적 가족 상담 기법이 키아코스카(Kwiatkowska), 나움버그(Naumburg), 스턴(Sternn), 메러스(Meares), 크레이머(Kramer)에 의해 확립되었으며, 정신 분석적 미술 치료의 연장으로 이 치료가 창안되었다. 키아코스카는 다른 치료와 달리 가족 전원이 참가하고, 언어를 사용하지 않으며, 표현적 행동으로 미술을 수행하는 방법을 사용했다. 그의 치료는 참가자로 하여금 언어에 의한 표현이 나타나지 않도록 했으며, 가족 간의 양가적 감정으로 혼란한 상태에 서서히 직면하는 통찰 방법이다. 다시 말해서, 미술 작업은 집단적 초자아의 방어나 통제를 줄이고, 상호 작용을 촉진하여 상징적인 이미지를 무의식적 감정으로 표현시킨다. 그래서 언어가 발달되지 않은 아동도 참가할 수 있고, 치료자도 함께 참가하여 가족 내의 갈등을 관찰할 수 있다.

가족 미술 치료는 가족 체계 이론과 미술 치료 이론을 결합한 것이며, 미술 과제는 진단과 치료의 수단으로 사용된다. 이 치료는 정신 분석 이론, 경험주의 이론, 보웬(Bowen) 이론, 구조주의 이론, 전략 이론, 의사소통 이론, 행동주의 이론에 기초를 두고 있다.

▌ Kwiatkowska, H. Y., *Family Therapy & Evaluation through Art*, Springfield, Illinois : Charles C. Thomas, 1978.

가족 상담(家族相談, family counseling)

가족을 상대로 상담하는 방법＝가족 치료.

가족 상담은 가족 체계와 개인의 문제가 관련되어 가족 위기가 발생했을 때 이 문제를 성장 지향 방향으로 회복시키는 것이며, 개인 중심의 문제 해결 과정에서 벗어나 가족을 한 단위로 보고 가족 내에 존재하는 문제를 해결하는 방법이다.

▌ 류경남 외, 『가족상담심리 용어사전』, 학지사, 2006.

가족 체계 진단 검사(家族體系診斷檢査, Family System Diagnosis Test, FSDT)

가족이 외부의 환경에 의해 구분되어 상호 작용의 체계를 진단하는 방법.

〈가족 체계 진단 검사〉는 미술 과제를 통해 가족들이 서로 상호 작용을 경험하며, 의사소통의 형태를 묘사한다. 이 검사는 일차적으로 과정을 통하며, 이차적으로는 내용을 통해 고찰된다. 치료사는 과제를 수행하는 동안 가족 체계를 형성하는 일련의 사건을 관찰하고, 가족이 하나의 작품을 창조하는 순간부터 가족 구성원의 행동을 구체적으로 기록하며, 가족 구성원 개개인을 평가한다.

이 검사는 미술 치료에 있어서 가족 체계를 진단하는 세 가지 절차가 있다. 첫째 과정은 비언어적 공동 미술의 과제 수행. 둘째 과정은 비언어적 가족 미술의 과제 수행. 셋째 과정은 언어적 가족 미술의 과제를 가족이 함께 수행.

치료자는 위의 세 가지 절차를 통해 열일곱 가지 항목에 대해 관찰한다. 첫째, 누가 그림을 처음 시작했는가? 그 사람으로 하여금 시작하도록 이끈 과정은 무엇인가? 둘째, 나머지 사람들은 어떤 순서로 참가했는가? 셋째, 누구의 제안이 채택되었는가? 어느 제안이 무시되었는가? 넷째, 각자 개입 정도는 어떠했는가? 다섯째, 미술 과제에 전혀 참여하지 않은 사람은 누구인가? 여섯째, 처음 그린 것을 '지워 버린 (첨가한)' 사람은 누구인가? 일곱째, 어떤 형태의 접촉이 이루어졌는가? 이것을 누가 시도했는가? 여덟째, 구성원들이 교대로 했는가? 집단으로 했는가? 두 가지를 동시에 했는가? 아홉째, 각자의 위치는 어떠했는가(중앙, 끝, 구석)? 열째, 만일 방법에 있어서 변화가 있었다면 무엇이 변화되었는가? 열한째, 각자 얼마나 많은 공간을 차지했는가? 열두째, 각자의 표현은 무엇을 상징하는가? 열셋째, 누가 독자적으로 행동했는가? 열넷째, 누가 시초자로 행동했는가? 열다섯째, 누가 추종자 혹은 반응자였는가? 열여섯째, 정서적 반응들이 있었는가? 열일곱째, 가족의 작업 형태는 협동적인가? 개별적인가? 비협조적인가?

▌이근매, 『미술치료 이론과 실재』, 양서원, 2008.

가족 치료(家族治療, family therapy)

가족 구성원의 병리가 가족 전체에 있으므로 가족의 역동성을 통해 치료하는 형태＝가족 상담.
인간은 고립된 존재가 아니라 사회적 집단 내에서 활동하고 반응하는 구성원이므로 가족 치료는 개인 상담처럼 인간의 내면세계에 초점을 맞추기보다 다른 사람과의 관계 방식에 일차적으로 초점을 맞춘다. 가족은 그 자체로서 하나의 체제를 형성하기 때문에 체제적 관점을 통해 이해하는 입장을 취한다.

▌류경남 외, 『가족상담심리 용어사전』, 학지사, 2006.

체계론적 가족 치료 이론 중에서, 미누친(Minuchin)의 구조적 가족 치료 이론은 가족 구조와 가족 구성원의 인간관계를 중요시하며, 특히 하위 체계의 개념이 명확하고 단순하여 가장 널리 사용되는 모델 중의 하나이다.

▌송성자, 『가족과 가족치료』, 법문사, 1996.

가족화(家族畵, family drawing)

가족의 일부 또는 전체를 그리는 어린이 그림의 한 가지 종류＝가족 그림.
1951년 헐스(Hulse)에 의해 시작된 가족화는 힘이 센 사람을 크게 그리거나 또는 중앙이나 맨 앞에 그리는 것이 일반적인 특징이다. 아이들이 그린 가족의 그림에는 아이가 마음속으로 느낀 가족의 분위기가 그대로 나타난다. 예를 들면 아버지가 엄하다든지, 집안에서 엄마가 큰 영향력을 행사한다든지, 할머니의 말씀이 집안의 모든 대사(大事)를 결정하는 모습으로 가족의 형태가 여러 가지로 나타난다.

▌박현일, 『사고력 발달을 위한 어린이 그림 지도 방법론』, 생활지혜사, 1996.

설명 : 아이의 가족이 거실에 일렬로 서 있는 모습이다. 이 그림은 집안에서 영향력이 큰 순서이며, 모습 자체에서 볼 수 있듯이 맨 앞에 서 있는 할머니의 모습은 다른 식구들과는 사뭇 다르게 표현되었다.

정신과 의사인 김중술(金重述)은 가족화에 대해서 다음과 같이 설명하고 있다. "가족화를 보면 부모의 어느 한 사람이나 혹은 가족의 어느 한 사람이 지배적인 위치에 있다. 또한 공격성이나 위협이 존재할 때 어린이는 가족화에서 그 사람을 다른 사람들보다 크게 그린다. 크기는 그 사람의 실제 크기와 상관이 없으며, 어린이의 눈에는 삶의 실제 크기보다 '중요성'이 더 지각된다. 특히 주요 인물이 공격적이거나 위협적인 인물로 지각될 경우 실제 크기뿐만 아니라 손의 크기가 강조된다. 별 볼 일 없는 부모는 손을 작게 그리거나 아예 손을 안 그리는 경우가 있다. 가끔 아이는 가족화에서 자기 자신이 빠져 있는데, 이와 같은 것은 정상적인 예가 아니며, 적응을 하지 못하거나 소속감의 결여를 의미한다."

이런 현상은 부모의 불안감과 과도한 비판(헐뜯기), 다른 형제들과 부당한 비교로 인해 자존심이 상하고, 성취욕이나 진취성을 질식시킨 결과이다. 아이는 때로 가족화에서 자기 자신을 맨 끝에 그리는 경우가 있는데, 이것은 겸손한 마음이 아니라 자신의 존재에 대한 부정적인 표현이다.

설명 : 이 그림은 7세 어린이가 그린 가족화이다. 그림에서 가장 크게 보이는 것은 어머니이고, 더욱이 자기 자신이 빠져 있다. 어린이 자신은 실제로 이 가정에 속해 있지 않은 것처럼 느껴진다.

▎김중술,「아동화의 이해와 평가」,『새교실』, 대한교련, 1980.

가족화 검사(家族畵檢査, Family Drawing Test, FDT)
가족의 일부 또는 전체를 표현하는 그림을 검사하는 방법 =〈가족 그림 검사〉.
〈가족화 검사〉는 내담자(아이들 또는 환자)에게 가족 전체를 그리게 한다. 내담자가 그린 그림 속에서 사람의 크기, 위치, 배열, 가족 관계들을 파악한다. 이 검사는 내담자가 집안에서 사랑을 받고 있는지 또는 미움을 받고 있는지를 쉽게 파악할 수 있다.

▎박현일 · 조홍중,『그림을 통한 성격 치료 미술 치료』, 시그마프레스, 2009.

가족화의 종류(家族畵－種類, kind of family drawing)
가족의 일부 또는 전체를 표현하는 그림을 기준에 따라 나눈 갈래.
가족화의 종류에는 동적 가족화(Kinetics Family Drawing, KFD), 동그라미 중심 가족화(Family Centered Circle Drawing, FCCD), 구분할 통합 가족화, 동물 가족화, 물고기 가족화, 자동차 가족화가 있다. 일반적으로 가장 많이 활용되는 진단 검사는 동적 가족화이다.

간색(間色, gap color)

한국 전통 색 중에서 정색(正色)인 흑, 백, 홍, 황, 청의 다섯 가지를 제외한 모든 색 ⇔ 정색(正色).

간색은 미술에서 명암의 변화를 부드럽게 하기 위해 사용되는 중간색이다. 다섯 가지 간색으로 동방은 초록색(0.9G 3.5/3.9[4], 청황색), 남방은 분홍색(2.8R 4.2/15.1, 적백색), 서방은 하늘색(2.6PB 4.9/9.8, 청백색), 북방은 보라색(8.3RP 2.2/6.1, 적흑색), 중앙은 유황색(1.5Y 6.3/5.8, 황흑색)이다.

▮ 박현일, 『족집게 컬러리스트』, 교우사, 2008.

갈등(葛藤, conflict)

두 가지 이상의 동기가 서로를 방해하여 충족되지 못할 때 일어나는 것.

갈등은 두 가지 이상의 상반된 욕구, 기회 혹은 목표가 당면했을 때 대립된다.

▮ 류경남 외, 『가족상담심리 용어사전』, 학지사, 2006.

감각(感覺, sense)

시각(눈), 청각(귀), 미각(혀), 후각(코), 촉각(살갗)을 통해 받아들이는 느낌.

감각 운동기(感覺運動期, the sensory motor period)

반사 활동을 통해 외부 세계와 접촉하면서 실용적인 지능이 발달되는 단계(0세~2세).

감각 운동기는 단순한 반사 활동으로 시작하고, 끝날 무렵에는 초보적인 심적 표상에 의한 개념적 사고가 시작되며, 대상의 연속성 개념을 갖는다.

스위스의 심리학자인 피아제(Piaget)는 그의 저서(어린이 지식의 근원)에서 감각 운동기의 개념을 제시했다. 이 운동기는 반사 단계, 순환 반응 단계, 2차 순환 반응 단계, 2차 윤곽을 협응하는 단계, 정신적 표상의 시작 단계, 정신적 표상의 시작 단계를 여섯 가지로 나누었다.

1단계는 반사 단계로 출생부터 1개월까지이다. 신생아는 제한된 생득적 반사만을 나타내며, 이들 반사 중 하나가 빠른 반사이다. 신생아는 젖꼭지가 입에 닿을 때마다 자동적이고 반사적으로 빠른 움직임을 보인다. 이러한 경우 아기가 이미 갖고 있는 도식(schema)에 의해 환경에 반응하며, 그와 같은 빠른 행동은 동화이다. 첫 단계에서 아기는 동화와 조절을 통해 기본적인 도식을 연합하여 새로운 도식을 발달시킨다.

2단계는 순환 반응 단계로 1개월~4개월이다. 1차 순환 반응 단계[5]는 간단한 습관 형성의 단계이고, 신체적 반응[6]을 여러 번 되풀이할 때 그러한 행동은 하나의 습관이 된다. 이러한 습관을 피아제는 진정한 의미의 지능이라 부를 수는 없으나 전 단계에서 반사와 비교하면 단순한 반사이고, 자동적 반응이 아니고 공간과 시간에 행동의 폭이 반사보다 넓다고 지적했다. 이 단계에서는 여러 행동의 협응[7]이 나타난다. 또한 순환 반응이 환경의 사물로 확대된다.

3단계는 2차 순환 반응 단계로 4개월~8개월이다. 이 단계에서 아기들은 반복되는 활동을 좋아

---

4. 색상, 명도, 채도의 기호를 H, V, C로 표기한다. 표기 순서는 H V/C(색상 명도/채도)이다.

5. 1차 순환 반응 단계란 우연히 일어난 아기의 신체 반응 자체가 유아의 흥미를 유발하고, 이것이 다시 동일한 행동을 낳게 하는 것을 의미한다.

6. 손가락을 폈다 오므렸다 하는 반응을 말한다.

7. 빨거나, 보거나, 잡는 것을 의미한다.

하고,[8] 아기들에게 대상의 영속성(permanence of object)이 나타난다.[9] 눈에 보이던 것이 눈에 보이지 않아도 완전히 없어진 것이 아니라는 생각을 한다.

4단계는 2차 윤곽을 협응하는 단계로 8개월~12개월이다. 이 단계는 전 단계에서 획득한 윤곽을 기초로 새로운 윤곽을 형성하여 새로운 상황에 적응되기 시작하고, 없어진 사물에 대한 기억을 형성하기 시작한다.

5단계는 정신적 표상의 시작 단계로 12개월~18개월이다. 이 단계에서는 신기하고 새로운 결과를 얻기 위해 일련의 창의적이고 실험적인 행동을 되풀이하는 것이 특징이다. 흥미를 끄는 새로운 결과가 일어나면 이것을 반복한다.

6단계는 정신적 표상의 시작 단계로 18개월~24개월이다. 이 단계에서 아기는 사물에 정신적인 심상(image)을 통해 표상하기 시작하고, 현존하지 않은 사물을 안으로 표상하며, 문제를 푸는 데 단순한 시행착오를 넘어서 의도적 탐색을 행동으로 나타낸다. 감각 운동기는 생후 2년간 발달 과정을 탈중심화(decentralization) 과정이라 하고, 환경으로 자신을 분리시키지 못하거나 현실적으로 소망을 구별하지 못한다. 피아제가 제시한 가장 중요한 개념의 하나는 아기는 환경의 영향을 받기만 하는 수동적인 존재가 아니라 활동을 할 수 있다는 점이다. 아기는 자신이 목표의 방향을 설정하는 데 중요한 역할을 한다.

▎ Piaget, Jean, *The Origins of Intelligence in Children*, (Trans.) by Margaret Cook, New York : International Univ. Press, 1952.

---

8. 움직이는 장난감을 좋아한다.

9. 장난감을 집어 던지고, 장난감을 집어 주면 또 다시 밖으로 던지곤 한다.

감각 유추(感覺類推, sense analogy) → **공감각**(空感覺)

감각 전이(感覺轉移, sense transference) → **공감각**(空感覺)

감법 혼합(減法混合, subtractive color mixture)

혼합된 색의 명도가 혼합 이전의 명도보다 낮아지는 혼합＝감산(減算) 혼합, 감색(減色) 혼합, 마이너스(－) 혼합, 물감의 혼합, 색료(色料) 혼합, 안료(顔料) 혼합.

색을 혼합하면 할수록 명도가 낮아진다는 뜻에서 감법이라는 단어를 사용한다. 감법 혼합의 1차색인 시안(cyan), 마젠타(magenta), 노랑(yellow)은 감법 혼합의 3원색이고,[10] 이 색은 2차색인 빨강(red), 녹색(green), 파랑(blue)보다 명도와 채도가 모두 높다.

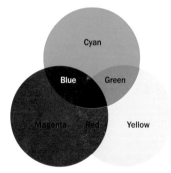

감법 혼합

감법 혼합의 중간색

---

10. 색상으로만 볼 때 그렇게 된다.

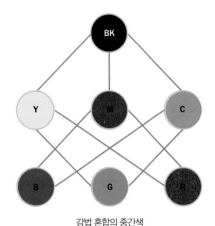

감법 혼합의 중간색

감법 혼합의 특징은 색을 혼합하면 혼합할수록 명도나 채도가 낮아진다. 색상환에서 근거리의 혼합은 중간색이 나타나고, 원거리의 혼합은 명도나 채도가 낮아지며, 회색에 가깝다. 보색끼리의 혼합은 검정에 가까워진다.

▌박현일 외, 『색채학 사전』, 국제, 2006.

감산 혼합(減算混合, subtractive color mixture) → 감법 혼합(減法混合)

감색 혼합(減色混合, subtractive color mixture) → 감법 혼합(減法混合)

감수성 훈련(感受性訓練, sensitivity training)

나와 타인과의 상호 관계에서 나타나는 감정과 마음의 흐름을 예민하게 감지하고, 상황에 적절하게 대처함으로써 집단 조직을 생산적으로 이끌어 갈 수 있도록 익힘.

감수성 훈련의 역사는 레빈(Lewin, Kurt)의 소집단 역학 연구, 형태주의 심리학, 로저스(Rogers, Carl R.)의 인간 중심 치료에서 시작되었다.

▌류경남 외, 『가족상담심리 용어사전』, 학지사, 2006.

감정(感情, feeling)

직면한 사건에 대해 그때의 순간적 느낌.

감정은 본인도 알아채지 못하는 가운데 신속하게 지나가 버리는 특징이 있다.

▌한국교육심리학회 편, 『교육심리학 용어사전』, 학지사, 2000.

감정의 유별(感情-類別, category of feeling)

사물이나 물체를 보고 느끼는 종류에 따라 감정을 구별.

색채를 보는 데 있어서 인상 효과는 옛날부터 색채 이론가와 많은 예술가들에 의해 여러 가지 견해가 발표되었지만, 그것은 정량적(定量的)인 것이 아니고 정성적(定性的)이었다. 최근에는 새로운 SD법[11]을 사용하여 색채 이미지의 정량화 연구가 많아지고 있다.

▌박현일 외, 『색채학 사전』, 국제, 2006.

감정 이입(感情移入, emphathy)

일반적으로 타인의 감정, 지각, 사고를 대신 경험하는 것=공감.

심리 치료사들은 내담자를 지적으로 이해하고, 감정을 공유하며, 의사소통을 원만히 하고, 긍정적인 태도로 수용한다. 어떤 학자는 타인의 내적 경험을 이해하는 인지적 능력으로 정의하거나 타인의 정서를 자신이 경험하는 것으로 정의하기도 한다.

▌한국교육심리학회 편, 『교육심리학 용어사전』, 학지사, 2000.

---

11. semantic differential method는 말뜻에 관한 미분법 또는 의미 미분법이고, 1950년 오스굿(Osgood, C. E., 미국의 심리학자)이 말의 정서적 의미 연구에서 사용한 방법이다. 이 방법은 정성적인 기술(記述)이나 형용사밖에 되지 않은 영역의 대상이다. 다시 말해서 언어의 형용, 맛(味), 음성, 기업 광고물의 이미지 연구에 사용되었다.

감정 차트 만들기(感情 –, write a feeling chart)

감정에 직면한 사건에 대해 그때의 순간적 느낌을 표로 나타냄.

감정 차트 만들기는 두 가지 실시 방법이 있다. 첫째, 도화지에 몇 개의 칸을 그려 최근의 감정을 그리거나, 색칠하거나, 색종이로 나타나게 한다. 감정을 표현한 후 모든 인간은 불편한 감정을 가지고 있음을 확인시킨다. 둘째, 칸 없이 한 장의 종이에 표현할 수 있고, 스펙트럼 형태의 띠로 나타나게 한다.

▌ 이근매,『미술치료 이론과 실재』, 양서원, 2008.

강박 사고(强迫思考, obsessive thinking)

사람의 마음속에 개인의 의사와 관계없이 생각, 충동, 소원, 유혹, 의심, 금지, 명령의 원치 않는 생각들이 집요하게 계속 의식되는 것.

강박 장애(强迫障碍, obsessive compulsive disorder)

불안 장애의 하나로서, 반복적이고 원하지 않는 강박적인 사고(obsession)와 행동(compulsion)을 특징으로 하는 정신질환.

칸나(Khanna)와 찬나바사반나(Chanabasavanna)는 그들의 논문("강박 장애 노이로제 속에서 강박의 현상학")에서, 강박 장애는 임상 경험을 통해 악타르(Akhtar)의 분류를 보완하여 강박적 사고의 형태를 생각, 영상, 충동, 확신, 의심, 두려움으로 분류했다. 강박적 사고의 내용은 오염, 종교, 성, 죽음, 질병, 공격, 재난, 과거, 일상적 활동, 무생물–비인격적인 것들로 분류했다. 이에 반해 강박적 행동의 형태는 확인, 반복, 의식, 회피로 나누고, 강박적 행동의 내용은 씻음, 일상적 활동, 안전, 셈, 기원, 만짐, 자신을 난처하게 하는 행동들로 분류했다.

▌ Khanna, S. & Chanabasavanna, S. M., "Phenomenology of Obsessions in Obsessive-Compulsive Neurosis",

Psychopathology, 21, 1988.

강박 장애는 잦은 손 씻기(hand washing), 숫자 세기(counting), 확인하기(checking), 청소하기(cleaning)와 같은 행동을 반복적으로 함으로써 강박적 사고를 막거나 그 생각을 머리에서 지우려고 한다.

▌『서울대학교 의학백과사전』, http://www.snuh.org/pub/

강조(强調, emphasis)

각 요소들 사이에 강과 약을 주는 것.

강조는 주의 집중이나 규칙을 깨트릴 때 사용한다.

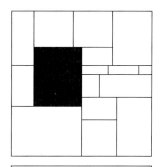

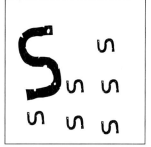

▌ 박현일,『디자인 강의』, 교우사, 2008.

강조 색(强調色, accent color)

전체적인 분위기를 깨지 않는 범위에서 강조하는 색
＝악센트 컬러.

강조 색은 디자인에서 악센트를 주어 신선한 느낌을 만드는 역할을 하고, 주조 색과 보조 색을 비교하

여 색상을 대비적으로 사용하며, 명도나 채도에 의해 변화를 주는 방법이다. 강조 색의 분량은 전체의 5% 정도이며, 디자인을 변화시키는 데 있어서 손쉽게 활용할 수 있다.

▌ 박현일,『쪽집게 컬러리스트』, 교우사, 2008.

개념과 인식(槪念－認識, concept and recognize)

여러 가지 관념 속에서 어떤 모양으로 이루어지는 하나의 보편적인 관념을 바르게 이해하고 판별하는 일.

미국의 여성 심리학자인 해리스(Harris)는 그들의 저서(성숙한 지적 측정 도구로서 어린이들의 그림)에서, 개념과 인식은 어린이의 그림에서 다른 어떤 요인들보다 결정적인 영향을 미친다는 것을 밝혔다. 개념은 표현된 그림 내용의 양[12]이나 복잡성에 영향을 주며, 또한 묘사된 대상들 간의 공간 관계는 묘사된 대상 안의 자세한 공간 배치에도 영향을 준다.[13]

▌ Harris, Dale B., *Children's Drawings as Measure of Intellectual Maturity : A Revision and Extension of the*

_____

12. 표현된 요소들의 가짓수를 의미한다.

13. 지력이 발달할수록 보다 자연적(nature)이고, 보다 풍부한 요소들을 묘사한다.

Goodenough Draw-a-Man Test, New York : Harcourt, Brace & World, Inc., 1963.

개념 형성(槪念形成, concept formation)

여러 가지 관념 속에서 어떤 모양으로 이루어지는 하나의 보편적인 관념을 이룸.

스위스의 심리학자인 피아제(Piaget)와 인헬더(Inhelder)는 그의 저서(아이들의 공간의 개념)에서 개념의 형성이나 어린이의 논리적 사고력 발달에 관해 많은 것을 제시했다. 어린이의 양 개념, 공간 개념, 우연성 개념의 발달이나 어린이의 논리 발생, 논리적 사고의 성장에 대한 연구[14]는 각기 발달의 양상을 명확히 하고, 사고력 발달의 비연속성을 제시했다.

▌ Piaget, Jean, & Inhelder, B., *The Child's Conception of Space*, London : Routledge & Kegan Paul, Ltd., 1956.

개별 미술 치료(個別美術治療, individual art therapy)

개인별 그림을 통해 병이나 마음의 상처를 다스리는 미술 치료의 한 가지 종류.

개별 미술 치료는 문제 행동이 심한 자폐증, 정서·행동·지적·발달 장애 아동뿐만 아니라 청각 장애, 뇌손상, 치매, 우울 증상이 있는 내담자에게 효과적이다. 가능한 초기에는 개인 미술 치료를 통해 치료사와 신뢰감(rapport) 형성이 중요하며, 신뢰감이 형성되면 집단 미술 치료에 참여하는 것도 좋다.

▌ 이근매,『미술치료 이론과 실재』, 양서원, 2008.

개별화(個別化, individualization)

개인이 따로따로 어떤 행동을 하는 형식.

콜링우드(Collingwood, R. G.)는 그의 저서[정서의 예술(Art as Emotion)]에서 개별화를 강조했다. 곧 '정서를 표현하는 것은 개별화'이며, 미적 표현의 특

_____

14. 피아제와 공동으로 연구했다.

성을 정서(emotion)라고 설명했다.

▌ Hospers, J., (Ed.), *Artistic Expression*, New York : Meredith Corporation, 1971.

개성화(個性化, individuation)

개인의 특성.

융(Jung, C. G.)은 개성화의 중심적 개념 세 가지를 강조했다. 첫째, 개성화는 인격의 전체 발달을 목적으로 하는 과정이고, 고립된 상태에서 일어나지 않으며, 집단 관계를 전제로 하거나 포함시킨다. 둘째, 개성화는 사회적 규범의 절대적 타당성을 인정하지 않는다. 융은 자신의 개성화 개념을 성격 통합 또는 자아의식으로 구분한다. 셋째, 개성화를 목표로 하는 자기는 페르소나(persona)와 관련된 모든 거짓을 벗고, 원형으로부터 오는 에너지를 자유롭고 창조적으로 활용할 수 있다.

▌ 미국정신분석학회 편, 이재훈 역, 『정신분석용어사전』, 한국심리치료연구소, 2002.

개인 검사(個人檢査, Individual Test, IT)

검사자가 한 피검자를 대상으로 실시하는 검사의 형태.

〈개인 검사〉는 신뢰성과 타당성을 측정할 수 있고, 검사자는 검사의 관찰을 통해 문제를 해결하는 접근 방법이나 피험자의 성격 특성에 관한 임상적 자료를 얻을 수 있다.

▌ 한국교육심리학회 편, 『교육심리학 용어사전』, 학지사, 2000.

검정(-, black)

모든 빛을 흡수하는 색.

검정은 공포, 암흑, 두려움, 권위(종교의 성직자, 지배자), 죽음을 의미한다. 검정의 특성은 압박하고, 엄숙하며, 심원한 성질을 갖고 있다. 서구 문화권에서는 이 색의 상징성과 연상 작용으로 슬픔, 우울,

죽음을 의미한다. 암흑의 공포는 야만인과 어린이들, 많은 성인들도 느낀다.

이 색은 비밀, 공포, 악을 암시한다. '검은 손', '해적의 검은 깃발', '검은 기별[15]', '검은 금요일[16]', '암흑의 왕자'는 검정의 의미를 알려 주는 좋은 예이다. 검정 그 자체는 음산하지만, 하양 또는 다른 색채를 악센트로 사용하면 이 색을 멋지게 연출할 수 있다.

▌ 박현일 외, 『색채학 사전』, 국제, 2006.

게슈탈트(-, gestalt)

형태(形態)를 나타내는 독일어, 영어로는 configuration, 불어로는 forme이라고 함.

게슈탈트 미술 치료(-美術治療, gestalt art therapy)

현상학과 실존주의의 영향, 정신 분석, 게슈탈트 심리학의 영향을 받아 정립된 미술 치료의 한 가지 종류.

게슈탈트 치료의 인간관은 실존적인 삶을 통한 성숙한 인간에 있으며, 치료의 목적은 분석이 아니라 자

---

15. 슬픈 소식이라는 뜻
16. 우울한 금요일

아의 통합에 있다. 특히 이 치료는 '지금-여기'를 강조하며, 미해결 과제를 완성하고, 순수 자아의 표출과 의식 훈련의 기법을 사용한다. 다시 말해서 여러 가지 연습에 의해 도형과 배경은 내담자 스스로 자연스럽게 변화시킬 수 있도록 돕고, 치료자와 내담자의 실존적인 만남이 중시되며, 주로 워크숍 형태의 치료법을 사용한다. 이때 치료자는 연출가의 역할을 하게 된다. 게슈탈트 치료는 개인의 생활 과정에 대한 개인의 책임을 강조한다.

게슈탈트 미술 치료와 관련된 게슈탈트의 꿈 작업(dream work) 기법은 미술 치료 기법과 유사하며, 그들의 시각적 심상에서 자발적으로 표현된 의미에 대한 내담자의 의식을 불러일으킨다. 이 기법은 꿈의 형태를 그들 자신이 만들어 냈다는 것을 인식시키고, 꿈은 미술 매체를 통해 현실 속에서 일어나고 있는 것처럼 생생하게 끌어낼 수 있다. 게슈탈트 미술 치료 방법으로는 점토 작업과 느낌에 대한 그림 그리기 기법, 선 게임(line game)이 있으며, 때로는 역할 놀이나 연주와 함께 사용해도 좋다.
▌『두산백과사전』, 동아출판사, 1982.

게슈탈트 법칙(-法則, law of gestalt)
지각을 통해 대상의 형태에 대한 구분(segregation)을 규정하는 요인으로서, 게슈탈트 심리학의 기본 원리＝게슈탈트 요인.
독일의 심리학자인 베르트하이머(Wertheimer, M.)는 그의 연구에서 게슈탈트 요인으로 근접성의 법칙(law of proximity), 유사성의 법칙(law of similarity), 연속성의 법칙(law of continuance), 폐쇄성의 법칙(law of closure), 공동 운명의 법칙(law of uniform destiny), 방향성의 법칙, 도형과 바탕의 법칙 일곱 가지를 제시했다.
▌박현일, 『디자인 강의』, 교우사, 2008.

게슈탈트 심리학(-心理學, gestalt psychology)
형태 심리학(形態心理學)을 나타내는 독일어.
게슈탈트 심리학자들에 의하면, 개체는 대상을 지각할 때 산만한 부분들의 집합이 아니라 하나의 의미 있는 전체, 다시 말해서 '형태'로 지각한다. 게슈탈트 경험은 어떤 의미 있는 전체를 형성하고 있는 요소들의 형태다. 따라서 게슈탈트 심리학에 의하면, 사람의 마음은 어느 부분이 모여서 이루어진 것이 아니라 전체적인 것, 하나의 통합된 것이다.
▌류경남 외, 『가족상담심리 용어사전』, 학지사, 2006.

게슈탈트 심리학은 1910년 베르트하이머(Wertheimer, M.)의 가현(假現) 실험에서 출발했으며, 이 실험은 위치를 달리하여 계속 제시하는 두 개의 대상 사이에 운동의 현상을 연구한다.

베를린 학파는 베르트하이머, 쾰러(Köler, W.), 코프카(Koffca, K.), 레빈(Lewin, K.) 들이 제창한 심리학설이다.
▌박현일, 『디자인 강의』, 교우사, 2008.

게슈탈트 요인(-要因, gestalt cause) → 게슈탈트 법칙

겨울의 색채(-色彩, color of winter)
겨울에 느낄 수 있는 색.
겨울의 색채는 하양, 회색, 검정의 음침하고 무거운 느낌을 주며, 차갑거나 희고 깨끗한 느낌을 주는 색이다.

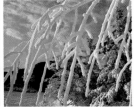

■ 박현일 외,『색채학 사전』, 국제, 2006.

격리 불안(隔離不安, separation anxiety)

영아가 애착 대상인 어머니나 자신을 돌보는 사람이 자리에 없을 때 울거나 몸부림치는 불쾌한 표현.

격리 불안은 어머니로부터 떨어지는 경험이 늘어날수록 더욱 강해진다.

■ 한국교육심리학회 편,『교육심리학 용어사전』, 학지사, 2000.

결손 가정(缺損家庭, broken family)

정상적인 가정이 되기 위해 여러 가지 조건을 갖추어야 하는데, 이런 조건이 제대로 충족되지 못한 가정을 말함.

결손 가정은 결여된 조건에 따라 구조적 결손 가정과 심리적 결손 가정이 있다.

■ 한국교육심리학회 편,『교육심리학 용어사전』, 학지사, 2000.

경색(輕色, light color)

가벼운 느낌을 주는 색.

색의 경중은 사람의 기분에 좌우되며, 무엇보다도 정서적인 감각의 유추에서 온다. 색의 가벼운 감정은 주로 명도에 의한 것이다.

먼셀의 명도(Munsell value) 체계는 5~6을 중심으로, 고명도의 색은 가볍고, 같은 명도일 경우 채도가 높은 색이 가볍다. 노랑은 가볍고, 하양은 노랑보다 더 가볍게 느껴지며, 밝은색은 기분을 명쾌하고 경쾌하게 느끼게 한다. 한색(寒色) 계열의 색이 가볍게 느껴지는 것은 지각에 의한 것이다. 빨강과 파랑은 각각 명도가 4이나 파랑이 더 가볍게 느껴진다.

하양과 검정으로 조절된 두 가지 색의 물리적 명도[17]와 심리적 명도[18]는 반드시 같지만은 않다. 왜냐

---

17. 비 반사율은 같다.
18. 시각적인 밝기이다.

하면 경중의 감정은 심리적 명도를 만들기 때문이다.[19] 예를 들면 무거운 물건을 운반하는 차량 색을 고명도로 바꾸면 운반하는 사람의 피로가 감소되고, 능률이 오른다.

■ 박현일 외,『색채학 사전』, 국제, 2006.

경연감(硬軟感, hard and soft sense)

딱딱하고 부드러운 색의 느낌.

경연감은 색의 명도와 채도에 의해 좌우된다. 부드러운 색(따뜻한 색)은 평온하고, 안정감을 준다. 딱딱한 색(차가운 색)은 긴장감을 주고, 딱딱한 느낌은 명도와 채도가 모두 낮은 색이다. 부드러운 느낌은 명도가 높고 채도가 낮은 색이며, 굳은 느낌은 채도와 명도가 모두 낮은 색이다.

경연감의 특징으로 순색에 하양을 혼합한 색은 부

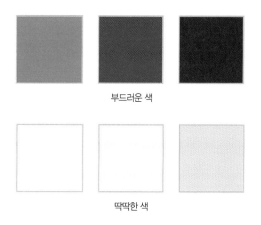

부드러운 색

딱딱한 색

---

19. 크기가 같은 두 개의 상자에 같은 무게의 물건을 넣는다. 한쪽에는 고명도 색을, 다른 쪽에는 저명도 색을 칠하면 고명도의 상자가 먼저 운반된다.

드럽고, 안정되게 보인다. 채도가 낮고 명도가 높은 색은 부드럽게 보인다. 채도와 명도가 낮은 색은 딱딱하게 보이며, 채도가 낮은 난색(暖色) 계통은 안정되고, 부드럽게 보인다. 채도가 높은 한색(寒色) 계통은 긴장되고, 딱딱하게 보인다.

▌ 박현일 외, 『색채학 사전』, 국제, 2006.

경험(經驗, experience)

실제적으로 보고 듣고 겪는 지식이나 기능의 주관적인 의식.

미국의 미술 교육가인 드 프란시스코(de Francesco)는 그의 저서(미술 교육)에서, 경험은 그가 말한 예술의 근원(art roots)으로서 인간의 생애를 통해 끊임없이 신장시킨다. 이러한 예술의 근원은 표현 욕구를 끊임없이 자극한다. 그러므로 예술가는 여러 가지 수단으로 자연의 내부와 자연의 생동과 자기를 표출한다. 또한 모든 훌륭한 교수는 하나의 예술이다.

▌ De Francesco, Italo L., *Arts Education*, New York : Harper & Brothers Publishers, 1958.

고명도(高明度, high value)

무채색 중에서 10~7까지 4단계이고, 하양 포함('명도 단계' 참조).

고유색(固有色, natural or appropriate colors)

일반적으로 물체가 가지고 있는 고유한 색채.

1930년경 심리학자인 루카스(Lucas, D. B.)는 벤슨(Benson, C. E.)과 함께 고유색이라는 용어를 사용했다. 이 용어를 사용한 취지에 의하면, 색채는 실물에 파고드는 화상(畫像)을 나타낸다. 자연은 많은 색채를 아낌없이 써 왔고, 인류는 작품의 다양성을 보이기 위해 색채를 좋아한다. 광고되는 상품은 자연 또는 인위적인 과정을 거쳤다고 하더라도 그 자체의 고유색으로 최고의 묘사가 된다. 물론 흑백에는 하

나의 기능이 있으나 전체적으로 색채가 제거되었을 경우 이상한 광경이 된다.

▌ 김용훈 편저, 『색채 상품 개발론 : 생리학 · 심리학적 시좌 해설』, 청우, 1987.

고정 관념(固定觀念, stereotype)

특정 집단의 사람들이 지니고 있는 과잉 일반화 또는 부정확하게 일반화된 신념.

고정 관념은 일반적인 것으로 성, 인종, 민족, 직업 집단에 관한 것이고, 이것은 사회적 지각에 많은 부정확성의 기초를 형성한다.

▌ 한국교육심리학회 편, 『교육심리학 용어사전』, 학지사, 2000.

고착(固着, fixation)

만족을 얻는 방식, 대상과의 관계를 맺는 방식, 위험에 반응하는 방식에서 원초적 양식이 계속 유지되는 것, 다시 말해서 자아 기능이 발달의 초기 단계에서 만들어지는 것.

프로이트(Freud, S.)는 처음에 이 개념을 아동기 성이 지닌 무분별한 특성을 포함한 성 도착 현상에 적용했다. 후에 그는 외상과 다양한 신경증 상태들을 묘사하는 데 이 개념을 사용했다. 또한 프로이트는 기억과 증상, 본능적 욕동 그리고 자아와 초자아의 특정한 기능과 관련하여 고착을 설명했다.

▌ 미국정신분석학회 편, 이재훈 역, 『정신분석용어사전』, 한
   국심리치료연구소, 2002.

공간 능력(空間能力, space ability)

비어 있는 공간을 선이나 색, 형태로 표현하는 힘.
김정은 그의 연구에서 공간 능력에 대해 다음과 같
이 언급했다. "어린이의 공간 능력에 따른 깊이의 지
각이나 표현의 개념들은 표현 과정에 영향을 준다.
예를 들면 가까이 있는 물체는 왼쪽 또는 아랫부분
에 그린다. 그림 종이의 위쪽 부분은 먼 곳이고, 아
래쪽 부분은 가까운 곳이다. 그러나 정상적인 어린
이와 달리 장애의 요인이 있는 어린이는 깊이와 공
간의 개념이 존재하지 않는다."

▌ 김정, 『아동의 미술교육 연구』, 창지사, 1989.

공간색(空間色, volume color)

물체에 빛을 투과시켜 나오는 빛의 색.
공간색은 유리컵과 투명한 물체의 부피와 덩어리가
꽉 차게 보이는 색이고, 투명한 상태의 물처럼 두께
가 형성될 때 지각된다.

▌ 박현일 외, 『색채학 사전』, 국제, 2006.

공간 표현(空間表現, space expression)

비어 있는 일정한 공간을 선이나 색, 형태로 형상화
시킴.
오스트리아의 미술 교육학자이자 심리학자이며 화
가인 로웬펠드(Lowenfeld)는 그의 저서(창작 활동
의 본질)에서 어린이의 공간 표현을 객관적 공간과
주관적 공간 두 가지로 구분했다.

첫째, 객관적 공간이란 '바닥 선(ground line, base
line)[20] 표현'에서 벗어난 단계로서 중앙 원근법으로
표현한 공간을 말한다.

둘째, 주관적 공간이란 그림을 그리는 자신의 위치
가 곧 공간적 표준이 된다. 구도의 표현에 있어서 공간
의 구분을 바닥 선이라고 한다. 예를 들면 선을 그은
다음 위쪽은 하늘이고, 아래쪽은 땅이나 방바닥, 마루
이다. 중간은 공기의 자리라고 생각한다. 이 바닥 선
은 모든 물체를 땅 위에 존재하는 기본적인 공간 개념
으로 표시하고, 화면의 위쪽은 대체로 먼 곳으로 표시
되며, 바닥 선의 지면 아래는 정직한 지식을 나타낸다.

특히 광산촌에 사는 유아는 지하 갱 속이 늘 궁금
하며, 무엇이 들어 있는지, 어떻게 구성되어 있는지
를 알고 싶어 한다. 그러므로 이런 종류의 그림은 지
극히 자연스러운 현상이다.

▌ Lowenfeld, Viktor, *The Nature of Creative Activity*,
   London : Routledge & Kegan Paul, Ltd., 1952.

공감각(空感覺, synesthesia)

하나의 감각이 다른 영역의 감각을 불러일으키는
현상＝감각 유추(sense analogy), 감각 전이(sense
transference).
시각, 청각, 촉각, 미각, 후각은 감각과 물리적 자극

---

20. 이 용어는 땅과 하늘의 경계선을 의미하고, 박현일이 사
    용했으며, 다른 학자들은 기저선(基底線) 또는 지선(地
    線)이라고 부른다.

에서 1대1 대응이 아닌 여러 자극을 한꺼번에 느끼는 것을 의미한다. 색채의 특성이 다른 감각으로 표현(교류)되는 것을 말하며, 색채와 관련된 공감각 기관 간의 상호작용을 활용하면 메시지와 의미를 보다 정확하고 강하게 전달할 수 있다.

색채는 시각 현상이며, 색에 기반한 감각의 공유 현상이다. 이러한 공감각에 의해 색과 특정한 모양의 관계성을 갖고 있는 색채학자는 이텐(Itten, Johannes)이다.

색채의 촉각적 특성은 표면 색채의 질감, 마감 처리에 의해 그 특성이 강조 또는 반감된다. 예를 들면 분홍색 파스텔 색상을 보면 포근함과 달콤함을 느끼며, 노란색이나 레몬색을 보면 과일 냄새를 느끼는 색의 감각 효과가 나타난다.

▌박현일,『족집게 컬러리스트』, 교우사, 2008.

공격성(攻擊性, aggression)

적의나 증오와 관계가 있는 모든 종류의 파괴적 행동, 특히 육체적인 타격이나 악의를 품은 발언으로 상대방에게 손상을 입히려는 행위.

크릭(Crick)과 그로퍼터(Grotperter)는 그들의 논문("동료에 대한 아이들의 취급")에서 공격성을 외현적 공격과 관계적 공격 두 가지로 분류했다. 첫째, 외현적 공격은 개인이 공격 유발 대상에게 직접 행하는 신체적인 공격과 언어적인 공격을 포함한 개념을 말한다. 둘째, 관계적 공격은 집단 내에서 힘이나 압력을 이용하여 한 개인을 위협하거나 소외, 배제하려는 집단적인 공격의 형태이다.

▌Crick, N. R. & Grotpeter, J. K., "Children's Treatment by Peer : Victims of Relational and Aggression", *Development and Psychology*, 8, 1996.

공동 운명의 법칙(共同運命 – 法則, law of uniform destiny)

성격이나 배열이 같은 것은 집단화로 보이는 것으로 게슈탈트(gestalt) 법칙의 한 가지 요소.

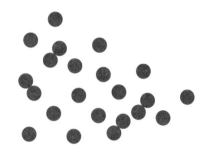

공포(恐怖, fear)

고통이나 자신을 파괴하려는 위협에 직면했을 때 발생하는 정서.

▌한국교육심리학회 편,『교육심리학 용어사전』, 학지사, 2000.

과제 그림 검사(課題 – 檢査, Task Drawing Test, TDT)

인물, 가족, 친구, 집, 나무, 산, 동물, 길의 과제를 미리 주고 그림을 그리게 하는 방법.

〈과제 그림 검사〉는 이상 행동에 대한 내면의 욕구와 그 욕구를 저지하는 압력을 알 수 있다. 〈인물화 검사〉, 〈묘화 완성 검사〉, 〈나무 그림 검사〉, 〈집 그림 검사〉, 〈산과 해의 묘화 검사〉, 〈풍경 구성 검사〉가 여기에 속한다.

▌이근매,『미술치료 이론과 실재』, 양서원, 2008.

관념(觀念, idea)

어떤 일에 대한 생각이나 견해.

스위스의 심리학자인 피아제(Piaget)는 그의 저서 〈어린이의 사고와 말〉에서, 어린이 세계의 관념은 한 번 뿌리가 내리면 쉽게 교정되지 않는다고 보았다. 사고와 묘화에 관해 논의하면서 반복적으로 하는 행위는 도식(schema)의 자양분이다. 미술 활동은 유희 학습(play learning)과 행위 학습(learning by doing)의 원형이며, 또한 언어 능력 발달의 본질을 주장함으로써 적절한 환경을 제공한다.

▎ Piaget, Jean, *The Language and Thought on Child*, London : Routlege & Kegan Paul Co., 1959.

관음증(觀淫症, voyeurism)

타인의 나체 모습, 성 행위 모습을 보기 위한 충동으로 성적 흥분을 느낌.

관음증은 주로 남성에게서 볼 수 있는 정신적인 성적 장애이며, 전혀 눈치 채지 못하고 있는 사람의 나체나 성 행위 장면을 보는 것만으로 성적 흥분을 얻는다.

▎ 류경남 외, 『가족상담심리 용어사전』, 학지사, 2006.

교육(敎育, education)

지식을 가르치고 품성과 체력을 기름.

미국의 교육학자인 타일러(Tyler)는 그의 저서(독특한 교육 과정 발달의 접근)에서, 교육이란 정해진 교육 목표를 위해서 수행되는 일련의 '계획(program)화'된 과정을 의미한다. 이러한 사상은 근본적으로 '가설–증명'의 과학주의 전통에 기초를 두고 있다. 이러한 개념에 의해 개발된 교육 과정은 한결같이 계획과 관찰, 수립, 기록, 분류, 분석, 종합, 해석하는 기능(skill)에 강조점을 두고 있다. 이것들이 곧 교육의 '표현'이다.

▎ Tyler, Ralph W., *Specific Approaches to Curriculum Development*, Giroux, H. A., (Ed.), 1981, *Curriculum and Instruction : Alternation in Education*, McCutchan Publishing Co.

구도(構圖, composition)

밑그림을 그릴 때 작가의 사상이나 감정을 화면에 조화시켜서 배치한 것.

구도의 종류에는 삼각형 구도, 역삼각형 구도, 대각선 구도, 수평선 구도, 수직선 구도, 수직과 수평 구도, 사선 구도, 호선 구도, 전광형 구도, 마름모꼴 구도가 있다.

구도의 종류

구분할 통합 회화 검사(九分割統合繪畵檢査, Nine Division Fine Art Test, NDFAT)

그림 종이에 테두리를 그린 후 가로세로로 3분할(3×3)하여 각각의 칸 속에 그림을 그리게 하는 방법.

〈구분할 통합 회화 검사〉는 일본의 아이치(愛知) 의과대학 심리학과 교수인 모리타니(森谷)가 제안한 기법이다. 이 기법은 다양한 이미지를 포괄적이고 통합적으로 표현하기 위한 것이며, 가족을 포함한 일상생활 중에서 생각나는 대로, 머리에 떠오르는 대로, 그림을 그리지 못할 경우에는 문자, 도형, 기호들을 그려도 상관없으며, 각 그림에 간단한 설명을 써넣게 한다. 그림을 그린 후 "전체를 보면 어떤 주제가 생각납니까?"라고 질문을 한다. 구분할 통합 회화 검사의 특성은 아홉 개의 칸에 생각나는 대로 그림을 그리는 방법이고, 이는 종이 위에 이루어지는 자유 연상의 표현이며, 공간적·시간적 요소를 동시에 표현하는 특성이 있다.

■ 森谷寬之·杉浦京子·入江茂·山中康裕,『コラージュ療法入門』, 東京 : 岩崎學術出版社, 1993.

구성(構成, construction)

여러 가지 재료들을 사용하여 점, 선, 면, 색, 공간의 제요소나 시각적, 촉각적, 역학적으로 2차원 또는 3차원 조형으로 조직하는 일.

구체적 조작기(具體的操作期, the concrete operational period)

지적 발달의 시기로서 구체적 추리가 가능한 시기(7세~11세).

스위스의 심리학자인 피아제(Piaget)는 그의 저서(어린이 지식의 근원)에서 구체적 조작기의 개념을 제시했다. 이 시기에는 전 조작기보다 성숙한 인지 구조가 형성된다. 전 조작기에 뚜렷이 나타났던 자기 중심성은 사회적 경험이 증가함에 따라 감소되고, 자신의 생각을 가족 성원이나 다른 사람의 생각과 비교하고 견주어 볼 수 있다. 사회의 경험과 상호 작용은 어린이의 지적 자기중심성을 감소시켜 어린이의 사고 과정에 자유를 부여한다. 6세~11세에는 사물의 분류와 같은 논리적인 조작이 구체적인 실제 세계에서 주로 나타난다. 구체적인 조작은 사고에 내포되어 있어서 논리적 관계를 군집(grouping)이라 한다. 운동의 변환적 심상은 7세~8세가 되어 구체적인 조작을 할 수 있을 때 비로소 가능해진다. 균형된 사고

의 규칙은 집단 성원의 합의에 의해 만들어졌으며, 변경할 수 있다. 탈중심화(decentralization)로 인해 다른 중요한 요소들을 무시한 채 한 요소에만 주의를 집중하는 경향이 감소된다. 논리적인 조작은 내면화된 행위로 정의되고, 환경과 상호 작용을 통해 생성되며, 동화와 조절 적응 과정의 결과를 생각한다. 논리적 조작의 예는 가역성, 서열, 분류이다.

가역성은 수의 보존 개념에서, 전 조작기 단계의 어린이는 개수는 같으나 놓여진 간격을 넓게 할 경우 간격을 좁게 한 것보다 더 많다고 본다. 이 단계의 어린이들은 길이와 밀도 간의 관계를 인식하며, 길이가 길어질수록 밀도는 감소된다는 것을 이해한다. 이와 같은 이해가 가역성의 한 형태이다. 가역성은 머릿속에서 본래의 상태로 거꾸로 전환시키는 것인데, 길이의 증가와 공간의 밀도 증가에 반대로 작용하여 같은 수요라는 것을 지각하게 되는 조작을 가리킨다. 따라서 구체적 조작기의 어린이들은 어떠한 사상의 역을 상상할 수 있으며, 머릿속의 상황을 본래의 상황으로 변화시킬 수 있다. 보존의 개념은 7세~8세 이후 구체적 조작기에 이르러서야 전체와 부분과 관계, 상위 유목과 하위 유목의 관계를 완전히 이해하게 된다.

이 단계에서는 유목을 첨가해 더하거나 분류 과정을 가역으로 수행할 수 있다. 보존의 개념에서, 구체적 조작기의 어린이들은 눈에 보이는 지각적 특성이 아닌 논리적 근거에 의해 보존의 문제를 쉽게 풀 수 있다. 어린이들은 모양이 변화하더라도 질량의 양은 변화하지 않는다거나[21], 머릿속에서 조작을 거꾸로 수행할 수 있어 양의 변화가 없다는 것[22]을 발견할 수 있거나, 높이나 넓이로 인해 잃어버린 것은 다

---

21. 동일성을 의미한다.
22. 가역성을 의미한다.

른 차원에서 보상할 수 있다는 것을 인식하게 된다. 구체적 조작기의 어린이들은 모든 영역에서 동시에 보존의 개념이 나타나지는 않는다. 수에 대한 보존의 개념은 6세~7세에 나타나고, 무게에 대한 보존의 개념은 9세~10세에 나타나며, 부피에 대한 보존의 개념은 10세~15세에 나타난다. 이와 같이 같은 구체적 조작기에도 영역에 따라 보존의 개념에 도달하는 시기가 차이나는 것을 수평적 뒤짐(horizontal decrease)이라 부른다. 수평적 뒤짐은 발달 특징의 단계와 한 유형의 문제에서 다른 영역의 문제로 전이되지 않는다. 수직적 뒤짐(vertical decrease)은 발달이 한 단계에서 다른 단계로 전이(transfer)[23]가 어려운 것을 가르친다.

구체적 조작기에 획득되는 또 하나의 논리적 조작인 서열화는 사물을 증가하거나 감소하는 순서로 배열하는 능력을 말한다. 연역적 합성에 의한 서열은 구성할 수 있는 능력을 구체적인 조작 단계에 이르고, 서열에서도 수평적 뒤짐이 나타난다. 길이는 관련된 서열 개념 중에서 가장 빨리 7세~8세에 나타난다. 인과 관계에서 구체적인 조작 단계는 후기에 가서야 인과 관계 개념을 이해하게 된다. 구체적인 조작기의 초기 단계에는 전 조작기에 보였던 병렬에 의한 인과 관계 이해가 나타난다. 두 사건이 두 시간 간격으로 일어나면 두 사건은 병렬되고, 인과로 이해하며, 9세~10세가 되어야 병렬 이상의 간단한 인과 관계를 이해할 수 있다.

이 시기의 어린이들은 점차 어떤 사물이 일어난 물리적·기계적 연관성을 찾고, 사물을 합리적인 인과 관계 속에서 분석하며 재구성하려고 한다. 구체적인 조작기에는 전 조작기에 비해 훨씬 논리적이

고, 일관성 있는 사고가 가능하다. 그러나 구체적인 조작의 한계는 조작을 구체적이고 특정한 사상에만 적용시킨다.[24] 따라서 구체적인 조작기에 습득된 구체적인 사상 하나하나는 영역별 조작이 통합된 전체로서 체계화되므로 형식적 조작기에만 가능하다. 전 조작기와 구체적 조작기의 단계에서 인지 구조의 질적 차이는 어린이가 환경을 이해하는 데 영향을 미친다. 일련의 연구에서 죽음에 대한 어린이의 이해가 피아제의 접근 방법으로 연구되었다. 어린이의 지식은 보존 개념에서 가역성의 이해와 직접적으로 관련된 유사한 점이 있다.

▌ Piaget, Jean, *The Origins of Intelligence in Children*, (Trans.) by Margaret Cook, New York : International Univ. Press, 1952.

그러데이션(gradation) → 점이(漸移, gradation)

그림(－, picture)

사물의 형상(形象)이나 이미지(情感)를 선이나 색채로 평면 위에 나타낸 것.

1950년 일본의 아동 미술 연구가인 미야다케(宮武)는 그의 연구에서, 그림이란 어린이의 생활 기록이라고 보았다. 어린이들은 마음과 뜻을 표현할 뿐만 아니라 그림으로 생활과 희망을 달성하며, 그림으로 방해자를 배제하며, 그림으로 살인한다. 또한 유아는 그림으로 질투하고, 그림으로 복수하며, 그림으로 창의력을 얻는다.

▌ 김재은, 『그림에 의한 아동의 심리진단』, 교육과학사, 1984.

그림 대화 검사(－對話檢查, Draw a Story Test, DAST)

그림 그리는 것을 강하게 부정하거나 병적인 반응을

---

23. 한 번 학습한 결과가 다른 학습이나 반응에 영향을 주는 일이다.

24. 현재 눈앞에 있는 구체적인 사상에 너무 밀집되어 있어서 구체적인 내용과 분리된 형식적 추상적 사고를 전개할 수 없다.

보이는 것은 우울증이 반영되므로, 이를 선별하기 위한 방법.

실버(Silver)는 그의 저서(세 가지 그림 평가)에서, 〈그림 대화 검사〉는 응답자에게 자극의 그림 배열에서 두 개를 선택하고, 선택한 대상 사이에 일어난 것을 상상하도록 하며, 자신들의 그림 속에 일어난 내용을 보여 주도록 요구한다. 그림 그리기가 끝나고, 가능할 때 이야기를 첨가하며, 토의한 후 표에 제시된 5점 평정 척도에 따라 반응을 채점한다.

〈DAST의 내용 평가를 위한 평정 척도〉

점수	내용
1점 (강한 부정)	• 도움을 받을 수 없거나, 슬프거나, 고립되어 있거나, 죽음에 처해 있는 사람 • 파괴적 또는 생명에 위협적인 관계
2점 (중간 정도의 부정)	• 무서움, 공포, 좌절 또는 운이 없는 사람 • 스트레스 또는 적의를 느끼는 관계
3점 (중간 단계)	• 애매하거나 갈등, 부정적인 또는 긍정적인 관계를 나타내는 사람 • 분명하거나 명료하지 않은 관계를 나타내는 사람 • 긍정적, 부정적, 비정서적인 관계를 나타내는 사람 • 그림을 그린 대상이나 관계에 대해서 전혀 감정이 없는 사람
4점 (중간 정도의 긍정)	• 운은 있는데, 행동이 수동적인 사람 • 친한 관계를 나타냄
5점 (강한 긍정)	• 목표를 달성해 행복해 보이는 사람 • 챙겨 주거나 사랑하는 관계

▌Silver, R., *Draw a Story : Screening for depression*, Mamaroneck, New York : Ablin, 1988. / Silver, R., *Draw a Story : Screening for depression and age or gender difference*, New York : Trillium, 1993.

그림물감(‒, picture paints)

그림을 그리는 데 필요한 재료.

그림물감은 안료(顔料)에 매제(媒劑)를 배합하고, 고착제나 밀착제 및 보습제를 첨가하여 만든 것으로, 이것은 회화(繪畫), 도화(圖畫), 디자인용으로 사용된다.

▌박대순 편저, 『현대디자인 용어사전』, 디자인오피스, 1996.

그림물감의 종류(‒種類, kind of picture paints)

그림을 그리는 데 필요한 재료의 갈래.

그림물감의 종류에는 회화(繪畫)용, 도화(圖畫)용, 디자인용으로 구분되며, 크게 여섯 가지로 나누어진다. 첫째, 수용성(水溶性) 밀착제로는 아라비아 고무, 아교, 카제인을 섞어서 만든 것(수채화 물감)이 있다. 둘째, 수채화용으로는 포스터컬러(불투명성용, 튜브용), 템페라(tempera), 불투명성 수채화, 수성 페인트, 실내 도장(室內 塗裝)용이 있다. 셋째, 유류(油類) 밀착제로는 유화 물감(油畫‒, oil color)이 있다. 넷째, 납(蠟) 밀착제로는 크레용(crayon)과 색연필이 있다. 다섯째, 기타 밀착제로는 크레파스(crayon pastel)가 있다. 여섯째, 백묵(白墨)으로 색지 액을 사용하지 않는다.

수채화 물감   포스터 물감

▌박대순 편저, 『현대디자인 용어사전』, 디자인오피스, 1996.

그림에 나타난 크기(size of appearance in picture)

그림 종이(畵紙)에 표현된 사물 형태의 가로와 세로의 크기.

맥코버(Machover)는 그의 저서(인물화 속의 인간성 투사)에서, 어린이의 그림에 의한 성격 진단을 체계적으로 제시한 사람은 자신이지만, 이 같은 시도는

1880년 리찌(Ricci, C.)에 의해 출발되었다고 설명하고 있다.

▮ Machover, K., *Personality Projection in the Drawing of Human Figure*, Illinois : Charles C. Thomas, Publisher, 1949.

정신과 의사인 김중술(金重述)은 그의 논문에서 그림에 나타난 크기의 중요성을 강조했다. 그림 1에서 나타난 남자는 여자보다도 우선 크기가 매우 작고, 호주머니에 손을 집어넣고 엉거주춤 서 있는 모습이며, 운동감이 결여되어 있고, 여자보다 팔이 짧다. 그림에 나타난 여자의 모습은 서 있는 자세, 발의 위치나 팔의 모습이 활동성을 시사하고 있다. 이 환자(혹은 어린이)에게 남자는 비활동적이고, 수동적이며, 내향적이다. 그러나 여자는 활동적이고, 외향적이며, 공격적으로 보인다. 그림의 크기와 사용 가능한 종이의 여백은 환자와 그의 환경 간의 관계, 환자와 부모의 관계를 반영한다. 도형의 크기란 환자가 환경의 자극에 반응하는 양식을 나타내는 것이다. 따라서 그가 그린 인물이 왜소할 경우 그것은 자신의 자아 개념이 안정치 못하고, 자신감이 부족하며, 열등의식이 있다. 또한 환경의 압력에 위축되어 있는 것을 의미한다.

그림 2는 매우 안정치 못한 7세 여자 어린이가 그린 그림이다. 이 아이는 평소에 겁이 많고, 자존심이

그림 1   그림 2

없으며, 긴장을 많이 하고, 불안한 엄마와 함께 살고 있으며, 아빠는 안 계신다. 지능은 보통 수준이나 학교 성적은 보통 이하이며, 그림을 그리면서도 계속 "이렇게 그리면 돼요?"라고 물었다. 이 그림은 자기 자신을 나타내는 것이다.

그림 3   그림 4

그림 3은 7세 여자 어린이가 그린 그림이다. 이 아이는 가정이 화목하고, 원만한 성격으로 활동성이 있으며, 친구들도 잘 사귀는 명랑한 성격의 소유자이다. 특히 불안하고 겁 많은 아이들은 주어진 종이의 일부만을 사용하고, 그것도 왼쪽 구석에 조그마한 사람을 그린다. 활달하고 명랑한 아이들은 종이의 지면을 마음대로 이용하고, 중간에 큼직하게 그리는 것을 볼 수 있다. 6세가 지나도 손이나 팔을 그리지 않는 아이들은 수동적이거나 공포, 지능의 미성숙을 의미한다. 특히 10세 이상의 어린이들에게서 이와 같은 현상이 나타날 경우에는 적응 장애나 그 밖의 다른 정신적인 문제가 있는 것으로 의심해 볼 수 있다. 손을 감추고 있는 그림[25]은 흔히 죄책감의 표현으로 간주되며, 때로는 자위행위와 관련이 있다. 손이나 손가락을 지나치게 크게 그리거나 강조한 그림이 자화상일 때는 자신의 공격성을 상징할

_____

25. 손을 뒤로 하거나 호주머니 속에 넣고 있는 경우도 포함된다.

수 있다. 그 그림이 부모나 다른 사람일 경우에는 자기가 받았거나, 예측하고 있거나, 무서워하고 있는 공격성을 의미한다.

그림 4는 매우 지능이 높은 7세 어린이의 그림이다. 이 아이는 학교나 가정에서 적응 장애를 나타내고 있고, 불만에 대해 음식이나 물건을 가지는 것으로 보상의 만족을 얻고 있으며, 학교에서 여러 번 남의 물건을 훔치는 일 또는 남의 도시락을 훔쳐 먹는 일도 있었다. 이 그림에서는 손가락의 크기를 유의해 볼 필요가 있고, 서 있는 자세도 다분히 공격성을 나타낸다.

그림 5   그림 6

그림 5는 9세 남자 어린이의 그림이다. 이 아이는 보통의 지능을 가지고 있고, 자기주장을 못하며, 억제가 심하고, 수동적이며, 불안정한 성격을 가지고 있다. 이 그림은 아예 팔짱을 끼듯이 접었을 뿐만 아니라 손의 크기가 작고, 팔 부분에 검은 칠을 함으로써 팔이 하는 행동에 대한 불안감 또는 죄책감을 의미하며, 때로는 수동적이거나 공격성을 상징한다.

그림 6은 11세 기분이 우울한 여자 어린이의 그림이다. 이 아이는 매우 불행에 차 있고, 보통 수준의 지능 소유자임에도 불구하고 학교 성적은 보통 이하이며, 친구들과 잘 어울리지 못한다. 그렇게 된 주된 원인은 가정환경에 있다. 부모는 별거 중에서 자기가 설 땅이 없는 상태이다. 이 그림에서는 낙엽이 휘

날리고 있고, 하늘에 검은 구름이 있으며, 그림 속에 사람이 없다. 이런 아이는 때로로 태양을 까맣게 칠하거나 시커면 먹구름을 그리는 경우가 있다. 동서양을 막론하고 정상적으로 적응하는 어린이들은 인물화 그림에서도 빛나는 태양을 위쪽 구석에 그리며, 태양 광선이 내리쬐는 것(발광선)을 그리는 것이 공통적이다.

▌ 김중술,「아동화의 이해와 평가」,『새교실』, 대한교련, 1980.

박현일은 집안에서 영향력이 가장 센 사람을 크게 그리거나 가장 앞에 위치시킨다고 했다. 이 크기는 실제 크기와는 상관이 없으며, 어린이의 마음속에 있는 또는 집안에서 영향력을 행사하는 크기이다.

▌ 박현일,『사고력 발달을 위한 어린이 그림 지도 방법론』, 생활지혜사, 1996.

그림의 방향 (‒ 方向, direction of drawing)

그림 종이(畵紙)에 표현된 형태의 선이나 색채 방향. 아메스(Ames)는 그의 논문("그림 방향의 발달")에서 그림의 방향에 대해 다음과 같이 언급했다. "왼손잡이는 그림의 형태가 좌측보다 우측에서 시작되고, 꼭대기보다 밑에서 시작하는 경향이 더 많다."

▌ Gesell, Amold & Ames, L. B., "The Development of

Directionality in Drawing", *Journal of Genetic Psychology*, 68, pp. 45~61, 1946.

프리먼(Freeman)은 그의 논문("어린이들의 그림에서 생산과 진행")에서 동물의 다리 두 개를 위쪽에 그리고, 둘은 아래쪽에 그렸던 어린이를 실험했다. 어린이에게 마부가 이미 말 위쪽 공간을 차지하고 있는 말 그림을 제시했다. 그러자 이번에는 그 어린이가 네 개의 다리를 아래쪽 공간에 위치시켰다.

▌ Freeman, N. H., "Process and Product in Children's Drawing", *Perception*, 1, pp. 123~140, 1972.

미국의 아동 심리학자, 게젤아동발달연구소(Gesell Institute of Child Development) 소장인 게젤(Gesell)은 그의 논문("그림 방향의 발달")에서 그림의 방향에 대해 다음과 같이 언급했다. "왼손잡이는 모양의 좌측보다는 우측에서, 꼭대기보다는 밑에서부터 시작하는 경향이 더 많다." 또한 그의 관찰에 따르면, 어린이의 발달 순서상 수직선 긋기가 수평선 긋기보다 앞서 나타난다.

▌ Gesell, A. L., & Ames, L. B., "The Development of Directionality in Drawing", *Journal of Genetic Psychology*, 68, pp. 45~61, 1946.

그림의 성격 진단(－性格診斷, personality diagnosis of picture)

점, 선, 면, 색채 따위가 그려진 사물의 형태를 분석하여 성격을 진단하는 방법.

미국의 여성 미술 교육학자이자 미국 뉴욕주립대학교 의과대학 임상 교수인 맥코버(Machover)는 〈인물화 검사〉의 연구자로 유명하다. 그녀의 저서(〈개성이 투사된 인물화〉)에서, 그림을 그리는 사람은 그의 성격에 대한 중요한 부분을 나타낸다. 그림을 성격 진단의 도구로 발전시킨 데 큰 공헌을 한 그의 연구는 직관적이거나 인상주의 방법을 많이 취했다. 어린이의 미술 표현은 '심신 동형설(isomorphism)'[26]에 근거하고, 심리 상태가 화면에 100% 투사된다는 것을 전제로 하는 이론이다. 자아상(self image)이란 인물화에 직접 투사되기 때문에 유추(analogy)할 수 있다. 그래서 인물화는 자아나 몸의 표시이다.

머리와 얼굴은 사회적 욕구(social need)와 감수성(responsiveness)을 표현한다. 이 부분은 지적 포부(intellectual aspiration)를 투사시키며, 또한 충동을 이성으로 통제하며, 성격을 환상적으로 표현하는 부분이고, 성적 상징(sexual symbolism)으로서 중요한 구실을 한다.

머리카락은 육감적 욕구와 성적 충동(간접)을 의미한다. 성적 투사는 원시적이거나 유아적이고, 사춘기 소녀는 머리카락을 강조한다. 성적 표현으로서 머리카락은 어린아이들에게 있어서 퇴행을 의미하고, 어른들은 강조한다. 머리카락을 흥분한 것처럼 그린 것은 유아의 성욕이 일어남을 표시한다.

머리는 노쇠한 사람이나 퇴행적 상태에 머물러 있

---

26. 심신 동형설은 형태 심리학에서 사용한 낱말로써 지각된 물리 현상과 뇌수적 생리 현상의 같은 구조를 가지고 있다. 어린이의 그림은 대뇌의 약도라고 생각하는 이론이며, 이것을 표출하고 이해하는 기준의 이론이다.

는 사람들이 제일 먼저 그리는 부분이고, 또한 몸 중에서 가장 일관성 있게 표현되는 '자아'의 소재지이다. 다른 부분에 비해서 이상스럽게 큰 머리는 정신적 발달이 늦고, 욕구 불만을 두뇌에 지나치게 과대평가하며, 학교 공부를 잘 못하는 부적응을 나타낸다. 상처 때문에 아픈 머리는 자극에 예민함을 의미한다. 머리는 지식이나 도덕적 허영이 나타나고, 환자에게서 볼 수 있으며,[27] 의존성이 강하다.[28] 앞이마나 뒷이마가 툭 튀어나온 것은 두뇌의 힘을 중요시한다. 모양이 이상하게 생긴 머리는 두뇌가 이상하게 작용하는 것을 의미하고, 이것은 기질상 이상(strangeness)을 표시하는 경우가 많다.

눈은 얼굴의 모습에서 제1차로 사회적 의사소통을 말한다. 큰 눈은 세계를 시각적으로 흡수하고, 작은 눈과 감은 눈은 세계를 배척한다. 퉁방울눈은 성적 흥분을 뜻한다. 눈은 확실성 없는(uncertainty) 것이나 당황, 공포를 표시하는 저장소이다. 신중하고 조심스러운 눈은 과대망상증이고, 본 것에 대한 죄악감을 없애려는 표시이다. 화장한 긴 속눈썹은 성, 전시적 효과와 매력을 표시한다. 또한 눈은 정신적 창으로서 자폐증의 생활과 자아도취를 표시한다. 눈동자의 생략은 보는 사물에 기생적으로 매달려 살고 있는 히스테리컬(hysterical)하고, 자기중심적이며, 객관적으로 분열층은 일어나지 않는다. 윤곽 없이 눈동자만 까맣고 선명하게 그린 눈은 조심스럽게 보는 것이고, 망상증 성격의 소유자이다. 또 눈은 방어적 도구로 쓰이고, 보이는 것을 제한된 의미로 본다.[29]

귀는 미적인 아름다움은 없다. 망상증의 성격이나

후천적으로 귀머거리가 된 사람은 귀가 주의 집중적 중심 역할을 한다. 일그러져 있거나 기형적으로 표현되는 귀는 일그러진 정도에 따라 과민성이 나타나고, 사회적 비판을 잘 하며, 아주 심한 망상증을 보인다. 귀 모양이 찌그러졌거나, 위치가 잘못되거나, 이상스럽게 자세히 그려진 귀는 병리적 현상이다.

코의 미적 중요성은 눈보다는 덜 중요하고, 귀보다는 중요하며, 성적 상징(sexual symbolism)으로 방사적 기관이다. 코는 1차적으로 남성의 상징이다. 아주 강한 코는 남성적이고, 자기주장이 강하다. 그늘을 표시하거나 잘라진 코는 갈등을 표시한다. 불감증 기능을 회복하는 상징으로는 지나치게 큰 코나 극단적으로 길게 그린다.

입은 성적 관계의 갈등적 상태이고, 아주 어릴 때 고정화(fixation)되는 기관이며, 여러 가지 승화 작용이 있다. 특히 입은 의존적 형태와 보상적인 공격을 나타내고, 특수한 성적 도착을 표현하며, 성욕과 육감의 부위로서 투사된다.

---

27. 그 사람의 머릿속에 허영이 존재한다.

28. 머리는 사회적 의사소통과 의존성이 있는 중추 기관을 의미한다.

29. 망상증을 가지고 있다.

▌ Machover, K., *Personality Projection in the Drawing of the Human Figure*, Illinois : Charles C. Thomas, Publisher, 1948.

그림의 수준(－水準, level of picture)

사물의 형상(形象)이나 이미지(情感)를 선이나 색채로 평면 위에 나타내는 일정한 정도.

레비스(Lewis)는 그의 논문("기본적으로 선호하는 그림과 공간적인 그림 표현의 발달 관계")에서 초등학교 남자 어린이와 여자 어린이 그림의 수준이 거의 같다고 주장했다. 비록 남자 어린이와 여자 어린

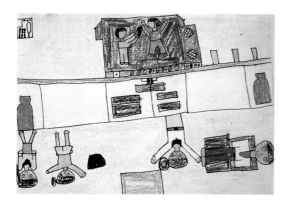

이가 사용한 그림의 주제는 어느 정도 차이를 보이지만 그 주제를 다루는 기능에서는 비슷하다.

▌ Lewis, Hilda, "Spatial Representation in Drawing as a Correlate of Development and a Basis for Picture Preference", *Journal of Genetic Psychology*, 102, pp. 95～107, March, 1963.

그림의 주제(－主題, theme of picture)

사물의 형상(形象)이나 이미지(情感)를 선이나 색채 따위의 주요한 제목.

1936년 영국의 계몽 철학자인 흄(Hume, D.)은 그의 연구에서 그림의 주제에 대해 언급했다. 그는 다양한 주제가 포함된 서로 다른 열다섯 장의 그림을 보여 주고, 5세 전후의 어린이들에게 제일 좋아하는 그림을 선택하게 했다. 그 결과 어린이들은 동물이 그려져 있는 그림을 우선적으로 선택했다.

그림의 평가(－評價, estimation of picture)

사물의 형상(形象)이나 이미지(情感)에 대해 평면 위에 선이나 색채로 나타내는 가치를 판단함.

영국의 묘화 요법 전문가인 힐(Hill, A.)은 그의 연구에서 어린이의 그림 평가에 대해서 언급했다. 그는 이 평가에서 어린이의 그림 진보를 위해 잘되었다고 생각되는 부분(점)만 지적해 주는 것이 좋다고 했다.

■ 김재은,『그림에 의한 아동의 심리진단』, 교육과학사, 1984.

그림의 형태(－形態, form of picture)

사물의 형상(形象)이나 이미지(情感)를 평면 위에 선이나 색채로 나타내는 모양.

김재은에 의하면, 5세 어린이의 그림에는 눈, 코, 입, 머리카락, 팔, 다리, 동체가 나타난다. 동그라미에 두 개의 선[30]이 첨부될 때 그것은 어린이의 도식상으로 '엄마(업어 줘요 뜻)'에 새로운 언어가 첨가되어 '엄마, 어부바'가 된다.

■ 김재은,『인물화에 의한 지능측정』, 배영사, 1967.

그림 이야기 검사(－檢査, Draw a Story Test, DAST) → 그림 대화 검사

그림 좌절 검사(－挫折檢査, Picture Frustration Test, PFT)

좌절된 욕구를 그림으로 투사하는 방법.

이 검사를 〈회화 좌절 검사〉라고 하며, 미국에서는 〈피 에프 스터디(P. F. Study)〉라고도 부른다.

로젠즈바이크(Rosenzweig, S.)가 그의 욕구 좌절 이론에 따라 제작했으며, 투사적 방법의 〈성격 검사〉로서 아동용과 성인용 두 가지로 나누었다. 각 검사

---

30. 동체를 표시한다.

는 스케치풍의 그림이 그려진 24매의 카드로 구성되어 있다. 그림에는 두 사람이 등장하고, 그 중 한 사람이 다른 사람에게 욕구 좌절을 일으킨다. '만약 피험자가 그러한 경우 어떻게 대답하는가'를 빈칸에 써넣는다.

욕구 좌절의 원천은 두 가지 종류가 있다. 하나는 자아가 좌절당하는 경우이며, 또 하나는 초자아가 좌절당하는 경우이다. 전자는 자기의 능력에 실망하는 경우이고, 후자는 남에게 비난을 받는 경우이다. 이 검사는 피험자가 써넣은 대답을 분석하여 성격을 진단하고자 하는 것인데, 피험자가 가정한 그림의 인물을 동일시한다. 물론 이 경우에는 〈성격 검사〉의 목적을 달성할 수 있지만, 만약 동일시하지 않고 그림에 나타난 상황을 흔히 있는 일상적 사실로 보고 대답한다면 〈성격 검사〉라고 하기보다 태도 검사에 가깝다.

욕구 좌절에 대한 반응을 해석하는 준거로는 장해 우위형(障害優位型, O-D), 자기 방어형(自己防禦型, E-D), 요구 고집형(要求固執型) 세 가지가 있다. 공격이 있을 것이라는 가정 아래 공격의 방향은 외벌적 방향(外罰的方向), 내벌적 방향(內罰的方向), 무벌적 방향(無罰的方向, M)으로 해석한다. 그러나 해석은 이 유형적 판단에만 의하는 것이 아니고, 유형의 비율 24매를 전반의 반응과 후반의 반응, 순서의 반응에서도 해석의 단서를 찾는다.

■ Rosenzweig, S., 〈Picture Frustration Test〉, 1945. / 교육학사전편찬위원회 편,『교육학대사전』, 교육서관, 1989.

근사적 소시오메트릭 검사(近似的－檢査, Near Sociometric Test, NST)

각 개인의 사회적 규준을 측정하는 방법.

이 검사의 창시자인 모레노(Moreno, J. L.)에 의하면, 순수한 형의 〈소시오메트릭 검사〉는 여섯 가지의 요

건을 갖는다. 첫째, 피험자에 의한 선택 혹은 배척의 대상이 되는 집단 성원의 범위가 한정될 것. 둘째, 피험자에게 무제한으로 선택 또는 배척이 허용될 것. 셋째, 피험자에게는 특정한 규준(선택 양면)에 의해 선택 혹은 배척하도록 요구되는 일. 넷째, 검사는 집단이 무엇인가 재구성하기 위해 시행되어야 할 일. 다섯째, 반응 내용의 비밀 보지(保持)가 결속될 것. 여섯째, 검사에 사용되는 질문은 피험자가 구체적으로 이해할 수 있도록 작성할 것.

▌ 교육학사전편찬위원회 편,『교육학대사전』, 교육서관, 1989.

근접성의 법칙(近接性 – 法則, law of proximity)

근접한 것끼리 짝지어진 것으로 게슈탈트(gestalt) 법칙의 한 가지 요소.

두뇌는 멀리 떨어져 있는 물체보다 서로 근접해 있는 물체를 밀접하게 연관시킨다. 손을 잡고 가까이에 있는 친구는 20미터 떨어져 있는 사람보다 밀접하다.

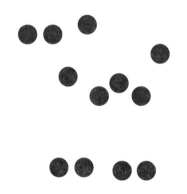

▌ 박현일,『디자인 강의』, 교우사, 2008.

근친상간(近親相姦, incest)

가족이나 가까운 친척들 사이의 성 관계 및 이에 준하는 성적 행위.

사독크(Sadock), 레이프(Rape), 인코스트(Incost)는 그들의 저서(포괄적인 정신 의학)에서, 근친상간은 혈족 간의 성 관계로 정의될 수 있으며, 여기서 성 관계란 직접적 성 관계뿐만 아니라 성적 학대, 성적 희롱, 추행, 변태적 성 행위도 포함된다.

▌ Sadock, V. A, Rape, S. A. & Incost, *Comprehensive Textbook of Psychiatry*, Baltimore : Williams & Wilkms, 1989.

글자 교육과 색채(– 敎育 – 色彩, letter education and color)

글자 교육과 색채의 상관관계.

박현일(朴賢一)은 그의 기고문에서 어린아이들에게 글자 교육을 시킬 때 자주 틀린 글자나 어려운 글자, 수학 공식들을 아이가 좋아하는 색[31]으로 쓰도록 하면 효과가 있다고 주장했다.

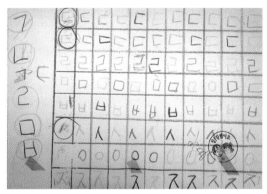

틀린 글자나 어려운 글자를 좋아하는 색으로 크게 쓰게 한다.

▌ 박현일,「유아 글자 교육 여러 가지 색」, 바로찾는세상지, 1993.

---

31. 색연필이나 색 사인펜의 여러 가지 도구들을 의미한다. 또한 어린이들뿐만 아니라 청소년이나 어른도 시도하면 좋은 효과를 얻을 수 있다.

기본색(基本色, basic color)
원색과 비슷하지만 색의 체계를 구분하기 위해서 정한 색.
한국산업규격(KS)의 다섯 가지 기본색은 빨강, 노랑, 녹색, 파랑, 보라이다.

■ 박현일 외, 『색채학 사전』, 국제, 2006.

기분 장애(氣分障碍, affective disorder)
기분이 심각하게 왜곡되어 나타나는 정신 병리적 상태. 기분의 정서적 요소는 강도, 기간, 변동성, 성질이 지나치게 과장됨으로써 자아의 내적 진술이나 외부의 현실적 요구에 대해 유연하고, 적절하게 행동하거나 생각할 수 없는 장애를 지칭한다.

■ 미국정신분석학회 편, 이재훈 역, 『정신분석용어사전』, 한국심리치료연구소, 2002.

기술적 사실기(技術的寫實期, the descriptive realism period)
버트(Burt)가 주장한 어린이의 선화(drawing) 발달 7단계 중에서 네 번째 단계(7세~8세).
버트는 그의 저서(정신과 학습의 검사)에서, "기술적 사실기는 개념적으로 보았던 것이나 아는 것을 그린다. 윤곽은 좀 더 세밀해지고, 생각의 연상에 의해 많이 제시되며, 얼굴의 측면 묘사나 장식적인 부분에 신경을 많이 쓴다. 어린이는 자기가 아는 것, 기억하는 것, 흥미로운 것을 주관대로 전달하고 표현한다. 도식은 좀 더 자세해지고, 그려지는 요소는 지각의 분석에 의해서가 아니라 생각(idea)의 연상에 의해 좀 더 많이 제시된다."고 보았다.
　이 시기는 얼굴의 측면 묘사가 시도되고, 원근법

(perspective)과 명암, 축소법(foreshortening)은 전혀 나타나지 않고, 장식적인 부분을 주워 모으는 데 불과하다.

■ Burt, C., *Mental and Scholastic Test*, London : P. S. King & Son., 1921.

기술적 상징기(技術的象徵期, the descriptive symbolism period)
버트(Burt)가 주장한 어린이의 선화(drawing) 발달 7단계 중에서 세 번째 단계(5세~6세).
버트는 그의 저서(정신과 학습의 검사)에서, 이 시기는 사람의 모습이 세밀해지고, 상징적 도식(schema)과 도식으로 표현된다. 윤곽은 어린이에게 각각 다르게 나타나고, 자기 발명적(inventive) 형태로 나타나는 얼굴의 각 부분들은 제자리를 찾게 된다. 도식은 어린이 나름대로 다르게 나타나지만[32] 대체적으로 유사하게 표현된다.

■ Burt, C., *Mental and Scholastic Test*, London : P. S. King & Son., 1921.

기억 색(記憶色, memory color)
사람의 머릿속에 고정 관념으로 인식되어 있는 색채.
기억색은 색의 연상과 상징의 작용에 의해 나타나고, 연령과 계층, 지역, 선호도에 따라 다르게 나타난다. 색은 오랫동안 기억되는 색과 기억되지 않는 색이 있다. 일반적으로 빨강, 주황, 노랑의 난색 계통이 녹색, 청록, 파랑의 한색 계통보다 기억되기 쉽다. 원색이나 채도가 높은 색은 기억하기 쉽다는 연구가 있으며, 또한 이와 반대되는 결과도 있다.
　색상은 원색에 가까워지고, 명도와 채도는 높아진다는 설과 명도와 채도는 낮아진다는 설 두 가지가

---

32. 동그라미를 그리고 눈이라고 하는 어린이, 점을 찍고 눈이라고 하는 어린이들이 있다.

굴   복숭아

라일락

있다. 실험에 의하면 전자의 경우가 대부분이다.

▋ 박현일 외, 『색채학 사전』, 국제, 2006.

기억의 발달(記憶-發達, development of memory)

사람의 머릿속에 고정 관념으로 인식되어 있는 것들이 발휘할 수 있는 상태.

스메들리(Smedley, F. W.)는 그의 연구에서, "기억의 발달은 청각에서 시작하여 시각으로 옮아간다. 8세 때에는 귀를 통해 주어진 자료를 기억하는 이른바 청각이 우세하고, 9세부터는 시각적인 기억이 우세하며, 13세까지는 심한 차이로 변해 간다. 이 시기는 그림을 그릴 수 있느냐 없느냐를 구분 짓는 것인데, 지식(경험)이 없으면 그림을 포기하게 된다."고 했다.

▋ 김정, 『아동의 미술교육 연구』, 창지사, 1989.

기저선(基底線, ground line, base line) → **바닥 선**(-線)

기조 색(基調色, base color)

배색 대상의 가장 넓은 면적의 색＝베이스 컬러.

기조 색은 배경색이나 바탕색, 가장 억제된 색으로 사용하는 경우가 있다.

▋ 박현일 외, 『색채학 사전』, 국제, 2006.

기질(氣質, temperament)

인생 초기에 나타나는 성격 특성.

기질은 일차적 정서를 경험하고 표현하는 가능성에 대한 개인차로 정의되기도 한다. 대체로 이것은 유전적 요인에 의해 결정되는 특성으로 성격의 기초가 된다.

▋ 한국교육심리학회 편, 『교육심리학 용어사전』, 학지사, 2000.

기질 검사(氣質檢査, Temperament Survey, TS)

성격 중에서 특히 기질적인 측면을 파악하는 방법.

〈기질 검사〉는 길포드(Guilford)와 짐머만(Zimmerman)이 〈STDCR 인자의 인격 목록〉, 〈GAMIN 인자의 인격 목록〉, 〈인사 인격 목록(personal inventory)〉의 세 가지를 개정하고 요약하여 제작한 질문지법에 의한 〈인격 검사〉이다. 이 검사는 일반 운동성(G : general activity), 억압(R : restraint), 지배성(A : ascendance), 사회성(S : sociability), 정서 안정성(E : emotional stability), 객관성(O : objectivity), 우호성(F : friendliness), 사려성(T : thoughtfulness), 개인적 관계(P : personal relations), 남성성(M : masculinity) 인자 열 가지 특성으로 구성되어 있다.

▌ Guilford, Joy P. & Zimmerman, W. S., 〈Temperament Survey〉, 1949. / 교육학사전편찬위원회 편, 『교육학대사전』, 교육서관, 1989.

기초 흥미 특성(基礎興味特性, Primary Interest Traits, PIT)

관심을 가지는 감정에 대한 토대의 특수한 성질을 측정하는 방법.

1943년 미국의 심리학자인 길포드(Guilford)와 슈나이드만(Schneidman, E.), 짐머만(Zimmerman, W.S.) 세 사람이 제작했다. 이것을 길포드는 요인 분석을 통해 기초 흥미 특성(primary interest traits)을 열여덟 가지로 측정했다. 첫째, 예술적(artistic)에는 감상적(appreciative) 흥미와 표현적(expressive) 흥미가 있다. 둘째, 언어(language)적에는 감상적(appreciative) 흥미와 표현적(expressive) 흥미가 있다. 셋째, 과학적(scientific)에는 조사적(investigative) 흥미와 이론적(theoretical) 흥미가 있다. 넷째, 기계적(mechanical)에는 조작적(manipulative) 흥미와 제작적(designing) 흥미가 있다. 다섯째, 야외(out door)에는 자연적(natural) 흥미와 운동적(athletic) 흥미가 있다. 여섯째, 상업적·정치적 흥미(business political)에는 판매적(merchantable) 흥미와 지도적(leadership) 흥미가 있다. 일곱째, 사회 활동(social activity)에는 설득적(persuasive) 흥미와 군집적(gregarious) 흥미가 있다. 여덟째, 봉사적에는 개인 봉사적(personal service) 흥미와 사회 복지적(social welfare) 흥미가 있다. 아홉째, 사무적(office work)에는 서기적(clerical) 흥미와 계수적(numerical) 흥미가 있다.

▌ Guilford, Joy P., *Intelligence, Creativity, and Their Educational Implications*, San Diego : California, Robert R. Knapp, 1968.

기호(旗號, sign)

어떤 뜻을 나타내기 위한 문자나 부호.

문자나 부호는 가장 중요한 기호이며, 수학이나 화학에서 사용된 숫자나 로마자도 기호이다.

스위스의 심리학자인 피아제(Piaget)는 그의 저서 〈지식의 심리학〉에서, "기성화된 기호들은 나이 어린 어린이들의 생각을 표현하는 데 적합한 매개체가 아니다. 어린이들은 말을 하는 데 만족하지 않는다. 자기가 생각하는 것을 실현하며, 자기의 개념을 몸짓

숫자와 색채

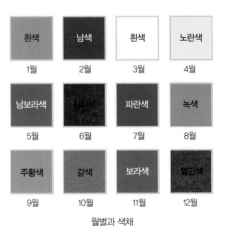

월별과 색채

이나 대상물로 상징한다. 이들은 모방, 그림, 구성적인 사물을 묘사하고 우긴다.”고 제안했다.

▌ Piaget, J., *The Psychology of Intelligence*, New York : Harcourt, Brace & World, Inc., 1959.

기호 색(嗜好色, preference color)

어떤 사물을 좋아하며 즐기는 색.

페트릭(Patrick)은 기호 색을 유아, 아동, 대학생, 기성인(旣成人)의 네 가지로 분류했다. 유아의 기호 색으로는 빨강, 파랑, 하양, 녹색, 갈색이 있다. 아동의 경우에는 파랑, 빨강, 노랑, 녹색, 하양이 있다. 대학생의 경우에는 파랑, 빨강, 녹색, 노랑, 주황이 있다. 기성인의 경우에는 파랑, 빨강, 녹색, 보라, 주황이 있다.

유아의 기호 색

| 빨간색 | 파란색 | 흰색 | 녹색 | 갈색 |

아동의 기호 색

| 파란색 | 빨간색 | 노란색 | 녹색 | 흰색 |

대학생의 기호 색

| 파란색 | 빨간색 | 녹색 | 노란색 | 주황색 |

기성의 기호 색

| 파란색 | 빨간색 | 녹색 | 보라색 | 주황색 |

▌ 박현일 외,『색채학 사전』, 국제, 2006.

긴장감(緊張感, strain)

전압(電壓). 조형에서는 어떤 장면 위의 구성 요소가 상호 관계에 의해 나타나는 긴장감.

길포드-슈나이드만-짐머만 기질 검사(－氣質檢査, Guilford-Schneidman-Zimmerman Temperament Survey, GSZTS) → 기초 흥미 특성

길포드-짐머만 기질 검사(－氣質檢査, Guilford-Zimmerman Temperament Survey, GZTS)

개인이나 집단의 특유한 성질을 측정하는 방법.

1936년에 길포드(Guilford)와 짐머만(Zimmerman)에 의해서 제작된 이 검사는 〈STDCR 요인 조사(STDCR Inventory of Factory)〉, 〈길포드-마틴 성격 검사(Guilford-Martin Personal Inventory)〉, 〈GAMIN 요인 검사(GAMIN Inventory of Factory)〉의 세 가지 검사를 종합하고 변인을 줄여서 1949년에 만들어졌다.

　이 검사에서 다룬 요인은 열 개이며, 각 변인에 대해 30개의 문항, 총 300개의 문항으로 구성되어 있다. 첫째는 일반적 활동성(G : general activity), 둘째는 자제성 대 태평성(R : restraint vs rhathymia), 셋째는 지배성(A : ascendance), 넷째는 사회성(S : sociability), 다섯째는 정서적 안정성(E : emotional stability), 여섯째는 객관성(O : objectivity), 일곱째는 우호성(F : friendliness), 여덟째는 사려성(T : thoughtfulness), 아홉째는 대인 관계(P : personal relations), 열째는 남성의(M : masculinity)이다.

　이 검사는 9세부터 성인에 이르기까지 사용할 수 있는 것으로, 각 요인에 대해 나온 원 점수는 남녀별로 백분위와 C · T 표준 점수 규준으로 비교할 수 있다.

▌ Guilford, Joy P. & Zimmerman, W. S., 〈Guilford-Zimmerman Temperament Survey〉, 1949. / 교육학사전 편찬위원회 편,『교육학대사전』, 교육서관, 1989.

꽃의 상징 색(-象徵色, symbol color of flower)
꽃을 상기(想起)시키거나 연상(聯想)시키는 구체적인 사물이나 감각적인 색채.

국화는 청결, 청순, 청초를 나타낸다. 빨강 국화는 당신을 사랑합니다를, 흰색 국화는 정절, 성실, 진실을, 노랑 국화는 실망했어요, 순간의 사랑을 각각 의미한다.

　금연화는 애국심을 나타낸다. 빨강 금연화는 당신은 인정이 없습니다를, 노랑 금연화는 당신은 인격자입니다를, 황갈색 금연화는 당신은 매우 이기주의자입니다를 의미한다.

　모란은 부귀, 성실을 나타낸다. 흰색 모란은 당신은 스스로 조심해야 합니다를, 연한 빨강 모란은 다만, 나를 믿어 주세요를 의미한다.

　빨강 봉선화는 어릴 적이 그립습니다를, 흰색 봉선화는 나를 건드리지 마세요를 의미한다.

갈대는 신의, 믿음, 지혜를, 개나리는 잃어버린 사랑을 찾았습니다를, 글라디올러스는 밀회, 조심을, 금잔화는 이별의 슬픔을, 나팔꽃은 애정, 부질없는 사랑, 덧없는 사랑을, 네모필라(nemophila)는 그리움을, 달리아는 변덕스런 마음을, 달맞이꽃은 말 없는 사랑을, 데이지는 청결을, 소녀의 순진한 마음을, 도라지는 변함없는 사랑을, 동백꽃은 겸손한 아름다움을, 들국화는 모질게 견디어 주십시오를, 딸기는 행복한 가정을, 목련은 자연의 사랑, 첫사랑을, 목화는 섬세한 아름다움을, 무화과는 풍요로운 결실, 열심을, 물망초는 나를 잊지 마세요를, 민들레는 선한 내 사랑을 당신에게를, 배꽃은 환상을, 백합은 신성, 순결, 결의, 희생을, 백일홍은 해탈, 결혼을, 보리수는 벗에게 보내는 마음을, 복숭아꽃은 사랑의 노예를 각각 의미한다.

▌박현일 외, 『색채학 사전』, 국제, 2006.

국화(노랑, 빨강, 흰색)　　　　　　　모란(노랑, 연한 빨강, 흰색)

봉선화(빨강, 흰색)　　　　나팔꽃　　　　네모필라　　　　달맞이꽃　　　　딸기

무화과　　　　물망초

미술 치료 용어 사전   ㄴ

나무 검사(−檢査, Tree Test, TT) → 바움 검사(Baum Test)

나무 그림 검사(−檢査, Tree Drawings Test, TDT)

내담자(아이)에게 열매가 달린 나무를 그리게 하는
방법.

나무를 가지고 내담자의 질병 상태를 파악할 수 있
는데, 나무를 전체적(뿌리, 줄기, 가지, 열매, 잎)으로
분석한다.

■ 박현일 · 조홍중, 『그림을 통한 성격 치료 미술 치료』, 시그
마프레스, 2009.

낙인(烙印, labeling)

제한된 지식에 근거하여 사람들을 분류하는 것.
■ 류경남 외, 『가족상담심리 용어사전』, 학지사, 2006.

낙인 효과(烙印效果, labeling effect)

사회를 유지하기 위한 제도, 관습, 규범, 법규들의 기본
적인 제도적 장치가 오히려 범죄를 유발한다는 이론.

1960년대 범죄학 이론에 낙인 이론(labeling theory)
이 등장했다. 어떤 특정인의 행위가 사회적 규범에
서 벗어났을 경우 구성원들이 단지 도덕적인 이유만
으로 나쁜 행위라고 규정하고, 당사자를 일탈자로
낙인찍으면 결국 그 사람은 범죄자가 되고 만다. 당
사자의 행위 자체가 범죄가 되거나 반도덕적 행위가

아님에도 불구하고 사회가 그렇게 규정함으로써 범
죄를 유발시킨다.
■ 『두산백과사전』, 동아출판사, 1982.

난독증(難讀症, dyslexia)

산수 발달 장애나 글 표현 발달 장애와 같은 기초 학
습 기능 발달 장애 중의 하나.

커스너(Kershner)와 스트링거(Stringer)는 그들의 논
문("바르게 읽기에서 좌우 차에 대한 읽기와 쓰기 그
리고 어린이들의 난독증의 효과")에서, "난독증 환
자에게 제시된 읽기나 쓰기 과제는 심리적 압력으로
작용할 경우 이에 따른 비적응적 패턴이 좌우 반구
에 나타날 수 있다. 인지적 요구 외에 심리적 압력에
대한 연구에서 난독증 환자들은 학교 과제의 과도한
주의 집중 요구 및 처리 요구가 읽기나 쓰기 과정에
간섭 효과로 나타나며, 결과적으로 상화(相和)에 따
른 언어적 취약성을 선택적으로 보이기도 한다."고
제안했다.

■ Kershner, J. R. & Stringer, R. W., "Effects of Reading
Writing on Cerebral Laterality in Good Reads and
Children with Dyslexia", *Journal of Learning Disabilities*,
24(9), 1991.

난색(暖色, warm color)

눈으로 보기에 따뜻한 느낌을 주는 색채.

난색으로는 빨강과 다홍, 주황, 노랑이 있다. 이 색
중에서 주황(orange red)이 가장 따뜻한 느낌을 준
다. 난색은 장파장(longer wavelength)의 색이고, 팽
창과 진출하는 느낌을 준다. 심리적으로는 느슨함
과 여유를 주고, 부드럽고 온화하게 느껴진다.

■ 박현일 외, 『색채학 사전』, 국제, 2006.

빨강

주황

노랑

난색 계열(暖色系列, warm color affiliation)

눈으로 보기에 따뜻한 느낌을 주는 색채의 종류. 오브시안키나(Ovsiankina, Maria Rickers)는 그의 연구에서 청색(淸色, clear hues)[33]이나 난색 계열을 좋아하는 그룹과 탁색(濁色, dull hues)[34]이나 한색 계열을 좋아하는 그룹으로 구분했다. 난색 계열을 좋아하는 피험자들은 다섯 가지 유형이 있다. 첫째는 시각적으로 눈에 보이는 세계에 친밀한 관계를 갖는다. 둘째는 외부로부터 영향력을 예민하게 받아들인다. 셋째는 사회적 환경에 스스로 적응한다. 넷째, 정서적인 생활은 따뜻한 감정, 피암시성(suggestibility), 강렬한 정동(strong affects)이 특징으로 나타난다. 다섯째는 모든 정신적 기능에 신속하게 통합되고, 주관과 객관의 관계에서 객관성이 강조된다.

▌ 박현일 외, 『색채학 사전』, 국제, 2006.

---

33. 순색에 하양이나 검정이 혼합된 색채이고, 혼탁함이 없으며, 색입체의 외부에 위치한다.
34. 순색이나 청색(淸色)에 회색을 포함하고, 색입체의 내부에 위치한다.

난화(亂畫, scribble)

어린아이들이 연필이나 크레파스를 이용하여 선으로 긁적거리는 그림.

난화에 대해 정신 분석학자들은 착화 표출 심리의 심층에 무의식적으로 아무 데나 마구 선을 긋고, 지저분하게 흔적을 내서 부모의 관심을 끌려는 욕구가 작용한다고 했다. 아무렇게나 그어 놓은 선을 보고 아동은 '엄마예요', '아빠예요' 하는 어떤 의미를 붙이게 된다. 이를 '명명기'라고도 하는데, 이는 언어와 부합된 심상이 하나의 단서가 되어 표현 활동의 세계로 전개된다.

엥(Eng)은 난화 단계를 파형 착화기, 원형 착화기, 혼합 착화기 세 가지로 나누었다.

파형 착화기는 가장 초기의 착화기로, 손과 팔의 운동에 따라 좌우로 그어 대는 착화 단계이다.

원형 착화기는 파형 착화기의 발달 과정 중 곡선이나 동그라미를 그어 대는 시기인데, 여기서는 가정환경과 부모의 관심, 재료 용구가 주변에 있어 쉽게 사용할 수 있는가에 따라 발전에 차이가 있으며, 손과 팔, 어깨의 근육이 잘 발달되면 서툴지만 동그

라미를 그릴 수 있다.

혼합 착화기는 혼교 착화라고도 하며, 여러 가지 형식의 착화가 뒤섞여 있는 상태로 수평, 수직, 선, 원, 타원, 각, 점, 글씨의 흉내가 나타나는 착화 단계이다.

▌Eng, Helga, *The Psychology of Children's Drawings*, (2nd Ed.), London : Routledge & Kegan Paul, Ltd., 1954.

난화 검사(亂畵檢査, Scribble Test, ST)

내담자(아이)에게 그리고 싶은 대로 그림을 그리게 하는 방법.

〈난화 검사〉는 어린이들의 심리 치료나 언어 치료에

응용되고 있다. 이 검사는 그림을 그린 후 난화에 대해 질문하고, 어린이들로 하여금 이야기를 하도록 유도한다.

▌박현일 · 조홍중, 『그림을 통한 성격 치료 미술 치료』, 시그마프레스, 2009.

1966년 나움버그(Naumburg)가 개발한 이 검사는 그림을 그린 사람의 무의식 속에 잠자고 있는 상상을 표출시키는 데 도움을 줄 수 있으며, 이것은 아동 분석의 방법 내지 미술 치료의 수단을 나타내는 고유명사이다. 위니코트(Winnicott)가 개발한 난화(squiggle)와 다른 이것은 '휘갈겨 그리기'보다 '빙빙 돌리며 그리기'나 '아무렇게나 그리기'로 보는 것이 더 낫다고 했다. 회화 용법이 때때로 기능을 요구해 저항에 부딪히는 경우가 많았기 때문에, 이 검사는 아동에게 훨씬 저항감을 적게 줄 수 있는 효과적인 방법이다.

▌Naumburg, Margaret, *Dynamically Oriented Art Therapy : Its Principles and Practices*, Chicago : Magnolia Street Publishers, 1966.

위니코트(Winnicott)는 아동 환자에게 은유적으로 의사소통할 수 있는 〈난화 검사〉를 소개했다. 이 검사는 단기 상담의 한 방법으로 치료자와 아동이 함께 하며, 빈 종이 위에 차례로 난화를 만들고, 그것에 부가하여 형상을 만들어 그 형상이 무엇처럼 보이는지 이야기를 나눈다. 이 검사의 목표는 아동의 내적 사고와 감정들에 대한 의사소통을 확고히 하는 것이다.

▌Winnicott, D. W., *Therapeutic Consultations in Child Psychiatry*, New York : Basic Books, 1971.

맬치오디(Malchiodi)는 아이들이 종이 위에 낙서하듯이 그린 선들을 보면서 모양, 형태, 물건 같은 것을 연상하고, 점차 정교화가 되면 색상까지 칠하도록 유도했다. 난화에서 자유 연상은 두 가지 방법으로 구분한다. 첫째, 내담자는 난화에서 무언가를 연상할 수 있는 심상을 찾는다. 둘째, 내담자는 난화에 내포된 아이들의 심상을 개인의 생각, 감정, 생활 경험으로 언어화시킨다.

▌Malchiodi, C. A., *Handbook of Art Therapy*, New York : Guilford Press, 2003.

난화 게임 검사(亂畵 − 檢査, Scribble Game Test, SGT)

그리고 싶은 대로 그린 그림을 가지고 게임하는 방법. 클레맨(Claman, 1980)은 위니코트(Winnicott)의 〈난화 검사〉와 가드너(Gardner)의 〈이야기하기(Story Telling) 검사〉를 응용하여 이 검사를 아동의 치료에 사용했다. 이 검사를 통해 아동에게서 중요한 주제의 자료를 얻을 수 있고, 아동과의 의사소통을 증진시킬 수 있는 기법을 입증했다.

〈난화 게임 검사〉는 치료사와 아동이 연필로 각자의 종이에 낙서를 한 후 교환하고, 그 낙서에서 연상되는 그림을 크레파스로 그리며, 한 번 더 반복하여

네 장의 그림을 완성한다. 가위바위보를 하여 이긴 사람이 네 장의 그림을 보이지 않게 섞은 뒤 치료사와 아동이 한 장씩 번갈아 가면서 네 장의 이야기를 꾸민다.

▌이근매, 『미술치료 이론과 실재』, 양서원, 2008.

난화기(亂畵期, the scribbling period)

어린아이들이 연필이나 크레파스를 이용하여 선으로 긁적거리는 시기(2세~3세).

버트(Burt)는 그의 저서(정신과 학습의 검사)에서 난화기를 네 가지로 나누었다. 첫째는 맹목적인 난화로 어깨와 팔의 운동으로 좌우 선을 긋는다. 둘째는 목적의 난화로 그려진 흔적에 이름 붙이기를 시작한다. 셋째는 모방적인 난화로 팔 운동에서 손목 운동으로 어른 글씨를 흉내 낸다. 넷째는 국부의 난화로 관심이 있는 대상으로 옮아간다.

▌Burt, C., *Mental and Scholastic Test*, London : P. S. King & Son., 1921.

미국의 심리학자인 밀라드(Millard)는 그의 저서(초등학교 어린이의 성장과 발전)에서 난화기에 대해 설명했다. 묘화 발전의 초기 양상은 3세~5세에 이르는 동안에 발전된다.

▌Millard, C. Y., *Child Growth and Development in Elementary School Years*, Boston : D. C. Health & Co., 1951.

와드(Wadde)는 그의 연구에서, 난화기 전기의 그림은 목적이 없는 행동으로 나타난다고 보았다.

김정은 그의 연구에서, "난화기(3세~5세)는 낙서와 같이 뒤죽박죽으로 섞인 형태의 그림을 그린다. 유아에게는 대단히 중요한 시기이고, 그림을 그리는 시간이 차츰 늘어나면서 관심을 보이게 된다."고 보았다.

▌김정, 『아동의 미술교육 연구』, 창지사, 1989.

난화기에 속하는 연령(2세~4세)의 유아들은 자기 표현의 첫 단계로 마음대로 끍적거리기를 시작한다. 유아는 몇 번의 낙서를 반복하다가 자기 팔 운동의 결과로 생긴 것을 알게 된다. 유아는 자신의 대근육 운동과 시각이라는 감각 운동을 연결시키며, 자신의 팔 운동으로 환경 변화를 인식하게 된다. 이때부터 유아는 낙서 그림을 매우 즐겨 그리게 된다. 유아들의 그리기는 단지 그림이 아니라 쓰기로 연결되는 기초 활동이라 매우 중요하다.

1단계, 무질서한 난화기(the disordered scribbling)는 세 단계로 구분되지만 생략한다. 특히 이 시기는 보통 1세부터 시작하여 2.5세까지 지속되고, 유아들은 손목 운동이 아니라 어깨를 사용하여 팔 운동으로 낙서를 하며, 운동 신경 조절과 시각적 통제를 할 수 없어 거칠고 불규칙한 선들이 나타난다.

2단계, 조절된 난화기(the controlled scribbling)는 약 1.5세경이며, 이 시기의 유아들은 자기 손이나 팔의 움직임과 종이 위 흔적의 관계를 깨닫게 된다. 관계를 발견한 유아는 움직임을 다양하게 시도하여 패턴을 반복적으로 그린다. 의미 없는 선들은 수평 → 수직 → 파형 → 혼합형 → 회전 원형으로 발전된다. 이런 선들은 유아의 부단한 노력으로 나타나는 결과이다.

3단계, 명명(命名)된 난화기는 3세~4세경에 나타나고, 이 시기에 속하는 유아들은 하나의 선을 연속적으로 겹쳐서 그리며, 원을 의식하고 그린다. 이때 유아는 상상력을 동원하여 자신의 그림에 이름을 붙이며, 기존의 감각 운동적 사고에서 상징적 또는 추상적 사고를 하게 된다. 이 단계의 유아들은 처음부터 엄마나 아빠를 그리려고 의도하지 않았지만, 그린 후에 명명하게 되며, 그림을 그리면서 이름을 붙여도 다 그린 후에 다른 이름으로 바꾸기도 한다. 명명된 난화기는 무의식적인 접근이 점차 의식적인 접근이 되며, 자신이 그려 놓은 난화에 이름을 붙이기

시작한다.
■ 김동연 외, 『미술치료의 이론과 실재』, 동아문화사, 1994.

난화 상호 대화 검사(亂畵相互對話檢査, Mutual Scribble Story Making, MSSM)

선을 그려 주고 그것에 연상되는 그림을 그리게 하거나 상호 이야기를 꾸며 나가는 방법.

〈난화 상호 대화 검사〉는 난화 속에서 자기의 심상을 형상화하는 것이 아동에게 있어서 쉬운 일은 아니므로, 야마나카(山中康俗, 1984)는 이 점을 보완하기 위해 미리 치료자가 연필로 난화를 그려 준다. 이 방법을 그는 '찾기'라고 이름 붙였다. 보통 한 장의 종이를 사용하며 내담자의 면전에서 행하지만 그림의 완성은 숙제 법을 취하기도 한다. 야마나카는 자신이 개량한 난화 검사를 좀 더 개량하고, 〈테두리 검사〉를 첨가하여 만들었다. 또한 야마나카(1991)는 〈난화 상호 대화 검사〉에 콜라주를 덧붙여 MSSMC(Mutual Scribble Story Making Collage)라는 새로운 기법을 만들었다.
■ 김동연 외, 『미술치료의 이론과 실재』, 동아문화사, 1994.

남근기(男根期, phallic stage)

이차적인 관심이 성기에 집중되는 시기.

4세~6세의 유아는 자기의 성기에 대해 관심을 가지며, 성기를 만짐으로써 쾌감을 얻고, 자신의 성기에 집착하는 성장기를 보낸다. 이 시기에는 오이디푸스 콤플렉스 또는 엘렉트라 콤플렉스가 나타난다.
■ 류경남 외, 『가족상담심리 용어사전』, 학지사, 2006.

남녀의 성 구별(男女-性久別, sex distinction of man and woman)

남자와 여자의 성에 따라 갈라 놓음.

일본의 교육학자인 다카하시(大稿)는 하워드(Haworth, M.)의 이론을 보충하여 남녀의 성 구별

심리를 다섯 가지 단계로 제시했다.

제1단계는 성 구별의 구분이 불명(lack of brightness)한 것은 유아 아니면 정박아이다.

제2단계는 머리카락이 길고 짧은 형태, 바지와 치마로 남녀를 구분한다.

제3단계는 제2단계보다 훨씬 발전된 남녀의 표정이나 머리카락 형태(style)까지 표현한다.

제4단계는 성적 표시를 더 세분화하여 인물의 표정이나 눈매, 몸집의 차이가 나타난다.

제5단계는 남녀의 세밀한 행동이나 버릇까지 묘사한다.

이와 같은 내용들은 12세 어린이를 대상으로 했다. 그의 연구에 따르면, 투시된 그림은 정상적인 그림이 아니라 정서가 결핍된 현상이고, 현실 음미력(reality testing)의 상태에서 보면 병적 신호다.

▌ 김정,『아동의 미술교육 연구』, 창지사, 1989.

남보라색(藍 – 色, purple and purple blue color)
보라에 남색을 혼합한 색.

남색

남색(藍色, purple blue color)
파랑과 보라를 혼합한 색.
남색은 깊은 계곡, 심원, 추위의 느낌을 준다. 이 색의 효과는 수축성과 후퇴성의 강한 느낌을 주며, 눈의 피로에 도움을 준다.

남보라색

내향성(內向性, introversion)
심적 에너지가 내계(內界)로 향하여 내적인 사상(事象)에 관심이 쏠리는 경향.
융(Jung, C. G.)이 사용한 개념으로, 원래 리비도(libido)가 외계에 대한 흥미와 관심을 잃고 내부로 작용하여 억압되지 않은 상태를 말한다. 이 내향성이 두드러진 성격을 내향형이라 한다. 내향형의 특징은 결단을 주저하여 실행력이 부족하고, 사물에 대해 회의적이고 비판적이며, 추상적 · 이론적 사색을 좋아하고, 남에게 상처받기 쉬우며, 감정을 겉으로 나타내지 않고, 자기 설(說)을 고집하고 까다로우며, 비사교적이어서 친구가 적다. 내향형인 사람도 무의식으로는 역(逆)의 경향을 지니고 있기 때문에 자아의 제어가 약해졌을 때 역전하는 경향이 있다.

▌『두산백과사전』, 동아출판사, 1982.

노랑(– , yellow)
560nm(nanometer)~590nm(578nm)의 스펙트럼 파장에 속하는 색. 물감의 3원색 중 한 가지 색.
이 색의 연상 작용으로는, 모든 색채 중에서 가장 밝은 색이지만 가장 대중적이지 못하고, 어두운 음영색으로 사용되며, 쾌활한 면과 쾌활하지 못한 면 두 가지가 있다.

쾌활한 면에서는 밝고 맑은 태양을 상징하며, 명랑하고, 즐겁고, 활발하다. 노랑은 1890년~1900년까지 유행했으며, 노랑은 존스(Jones, Edward Burne)와 라파엘로(Raffaello, Sanzio di Urbino) 이전의 화가들, 모리스(Morris, William)와 로세티(Rossetti, Dante G.)가 애호하는 색상이었다. 영국의 삽화가인 비어즐리(Beardsley, Aubrey Vincent)는 레몬색의 장갑을 즐겨 그렸으며, 노랑 비단의 이브닝 가운이 유행했다. 매튜(Matthew)와 레인(Lane)이 보들리 헤드(Bodley Head)에서 출판한 노랑 책

(The Yellow Book)은 문학적인 센세이션을 일으켰다. 중국에서는 성스러운 색상으로 생각하고, 서구 기독교 문명에서는 교회 성화의 배경을 황금 잎 형태로 구성했으며, 성스러운 광영(光榮)을 의미하기 위해 제단을 덮는 데 사용했다. 프랑스 파리에서는 툴루즈 로트레크(Toulouse Lautrec)가 자신의 포스터에 노랑을 사용했으며, 대중 소설의 표지에도 노랑을 사용했다.

쾌활하지 못한 면에서는 어둡거나 한층 중성화된 노랑과 연두들, Y 8/1, Y 5/4, Y 2/2 색상들은 모든 색채 중 가장 대중성이 없고, 일반적으로 싫어하는 색들이다. 이런 노랑은 질병, 건전치 못한 것, 천한 것, 비겁, 질투, 시기, 사기, 배반을 연상시킨다. 10세기 프랑스에서는 반역자나 범죄자들의 집 대문을 노랑으로 칠했으며, 유다(Judas)를 그릴 때는 노랑 옷으로 칠했다. 노랑은 성직자를 상징하는 색으로 참회자의 뜻을 가리킨다. 오늘날 '저 사람은 노랭이'라든가 '이것은 노랑 경향이 있다'는 말은 인색하다거나 배반을 의미한다. 이런 노랑은 다른 색들과 적당히 배열시키거나 혼합할 때 아름답게 보인다.

노랑의 상징적 효과는 유채색 중에서 명도와 채도가 가장 높은 색이며, 명랑과 생동감, 즐거운 느낌을 준다. 황금색은 황금, 돈을 상징하여 부와 권위, 풍요로움을 나타내기도 한다. 노랑과 검정 줄무늬로 된 색채는 명시도가 높아서 눈에 가장 먼저 띈다. 안전색채에서는 주의의 뜻을 가지고 있다.

▌박현일 외, 『색채학 사전』, 국제, 2006. / 박현일, 『족집게 컬러리스트』, 교우사, 2008.

노인 미술 치료(老人美術治療, old man art therapy)

노인들의 의사소통과 표현의 가능성을 통해 의식적, 무의식적 갈등을 치료하는 미술 치료의 한 가지 종류. 미술 치료가 지닌 심상의 시각화, 방어나 통제가 약화된 상징적 표현과 구체적인 자료의 형성, 작품의 객관적인 관찰의 가능성은 언어적 표현의 부담이나 적절한 표현의 어려움을 지닌 노인에게 상당히 유용한 심리 치료 방법이다. 미술 치료에서 미술 활동은 노인이 활동을 주도할 수 있고, 스스로 조절이 가능하며, 새로운 힘을 발견할 수 있게 해 준다.

▌정현희, 『실제적용중심의 노인미술치료』, 학지사, 2007.

녹색(綠色, green color)

480nm(nanometer)～560nm(540nm)의 스펙트럼 파장에 속하는 노랑과 파랑을 혼합한 색.

이 색은 감정적인 효과는 중성적이고, 수동적인 경향이 있으며, 가장 아늑한 색으로 생각된다. 이 색의 특성은 파랑과 유사하며, 상징성과 연상 작용에 있어서 슈펭글러(Spengler, Ostwald)는 가톨릭의 색이라고 했다. 종교에 있어서 녹색은 신앙, 불멸, 명상을 상징하며, 부활제에 사용된 녹색은 '그리스도의 부활(the resurrection)'을 의미한다.

녹색의 상징적 효과는 자연 속에서 가장 많이 볼 수 있다. 이 색은 안전, 평화, 휴식, 구급과 구호를 상

노랑

징하며, 구급차와 진행 신호기, 보호기구 상자, 비상
구, 대피소의 표지로 활용되고, 색 온도는 중성의 느
낌을 준다.

▌ 박현일, 『족집게 컬러리스트』, 교우사, 2008.

놀이(-, play)
노는 일.

영국의 작가, 시인, 미술사가, 평론가, 예술 철학자
인 리드(Read)는 그의 저서(예술에 의한 교육)에서,
어린이의 표현은 예술, 과학, 종교의 모든 사회 활동
을 포함해 어머니로부터 떨어져 나온 상태를 회복시
키려는 노력이라고 보았다.

　놀이를 통한 예술 교육이 어린이의 조화 있는 인
격 형성을 가져오기 때문에 놀이의 네 가지 방향
을 제시했다. 첫째, 감정은 의인화(personification)
와 객관화를 통한 극(drama)의 방향으로 발달시킨
다. 둘째, 감각은 자기표현의 방법으로 시각적 형식
의 디자인으로 발달시킨다. 셋째, 직감은 율동적인
(rhythmical) 운동을 통한 무용과 음악으로 발달시킨
다. 넷째, 사고는 건전한 활동을 통해 공예와 공작의
방향으로 발달시킨다.

　놀이란 유아들의 세계를 발견하는 유일한 방법이
며, 동시에 정신적 안정을 가져다줄 수 있는 중요한
행위이다. 또한 유아들은 놀이 속에서 내면적 정신
상태의 여러 요소들을 조화롭게 구체화시킬 수 있
다. 이와 같은 놀이는 예술화(藝術化)가 되어야 하
며, 나아가서 인격화의 작용으로 나타난다.

▌ Read, Herbert, *Education through Art*, New York :
　Pantheon, 1943.

놀이 치료(- 治療, play therapy)
아동의 놀이 내용을 크게 강조하여 무의식과 전이 반
응에 초점을 두는 치료.

브렌너(Brenner)는 그의 저서(마음의 투쟁)에서, 치
료자는 놀이 내용을 분석하고, 치료자의 적절한 행
동을 통해 아동은 자신의 갈등에 대한 통찰을 갖게
된다. 특히 애정 상실, 불행, 대상 상실을 경험한 감
정과 전조 불안이라는 압박을 통해 아동은 긴장이

야기된다.

▌Brenner, C., *The Mind Conflict*, New York : International Universities Press, 1982.

뇌성 마비(腦性麻痺, Cerebral Palsy, CP)

뇌가 손상되어 운동 기능이 마비된 상태의 질환 ≒ 뇌성 소아마비.

1862년 영국 외과 의사인 리틀(Little, W. J.)은 런던의 산과학회에서 뇌성 마비 질환을 처음으로 설명했다.

1979년 안병집과 정재권의 조사에 의하면, 뇌성 마비 어린이는 대부분 두 가지 이상(abnormal)의 심한 중복 장애를 갖고 있다. 가령 시각 장애와 언어 장애를 동시에 갖고 있거나, 언어 결함과 청각 장애도 겹친다.

이러한 장애 요소들이 어린이에 따라 약간씩 증세가 다르기 때문에 묘화 활동의 가능한 범위 안에서 가능한 등급과 불가능한 등급으로 나눈다. 가능한 등급의 어린이는 장애의 요소를 가지고 있지만 표현 활동의 수준이 정상적인 어린이와 같다.

그러나 1983년 김정의 조사에 의하면, 그 수는 뇌성마비 어린이의 약 10% 정도에 머무르고 있다.

▌김정,『아동의 미술교육 연구』, 창지사, 1989.

뇌성 마비의 그림(腦性麻痺 -, picture of cerebral palsy)

뇌가 손상되어 운동 기능이 마비된 상태의 사람이 그린 그림.

1979년 이보명의 조사에 의하면, 223명의 뇌성 마비 어린이 중에서 혼자 걸을 수 없는 어린이가 77.7%가 되고, 전반적으로 일상생활에 적응이 힘든 어린이가 97.3%이다. 대부분 뇌성 마비 어린이는 텔레비전이나 그림책에서 경험을 얻는다. 이러한 이유로 뇌성 마비 어린이는 조형 활동 과정에서 그림 제목에 대한 어려움을 겪게 된다. 특히 교사에게 "무엇을 그릴까요?", "선생님, 이 그림 밑에는 무엇을 그려야 되지요?", "못 그려요.", "선생님, 그려 주세요."라고 의존적인 태도를 많이 보인다. 뇌성 마비 어린이의 그림은 대부분 끊어진 듯한 분할된 형태의 특성이 나타나고, 이와 같은 형태는 정상적인 어린이 3세~4세 그림에서 볼 수 있는 난화(scribble)와 유사하다.

▌김정,『아동의 미술교육 연구』, 창지사, 1989.

능동적 심상화(能動的心想畵, active imagination)

마음속의 생각이나 상념의 그림.

우리는 말보다 심상이 먼저 떠오르기 때문에 심상을 통해[35] 잘 알려져 있지 않은 정신세계를 일깨울 수 있고, 의식으로 가져올 수도 있다. 우리는 무의식을 이해한 상태가 되어야 치료가 이루어진다. 정서는 심상으로 나타나고, 이 심상은 다시 격렬한 정서를 감소시킨다. 심상은 말로 설명될 수 있고, 이는 의식

35. 신체의 움직임뿐만 아니라

적인 이해 또는 전달된 메시지에 필요한 명료성을 나타낸다.

능동적 심상화에 대한 융(Jung, C. G.)의 정의는, 무의식적 심상은 인간에게 위대한 책임을 지우고 있다. 이것들을 이해하지 못하거나 인간 생활에서 윤리적인 책임으로 움츠러든다면 인간의 전체성을 빼앗기게 되고, 인간의 생활에 고통스러운 파편만 남는다. 세상을 인식한다는 것은 그것을 창조한다는 의미이다. 능동적 심상화와 꿈은 차이점이 있다. 능동적 심상화는 심상이 일어나는 동안에 무엇이 진행되고 있는가를 깨어 있는 상태에서도 충분히 볼 수 있다는 것이 꿈과의 차이점이다. 무의식의 내용을 자발적으로 현시화한 것을 이해하는 융의 방법은 심상, 신체 동작, 단어, 음악을 사용한다. 이것이 심리치료의 예술이다.

미술가들의 효과성과 심리학자들이 추구하는 효과성은 다르다. 그러나 이 둘은 서로 밀접하게 관련되어 있다. 왜냐하면 심리학적으로 깊이 이해하는 것은 미술가들과 미술 활동에 있어서 결정적으로 중요하기 때문이다. 치료와 창조는 둘 다 마술이다. 창

조성이 나타나고 사라지는 동안 우리 자신이 치료를 위한 도구가 된다. 우리는 우리의 의식이 기여하도록 해야 한다. 최초의 정화 없이는 어떠한 변혁도 일어나지 않는다. 능동적 심상화에서 강조되어야 할 필요가 있는 한 가지는 문답이다. 이것의 목표는 의식과 무의식이 서로서로 이야기하는 것이다. 미술 매체를 지속적으로 사용하면 이 과정을 촉진시킬 수 있다. 능동적 심상화에서 초기 재료는 내부로부터 나온 무의식에서 일어난 것이다.

심상은 계속적으로 나타나며, 흔히 전개되는 이야기를 쓰는 것을 원하기도 하고, 그 이야기를 쓴 직후 어떤 의미를 발견하게 된다. 관찰은 충분한 시간을 가지고 다음의 세 단계를 따라 한다. 바라보는 것은 나타난 대상을 단순히 바라보지만 무엇이 일어나고 있는지 인식하는 것이다. 주목은 첫 번째 단계에서 나타난 것보다 더 많은 것을 볼 수 있다. 이는 다른 형태의 지각으로 실제 외적인 형상과 관련되어 있다. 보는 것, 이것은 진정한 재인(再認)이고, 새로운 사실이다. 그것은 눈으로 보는 것 그 이상이다.

▌ 김동연 외,『미술치료의 이론과 실재』, 동아문화사, 1994.

미술 치료 용어 사전　ㄷ

다문화 가족(多文化家族, family for multicultural families)

한국인과 외국인이 결혼한 가족의 형태를 일컫는 표현. 다문화 가족의 정의는 크게 세 가지로 압축된다. 첫째, 다문화 가족은 서로 다른 인종 사이에서 태어난 자녀에 초점을 맞춘 '혼혈인 가족', 국경을 넘는 결혼 형태의 '국제결혼 가족'의 다양한 가족 형태를 의미한다. 둘째, 다문화 가족은 이전까지 국제결혼과 이중 문화의 가정으로 불렸으며, 외국인과의 결혼으로 국적에 따른 차별성 대신 한 가족 내에 다양한 문화가 공존하는 의미로 해석할 수 있다. 셋째, 다문화 가족에는 한국인 남성과 결혼한 이주 여성의 가족, 한국인 여성과 결혼한 이주 남성의 가족, 이주민 가족, 한국인과 결혼한 이주자 가족의 자녀(혼혈아)도 포함된다.

▮ 이근매·이상진, 『다문화가족 미술치료』, 양서원, 2007.

다문화 미술 치료(多文化美術治療, art therapy for multicultural families)

한국인과 외국인이 결혼한 가족이 사회적 문제가 되는 것을 예방하기 위해 그림으로 치료하는 미술 치료의 한 가지 종류.

단계별 검사(段階別檢査, Stages Test, ST)

아이들의 나이나 학년에 따라 성격 치료와 조형 능력을 판별하는 방법.

박현일·조홍중은 그들의 저서에서 〈윤곽선 검사(Out-line Test, OT)〉와 〈색칠 검사(Color Stroke Test, CST)〉를 아홉 단계로 나누었다. 1단계는 4세까지 어린이의 모양 그리기 I, 2단계는 5세 어린이의 모양 그리기 II, 3단계는 6세 어린이의 모양 그리기 III, 4단계는 7세까지 어린이(초등학교 입학 전)의 거미줄 그리기, 5단계는 초등학교 1학년(8세)의 형태 그리기 I, 6단계는 초등학교 2학년(9세)의 형태 그리기 II, 7단계는 초등학교 3학년(10세)의 형태 그리기 III, 8단계는 초등학교 4학년(11세)의 형태 그리기 IV, 9단계는 초등학교 5학년~6학년의 형태 그리기 V가 있다.

1단계는 어린이들이 색연필을 사용해서 작은 원, 중간 원, 큰 원 세 개의 형태를 그리고, 모양 안에 하나씩 색을 칠하는 과정이다. 이 과정은 세 가지 난이도로 나누어졌다. 첫째는 원, 둘째는 삼각형, 셋째는 사각형으로 구성되어 있다. 차례대로 실시하는 것이 아이들에게 더욱 바람직하다.

(1단계)

교사(치료사)가 그리는 부분	아이(내담자)가 그리는 부분
작은 원	윤곽선 ↑ 　　수평선 ↓
중간 원	
큰 원	

2단계는 어린이들이 크레파스를 사용해서 정원, 정삼각형, 정사각형 세 개의 형태를 그리고, 모양 안에 하나씩 색을 칠하는 과정이다. 이 과정이 끝나면 원[36], 삼각형[37], 사각형[38] 세 가지 형태를 세 번 반복적으로 그리게 하고, 이 모양 안에 색을 칠한다.

3단계는 어린이들이 크레파스를 사용해서 원, 수직 타원, 수평 타원, 클로버, 정삼각형, 수직 이등변삼각형, 수평 이등변삼각형, 정사각형, 수직 직사각형, 수평 직사각형 열 개의 형태를 그리고, 모양 안

---

36. 작은 원, 중간 원, 큰 원
37. 작은 삼각형, 중간 삼각형, 큰 삼각형
38. 작은 사각형, 중간 사각형, 큰 사각형

에 하나씩 색을 칠한다.

(2단계)

교사(치료사)가 그리는 부분	아이(내담자)가 그리는 부분
작은 삼각형	↑ 윤곽선 ↓ 수평선
중간 삼각형	
큰 삼각형	

(3단계)

교사(치료사)가 그리는 부분	아이(내담자)가 그리는 부분
작은 사각형	↑ 윤곽선 ↓ 수평선
중간 사각형	
큰 사각형	

4단계는 어린이들이 연필, 색연필, 볼펜, 사인펜, 크레파스를 사용하여 스케치북에 가로 선과 세로 선을 그으면 사각형 형태가 생기며, 이 사각형의 공간에 색을 칠하는 과정이다. 이것은 일명 '거미줄'이라는 방식이다. 이 공간의 형태와 모양이 조형의 능력을 가늠하는 열쇠가 되므로, 교사는 아이들에게 자세한 설명을 하고, 아이가 스스로 할 수 있도록 도와준다. 이 방식은 아이들 스스로가 해결하기 때문에

앞에서 언급한 모양 그리기[39]보다 여러 가지로 난이도가 높으며, 특히 가로 선과 세로 선을 그으면 아이들이 미처 발견하지 못한 새로운 공간의 크기가 나타난다.

(4단계)

5단계는 초등학교 1학년이 연필, 색연필, 볼펜, 사인펜을 사용해서 큰 원, 작은 원, 중간 원, 정원, 수직 타원, 수평 타원의 형태를 겹치게 그리고, 여러 가지 형태의 겹친 부분에 색을 칠한다. 이 방식은 4단계보다 난이도가 훨씬 높기 때문에 교사의 자세한 설명이 더욱더 요구된다.

6단계는 초등학교 2학년이 연필, 색연필, 볼펜, 사인펜을 사용해서 작은 삼각형, 중간 삼각형, 큰 삼각형, 이등변삼각형, 중간 사각형, 작은 사각형, 큰 사각형, 수직 사각형의 형태를 겹치게 그리고, 여러 가지 형태의 겹친 부분에 색을 칠한다. 이 방식은 학생(5단계)들이 하는 것과 비슷한 난이도이지만, 형태가 한 가지 더 추가되어 공간 활용이 까다롭다.

7단계는 초등학교 3학년이 연필, 색연필, 볼펜, 사인펜을 사용해서 작은 삼각형, 중간 삼각형, 큰 삼각형, 이등변삼각형, 작은 사각형, 중간 사각형, 큰 사

39. 원, 클로버, 삼각형, 사각형

각형, 수직 사각형, 클로버 형태를 겹치게 그리고, 여러 가지 형태의 겹친 부분에 색을 칠한다. 이 방식은 학생(6단계)들이 하는 것과 비슷한 난이도이지만, 형태가 한 가지 더 추가되어 공간 활용이 까다롭다. 좁은 공간(스케치북)의 활용도가 아이들의 조형, 지각 능력을 배양시킨다.

8단계는 초등학교 4학년이 연필, 색연필, 볼펜, 사인펜을 사용해서 토끼 얼굴, 나비, 연필, 자, 컵, 가방, 필통, 신발의 형태를 겹치게 그리고, 여러 가지 형태의 겹친 부분에 색을 칠한다. 이 방식은 학생(7단계)들이 하는 것보다 형태가 구체적이고, 난이도가 훨씬 높기 때문에 교사의 자세한 설명이 더욱더 요구된다. 특히 형태를 그릴 때, 아이들 주위에 있는 물건으로 하면 더욱 쉽게 접근할 수 있다. 예를 들면 크레파스, 스케치북, 지우개, 책상, 삼각자, 의자, 칠판, 주전자, 모자들이 있다.

9단계는 초등학교 5학년~6학년이 연필과 색연필, 볼펜, 사인펜을 사용해서 한글, 알파벳, 우산, 필통, 하트 모양, 신발, 우체통, 포크, 리본, 물고기의 형태를 겹치게 그리고, 여러 가지 형태의 겹친 부분과 그 형태의 공간에 색을 칠한다. 이 방식은 학생(8단계)들이 하는 것과 비슷한 난이도이지만, 한글과 알파벳이 추가되므로 형태 그리기가 더 까다롭다.

▌박현일·조홍중,『그림을 통한 성격 치료 미술 치료』, 시그마프레스, 2009.

단색화(單色畵, monochrome)
목탄, 연필, 펜, 콩테를 사용하여 한 가지 색으로 그리는 그림 또는 명암만으로 표현된 사진이나 영화, 회화에서는 단색화라 함.

단순화(單純化, simplification)
사실적인 대상이 아닌 것으로 복잡한 그림을 생략함.

단어 연상 검사(單語聯想檢査, Word Association Test, WAT)
단어를 연상시켜 정서적 도착을 찾아내는 방법. 1879년 갈턴(Galton)에 의해 이 검사가 시작되었다. 이 검사는 융(Jung, C. G.)이 일반적인 정서적 도착(emotion complex)을 찾아내기 위해 피험자에게 100개의 단어를 불러 주고, 제일 먼저 마음에 떠오르는 단어를 말하게 한 것이 시초가 되었다.

가장 유명한 〈단어 연상 검사〉는 켄트(Kent, G. H.)와 로사노프(Rosanoff, A. J.)가 정신병 환자와 정상인을 변별하기 위해 사용한 검사이다.

▌Galton, Francis, 〈Word Association Test〉, 1879. / 교육학사전편찬위원회 편,『교육학대사전』, 교육서관, 1989.

대비(對比, contrast)
두 개의 다른 요소가 동시적으로 또는 계속적으로 배열될 때 상호의 특징이 강하게 나타나는 통일적 현상. 대비는 서로 다른 부분의 조합에서 생기며, 시각적인 힘의 강약에 의한 형의 감정 효과이다.

▌박현일, 『디자인 강의』, 교우사, 2008.

대상(對象, object)

목표가 되는 것.

그리스어 antikeimenon[40]에서 유래되었으며, 객관(客觀)에 해당하는 원어와 동일하다. 일반적으로 대상은 표상, 의지, 감정, 상상의 작용에 대한 각 대상을 생각할 수 있다. 철학적으로는 대상과 그것의 상관자(相關者)인 주관(主觀)과의 관계를 어떻게 생각하느냐에 따라 설이 달라지며, 그것에 대한 학설도 고대로부터 현대에 이르기까지 다양하므로 일의적(一義的)으로는 정의를 내릴 수가 없다.

▌『두산백과사전』, 동아출판사, 1982.

대상관계(對象關係, object relations)

자신과 다른 사람 사이의 정서적 유대.

▌『표준국어대사전』, 국립국어원, 2005.

대상관계 이론(對象關係理論, object relations theory)

자신과 다른 사람 사이의 정서적 유대에 관한 원리와 법칙을 근거로 조리 있게 생각한 인식 체계.

대상관계 이론은 정신 분석 이론에 뿌리를 두고 있으며, 건트립(Guntrip)과 페어베른(Fairbairn)에 의해 발달된 것이고, 사람들이 서로 어떤 관계를 어떻게 개념화시키는가에 주된 관심이 있다. 대상관계의 개념을 처음 사용한 사람은 프로이트(Freud, S.)

이지만, 대상관계 이론은 이 개념에 다른 의미가 부여된다. 이 이론은 인간의 관계를 향한 욕구를 가지고 있으며, 이 욕구를 인간의 가장 기본적인 욕구라고 생각하기보다 대인 상호 작용에서 심리가 더 발달된다. 유아가 인격 발달에 있어서 자신을 돌보는 사람과의 관계를 경험하고, 그 경험을 통해 자신과 다른 사람들에 의해 배우게 된다.

▌류경남 외, 『가족상담심리 용어사전』, 학지사, 2006.

대인 관계(對人關係, interpersonal relations)

집단생활 속에서 성원 상호 간의 심리적 관계.

하이더(Hider)는 개인이 타인에 대해 어떻게 생각하고 어떻게 느끼고 있는가, 타인에 대해 어떻게 지각하고 어떠한 행위를 하는가, 타인이 무슨 행위 또는 생각을 하기를 기대하는가, 타인의 행위에 어떻게 반응하는가 하는 것이 대인 관계의 국면이라고 보았다.

▌Hider, F., *The Psychology of Interpersonal Relation*, New York : John Wiley & Sons, 1964.

대칭(對稱, symmetry)

균형이 잡힌 상태.

대칭은 균형의 가장 일반적인 구성 형식이다. 대칭에는 방사 대칭, 역대칭, 좌우 대칭 세 가지가 있다.

▌박현일, 『디자인 강의』, 교우사, 2008.

---

40. 앞에 내던져진 것이라는 뜻

대화과정과 해석과정(對話過程 – 解釋過程, dialogue process and interpretation process)

미술 치료의 네 가지 효과 중에서 세 번째 단계에 속하는 과정.

대화는 그림을 그린 사람의 내적이고 외적인 생활과 동시에 치료적 관계로 연결된다. 그림은 치료사와 내담자 사이에 존재하는 제삼자이며, 원초적으로 그들 사이를 연결하는 대화 형식을 가지고 있다. 그림에 묘사된 정서적인 분위기, 문제점 표출, 콤플렉스는 그것에 대한 명명(命名)이 먼저 이루어져야 하고, 그것에 대해 이름을 붙임으로써 특정한 콤플렉스나 증상을 알게 된다.

그림에 대한 효율적인 대화는 그림이 찢어져도 안 되며, 모든 선마다 의미를 부여할 필요도 없다. 그것은 오히려 중요한 표현에 대해 서로의 이견을 좁히거나, 그림을 그린 사람이 중요하게 여기는 것과 의견 일치를 보는 것이 중요하다.

그림을 그린 사람이 자신의 그림에 대해 언급을 회피하면 자신에 대한 입장을 방어하는 것으로 인지해야 하고, 행동에 대해 주의를 기울여야 하며, 그렇지 않으면 그림에 대한 대화가 중단되거나 그림을 그리는 희열이 사라진다. 특히 그림을 그리는 사람이 수용할 수 있는 것에 대해서만 언급해야 한다. 공감적인 대화란 조형적인 그림의 요소들을 조심스럽게 심리적인 요소로 해석하고, 이를 전체적으로 확대해석하지 않는다.

대화를 통해 상징과 자아가 대면할 수 있으며, 이것에 의해 발견되고 형상화된 상징들을 의식에 연결할 수 있다. 이런 대화는 주지된 내용뿐만 아니라 색채와 형태를 관찰하고, 구성에 대한 질문과 해석을 연결시킨다. 예를 들면 "당신은 이것에 대해 어떤 의미가 있습니까?", "당신은 이것에 대해 어떤 느낌을 가지고 있습니까?", "당신은 이 그림에서 무엇이 중요하다고 생각합니까?", "당신은 이 그림에서 어떤 점이 가장 강한 감정을 일으킨다고 생각됩니까?"라고 질문하면 중요한 문제점이 대부분 나타난다.

그러나 그림을 그린 사람은 자신의 무의식을 그림에서 볼 수 있고 인식할 수 있다. 따라서 대화의 과정에서는 그림을 그린 사람에게 상처받는 느낌을 주면 안 되고, 주관적인 단계의 해석에서는 그림을 그린 사람이 그것을 인정할 때에만 의미가 있다.

▌박현일 · 조홍중, 『그림을 통한 성격 치료 미술 치료』, 시그마프레스, 2009.

데생(– , dessin, 프) **→ 소묘**(素描)

데칼코마니(– , décalcomanie, 프)

전사(轉寫). 근대 회화에서 사용한 한 가지 방법.

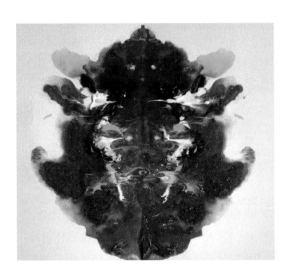

데코레이션 점토(– 粘土, decoration clay)

일반 찰흙이 가지고 있던 견고성과 강도가 없어 깨어지는 단점을 보완한 제품.

데코레이션 점토는 찰흙에 비해 손에 묻는 것이 덜하고, 황토 특유의 색감으로 인해 자연 친화적인 느낌을 가진다. 단점은 손에 묻고 건조할 때 색이 변하

며, 자체적으로 갖고 있는 색으로 인해 원하는 색을
칠하기가 어렵다.

▌ 이근매 · 최인혁, 『매체경험을 통한 미술치료의 실재』, 시
그마프레스, 2008.

도식(圖式, schema)

그림으로 그린 양식.

스위스의 심리학자인 피아제(Piaget)는 그의 저서
(어린이 지식의 근원)에서 행동주의 학자들과 마찬
가지로 행동을 작은 단위로 나누었다. 기초적인 행
동 단위는 반응보다 도식이다. 도식이란 특정한 자
극에 대한 특정한 반응이 아니라 환경이 다른 경우
에 적용될 수 있는 일련의 협응된 행동을 말한다. 어
린이가 태어나서 1세 반 또는 2세까지는 언어와 같
은 상징적 기능이 작용되지 못하며, 단지 감각이나
협응(coordination)에 의해 외부 세계에 나간다. 이
시기는 감각 운동기이다. 또한 18개월 이전에 외부
세계의 자극에 의해 생기는 지각이 구상적 또는 정
신적 표상이 아니라 지각의 자극이 없는 구상적 또
는 정신적 표상이 생성될 수 있다. 생후 약 18개월
동안 행동의 도식은 첫 번째로 나타나는 심리적 구
조(psychological structure)이다. 감각 운동의 도식
이 점차로 내현적인 수준으로 바뀌어 간다. 약 18개
월~24개월의 표상 활동은 점차 구체적인 자극이 독
립적이고 지각적인 경험의 복사가 아니라 새로운 심
상을 머릿속에서 만들어 낼 수 있는 정도이다.

▌ Piaget, Jean, *The Origins of Intelligence in Children*,
(Trans.) by Margaret Cook, New York : International
Univ. Press, 1952.

도식기(圖式期, the schematic period)

그림으로 그린 양식의 시기.

미국의 심리학자인 밀라드(Millard)는 그의 저서(초
등학교 어린이의 성장과 발전)에서 도식기(상징기)
에 대해 설명했다. 전도식기에 이어 볼 수 있는 발달
과정이 도식기이다. 초등학교 2학년~3학년 어린이
들은 이 시기에 속하고, 이 시기의 특성은 선의 발달
이 한층 유연하다.

▌ Millard, C. Y., *Child Growth and Development in
Elementary School Years*, Boston : D. C. Health & Co.,
1951.

먼로(Munro)는 그의 저서(어린이들의 미술 능력)에
서, 도식기의 어린이는 어린이의 그림보다 오히려
더 사실적인 그림을 좋아한다고 보았다.

▌ Munro, T., *Children's Art Abilities*, Studies at the
Cleveland Museum of Art, London : Ginn & Blaisdell,
1960.

김정은 그의 저서에서, "7세~9세 도식기의 어린이
는 사물의 형태를 자세히 관찰한다. 그림에 대한 객
관적인 표현이 시작되는 시기이고, 유치한 표현이
나오면서 청소년의 그림이 나타나기도 한다."고 밝
혔다.

▌ 김정, 『아동의 미술교육 연구』, 창지사, 1989.

일본의 교육학자인 나구라(名倉啓太郞)에 의하면,
도식기는 완전 개념주의 시기이다. 이 시기에는 예
술성이 무시되고, 개념의 작용이 지배되기 때문에
의도된 표현이 나타난다. 또한 표현 양식이 자기 마
음대로 발달되기 때문에 자기중심적 사고방식에 빠
지게 된다. 이러한 이유 때문에 어린이는 갈등과 지
능을 시험하는 도구, 가정의 욕구가 그대로 반영되
는 투시도 같은 그림을 그린다.

▌ 김정, 『아동의 미술교육 연구』, 창지사, 1989.

도안(圖案, design)

미술과 공예에서 그 형상이나 모양, 색, 배치에 관한 것을 그림으로 나타내는 것.

여성 미술 교육학자인 부스(Booth)는 그의 논문("아이들에 의한 그림과 양식")에서 어린이들이 도안을 통해 선과 점을 어떻게 이용했는지에 대해 연구했다. 이 연구에서 어린이들은 이들 단위체를 이용하기 위해 유지하는 변형(transformation)이나 별 모양, 햇살과 같이 중심을 둘러싼 반복이나 순환의 변형적인 측면에서 배열했다.

그녀의 가장 구체적인 관찰은 오스트레일리아의 4세~5세 유치원 어린이들을 대상으로 이루어졌으며, 어떤 특정한 사물이나 사람을 대상으로 하지 않고 붓과 물감을 이용하여 그들이 좋아하는 어떤 것이든 그리게 했다. 그녀는 그들이 그린 형태를 낙서(scribble)나 토폴로지(topology)[41], 형태(pattern)[42] 세 가지 범주로 구분했다.

▌ Booth, D., "Pattern Painting by the Young Child : A Cognitive Developmental Approach", *MED Thesis*, Univ. of Sydney, 1974.

---

41. 명확히 구분되지 않고, 질서 없이 덩어리(mass)나 얼룩을 이루는 색채를 말한다.
42. 명확한 질서의 표현을 말한다.

도장 찍기 기법(圖章 – 技法, seal taking technique)

치료사와 내담자 간의 관계 형성 및 매체에 대한 흥미를 유발시키는 방법.

치료사는 도화지와 여러 가지 모양의 도장, 스탬프를 제시한 뒤 도화지에 도장을 찍는 것을 보여 주며, 아동이 도장을 도화지 전체에 자유롭게 찍도록 한다. 만일 아동이 망설이거나 활발하지 못할 때는 치료사가 모델링을 해서 아동의 적극적인 활동이 되도록 유도한다.

▌ 이근매, 『미술치료 이론과 실재』, 양서원, 2008.

도피 기제(逃避機濟, escape mechanism)

욕구 좌절 상태에 부딪혔을 때 비합리적 해결 기제나 방어 기제의 하나.

도피 기제는 적극적으로 문제를 해결하고자 행동하지 않고, 문제로부터 벗어나 압박을 피하려고 한다.

▌ 한국교육심리학회 편, 『교육심리학 용어사전』, 학지사, 2000.

도형과 바탕의 법칙(圖形 – 法則, law of background and figure)

도형과 바탕이 나누어져 보이고, 게슈탈트(gestalt) 법칙의 한 가지 요소.

독창성(獨創性, originality)

독자적으로 작품의 아이디어를 만들어 내는 성질.
독창성은 새로운 가치를 추구하지만 대중성을 무시
한 것은 없다. 디자이너의 감각을 통해 다른 제품과
차별화를 시킨다. 디자인에서는 최종적으로 생명을
불어넣는 요소를 말한다.

❙ 박현일, 『디자인 강의』, 교우사, 2008.

동공(瞳孔, pupil)

홍채(虹彩)의 가운데 있는 구멍.
빛은 동공을 통과한다. 홍채의 색으로는 검정, 갈색,
녹색, 파랑 네 가지가 있다. 이것은 다(茶)의 색소에
따라 결정된다. 홍채는 자동으로 동공의 크기를 조
절하고, 동공은 밝은 곳에서 수축되며, 어두운 곳에
서 확대(최고 8mm까지)된다.

〈눈의 구조와 카메라의 구조〉

눈의 구조	카메라의 구조
눈꺼풀	렌즈 뚜껑
수정체	렌즈
홍채	조리개
망막	필름

〈눈의 구조〉

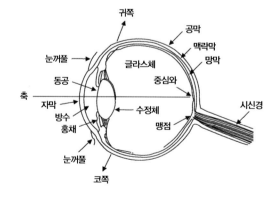

❙ 박현일 외, 『색채학 사전』, 국제, 2006.

동그라미 중심 가족화 검사(－中心家族畵檢査, Parents-
Self Centered Drawing Test, PSCDT)

무의식을 자극하여 원을 중심으로 가족의 상징을 탐
색하고, 부모와 자녀의 관계를 탐구하는 투사적 방법.
〈동그라미 중심 가족화〉는 번스(Burns, R. C.)에 의
해 개발된 투사적 그림 방법이며, 원을 중심[43]으로
그리고, 각 인물에서 떠오르는 상징[44]을 표현함으로
써 연상되는 상징을 탐색한다. 이 상징은 시각적인
자유 연상을 기본으로 하고 있으며, 이를 통해 추상
화된 사고와 정서를 발견할 수 있다. 이러한 상징 중
심 탐색은 무의식을 자극하여 긍정적인 에너지와 부
정적인 에너지를 노출시킨다. 이 가족화는 내재되
어 있는 부모와 자신과의 관계를 통해 자기 자신을
바라보는 방법이다. 특히 부모와 자기 자신의 주위
에 그려진 상징을 뽑아 그것에 연상된 상징을 탐색
하며, 부모와 자녀의 관계를 깊이 탐구할 수 있다.

❙ Burns, R. C. & Kaufman, S. H., *Action, Style, and
Symbols in Kinetic Family Drawings*, New York : Brunner
& Mazel Publishers, 1972. / Burns, R. C., *Kinetic House-
Tree-Person Drawings*, New York : Brunner & Mazel
Publishers, 1987.

동물 가족화 검사(動物家族畵檢査, Animal Family Drawing
Test, AFDT)

가족 구성원을 특정 동물로 표현함으로써 가족의 성
격, 특성, 가족 간의 역동성을 파악하는 투사적 방법.
번스(Burns)와 카우프만(Kaufman)은 그들의 저서
(동적 가족화에서 행동, 스타일, 그리고 상징)에서,
"〈동물 가족화〉는 동물이 주는 상징적인 의미가 있
으므로, 언어 능력이 부족하거나 연령이 낮은 유아
와 아동의 경우에 효과적이다. 가족 구성원들을 특

---

43. 부모, 모친, 자기의 상
44. 시각적인 자유 연상

정 동물로 표현한 배경과 이유, 표현하기 가장 어려웠던 사람은 누구인지, 어떤 부분이 힘들었는지에 대해 이야기를 나눈다. 다른 가족이 자신을 어떤 동물로 표현하는지에 대해 생각하고, 서로 표현이 다르다면 어떤 부분 때문인지에 대해서도 이야기를 나눈다."고 보았다.

치료자는 관찰하는 과정에서 내담자의 행동에 대해 이야기를 나누는 것도 좋다. 예를 들면 누군가를 그리면서 망설였다든가, 계속 지우고 다시 그렸다든가, 어떤 부분에 어려움이 있었는지에 대해 이야기를 나누고, 내담자의 그런 마음을 수용할 필요가 있다.

▌ Burns, R. C. & Kaufman, S. H., *Action*, *Style*, *and Symbols in Kinetic Family Drawings*, New York : Brunner & Mazel Publishers, 1972.

동물화(動物畵, animal drawing)
군마도, 어해도(魚蟹圖), 영모도(翎毛圖), 투견도의 동물을 소재로 하는 그림.

동세(動勢, movement)
그림이나 조각에서 느끼는 운동감.

동시 대비(同時對備, simultaneous of contrast)
두 가지 이상의 색상을 동시에 볼 때 색의 3속성 차이에서 일어나는 현상.

동시 대비는 객관적으로 존재하는 것이 아니라 인간의 눈 속에서만 존재하고, 인간의 감정을 불러일으킨다.

동시 대비의 특징은 사물의 크기가 작을수록 대비 효과가 강하고, 자극이 되는 부분이 멀어질수록 대비 효과는 약하며, 인접하는 색의 차이가 클수록 대비 효과는 크다.

이 대비의 종류로는 무채색끼리 대비, 유채색끼리 대비, 무채색과 유채색의 대비 세 가지가 있다. 무채색의 대비에는 명도 대비가 나타나고, 유채색의 대비에는 색상, 명도, 채도, 보색 대비가 나타난다. 무채색과 유채색의 대비에는 명도, 채도, 보색 대비가 나타난다.

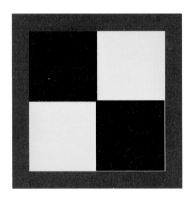

▌ 박현일 외, 『색채학 사전』, 국제, 2006.

동적 가족화 검사(動的家族畵檢査, Kinetic Drawings a Family Test, KDFT)
자기 개념만이 아니라 가족의 움직임과 가족 관계에 따른 감정과 역동성을 파악하는 일종의 투사적 방법. 동적 가족화는 〈가족화 검사〉에 움직임을 첨가한 일종의 투사화로 번스(Burns)와 카우프만(Kaufman)에 의해 개발되었다.

동적 가족화의 해석은 인물의 행위(actions), 양식(styles), 상징(symbols), 역동성(dynamics), 인물의 특성(figure characteristics) 다섯 개의 진단 영역으로 나누어진다. 일체감이 있는 가족의 정경인가, 각기 독자적인 행동을 하고 있는가에 따라 가족 전체의 역동성을 엿볼 수 있다. 인물 묘사의 순서에서는 가정 내의 일상적 서열, 중요도가 나타난다. 크기는 인물에 대한 관심, 심리적 영향의 크기를 나타낸다. 거리는 중첩, 접촉, 접근, 먼 거리를 검토하여 심리적

거리를 나타낸다. 인물의 얼굴 방향, 인물의 생략, 타인의 묘사가 속한다.

▌ Burns, R. C. & Kaufman, S. H., *Action, Style, and Symbols in Kinetic Family Drawings*, New York ∶ Brunner & Mazel Publishers, 1972.

콘먼(Cornman)은 암환자 아동들이 가지는 문제와 그 가족이 직면하고 있는 다양한 문제점을 이해하고 해결점을 찾기 위해, 개정된 동적 가족화를 사용하여 아동의 그림을 통해 가족의 지각도를 이해하려고 사용했다.

▌ Cornman, B. J., "Childhood Cancer, Differential Effects on the Family Members", *Oncology Nursing Forum*, 20, 1993.

동적 집-나무-사람 검사(動的-檢査, Kinetic House-Tree-Person Test, KHTPT)

내담자의 성격을 더욱 역동적으로 파악하기 위해 한 장의 용지 위에 집-나무-사람을 함께 그리는 것으로 내면의 세계를 반영하는 투사적 방법.

번스(Burns)는 그의 저서(동적 집-나무-사람)에서, KHTP의 해석은 HTP의 해석의 바탕에 두고 있는 정신 분석학적인 관점과 달리 발달적 체계를 적용한다. HTP의 해석은 '정신 병리적' 집단에 대한 프로이트 학파의 이론적 기반에 의해 주로 이루어졌다. 인간의 건강한 면보다 병리적인 면이 더 강조되었다. 그러나 이 검사는 전체로서 인간을 보는, 다시 말해서 건강하지 못한 면뿐만 아니라 건강한 면, 한계성뿐만 아니라 잠재력도 고려되었다.

KHTP의 일반적인 분석에서 집은 우리 생활의 물리적 측면을, 나무는 생활의 에너지와 에너지의 방향이며, 사람은 감독자를 상징한다. 집을 먼저 그린 경우에는 세상에 소속되고자 하는 욕구, 생존을 위한 욕구, 신체 욕구 혹은 강박관념을 나타낼 수 있다. 집은 성공이나 혹은 성공에 대한 멸시를 보여 주고, 양육을 위한 가정, 양육을 주고받기 위한 가정, 창조적이고 즐거운 장소를 뜻한다.

나무를 가장 먼저 그리는 경우에는 생활 에너지와 성장을 가장 중요하게 생각한다. 이것은 성장하려고 하는 사람이나 살아 있는 사람의 전형적인 유형이다. 자살하고 싶은 충동을 가진 사람, 살려는 의지를 잃어버린 사람, 위로 향하고자 또는 성장하고자 하는 사람들은 나무를 먼저 그린다. 물론 이 해석이 가치 있게 되려면 나무를 전체적으로 보아야 한다. 나무가 부착되어 있는가? 죽었는가? 어느 쪽을 향해 굽어 있는가? 이 같은 정보는 의미를 더욱 분명하게 한다.

사람을 먼저 그린 경우에는 세상에 대한 소속감의 통제와 관련된 관심을 의미하고, 신체를 드러내거나 혹은 숨김은 성공에 대한 경멸과 양육적인 사람이고, 즐겁게 주고받는 사람이며, 만일 자신 이외의 사람을 그린다면 그것은 특별한 사람이다. 예를 들면 죽은 가족 성원, 사랑하는 사람, 증오하는 사람, 영웅 혹은 영웅적이지 못한 인물에 사로잡혀 있다는 것을 반영한다.

▌ Burns, R. C., *Kinetic House-Tree-Person Drawings*, New York ∶ Brunner & Mazel Publishers, 1987.

동판화(銅版畫, copper plate print)

동판에 형태를 조각하여 부각시키는 그림.

동판에는 부식액을 사용한 에칭(etching), 섬세한 효과를 나타내는 드라이 포인트(dry point), 라인 인그레이빙(line engraving) 세 가지가 있다.

▌ 박대순 편저, 『현대디자인 용어사전』, 디자인오피스, 1996.

동화(動畫, movement paint)

만화 영화에서 캐릭터의 움직임이 시작과 중간, 끝으

로 나누어지는 데 중간에 해당되는 그림. 원화 사이의 움직임을 만드는 그림.

동화(同化, assimilation)

외계의 사물에 대해 기존의 틀로 해석하고 이해하는 과정으로, 인지 발달을 이루는 기제 중 하나.

동화 효과(同化效果, assimilation)

한 색이 옆에 있는 색에 의해 닮은 색으로 변해 보이는 현상.

동화 효과는 전파 효과, 혼색 효과, 줄눈 효과라고도 한다. 이 현상은 줄무늬와 같이 주위를 둘러싼 면적이 작거나, 둘러싸인 색상이 주위의 색상과 비슷하거나, 무늬에서 복잡하고 섬세하게 나타나며, 서로 인접된 색이 비슷한 색일 때도 나타난다. 색상, 명도, 채도가 다르게 보이며, 이런 현상은 어두운색보다 밝은색에서 더욱 심하다.

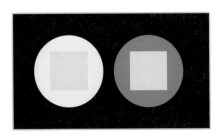

▌ 박현일 외,『색채학 사전』, 국제, 2006.

두뇌 피질(頭腦皮質, cerebral cortex)

송준만은 그의 저서에서 두뇌 피질을 네 개의 인지 영역인 전두엽, 두정엽, 측두엽, 후두엽으로 나누었다. 포유동물의 두뇌인 림빅 체계(limbic system)[45]는 감정을 다스리고, 기억하고 회상하는 능력이 중요하며, 이런 요소들은 해마(hippocampus)에 자리 잡고 있다. 이 문제는 포유동물의 후각과도 밀접한 관계가 있고, 우리의 감정 성질과 연관되어 표현한다. 우리가 아는 것과 느끼는 것 사이에는 상호 연결이 계속적으로 일어나고 있다.

▌ 송준만,『정신문화와 두뇌 : 두뇌생리학적 문화 분석』, 교문사, 1981.

드로잉(－, drawing)

연필로 형태를 표현하는 그림＝제도(製圖).

등색(等色, color matching)

하나의 색을 다른 색과 같게 하여 주로 측색할 때 사용됨.

딱딱한 색(－色, hard color)

색의 자극이나 개성에 의해 느끼는 연상 작용의 색.

물체색의 딱딱한 감정은 물체 표면의 시감각과 물체의 물리적 경도에 의해 생긴다.[46] 현색계가 딱딱하게 느껴지는 것은 색 자극이나 색의 개성에 의한 영향뿐만 아니라 연상 작용에 의한 것이다. 순색 계통의 색이나 암청색(暗淸色)[47]은 일반적으로 딱딱하고 강한 느낌을 준다. 딱딱한 색의 감정은 색채의 강약과 무게에 관계가 있고, 주로 채도와 명도에 따라 좌우된다. 하양과 검정은 딱딱하게 느껴지고, 중명도 이하에서 채도가 높은 색은 딱딱한 느낌을 준다.

딱딱한 색상은 한색 계통이며, 톤으로는 strong, deep, grayish가 있다. 이 감정은 광택도와 관계가 있고, 광택도가 높을수록 강하다. 광택도가 높은 것

---

45. 오직 인간들이 생각하는 기쁨, 두려움, 미묘한 감정을 조절하거나 통제하는 곳을 말한다.

46. 난색 계열과 중성 계열의 연두는 자주 부근의 색상에서 부드러운 감을 느낀다. 연두는 잔디나 초원을 연상시키고, 자주는 연꽃이나 붓꽃 꽃잎의 부드러움이 연상된다.

47. 색입체 아랫부분의 어둡고 맑은 색을 가리킨다.

이 딱딱하게 느껴지는 것은 빛의 반사 조건 때문이다. 정반사(正反射)의 경우도 역시 강렬하다.

▌박현일 외,『색채학 사전』, 국제, 2006.

또래 관계(-關係, peer relationship)

비교적 같은 연령 혹은 비슷한 성숙 수준의 아동, 청소년을 의미.

또래는 집단적인 성격을 띠고 있으며, 집단은 단순한 무리와 구별된다. 집단의 구성원들은 공통의 관심사를 가지고 외형적이거나 내재적인 일련의 행동 규칙의 지배를 받으면서 서로 상호 작용하는 관계를 말한다.

▌송영혜,『또래 관계 : 진단과 치료』, 집문당, 2007.

벰트(Bemdt)와 라드(Ladd)는 또래 관계에 대해 다음과 같이 설명하고 있다. 아동기 동안에 공통된 문제를 경험하는 또래 집단은 사회적 · 정서적 기반으로 전형적인 스트레스와 문제에 대처하며, 심리적 안정과 사회적 지지를 제공한다. 또한 또래 관계를 통해 정서적 및 사회적 지원을 받으며, 자기 인식과 자아 개념을 발달시킬 수 있다. 더불어 만족스러운 또래 관계는 그 개인의 자긍심을 높여 준다.

▌Bemdt, R. & Ladd, G., *Peer Relationship in Child Development*. New York : Wiley, 1989.

또래 집단(-集團, peer group)

주로 놀이를 중심으로 비슷한 나이의 어린이들이 형성한 집단.

같은 지역이나 공동체 속에서 생활하는 비슷한 나이의 어린이들이 주로 놀이를 중심으로 형성한 동아리를 말한다. 때로는 넓게 해석하여 비슷한 사업, 지위, 취미, 사상을 가진 사람들에 의해 자연적으로 형성되는 성인들의 놀이 중심 집단을 가리킬 때도 있다. 집단의 형태는 연령에 따른 생리적 · 심리적 성숙도에 따라 다르지만, 공통되는 점은 집단의 형성이 자발적이라는 데 있다. 또래 집단이 나이에 따른 등급으로 형식화되어 있는 소규모 전통 사회도 있다.

각 등급에 속한 구성원들은 특정한 권리와 의무를 가지고 있는데, 이것은 그 구성원들이 나이가 들어 위 등급으로 이동함에 따라 변하게 된다. 구성원들이 어떤 등급의 집단으로부터 보다 위 등급의 집단으로 이동하는 것을 알리는 특정한 의식이나 제의(祭儀) 같은 것을 치르는 경우도 있다. 특정한 나이의 또래 집단에 같이 속해 있는 사람들은 일반적으로 평생을 통해 밀접하고 친밀한 연대 관계를 유지한다.

▌『두산백과사전』, 동아출판사, 1982.

또래 집단기(－集團期, gang stage)

자연물에 대해 많은 흥미와 관심을 가지는 자아에 대한 지각의 시기(9세~11세).

또래 집단기는 리얼리즘 시초 단계로서 친구를 사귀고 사회적 활동, 자아에 대한 인식의 증대, 사실적인 표현의 경향이 나타나기 시작하며, 인물화에서 의복으로 관점이 바뀐다. 남녀의 차이가 확실하게 그려지며, 공간 표현에 있어서 나열식에서 벗어나 중복되고 사실적 색채로 표현, 사회성 발달로 협동적인 공동 작업이 가능한 청춘기 전의 동요 시기이다.

이 시기는 사물보다 객관적이고 실제적으로 표현하는 단계이고, 색채도 사실적 양상을 강하게 보여주며, 의복에 나타난 문양을 집착하여 그린다. 사실적 표현에 미숙한 아동은 미술 표현에 흥미를 잃어버리는 현상이 나타나는 시기이며, 그림에 자신감을 잃고 점차적으로 미술을 멀리하는 경향을 보인다.

▌김동연 외, 『미술치료의 이론과 실재』, 동아문화사, 1994.

미술 치료 용어 사전

ㄹ

라벤더 (－, lavender)

박하 향기가 나는 라벤더의 꽃 이름에서 유래된 연한 보라. 1796년경부터 사용된 색 이름.

라일락 (－, lilac, 프)

라일락 빛깔에서 나온 연한 붉은 보라. 1775년경부터 사용된 색 이름.

러셋 (－, russet)

색 이름의 한 가지 종류＝팥색, 어두운 홍차(紅茶)색.

레트 장애 (－障碍, Rett's disorder)

출생 이후 정상적인 기능을 한 후 여러 가지 특정한 결함을 나타내는 장애.

레트 장애를 가지고 있는 아동들은 출생 이전이나 출산 후 아주 정상적이며, 생후 5개월 동안은 정상적인 정신 운동성이 이루어진다. 태어날 당시 머리 크기는 정상 범위이지만, 5개월~48개월 사이에 머리 성장이 감속된다. 5개월~30개월 사이에 습득된 손기술을 상실하고, 손을 쥐어틀거나 손을 씻는 행동과 유사한 특징적인 상동적 손 운동이 발달된다.

▌ 윤치연, 『발달장애의 이해』, 형설출판사, 2004.

로르샤흐 검사 (－檢査, Rorschach Method, RM)

인간의 노이로제, 정신 신경증, 구조적 뇌 장애의 증상을 밝히는 투사적인 검사 중 가장 대표적인 심리진단 방법.

로르샤흐(Rorschach, Hermann)가 의학을 공부하면서 정신 질환에 흥미를 가진 심리진단 검사인 〈로르샤흐 검사〉를 만들었다. 이 검사는 오늘날 나비 형상을 닮은 '잉크 얼룩'으로 널리 알려져 있으며, 열 장(17cm×12cm) 중에서 다섯 장은 단순히 검정과 하양으로만 이루어져 있고, 두 장은 검정과 빨강, 세 장은 다양한 원색으로 구성되어 있다.

이 검사는 환자가 검사 판을 보는 동안 그들의 얼굴 표정과 신체적인 움직임을 살핀다. 그들은 이것을 통해 자신의 삶과 세상에 잘 순응하며, 색을 좋아하는 사람들이나 신경증 징후를 보이는 사람들은 조울증이 나타난다. 그러나 색 때문에 괴로워하거나 색을 거부한 사람들은 정신 분열증의 성향을 가지고 있다. 색채에 대한 반응은 간질 환자의 치매 정도를 측정하는 수단이 되었으며, 색의 충격[48]은 정신 분열증, 히스테리 발작, 강박관념을 가진 인간, 조울증 환자들에게도 나타난다. 신경쇠약증으로 괴로워하고 있는 사람들은 색에 대한 반응이 나타나지 않는다. 형태보다 색이 강조되면 환자의 내면세계로 침입하여 위험한 소용돌이로 빠져든다. 흑백 카드가 색채 카드보다 더 선호되면 우울증이 심한 경우이며, 정상적인 사람들은 원색을 선호하는 반면에 신경증 징후를 보이는 사람은 하양, 갈색, 검정을 선택한다.

▌ 교육학사전편찬위원회 편, 『교육학대사전』, 교육서관, 1989.

에머리(Emery)는 그의 논문("색채 치료")에서 〈로르샤흐 검사〉에 대해 다음과 같이 언급했다. 정신 분석학자들은 '기가 꺾인' 정신 분열 증세로 고통을 받

---

48. 색에 대한 거부 반응

은 사람들의 잠재의식 속에 죽음에 대한 갈망, 누군가를 죽여서 피를 뿌리려는 욕망이 깔려 있다고 설명한다. 어떤 사람이 빨강을 선택하면 그의 정신 상태는 정상이라고 볼 수 없다. 성 심리 유치증(幼稚症) 환자들과 마음이 약한 소녀들은 간혹 초록을 선택하기도 한다. 어린아이처럼 정신연령이 후퇴하거나 또는 수준을 넘어서지 못한 환자들은 거의 노랑을 선택한다.

▌Emery, Marguerite, "Color Therapy", *Occupational Therapy & Rehabilitation*, February, 1942.

오브시안키나(Ovsiankina, Maria Rickers)는 인간 성격의 깊이를 탐구하기 위해 만들어진 〈로르샤흐 검사〉와 관련하여 다음과 같이 언급했다. 색채 경험은 형태 경험보다 더 순간적이고 직접적인 감각이 나타난다. 왜냐하면 지각 작용은 피험자에게 편견이 없는 객관적인 태도를 수반하기 때문이다. 따라서 색채 경험은 지각 작용보다 순간적이므로 더 정조적(情調的)인 특성을 포함하고 있다.

〈로르샤흐 검사〉에 의해 밝혀질 수 있는 성격 측면은 세 가지가 있다. 첫째는 사고의 독창성, 생산성, 문제 접근 방식의 인지적 측면. 둘째는 타인에 대한 반응, 일반적인 정서 상태, 정서적 긴장에 대한 반응의 정서적 측면. 셋째는 갈등이나 방어, 자아 기능의 측면.

▌류경남 외, 『가족상담심리 용어사전』, 학지사, 2006.

리듬(-, rhythm) → 율동(律動)

리비도(-, libido)
정신 분석학 용어로 성 본능(性本能)과 성 충동(性衝動)의 뜻.
리비도는 보통 말하는 성욕, 다시 말해서 성기(性器)와 성기의 접합을 바라는 욕망과는 다른 넓은 개념

이다. 프로이트(Freud, S.)는 리비도가 사춘기에 갑자기 나타나는 것이 아니라 태어나면서부터 서서히 발달하는 것이라고 했다. 성 본능은 구순기(口脣期)와 항문기(肛門期)를 통해 발달하다가 5세경 절정에 이른 후 억압을 받아 잠재기에 이르고, 사춘기에 다시 성욕으로 나타난다. 그러나 리비도는 중도에서 발달이 중지되기도 하고[고착(固着)], 완전히 발달했다가 거꾸로 되돌아가는 경우도 있으며 [퇴행(退行)], 이상 성욕이나 신경증(神經症)이 이에 속한다. 또한 이것은 대상에 주입(注入)되어 축적되는데, 이것을 대상(對象) 리비도라고 하며, 우정과 부자간의 정, 연애와 같은 것이 속한다. 그리고 자아(自我)에게 주입된 리비도를 자아 리비도 또는 나르시시즘적 리비도라 한다. 자기의 건강 상태를 이상스러울 정도로 걱정하는 상태가 심기증(心氣症)과 같은 것이다. 리비도는 충족되기를 바라다가 충족되지 않을 때 불안으로 변하며, 승화되어 정신 활동의 에너지가 되기도 한다. 프로이트는 처음에 리비도를 자기 보존 본능과 대립되는 것으로 보았으나 나중에 이 둘을 결합했으며, 에로스를 삶을 파괴하려는 죽음의 본능과 대립시켰다.

▌『두산백과사전』, 동아출판사, 1982.

리얼리즘(-, realism)
현실의 모사를 바탕으로 하여 사회의 갈등과 모순을 포착하는 데 초점을 맞추는 문학예술의 경향 ≒ 사실주의, 현실주의 ⇔ 이상주의(idealism).

▌한국문화예술위원회 엮음, 『100년의 문학용어 사전』, 도서출판 아시아, 2009.

리얼리티(-, reality)
실재성 또는 현실성(現實性).

미술 치료 용어 사전　ㅁ

마더 콤플렉스(‒, mother complex)

어머니에게 언제나 복종하는 남성의 심리로, 어머니를 사이에 두고 아버지와 대등한 존재로 착각하여 어머니로부터 분리되는 것에 대한 죄악감.

마더 콤플렉스는 융(Jung, C. G.)이 처음 사용했으며, 어머니의 사고방식과 취향에 따라 성장하고, 자신의 삶에 가장 중요한 영향력을 어머니에게 받는 것을 '마더 콤플렉스'라고 한다. 남아 선호 사상이 강한 한국 사회에서 남성들은 어머니의 헌신적인 사랑과 희생에 의해 안락한 생활을 누리는 한편 어머니의 뜻에 따라 살아야 하는 강한 의무감을 갖는다. 나이가 들어도 어머니의 소유 대상이 되며, 어머니의 애정과 기대를 많이 받은 남성일수록 마더 콤플렉스를 갖기 쉽다. 결혼 후 생활에 문제가 생겨도 아내가 해결해 줄 것을 기대하면서도 어머니 앞에서는 가장이라는 권위를 내세워 아내를 다스려야 한다는 보상 심리마저 드러낸다. 남성은 오로지 자기중심적이어서 아내를 오직 자신을 위한 사람 이상으로 여기지 못하고, 아내에게도 어머니의 모습을 기대하며, 두 여성에게서 사랑받고자 한다.

▎류경남 외, 『가족상담심리 용어사전』, 학지사, 2006.

마룬(‒, maroon)

짙고 어두운 빨간색(暗赤色)의 색 이름.

마블링(‒, marbling)

물과 기름이 섞이지 않는 성질을 이용하여 대리석에 표현된 기법.

마이너스 혼합(‒混合, subtractive color mixture) **→ 감법 혼합**(減法混合, subtractive color mixture)

마젠타(‒, magenta)

보랏빛이 도는 빨간색 이름으로, 감법 혼합의 삼원색 중 한 가지 색.

마티에르(‒, matiere, 프) **→ 질감**(質感)

만남과정과 관계과정(‒過程‒關係過程, meeting process and relationship process)

미술 치료의 네 가지 효과 중에서 마지막 단계에 속하는 과정.

그림은 내담자에게 치료적인 관계를 의미하며, 이것은 치료사가 내담자에게, 내담자가 치료사에게 주는 메시지이다. 미술 치료에서 치료사와 내담자의 관계는 항상 그림과 연결되어 있다. 치료사는 내담자의 그림에 관심을 가지는 것만으로도 신뢰적인 태도나 긍정적인 관계를 이룰 수 있다. 그러나 반대로 치료사가 내담자가 인식할 정도로 거리를 두고 있으면 경우는 다르게 나타난다. 내담자와 치료사의 관계에서 핵심적인 문제는 내담자가 그림을 그릴 수 있는 신뢰의 기반이지만, 치료사는 보호할 수 있는 공간을 먼저 조성해야 한다.

치료사는 내담자가 그린 그림을 치료사 자신이 어떻게 체험하는가를 인식하는 것도 필수적인 사항이다. 예를 들어 치료사는 내담자가 그린 그림을 추하거나 놀라운 일로 느끼게 되면 내담자에게 이런 인상이 그대로 반영된다는 것을 자각해야 한다. 또한 내담자는 자기의 그림을 자기 스스로 받아들일 수 없지만, 치료사는 그 그림에 감동을 받았을 때에도 마찬가지 경우이다.

치료사는 미술 치료를 하는 동안에 무엇을 할 것인가가 가장 핵심적인 문제이다. 치료사의 가장 핵심적인 역할은 내담자의 그림이 치료적인 '방법'이 될 수 있도록 만드는 것이며, 창의적 과정이 진행되도록 도와야 하며, 내담자의 그림에 많은 관심과 이해를 가지며 그리고 치료 과정을 활성화시킨다.

▌ 박현일·조홍중,『그림을 통한 성격 치료 미술 치료』, 시그마프레스, 2009.

만다라(曼茶(陀)羅, mandala)

신성한 단(壇 : 성역)에 부처와 보살을 배치한 우주의 진리를 표현한 그림.

만다라(mandala)는 고대인도 범어(산스크리트)에서 비롯되었고, 만다(曼茶, manda)와 라(羅, la)가 합쳐진 단어이며, 또한 '본질(manda)을 소유(la)하는 것'을 의미한다.

만다라 미술 치료(曼茶(陀)羅美術治療, mandala art therapy)

중심과 본질을 얻어 마음속 참됨을 갖추거나 원만히 하는 것을 치료하는 미술 치료의 한 가지 종류.

만다라의 기본 형태인 원은 우리가 살고 있는 자연과 주변 환경의 어느 곳에서나 존재하고, 만다라 형상은 태양, 보름달, 꽃, 나무의 나이테, 거미줄, 새집, 달팽이, 조개, 소라고둥, 과일과 과일의 단면들, 물레방아, 시계, 팽이, 바퀴, 교회의 색 유리창, 소용돌이, 동심원, 사람과 동물의 눈에서 볼 수 있다.

만다라의 미술 교육적 가치는 정확하게 색칠하기, 색상환, 색의 대비(명암, 보색, 난색, 한색), 다양한 재료의 사용법과 그것에 대한 효과를 경험하기, 미술 감상, 색 혼합의 지도에 있다.

20세기 초 심층 심리학인 만다라 미술 치료는 서구 문화에서 최초로 만다라가 지니는 우주적·영적의미를 발견했으며, 만다라가 인간 정신에 주는 의미를 탐구한 결과 인간의 근원적인 사고 세계를 열어 준다는 것이다. 융은 만다라를 단순히 이론적, 객관적으로 연구한 것만이 아니라 자신이 직접 만다라를 그리는 생생한 자기 체험을 통해 만다라가 주는 치료적 의미를 정착시켰다.

▌ 정여주,『만다라와 미술치료』, 학지사, 2001.

망원 묘사(望遠描寫, telescope description)

먼 곳에 있는 물체를 가까운 곳에 있는 것처럼 크게 그리는 것.

루카(Luka)는 켄트(Kent)와 함께 쓴 저서(미술 교육)에서, "망원 묘사란 먼 산의 나무에 앉은 매미나 그 밑에 기어가는 개미를 아주 크고 자세하게 그리는 것"이라고 하였다.

▌ Luka, M. & Kent, R., *Art Education : Strategies of Teaching*, Englewood Cliffs, New Jersey : Prentice & Hall Inc., 1968.

멀티 테라피(–, multi therapy)

동양의 오행 철학과 한의학을 기본으로 서양의 철학과 심리학을 접목하여 그림과 음악, 운동, 후각, 미각, 촉각의 다양한 요소를 결합해 만든 새로운 개념의 치료.

멀티 테라피는 1996년 한국의 장성철이 '복합'을 뜻하는 영어 '멀티'와 '치료'를 뜻하는 '테라피'를 합성해 창안했다. 유럽과 미국에는 없는 한국의 독창적인 요법으로, 대체 의학의 한 분야로 보는 이들도 있다. 하지만 창안자는 치료보다 예술에 더 가까운 '아트 케어(art care)'로 정의한다. 멀티 테라피는 인간의 정신적·육체적 고통의 근본 원인을 찾아내고, 궁극적으로 이러한 고통을 극복하는 방법을 제시하는 데 목적이 있다. 이를 위해 동양의 오행 철학에 맞게 음악에는 오음(五音), 미술에는 오색(五色), 운동에는 오기(五氣)에 해당되는 각각의 음률, 색채, 움직임을 접목하는 복합적 방식을 적용한다. 멀티 테라피는 사람의 눈을 자극하는 미술 치료에서 음악 치료(청각), 아로마 테라피(후각), 음식 치료(미각), 운동 처방(촉각)의 갖가지 요소가 모두 동원되고, 현재는 연상 운동을 통한 드로잉(그림 그리기) 요법이 가장 많이 이용된다. 가장 대표적인 적용 대상으로는 우울증, 자폐증, 발달 장애, 스트레스성 질환, 불면증, 비만, 위장 장애, 두통, 감기, 알레르기성 비염이 있다.

▎ 장성철 지음, 차성희 엮음, 『동양인의 체질에 맞는 멀티테라피 새 그림 치료』, 북하우스, 2000.

면(面, surface)

공간을 구성하는 기본적인 단위.

면은 공간 효과를 나타내는 중요한 요소이고, 눈에 잘 보이는 기본적인 형상이며, 최소한으로 축소되거나 최소한의 선으로 이루어질 때 점으로 환원된다. 면은 선의 길이에 절대적인 지배를 받고, 선의 성격에 따라 영향을 받으며, 점의 밀집과 선의 집합, 선으로 둘러싸여 성립된다. 공간에 있어서 입체화된 점이나 선에 의해 성립되고, 선이 이동하여 생기는 면은 2차원 세계가 된다.

면의 종류에는 기하학적인 면, 직선적인 면, 유기적인 면, 불규칙한 면, 곡면 들이 있다. 기하학적인 면은 안정감, 신뢰감, 명료함, 간결하고 강한 느낌을 준다. 기하학적 도형의 기본형에는 삼각형, 정원, 정사각형 세 가지가 있다. 기하 직선형 평면은 질서가 있는 간결함, 확실, 명료, 강함, 신뢰, 안정을 나타낸다. 기하학적 형태는 수학적 법칙과 함께 생기며, 가장 뚜렷한 질서를 가지는 형태이다. 직선적인 면은 남성적, 대담, 명쾌함, 직접적인 느낌을 준다. 유기

적인 면은 자유로움과 활발한 느낌을 준다. 불규칙한 면은 무질서, 불확실함, 방심, 신경질적인 느낌을 준다. 곡면은 온화함, 유연함, 동적인 표정의 느낌을 준다.

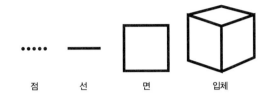

점　　　선　　　면　　　입체

▎ 박현일, 『디자인 강의』, 교우사, 2008.

면적 대비(面積對備, contrast of area)

같은 색이라고 해도 면적에 따라 명도와 채도가 다르게 보이는 현상.

면적 대비는 같은 색이라고 해도 면적이 클수록 명도나 채도가 높아지고, 반대로 면적이 작을수록 명도와 채도가 낮아지며, 면적이 크고 작은 것에 따라 색이 다르게 보이는 현상이다. 이것을 양적 대비 또는 비례 대비라고 한다. 예를 들면 파랑이라고 해도 면적이 큰 것이 작은 것보다 밝고 맑게 보인다. 순색의 면적 대비는 큰 면적보다 작은 면적이 효과적이다.

면적 대비의 특성은 어떠한 대비 효과라도 변경과 강화가 가능하다. 넓은 면적은 흥분이 빠르고 눈이 쉽게 피로하므로 좁은 면적이 더 뚜렷하게 보인다. 일시적인 효과가 아닌 경우 넓은 면적은 채도가 낮은 색, 좁은 면적은 채도가 높은 색이 좋다. 면적이 큰 색은 명도와 채도가 높아져 실제보다 좀 더 밝게

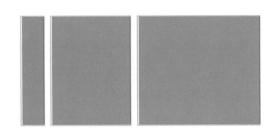

보인다. 면적이 작은 색은 명도와 채도가 실제보다 어둡고 탁하게 보인다.

면적 대비는 색상을 선택할 때 중요한 역할을 하므로 작은 견본을 보고 선택하면 정확한 색상을 고를 수가 없다.

▮ 박현일 외, 『색채학 사전』, 국제, 2006.

면적 조화(面積調和, harmony of area)

일반적으로 면적이 크면 채도를 약하게 하고, 면적이 작으면 채도를 강하게 하는 현상.

면적 조화에서 면적의 비율이 크면 대비를 강하게 하고, 작으면 대비를 약하게 한다. 면적과 색의 강도 관계는 형으로 표현된다. 면적 비율의 효과에 있어서 근사한 면적의 두 색 대비는 작게 하고, 면적 비율이 큰 두 색의 대비는 큰 것이 좋다.

▮ 박현일 외, 『색채학 사전』, 국제, 2006.

면적 효과(面積效果, effect of area)

동일한 광원 아래에서 면적에 따라 다르게 보이는 현상.

면적 효과는 동일한 색상이더라도 면적이 큰 색상은 밝고 선명하게 보인다. 크기가 아주 작은 색상은 소면적 3색각(tri-tanopia)[49] 이상이 나타난다.

---

49. 소면적 3색각(tri-tanopia) 효과는 시각적으로 관찰이 어려운 상태이며, 색 지각의 혼란이 생겨서 일반적인 색으로 보인다. 예를 들면 녹색에 가까운 색은 녹색으로 보인다. 인간의 지각 현상에서는 파랑과 노랑이 없어지고, 하양과 검정, 빨강, 녹색 네 가지의 색이 나타난다.

▮ 박현일 외, 『색채학 사전』, 국제, 2006.

명도(明度, Value, V)[50]

색의 밝음 정도.

색의 3속성 중에서 인간의 눈에 가장 예민하며, 그 다음은 색상과 채도 순이다. 어떤 색이든지 하양을 혼합하면 명도가 높아지고, 검정을 혼합하면 명도가 낮아지며, 빛의 반사율이 높은 색일수록 명도가 높다.

▮ 박현일 외, 『색채학 사전』, 국제, 2006.

〈20색상환 명도 표〉 (1968년 개정 먼셀 시스템 기준)

색명	색료	색광	색상 기호	명도
빨강	○	○	R	4
다홍			yR	6
주황			YR	6
귤색			rY	7
노랑	○		Y	9
노랑연두			gY	7
연두			GY	7
풀색			yG	6
녹색		○	G	5
초록			bG	5
청록			BG	5
바다색			gB	5
파랑	○	○	B	4
감청			pB	4
남색			PB	3
남보라			bP	3
보라			P	4
붉은보라			rP	4
자주			RP	4
연지			pR	5

---

50. 컴퓨터 그래픽 프로그램에서는 명도가 lightness로 사용되고 있으며, 먼셀 표색계에서는 밸류(value)라고 한다.

명도 단계(明度段階, value step)

하양부터 검정까지 11단계의 명도를 재는 척도.

명도 단계는 하양부터 검정까지 명도가 다른 회색을 배치하고, 감각적인 단계가 균등하게 변한다. 명도 단계는 무채색을 모두 11단계로 구분하며, 모든 빛깔의 기준이다. 특히 명도 단계(명도 표준)는 고명도, 중명도, 저명도 세 가지 단계로 나뉜다.

▌ 박현일 외, 『색채학 사전』, 국제, 2006.

명도 대비(明度對備, contrast of value)

다른 두 가지 색을 대비시켜 명도 차이가 커 보이는 현상.

명도 대비는 어두운색을 볼 때 망막의 흥분이 약하므로 피로가 적고, 반대로 밝은색을 볼 때 흥분이 강하므로 피로가 크다. 어두운색 다음에 보는 밝은색이나 어두운색 속의 작은 밝은 색은 더욱 밝게 보인다.

어떤 두 색 사이에서 색상, 명도, 채도 대비가 동시에 일어났을 때 명도 대비가 가장 강하게 나타난다. 명도 대비는 무채색에만 있는 것이 아니라 색상 대비에서도 나타난다. 예를 들면 낮과 밤, 밤과 그림자의 대비는 검정과 하양의 두 가지 색으로 구별할 수 있다. 명도가 다른 두 색을 병치(倂置)시켰을 때 서로의 영향으로 밝은색은 인접 부분이 밝게 보이고, 명도가 낮은 색은 더욱 어둡게 보인다. 같은 명도의 연두라고 해도 고명도의 노랑 바탕에서는 어둡게 보이고, 저명도의 파랑 바탕에서는 밝게 보인다.

명도 대비의 특징은 대비되는 색의 명도 차가 클수록 더욱 강하고, 명도의 단계에서 느끼는 밝기가 다르게 나타난다. 명암 대비가 잘 나타난 작품으로는 피카소(Picasso)의 〈벽난로 위의 기타〉와 렘브란트(Rembrandt)의 〈황금 헬멧을 쓴 사람〉이 있다. 중국이나 한국의 문인화가 여기에 속하며, 묵화나 서예는 명암 표현의 다른 수단으로 목판, 동판, 에칭이 있다.

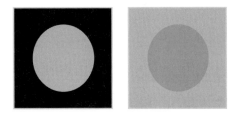

▌ 박현일 외, 『색채학 사전』, 국제, 2006.

명도 조화(明度調和, value harmony)

대상과 배경의 명도 차이.

명도 조화는 배경 색에 있어서 전체 명도가 낮아질수록 명도 차이는 높다. 하양이나 검정은 명도 차이가 커도 조화는 잘된다. 색상 차이가 크고, 평균 채도가 클수록 명도 차이는 작아도 조화롭다. 색의 채도가 크면 명도 차이를 작게 한다. 면적 비율이 크면 대비를 크게 하고, 면적 비율이 동일하면 대비가 약한 것이 좋다. 전체 시야가 좁으면 대비를 강하게 하고, 전체 시야가 클 때 대비를 약하게 한다. 명도 차이는 일반적으로 2로 하고, 대비가 강한 것은 3으로 하며, 대비가 약한 것은 1.5로 한다.

명도 조화의 방법에 있어서 색상 차이가 크면 명도 차이가 높다. 색상 차이가 작으면 명도 차이가 낮다. 기본 채도가 강하면 명도 차이가 크다. 기본 채도가 약하면 명도 차이가 작다. 명도 차이가 높으면 적량 명도 차이가 작다. 명도 차이가 낮으면 적량 명도 차이가 크다. 채도 차이가 크면 명도 차이가 낮다. 채도 차이가 작으면 명도 차이가 높다. 두 색 간의 면적 비율이 넓으면 명도 차이가 크다. 두 색 간의 면적 비율이 작으면 명도 차이가 적다.

삼색 조화에 있어서 명도가 3단계 색으로 배치될 때 기본 명도 상과 하의 차이를 산출하는 방법이다. 색상, 명도, 채도의 차이에 대한 조화는 등비(等比) 급수적 명도 배색이 좋다.

▌ 박현일,『색채학 강의』, 서우, 2007.

명색(明色, light color)

명이나 암의 어느 쪽에도 기울지 않은 안정된 밝기를 가지고 있는 색.

밝은 느낌을 주는 색으로는 빨강, 주황, 노랑, 연두, 파랑, 하양이 있다. 색의 명암에 대한 감정은 주로 명도와 관계가 있고, 무채색과 유채색은 명암 척도(chiaroscuro scale)를 사용한다. 명암 값은 회색의 다양한 빛이 반사하는 양[51]과 관계없이 지각의 수준에서 정해지고, 명암의 감정은 반드시 명도만으로 좌우되는 것은 아니다.[52] 색 자체의 밝기만이 아니라 사람 마음의 밝기에 영향을 주기도 한다.[53]

---

51. 물리적인 측정
52. 청록(명도 5)은 파랑(명도 4)보다 명도가 높다. 명도가 낮은 파랑이 밝게 느껴지고, 명도가 높은 청록이 어둡게 느껴진다. 하양이 노랑보다 명도가 높다. 명도가 낮은 노랑이 더 밝게 느껴지고, 명도가 높은 하양이 어둡게 느껴진다.
53. 난색 계통의 밝은색을 보면 밝고 명랑한 기분이 든다. 한색 계통의 어두운색을 보면 침울한 기분이 들고, 이런

▌ 박현일,『색채학 강의』, 서우, 2007.

명시성(明視性, visibility or eye catcher) **→ 시인성**(視認性)

명 청색(明淸色, bright and pure color)

순색에 하양을 혼합한 색.

하양 양이 많아짐에 따라 명도는 높아지고, 채도는 낮아진다. 예를 들면 빨강＋하양＝밝은 빨강이다.

▌ 박현일,『색채학 강의』, 서우, 2007.

명 탁색(明濁色, bright and turbid color)

순색에 밝은 회색을 혼합한 색.

회색 양이 많아짐에 따라 채도는 낮아진다. 예를 들면 파랑＋밝은 회색＝어두운 파랑이다.

▌ 박현일,『색채학 강의』, 서우, 2007.

모노그램(－, monogram)

두 개 이상의 글자를 한 글자 모양으로 도안화한 합일 문자(合一文字).

색의 방에서 오랫동안 생활하면 우울증, 신경질, 히스테리가 진행될 수도 있다.

18세기~19세기 북구를 중심으로 이니셜을 조합하여 장식한 디자인.

▮ 박대순 편저, 『현대디자인 용어사전』, 디자인오피스, 1996.

모노크롬(−, monochrome) → 단색화(單色畵, monochrome)

모래 놀이 치료(−治療, sand play therapy)

아동에게 자발적이고 자유로운 자기표현의 기회를 제공하는 놀이 치료의 한 가지 기법.

모래 놀이 치료는 1929년 영국의 소아과 의사인 로웬펠드(Lowenfeld, Margret)에 의해 아동을 위한 심리 치료의 하나로, 모래 상자를 이용하여 아동의 내면세계에 접근하기 위해 고안된 것이다. 이 치료의 기본 과정은 적절한 조건이 마련되면 인간의 정신은 스스로 자기를 치유할 수 있으며, 인간 스스로 정신의 완전성을 이루려고 노력하는 데 개념적 기초를 두고 있다. 아동은 모래 상자와 모래, 인간과 인간적인 생활 형태, 동물과 식물, 그 외의 모든 자연물을 포함한 작은 모형을 이용하여 3차원 공간에서 자기 세계의 의미를 창조한다.

치료사는 이러한 모래 놀이 과정을 관찰함으로써 아동에게 일어나는 과정을 평가할 수 있다. 또한 다른 기법에 비해 모래 놀이는 3차원으로 표현할 수 있기 때문에 아동 내면의 강한 충동의 표출이 가능하고, 작품 기록이 쉬운 장점이 있다.

▮ 이근매 · 이상진, 『다문화가족 미술치료』, 양서원, 2007.

모방(模倣, imitation)

흉내를 냄.

고대 그리스의 철학자인 아리스토텔레스(Aristoteles)는 모방에 대해서 설명했다. 모방은 인간에게 있어 어린 시절부터 갖고 있는 것이며, 인간이 세상에서 가장 모방을 잘하는 동물이다. 처음에는 이 모방으로 모든 것을 배우고, 또한 감각 세계의 자체에 대해서 또는 감각 세계를 모방하는 예술에 대해 호의적 입장을 취한다.

모빌(−, mobile)

움직이는 조각.

미국의 조각가인 칼더(Calder, Alexander Stirling)의 작품 〈모터(motor)〉를 뒤샹이 이름을 붙이는 데서 비롯되었다.

모사(模寫, copy)

원형(原型), 원화(原畵), 원도(原圖)를 모방하여 재현하는 것.

모사화(模寫畵, copy drawing)

그림을 보고 있는 그대로 그리는 그림.

프랑스의 학자인 쁘뤼드모(Prudemeau, M.)는 그의 연구에서 1923년~1942년까지 그림에 의한 교육 진단 검사를 만들었다. 그는 1948년 〈모사화 검사〉를 만들었다.

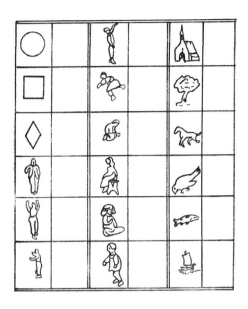

▌ 김재은, 『그림에 의한 아동의 심리진단』, 교육과학사, 1984.

모자 미술 치료(母子美術治療, mother and child art therapy)
어머니와 자식의 내적 감정을 자연스럽게 표현할 수 있도록 도와주는 미술 치료의 한 가지 종류.

모자이크(-, mosaic)
대리석이나 유리, 벽면, 바닥에 붙여서 그림이나 무늬를 구성하는 회화.
모자이크는 돌과 유리, 조각비의 조그만 조각으로 무늬나 회화를 구성하여 건축물 또는 공예품 표면에 접착제로 붙인 것을 말한다. 그리스나 로마 시대에는 대리석 모자이크로 마룻바닥이나 벽면 장식에 사용했다. 이것을 회화의 위치로 끌어올린 것은 비잔틴 미술이다. 이 방법은 입체감이나 미세한 뉘앙스까지 표현하기는 힘들지만, 비잔틴적인 추상 세계를 표현하는 데는 적합했다. 비잔틴에서는 유약(釉藥)

이나 유리를 주로 사용했고, 또한 조각비와 금박, 은박을 적당히 섞어 사용했다. 광선의 반사 작용으로 신비로운 느낌과 함께 공간의 확대감을 주었다. 모자이크는 값비싼 예술이었기 때문에 나중에는 프레스코에 자리를 양보해야 했다.

▌ Janson, Horst W. & Janson, Dora J., *The Story of Painting for Young People*, New York : Harry N. Abrams, 1962.

모티브(-, motif, 프)
행동을 일으키는 동기 또는 원동력.

몽타주(-, montage, 프)
사진을 몇 장 짜 맞추어 만드는 사진.

묘화 분석법(描畵分析法, portrayal analysis method)
영국의 작가, 시인, 미술사가, 평론가, 예술 철학자인 리드(Read)는 그의 연구에서 묘화 분석 방법을 제시했다.

〈리드의 묘화 분석〉

구조	특징	성격
열거	사물의 지배를 받아 그려진 것	사색형
유기	직접적인 시각에 충실하며, 그려진 사물들 사이에 유기적 관련성을 찾을 수 있는 것	
장식	선, 색, 형을 사용해서 문양처럼 표현하는 것	감정형
상상	공상을 곁들여서 보충한 것	
감정이입	주로 자기의 느낌을 전달하는 것	감각형
표현	촉각적 또는 감각적으로 왜곡하거나 과장하는 것	
율동	크기, 형, 색채에 부드러움이 반복적으로 나타나는 것	시각형
고조	서로 다른 선이나 형의 관계가 주로 나타나는 것	

▌ Read, Herbert, *Education through Art*, New York : Pantheon, 1943.

불프(Wolff, W.)는 그의 저서에서 취학 전 유아를 대상으로 한 추상적 분석 방법을 연구했다. 묘화 분석 방법에는 운필법, 형의 성격, 운필의 질, 운필의 방향, 형의 제시 다섯 가지가 있다.

〈운필법(stroke)〉

상태	의미
강한 압력	정력
약한 압력	취약함
직선	신속 결단
자국이 끊어진 선	우유부단
가늘고 좁은 느낌을 주는 선	억제
정돈된 선	리듬
돌발적인 선	충동
너절하고 단조로운 선	수동, 명확하지 못한 성격
방향이 잡히지 않는 선	충동
둥그런 곡선	리듬, 가벼운 기분
크고 폭이 넓은 곡선	확대성, 고양성
좁은 선(가는 선)	속박성

〈형의 성격〉

상태	의미
유아기의 그림인데, 형이 나타나고 있다.	고도의 발육
상투적인 틀에 박힌 형이 아닌 고안된 형[54]	창의성이 풍부
형의 일치성	결의, 결단
형의 원리가 결여된 것	관찰력이나 상상력이 결여됨
초기 유아로서 좋은 배치	창작적 재능
후기 유아로서 나쁜 배치	율동적인 면의 장애
형의 구별이 있다.	정리 능력
형의 구별이 없다.	질서나 청결 상태가 없음

큰 형태를 좋아하는 것	발전, 증대의 방향
작은 형태를 좋아하는 것	의기소침, 퇴행의 경향
크기가 나타난 대조	갈등
선에 의한 형태	관계를 보는 능력
매우 작은 재료의 선택	통합적인 능력
형의 자유로운 운용	목적에 자유롭게 접근
정밀성	현실을 관찰하는 능력
공상이 풍부한 형태	사사로움이 우세
둘러싼 선	구별
선과 선이 반드시 각에서 연결되지 않음	끊고 맺는 결의 부족

〈운필의 질〉

상태	의미
약하고 흐릿한 선	막연한 것, 활동이 없음(저항이 없는)
그늘지게 한 것	촉지(觸知)한 감수성(감도)
모호하게 표시한 것	명확성이 없음, 질서가 없음
모호하고 거북한 모습	억제, 공포
불안정한 선	안정감이 없음
중단	고집, 거절증[55], 부정주의
윤곽이 매우 분명한 선	결정적인 성격, 명확성
대칭을 좋아함	결정적인 성격, 명확성
작은 선을 사용하여 제한을 둠	몽상적인 공허성
충동적으로 만들어진 큰 선	활동

〈운필의 방향〉

상태	의미
결정된 분명한 방향	안전을 결정하는 결단력
정해지지 않는 방향	결단력의 부족, 안정이 없음

---

54. 우연히 그려진 것도 아니고, 모사도 아니다.

55. 거절증(negativism)이란 정신 분열증 환자에게 명령을 해도 실행하지 않고 저항하며, 음식을 안 먹고, 배뇨 따위를 거부하는 증상이다. 반대의 태도나 몸짓을 하는 병의 행동이다.

중단된 방향	주의, 계획성, 숙고
방향도 없고, 중단도 없음	막연한, 안정성이 없음, 통제력이 결여
위쪽에서 아래쪽으로	내향성, 걱정, 자기 생각에 잠기는 몽상
각이 있는 선을 좋아함	건강, 반사 작용(반성), 비난, 의혹, 구속
아래쪽에서 위쪽으로	외향, 지배, 침략, 호기심
오른쪽에서 왼쪽으로	내향성, 자기중심의 판단, 고집, 낙담(의기소침)
왼쪽에서 오른쪽으로	외향성, 지도자의 소질, 지지해 줄 것을 요구
원형의 움직임이 있는 것	균형, 기분 전환, 도피
수평적 움직임을 좋아함	정, 취약함, 여성, 부드럽고 약함
수직선을 좋아함	동, 힘찬 것, 남성, 강력한 경향

〈형의 제시〉

상태	의미
(사실적인 형) 사실적인 표현 방법	회귀성 기질[56]이 많음
정확성	관찰력이 날카로움
윤곽 그리기를 좋아함	시각형
곡선을 좋아함	청각형
대칭을 좋아함	감정형
안심할 수 있음	침략적 성질
넓은 압력	외향, 지배, 침략, 호기심
움직임이 두드러진 변화	조울적인 기분[57]
높은 정확도	순종, 복종
괴기한 모습	자연적 반응이나 방해
형태의 분리	안정이 없고, 의미가 없음
추악한 기분	추악한 심리 상태

상세한 부분을 강조함	통합능력의 결여
(추상의 형) 추상적인 표현 방법	상당한 분열 기질[58]
정확성의 결여	매우 몽상
극히 상세한 부분을 좋아함	자의식
각을 좋아함	긴장된 사사로운 세계
명암을 좋아함	감촉의 형태, 몽상
안정감이 없는 움직임	안정이 없음, 마음이 변하기 쉬움
날카로운 움직임	외향, 지배, 침략, 호기심
움직임이 두드러진 변화	사디즘의 경향[59]
움직임의 원형화	멋이 없다.

▎ Wolff, W., *The Expression of Personality*, New York : Harper, 1943. / Wolff, W., *The Personality of Preschool Child : the Child's Research for His Self*, New York : Grune & Stratton, 1946.

무늬(‒, pattern)

장식에 사용되는 도형＝문양(文樣).

무늬 문제 검사 목록(‒問題檢查目錄, Mooney Problem Check Lists, MPCL)

생활에서 부딪히는 여러 가지 문제를 영역별로 나누어 측정하고 진단하는 방법.

1950년 무니(Mooney)와 고든(Gordon)이 제작했으며, 이 리스트는 중학교, 고등학교, 대학교, 성인용이 각각 따로 마련되어 있고, 영역은 비슷하지만 문항은 성별에 따라 다르게 되어 있다.

중학교용의 문제 영역은 다음과 같이 일곱 가지

---

56. 회귀성 기질(cyclothymia)을 조울질이라고 한다. 이 병은 기분이 상쾌한 경우와 우울한 경우가 자주 교차하는 기질을 말한다.

57. 조울적인 기분은 회귀성 기질과 같은 기분이다.

58. 분열 기질(schizothymia)이란 사교적인 성향이 없는 내향적이고 소극적인 기질을 말한다.

59. 사디즘(sadism)이란 상대방에게 고통을 줌으로써 성적 만족을 느끼는 이상한 성욕이나 대체로 잔혹한 경향을 말한다.

로 나누었다. 첫째는 건강이나 신체 발달(health and physical development), 둘째는 학교(school), 셋째는 가정이나 가족(home or family), 넷째는 경제나 일, 미래(money, work and the future), 다섯째는 이성 관계(boy and girl relations), 여섯째는 일반적인 대인 관계(relations with people in general), 일곱째는 자아의 관심(self-centered concerns)이다.

고등학교나 대학교용에는 이 일곱 가지 영역 이외에 도덕과 종교(moral and religion), 교육 과정이나 교육 방법(curriculum and teaching procedure)이 추가되었다.

일반적인 개념으로 보면, 〈무니 문제 검사 목록〉은 검사라고 할 수 없으며, 교사나 카운슬러가 학생들의 문제를 찾아 이해하고 지도하며 진단하기 위한 방향의 자료로서 대단히 유용하다.

❚ Mooney, R. L. & Gordon, L. V., 〈Mooney Problem Check Lists〉, 1950.

무용 치료(舞踊治療, dance therapy)

무용의 자유로운 의사 표현과 상호 소통의 측면을 이용하여 정신과 신체적 결함이 있는 환자를 치료하는 방법.

무용 치료는 대체 의학의 하나로, 신체 장애에 사용되지만 정신 장애에 더 많이 사용된다. 춤은 원시 시대부터 치료 효과를 지닌 것으로 여겼으며, 이것이 대체 의학으로 자리 잡은 데에는 인체 내부에 흐르는 영적 느낌을 신체로 나타내려 한 위그먼(Wigman, Mary, 1889년~1973년)과 파도, 바람, 생명의 본능적 움직임인 자연의 움직임을 통해 내적 요인을 움직임으로 이끌어 낸 덩컨(Duncan, Isadora)의 영향이 크다.

이 치료는 1930년~1940년대에 미국을 중심으로 정신 치료의 한 형태로 발전했다. 특히 체이스(Chace, Marian)는 프로이트(Freud, S.)의 정신 분석에 기초를 둔 무용 치료 이론을 정립했다. 그는 1966년에 미국무용치료협회(American Dance Therapy Association)를 설립하고, 이 치료법의 대중화에 크게 기여했다.

❚ 『두산백과사전』, 동아출판사, 1982.

무채색(無彩色, achromatic color)

명도(明度)는 있으나 색상(色相)과 채도(彩度, 순도)가 없는 색.

무채색은 하양이나 회색, 검정이다. 무채색은 밝을수록 차갑고, 어두울수록 따뜻하게 느껴진다. 고명도는 한색 느낌을 주고, 중명도는 중성색이 되며, 저명도는 난색 느낌이 증가하여 검정에 가까워지면 난색이 된다. 무채색의 약자는 N(neutral)으로 사용되고 있다.

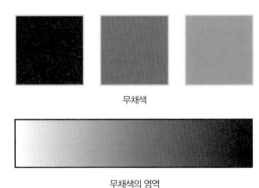

무채색

무채색의 영역

❚ 박현일 외, 『색채학 사전』, 국제, 2006.

문양(文樣, pattern) → 무늬(pattern)

문장 완성 검사(文狀完成檢査, Sentence Completion Test, SCT)

피검자 자신과 부모 및 가족에 대한 태도, 포부 수준, 공포감, 죄책감, 성적 적응에 대한 태도. 비교적 성격의 표층적인 영역을 검사하는 방법.

〈문장 완성 검사〉의 종류는 매우 다양하나, 기본 형식은 완성되지 않은 문장으로 피검자가 떠오르는 생각을 자유롭게 완성하게 한다. 다른 투사 검사와는 달리 검사 자극이 분명하며, 검사 자극의 내용을 지각할 수 있어서 다른 투사 검사에 비해 보다 의식적 수준을 측정한다.

■ 류경남 외, 『가족상담심리 용어사전』, 학지사, 2006.

문제아(問題兒, problem child)

일반적으로 사회적 문제가 된 행동으로 사회의 요구에 생활 습관이 적응 안 된 아동이나 사람.

문제 행동(問題行動, problem behavior)

반사회적, 비사회적, 신경증적, 자기 파괴적 행동을 말함.

카우프만(Kaufman)은 그의 저서에서, "문제 행동은 학문적, 사회적, 개인적 기술을 포함한 교육적인 상황에서 유아에게 적절한 나이, 문화, 인종적 규준에 부적합한 행동적·정서적 반응을 수반하는 장애를 의미한다."고 보았다.

■ Kaufman, J. M., *Characteristics of Emotional and Behavioral Disorders of Children and You*, New Jersey : Prentice-Hall, 1972.

물감의 혼합(－混合, subtractive color mixture) → 감법 혼합(減法混合, subtractive color mixture)

물체색(物體色, object color)

물체가 빛을 반사하거나 투과하는 빛의 색.
모든 사물은 고유한 색을 가진 것처럼 보이지만, 물리적인 빛이 눈을 자극하여 생기는 현상이다.

■ 박현일 외, 『색채학 사전』, 국제, 2006.

물체의 깊이(物體－, deep of object)

높고 낮음.
김영래는 그의 논문에서, "어린이는 지각하는 물체의 깊이를 그림으로 나타낼 때 연령에 따라 다른 양상을 보인다. 5세~6세는 수평, 7세는 수직, 8세~9세는 겹으로 그린다. 5세~6세는 아는 대로 그리며, 7세는 과도기이고, 8세~9세는 보이는 대로 그린다."라고 하였다. 또한 이 논문에서는 7세 어린이에게 어떤 언어적 지시를 하는 것도 중요한 요인이 된다고 했다.

■ 김영래, 「아동화에 있어서 깊이 배열의 표상에 관한 연구」, 중앙대학교 석사논문, 1984.

미(美, beautiful)

온갖 사물을 통해 우리에게 즐거운 감정을 주는 아름다움.
듀프렌느(Dufrenne)는 그의 연구에서, "미는 객관에 의한 절대적인 것과 주관에 의한 표현의 장단점을 각각 절충하는 것이며, 보편적이고 개별적인 것이다."라고 하였다.

■ Dufrenne, Mikel, "Phénoménologie de L'Expérience Esthétique", (Vol. 2), 1953. / Monroe C. Beardsley 저, 이성훈·안원현 옮김, 『미학사』, 이론과실천, 1987.

독일의 심리학자이자 미학자인 립스(Lipps)는 미를 인간의 의식 과정에서 일어나는 심리 현상에 대한 감정 이입(einfuhlung, empathetic form)의 작용으로 보았다. 또한 대상의 감각적 지각과 감정 표출은 유추(類推)를 거치지 않고 결부시키는 독자적인 심적 과정의 감정 이입이며, 미적 영역에서 특별하고 순수하게 나타난다. 이 작용의 전제가 되는 미적 관조의 특성은 '미적 적재성(隔在性)', '미적 객관성', '실재성', '미적 깊이'이다. 특히 '미적 깊이'는 인격적 깊이와 통하는 것이며, 거기까지 도달함으로써 소재의 추(醜)와 소극적 감정 이입의 대상까지 미(美)로 전환될 수 있다.

▌ Lipps, T., *Ästhetik*, I 1903, II 1906. / 조요한, 『예술철학』, 경문사, 1973.

키츠(Keats, J.)는 "미는 진실이고, 진실은 미이다(Beauty is truth, truth is beauty)"라고 하였다. 좀 더 자세히 말하면 인격으로 참다운 것은 아름다운 것과 같은 말이다.

▌ 키츠의 시 〈그리스 물병에 바치는 시〉 중의 한 구절. / Irwin Edman, 박용숙 역, 『예술과 인간』, 문예출판사, 1984.

플로티누스(Plotinus)는 그의 연구에서, 아름다움이란 플라톤과 마찬가지로 인간의 범주를 벗어난 절대적 아름다움을 말한다. 또한 그의 철학은 절대와 유출의 개념을 기초로 한다. 절대란 빛을 발하는 것이어서 우리의 눈에 보이는 실제적 모든 형태는 절대로부터 흘러나오는 것이다. 이상의 세계나 정신의 세계, 물질의 세계에 이르기까지 세계가 현실에 가까워질수록 불완전해지고, 그만큼 절대적인 것으로부터 멀어진다.

▌ Plotinus, *The Enneads*, (Trans.), Stephen Mac Kenna, Rev., by Page, B. S., 1956. / Monroe C. Beardsley 저, 이성훈 · 안원현 옮김, 『미학사』, 이론과실천, 1987.

독일의 철학자인 하르트만(Hartmann, N.)은 미에 대해서 언급했다. 미학은 예술 철학에 불과하고, 실제로 미란 예술뿐만 아니라 자연에서도 찾아볼 수 있다.

▌ 임영방 · 박철준, 『미술과 교육(I)』, 한국방송통신대학, 1987.

독일의 철학자인 헤겔(Hegel, G. W.)은 그의 저서(*Ästhetik*)에서, 미는 미를 인식하는 의식에 대한 아름다움을 말한다. 인간은 감각적 경험을 통해 어떤 대상을 아름답다고 하는데, 이것에 의거하고 있다. 따라서 우리가 눈으로 볼 수 있는 것은 형태로 나타나는 것이 아니라 주어진 형태나 형상을 아름답도록 규정지어 준다.

▌ 조요한, 『예술철학』, 경문사, 1973.

미각(味覺, palate)

오감 중의 하나＝맛.

일반적으로 난색 계통은 단맛과 관계가 있다. 한색 계통은 쓴맛과 관계가 있고, 회색 계통은 맛과 거리가 멀다.

▌ 박현일 외, 『색채학 사전』, 국제, 2006.

미술(美術, art)

시각을 통해 감상할 수 있도록 일정한 공간 속에 미를 표현하는 예술.

듀크(Duke)는 그의 논문("예술 교육을 위한 게티 센터")에서, "미술은 중요한 문화의 저장소다. 또한 미술 연구는 문화 전달 가치의 중요한 수단이다."라고 하였다.

▌ Duke, L. L., "The Getty Center for Education in the Arts", *Art Education*, Virginia : N. A. E. A.(National Art Education Association), 9, 1983.

미국의 미술 교육학자인 란싱(Lansing)은 그의 저서(미술과 미술가, 그리고 미술 교육)에서, "미술은 하나의 감정이나 사상의 전달 수단이다. 또한 이것은 우리가 생각하고 느끼며, 상상하는 새로운 가능성을 감지하고 이해시킨다."고 하였다.

▌ Lansing, Kenneth M., Art, *Artists and Education*, New York : McGraw & Hall Book Co., 1977.

마르쿠제(Marcuse)는 그의 저서(미학의 차원)에서, "미술이란 인간 자체의 표현인 한편 사회 그 자체의 반영이다."라고 하였다.

▌ Marcuse, H., *The Aesthetic Dimension : Toward a Critique of Marxist Aesthetics*, Boston : Beacon Press, 1977.

미술 교육학자인 윈슬로우(Winslow)는 그의 연구에서 미술 교육의 통합을 주장했다. 그는 미술과 인간의 본질을 '통합(integrity)'적으로 간파했으며, 1930년대의 '통합'적 의미는 사실상 미술의 특성이자 어린이의 성장에 대한 본질이었다. 미술 지도에서 통합적 의미는 경험의 전체성(totality)을 뜻한다. 모든 학습은 창조적이고, 단편적인 모든 경험이 융화와 합일(合一)적이며, 독특하게 표현되어야 한다. 그래서 미술은 통합적 방법이라고 한다. 미술 감상은 미적 구성에 대한 예민한 의식과 가치와 지각을 통해 미술 실험이나 미술 표현을 평가하고 이해하는 일이다. 감상적 경험으로 도출되는 기쁨과 일상적인 정서는 감상 활동의 지도이다. 작품의 구성 원리와 기법을 이해하고, 미적 가치를 찾아내는 것이 지성적 감상 활동의 지도이다.

▌ Winslow, Leon Loyal, *The Integrated School Art Program*, New York : McGraw & Hill Co., Inc., 1939.

여성 교육학자인 랭거(Ranger)는 그의 저서(감정과 형태)에서 미술에 대한 표현을 다음과 같이 설명했다. 미술이 표현하는 것은 실제의 감정이 아니라 감정에 대한 관념이다. 이것은 마치 언어가 실제적인 사물이나 사건들을 표현하지 않고, 그 사물이나 사건에 대한 관념을 표현하는 것과 같다. 미술은 모든 선, 모든 소리, 모든 몸짓, 모두가 철두철미한 표현이다. 미술은 100% 상징이고, 또한 예술은 인간의 정서에 대한 상징적 형태를 창조한다. 다른 경험보다 미술은 우리 현실의 감정적 생활을 도야시킨다.

그러므로 미술가를 만드는 훈련은 실제적인 과제로 익히고 있는 감정의 교육이며, 수학의 계산이나 간단한 논증[60] 같은 논리의 기술은 사고의 교육이다. 진정한 감정 교육은 사회에서 인정받는 데 좌우되는 것이 아니라 감정의 상징들과 같이 묵시적이며, 개인적인 만남으로 이루어지는 것을 사람들은 잘 실감하지 못한다. 그래서 미술 교육은 경시되고 있으며, 되는 대로 방치되고, 문화의 겉치레로 간주되고 있다.

미술을 이해하기 위해서 갖추어야만 하는 절대적인 조건은 반응 능력이다. 그것은 우선 창조적인 재주(talent)와 관련이 있는 타고난 재능(gift)이긴 하지만 같은 것은 아니다. 재주와 같은 반응 능력은 어느 정도 존재하지만 경험에 의해 강화되기도 하고, 그 반대로 만드는 이유에 의해 감소되기도 한다. 반응 능력이란 직관적인 것이기 때문에 교육될 수는 없다지만 예술가의 직관이 자유롭게 활동하기 위해 타고난 반응 능력을 저해시키는 지(知)적 편견이나 그릇된 관념들로 가득 찬 정신을 맑게 해 주어야만 한다. 자기표현은 자극에 대한 직접적인 반응[61]으로 감정의 자연 발생 징후(spontaneous emotional symptom)이다. 논리적 표현은 예술적 표현이며, 상징적 표현이다.

▌ Ranger, Suzanne K., *Feeling and Form*, New York : Charles Scribner's Sons, 1953.

독일의 철학자인 칸트(Kant)는 예술론을 제시했다. 미술은 주로 형태적 요소에 특성이 있다. 이른바 평면적 형태를 창조하는 회화와 입체적 형태를 창조하는 조각이나 건축이 주된 영역이다.

▌ Kant, I., *Critique of Judgement*, In Hofstadter, A. &

---

60. 원리는 항상 설명되지 않는다.
61. 울음, 기뻐서 소리를 지름, 포효들을 의미한다.

Kuhns, A., (Eds.), *Philosophies of Art Beauty*, New York : Modern Library, 1964, Original work published, 1790.

미술 감상의 개념(美術感想 – 槪念, concept of the arts sentiment)

시각을 통해 감상할 수 있도록 일정한 공간 속에 미를 표현하는 예술 작품의 감상 능력을 종합한 하나의 관념.

메이디저(Madeja)는 허로위츠(Hurowitz)와 함께 쓴 저서(즐거운 시각)에서 지성과 감성이 함께 반영되는 통합적 활동 특성을 주장하기 위해 미술 감상의 개념을 쾌감설, 감정 이입설, 경험론, 지각론 네 가지 학설까지 동원하여 피력했다. 이것은 감상 지도의 내용과 방법을 의미한다. 또한 이 저서에서 그는 아른하임(Arnheim)의 시지각 이론을 기초로 하여 다음과 같이 관찰, 진술, 선택, 일반화의 네 가지 단계로 감상 과정을 제시했다.

1단계 관찰(observation)에서, 예민한 시지각 감성이 미술 교육의 한 결과라고 한다면, 이러한 기능은 관찰에 의해 개발되어야 한다. '관찰'이라는 용어는 다양한 의미로 이해되고 있으므로 정의하기가 어렵다. 어떤 사람은 현상이라 하지만 그들이 본 시각의 내용을 분석하지는 못한다. 어떤 사람은 부분을 보지만 전체는 보지 못한다. 또 어떤 사람은 색채는 잘 관찰하지만 그것을 형이나 질감 같은 다른 시각적 요소들과 관련시키지는 못한다. 어린이들이 글을 읽기 위해 생각하는 것처럼 관찰하기 위해 생각이 필요하다. 미적 대상의 관찰은 어떤 훈련이 필요하고, 학생은 이 '훈련을 통해' 다양한 시각적 자극을 느끼며, 이 다양성을 수용하고 판단하기 위한 능력을 개발하기 위해 체계적으로나 과학적으로 접근하는 것이 효과적이다.

2단계 진술에서, 어린이들은 넓은 시야에서 대상 간의 시각 관계를 의식하고, 그것을 자세히 살펴보면서 진술한다. 이것은 눈앞에 전개된 시야를 좀 더 면밀하게, 좀 더 빨리 보는 능력을 증진시킨다. 형태의 관점을 보고 일반화할 수 있도록 질감과 형, 색, 선 같은 미적 요소는 시각적이거나 언어적으로 기술하고 전달할 수 있으며, 그것을 좀 더 체계적으로 향상시킬 수 있다. 이런 가설은 아른하임에 의해 주장된 것이다. 그는 시야에서 요소들 상호 간의 역동적인 관계, 곧 긴장(tension)을 발견하는 것이 '표현'을 지각하는 것임을 강조한다. '관계의 설정'은 인식의 중요한 과정의 하나로 생각한다. 지각의 운동감, 색, 형(shape)과 같은 것들의 '유사성에 의한 그룹핑(grouping)의 법칙'에서, 이러한 정신 작용은 게슈탈트(gestalt) 심리학자들이 강조하는 사항이다. 표현이란 독립된 조형 요소의 집합으로 이루어지는 것이 아니라 그 요소들이 전체로 모여서 '2+2=5'라는 새로운 유기적 특성이 창출되는 데서 얻어진다. 이러한 새로운 관계의 자극이 중요하다. 미술 감상의 지도는 이 점을 크게 중요시했다. 이러한 관계의 진술은 다시 3단계로 진행된다. 1단계는 전체에 관계없이 단위 대상과 단위 대상 사이의 시각적 관련성을 인식하고 진술한다. 예를 들면 학생들에게 작품 속의 여러 가지 요소에 관하여 보고 말하게 한다. 2단계는 요소와 요소, 대상과 대상의 전체적인 어울림을 보고 말하게 한다. 3단계는 주어진 환경과 그 작품의 어울림의 효과를 보게 한다.

3단계 선택 과정은 카메라의 파인더(finder)로 대상을 포착하고 초점을 맞추는 과정과 같다. 선택의 문제는 시각적 현상의 단순화와 정리, 대상의 인식 작용을 포함한다. 아른하임은 "모든 '인식'의 활동은 '선택'을 전제 조건으로 하고, 어떤 특정한 대상을 시야에서 끌어올리는 과정이며, 곧 의미를 부여하고 다른 것과 구별하는 정감이나 인식의 과정이다. 얼마나 포함시킬 것인가, 제외할 것인가 하는 적당한 범주의 설정은 이미 문제 해결의 한 과정이다. 지각은 대상의 본질에 접근하며, 주어진 시각 자극에서 적절하지 못한 시각적 구성 요소를 '분류'해야 하고, '의미'를 가진 내용을 뽑아낸다. 이때 학생은 여러 시각의 자극을 선택하고, 그들의 그림에서 무엇을 포함하고 배제할 것인지에 관해서 판단한다."고 보았다.

4단계 일반화에서, '형태의 일반화'는 발견, 곧 선택한 미적 특질을 다른 사례와 비교하고 그 보편성을 확인하며, 이 사실을 다른 사람에게 설명하는 단계이다. 이것은 학생이 시각 현상을 분석하는 능력을 갖게 되고, 자신이 발견한 미적 대상의 어떤 특성을 설명하고 정당화하는 단계이다.

▌ Madeja, S. & Hurowitz, A., *The Joyous Vision*, Englewood Cliffs, New Jersey : Prentice & Hall Inc., 1977.

미술 감상의 교육(美術感想-敎育, education of the arts sentiment)

시각을 통해 감상할 수 있도록 일정한 공간 속에 미를 표현하는 예술 작품의 감상 능력을 가르치고 기름. 룩셈부르크 가르손대학교 교수 바알(De Waal, Henri Van)은 그의 논문("미술 작품의 세 가지 성질에 대한 내용")에서, "미술 감상의 교육은 지극히 짧은 동시에 간단한 기록이다. 이것은 미술 작품에 대한 논의를 위한 일반적인 기준이며, 그 목표는 높은 곳에 있다."고 하였다.

그는 미술 감상의 보편적인 타당성을 위해 크게 다섯 가지로 나누었다. 첫째는 미술가의 생존 연대, 둘째는 표현되고 있는 역사적 사실이나 사물의 설명, 셋째는 작품 제작 연대의 지적, 넷째는 작품을 미술가의 발전 제작 연대 중에서 어떤 단계에 이르는가 하는 위치, 다섯째는 미술가가 그림을 그린 사정과 그 작품의 운명을 설명.

▌ 김정, 『세계의 미술교육』, 도서출판 예경, 1994.

미술 검사(美術檢査, Art Test, AT)

시각을 통해 감상할 수 있도록 일정한 공간 속에 미를 표현하는 예술 작품의 감상 능력을 조사하고 판단함. 〈미술 검사〉는 미술 감상력을 측정하기 위해 마련된 검사이다. 미국에는 〈맥아도리의 미술 검사(McAdory Art Test)〉(1929년), 〈레베렌츠의 미술 기초 능력 검사(Lewerenz Test in Fundamental Abilities of Visual Arts)〉(1927년), 〈메이어(Meier, Norman C.)의 미술 판단력 검사(Art Judgement Test)〉(1940년)가 있다.

맥아도리(McAdory)는 그의 저서(미술 감상력 검사)에서 네 가지의 그림에 대해 미적 판단의 순위를 매긴다. 72매의 도판에 각각 네 가지의 그림이 있다.

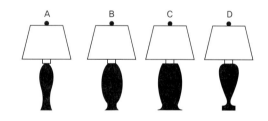

▌ McAdory, M., *McAdory Art Test*, Bureau of Publications, Teachers College, Columbia Univ., 1929.

메이어(Meier)의 〈미술 판단력 검사〉는 100쌍의 서로 유사한 그림을 사용하며, 일반 비교법에 의해 어느 쪽이 더 미적인가를 판단하는 방식을 쓰고 있다.

일반적으로 〈미술 검사〉는 유익한 방법이기는 하나 순위를 매기는 기준에 대해 연구해야 할 부분이 많다.

■ Meier, Norman C., 〈Art Judgement Test〉, Bureau of Educational Research and Service, State Univ. of Iowa, Iowa City, Iowa, 1940.

미술관(美術館, museum)

미술품을 전시하고 소장하는 것뿐만 아니라 고고학이나 과학 자료를 진열하는 곳.

미술 매체(美術媒體, fine art medium)

미술 치료에 있어서 다양한 미술 재료를 말함.

미술 치료사들은 다양한 매체를 사용할 수 있고, 치료 시간의 구성 및 다른 요소에 따라 그 매체를 목적에 부합되도록 선택한다. 미술 과제는 자유 연상이나 가족 혹은 집단 간의 의사소통의 매개체이며, 파스텔이나 크레용, 붓의 비교적 간편한 매체가 적절하다.

매체를 선택할 때 두 가지 고려할 점은 촉진과 통제이며, 내담자의 자발성을 촉진하기 위해 충분한 작업 공간과 아울러 다양한 색상, 충분한 크기의 종이와 점토가 제공되어야 한다. 치료사는 환자의 개인적 욕구에 따라 서로 다르므로 민감하게 반응할 줄 알아야 한다.

낱낱으로 된 매체는 그렇지 않은 매체보다 다루기가 용이하다. 연필은 조작하기에 쉽지만, 물감이나 점토는 조작에 있어서 기술적인 문제가 필요하다. 미술 매체들은 특성에 따라 어떤 효과를 낼 수 있느냐를 고려하여 선택해야 한다. 다시 말하면, 미술 작업의 본질적인 요소는 매체의 사용이다. 창조적 기능과는 별개로, 미술 매체는 부가적인 목적을 제공한다. 그것은 내담자의 애정 상태를 강화시키거나 소멸시킬 수도 있고, 자기표현의 자유에 영향을 줄 수 있으며, 또한 왜곡된 방어에 영향을 미칠 수도 있다.

미술 치료에서 표현의 매개는 일반적인 미술 재료인 정형 매체와 미술의 외적 재료인 비정형 매체로 나눌 수 있다. 미술 치료 환경에서는 정형 매체뿐만 아니라 비정형 매체도 내담자의 심리를 반영하는 데 중요한 역할을 한다.

■ 김동연 외,『미술치료의 이론과 실재』, 동아문화사, 1994.

미술 세계(美術世界, fine art world)

시각을 통해 감상할 수 있도록 일정한 공간 속에 미를 표현하는 예술의 모든 범위.

여성 조각가, 미술 교육자인 코헨(Cohen)은 그의 논문("나의 검은색")에서 미술 세계에 대한 개인적인 시각을 제시했다. 인간은 지각하고 이를 확인하며, 물감이나 진흙, 필름, 소리, 몸짓 또는 이야기들이 그 밖의 다른 형식으로 자신의 지각을 다시 진술한다. 그 과정에서 작가는 다른 사람들에게 자기 개인의 통찰을 전달할 뿐만 아니라 스스로 그것을 명료화시킨다. 이것은 내가 보는 것이요, 느끼는 것이요, 생각하는 것이라고 말한다.

■ Cohen, E. P., "Color Me Black", *Art Education*, Virginia : N. A. E. A.(National Art Education Association), (Vol. 22), No. 45, April, 1969.

미술은 공간성(美術 - 空間性, arts spatiality)

웨이드슨(Wadeson)이 제시한 미술 치료의 여섯 가지 장점 중 한 가지.

언어는 인간과 인간 간의 1차원적인 의사소통 방식이다. 그러나 미술 표현은 문법이나 논법의 언어적 규칙을 따를 필요는 없으며, 미술은 본질적으로 공간적인 것이지 시간적인 요소는 아니다. 따라서 미술은 공간 속에서 연관성이 발생하며, 가족을 소개할 때 아버지나 어머니를 소개하고, 형제들의 관계, 모든 가족들과 나와의 관계를 설명한다. 그러나 미술(그림)에서는 이 모든 것이 동시에 설명되고 있다. 미술의 공간성은 경험을 복제한 것이다. 가족은 순서적으로 소개되지만, 그림은 소개를 동시에 나타낸다. 특히 그림은 원근감, 결합과 분리, 유사점과 차이점, 특수한 속성, 가족의 생활환경이 표현되므로 개인과 집단의 성격을 이해하기가 쉽고 빠르게 나타난다.

▎ Wadeson, H., *Art Psychotherapy*, New York : John Wiley & Sons, 1980. / 박현일·조홍중,『그림을 통한 성격 치료 미술 치료』, 시그마프레스, 2009.

미술은 구체적인 유형의 자료(美術 – 具體的 – 類型資料, arts data of the type which is concrete)

웨이드슨(Wadeson)이 제시한 미술 치료의 여섯 가지 장점 중 한 가지.

미술 치료의 장점은 구체적인 유형의 자료를 얻을 수 있다. 눈으로 볼 수 있고, 만져 볼 수 있는 자료가 내담자에게 도출되며, 미술의 이런 측면이 많은 의미를 가지게 된다. 특히 내담자가 그린 어떤 유형의 그림을 통해 치료자와 내담자 사이에 가교 역할을 한다. 미술은 저항이 심한 내담자의 경우에도 내담자의 감정과 사고가 하나의 형태로 구체화되고, 자신이 만든 작품을 보고 자신의 실존감을 깨닫게 된다. 미술 치료에 적응이 빠른 내담자는 처음 작업하는 작품에서 자신의 감정을 느끼지만, 저항이 강하고 미술 치료에 적응을 못한 내담자는 더 오랜 시간이 필요하다.

▎ Wadeson, H., *Art Psychotherapy*, New York : John Wiley & Sons, 1980. / 박현일·조홍중,『그림을 통한 성격 치료 미술 치료』, 시그마프레스, 2009.

미술은 비언어적 수단(美術 – 非言語的手段, arts nonverbal means)

웨이드슨(Wadeson)이 제시한 미술 치료의 여섯 가지 장점 중 한 가지.

방어는 이미지와 밀접한 관련이 있다. 우리는 다른 대화의 방법보다 언어화시키는 작업에 숙달되어 있다. 미술은 비언어적 수단이므로 통제를 적게 받고, 예상하지 않았던 작품이 제작될 수 있으며, 종종 창작자의 의도와는 상관없이 전혀 다르게 나타난다. 이런 점은 미술 치료의 가장 흥미로운 요소 중의 하나이다. 특히 치료사가 예상하지 않았던 인식은 내담자의 통찰, 학습, 성장으로 유도되기도 한다.

▎ Wadeson, H., *Art Psychotherapy*, New York : John Wiley & Sons, 1980. / 박현일·조홍중,『그림을 통한 성격 치료 미술 치료』, 시그마프레스, 2009.

미술은 이미지의 표현(美術 – 表現, arts expression of image)

웨이드슨(Wadeson)이 제시한 미술 치료의 여섯 가지 장점 중 한 가지.

아이들은 그림을 이미지(image : 심상)로 생각한다. 다시 말해서 말을 배우기 전에 이미지로 느끼고 사고한다. 예를 들면 엄마와 아빠라는 단어를 사용하기 전 먼저 '엄마'와 '아빠'의 이미지를 형성시킨다. 유아기 초기에는 경험이 중요한 이미지의 요소가 되고, 그 이미지가 인간의 성격 형성에 중요한 역할을 하게 된다.

미술 치료에서는 꿈이나 환상, 언어적 치료법을 언어로 해석하기보다 이미지로 그려 낸다. 예술 매체는 종종 이미지의 표출을 자극한다. 다시 말해서 일차적 과정을 자극하여 창조적 과정으로 나아간다.

▎ Wadeson, H., *Art Psychotherapy*, New York : John Wiley & Sons, 1980. / 박현일·조홍중,『그림을 통한 성격 치료 미술 치료』, 시그마프레스, 2009.

미술은 자료의 영속성(美術－資料－永續性, arts perpetuity of data)

웨이드슨(Wadeson)이 제시한 미술 치료의 여섯 가지 장점 중 한 가지.

미술 작품은 보관이 가능하기 때문에, 치료사는 내담자가 만든 작품을 필요한 시기에 검토하여 치료 효과를 극대화시켜야 한다. 미술은 때때로 치료사에게 전혀 다른 새로운 통찰을 일으키며, 내담자는 자신이 만든 작품을 보면서 감정이나 추억을 회상하기도 한다. 다시 말해서 그림이나 조소(조각)는 주관적인 기억의 왜곡을 방지할 수 있다.

치료사는 내담자의 작품 변화를 통해 치료의 과정을 한눈으로 이해하며, 동료들 간의 회의를 통해서나 내담자의 작품을 통해 변화의 상태를 파악할 수 있다.

▌ Wadeson, H., *Art Psychotherapy*, New York : John Wiley & Sons, 1980. / 박현일·조홍중,『그림을 통한 성격 치료 미술 치료』, 시그마프레스, 2009.

미술은 창조적 에너지(美術－創造的－, arts creative energy)

웨이드슨(Wadeson)이 제시한 미술 치료의 여섯 가지 장점 중 한 가지.

내담자는 미술 작업을 시작하기 전 신체적인 에너지는 다소 떨어지지만, 미술 작업을 통해 토론하고 감상하며, 정리하는 시간을 거치면서 활기찬 모습으로 변해 간다. 내담자는 체내의 에너지가 변하고 있다는 것을 스스로 느낀다. 이것은 단순한 신체적인 운동이라기보다 '창조적 에너지'라고 해석할 수 있다. 특히 미술 치료는 하나의 작업이라기보다 놀이나 레크리에이션처럼 열정을 발산하는 것이다.

▌ Wadeson, H., *Art Psychotherapy*, New York : John Wiley & Sons, 1980. / 박현일·조홍중,『그림을 통한 성격 치료 미술 치료』, 시그마프레스, 2009.

미술의 영역(美術－領域, territory of the arts)

시각을 통해 감상할 수 있도록 일정한 공간 속에 미를 표현하는 예술의 범위.

독일의 심리학자, 미학자인 립스(Lipps)는 그의 저서에서, 미술의 영역을 합리적으로 분류할 수 있는 기준을 공간성과 형태성 두 가지로 구분했다. 첫째, 형상의 표현은 회화와 조각, 공예이다. 둘째, 공간의 표현은 건축이다. 회화와 조각, 공예는 형상을 중심으로 하는 데 공통점이 있다. 이 중에서 회화는 평면에 형과 선으로 형태를 표현하고, 이것이 시각에 의해 지각된다. 또한 조각이나 공예는 입체 공간의 형태를 창조하고, 시각과 촉각에 의해 지각된다는 점에서 차이가 있다.

▌ Lipps, T., *Ästhetik*, I 1903, II 1906. / 임영방·박철준,『미술과 교육(I)』, 한국방송통신대학, 1987.

미술 작업(美術作業, arts work)

시각을 통해 감상할 수 있도록 일정한 공간 속에 미를 표현하는 예술의 일.

젠킨스(Jenkins)는 그의 저서(흥미를 위한 미술)에서, 미술 작업을 위한 주제나 표현 방법, 그것에 대한 구성이나 어린이의 미술 교육에 있어서 모든 선택 과정이 어린이에게 개방(open)되지 않고 교사

미술 작품(美術作品, work of art)

일정한 공간 속에 미를 표현하고, 예술 활동으로 만든 것.

제임스(James, H.)는 그의 연구에서, 미술 작품은 공간적이고, 시간적이며, 시적 구조라고 하였다.

액커(Ecker)는 그의 논문("미학 판단의 정당화")에서 미술 작품에 관한 판단의 이유와 근거를 제시했다. 학생들이 시각 예술 작품에 대한 충동적인 판단을 하지 않도록 도와주는 노력의 과정을 네 가지로 제안했다. 첫째, 그들 자신의 것이든 작가의 작품이든 주어진 미술 작품에 대한 그들의 느낌이나 태도, 직접적인 반응을 학생들에게 기록하게 한다. 둘째,

에 의해 계획된 것은 어린이가 교사의 선택을 일방적으로 받아들이는 것이며, 그것은 곧, 지시된 미술(dictated art)이라고 보았다.

▌ Jenkins, P. D., *Art for the Fun of it*, Englewood Cliffs, New Jersey : Prentice & Hall, Inc., 1980.

동일한 자극에 대해 사람들(교사를 포함하여)이 반응하는 방법이 다르다. 그것은 다른 경험이나 학습의 결과임을 학생들에게 파악하게 한다. 셋째, 신체적·심리적 상태에 따라 얻어진 심리적 기록들과 증거, 주장을 가지고 지지한다. 또한 더 바람직한 것으로 가치 판단에 따라 얻어진 기록들을 학생들로 하여금 구별하게 한다. 넷째, 역사의 미술 작품과 현대적인 작품에 대한 경험을 넓혀 주고, 그들이 작품을 보는 순간 빨리 좋아하거나 싫어하지 않도록 미술 대상의 장점이나 독자적인 판단을 정당화시키는 능력을 길러 준다.

▌Ecker, David, "Justifying Aesthetic Judgements", *Art Education*, Virginia : N. A. E. A.(National Art Education Association), (Vol. 20), No. 5, May, 1967.

미술 작품의 감상(美術作品-鑑賞, sentiment of the arts work)

일정한 공간 속에 미를 표현하고, 예술 활동으로 만든 것을 음미하며 이해하고 즐김.

룩셈부르크 가르손대학교 교수 바알(De Waal, Henri Van)은 그의 논문("미술 작품의 세 가지 성질에 대한 내용")에서 미술 작품의 감상을 적용한 사례 세 가지를 제시했다. 이 방법은 전혀 새로운 것은 아니며, 자주 이야기한 사항들이고, 또한 어떤 미술 작품도 이 세 가지 사항에 결부된다는 사실이다. 첫째는 역사의 사실적 해석,[62] 둘째는 기법적 해석,[63] 셋째는 심미적 해석[64]이다.

　미술 작품에 대한 감상 교육은 이 세 가지 방법 외

---

62. 사실에 대한 처리를 의미한다.
63. 어떤 재료나 어떤 방법으로 표현되고 처리되었는가를 분석한다.
64. 항상 현재의 삶과 연관시켜 보다 높은 이상을 추구하고, 관련이 있는지를 분석한다.

에 더 확실한 것이 없다. 분명한 것은 세 가지 중에서 어느 하나라도 빠뜨리면 감상 교육은 무너진다.

▌김정, 『세계의 미술교육』, 도서출판 예경, 1994.

미술 작품의 평가(美術作品-評價, evaluation of the arts work)

일정한 공간 속에 미를 표현하고, 예술 활동으로 만든 작품의 가치를 판단함.

1970년 엑커맨(Ackerman, J.)은 그의 연구에서 미술 작품의 평가를 네 가지로 제시했다. 작품에 나타난 감정이나 기법, 형태, 의미들을 순서대로 보았다.

▌김춘일, 『미술교육론』, 홍성사, 1985.

브라우디(Broudy)는 그의 논문("미술 교육의 사례")에서 미술 작품의 평가를 네 가지로 나누었다. 첫째, 작품 속에 담겨져 있는 감각적 생동감을 보아야 한다. 둘째, 작품의 미적 구성이나 선, 색, 명암들을 형태로 보아야 한다. 셋째, 재료나 용구를 다루는 기법을 보아야 한다. 넷째, 작품이 전달하고자 하는 의미가 무엇인가 하는 표현성을 보아야 한다.

▌Broudy, H. S., "The Case for Art Education", *Art Education Journal*, 1960.

미술 작품의 평가 방법(美術作品-評價方法, evaluation method of the arts work)

일정한 공간 속에 미를 표현하고, 예술 활동으로 만든 작품의 가치를 판단하는 수단.

교육 행정가, 미술가인 아이스너(Eisner)는 그의 저서(*미술 교육의 전망*)에서 미술 작품의 평가 방법을 세 가지 제시했다. 첫째는 재료를 다루는 기법적인 면, 둘째는 형태를 아름답게 하거나 쓸모 있게 꾸미는 미적 구성력, 셋째는 새로운 생각(idea)을 산출하고 구현하는 창의성이다.

▌Eisner, E. W., *Educating Artistic Vision*, New York :

Macmillan Publishing Co., Inc., 1972.

미술 적성 검사(美術適性檢査, Artistic Aptitude Test, AAT)

교과 또는 재능의 영역 중에서 얼마나 미술로 향하고 있는가를 조사하는 방법.

미술 적성 검사는 선, 형, 색, 광, 공간, 재질들의 구성, 밸런스, 리듬, 하모니, 통일, 다양성, 상징성, 입체감, 모티브, 테마에 대해 이해하고, 감상하고, 표현하고, 창작하는 능력 외에 가정환경이 미술에 적합한가, 주위나 본인이 미술 전공을 희망하는가, 본인이 미술에 대해 흥미를 나타내는가, 달성 동기가 높은가에 따라 종합적인 진단이 필요하다.

▌ 교육학사전편찬위원회 편, 『교육학대사전』, 교육서관, 1989.

미술 치료(美術治療, art therapy)

그림을 통해 마음의 상처나 병을 다스려서 낫게 함을 예술 치료.

우리 아빠 : 이 그림을 그리는 아이는 초등학교 1학년이며, 그림을 그리는 데 약 1시간 반이 걸렸다. 이 아이는 아빠에 대한 감정이 매우 안 좋게 형성되어 있어서 엄마와 상담을 한 후 2~3개월 정도 노력을 했으며, 그 이후 아이의 감정이 많이 좋아졌다.

미술 치료는 그림 요법, 회화 요법, 묘화(描畵) 요법의 다양한 용어로 사용되고 있지만, 영어로는 아트 테라피(art therapy)라고 부른다. 아트 테라피는 미술 치료, 회화 요법, 예술 치료, 예술 요법으로 번역되고 있다. 특히 아트 테라피는 두 가지 영역으로 대별할 수 있다. 하나는 예술 치료이고, 다른 하나는 미술 치료이다. 전자는 넓은 의미의 놀이, 춤, 레크리에이션(recreation), 작업, 시, 소설, 음악, 미술, 연극들이 포함되며, 후자는 좁은 의미의 회화(그림), 디자인, 조소, 공예의 미술 전 영역이 속한다.

▌ 박현일·조홍중, 『그림을 통한 성격 치료 미술 치료』, 시그마프레스, 2009.

미술 치료사(美術治療師, art therapist)

미술 활동을 매개로 정서적, 사회적 장애를 겪고 있는 사람을 치료하는 사람.

미술 치료를 하는 동안 미술 치료사의 역할은 그의 옆에 존재하고, 그를 정복하거나 방치됨이 없이 기술적인 요구에 도움을 주며, 안전함에 영향을 주는 안심자의 역할이고, 유아들이 스스로의 능력을 갖도록 하는 것이 그 다음의 목표일 것이다. 이러한 과정 속에서 미술 치료사는 유아의 언어를 통한 생각보다 더 통찰력 있는 그의 상상 세계와 총체를 발견할 수 있으며, 유아가 속해 있는 곳이 교육 기관이라면 학급의 교사를 돕는 역할을 한다. 다시 말해, 교육 기관 내의 미술 치료실이 학급과의 연결 고리이듯이, 미술 치료사 또한 연결 고리이다. 치료사는 아동의 심리를 분석하고 진단하는 매체를 통해 각 학급 교사들에게 훌륭한 정보 제공자 역할을 한다. 이러한 개인 정보가 학급의 교육 과정을 위한 자료로 사용된다면 각 아동의 특성에 맞는 교수 학습을 이끌어 내고, 성취 수준을 파악하는 데 도움이 된다. 더욱 중요한 부분은 학급에서 받는 장애 아동들의 환경적, 정서적, 인지적, 그 외의 많은 충격을 완화시키는 데 있어 미술 치료사가 감당해야 할 부분이다.

▌『두산백과사전』, 동아출판사, 1982.

미술 치료의 기법(美術治療 – 技法, technique of art therapy)

그림을 통해 마음의 상처나 병을 다스려서 낫게 하는 검사.

미술 치료에 활용되는 기법에는 크게 진단의 도구와 치료의 도구 두 가지로 나뉜다.

첫째, 진단의 도구에는 〈가족화(Drawings a Family, DAF) 검사〉, 〈과제화 검사〉, 〈나무 그림(Tree Drawings, TD) 검사〉, 〈난화(Scribble) 검사〉, 〈난화 게임 검사(Scribble Game Test, SGT)〉, 〈동적 가족화(Kinetic Drawings a Family, KDAF) 검사〉, 〈색칠 검사(Color Stroke Test, CST)〉, 〈윤곽선 검사(Out-line Test, OT)〉, 〈인물화(Draw a Person, DAP) 검사〉, 〈자유화(Drawing Free, DF) 검사〉, 〈집-나무-사람(House-Tree-Person, HTP) 검사〉, 〈풍경 구성 검사(Landscape Montage Technique, LMT)〉, 〈학교 생활화(School Life Drawing, SLD) 검사〉, 〈협동화 검사〉의 열네 가지가 있다.

둘째, 치료의 도구에는 〈가계도(Genogram) 그림 검사〉, 〈갈긴 그림 검사〉, 〈감정 차트 검사〉, 〈그림 대화 검사(Draw-a-Story, DAS)〉, 〈그림 완성 검사〉, 〈나의 부모님 나의 자식 검사〉, 〈난화 상호 대화 검사(Mutual Scribble Story Making, MSSM)〉, 〈만다라 검사〉, 〈삼자 관계 검사〉, 〈상호의존 역할 놀이 검사〉, 〈색채 선택 검사〉, 〈생활선 검사〉, 〈이미지 묘화 검사〉, 〈자기 집 평면도 검사〉, 〈자아 감각 발달 검사〉, 〈조소 활동 검사〉, 〈출발 그림(Starter Sheet, SS) 검사〉, 〈콜라주(Collage) 검사〉, 〈핑거 페인팅(Finger Painting, FP) 검사〉의 열아홉 가지가 있다.

▌박현일 · 조홍중, 『그림을 통한 성격 치료 미술 치료』, 시그마프레스, 2009.

미술 치료의 역사(美術治療 – 歷史, history of art therapy)

그림을 통해 마음의 상처나 병을 다스려서 낫게 하는 변천의 기록.

미술 치료의 역사는 B.C. 2만 년경 구석기 시대의 동굴 벽화에서 시작되었다고 볼 수 있다. 이 시대의 동굴 벽화로는 프랑스 도르도뉴(Dordogne) 지방의 라스코(Lascoux) 동굴 벽화[65]와 퐁 드 곰(Font de Gaume) 동굴 벽화[66], 레트로와 프레르(Les Trois Fréres) 동굴 벽화[67], 스페인의 알타미라(Altamira) 동굴 벽화[68], 남아프리카의 부시만(Bushman) 동굴 벽화들이 있다. 특히 스페인과 프랑스 지방의 동굴 벽화에서는 순록과 들소, 야생마의 그림들이 발견되었다.

---

65. 이 동굴 벽화는 프랑스 도르도뉴 지방의 동굴로, 1904년 이 지방의 소년들에 의해 우연히 발견되었다. 복잡한 구조의 동굴 곳곳에 말과 소, 사슴 200여 마리의 동물화가 그려져 있다. 홍색과 황색, 갈색의 채색이 선명히 남아 있고, 동양화를 연상하게 하는 사실적인 밑그림은 '중국말(中國馬, 동양화의 말 그림 같다는 뜻)'이라는 별명을 갖고 있다. 추정 연대는 방사능 감퇴량의 측정 결과 15516년±900년으로 나타났다.

66. 이 동굴 벽화는 프랑스 남부에 있는 구석기 후기 시대의 동굴 유적으로, 1901년에 페이로니가 발견했다. 길이가 약 150m인 이 동굴은 200여 개에 이르는 마들렌 문화의 벽화로 유명한데, 벽화에는 홍색, 갈색, 검정으로 주로 들소가 그려져 있다.

67. 이 동굴 벽화에는 짐승 가죽을 뒤집어쓴 주술사라고 생각되는 인물화가 있다. 이것은 사냥꾼을 나타낼 가능성도 크지만 주술사일 가능성도 있다. 김원용, 『한국 고미술의 이해』, 서울대학교 출판부, p. 94, 1980.

68. 이 동굴 벽화는 스페인 북부 지방의 동굴로 깊이가 270m이고, 1979년 한 여행자의 5세 난 딸에 의해 처음으로 발견되었다. 천장에는 들소나 말, 사슴 25마리가 그려져 있다. 실물의 반 정도의 크기로 돌의 융기 부분을 이용하여 그렸으며, 윤곽선과 농담의 채색이 매우 사실적으로 묘사되어 있다.

스페인 북부 알타미라 '들소'

프랑스 퐁 드 곰므 동굴 벽화 '순록'

프랑스 도르도뉴 지방의 라스코 동굴 벽화 '야생동물'

인간의 조형 활동은 원시인의 동굴 벽화부터 오늘날의 미술 교육과 미술 치료까지 적용되고 있다. 모

든 인간은 근본적으로 창조적인 표현의 욕구를 가지고 있으며, 창조적 조형 활동을 통해 심리적, 종교적, 미적 카타르시스를 경험한다.

1704년 뉴턴(Newton, Isaac, 영국 물리학자)은 광학과 톤의 비례에 따라 음악의 음계를 일곱 가지로 나누었다.

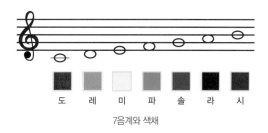

7음계와 색채

1776년 해리스(Harris, M., 영국)는 그의 저서 색채의 자연적 시스템(The Natural System of Color)을 출간했다.

해리스의 색상환

1839년 슈브뢸(Chevreul, M. E., 프랑스)은 그의 저서 색채 조화의 대조 원리(De la loi du Contraste Simultané des Couleurs et de L'assortiment des Object Colorés)와 색채 조화의 기법을 출간했다.

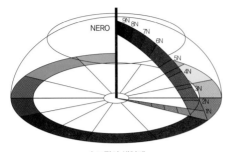

슈브뢸의 색입체

1862년 리틀(Little, W. J., 영국의 외과 의사)은 런던의 산과학회에서 뇌성마비(Cerebral-Palsy, CP) 질환을 처음으로 설명했다.

1870년대 중반 웨버(Weber, E. H., 독일 생리학자)와 페흐너(Fechner, G. T., 독일 심리학자, 철학자)는 여섯 가지의 색채와 형태를 언급했다. 첫째, 빨강(R)은 정방향(중량감, 안정감). 둘째, 오렌지색(O)은 장방향(긴장감). 셋째, 노랑(Y)은 삼각형(주목성). 넷째, 녹색(G)은 육각형(원만형). 다섯째, 파랑(B)은 원(유동성). 여섯째, 보라(P)는 타원형(유동성).

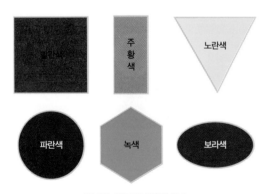

웨버와 페흐너의 색채와 형태

1886년 리찌(Ricci, C., 이탈리아)는 그의 저서 어린이의 예술(L'Arte dei Bambini)을 출간했다.

1892년 트라디오(Tradieu)는 정신병 환자의 그림을 소개했다.

1892년 바네스(Barnes, E.)는 그의 저서 어린이

의 그림 연구(A Study of Children's Drawings)를 출간했고, 논문으로 "어린이 그림의 한 연구"를 발표했다.

1893년 뭉크(Munch, E., 노르웨이)는 그의 작품인 〈절규〉를 발표했다.

뭉크의 〈절규〉

1901년 레자(Leja, 프랑스 정신과 의사)는 정신병자의 미술을 세 가지 유형으로 제시했다.

1905년 케르쉔슈타이너(Kerschensteiner, G.)는 아동화의 발달을 연구했다.

1905년 프로이트(Freud, S.)는 치료할 때 그림을 활용했다.

1905년 비네(Binet, A., 프랑스의 심리학자)와 시몽(Simon, T., 프랑스 의사)은 최초의 지능 검사 척도인 〈비네-시몽 검사(Binet-Simon Scale, BSS)〉를 제작했다.

1913년~1963년 먼셀(Munsell, A. H., 미국)은

그의 저서 *먼셀 색채 시스템 도해서(Atlas of the Munsell Color System)*, *색채 표시법(A Color of Notation)*, *먼셀의 색표집(Munsell Book of Color)*, *색채의 문법(A Grammar of Color)*을 출간했다.

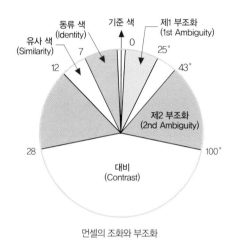

먼셀의 조화와 부조화

1914년 나움버그(Naumburg, M.)는 정신 분석학의 원리를 지향하는 '월든(Welden)' 학교를 설립하고, 미술 치료를 실시했다.

1918년 쉴더(Shilder, P., 정신과 의사)는 '신체상'이라는 개념을 창안했다.

1918년 뷸러(Bühler, K., 독일의 아동 미술 학자)는 그의 논문에서 어린이의 표현 양식을 두 가지로 나누었다.

1921년 모르겐트할러(Morgenthaler, W., 스위스 정신과 의사)는 편집(偏執)성 정신 분열증이 있는 미술가 아돌프 월프리의 사례를 발표했다.

1921년 버트(Burt, C.)는 그의 저서 *정신과 학습의 검사(Mental and Scholastic Teste)*에서 어린이의 선화(drawing) 발달 단계를 일곱 가지로 나누었다.

1922년 한스(Hans, P., 오스트리아 미술사 학자, 정신과 의사)는 정신병자들의 작품에 대한 가장 광범위한 연구를 발표했다.

1923년~1942년 쁘뤼드모(Prudemeau, M., 프랑스의 아동 미술 학자)는 그림에 의한 교육 진단 검사인 〈모사화 검사〉를 만들었다.

1926년 구드너프(Goodenough, F. L., 미국 여성 미술 교육학자)는 그의 저서 *그림에 의한 지능 측정(Measurement of Intelligence by Drawing)*에서 〈인물화 검사(Draw-a-Man Test, DMT)〉를 소개했다.

1927년 레베렌츠(Lewerenz)는 〈레베렌츠 미술 기초 능력 검사(Lewerenz Test in Fundamental Abilities of Visual Arts)〉를 제시했다.

1929년 화이트(White, W. A., 워싱턴 엘리자베스 병원 원장)는 논문 "정신병의 언어(The Language of Psychoses)"을 발표했다.

1929년 맥아도리(McAdory, M.)는 〈맥아도리 미술 검사(McAdory Art Test)〉를 제시했다.

1930년대 '뉴딜' 정책의 일환으로 미국 연방 정부가 예술가들을 고용하여 정신병원과 같은 여러 시설에 미술 치료를 제공했다.

1931년 달리(Dali, S., 스페인)는 그의 작품인 〈기억의 지속〉을 발표했다.

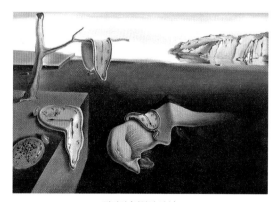

달리의 〈기억의 지속〉

1932년 벤더(Bender, L. A.)는 그의 논문 "어린이의 정신 병리학 연구"에서 몸에 이상(strangeness)이 있는 어린이의 미술 작품을 심리학으로 해석함으로써 선구자의 역할과 많은 임상적 증거를 제시했다.

1933년 레비(Levy, D. M., 미국)는 인형 놀이법(Doll Play Technique, DPT)을 처음으로 유아나 어린이들에게 도입하여 공격 반응에 대한 연구를 했다.

1934년 쇼(Shaw, R. F.)는 그의 저서 손가락 그림(*Finger Painting*)에서 핑거 페인트(finger painting, FP)를 설명했다.

1934년~1976년 비렌(Birren, F., 미국)은 그의 저서 *색채의 차원*(*Color Dimensions*), *인쇄 전문가의 색채 예술*(*The Printer's Art of Color*), *색채 기능*(*Functional Color*), *색채의 유물*(*Monument to Color*), *색채의 이야기*(*The Story of Color*), *너 자신과 너의 색*(*Your Color and Your Self*), *새로운 색채의 범위*(*New Horizons in Color*), *사람에게 색을 팔기*(*Selling Color to People*), *공간과 형태, 그리고 색채*(*Color, Form and Space*), *색채 심리학과 색채 치료*(*Color Psychology and Color Therapy*), *창조적인 색채*(*Creative Color*), *색채, 문자와 그림에서 바라봄*(*Color : A Survey in Words and Pictures*), *실내의 색채*(*Color for Interiors*), *회화에 있어서 색채 역사*(*History of Color in Painting*), *색채의 조화와 대조의 원리*(*The Principle of Harmony and Contrast of Colors*)(1839, Ed. and Annotated by Faber Birren), *환경과 색채, 조명*(*Light, Color and Environment*), *색채의 원리*(*Principles of Color*), *예술에서 색채 지각*(*Color Perception in Art*), *당신 자신의 색*(*Color in Your World*)에서 색채 심리학과 실용적인 색채 요법을 연구했다.

1935년 기리피스(Griffiths, R.)는 그의 저서 *초기 유년시절의 상상력 연구*(*A Study of Imagination in Early Childhood*)에서 어린이들의 정신 집중 상태를 연구했다.

1936년 힐드리드(Hildreth, G.)는 아동화에 대한 주제, 왼손잡이와 오른손잡이에 대한 연구를 했다.

1938년 카보스키(Karwoski, T. F.)와 오드버트(Odbert)는 색채와 음악을 연구했다.

1938년 벤더(Bender, L. A., 미국 정신과 의사)는 〈벤더-게슈탈트 검사(Bender Visual-Motor Gestalt Test)〉를 만들었다.

1939년 웩슬러(Wechsler, D., 미국 심리학자)는 미국에서 가장 많이 사용되는 지능 측정 도구를 만들었다.

1940년대 나움버그(Naumburg, M.)는 정신 분석적 미술 치료를 실시했다.

1940년 데스퍼트(Despert, J. L.)는 어린이의 여러 가지 놀이 과정과 마찬가지로 어린이 그림도 어린이의 성격 진단에 유용하다는 것을 크게 강조했다.

1942년 모스(Mosse E. P.)는 그의 논문 "색채 치료(Color Therapy)"에서 히스테리 환자들과 정신 상태가 불안한 정신 신경증 환자에 대한 연구와 이들에게 핑거 페인팅(finger painting)을 적용했다.

1942년 레비스(Lewis, H.)는 정신 분열증 환자가 그린 그림에 정신 분석적 해석을 했다.

1942년 오스트발트(Ostwald, W., 독일)는 그의 저

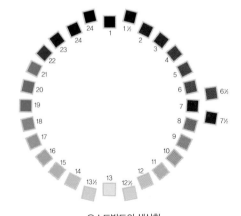

오스트발트의 색상환

서 색채 조화 편람(Color Harmony Manual)을 출간
했다.

1942년 힐(Hill, A., 영국의 미술가)은 미술 치료라
는 용어를 만들었다고 기록했다.

1942년~1967년까지 영국의 창작 예술 단체였던
위드미드(Withymead)가 운영되었다.

1942년 모스(Mosse, E. P.)는 색채 치료(color
therapy)를 통해 정신 이상자들을 연구했다.

1942년 골드스타인(Goldstein, K.)은 정신 신경학
분야와 색채 심리학적 측면을 연구했다.

1944년 문(Moon, P., 미국)과 스펜서(Spencer,
D. E., 미국)는 그들의 논문 "색채 조화의 기하
학적 공식화(Geometric Formulation of Classical
Color Harmony)", "색채 조화의 면적(Area in Color
Harmony), "색채 조화에 적용되는 심미도(Aesthetic
Measure Applied to Color Harmony)" 세 편을 미국
광학학회지(JOSA)에 발표했다.

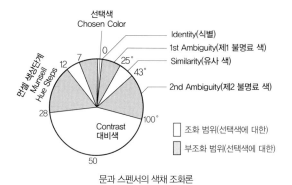

문과 스펜서의 색채 조화론

1940년대 중반 머레이(Murray, H. A., 미국)와
모건(Morgan, C. D.)은 공동으로 〈주제 통각 검사
(TAT)〉를 제작했다.

1946년 해비거스트(Havighust, R. J.)는 〈인물화 검
사〉를 여섯 가지 종류로 만들었다.

1946년 웨너(Waehner, T. S.)는 색채 자유화의 내

용과 형식, 양식(style) 같은 것에 중점을 둔 분석법
을 연구했다.

1946년 불프(Wolff, W.)는 취학 전의 유아를 대상
으로 한 추상적 분석 방법과 아동화의 묘화 분석표
를 제작했다.

뷸러(Bühler, C., 독일 심리학자)와 헤처(Hetzer,
H.)는 유아 심리에 대해 연구한 소아 검사를 발표
했다.

1946년 영국미술치료사협회가 설립되었다.

1946년 페트리(Petrie, M.)는 그의 저서 미술과 갱
생(Art & Regeneration)에서 미술 치료의 방법을 제
시했다.

1947년 오스트리아의 비엔나 미술학교 공작교사
인 치체크(Cizek, F.)는 교과서를 발표했고, '아동 미
술(child art)'이라는 용어를 만들었다.

1947년 알슐러(Alschuler, R. H., 미국)와 해트윅
(Hattwick, L. W., 미국)은 그들의 저서 회화와 개성
(Art and Personality : A Study of Young Children)에
서 색채와 아동 심리 연구에 대한 기틀을 세웠다.

1947년 리드(Read, H.)는 묘화의 분석 방법을 연
구했다.

1948년 버크(Buck, J. N.)는 그림에 의한 성격 검
사인 〈H-T-P(Home-Tree-Person)〉를 개발했다.

1948년 맥코버(Machover, K., 미국)는 그의 저서
개성이 투사된 인물화(Personality Projection in the
Drawing of the Human Figure)에서 인물화에 의한
〈성격 검사〉를 개발했다.

1949년 랑베르(Rambert, M. L., 프랑스)는 그림을
통해 아동의 정신 분석을 실시했다.

1949년 게젤(Gesell, A. L., 미국 아동 심리학자)은
그림 방향의 발달에 대해서 연구했다.

1950년 고든(Gordon, L. V.)과 무니(Mooney, R.
L.)는 〈무니 문제 검사 목록(Mooney Problem Check

Lists, MPCL)〉을 제작했다.

1950년 레비(Levy, S.)는 〈인물화 검사(Figure Drawing as a Projective Test, FDPT)〉를 제시했다.

1952년 브레인(Brain, C. R.)은 유아의 형태와 색깔 감지 분포를 연구했다.

1952년 졸즈(Jolles, I.)는 인물화를 분석하는 틀(method)을 발표했다.

1952년 헐스(Hulse)는 〈가족화 검사(Family Drawing Test, FDT)〉를 개발했다.

1954년 가가와(香川勇, 일본의 아동 미술 연구가)는 어린이의 그림 속에 나타난 태양을 연구했다.

1954년 엘키슈(Elkisch, P., 여성 교육학자)는 어린이들의 사회성(social qualities)을 진단해 낼 수 있는 채점법을 고안했다.

1955년 알퍼(Alper, T.)는 초등학교 중학년(3학년과 4학년)과 저학년(1학년과 2학년)의 핑거 페인팅(Finger Painting, FP)에 대한 태도를 관찰했다.

1956년 아사리 아쓰시(淺利篤, 일본의 아동 미술 연구가)는 그의 저서 『兒童畵の秘密』에서 분할에 의

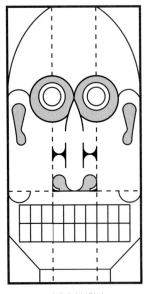

아사리의 분할법

한 그림 분석을 개발했다.

1956년 오오토모 시게루(大伴茂, 일본의 아동 미술 연구가)는 인물화 연구에서 위치나 대소, 모습, 묘화 순서, 머리, 얼굴, 눈, 코, 입, 턱, 귀, 목, 동체, 팔과 다리, 발, 의복을 분류했다.

1957년 로웬필드(Lowenfeld, V.)는 그의 저서 창의력과 정신의 발달(Creative and Mental Growth)에서 미술과 치료(art and therapy)를 발표했다.

1958년 클라크(Clark, K. B., 미국 심리학자)는 〈인형 검사〉와 〈착색 검사〉를 가지고 어린이의 피부에 대한 의식을 연구했다.

1958년 크레이머(Kramer, E.)는 그의 저서 어린이들의 대화 속에서 미술 치료(Art Therapy in Children's Community)를 출간했다.

1958년 해머(Hammer, E. F.)는 그의 논문 "얼굴을 표현하는 투영화(Expressive Aspects of Projective Drawing)"에서 투사적인 그림을 임상적으로 응용했다.

1958년 레비(Levy, S.)와 레비(Levy, R.)는 동물화에서 상징적인 기법을 고안했다.

1958년 라코비스키(Larkowski)는 나이에 따라 색채의 선호도(preference of color)가 달라진다고 제시했다.

1958년 리드(Read, H.)는 미술을 통한 어린이의 발달 시기를 제시했다.

1958년 크레이머(Kramer, E.)는 그의 저서 아동 사회에서 미술 치료(Art Therapy in a Children's Community)를 출간했다.

1958년 키아코스카(Kwiatkowska, H. Y., 폴란드 조각가)는 국립정신건강연구소에서 가족 미술 치료를 연구했다.

1959년 유럽국제표현정신병리협회가 설립되었다.

1959년 로웬필드(Lowenfeld, V.)는 그의 저서 창

작 활동의 본질(*The Nature of Creative Activity*)에서 약시아는 시각형(seeing type), 맹아는 촉각형(haptic), 정상인이나 약시아도 촉각형이 발견됐다고 제시했다.

1959년 오르바(Auerbach)는 치료의 도구로서 난화(難畵, scribble) 그리기를 실시했다.

1960년 미국미술치료학회(AATA)가 창립되었다.

1962년 키아코스카(Kwiatkowska, H. Y.)는 〈가족 미술 검사(Family Art Test, FAT)〉를 만들었다.

1962년 발렌타인(Valentine, C. W.)은 어린이의 색채 선호도를 조사했다.

1962년 버크하트(Burkhart, R. C.)는 그의 저서 자발성과 계속성이 있는 훈련의 방법(*Spontaneous and Deliberate Ways of Learning*)에서 미술 표현을 자발적인(spontaneous) 유형과 숙고적인(deliberate) 유형 두 가지로 제시했다.

1962년 발렌타인(Valentine, C. W.)은 색채 감상의 발달에 대해 개인 관찰을 연구했다.

1963년 BAT의 전신인 AJAT가 창간되었다(미국미술치료학회).

1963년 해리스(Harris, D. B.)는 그의 저서 성숙한 지적 측정 도구로서 어린이 그림(*Children's Drawing as Measures of Intellectual Maturity : A Review of the Goodenough Draw-a-Man Test*)에서 〈인물화 검사(Draw-a-Man Test, DMT)〉의 기능을 제작했다.

1964년 로웬필드(Lowenfeld, V.)는 어린이 그림의 색채와 선, 형의 의미와 함께 그림의 발달 차원을 연구했다.

1965년 그린버그(Greenberg, J. W.)와 데이비드슨(Davidson, H. H.), 로렌조(Lourenso, S. V.)는 그들의 논문에서 가족화를 분석했다.

1966년 메디너스(Medinnus, J. R.)와 보빗(Bobitt, D.), 헐렛(Hullet, J.)은 그들의 논문 "인물화 검사의 타당성(Effect of Training on the Draw a Man Test)"을 연구했다.

1966년 제이캅(Jakab, I.) 박사는 미국표현정신병리협회를 설립했다.

1967년 리빅(Levick, M.)은 필라델피아에 있는 하네만의과대학에서 미술 치료를 최초로 대학원생 교육 프로그램으로 시작했다.

1967년 구드나우(Goodnow, J. J., 호주)는 어린이 그림에서 손발의 그리는 순서를 연구했다.

1967년 켈록(Kellogg, R., 미국 여성 아동학자)은 기본적인 어린이 선묘 형태 20가지를 제시했다.

1967년 켈록(Kellogg, R.)과 오델(O'dell)은 그들의 저서 아동 미술의 심리학(*Psychology of Children's Art*)에서 2세부터 6세까지 어린이의 그림은 긁적거리기(scribbling), 모양(shape), 윤곽(outline), 도안(design)의 순서에 따라 변화한다고 제시했다.

1968년 길포드(Guilford, J. P., 미국 심리학자)는 3

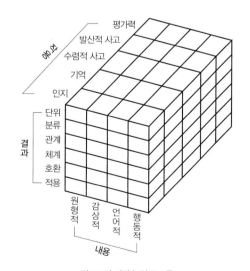

길포드의 지적 능력 구조론

차원 모형의 입장에서 지적 능력 구조론을 120가지 제시했다.

1960년대 후반 머피(Murphy, G., 미국 캘리포니아 대학교 심리학과 교수)는 '영감 카드'와 '룩 카드(rook cards)'를 한 쌍으로 사용했다.

1960년대 말 켄트(Kent, R.)와 로사노프(Rosanoff, M.)는 〈자유 연상 검사(Free Association Test, FAT)〉를 제시했다.

1969년 나움버그(Naumburg, M.)는 난화에 대해 진단과 치료를 연구했다.

1969년 나카이(中井)는 〈풍경의 구성 검사(Landscape Montage Technique, LMT)〉를 개발했다.

1969년 미국미술치료협회는 루이스빌대학 두 번째로 모임에서 탄생되었다.

1969년 뤼셔(Lüscher, M., 스위스)는 〈뤼셔 색채 검사(Lüscher Color Test, LCT)〉를 제작했다.

1969년 토렌스(Torrance, E. P., 미국 심리학자)는 초등학교 학생의 그림과 관련하여 창의성의 특성을 연구했다.

1970년 리빅(Levick, M.)은 미국미술치료협회 초대 회장으로 선출되었다.

1970년대 매사추세츠에 있는 지진아를 위한 '프랭클린퍼킨스학교'의 미술교사인 메리 퍼킨스가 예술 교육 국제 세미나 시리즈를 조직했다.

1970년 빙(Bing)은 〈합동 가족 미술 치료 검사(CFD)〉를 도입했다.

1970년 번스(Burns, R. C.)와 카우프만(Kaufman, S. H.)은 〈동적인 가족화 검사(Kinetics Family Drawing, KFD)〉를 개발했다.

1970년 크레이머(Kramer, E., 독일 여성 미술 교육학자)는 어린이의 회화 요법(art as therapy with children)을 연구했다.

1971년 대실(Dashiell)은 유치원 어린이를 대상으로 조화로운 색에 대해 선호도(preference)를 조사했다.

1971년 위니코트(Winnicott, D. W.)는 〈난화(難畵, scribble) 게임 검사〉를 개발했다.

1971년 울먼(Ulman, E.)은 미술과 미술 심리 치료에 대한 용어를 통합하려고 시도했다.

1972년 랜가튼(Landgarten, H., 미국)은 미술 치료에 동물 가족화를 임상적으로 도입했다.

1972년 테일러(Taylor, E. B.)는 창의성 수준을 다섯 가지 제시했다.

1973년 올스타인(Orstein)은 좌우 뇌수 기능의 특성을 소상하게 밝혔다.

1973년 가드너(Gardner, J.)는 그의 논문 "아이들은 교실에서 미술 교사를 보면 흥분을 함(They Clapped When He Entered the Classroom)"에서 아동의 미적 발달 체계를 연구했다.

1974년 프랑스예술연구응용교육의료협회가 설립되었다.

1975년 로웬필드(Lowenfeld, V.)와 브리테인(Brittain, W. L.)은 그들의 저서 창조와 정신 성장(Creative and Mental Growth)을 출간했다.

1976년 드 보노(de Bono, E.)는 '주의 주시법(attention directing method)'에 의한 사고력 훈련 방

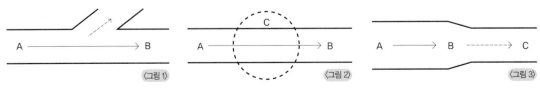

드 보노의 주의 주시법 : 그림 1은 한 곳으로 주의력의 흐름을 유도하는 방식, 그림 2는 어느 부분에 주의력을 머물게 하는 방식, 그림 3은 주의력 흐름을 강화한 외연(外延)의 방식이다.

법을 제시했다.

1977년 윈켈만(Wankelman, W. F.)은 그의 저서 고등학교 교사들을 위한 미술과 기술의 기본(A Handbook of Arts and Crafts for Elementary and Junior High School Teachers)에서 창의적인 지도 요령을 열여덟 가지로 설명했다.

1978년 루빈(Rubin, J. A.)은 아동에 대한 미술 치료를 연구했다.

1980년대 한국임상예술학회가 창립되었다.

1980년 일본가족화연구회가 창립되었다.

1984년 야마나카(山中)는 〈난화 상호 대화 검사(Mutual Scribble Story Making Collage, MSSM)〉를 개발했다.

1988년 프랑스미술치료사협회가 설립되었다.

1989년 캘리포니아 미술 치료사 바비 스톨(Bobbie Stoll)은 국제미술치료사 연계 그룹을 설립했다.

1990년 박현일은 그의 논문 「색채를 통한 청소년 심리상태 분석연구」에서 현실적인 색채와 비현실적인 색채인 색채의 이원성을 제시했다.

1991년 유럽미술치료교육협회가 구성되었다.

1991년 번스(Burns, R. C.)는 〈동그라미 중심 가족화(Family Centered Circle Drawing, FCCD)〉와 부모 중심 그림(Parents Self Centered Drawing, PSCD)〉을 개발했다.

1991년 일본요법학회(JACD)가 창립되었다.

1992년 한국미술치료학회(Korean Art Therapy Association, KATA)가 창립되었다.

1993년 미국과 유럽의 표현 예술 치료사들의 회의가 러시아에서 개최되었다.

1994년 한국미술치료학회 학술지인 미술치료연구(Korean Journal of Art Therapy, KJAT)가 발간되었다.

1994년 장(Junge, M. B.)과 아사와(Asawa, P. P.)는 그들의 저서 미국 미술 치료의 역사(A history of art therapy in the United States)를 출간했다.

1996년 사단법인 한국미술치료심리협회가 창립되었다.

1999년 한국미술치료사협회(Korean Society for Art Therapy, KSAT)가 창립되었다.

1999년 한국표현예술심리치료협회가 창립되었다.

2009년 박현일과 조홍중은 그들의 저서 『그림을 통한 성격 치료 미술 치료』에서 〈윤곽선 검사(Out -line Test, OT)〉와 〈색칠 검사(Color Stroke Test, CST)〉를 통해 아이들의 성격 치료를 단계별로 제시했다.

▍박현일 · 조홍중, 『그림을 통한 성격 치료 미술 치료』, 시그 마프레스, 2009.

미술 치료의 용어(美術治療 – 用語, terminology of art therapy)

그림을 통해 마음의 상처나 병을 다스려서 낫게 하는 단어.

미술 치료의 용어는 울먼(Ulman, E.)이 1961년 〈미술 치료 회보(Bulletin of Art Therapy)〉 창간호 논문에서 언급했다. 그녀는 "미술 치료는 교육, 재활, 정신 치료의 다양한 분야에서 널리 사용되고 있으며, 어떤 영역에서 활용되든 간에 공통된 의미는 시각 예술이라는 수단을 이용하여 인격의 통합 혹은 재통합을 돕기 위한 시도"라고 제시했다. 또한 그녀는 미술 치료에 있어서 미술과 치료를 각각 독립적으로 해석하고 있다.

▍A. T. T. P., Art Therapy in Theory & Practice, Ulman & Dachinger, (Eds.), pp. 12~13, 1975.

미술 치료의 장점(美術治療 – 長點, merit of art therapy)

그림을 통해 마음의 상처나 병을 다스려서 낫게 하는 가장 나은 점.

웨이드슨(Wadeson)은 미술 치료의 장점을 여섯 가지로 분류했다. 첫째, 미술 치료는 이미지의 표현. 둘째, 미술 치료는 비언어적 수단. 셋째, 미술 치료는 구체적인 유형의 자료. 넷째, 미술 치료는 자료의 영속성. 다섯째, 미술 치료는 공간성. 여섯째, 미술 치료는 창조적 에너지.

▎Wadeson, H., *Art Psychotherapy*, New York : John Wiley & Sons, 1980.

미술 치료의 절충적 접근(美術治療 – 折衷的接近, negotiate approach of art therapy)

그림을 통해 마음의 상처나 병을 다스리는 데 있어서 양쪽의 좋은 점을 골라 가까이 함.

웨이드슨(Wadeson H.)의 절충적 이론이란, 치료의 도구는 환자의 자아와 일치된 치료자의 자아이다. 치료의 기본 도구는 미술 치료에서 일어나는 모든 전이 관계에서 일어나는 것이다. 절충하는 과정은 훨씬 더 많은 창조성을 요구한다. 또한 절충 이론은 성장이고, 미술 치료사는 내담자와 함께 내담자의 성장에 참여한다. 궁극적으로 성장 과정은 우리에게 신비로운 것이다. 그것은 지속적인 창조 과정으로 인간 존재와 성장을 이해하기 위한 조사자이며, 연구자인 미술 치료사는 새로운 가능성에 도전한다. 절충 이론은 단편적인 이론이 아니다. 치료자는 근본적으로 종합하고, 이론들을 서로 통합하여 가장 효과적인 방법으로 임상에 적용해야 하는 책임이 있다.

미술 치료사는 인간의 성장과 행동에 관한 명백한 지식과 메타 심리학적 견해(meta psychological viewpoints), 정신 병리학의 체계화와 치료 이론을 수용해야 한다. 또한 이론의 기초가 될 충분한 자료를 가지고 있어야 한다. 그러기 위해 우리는 치료에 있어서 미술의 특성인 심상 표현, 미술 매체의 선택,

내담자와 치료자의 관계, 미술 치료에서 창의성을 이해해야만 한다. 이것이 우리가 도전해야 할 흥미로운 과제이다.

▎『두산백과사전』, 동아출판사, 1982.

미술 치료의 종류(美術治療 – 種類, kind of art therapy)

그림을 통해 마음의 상처나 병을 다스리는 기준에 따라 나눈 갈래.

미술 치료의 종류에는 가족 미술 치료, 개별 미술 치료, 게슈탈트 미술 치료, 노인 미술 치료, 다문화 미술 치료, 만다라 미술 치료, 모자 미술 치료, 발달적 미술 치료, 부부 미술 치료, 비구조적 미술 치료, 융학파의 분석적 미술 치료, 인간 중심 미술 치료, 인지적 미술 치료, 정신 분석적 미술 치료, 집단 미술 치료, 콜라주 미술 치료, 행동주의적 미술 치료, 형상학적 미술 치료가 있다.

미술 치료의 효과(美術治療 – 效果, effect of art therapy)

그림을 통해 마음의 상처나 병을 다스려서 낫게 하는 데 있어서 보람 있는 결과.

미술 치료의 효과에는 네 가지의 단계가 있다. 1단계는 형상화 과정, 2단계는 상징화 과정, 3단계는 대화 과정과 해석 과정, 4단계는 만남 과정과 관계 과정이 있다.

▎박현일 · 조홍중, 『그림을 통한 성격 치료 미술 치료』, 시그마프레스, 2009.

미술 표현(美術表現, arts expression)

시각을 통해 감상할 수 있도록 일정한 공간 속에 미를 드러내어 나타냄.

버크하트(Burkhart)는 그의 저서(*자발성과 계속성이 있는 훈련의 방법*)에서 미술 표현을 두 가지로 제시했다. 하나는 자발적(spontaneous) 유형이고, 다

른 하나는 숙고적(deliberate) 유형이다. 전자는 창의적 표현이고, 후자는 창의성이 없는 표현이다.

자발적 유형에는 상위 자의형(spontaneous high)이 있다. 인성적 특징으로는 자기 자신에 대해 긍정적이고, 유연성, 분석력이 뛰어나다. 또한 이 특징은 충동이 나타나고, 캐묻기 좋아하며, 추상적인 것을 즐기고, 권위가 없는 것, 이지적으로나 정서적으로 개방적이며, 개인주의적이다. 작품의 특징은 개성 있고, 복잡하며, 다재다능하고, 교사의 제시에 민감하며, 광범위한 정서적 반응을 가지고 있고, 또한 실패에 대해 관용이 나타난다.

숙고적 유형에는 하위 숙고형(deliberate low)이 있다. 인성적 특징으로는 자기 부정적이고, 모방과 관찰을 하며, 인습과 형식이 나타난다. 이 특징은 단순하고, 모험적이며, 창의성이 없다. 자의형과 숙고형은 창의성을 기준으로 구분하며, 어린이의 작품을 상대로 구별 지을 수 있고, 또한 창의성이 없는 표현적 태도나 능력을 좀 더 창의적인 것으로 이끄는 데 크게 도움이 된다. 작품의 특징은 상투(stereo typed)적이고, 단순한 구조, 모방, 묘사, 사실, 설명, 작품 과정보다 결과에 관심이 크다. 새로운 시도는 두려움 때문에 못하고, 한정된 정서적 반응이 나타나며, 교사의 제시에 반응이 미약하고, 기교 중심과 실용성이 나타난다. 미술 능력과 지적 능력 사이에는 10세 때까지 의미 있는 관계로 나타난다.

▌ Burkhart, Robert C., *Spontaneous and Deliberate Ways of Learning*, New York : International Textbook Co., 1962.

미술 활동(美術活動, art activity)

시각을 통해 감상할 수 있도록 일정한 공간 속에 미를 표현하는 예술을 거두기 위해 애씀.

미국의 여성 미술 교육학자인 게이너(Gainer)는 코헨(Cohen)과 함께 쓴 저서(미술 : 학습을 위한 또 다른 언어)에서 미술 활동에 필요한 두 가지를 제시했다. 첫째, 어린이들이 주제에 도달할 수 있도록 어떤 종류의 경험이든 활용하여 어린이들과 연관시킨다. 둘째, 교사가 보여 주는 흥미와 아이들에 대한 존중 역시 똑같이 중요하다.

▌ Cohen, E. P. & Gainer, R. S., *Art, Another Language for Learning*, 1984.

미국의 교육 철학자, 실용주의 교육의 창시자인 듀이(Dewey)는 그의 저서(민주주의와 교육)에서, 미술 활동은 정신적 계발을 실현하고 증진시키는 유희 학습(play learning)과 행위 학습(learning by doing)의 원형이라고 제시했다.

▌ Dewey, John, *Democracy and Education*, Chicago : Rand McNally, 1916.

이탈리아의 여성 교육학자인 몬테소리(Montessori, M.)는 그의 연구에서, 미술 활동은 유희 학습과 행위 학습의 원형이라고 보았다. 미술 도구는 언어 능력 발달의 본질로서 주장하고, 적절한 환경을 제공한다. 어린이들은 그림을 그리면서 시각적 상징을 만들어 낸다. 일반적으로 어린이들은 물리적으로 존재하지 않는 대상과 사건들을 묘사한다. 어린이는 그들 앞에 놓인 자극들을 규제하고 평가 조립함으로써 그들의 정신 계발을 실현시키고 증진시킨다. 이것을 그녀는 자동 학습(auto instruction)이라고 설명한다.

미술 활동의 전개((美術活動 – 展開, development of the arts activity)

시각을 통해 감상할 수 있도록 일정한 공간 속에 미를 표현하는 예술을 거두기 위해 애쓰고 펼침.

1974년 허볼츠(Herbolz)는 그의 연구에서, 어린이들은 미술 활동을 전개함에 있어서 말로 하는 동기 유발 이상의 것을 요구한다고 보았다. 자기들의 세계에서 벗어나 다른 사람의 그림과 사진, 조각, 유화, 수채화, 창조적인 예술의 도움을 받을 만한 영화까지 보기를 원한다.

미의 규범에 따른 색채(美－規範－色彩, color follows in norm of aesthetic)

미의 판단, 평가, 행위에 따른 색깔.

미의 규범은 각 종족에 따라 달라진다. 어떤 종족에서 아름다운 것으로 간주되는 특성이 다른 종족에서는 추한 것으로 간주된다. 하양 피부를 아름다운 것으로 간주하는 인종은 백인이다. 기독교 신화에서 천사는 피부가 하얗고 악마는 검다. 그러나 아프리카 화가들은 천사를 검정으로, 악마를 하양으로 그리는 예가 많으며, 인디언들 사이에서 하양은 추한 것을 의미한다. 유럽인들은 노랑을 아름답지 않은 색으로 생각하며, 그 이유는 건강하지 않기 때문이다. 눈, 코, 귀, 입에 대한 미감은 각 민족에 따라서 다르다.

　상복의 색은 종교적 관념에 따라 달라진다. 사후의 세계에 대한 초점을 맞췄던 초기 기독교인들은 장례식에 하양 옷을 입는데, 그들에게 죽음은 부활의 축제였다. 기독교에서 검정은 죽음에 대한 슬픔, 회색은 최후의 심판, 하양은 부활을 상징한다. 죽은 자를 애도하는 사람은 검정 상복을 입지만, 죽은 자에게 부활을 위해서는 하양 수의를 입힌다. 죄인을 데려가기 위해 지옥에서 온 죽음은 검정 외투를 두르고 있지만, 신이 보낸 죽음은 하양 옷을 입고 있다. 불교에서 죽음을 완성하는 길로 이해하는 종교의 상복은 검정이 아니라 하양이다.

❚ 박현일 외, 『색채학 사전』, 국제, 2006.

미의식(美意識, aesthetic consciousness)

예술 작품을 감상하거나 제작할 때 일어나는 감정.

민족의 색채(民族－色彩, color of nation)

오랫동안 같은 지역에서 공동생활을 함으로써 언어, 풍습, 문화 내용을 함께하는 인간 집단이 좋아하는 색. 서양의 북방(게르만, 슬라브족 : 노랑)에서는 어두운 배색으로 검정, 갈색, 빨강, 노랑이 나타나며, 남방(라틴족 : 베이지 색)에서는 명쾌한 배색으로 하늘색, 핑크 색, 베이지 색이 나타난다. 동양의 북방(몽고 : 녹색)에서는 강하고 선명한 배색으로 노랑, 빨강, 녹색이 나타나며, 남방(인도네시아 : 갈색)에서는 둔하고 침착한 색으로 검정, 갈색이 나타난다.

❚ 박현일 외, 『색채학 사전』, 국제, 2006.

미술 치료 용어 사전 ㅂ

바나나 색(－色, banana color)
노랑.

바다 색(－色, sea color)
파랑.

바닥 선(－線, ground line, base line)
그림의 아래 부분에 나타난 선＝지선(地線), 기저선
(基底線).
어린이들이 바닥 선을 땅과 공간, 땅과 하늘을 구분
하는 데 사용한다.

바닥 선

■ 박현일 · 조홍중, 『그림을 통한 성격 치료 미술 치료』, 시그
마프레스, 2009.

미국 코넬대학교 교수인 브리테인(Brittain)과 오스
트리아의 미술 교육학자, 심리학자, 화가인 로웬펠
드(Lowenfeld)는 그들의 저서(창조와 정신 성장)에
서 공간의 구분을 바닥 선이라고 했다. 예를 들면 선
을 그은 다음 위쪽은 하늘이고, 아래쪽은 땅이나 방
바닥, 마루이다. 중간은 공기의 자리라고 생각한다.
이 바닥 선은 모든 물체를 땅 위에 존재하는 기본적
공간 개념으로 표시한다. 화면의 위쪽이 대체적으로
먼 곳으로 표시된다. 바닥 선 아래는 정직한 지식을

나타낸다. 광산촌에 사는 어린이는 지하 갱 속이 늘
궁금하며, 무엇이 들어 있는지 어떻게 구성되어 있는
지를 알고 싶어 한다.

■ Lowenfeld, Viktor & Brittain, W. Lambert, (4th Ed.),
Creative and Mental Growth, New York : Macmillan
Publishing Co. Inc., 1964. / Lowenfeld, Viktor & Brittain,
W. Lambert, (6th Ed.), *Creative and Mental Growth*, New
York : Macmillan Publishing Co., Inc., 1975.

월(Wall)은 바닥 선에 대해 조사했다. 어린이의 그림
5천여 점을 분류한 결과 3세경에는 1%가 사용했고,
만 6세는 3세보다 약간 많았으며, 8세는 96%가 사용
했다. 8세 어린이는 바닥 선을 주위 환경과 상호 관
계 속에서 인식한 표시이고, 이 선 위에 모든 사물을
배치시켰으며, 이 선은 모든 밑면을 표현했다.

■ 김정, 『아동의 미술교육 연구』, 창지사, 1989.

바움 검사(－檢査, Baum Test, BT)
열매 달린 나무를 그리는 능력이나 나무줄기, 가지의
형태, 명암의 특성을 분석하여 무의식적 욕구, 동기,
성격 따위를 진단하는 투영법＝나무 검사.
직업 상담가인 육커(Jucker, Emil)가 인간 이해 보조
수단으로서 이 검사를 만들었다. 1949년 스위스의
코흐(Koch, E.)는 육커(Jucker, E.)의 생각에 기초를
두고, 1928년부터 인격 진단 검사로서 수목화의 연
구에 착수하여 그 경험과 고찰에 의한 체계를 발표
했다. 코흐는 주로 직업 지도의 목적으로 이 검사를
발전시켰는데, 그때 존재의 심층에 있는 전 인격의
필요성을 융(Jung, C. G.)의 심층 심리학에서 구했
으며, 나아가 묘화 표현의 의의를 크레피옥스-자민
(Crépieux-Jamin)이나 클레게스(Klages, L.)의 필적
학 및 펄버(Pulver, M.)의 공간 상징 의미를 부여해서
그 체계를 세웠다.

■ 교육학사전편찬위원회 편, 『교육학대사전』, 교육서관, 1989.

코흐는 힐트부르너(Hiltbrunner)의 인류학과 원시형, 내향, 외향에 관한 융(Jung, C. G.)의 개념을 연구한 후 이해하기 쉬운 요소로 구성했다.

1958년 반 레너프(Van Lennep)는 '신체 기관에 이상이 있는 피험자의 나무 그림은 이상이 없는 피험자의 나무 그림과 다르다.'는 가설을 검증하기 위해 세 가지 연구 결과를 제시했다. 첫째, 정상아의 나무 그림은 신체 기관에 이상이 있는 아동의 그림과 다르다. 둘째, 그림의 질은 WAIS(Wechsler-Bellevue Adult Intelligence Scale)의 토막 짜기, 모양 맞추기 결과와 서로 상관이 있다. 셋째, 피험자의 신체 기관에 이상이 없다면 나무 그림의 일반적인 측면은 의미 있는 결정의 기준이 된다.

▌Regula, Koch 저, 김태련 · 송영혜 · 우종태 공역, 『나무 그림 검사』, 중앙적성출판사, 1993.

반대색(反對色, antagonistic color)
색상환에서 가장 먼 색 또는 반대편에 있는 색≒보색. 빨강의 반대색은 녹색이 아니라 청록이며, 노랑의 반대색은 파랑이 아니라 남색이다.

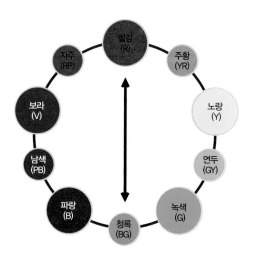

반대 색상의 배색(反對色相−配色, color scheme of opp-osition color)
색상 차이가 큰 배색 방법.

반복(反復, repetition)
두 개 이상의 동일한 요소나 대상을 배열시켜 이동하는 것.
반복은 대상의 의미를 강조하는 수단이며, 동적인 느낌을 줌으로써 율동을 느끼게 한다.

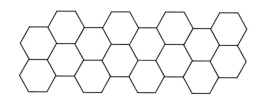

반복 배색(反復配色, repetition color scheme)
두 가지 이상의 색을 일정하게 반복적으로 배열하는 방법.

반사(反射, reflection)[69]

물체의 표면에 빛이 되돌아가는 현상.

반사는 물체색을 나타내는 데 중요한 역할을 하고, 빛이 표면에 입사하여 각도와 반사각을 가지고 있으며, 물체 표면의 굴절률 차이에 따라 반사되는 것이 표면 반사이다. 반사에는 정반사, 난반사, 선택 반사, 전반사의 네 가지가 있다.

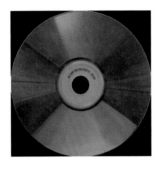

■ 박현일 외, 『색채학 사전』, 국제, 2006.

반사회적 인격 장애(反社會的人格障碍, antisocial personality disorder)

타인의 권리를 무시하고 침범하는 인격 장애.

반사회적 인격 장애는 사이코패스(psychopath)라고도 부르는데, 이 장애는 법을 종종 무시하고, 죄책감이나 수치감을 느끼지 못하며, 15세~16세 이전에 잦은 무단결석, 가출, 비행, 싸움의 전조를 보이며, 성인이 된 후에도 직장 생활을 지속하지 못하고, 배우자 혹은 부모로서 무책임하며, 미래에 대한 계획을 세우지 못한다. 이들은 어렸을 때 부모로부터 버림받았거나 부모의 적대감을 받아 온 경험이 있으며, 온유한 말이나 공정한 태도보다는 단호한 거절에 익숙한 사람들이다. 특히 이 장애는 폭력 행위를 저지르는 경향이 있고, 무책임한 태도를 보인다.

■ 류경남 외, 『가족상담심리 용어사전』, 학지사, 2006.

반응성 애착 장애(反應性愛着障碍, reactive attachment disorder)

자극이나 작용을 받아 일으키는 변화나 움직임에 정이 붙어 그것과 떨어질 수 없는 일.

리치터스(Richters)와 볼크머(Volkmar)는 그들의 연구에서, 애착 장애 아동들이 자폐 아동의 특성을 많이 보이지만 자폐 아동보다 사회적으로 관련되어 있고, 비정상적인 유형의 언어를 보일지라도 언어 장애 아동들보다 행동적으로 더욱 일탈되어 있다.

■ Richters, M. M. & Volkmar, F. R., "Reactive Attachment Disorders of Infant or Childhood", *Journal of American Academy of Child Adolescent Psychiatry*, 33, 1994.

반응성 애착 장애의 필수 증상은 대부분 발달적으로 사회적 관계가 부적절하며, 5세 이전에 시작되고, 병적인 보살핌과 밀접한 관련이 있다. 임상 양상은 두 가지 유형이 있는데, 억제형의 아동은 대부분 사회적 관계를 시작하지 못하고, 발달적으로 적절하지 못한 방식으로 반응한다. 아동은 지나치게 억제적이고, 경계하며, 양가적 반응을 보인다.[70] 탈억제형은 확산된 애착을 보이는데, 애착 대상을 선택할 능력이 결여되어 있다. 이 장애는 발달 지연만으로는 잘 설명되지 않으며(예 : 지적 장애와 같이), 전반적인 발달 장애의 진단 기준과 일치하지 않는다. 이러한 상태는 안락감, 자극, 애정의 기본적인 감정적 욕구에 대한 지속적인 무관심, 아동의 기본적인 신체적 욕구에 대한 지속적인 무관심, 안정된 애착 형성을 방해하는 양육자의 빈번한 교체와 같은 심한 병적 보살핌과 관

---

69. 빨강 사과는 빨강 부분만 반사하고, 나머지는 흡수한다. 노랑 바나나는 노랑 부분만 반사하고, 나머지는 흡수한다. 각 물체의 특징적인 색이 우리 눈에 나타난다.

70. 냉정한 경계, 안락한 상태에 저항하기, 접근과 회피의 양가적 태도

런이 있다.

▌윤치연,『발달장애의 이해』, 형설출판사, 2004.

반향어(反響語, echolalia)

일반적으로 어떤 소리를 뜻 없이 기억하고 반복하는 것. 언어 발달 과정에서 생후 9개월 영아는 주변 사람의 말을 의식적으로 그대로 모방한다. 반향어는 자폐증의 전형적인 증후이며, 자폐아는 의사소통이 충분히 가능한 연령임에도 불구하고 다른 사람이 말을 걸면 앵무새처럼 되받아 말을 하기 때문에 의사소통에 장애가 된다.

▌한국교육심리학회 편,『교육심리학 용어사전』, 학지사, 2000.

발달 과정(發達過程, development process)

차차 완전한 모양과 기능을 갖추게 되는 정도.
독일의 아동·청년 심리학자, 미국 컬럼비아대학교의 버너드(Berbard)대학 객원교수, 로스앤젤레스대학교 교수인 뷸러(Bühler)는 그의 저서(어린이기의 문제와 교사)에서 어린이와 청년의 발달 과정을 전체적인 정신 구조의 전개에 따라 인과적으로 상호 의존하는 시기를 다섯 가지 단계로 구분했다.

　1단계는 신변 생활 시기(0세~1세), 2단계는 상상 생활 시기(2세~4세), 3단계는 지식 생활 시기(5세~8세), 4단계는 정신 생활 시기(9세~13세), 5단계는 사회 생활 시기(14세~19세).

▌Bühler, C., *Childhood Problems and Teacher*, New York : Henry Holt Co., 1953.

발달 단계(發達段階, development stage)

차차 완전한 모양과 기능을 갖추게 되는 과정.
헐록(Hurlock, E. B.)은 그의 연구에서 발달 단계를 두 가지 단계로 구분했다. 또한 지능이 우수한 어린이가 낮은 어린이보다 훨씬 좋은 그림을 그리며, 놀이 형태도 단순하지 않다고 보았다.

　1단계, 아동기(6세~12세)에는 일상적인 유희에서 필요한 신체적 기능이 습득되고, 성장하는 자기의 신체에 관한 건전한 태도가 형성된다. 이 시기의 어린이들은 같은 나이의 동무와 사귀는 방법을 습득하고, 적절한 성 역할을 배운다. 이 시기는 읽기, 쓰기, 셈하기의 기본적인 기술을 배우고, 일상생활에서 필요한 개념을 발달시키며, 양심과 도덕, 가치 척도, 사회나 제도, 집단에 대한 태도가 발달된다.

　2단계, 청년기(12세~18세)에는 자기 체격의 인정과 성적 역할을 인식하고, 남녀가 같은 연령의 동무와 새로운 관계, 부모나 다른 어른과의 정서적인 독립을 원한다. 또한 그들은 경제적 독립의 필요성을 절실히 느껴 직업의 선택과 준비에 몰두하며, 시민 생활에 필요한 지적 능력과 개념이 발달한다.

▌김정,『아동의 미술교육 연구』, 창지사, 1989.

구드너프(Goodenough)의 제자, 미국의 펜실베이니아주립대학교 교수, 여성 심리학자인 해리스(Harris)는 그의 저서(성숙한 지적 측정 도구로서 어린이들의 그림)에서 발달 단계를 언급했다. 어린이의 발달 단계는 최초로 연필 긁적거림이 아주 정교한 작품으로 이동하는 과정이다. 이 단계는 그리는 활동을 지각할 수 있게 차이가 나며, 일반적인 흐름을 설명하는 데 편리한 수단이다. 여러 연구자들이 유사한 단계를 설정했고, 이러한 단계들은 일정한 연령으로 묶을 수 있다. 많은 연구자들은 한 단계에서 다음 단계로 넘어가는 과정을 단지 2단계 사이의 중간으로 보거나 어린이들을 한꺼번에 묶어 몇 개의 가장 일반적인 것과 독특한 특징을 가진 인위적이고 이상화된 예를 구조화함으로써 그 단계를 인식할 수 있다. 또한 사춘기 이후의 그리기 능력은 특별한 가르침이나 자기 학습이 없을 경우 발달하지 않는다.

▌Harris, Dale B., *Children's Drawings as Measure of*

Intellectual Maturity : A Revision and Extension of the Goodenough Draw-a-Man Test, New York : Harcourt, Brace & World, Inc., 1963.

미술 교육의 지도자인 톰린손(Tomlinson, R. R.)은 그의 연구에서 정신 발달에 따른 어린이의 그림 발달 단계를 네 가지 단계로 분류했다. 첫째, 아무렇게나 그리는 난화 단계는 1세~3세. 둘째, 상징적 시대는 3세~8세. 셋째, 의사실적 시대는 8세~11세. 넷째, 사실화 시대는 11세~15세.

❚ 교육학사전편찬위원회 편, 『교육학대사전』, 교육서관, 1989.

코올(Cole, L.)은 그의 연구에서 신체 발달 단계를 다섯 가지 단계로 구분했다. 1단계는 유아기(0세~2세), 2단계는 어린이 초기(2세~6세), 3단계는 어린이기(6세~11세 여자, 6세~13세 남자), 4단계는 어린이기 후기(11세~13세 여자, 13세~15세 남자), 5단계는 청년기(13세~20세 여자, 15세~20세 남자).

미국의 심리학자인 올슨(Olson, W. C.)은 그의 연구에서 어린이 그림의 성장 단계를 다음과 같이 제시했다.

〈올슨의 아동 미술 발달 단계〉

발달 단계	연령	미술 표현의 특질	요약
어린이 초기	1세~5세 6세~7세	마구 선 긋기, 알아볼 수 없는 형태에 이름 붙이기, 표현 공식의 발견	상징 주간
어린이 중기	8세~9세 10~11세	상징적이거나 개념적 표현을 사실적인 표현으로 시도	
어린이 후기	12세~13세	합리적이거나 구체적인 시각을 사실적으로 표현	
청소년기	14세~15세	실재와 자연을 시각적 사실로 표현	사실 객관 개성
청소년 후기	16세~20세	자기의 개성을 발견하고, 자기 나름대로 대상을 탐구	
청년기	21세	자기의 개성을 발견하고, 자기 나름대로 대상을 탐구	

❚ De Francesco, Italo L., *Art Education : Its Means and Ends*, New York : Harper & Row, Publishers, 1958.

스트라츠(Stratz, C. H.)는 그의 연구에서 신체적 발달 기준을 네 가지 단계로 나누었다. 이 연구는 사람의 몸집 변화로 분류했고, 성숙기까지 체중이 줄어드는 경우와 신장이 주로 느는 경우이다. 그것이 두 번 서로 엇갈려서 되풀이된다. 1단계는 제1 충실기(2세~4세), 2단계는 제1 신장기(5세~7세), 3단계는 제2 충실기(8세~10세), 4단계는 제2 신장기(11세~15세).

❚ 교육학사전편찬위원회 편, 『교육학대사전』, 교육서관, 1989.

독일의 뮌헨대학교 교수, 빈대학교 교수, 아동 미술 학자인 불러(Bühler)는 그의 저서(어린이의 정신 발달)에서 어린이의 미적 표현 발달을 두 가지 단계로 제시했다.

1단계, 묘화의 예비 단계로 세 가지가 있다. 첫째, 난필(scribbles)은 모방과 충동적 유희 시행(2세~4세)으로 목적이 없이 연필 선을 긋는 데 흥미를 가진다. 둘째, 서술화는 대상의 상기, 분절적·반복적 형상이 유사하다. 셋째, 난필 장식은 흥미와 쾌락을 수반하여 공간을 보충한다.

2단계, 도식 단계로 두 가지가 있다. 첫째, 대상과 스타일은 평면적 단형으로 측면화가 대두(학령 기초)된다. 둘째, 묘화기는 그림에 의한 서술적인 공간, 질서에 의한 것이지 결코 손에 의한 것이 아니며, 머리로 그리려 한다. 이것은 본질적이고, 항정(航程)한 속성만이 나타난다.

❚ Bühler, Karl, *The Mental Development of the Child*, New York : Harcourt, Brace & World, Inc., 1930.

미국의 여성 미술 교육가인 린드스트롬(Lindstrom, M.)은 남편인 린드스트롬(Lindstrome, C.)과 함께 쓴 그의 저서(어린이의 미술)에서 아동 미술을 네 가지

〈피아제의 인지 발달 단계〉

인지 발달 단계	특징
감각운동기 (0세~2세)	유아의 행위는 발산에 의존하고, 습관이 형성된다. 대상이 없이 관심을 일깨울 수가 없다. 이 시기의 유아들은 쥐기나 조작하기, 그 밖의 다른 촉각과 근육 운동의 감각을 통해 사고가 시작된다.
상징적 기능기 (2세~4세)	눈앞에 없는 대상과 사건의 재현이 시작된다. 지연된 모방은 모형(model)이 사라진 뒤의 모방이다. 상징놀이는 가장하기와 겉꾸미기이다. 선화는 놀이를 통한 재미있는 모습, 맹목적 난화 속에서 형태를 인식한다.[72] 기억의 모형을 이끌어 내는 시도는 전체 속의 부분을 가끔씩 성인의 기준으로써 왜곡시킨다.[73]
직관적 사고기 (4세~7세)	자기중심은 다른 관점을 생각하지 못한다. 보는 것을 그리는 것이 아니라 알고 있는 것을 그린다.[74] 시각적으로 지각되지 않더라도 개념의 속성을 그린다.[75] 어린이들이 자유롭게 그린 기하학적 무늬와 선화를 관찰하면서 한 가지로 수렴된다.[76] 근절, 분리, 포함의 관계와 또 다른 위상의 고려가 표현되기 시작한다.
구체적 조작기 (7세~11세)	유목화 분류[77]와 일반화[78]에 대한 관심을 통해 상징적 재현 체계가 잡힌다. 결합과 분류와 같은 가역 작용에 대한 이해는 변형 과정의 시각을 통해 발생한다. 지적 사실성은 지속된다. 시간의 경과에 따라 발생된 일련의 사건들이 하나의 그림 속에 나타날 수도 있다. 9세에 나타나는 그림의 시각적 사실성은 두 가지 주의를 요구한다. 첫째, 특별히 관찰한 것 : 감추어진 부분을 생략하는가, 윤곽선이 정확한가, 뒤의 사물을 작게 그리는가, 비례에 대한 이해를 갖고 표현하는가. 둘째, 전체적인 계획성을 갖고 전체에 대한 부분적인 관계를 강조한다. 유클리드 기하학의 미터법에 관한 감각이 생긴다. 탈자기중심성이 된다. 다른 사람의 관점을 이해한다. 대인 관계에 협조적인 측면이 보인다. 사회화의 인지와 정서, 도덕적인 측면이 포함된다.
형식적 조작기 (12세~15세)	사실적인 것에서 교체 가능한 변화에 대해 이해한다. 미래를 위한 계획을 세우기 시작한다. 미래지향적인 것에 흥미를 갖는다. 가치와 이상을 중요시한다. 가설에 대해 합리화할 수 있고, 가능성으로 결론을 도출하며, 추론적 사고가 시작된다. 언어적 추상을 다룰 수 있고, 추론의 능력을 통해 예견할 수 있다. 동료의 영향이 크다. '최종적이고 궁극적인 분화'를 한다.

단계로 나누었다. 1단계는 낙서를 통한 그림을 그리는 시기(2세~5세), 2단계는 알고 있는 것을 주로 그리는 시기(4세~6세), 3단계는 사고의 그림이 가능한 시기(5세~8세), 4단계는 고정 관념[71]을 뛰어넘는 시기(7세~10세).

▌Lindstrom, Miriam & Lindstrome, C., *Children's Art*, Berkeley : Univ. of California Press, 1972.

스위스의 심리학자인 피아제(Piaget)는 그의 저서(*아동 심리학*)에서 어린이의 사고와 미술 능력의 발달을 다섯 가지 단계로 제시했다. 또한 양식이나 윤곽으로써 모든 것을 성장으로 표현했는데, 이 표현의 형태가 '세마(schema, 윤곽)'이다.

▌Piaget, Jean & Inhelder, B., *The Psychology of the Child*, New York : Basic Books, 1969.

버트(Burt)는 그의 저서(*정신과 학습의 검사*)에서 어린이의 선화(drawing) 발달을 일곱 가지 단계로 제시했다.

1단계, 난화기(the scribbling stage, 2세~3세)는 다시 네 가지로 나누어진다. 첫째, 맹목적인 난화로 어깨와 팔의 운동으로 좌우 선을 긋는다. 둘째, 목적의 난화로 그려진 흔적에 이름 붙이기를 시작한다. 셋째, 모방적인 난화로 팔 운동에서 손목 운동으로 어른 글씨를 흉내 낸다. 넷째, 국부의 난화로 관심이 있

---

71. 도식화를 의미한다.
72. 우연적인 사실성을 의미한다.
73. 부족한 사실성을 의미한다.
74. 지적 사실주의를 의미한다.
75. 땅속에서 자라는 당근, 말을 탄 사람의 양다리가 드러난 측면도를 말한다.

76. 피아제의 어린이 공간 개념 참고
77. 대상을 관련지어 분류하기
78. 원리와 체계를 추론하기

는 대상으로 간다.

2단계, 선화기(the drawing stage, 3세~4세)는 사람의 모습을 원(머리)과 점(눈), 두 개의 선(다리)으로 표시하는 주관적 해석이 나타난다. 이 시기에는 이따금 몸체가 나타나고, 두 번째 원이 표현되기도 하며, 팔을 나타내는 두 개의 수평선이 표현된다.

3단계, 기술적 상징기(the descriptive symbolism, 5세~6세)는 사람의 모습이 세밀해지고, 상징적 윤곽(schema)과 도식으로 표현된다. 윤곽은 어린이에게 각각 다르게 나타나고, 자기 발명적(inventive) 형태로 나타나는 얼굴의 각 부분들은 제자리를 찾게 된다. 도식(schema)은 어린이 나름대로 다르게 나타나지만[79] 대체적으로 유사하게 표현된다.

4단계, 기술적 사실기(the descriptive realism, 7세~8세)는 개념적으로 보았던 것이나 아는 것을 그린다. 윤곽은 좀 더 세밀해지고, 생각의 연상에 의해 많이 제시되며, 얼굴의 측면 묘사나 장식적인 부분에 신경을 많이 쓴다. 어린이는 자기가 아는 것, 기억하는 것, 흥미로운 것을 주관대로 전달하고 표현한다. 도식은 좀 더 자세해지고, 그려지는 요소는 지각적 분석에 의해서가 아니라 생각(idea)의 연상에 의해 좀 더 많이 제시된다. 얼굴의 측면 묘사가 시도된다. 원근법(perspective)과 명암, 축소법(foreshortening)은 전혀 나타나지 않고, 다만 장식적인 부분을 주위 모으는 데 불과하다.

5단계, 시각적 사실기(the visual realism, 9세~10세)는 자연을 보고 그리는 단계로 중첩(overlap)과 원근법이 시도된다. 외곽선을 사용한 2차원과 입체 표현을 시도한 3차원의 그림이 나타난다. 2차원적인 면은 외곽선이 사용되고, 3차원적인 면은 입체적 표

현이 시도되며, 풍경화가 시작된다.

6단계, 억제기(the repression period, 11세~14세)는 신체와 언어 발달이 왕성하므로 미술의 표현이 침체되고, 사실적인 묘사 능력의 부족에 불만이 나타난다. 이 시기에는 지력과 관찰력이 발달하여 운동이나 언어적 표현으로 흥미가 전환되고, 자기의 개성적 디자인이 나타나며, 풍경이나 과학 기구의 표현으로 전환된다. 여자 아이는 색채의 풍요성, 우아한 형태의 표현, 기교와 호화스러운 장식적인 멋이 억제기에 머문다. 이 시기의 어린이는 신체와 언어 발달이 극도로 왕성하기 때문에 자기의 생각이나 감정을 구태여 그림으로 표현하려고 하지 않는다.

7단계, 예술적 부흥기(artistic reconstruction period, 후기 청년기, 15세 이후)는 예술의 재능이 꽃피는 시기이고, 그림은 이야기를 하며, 성별에 차이가 분명히 나타난다. 특히 여자 아이는 색의 풍요성이 두드러지고, 우아한 형태의 표현을 즐기며, 선이 곱다. 이 시기의 그림은 기교적이고 장식(호화로운)적인 멋을 부린다. 그러나 이 마지막 단계를 사람들은 미처 도달하지 못하고 대부분이 '억제기'에서 머물고 만다.

▌ Burt, C., *Mental and Scholastic Test*, London : P. S. King & Son., 1921.

미국의 심리학자인 밀라드(Millard)는 그의 저서(초등학교 어린이의 성장과 발전)에서 어린이의 그림 발달 단계를 일곱 가지로 나누었다.

1단계, 난화기(the manipulative stage) : 묘화 발전의 초기 양상은 3세~5세에 이르는 동안에 발전된다.

2단계, 전 상징기 또는 전도식기(the pre symbolic stage) : 미술의 표현에서 전도식기의 상은 아직도 난화기의 영향 아래 있다. 유치원이나 초등학교 1학년 어린이는 거의 이 시기에 속한다.

3단계, 상징기 또는 도식기(the symbolic stage) :

---

79. 동그라미를 그리고 눈이라고 하는 어린이, 점을 찍고 눈이라고 하는 어린이들이 있다.

전도식기에 이어 볼 수 있는 발달 과정이 도식기이다. 초등학교 2학년~3학년 어린이들은 이 시기에 속하고, 특성으로는 선의 발달이 한층 유연하다.

4단계, 유발적 사실기(the stage of inceptive realism): 묘화에 있어서 어린이의 사실성이 구현되는 시기이다. 첫째, 육체적 성장을 현저하게 볼 수 있으며, 교사나 부모들로부터 독립하려는 의욕은 우월성을 갖고 어떤 행동[80]에 직면하게 되며, 또 인내력과 아울러 자기 동기(self motivation)의 신장을 볼 수 있다.

5단계는 분석적 사실기(the stage of analytical realism), 6단계는 의도적 사실기(the stage of projective realism), 7단계는 사춘기(the adolescence stage)이다.

〈밀라드의 아동 미술 발달 단계〉

연령	미술의 표현 발달	미술의 표현 발달 특징	요약
1세~5세 6세~7세	난화기 전 상징기	마구 선 긋기, 알아볼 수 없는 형태에 이름 붙이기, 표현 공식의 발견	상징 주관
8세~9세 10세~11세	상징기 유발적 사실기	상징적이거나 개념적 표현을 사실적인 표현으로 시도	
12세~13세	분석적 사실기	합리적이거나 구체적인 시각을 사실적으로 표현	
14세~15세	의도적 사실기	실재와 자연을 시각적 사실로 표현	사실 객관 개성
16세~20세	르네상스기	자기의 개성을 발견하고, 자기 나름대로 대상을 탐구	
21세	르네상스기	자기의 개성을 발견하고, 자기 나름대로 대상을 탐구	

❙ Millard, C. Y., *Child Growth and Development in Elementary School Years*, Boston, D. C. Health & Co., 1951.

영국의 작가, 시인, 미술사가, 평론가, 예술 철학자

인 리드(Read)는 그의 연구에서 아동 미술의 발달을 여섯 가지 단계로 제시했다. 1단계는 긁적거리는 낙서기(2세~4세), 2단계는 선묘기(4세), 3단계는 묘사의 상징기(5세~6세), 4단계는 시각적 사실기(9세~10세), 5단계는 억압기(11세~14세), 6단계는 예술적 부활기(15세 이후).

❙ Read, Herbert, *Education through Art*, New York : Pantheon, 1943.

미국의 아동 심리학자, 게젤아동발달연구소(Gesell Institute of Child Development) 소장인 게젤(Gesell)과 아메스(Ames)는 그들의 저서(그림 방향의 발달)에서 그림의 발달을 일곱 가지 단계로 제시했다. 그는 발달의 중요한 성격으로 체제화(patterning)를 들고 있으며, 연령의 증가와 함께 행동의 체제가 전체적으로 바뀌는 것을 인정했다.

발달에는 하나의 주기성이 있으며, 또한 수태와 더불어 발달이 이루어지는 것이 강화되었다. 1단계는 태아기(0주~8주), 2단계는 태아기(8주~40주), 3단계는 유아기(0세~2세), 4단계는 취학 전기(2세~5세), 5단계는 아동기(5세~12세), 6단계는 청년기(12세~24세), 7단계는 성인기.

❙ Gesell, A. L. & Ames, L. B., "The Development of Directionality in Drawing", *Journal of Genetic Psychology*, 1946, pp. 45~61, 68.

뤼켄스(Luekens)는 그의 연구에서 아동 미술의 발달 시기를 네 가지 단계로 제시했다. 1단계, 착화기(the scribble stage)에는 긁 적거리는 낙서를 통해 최초로 그림이라는 수단이 나타난다. 2단계, 착감기(the period of artistic illusion)는 예술의 느낌을 조금 풍기는 시기이다. 3단계, 자각기(the self conscious period)는 자아의식이 어느 정도 싹트는 시기이다. 4단계, 예술적 재능 재생기(the period of rebirth of

---

80. 묘화나 공작의 표현을 의미한다.

artistic ability)는 예술의 창작이 가능한 예술적 재능 시기이다.

▌ 김정, 『아동의 미술교육 연구』, 창지사, 1989.

루카(Luka)는 켄트(Kent)와 함께 쓴 저서(미술 교육)에서 어린이의 표현 발달을 난화기, 상징기, 사실기의 세 가지 단계로 나누었다. 그러나 그는 상징기와 사실기를 주로 강조했다.

이 시기의 초기에는 세부적인 묘사(detail)의 부족한 표현을 노력과 장식적 표현으로 보상받으려고 노력한다. 1단계는 상징기(the symbolic stage, 4세~8세), 2단계는 사실기(the stage of realism, 9세~12세)이다.

▌ Luka, M. & Kent, R., *Art Education : Strategies of Teaching*, Englewood Cliffs, New Jersey : Prentice & Hall Inc., 1968.

더빈(Dubin)은 그의 논문("유치원 아이들의 노력과 훈련 발달 단계의 도표 설명")에서 유치원 아이들을 대상으로 그들의 특성과 아동 미술을 다섯 가지 단계로 제시했다. 1단계는 알 수가 없는 난화, 2단계는 알 수가 있는 난화, 3단계는 도식(schema), 4단계는 디자인, 5단계는 사실적인 표현과 같은 범주로 어린이의 미술을 분류하였다.

▌ Dubin, E., "The Effect of Training on the Tempo of Development of Graphic Representations in Preschool Children", *Journal of Experimental Education*, (Vol. 15), No. 2, December, 1946.

렌디스(Landis, M.)는 그의 연구에서 어린이의 미술 표현 성장을 손 장난기, 형태 경험기, 표현 초기의 세 가지 단계로 나누었다. 따라서 그는 손재주나 눈으로 외면적이고 말초적이며, 감각적인 피상이 반영된 표현보다 어린이의 성장에 반영되는 의미 깊은 표현과 '생각하는 표현'을 하게끔 지도하자는 견해이다.

오스트리아의 미술 교육학자, 심리학자, 화가인 로웬펠드(Lowenfeld)와 브리테인(Brittain)은 그들의 저서(창조와 정신 성장)에서 어린이의 그림 발달을 난화기(착화기), 전도식기, 도식기, 여명기, 의사실기, 사춘기 6단계로 구분했다.

1단계, 착화기(the stage of scribble, 2세~4세)는 자아 표현의 최초 단계이다. 팔이 움직이는 대로 선을 긋고,[81] 또한 손에 닿는 대로 색을 잡아서 칠한다.

2단계, 전도식기(the pre schematic stage, 4세~7세)는 최초의 사실적 표현기이다. 이 시기는 주관에 의해 윤곽(schema)이 나오고, 또한 감정적으로 좋아하는 색을 선택하기 시작하며, 대상의 물체와 무관한 주관적 색채 사용이 나타난다.

3단계, 도식기(the schematic stage, 7세~9세)는 사물의 습득 개념이고, 개념이 도식적이거나 상징적인 색채로 표현[82]된다. 공간 개념이 형성되므로 바닥선이 등장하다 사라지며, 디자인 감각이 조금씩 나타난다.

4단계, 사실로 넘어가는 과도기(the gang age, 9세~11세)는 자각적 시기이다. 이 시기에는 점차 윤곽이 없어지고, 일방적인 주관의 판단이 보류되며, 도식적 표현과 사실적 표현이 동시에 나타난다. 끝으로 율동이나 장식적 표현에 집착하게 된다.

5단계, 의사실기(the pseudo realism, 11세~13세)는 합리적인 묘사의 시기이다. 시각형(seeing type, visual)이나 촉각형(haptic)이 분화되고, 관찰된 묘사에 의존한다. 3차원 공간 표현이 나타난다.[83] 색채에 있어서 사물과 동일한 색으로 표현된다.

6단계, 결정기(the adolescence stage, 13세~14세)

---

81. 멋대로 긋는다.

82. 사과는 빨갛다. 하늘은 푸르다.

83. 입체와 원근감의 표현을 의미한다.

는 세 가지 형으로 나눈다. 첫째, 시각형으로 눈에 보이는 대로 묘사[84]한다. 둘째, 촉각형으로 감각에 의존[85]한다. 셋째, 중간형으로 시각형과 촉각형 중간의 성격으로 표현된다.

로웬펠드는 이 저서에서 정신 건강과 자아 개념, 창의성의 관계를 강조한 어린이 발달에 대해 주장했다. 또한 사춘기 이후의 그리기 능력은 특별한 가르침이나 자기의 학습이 없을 경우 발달하지 않는다.

▍Lowenfeld, Viktor & Brittain, W. Lambert, (4th Ed.), *Creative and Mental Growth*, New York : Macmillan Publishing Co. Inc., 1964. / Lowenfeld, Viktor & Brittain, W. Lambert, (6th Ed.), *Creative and Mental Growth*, New York : Macmillan Publishing Co., Inc., 1975.

크로오(Kroh)는 그의 연구에서 정신적 발달 기준의 발달 단계를 세 가지로 나누었다.

1단계는 유아기(0세~3세나 4세), 2단계는 어린이기(4세나 5세~12세나 13세), 3단계는 성숙기.

성숙기는 다시 세 가지로 나누어진다. 첫째, 유아기는 출생부터 제1 반항기까지이다. 둘째, 어린이기는 제1 반항기부터 제2 반항기까지이며, 이 기간이 도야기에 해당된다. 셋째, 그 후는 이른바 성숙기이며, 다시 각 단계를 세 가지로 세분화시켰다.

▍교육학사전편찬위원회 편,『교육학대사전』, 교육서관, 1989.

김정은 그의 연구에서 미술의 발달을 일곱 가지 단계로 세분화시켰다.

첫째, 신생아기(the newborn baby stage, 0세~3세)는 무엇이든지 입에 갖다 대는 시능을 많이 하지만, 연필이나 기타 물건을 가지게 되면 흔든다.

둘째, 난화기(the scribbling stage, 3세~5세)는 낙서와 같이 뒤죽박죽으로 섞인 형태의 그림을 그린

다. 이 시기는 유아에게 대단히 중요하고, 그림을 그리는 시간이 차츰 늘어나면서 관심을 보이게 된다.

셋째, 전도식기(the pre schematic stage, 5세~7세)는 그림에 대한 흥미와 감정이 최고조에 도달할 정도로 묘화에 접근하고, 그림의 특징도 이 시기에 많이 나타난다. 이 시기의 아이들은 그림을 즐겁게 그리고 자주 그리려고 한다.

넷째, 도식기(the schematic stage, 7세~9세)는 사물의 형태를 자세히 관찰한다. 이 시기는 그림에 대한 객관적인 표현이 시작되고, 유치한 표현이 나오면서 청소년의 그림이 나타나기도 한다.

다섯째, 여명기(9세~11세)는 객관적인 표현이 점차 강하면서 사물을 사실적인 표현으로 접근하고, 시각적인 발달로 그림이 점차 어른스러워진다.

여섯째, 의사실기(the pseudo realism stage, 11세~13세)는 사실적인 표현을 숭배함으로써 그림이 완전히 모형과 같은가 같지 않은가를 스스로 평가하고, 지나치게 사실적이어서 자칫 만화풍에 젖게 되는 시기이다.

일곱째, 사춘기(the adolescence stage, 13세~16세)는 자신의 그림에 대해 비판적 인식을 갖게 된다. 이 시기는 그림의 표현에 관해 신경을 안 쓰며, 포기를 잘 하고, 그림을 유치하다고 생각하면서 점차 그림을 멀리하게 된다.

▍김정,『아동의 미술교육 연구』, 창지사, 1989.

정순목(丁淳睦)은 그의 저서에서, 어린이의 성장 발달 단계를 감안하여 상호 역동적 관계에서 세 가지를 제시했다.

첫째, 유치원이나 초등학교 저학년(1학년~2학년)은 표현에 중점[86]을 둔다. 둘째, 갱(gang) 시대나 초

---

84. 객관적이거나 인식적인 표현을 의미한다.
85. 주관적이거나 감정적인 표현을 의미한다.

86. 직관적 세계를 가졌기 때문이다.

등학교 중학년(3학년~4학년)은 표현의 인식에서 사실적 경향이 움트고, 안이한 모방주의가 나타난다. 셋째, 초등학교 고학년(5학년~6학년)은 표현과 인식의 실천을 통일[87]한다.

▌ 정순목, 『예술교론론』, 교육과학사, 1983.

일본의 교육학자인 우시지마(牛島義友)는 그의 연구에서 정신 발달 기준의 발달을 다섯 가지 단계로 나누었다. 1단계는 신변 생활 시대(0세~4세), 2단계는 상상 생활 시대(4세~8세), 3단계는 지식 생활 시대(8세~14세), 4단계는 정신생활 시대(14세~25세), 5단계는 사회생활 시대(22세나 23세~30세 이후).

▌ 교육학사전편찬위원회 편, 『교육학대사전』, 교육서관, 1989.

일본의 미술 교육학자인 마쓰모토(松本亦木郎)는 그의 연구에서 기능의 발달을 기준으로 한 발달 단계를 세 가지로 나누었다. 1단계는 유아기(3세~6세), 2단계는 어린이기(7세~11세), 3단계는 청년기(12세~20세).

▌ 교육학사전편찬위원회 편, 『교육학대사전』, 교육서관, 1989.

일본의 아동 미술 교육자인 가와구찌 이사무(川口勇)는 그의 연구에서 아동 미술의 발달 단계를 일곱 가지로 나누었다. 1단계, 묘화 이전의 시기는 0세. 2단계, 난화(scribbling drawing)의 시기는 1세~4세. 3단계, 전 도식적인(pre schematic) 시기는 4세~7세. 4단계, 도식적인(schematic) 시기는 7세~9세. 5단계, 사실적인 여명의 시기는 9세~11세. 6단계, 외견상 사실적인 시기는 11세~13세. 7단계, 결정적인 시기(the decision adolescence)는 13세~17세까지.

▌ 임영방 · 박철준, 『미술과 교육(I)』, 한국방송통신대학, 1987.

---

87. 문화유산으로써 미적 전형을 배우고, 개성적인 표현의 효과를 수립한다.

발달적 미술 치료(發達的美術治療, development art therapy)
발달 단계에 따라 그림을 통해 마음의 상처나 병을 다스리는 미술 치료의 한 가지 종류.

발달적 미술 치료는 프로이트(Freud, S.)와 에릭슨(Erikson, Janet), 피아제(Piaget, J.)의 발달 이론을 기초로 하고 있다. 이 치료의 용어를 처음 사용한 윌리엄스(Williams, G. H.)와 우즈(Woods, M. M.)는 인지와 운동 능력이 정상적이나 정서적 장애가 있는 아동에게 그들의 기법을 적용하여 효과를 얻었다.

발달적 미술 치료는 아동의 각 발달 단계에 따라 미술 활동 내용이 달라질 수 있다. 어떤 내담자는 생활 연령이 6세이나 정신 연령은 0세~2세(감각 운동기)의 수준에 머물고 있는 경우도 있다. 감각 운동기에 있는 내담자의 경우는 미술 매체에 있어서 비정형 매체[88]들이 중심을 이루게 될 것이고, 자기와 타인, 사물의 애착과 분화를 촉진시키기[89], 긍정적인 감각 정향과 단순한 운동 도식을 습득하기[90], 인과 관계를 발견하기[91]를 치료의 목표로 할 수 있을 것이다. 전 조작기(2세~7세)의 경우에는 폭넓은 미술 매체가 요구되며, 자율성 증진과 감정 표현, 분화의 촉진, 감각 분화의 발달, 상징화의 발달에 중점을 두어야 한다.

▌ 김동연 외, 『미술치료의 이론과 실재』, 동아문화사, 1994.

발달 지체(發達遲滯, developmental delay)
발달이 멈추어 있거나 느리게 진행됨.

얼런(Allen)과 슈바르츠(Schwartz)에 의하면, 발달 지체란 발달에 있어서 일탈적 특성이나 지체를 의미하며, 발달 지체를 지닌 유아들은 특정 장애나 식별된 문제가 있거나 없기도 한다. 자신의 나이보다 훨

---

88. 모래, 물, 밀가루
89. 점토 활동
90. 때리기, 흔들기
91. 색 조합 활동

씬 더 낮은 발달을 보이는 아동이 동일한 수행을 보일 때 지체되었다고 말할 수 있다.

▌ Allen, K. E. & Schwartz, I. S., *The Exceptional Child : Inclusion in Early Childhood Education*, (4th Ed.), Clifton Park, New York : Delmar Thomson Learning, 2003.

발산과 경험(發散 – 經驗, emission and experience)

밖으로 퍼져 흩어지거나 실지로 보고 듣고 겪는 일.

미국의 교육 철학자, 실용주의 교육의 창시자인 듀이(Dewey)는 그의 저서(*경험의 예술*)에서 발산(discharge)과 표현을 구별했다. 발산은 없어지는 것이고[92], 표현은 남아 있는 것[93]으로 보았으며, 발산을 생명으로 구상화시키는 데 있다. 정화(catharsis)의 효과는 발산만으로 이루어질 수 없다. 또한 그는 이 책에서 범용한 것을 파괴하는 것만이 예술에 가치가 있다. 그리고 예술은 인간의 깊은 이해에서 출발한다는 점이 교육의 질과 같다고 주장했다.

▌ Dewey, John, *Art as Experience*, New York : Gapricorn Books, G. P. Putnam's, 1958.

발상(發想, inspiration)

아이디어를 일으키게 한 것.

발테그 검사(– 檢査, Wartegg Test, WT)

이 검사는 발테그(Wartegg)가 개발했고, 〈발테그 묘화 검사〉라고도 하며, 특히 독일, 스위스, 오스트리아의 독일어권에서 널리 사용되고 있다.

이 검사는 묘화 완성 검사이고, 4cm 칸 속에 작은 점 또는 선으로 그려져 있으며, 이것을 사용하여 임의로 묘화를 완성시킨다. 검사 결과의 해석 방법은 세 가지 종류가 있으나, 그 중에 하나인 킨제이의 통제적 ·유

형학적 방법은 자극 도형과 묘화와의 관계, 묘화의 내용[94], 묘화 모양[95]의 세 가지 과정부터 분석 평가하고, 여러 가지 묘화 특징에 대해 3점법으로 평점하여 그 결과에 따라 인성의 모습을 프로필(profile)한다.

▌ 교육학사전편찬위원회 편, 『교육학대사전』, 교육서관, 1989.

방사 대칭(放射對稱, radiation symmetry)

한 개의 중심점을 기준으로 한 방사형 모양.

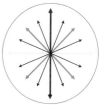

방향 감각(方向感覺, sense of direction)

방위를 통해 받아들이는 느낌.

크래티(Cratty)는 그의 저서(*유아와 어린이의 시각 발달*)에서, 5세~6세 어린이는 오른쪽과 왼쪽을 알지만 분명하게 구분하지는 못한다고 보았다.

▌ Cratty, B. J., *Perceptual and Motor Development in Infant and Children*, New York : Macmillan Publishing Co. Inc., 1970.

---

92. 무형적인 것을 의미한다.
93. 유형적인 것을 의미한다.

94. 낙서, 추상화, 회화
95. 형태 수준 묘선 음영 구성

방향성의 법칙(方向性 – 法則, directional law)
일정한 방향을 유지하고 있는 도형은 정리하기가 쉬움. 게슈탈트(gestalt) 법칙의 한 가지 요소.
▌ 박현일,『디자인 강의』, 교우사, 2008.

배색(配色, color scheme)
여러 가지 색을 기능이나 목적, 효율성에 따라 서로 어울리게 배열하는 것.
시몬스(Simmons, Harry)는 그의 연구에서 누구나 색채에 대해 흥미를 갖고 있으나 반드시 색채를 적절하게 또는 효과적으로 활용하는 것은 아니다. 색채는 마케팅의 입장에서 판매 촉진과 광고 활동에 효과적인 배색(판독성)을 나타내고 있다.

〈색채 판독성의 순위(the order of the color visibility)〉

순위	시몬스	표수
1	노랑 바탕에 검정	627
2	하양 바탕에 녹색	563
3	하양 바탕에 빨강	556
4	하양 바탕에 파랑	532
5	파랑 바탕에 하양	455
6	하양 바탕에 검정	428
7	검정 바탕에 노랑	417
8	빨강 바탕에 하양	327
9	녹색 바탕에 하양	294
10	검정 바탕에 하양	218
11	노랑 바탕에 빨강	135
12	빨강 바탕에 녹색	–
13	녹색 바탕에 빨강	–
14	빨강 바탕에 파랑	–

▌ 김용훈 편저,『색채 상품 개발론 : 생리학 · 심리학적 시좌 해설』, 청우, 1987.

배색의 구성(配色 – 構成, composition of color scheme)
여러 가지 색을 기능이나 목적, 효율성에 따라 서로 어울리게 배열하는 것을 하나로 만드는 일.
배색의 구성 요소에는 강조 색(accent color, 악센트 컬러), 기조 색(base color, 베이스 컬러), 보조 색(assort color, 어소트 컬러), 주조 색(dominant color, 도미넌트 컬러)이 있다.

배색 조화(配色調和, color scheme and coloration)
색의 배색으로 미적 효과를 나타내는 기능.

배척(倍尺, enlarged scale)
실물보다 확대해서 그린 그림[줌인(zoom in)].

백색(白色, white color) → 하양

번로터 성격 검사(– 性格檢査, Bernreuter Personality Inventory, BPI)
1932년 번로터(Bernreuter)가 신경질적 경향(neurotic tendency), 자기 충족감(self sufficiency), 내향성 – 외향성(introversion-extroversion), 지배 – 종속(dominance-submission), 자신감(confidence in oneself), 사회성(sociability)의 여섯 가지 성격 특성

을 측정하기 위해 제작된 검사이다.

■ Bernreuter, R. T., 〈Bernreuter Personality Inventory〉, 1932. / 교육학사전편찬위원회 편, 『교육학대사전』, 교육서관, 1989.

범신론(汎神論, pantheism)

일체 만유가 신이며, 신은 일체 만유라고 하는 종교관, 철학관.

스위스의 심리학자인 피아제(Piaget)는 그의 저서(어린이 지식의 근원)에서 범신론을 제시했다. 범신론(animism) 사고는 어린이 자신의 세계와 현실의 세계가 혼동되는 데는 두 가지 양식(4단계로 발전)이 있다고 본다. 지각의 이미지(perceptual image)는 지각이 일어난 후에 일어나는 일종의 개념 이미지이다. 그런 운동 감각의 경험을 통제하지 않으며, 운동 감각(sensory)에 좌우된다.

감각 운동기(the sensory motor period, 0세~2세)는 지각의 이미지 세계에서 벗어나는 단계이고, 외부 세계에 대한 지각적 운동과 감각 적응을 내포하며, 상징적 조작을 못한다. 이 시기는 위상이나 평면적 기하학, 투시적 공간 관계의 학습이 최초로 시작[96]된다. 2세가 가까워지면 어떤 개념의 이미지 형성이 되는 것을 볼 수 있다.[97] 이것은 개념화 현상이다.

전 조작기(the pre conceptional period, 2세~7세)는 사물에 대해 상징과 심상을 작용하는 능력이 증가되며, 처음으로 상징된 재현의 표현을 시도한다. 3세 이하의 어린이는 난필(scribble)밖에 할 수 없었다. 3세~4세 어린이는 어떤 형상의 닫히고 열림을 지적할 수 있고, 삼각형과 사각형, 기타의 기하학 형태들이 모두 둥근 모양으로 그려진다. 이에 대해 피아제는 유아들이 생각하고 그리는 최초의 양식을 위상이

라고 한다. 만곡의 동그라미(loop), 선화하는 동그라미(whirl), 부정형의 둥근 형태의 난필이 점점 없어지고, 마음과 눈의 통제에 따라 차츰 평면적인 기하학의 형상들이 조작된다.[98]

직관적 사고기(the intuitive thought period, 4세~7세)는 인물 안의 위상 관계들이 막 출현하기 시작하고, 그러한 형태들을 사용해서 집이나 탁자, 자동차를 그린다. 이러한 조합의 작용으로 이루어지는 형태의 집합은 직관적으로 이루어지며, 팔다리의 비례가 맞지 않기 때문에 팔이 길고, 집이 출렁이는 물속에 그림자처럼 표현된다. 6세~7세가 되면 묘화의 세계가 상당히 넓고 풍부해지며, 지적 이미지가 정교하게 정합(整合)돼 나가는 의욕을 보이기 시작한다.

구체적 조작기(the concrete operational period, 7세~11세)의 조작은 구체물이나 개념 또는 상징을 다루는 활동을 말한다. 이 시기는 지각 작용과 지각 운동, 지각의 분산을 내포하고 있으며, 가열성이란 행동을 역전시키거나 환원시키는 능력을 내포한다.[99] 지각과 이해란 어떤 내부의 새로운 자극이 기존의 준거에 붙는 정신 현상을 의미한다. 이 단계는 가역성을 통해 어떤 종류의 고정과 환경의 심각, 개념이 이루어지는 단계이다. 이 단계는 자기 주변의 공간에 하나씩 질서를 수립하고, 화면의 유기와 종합, 생명, 질서를 찾는다. 도식적 표현이 상징화되고, 그 상징들이 전체의 통일을 이루는 기본 생각의 대상이다. 7세는 3차원[100] 공간이 지각되지만 이해는 되지 못했음을 보여 준다. 그 이유는 3차원 입체 공간

---

96. 질서가 없는 상태를 말한다.
97. '아! 뜨거워'와 같은 표현이 나타난다.

98. 둥근 원이나 4개의 선을 첨가하여 사람들을 표현하고, 큰 동그라미 안에 작은 동그라미들을 그려 넣어 얼굴 부분들을 나타낸다.
99. 2+3=5인데, 5−3=2라는 역조작이 가능하다. 한마디로 접합(coordination)과 내면화의 행동이다.
100. 원근감을 식별할 수 있다.

을 지식으로 조작해 낸 준거이다. 왜냐하면 원근법의 공간 개념이 형성되어 있지 않기 때문이다. 9세까지는 수평이나 수직의 준거에서 벗어나 자연의 공간 개념으로 준거가 확대되었음을 보여 준다. 9세가 넘을 무렵에는 집과 집이 겹치는 중첩(overlap), 멀고 가까움을 나타내는 원근법, 색이 진하고 흐림을 눈에 보이는 대로 표현한다. 이 나이에는 인물 중심의 흥미에서 풍경과 기물로 서서히 옮겨지고, 자기의 탐구욕을 시험해 보려고 외계의 사물에 대한 합리적인 해석이 증대되며, 엑스레이(X-ray)식 표현이 서서히 없어지고, 원근법에 의한 공간 개념이 등장하며, 바닥선과 하늘 선이 없어지고, 하나의 한정된 공간으로 화면을 표현한다.

형식적 조작기(the formal operational period, 11세~15세)는 11세부터 수수께끼 놀이를 즐기고[101], 도식과 기호를 흥미 있게 다루며, 과학 실험과 산수 문제에 꽤 오랜 시간 동안 흥미를 나타낸다.[102] 공상의 표현은 멀리하고 구체적인 현상으로 국한시킨다. 유아가 느끼는 조형 감각은 거의 우발적으로 많이 일어나고, 그 증거로서 야단을 맞아 가면서까지 낙서를 하는 것을 볼 수 있다. 그래서 아이들은 방 안에 있는 가구나 담벽, 마루에 닥치는 대로 그려 내는 것이다. 그는 아른하임(Arnheim, R.)과 달리 "어린이는 그들이 보는 바를 그대로 그린다."고 보지 않았다. 7세~9세 어린이가 평면 공간이나 입체 공간 관계를 그리기 시작하는 것이 그 증거이고, 그 이후가 되면 제대로 형성된 개념에 의해 지각하고 표현하게 된다.

▌ Piaget, Jean, *The Origins of Intelligence in Children*, (Trans.) by Margaret Cook, New York : International Univ. Press, 1952.

---

101. 일종의 추상화된 논리를 유희하는 현상이다.
102. 특정한 형식을 두뇌로 조작하는 것을 의미한다.

베일리 유아 발달 검사(-幼兒發達檢査, Bayley Scales of Infant Development, BSID)

영유아를 대상으로 유아의 발달적 위치를 평가하고, 정상적인 발달의 이탈 여부 및 이탈 정도를 파악하는 방법.

〈베일리 유아 발달 검사〉의 초판은 2개월~30개월에 이르는 영유아를 대상으로 정상적인 발달의 이탈 여부와 이탈 정도를 파악하기 위해 고안되었다. 베일리 척도는 베일리(Bayley, Nancy)와 동료 연구자들에 의해 40년 이상의 오랜 연구를 거쳐 개발되었으며, 초기에는 일련의 〈캘리포니아 검사〉로 알려졌으며, 이 검사의 운동 척도에 기초하여 정신 척도와 운동 척도가 발전된 것이다. 최근까지 사용되어 온 베일리 유아 발달 척도는 1969년도 판으로서 1984년에 실시 요강의 보충 판이 출간되었고, 1991년 개정 작업이 시작되어, 1993년 새로운 규준과 함께 개정판이 출판되었다.

이 검사의 용도 및 기능은 유아와 아동의 현재 발달 기능을 평가와 발달상의 지연 진단 및 치료 계획에 사용한다. 평가의 기본 개념은 유아의 관심을 파악하고, 관찰 가능한 행동 세트를 이끌어 낼 수 있는 상황과 과제를 유아에게 제공하며, 유아의 발달 기능 적절성을 평가한다.

베일리는 생후 2년간 능력의 발달이 정신(mental)과 운동(motor)의 두 가지로 깔끔하게 분리될 수 있는 것은 아니며, 초기의 능력과 특질은 시간에 따라 변한다는 점을 지적하고, 능력의 다른 요인을 측정하는 수평적인 분류는 인위적이며 가치가 없다고 했다. 표준화된 절차는 척도를 표준화하고, 사용한 절차를 정확하게 따라야 규준으로 해석할 수 있다. 어떤 문항에서는 보호자의 도움을 받아야 한다. 그러나 문항에 대한 지시는 보호자의 도움을 명세화하지 않았다면 보호자가 돕는 것은 배제해야 한다. 유아의 기질, 물질(material)과 과제에 대한 흥미, 신뢰감(rapport)에 따라 평가 초기에 실시되었던 문항들을 후반에 다시 실시할 수 있다. 실시할 때 유연성(flexibility)을 주는 목적은 표준화된 절차하에 유아의 전형적인 수행을 얻어내기 위한 것이다.

검사 시간은 유아의 주의와 인내가 제한되어 있으므로 최대한 실시 시간을 줄이는 것이 좋다. 유아마다 과제에 주의를 기울이는 시간이 다르지만, 일반적으로 연령에 따라 15개월 미만은 25분~35분, 15개월 이상은 60분으로 한다. 유아가 다소 지쳤거나 예민해졌다고 느껴지면 검사를 중단하고, 실시된 문항을 정확히 확인하며, 외적인 요인(질병, 경험, 성숙)의 영향을 최소한으로 줄일 수 있도록 첫 시행과 다음 시행 간의 간격을 줄이도록 한다.

▎이상복, 『정서·행동장애 아동의 진단 및 평가』, 한국정서·학습장애아교육학회, 2001.

벤더-게슈탈트 검사(－檢査, Bender-Gestalt Test, BGT)
시각과 운동 협응 능력과 관계가 있는 뇌 기능 장애를 판정하여 개인의 정서나 성격에 대한 단서를 찾는 투사적 방법.

〈벤더 게슈탈트 검사〉는 1938년 벤더(Bender)가 발표한 방법이고, 〈벤더 지각 운동 게슈탈트 검사(Bender Visual Motor Gestalt)〉라고도 부른다.

이 검사는 만 5세에서 성인까지 모두 실시할 수 있으며, 베르트하이머(Wertheimer, Max)가 사용했던 기하학적 도형 중에 아홉 개의 도형을 가려내어 고안된 것이고, 게슈탈트 심리학의 원리에 대하여 대응하고 있다.

〈벤더 게슈탈트 검사〉는 신경 심리 검사의 일종으로 형태 심리학과 정신 역동적인 이론으로 구성되었으며, 주어진 도형을 검사받는 사람이 어떻게 지각하고 그려 내는가에 따라 그 사람의 성격을 추론한다.

검사받는 사람은 단지 주어진 도형을 그려 내기만 하는 것이어서 심리적 부담감을 줄여 주는 검사이다.

벤더는 이 검사를 여러 가지 정신 장애를 가지고 있는 아동이나 성인에게 실시하였으나 자료들은 보고되고 있지 않다.

▎Bender, Lauretta A., 〈The Bender Visual Motor Gestalt Test〉, 1938. / 류경남 외, 『가족상담심리 용어사전』, 학지사, 2006.

허트(Hutt)는 〈벤더 게슈탈트 검사〉의 가장 효과적인 대상의 적용 범주를 다섯 가지 제시했다. 첫째, 언어로서 의사소통을 할 능력이 충분이 있더라도 언어 행동이 인성의 강·약점에 대한 적절한 표본을 제공해 줄 수 없는 환자에게 적용할 수 있다. 둘째, 진단의 목적에 비추어 볼 때, 언어 행동의 적절한 표본을 드러낼 능력이 없거나 능력이 있어도 표현할 의사가 없는 사람에게 적용할 수 있다. 셋째, 뇌 장애가 있는 사람에게 적용된다. 넷째, 지적 장애아에게 적용할 수 있다. 다섯째, 문맹자나 교육을 받지 못한 사람, 글을 모르는 외국인으로 모든 언어 소통에 지장이 있는 사람에게 적용할 수 있다.

▎Hutt, M. L., *The Hutt Adaptation of Bender Gestalt Test*, (4th Ed.), New York : Grune & Sons, 1984.

벤턴 검사(－檢査, Benton Test, BT)
기질성 뇌질환의 진단과 기억력 장애의 유무를 감별하기 위해 작성한 방법.

〈벤턴 검사〉는 1945년 벤턴(Benton)이 기질성 뇌 질환을 위해 작성한 검사이고, 도판은 전체 30매이지만 제시된 방법과 검사법은 열한 가지이다. 예를 들면 C 계열의 문제 중 교시(敎示) A에서는 도판을 10초간 제시하여 기명(記銘)시키고, 즉시 본 대로의 그림이나 크기의 도표를 용지에 쓰게 한다. 교시 M에서는 관찰 도판을 10초간 제시한 다음, 선택 도판을 제시

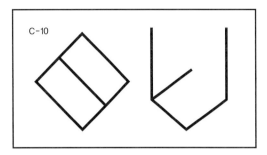

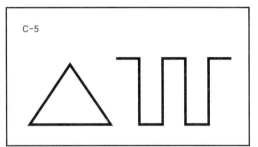

하고 동일한 도형을 선택하게 한다. 채점은 재생 도형을 가지고서 생략된 것, 부가된 것, 왜곡된 것, 회전된 것, 위치가 틀린 것, 크기가 틀린 것에 의해 행한다. 벤턴에 의하면, IQ와의 상관은 0.7이고 생활연령의 상관도 높다. 특히 뇌의 질환이나 기억력 장애의 진단에 유효하다.

▎ Benton, 〈Benton Test〉, 1945. / 교육학사전편찬위원회 편, 『교육학대사전』, 교육서관, 1989.

벨 적응 검사(－檢査, Bell Adjustment Inventory, BAI)

1938년 벨(Bell)이 개인이 당면하는 가정의 적응 (home adjustment), 사회적 적응(social adjustment), 건강의 적응(health adjustment), 정서적 적응 (emotional adjustment)의 네 가지 적응 영역을 측정함으로써 임상적 진단 자료를 찾기 위해 제작했다.

〈벨 적응 검사〉는 항목 선정에 모체가 된 헤이먼즈(Heymans)와 위어스마(Wiersma)가 1905년에 준비한 것, 호크(Hoch)와 암스덴이 준비한 것, 웰즈(Wells, F. L.)가 1914년에 준비한 것, 우드워스

(Woodworth)의 개인 자료지이다.

▎ Bell, H. M., 〈Bell Adjustment Inventory〉, 1938. / 교육학사전편찬위원회 편, 『교육학대사전』, 교육서관, 1989.

벽화(壁畫, wall painting)

벽에 장식적으로 그린 그림. 환경 회화.

벽화 그리기(壁畫－, mural drawing)

집단 속에서 자기의 이해, 집단의 이해, 협동심을 기름.

변형(變形, transformation)

왜곡(歪曲). 조형에 있어서 물체의 형상이나 구조를 바꾸는 형태.

변화(變化, variation)

변동(變動). 사물의 형태, 성질, 상태가 달라짐.

별-파도 검사(-波濤檢査, Star Wave Test, SWT)

무의식적인 피험자의 생활 상태를 알아보기 위해 종이에 별-파도를 연필이나 크레용으로 그리는 심리 검사 방법.

〈별-파도 검사〉는 1970년대 독일 심리학자 아베랄르멘(Ave'-Lallemant, Ursura)에 의해 창안되었다. 그는 〈발테그(Wartegg) 묘화 검사〉, 〈바움(Baum) 검사〉, 글자 필적의 종합 검사로서 이 검사를 이용하면 더욱 효과가 있다고 주장했다.

이 검사는 비언어적인 의식 속에서 이미지 표출과 카타르시스 효과가 있을 뿐 아니라 한정된 시간 속에서 피험자를 이해할 수 있는 촉매 역할을 한다. 이 검사는 주로 성격 진단 검사에 사용되고 있으나 취학 전 유아의 발달 기능으로도 사용 가능하며, 기본 요소로는 형, 움직임, 공간 사용법의 세 가지가 있다.

독일의 정신과 의사인 포팔(Pophal, 1949)은 별 모양을 정확하게 그리는 하나의 선 필적은 대뇌의 기능과 관련이 있고, 파도의 흔들리는 동작을 나타내는 선은 소뇌에 있는 부위와 관련이 있다고 했다.

〈별-파도 검사〉에 있어서 중요한 해석의 요소는 그림의 양식, 필적, 공간 구조의 세 가지와 별-파도의 상징적 의미가 있다.

첫째, 요점만 있는 그림의 양식은 이성적인 사람으로, 지시에 따라 단순하게 별과 파도만 그린 사람이다. 이는 자신의 주관적, 감정적인 경험 여부를 드러내지 않은 채 주어진 주제에 따라 순응하고 처리했다. 회화적인 그림을 띤 양식은 감정의 경험을 다른 사람들과 공유하고 싶은 사람으로, 감정이 풍부한 경험을 내포하고 있다. 감정적인 그림을 띤 양식은 회화적인 양식과 유사하나, 그림의 주요 메시지가 정서적인 내용을 환기시키는 것이 차이점이다. 형식적인 그림을 띤 양식은 자신을 감추려는 의도가 있는 사람이거나 자기를 타인에게 더 멋있게 보이려고 하는 소

망을 가진 사람의 그림으로, 도안 형식의 그림이다. 상징적인 그림을 띤 양식은 심리적 갈등이나 마음의 상태가 상징적인 비유로 표현된 것을 말하며, 상담이 필요한 그림이다.

둘째, 필적의 분석은 심층 심리학의 영향을 받아 〈바움 검사〉의 중요한 요소로 발전한다. 필적 분석에 이용한 네 가지 범주는 그림 선 긋는 법, 필적 형태, 필적의 흐트러짐, 평면의 처리가 있다.

셋째, 공간 구조에 있어서 왼쪽 아래 영역은 무의식과 일반적으로 물과 바다를 들 수 있으며, 내성과 퇴행, 부인, 죽음의 영역이다. 오른쪽 아래 영역은 의식적인 측면으로 모친, 대지, 물질, 자연의 이미지와 관련되며, 안전과 기본적인 신뢰의 영역이다. 왼쪽 위 영역은 무의식과 관련되며, 비개인적이고 집합적인 천상의 원형으로 정신과 영원의 상징이다. 오른쪽 위 영역은 의식과 관련이 있으며, 개인적이고, 인생에 있어서 성공과 자신이 가고자 하는 방향의 상징이다. 시간적인 측면에서 왼쪽은 과거를, 오른쪽은 미래를 상징한다.

물체의 상징이란 다양한 의미가 있기 때문에 그린 사람과 상담에 의해 그 의미를 찾아내는 것이 중요하다. 또한 아동의 〈별-파도 검사〉에 나타나는 첨가물은 풍부한 표현력으로 해석하는 경우가 많다.

▌ 이근매, 『미술치료 이론과 실재』, 양서원, 2008.

병명과 색(病名 - 色, name of a disease and color)

병에 걸리면 몸의 특정 부분에 색이 변하는 병명과 색의 관계.

밴슨(Benson, John)은 1907년 12월호 미국임상의학협회지에 기고한 논문에서 혓바닥 색이 희끗희끗한 사람들은 대체로 알칼리가 결핍, 혓바닥 색이 밝은 빨강이면 산이 결핍, 혓바닥 색이 빨강이면 전염병이나 패혈증의 징후, 누르스름한 혓바닥은 장티푸스의

징후임을 지적했다. 피부에 생기는 색소는 더 중요한 의미를 지닌다.

〈병명과 색의 관계〉

병 명	증상 또는 현상
자발성 독혈증 (毒血症, toxaemia)[103]	안색이 어둡고, 칙칙하며, 탁하다(빨강의 안색과 주먹코).
간장의 상태 악화	안색이 노랗다.
정력 감퇴, 폐결핵(肺結核)	피부가 엷고, 투명하며, 정맥이 돋는다.
빈혈(貧血)	피부가 퍼렇게 밀랍(蜜蠟)질로 되며, 입술이 창백하다
폐렴으로 인한 폐의 기능 장애	특정한 부위에 빨강 반점 혹은 짙은 자주 반점으로 변한다.
졸도(卒倒)	안색이 잿빛으로 변한다.
만성 관절염(慢性關節炎)	몸에 노랑 색소가 나타난다.
펠라그라(pellagra)[104]	피부가 짙은 빨강으로 변한다
결핵성 복막염	복부의 피부가 청동색으로 변한다.
오슬러 병 (Osler's disease)[105]	피부의 표면에 정맥이 붉거지며, 피부가 빨개진다. 날씨가 더우면 안색이 벽돌색 또는 자두색으로 변한다.
위황병(萎黃病, chlorosis)[106]	녹병(綠病, rust)[107]이라고 부르며, 누르스름한 색이 나타난다.
매독(梅毒)	까페오레(Café au lait)라고 부르며, 누런색이 나타난다.
일산화탄소 중독	피부가 밝은 분홍색으로 변하기도 한다.
클로랄(chloral)[108] 중독	피부에 노랑, 갈색, 검정의 커다란 반점이 나타난다.
애디슨 병(Addison's disease)[109]	피부가 청동색으로 변한다. 처음에는 얼굴과 손이 변하고, 다음에는 전신이 변한다. 피부색의 변화는 밝은 노랑에서 갈색을 거쳐 회색으로 이행된다.
단독(丹毒, erysipelas)[110]	콧마루가 빨강으로 변하고, 점차 주위로 퍼진다.
동상	정상적인 경우보다 피부가 더 희거나 짙은 빨강, 붉으스름한 색, 검붉은 색으로 변한다.
암	초기에는 피부색이 뚜렷하지 않으나 말기에는 피부색이 누런색, 누런 갈색, 푸르스름한 갈색으로 변한다.
악성 빈혈	안색이 창백해지며, 심한 빈혈은 레몬빛과 같은 노랑으로 변한다.
당뇨병	피부가 청동색으로 변한다.
수은 중독	피부가 푸르스름한 회색으로 변한다.
만성 알코올 중독	얼굴이 충혈되어 검붉은 색으로 나타난다. 코는 부풀어 오르고, 빨갛게 나타난다.
종두, 홍역, 성홍열, 괴혈병	내출혈(內出血, internal hemorrhage)이 일어나 피부색이 변하고, 변하는 색은 차츰 사라진다.
발진염	장미색의 반점이 자주 변한다.
나병	피부에 흰 반점이 나타난다.

103. 혈액 전염병의 한 가지 종류이다. 온몸의 피가 세포에서 생기는데, 독소에 의해 침해당하는 증세이다. 대개 높은 열을 내며, 심장이 쇠약해져 사망한다.
104. 이탈리아의 문둥병. 니코틴산 결핍 증후군이라고 한다. 이 병은 열대나 아열대 지방에 많고, 옥수수를 주식으로 하는 지방에서 유행한다. 알코올 중독, 결핵, 위장병이 있으면 걸리기 쉽다. 손발, 목, 얼굴과 같이 햇볕을 쬐는 피부에 생기는 홍반 및 신경 장애와 위장 장애가 주요 증세이다. 만성증은 해마다 봄부터 가을 사이에 나타나는데, 겨울이 되면 호전된다. 급성일 때는 발열, 설사, 의식 장애를 일으켜 사망하기도 한다. 니코틴산을 함유하는 비타민 B_3를 투여하면 효과가 있다.
105. 다발성으로 모세 혈관이 확장되고, 약한 압력에도 출혈이 일어난다.

▌파버 비렌(Faber Birren 저), 김화중 역, 『색채심리』, 동국출판사, 1985.

106. 한방(韓方)에서는 청춘기의 여자에게 흔히 있는 빈혈증을 말한다. 피부 점막이 창백해지며, 월경 이상, 손톱의 변화가 나타나고, 체력이 약해진다.
107. 담자 균류에 속하는 녹병균이 식물에 기생하여 발생되는 병해를 말한다.
108. 무색의 유상(油狀) 액체를 말한다. 마취제.
109. 부신피질 호르몬의 분비 부족으로 일어나는 병을 말한다.
110. 무연쇄구균에 의한 피부 및 피하 조직의 질환을 말한다.

병치 가색 혼합(併置價色混合, juxtaposition additive color mixture)

작은 색점의 배열에 의해 혼색되는 방법.

병치 가색 혼합은 형광등, 브라운관, 3색 브라운관(컬러텔레비전)을 확대시키면 착색 점의 배열이 보인다. 예를 들면 신인상파의 점묘화나 직물의 무늬 색을 말하고, 컬러텔레비전의 영상은 게시 가색 혼합과 병치 가색 혼합의 두 가지 방법을 동시에 사용한다.

▍박현일 외,『색채학 사전』, 국제, 2006.

병치 혼합(併置混合, juxtapositional mixture)

색의 혼합보다 직물, 점묘화, 망판 인쇄와 같이 색의 근접 배치에 의해 혼합되는 방법.

병치 혼합의 효과는 두 가지가 있다. 첫째, 색료는 혼합하면 할수록 채도가 낮아지기 때문에 채도를 낮추지 않고 중간색을 만든다. 둘째, 물체의 색은 스펙트럼의 단색광을 반사하여 보이는 색이므로 몇 가지 순색으로 모든 물체를 재현하는 논리이다.

신인상파의 점묘파(pointism) 화가인 쇠라(Seurat)와 시냑(Signac)은 중간 혼합의 방법을 회화에 도입했다.

쇠라의 〈그랑드자트 섬의 일요일 오후〉

▍박현일 외,『색채학 사전』, 국제, 2006.

보라(−, purple, violet)

459nm(nanometer)의 스펙트럼 파장에 속하는 빨강과 파랑을 혼합한 색.

보라의 연상 작용은 장엄, 풍요, 호화스러우며, 인상적이다. 보라는 파랑과 빨강을 배합하여 만든 것이고, 이 두 가지 색채의 상징으로 빨강은 용감과 정력, 파랑은 영적인 것과 숭고한 것을 나타내고 있다. 보라는 왕권의 색채이며, 고대 왕들이 애호하는 색이다.

보라의 특성은 차갑고 음성적이며, 후퇴하는 색이다. 파랑과 유사하지만 좀 더 침착하며 장엄하다. 이 색은 우울한 특질을 가졌으며, 불행과 단념을 암시한다. 보라의 상징성은 종교적으로 성자의 참회를 의미한다.

슈펭글러(Spengler)에 의하면, 보라는 빨강이 파랑에게 압도당한 색으로 더 이상 성숙하지 못하는 여인과 같고, 또한 독신 생활을 하는 성직자와도 같다. 보라의 상징적 효과는 고독, 우아함, 화려함, 추함의 다양한 느낌, 신앙심과 예술적인 영감을 준다. 특히 붉

보라색

은색이 많이 있는 보라는 화려함과 여성적인 느낌을 준다.

▌박현일 외,『색채학 사전』, 국제, 2006.

보색(補色, complementary colors)
색상환의 맞은편에 있는 색(색료)늑반대 색.
보색은 색료의 보색과 색광의 보색 두 가지가 있다. 보색의 종류에는 물리 보색과 심리 보색 두 가지가 있다. 물리 보색은 회전 혼합(중간 혼합)에서 무채색이 되는 색이고, 심리 보색은 눈의 잔상(after image)에 따른 색이다. 심리 보색은 물리 보색과 약간의 차이가 있으며, 색료에 있어서 마젠타(magenta)의 보색은 청록이고, 시안(cyan)의 보색은 주황이다. 일반적으로 빨강의 보색은 녹색이고, 노랑의 보색은 파랑이다.

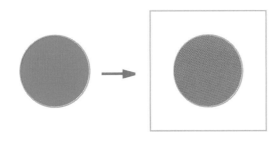

▌박현일 외,『색채학 사전』, 국제, 2006.

보색 대비(補色對備, contrast of additive complementary colors)
색료의 경우 두 색을 혼합할 때 회색이나 검정이 되는 대비.
보색끼리 대비시키면 두 가지 색의 채도가 높아진다. 보색은 올바른 비례로 사용하면 정적이고 안정된 영상 효과가 나타난다. 예를 들면 빨강(red)과 녹색(green), 노랑(yellow)과 파랑(blue)이다.

보색 대비의 특징은 대비되는 색이 서로 보색 잔상

으로 일치하기 때문에 더욱 뚜렷하게 보인다. 색의 대비 중에서 가장 강한 대비이며, 조형 구성의 기본이 되는 대비이다.

보색 대비를 이용한 작가와 작품으로는 세잔(Cezanne, Paul)의 〈성 빅토아르산〉과 반다이크(Van Dyke)의 〈노란 재상가의 마돈나〉가 있다.

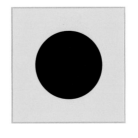 

▌박현일 외,『색채학 사전』, 국제, 2006.

보색 심리(補色心理, complementary colors psychology)
광원과 인간의 색 지각에 의해 생기는 심리 현상.
광원에 의해 생기는 물리 보색과 인간의 색 지각에 의해 생기는 심리 보색 두 가지가 있다. 물리 보색은 두 가지 색을 혼합했을 때 하양, 검정, 회색이 나오는 색이다. 색상환에서 마주 보는 색이다. 물체에 빛을 비출 때 반사된 나머지 색은 흡수 색이고, 보색이 된다. 심리 보색은 지각 세포가 한쪽만 자극받을 때 잔상으로 보이는 색이다. 특정 색을 본 다음 흰 종이로 이동할 때 나타나는 반대색을 말한다.

▌박현일 외,『색채학 사전』, 국제, 2006.

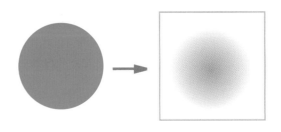

보색 잔상(補色殘像, complementary colors after image)
어떤 원색(빨강)을 보다가 하양 면으로 눈을 이동하면 그 원색의 보색(파랑과 녹색의 혼합인 청록)이 보이는 현상.
원색의 빨강 자극은 강렬한 빨강 추상체의 반응을 일으킨다. 녹색과 파랑 추상체의 반응은 다 같이 약하다. 순응 시에 의한 빨강 추상체의 반응은 상대적으로 상실이 크고, 녹색과 파랑 추상체는 상대적으로 상실이 적다. 이 결과 빨강 추상체의 반응은 처음보다 다른 추상체의 반응에 비해 약하다. 그래서 색채는 채도가 떨어진다. 예를 들면 '영-헬름홀츠(Young-Helmholtz)의 설'과 윌슨(Wilson)의 '3수용체설(三受容體說)'이 있다.

▌ 박현일 외, 『색채학 사전』, 국제, 2006.

보조 색(補助色, assort color)
일반적으로 전체 면적의 25% 정도로 주조 색을 보조하는 색=어소트 컬러(assort color).
보조 색은 주조 색 다음으로 넓은 공간을 차지하는 색이고, 보조 요소를 배합 색으로 취급한다. 통일감

있는 보조 색은 변화를 주는 역할을 한다.
▌ 박현일 외, 『색채학 사전』, 국제, 2006. / 박현일, 『족집게 컬러리스트』, 교우사, 2008.

보존 개념(保存概念, preservation concept)
여러 관념 속에서 공통적 요소를 뽑아 종합하여 얻은 하나의 보편적인 관념을 없어지지 않도록 함.
고디아(Gaudia, G.)는 그의 연구에서 초등학교 1학년~3학년까지 낮은 소득층의 어린이들을 대상으로 면적이나 수, 양, 무게, 질량에 대한 보존 관계를 연구했다. 그 결과 흑인 어린이와 미국 인디언 어린이, 백인 어린이들은 보존 개념이 획득되는 연령이 시기별로 차이가 있었다. 따라서 보존 개념이 획득되는 연령에 따라 종족과 사회 계층, 생활 배경의 차이가 중요하다.
　일반적으로 전 조작기(the pre operational period)의 어린이를 훈련시켰을 때, 보존 개념은 획득되는 시간이 많이 걸리고 효과가 적었다. 그는 보존 개념의 획득이 훈련에 의해 얻어질 수 없다는 피아제의 생각을 대체적으로 지지했다.
▌ Piaget, Jean, *The Origins of Intelligence in Children*, (Trans.) by Margaret Cook, New York : International Univ. Press, 1952.

보편적 상징(普遍的象徵, universal symbol)
하늘은 아버지, 땅은 어머니처럼 어느 문화권에서나 모든 사람이 이해하고 연상할 수 있는 상징.
▌ 류경남 외, 『가족상담심리 용어사전』, 학지사, 2006.

복잡한 그림(複雜 –, picture complicated)
종이에 여러 가지 형태를 그리는 그림.
1952년 프렌치(French)는 그의 연구에서, "나이가 많은 어린이들은 복잡한 그림을 좋아한다."고 하였다.

봄의 색채(– 色彩, color of spring)
노랑, 노란 연두, 연두, 엷고 밝은색들로 깨끗한 느낌의 색.

부드러운 색(– 色, soft color)
부드러운 느낌을 주는 색.
물체색의 부드러운 감정은 물체 표면의 시감각과 물체의 물리적 경도에 의해 생긴다. 난반사(亂反射)의 경우에는 자극이 부드럽고, 광택도와 관계가 있으며, 무광택의 색일수록 부드럽다. 이와 같은 감정은 색채의 강약과 무게와 관계가 있고, 주로 채도와 명도에 따라 좌우된다.
　채도가 낮은 색은 부드러운 느낌이고, 색상은 난색 계통이며, 톤은 페일(pale), 라이트(light), 덜(dull), 그레이시(grayish)로 부드러운 느낌을 준다. 파스텔 톤은 부드러운 색의 대명사이고, 폭신하며 따뜻한 느낌을 준다. 상아색, 등나무색, 남보라 계열, 핑크색 계열의 색은 파스텔 톤으로 볼 수 있다. 파스텔 톤은 모두 하양 기미와 회색 기미를 포함하고 있어 부드러

운 색이다. 명도가 중간보다 약간 높은 색이 가장 부드럽게 느껴진다.

▌박현일 외, 『색채학 사전』, 국제, 2006. / 박현일, 『족집게 컬러리스트』, 교우사, 2008.

부부 미술 치료(夫婦美術治療, couple art therapy)
부부간의 갈등이나 부부 관계를 긍정적으로 이끌어 주는 미술 치료의 한 가지 종류.

부의 잔상(不 – 殘像, after image of negative)
망막에 주어진 색의 밝기와 색조에서 원래의 색과 보색의 관계로 보이는 잔상.
부의 잔상은 우리가 일상생활에서 늘 느끼는 잔상이고, 형태는 같으나 밝기가 정의 잔상과 반대로 나타나는 현상을 말한다. 예를 들면 책을 열심히 보다가

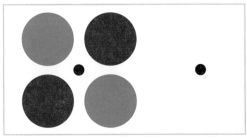

시선을 돌리면 검정 활자가 하양 활자로 나타난다. 검정 원을 응시하다가 오른쪽 작은 검정 점으로 이동하면 부의 잔상이 일어난다. 사진의 원판과 같이 원자극의 검정은 하양으로, 하양은 검정으로 변한다. 빨간색 피를 보는 수술실에서 흰색 수술복은 쇼크를 일으키므로 청록색 수술복으로 교체되었다. 이 청록색은 잔상을 중화시키는 색채이다. 벽과 수술복이 흰색일 때 60% 이상의 의사가 현기증을 일으키고, 15% 이상이 졸도했다. 청록색 수술복은 음성(음의) 잔상을 막기 위함이고, 부의 잔상은 명순 응시이다.

부의 잔상의 종류에는 엠메르트 잔상(Emmert's law)[111]과 운동 잔상, 두 가지가 있다. 첫째, 엠메르트의 잔상은 잔상 크기의 투사 면 거리에 영향을 받고, 거리에 정비례하여 증감하거나 감소한다. 둘째, 운동 잔상은 이동하는 물체를 보다가 다른 곳으로 시선을 돌리면 반대 방향으로 움직이는 듯한 느낌이 든다. 또한 망막의 상이 일정 기간 이동되었을 때 나타난다.

▌박현일 외,『색채학 사전』, 국제, 2006. / 박현일,『족집게 컬러리스트』, 교우사, 2008.

부적응(不適應, maladjustment)
사회생활을 하는 데 있어서 그 사회의 질서와 규범에 적응하지 못한 상태.

부적응 행동(不適應行動, abnormal behavior)
환경의 갈등과 욕구 좌절이 일어나 사회 집단의 기준에 순응하지 못하거나 이탈된 행동.

---

111. 1881년 엠메르트(Emmert, E.)가 발표한 잔상의 크기에 관한 법칙이고, 잔상의 크기는 관찰자의 눈에서 투사 면(投射面)까지의 거리에 비례하는 것을 말한다. 여기서 말하는 잔상의 크기는 물리적 크기인가 그렇지 않으면 외견상(外見上)의 크기인가에 대해서 아직도 논의되고 있다. 심리학 용어의 한 가지.

부적응 행동은 통계적 기준에서 벗어나는 행동, 사회적 규범에서 벗어나는 행동, 이상적(理想的) 인간 행동 유형에서 벗어나는 행동, 환경 요인의 기준에서 벗어나는 행동, 개인에게 심리적 갈등을 유발하는 정도에 따라 나눌 수 있다.

▌『두산백과사전』, 동아출판사, 1982.

마타나(Mattanah)는 부적응 행동에 영향을 미치는 요인들을 크게 환경적 요인인 부모의 양육 태도와 개인적 요인인 성과 기질로 설명했다. 유아는 대부분 가정에서 시간을 보내며, 세계에 대한 지식을 습득하고, 성격 형성과 사회화의 기초를 마련하며, 사회적 능력을 습득한다.

▌Mattanah, J. F., "Parental Psychological Autonomy and Children's Academic Competence and Behavior Adjustment in Late Childhood : More than Just Limit-Setting and Warmth", *Merrill-Palmer Quarterly*, 47, 2001.

분리 불안(分離不安障碍, separation anxiety disorder)
어린이가 어머니와 떨어지는 상황을 불안하게 느끼는 심한 증상.

우드(Wood)는 분리 불안에 대해 다음과 같이 설명했다. 부모의 분리 불안으로 인해 심리적 통제를 경험한 자녀는 부모로부터 버림받을까봐 스스로 독립적이 되는 데에 대한 두려움이 강해진다. 결과적으로 '분리 불안'의 심리적 통제를 하는 부모는 자녀에게 '불리 불안' 태도를 길러주게 되며, 자녀는 의존적으로 된다.

▌Wood, J. J., "Parental Intrusiveness and Children's Separation Anxiety in a Clinical Sample", *Child Psychiatry and Human Development*, 37, 2006.

분석법(分析法, analysis method)
복합된 사물을 그 요소나 성질에 따라 가르는 일을

달성하기 위해 취하는 수단.

1946년 웨너(Waehner)는 로르샤흐(Rorschach) 기법에 크게 영향을 받아 분석법을 제작했다. 이 분석법의 기준은 주로 색채 자유화의 내용이나 형식, 양식(style) 같은 것에 중점을 두었다. 지능의 정도는 그림의 대한 형태가 날카롭고, 명확한 요소이다. 그 요소는 추상적 사고나 명확한 관찰력을 알아내는 증거이다. 정서의 균형은 선택, 사용된 색채의 변화, 생생한 색채, 명암의 사용, 굽어진(curve) 선이나 직선의 조합으로 결정된다. 강제성은 일정한 리듬, 딱딱함이나 그 외형, 기하학의 형태적 경향이 나타난다. 수동성은 낮은 색채 변화와 무채색이다. 공격성은 짧고 작은 선이나 형태, 날카로운 부분이 많이 나타난다. 내향성은 윤곽의 세부적인 묘사가 많고, 직선을 많이 사용하며, 곡선의 형태가 많이 표현된다. 독창성은 비범한 체제이다. 분열증은 유별난 체제, 원근법 사용, 검정이 많이 사용되고, 끝으로 채색을 회피한다. 또한 웨너는 형태를 중요시한다.

〈웨너의 분석 관점〉

통제 요소(작은 크기)	긴장 요소(큰 크기)
언저리의 거리를 중요시	언저리의 망각
큰 형의 요소	작은 형의 요소
중앙과 구심의 배치를 중요시	원심의 배치
좁은 배치	산재한 넓은 배치
많은 곡선, 곡선이 있는 형	날카로운 언저리
선	점
신중한 색 선택	색의 난발(亂發)
명확한 형	막연한 형
채색의 결여, 채색의 회피, 색조가 낮은 배치	높은 채색의 변화
창백하고 어두운 채색 정도	번질번질한 채색
검정	빨강과 노랑
채색의 변화보다도 형의 변화	색채의 변화가 형의 변화보다 많음

Waehner, T. S., "Interpretations of Spontaneous Drawings and Paintings", *Genetta. Psychology Monography*, 33, 1946.

불균형(不均衡, unbalance)

균형이 잡혀 있지 않거나 그 의미를 계획적으로 좌우 대칭을 피한 새로운 형식.

불안 척도 검사(不安尺度檢査, Test Anxiety Scale, TAS)

아동의 검사 불안을 측정하기 위한 방법.

〈불안 척도 검사〉는 예일대학교의 사라손(Sarason)에 의해 작성된 척도이다. 프로이트(Freud, S.)의 불안 반응의 세 가지 규준[112]에 합치되어 있는 검사나, 검사의 유사 장면에 대한 태도나, 그 경험과 관련 있는 항목으로 43개가 구성되어 있다. 이 검사는 집단적으로 시행하고, 각 항목이 낭독된 다음 회답 용지에 'Yes'나 'No'에 기호를 표시한다.

2학년~5학년까지 1,697명에 실시한 결과에서 검사 불안 득점은 학년과 함께 증가하여 지능 지수와 부적 상관(負的相關)을 보이고 있다. 또한 이 득점은 교사에 의한 아동의 불안 행동에 관한 평점과 일치하고 있다. 교사가 학업상 또는 행동상 문제가 있다고 진단한 아동은 그렇지 않은 아동보다 유의미하게 높은 검사 불안 득점을 나타내고 있다. 이 척도를 이용하여 아동을 대상으로 하는 학습과 불안의 관계에 관한 많은 연구가 실시되고 있다.

Sarason, S. B., 〈Test Anxiety Scale〉. / 교육학사전편찬위원회 편, 『교육학대사전』, 교육서관, 1989.

비구조적 미술 치료(非構造的美術治療, non-structural art therapy)

정해진 프로그램 없이 내담자 스스로 주제와 미술 매

---

112. 불쾌, 생리적 부수 변화, 자각

체를 선정하여 진행하는 미술 치료의 한 가지 종류.

비네-시몽 검사(-檢査, Binet-Simon Scale, BSS)

정상아와 정신박약아를 구별하는 지능 검사 방법.
프랑스의 정신 의학자인 비네(Binet)와 의사인 시몽
(Simon)이 함께 제작한 이 검사는 프랑스 문화부의
특수 경영법에 관한 위원회 위원으로서 위촉을 받
아 제작했으며, 최초의 지능 검사이다. 이 실험의 결
과는 1905년 정상아와 정신박약아를 구별할 수 있는
문항 30개를 제작했으며, 쉬운 문항에서 어려운 문항
으로 배열되어 있다. 1905년 이 검사는 개정하여 문
항 수를 54문항으로 늘렸고, 3세~13세까지 각 연령
에 배당했으며, 획기적인 방법으로 정신 연령을 나타
냈다. 이 방법으로 정상아, 우수아, 정신박약아를 식
별할 수 있는 지표가 생기게 되었으며, 1911년 실험
의 결과를 다시 개정하여 문항의 곤란도를 배열했으
나 11세, 13세, 14세에 배당할 문항이 없어졌다. 이
해에 비네(Binet)가 세상을 떠났기 때문에 이 검사는
완성하지 못한 채 끝나고 말았다.

이 검사의 특징으로는 다섯 가지를 들 수 있다. 첫
째, 과거에는 지능을 측정하기 위해 변별력과 기억력
같은 단일 검사를 사용했으나, 이 검사는 종합적인
성격으로 지능을 결정한다. 둘째, 검사 문제는 특별
한 교육에 의하지 않고 일상생활을 하는 사람이라면
누구나 알 수 있는 문제이다. 셋째, 검사 결과는 정신
연령(Mental Age, MA)으로 표시한다.

넷째, 검사 문제를 각 연령에 배당하기 위해 실험
의 결과가 객관적이다. 다섯째, 검사의 실시 방법이
나 채점 방법은 직관적으로 할 수 있도록 고안되었
다. 심리학을 역사적으로 볼 때, 지능 측정의 분야는
〈비네-시몽 검사〉가 최초로 만들어졌다.

▎Binet, A. & Simon, T., 〈Binet-Simon Scale〉, 1905. / 교육
학사전편찬위원회 편, 『교육학대사전』, 교육서관, 1989.

비대칭(非對稱, asymmetry)

형태가 불균형하지만 시각적으로 정돈되어 있고, 균
형이 잡힌 것.
비대칭은 보는 사람에게 안정감을 주며, 개성적인 감
정을 느끼게 한다.

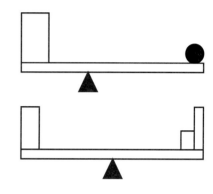

▎박현일, 『디자인 강의』, 교우사, 2008.

비례(比例, proportion)

모든 사물의 가로와 세로의 상대적인 크기.
비례는 물건의 크기나 길이에 대한 관계를 가리키며,
조화의 기본이 되는 균형을 말한다. 부분과 부분, 부
분과 전체의 수량적 관계를 말한다. 르 코르뷔지에
(Le Corbusier)는 모듈러(moduler)에서 비례 중에 가
장 완벽한 비례는 음계라고 했다.

황금 분할은 1 : 1.618이다. 고대 그리스인은 비례를
여러 조형물의 디자인에서 체계적으로 적용했고, 그들
의 신전과 예술품에서 아름다움과 시각적 질서를 얻기
위해 비례법을 사용했으며, 르네상스 시대에 건축가와
화가들이 즐겨 사용했다. 근대에는 르 코르뷔제가 예
술의 형태나 건축 구조물, 조각에 적용했으며, 오늘날
까지 기본적인 조형 원리의 하나로 사용되고 있다.

▎박현일, 『디자인 강의』, 교우사, 2008.

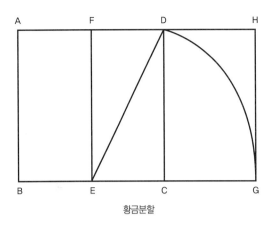

황금분할

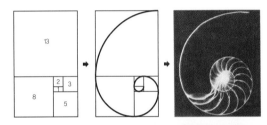

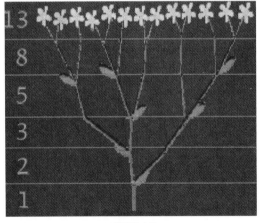

피보나치 수열

비판적 사고(批判的思考, critical thinking)
정확성이나 타당성, 가치를 판단하기 위해 어떤 주장이나 신념, 정보의 출처를 정밀하고 객관적으로 분석하는 것.

비행(非行, delinquency)
도덕에 어긋나는 더러운 행위.

비행 청소년(非行靑少年, juvenile delinquent)
자아 기능이 약해 지나치게 쾌락을 추구하거나 억압되어 현실에 효과적으로 대응하지 못하는 아이.
한국에서는 청소년 비행을 성인 범죄와 분리해서 취급하고 있다. 소년법 제4조에는 청소년 비행을 형법 법령 특별법에 저촉되는 행위를 했거나 또는 장래에 우려가 있는 12세 이상 20세 미만의 소년에 의한 범죄 행위, 촉법 행위, 우범 행위로 규정하고 있고, 비행 청소년은 이러한 행위를 한 범죄 소년, 촉법 소년, 우범 소년으로 구분한다.
┃ 소년원·소년 분류 심사원, 소년보호교육기관, 법무부 보호국, 2002.

빈 둥지 증후군(-症候群, Empty Nest Syndrome, ENS)
중년의 주부가 자신의 정체성을 상실하는 심리적 현상=공소 증후군(空巢症候群).
빈 둥지 증후군은 남편이 바깥일에 몰두하여 날로 높아져 가는 주부의 기대감을 채워 주지 못할 뿐만 아니라 부부간의 대화마저 무관심하고, 자식들은 클수록 진학이나 취직 또는 결혼으로 각자 독립된 길을 가면서 세대 차이로 상대하지 않으며, 삶의 보람과 애정의 보금자리였던 가정이 빈 둥지만 남아 주부들은 빈껍데기 신세가 되었다고 보는 정신적 질환이다.
┃『두산백과사전』, 동아출판사, 1982.

빈 의자 기법(-技法, Empty Chair Technic, ECT)
잘 알지 못하거나 부정해 온 자신과 접촉하여 인식할 기회를 주고, 그 자신 속에서 통합되도록 하는 치료 방법.
빈 의자 기법은 현재의 치료 장면에 와 있지 않은 사람과 관련된 사건을 다룰 때 많이 사용되는 방법이며, 특정 인물이 빈 의자에 앉아 있다고 생각하고 하고 싶은 말을 하도록 하는 방법이다.

이는 내담자의 내면의 내적 대화를 외적 대화로 만들어 준다. 빈 의자 기법은 원래 프레드릭 펄스(Frederick Perls)의 '게슈탈트 치료'에 의해 널리 소개되었다.

▌ 류경남 외, 『가족상담심리 용어사전』, 학지사, 2006.

빗속의 사람 그리기(-, Draw a Person in the Rain, DPR)

비가 내리는 장면을 통해 현재 겪고 있는 스트레스의 정도와 대처 능력을 파악하는 방법.

빗속의 사람 그리기는 에이브람스(Abrams, Arnold)와 암친(Amchin, Abraham)에 의해 개발된 것으로〈인물화 검사〉가 변형된 것이다. 빗속의 사람을 그리게 한 후 치료사는 그림의 순서와 그림 속의 인물이 누구이며, 그 사람이 무엇을 하고 있는지에 대해 묻고 기록한다.

그림 속에 그려진 사람과 구름, 웅덩이, 번개, 비는 여느 사람 그리기 검사와 마찬가지로 자화상의 역할을 하며, 비는 어떠한 외부적 곤경이나 스트레스 환경을 상징한다. 비의 양은 그 사람이 느끼는 스트레스의 양으로 해석할 수 있다. 스트레스에 대한 대처 자원은 우산, 비옷, 보호물, 장화, 얼굴 표정, 인물 크기, 인물의 위치들로 상징되어 나타난다.

▌ 이근매, 『미술치료 이론과 실재』, 양서원, 2008.

해머(Hammer)는 빗속의 사람 그리기를 요구하는 독특한 투사로 비치는 이미지에 비를 포함시켰다. '비'는 환경적 스트레스에 대한 은유이고, 그러한 상황에서 대처하는 스타일은 '비'에서 보호물이 나타나며, 빗속의 사람 그림은 전통적으로 사용되었던 사람 그림이 하지 못했던 점을 많이 제공한다.

▌ Hammer, E. F., The House-Tree-Person(HTP) Drawing as a Projective Technique with Rabin, A. L. & Haworth,

M. R., (Eds.), (1960/1971), projective technique distress : (More negative evidence), *Journal of Personality Assessment*, 67(1), 1980.

빛(-, color of light, light)

시신경을 자극하여 시감각을 알아볼 수 있게 하는 전자파＝색.

색의 물리적 정의는 빛이다. 빛은 스펙트럼(spectrum)의 단색광이나 하양 광[113], 하양 광에 셀로판지나 색유리를 끼워서 나오는 색을 말한다.

빛은 전자 복사기의 한 종류이고, 에너지를 전달하는 현상이며, 빛은 파장의 길이에 따라 특성이 다르다. 빛은 1초 동안 30만km의 속도로 직진한다.

인간에게 관측되는 파장은 380nm～780nm이고,

---

113. 태양광이나 형광등, 텅스텐 전등 들

가시광선 영역이다. 빛의 성질은 확실하게 알 수는 없지만, 빛의 종류에는 여러 가지[114]가 있다. 빛은 주로 파동성으로 분석되고, 전자파(electromagnetic wave)는 전기나 자기 상태 변화를 파동으로 본다. 빛을 수학적으로 표시하며, 전자파의 범위는 넓다. 파장(wave length)과 주파수(cycle)에 따라 다른 성질을 가지며, 수면(水面)의 파도와 같은 파장을 가지고 있다. 전자파의 범위는 매우 넓고, 우리가 생각하는 빛은 반사되는 수많은 전파 중에서 눈으로 지각할 수 있는 것이 가시광선(可視光線, visible light)이다.

빛의 성질에는 반사, 흡수, 투과, 굴절, 회절, 편광, 산란 일곱 가지 현상이 있다. 반사에는 정반사, 난반사, 선택 반사, 전반사 네 가지가 있다.

빛의 전달 과정은 빛 → 각막 → 동공 → 전안방 → 수정체 → 유리체액 → 망막 → 시신경 세포 → 뇌 순서이다.

▌ 박현일 외, 『색채학 사전』, 국제, 2006.

빛의 혼합(–混合, additive color mixture) → 가법 혼합
(加法混合)

빨강(–, red color)
640nm∼780nm(nanometer)의 스펙트럼 파장에 속하는 기본색 중 한 가지 색＝홍색(紅色).
적색(赤色)이라는 용어는 일본에서 사용되는 색이므로 한국의 색인 홍색을 사용하는 것이 바람직하다. 예를 들면 일본의 스모 모래판 위 네 귀퉁이 지붕에는 방향을 나타내는 색 실타래가 있다. 이것은 청방(青房), 백방(白房), 적방(赤房), 흑방(黑房)으로 고대의 사고방식에서 나온 것이다. 또한 일본인들의 성

(姓)에도 자주 사용되는 청목(青木), 백목(白木), 적목(赤木)이 있다.

▌ 21세기연구회 모음, 『하룻밤에 읽는 색의 문화사』, 정란희 옮김, 예담, 2004.

빨강의 효과는 주목성이 아주 높고, 시인도가 우월하다. 빨강의 특성은 모든 색채 중에서 가장 강한 채도와 가장 큰 매력의 힘을 가지고 있다. 이 색은 적극성을 띠며, 공격적이고, 흥분을 나타내므로 혈압과 맥박을 증가시키며, 자극성이 강하고, 불안을 초래하며, 신경을 긴장시키고, 활성(活性)이 강하다. 또한 이 색은 감정의 조건을 만드므로 창조적인 아이디어의 개발에 많이 사용되는 색이고, 주관적인 시간이 길게 느껴지므로 거실과 고급 식당에서 사용하는 것이 좋다. 빨강은 여성들에게 가장 인기가 있는 색이나, 중량과 면적, 체적(體積)이 과대평가되므로 살이 많이 찐 사람은 주의해 입어야 하며, 이 색을 장시간 동안 보고 있으면 생리 작용의 평행이 깨지므로 혼란이 온다. 이 색의 상징은 위험이나 긴급한 전달을 하기 위해 많이 활용되는 색이며, 안전 색채 표시 중 화재 방지, 소화(消火), 소방차, 위험 또는 정지 표시에 사용된다.

빨강은 원시적 언어에서 최초로 이름을 붙인 색이며, 일반적으로 원시적인 정열과 감성을 상징하고, 맹렬과 투쟁, 위험, 용기, 정력, 성욕을 연상시킨다. 또한 이 색은 원시 예술과 고전 예술에서 가장 많이 사용되었다. 빨강은 주로 건물의 전면을 장식하는 입상(立像), 북아메리카 흑인들이 집 앞에 두고 숭배하는 토템폴(totempole), 고대 그리스나 로마의 전함이나 전차에 칠했던 색이다. 이러한 빨강에 대한 배경은 파랑 하늘에 녹색 초목이었기 때문에 난색의 사용은 이런 배경에서 가장 효과적인 대조를 이룬다. 빨강과 노랑의 힘은 야외의 장식에서 잘 보여 주고

---

114. 강력한 태양광, 인공광인 형광등, 무대에서 사용하는 베이비 조명이나 사이키(psychic) 조명, 촛불, 백열등, 성냥불을 말한다.

빨간색

있으며, 해안과 정원용 가구, 게시판의 선전에서 빨
강을 즐겨 쓴다.

중국에서는 이 색을 혼인 축하식과 관련지어 이용
했고, 서구의 종교에서는 신앙의 순교를 상징했다.
로마의 전투기는 빨강이고, 같은 색이 오늘날 무정부
주의자들과 테러범들에 의해 도전과 폭력의 상징으
로 사용되고 있다. '빨강 지대'와 '홍등가의 여인'과
같은 단어는 색채의 성적인 면을 암시하고 있다. 밝
은 빨강은 자극적이며, 일반적으로 유쾌한 것이지만
너무나 광범위하게 또는 너무나 많은 양을 사용하면
피로감을 준다.

▌박현일 외, 『색채학 사전』, 국제, 2006.

미술 치료 용어 사전　人

사고(思考, thinking)

자기 혼자만의 생각.

1973년 미국의 심리학자, 학습 이론가인 브루너(Bruner, J. S.)는 그의 연구에서, "사고(thinking)에는 기본적으로 두 가지 종류가 있다. 하나는 직관적(intuitive) 사고이고, 다른 하나는 분석적(analytic) 사고이다. 직관적 사고는 과학이나 수학의 분석이고, 논리적 사고에 비해 몇 가지 특징을 갖지만 순서를 밟아 증명하기가 어렵다. 이는 부분보다 전체적이고 점진적이며, 계속적이기보다 즉각적이거나 단속적이다. 또한 이 사고는 숫자들의 개념이나 논리에 의지하기보다 시각적 표상(image)에 의존한다. 본래 직관(intuition)은 보는(seeing) 것을 의미하고, 시지각에 의한 감각적 사고를 의미한다."고 했다.

스위스의 심리학자인 피아제(Piaget)는 그의 저서(어린이 지식의 근원)에서 사고를 구상적 측면(figurative aspect)과 조작적 측면(operative aspect)으로 나누었다. 구상적 측면은 상(image)과 상징(symbol), 언어(word)와 같이 측정된 자극을 지칭하는 정신적 표상을 가리킨다.

▮ Piaget, Jean, *The Origins of Intelligence in Children*, (Trans.) by Margaret Cook, New York : International Univ. Press, 1952.

사고력(思考力, thinking faculty)

자기 혼자만의 사고하는 능력.

이용남은 그의 논문에서, "1980년대 이후에는 사고력의 뿌리와 줄기가 지식에 있으며, 지식은 영역에 따라 분류될 수 있으므로 사고력도 특수 영역과 관련되어 발달된다."고 밝혔다.

▮ 이용남, 「교과 심리학과 사고력」, 『교육학연구』, 한국교육학회, 제32권, 제1호, 3, 1994.

사고력 발달(思考力發達, thinking faculty development)

자기 혼자만의 사고하는 능력을 차차 안전한 모양과 기능으로 갖추어 가게 됨.

박현일(朴賢一)은 그의 저서에서, 어린이에게 그림을 지도하면서 사고력을 발달시킬 수 있는 네 가지 단계를 제시했다.

1단계는 그림에 관한 제목을 어린이 주위에 있는 이야기(것)부터 시작하고, 현재의 계절에 따라 제목을 주는 것도 좋다. 처음 들은 이야기나 나이에 맞지 않는 제목들은 오히려 많은 시간을 보내고도 이해하지 못하거나 효과가 잘 나타나지 않는다. 따라서 주위에 있는 이야기들은 짧은 시간을 보내고도 어느 정도 효과가 나타날 수 있다. 또한 그림에 관한 주제는 계절별로 표현하게 하면 봄, 여름, 가을, 겨울에 대한 감정을 피부로 느낄 수 있기 때문에 생각이 별로 없는 상태에서도 사고가 빨리 일어나 표현에 큰 어려움이 없다. 왜냐하면 주위에 별로 관심 없이 지나갔던 이야기나 생각들을 다시 그림으로 표현할 수 있는 기회가 그림의 제목으로 가장 쉬운 방법이고, 사고력 발달은 하루아침에 이루어지는 것이 아니기 때문이다.

1단계에서 주의해야 할 점은 학부모가 집에서 어린이에게 그림을 가르칠 때 무작정 "한번 그려 봐라." 한다든지, 미술 학원이나 유치원, 초등학교에서 그림을 가르치는 교사가 어느 그림을 놓고 "저것을 보고 그려 봐라." 한다든지, 또한 교사나 학부모가 그림에 관한 밑그림이나 색을 직접 가르쳐 주거나 직접 손으로 어떤 물체의 형태를 그려 주는 것을 절대로 해서는 안 된다.

2단계는 그림 제목에 관하여 중심이 된 이야기를 10분 정도 '스무고개 문답법(the game of twenty questions dialogue method)'으로 해야 한다. 또한 교사는 '양자 발전법(both of development method)'으로 아이들에게 설명을 해야 아이들의 마음 상태가 안정되어서 좋다. 이 단계가 사고력 발달에 가장 큰 핵심이다. '스무고개 문답법'은 어린아이들에게 직접 설명하는 것이 아니라 그림 제목에 관한 질문을 아이들에게 조금씩 조금씩 유도함으로써 발표력과 사고력이 발달하도록 하는 방법이다. '양자 발전법'은 'ㄱ'과 'ㄴ' 아이 중에 어느 한쪽 아이만 맞고 틀린 것이 아니라 "~이 있고, ~도 있을 수 있다."라고 설명을 해야 한다. 그래야만 어린아이들의 마음 상태가 안정되고, 사고력이 고정되지 않아서 좋다.

2단계에서 주의해야 할 점은 학부모나 그림을 가르치는 교사가 '스무고개 문답법'을 아이들에게 쉽고 알맞게 적용해야 하고, 이끌 수 있는 준비가 되어 있어야 한다. 이러한 방법으로 오랜 시간 동안 학습되면 그 다음에는 스스로 문제의 해결이나 그림의 주제만 주어도 때와 장소에 별 관계 없이 자유자재로 표현할 수 있다.

3단계는 어린아이들 그림에는 절대로 틀린 것이 없다는 것이다. 간혹 그림을 그리는 아이들이 "형태가 틀렸다", "색깔이 틀렸다"고 종종 푸념을 한다. 그러한 아이들의 푸념은 어른들의 잘못된 사고 속에서 나타난다.

3단계에서 주의해야 할 점으로, 학부모나 가르치는 교사는 어린아이들의 생각을 절대로 어른들의 생각으로 바꾸지 말아야 한다. 예를 들면 "해는 빨간색이고, 머리카락은 검정색이고, 사람의 얼굴은 살색이고, 나무는 초록색이고, 하늘은 파란색이고…." 이러한 주입식은 어린아이들에게 일찍부터 해서는 절대로 안 된다. 왜냐하면 사람의 머리카락이나 얼굴색은 인종에 따라 각각 다르고, 하늘의 색은 비가 올 때 파란색이 아니라 회색이기 때문이다. 또한 우리가 지금까지 배웠던 수리적 이치로는 $1+1=2$가 된다. 그러나 물리적 이치로는[115] 1이 된다. 어린아이들에게 설

명을 할 때는 위와 같은 두 가지 방식을 모두 설명을 해야 한다. 아이들의 사고력은 폭넓게 형성되고, 그림뿐만 아니라 여러 가지 학습에도 도움이 된다.

4단계는 아이들에게 허용적인 분위기(rapport an atmosphere)를 만들어 주어야 하고, 이어서 음악을 제목이나 날씨에 맞게 각각 다르게 들려주면 더욱 좋다. 또한 그림을 그릴 때 행동이나 재료[116], 표현 방법을 자유롭게 표현할 수 있도록 규제나 통제를 해서는 안 된다. 자유스러운 분위기는 표현의 지름길이며, 마음이 안정되므로 사고력 발달에 바탕이 된다. 어린이들의 심리적 상태가 불안정하면 아래와 같은 그림을 그린다.

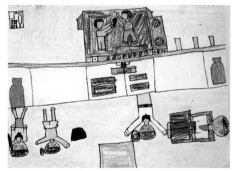

▍ 박현일, 『사고력 발달을 위한 어린이 그림 지도 방법론』, 생활지혜사, 1996.

---

115. 물방울 하나에 물방울 하나를 합치면 둘이 되는 것이 아

니라 크기가 큰 하나의 물방울이 되기 때문이다.

116. 연필, 크레파스, 볼펜, 색연필, 사인펜, 물감의 여러 가지 재료를 말한다.

사고력 훈련(思考力訓練, thinking faculty training)

자기 혼자만의 사고하는 능력을 실질로 활용할 수 있도록 배워 익힘.

심리학자인 존스(Jones)는 그의 저서(교육에서 감정과 공상)에서 사고력 훈련에 대해 다음과 같이 제시했다. 정상적인 상태에서 인간의 정신과 마음은 함께 작용한다. 만일 정상적 상태가 아니라면 그것은 순조롭게 이루어진다고 말할 수 있겠는가? 우리는 아이들의 정신을 성실하게 다루도록 맡겨진 교육에서 하나의 역동적 상황을 목격하고 있다. 그러므로 우리는 당연히, 또한 더욱 성실하게 아이의 마음을 돌보는 일에 기꺼이 참여해야 한다. 교실에는 냉랭한 시간도 있지만 정열적인 시간도 있다는 것을 교사들은 상기할 필요가 있다.

▌ Jones, Richard M., *Fantasy and Feeling in Education*, New York : New York Univ. Press, 1968.

사과를 따는 사람 그림(−, Person Picking an Apple from a Tree, PPAT)

정상인, 정신 분열증 환자, 지적 장애인 간에 반응 차이를 분석.

사물의 크기(事物−, size of thing)

물건의 부피나 넓이, 양 따위의 큰 정도.

미국의 여성 미술 교육학자인 게이너(Gainer)는 코헨(Cohen)과 함께 쓴 저서(미술 : 학습을 위한 또 다른 언어)에서 사물의 크기를 설명했다. 모든 어린이의 미술이 실제적으로 정확한 비례와 색깔을 무시하는 것은 '표현주의'라고 할 수 있다. 표현주의 미술가들은 심리적 충격을 주기 위해 일부러 왜곡시켜 그림을 그린다. 반면 어린이들은 그들에게 중요하다고 생각하는 바에 따라 사물의 크기를 상대적으로 묘사한다.

▌ Cohen, E. P. & Gainer, R. S., *Art Another Language for Learning*, 1984.

사생화(寫生畵, picture drawn from nature)

동물, 인물, 정물, 풍경을 직접 보고 그린 그림.

사실기(事實期, the realism period)

청소년 전기에 속하는 어린이 표현의 특징이 나타나는 시기(9세~12세)＝여명기.

루카(Luka)는 켄트(Kent)와 함께 쓴 저서(미술 교육)에서 사실기를 설명했다. 이 단계의 어린이는 성적 차이를 알기 시작하고, 외계의 사회관계 속에서 자기를 발견한다. 내가 남과 다른 '차이'를 발견하게 되고, 나의 힘보다 강력한 외계의 힘에 경탄하며, 발달된 지적 능력으로 외계의 세계에 관해 호기심을 가지고 탐구한다. 그래서 이 시기는 꼬치꼬치 캐묻기 좋아하며, 모든 것을 합리적으로나 분석적으로 사고하며, 망설일 줄 알게 되고, 자신의 미술 표현을 불신하기 시작한다. 그가 느끼는 것과 표현한 것, 그가 목전에 보는 것과 차이가 있고 간격이 있음을 의식한다. 이러한 간격과 부족감을 보상받기 위해 초기에는 세부적 묘사에 노력하고, 장식적 표현으로 그 차이를 메우려 하고, 인물과 의상, 풍경의 묘사를 자세하고, 호화롭고, 다양하고, 정확하게 묘사하려고 애쓴다.

이러한 노력의 결과로 그림자를 발견하고, 명암을 표현하며, 질감(texture)을 발견하게 된다. 어린이들은 동일한 면의 색도 다양하게 변조[117]하고, 고정적이고 개념의 형태와 색에 대한 신념이 흔들리며, 눈에 보이는 대상의 변화를 면밀히 관찰하여 묘사한다. 다른 교과에서 배운 지식이 미술 표현에 직접 영향을 주며, 원근 표현과 입체 표현이 시작된다.[118]

이 단계에서는 표현의 특징이 여섯 가지가 있다.

첫째, 인식의 과정은 회화의 사실성에 좀 더 큰 이해를 촉진시킨다. 둘째, 창의적인 관찰은 시각적인 사실보다 가까이 접근할 수 있으며, 보다 새롭고, 보다 적절하게 표현을 추구한다. 셋째, 어린이의 선화와 채색화는 사실적인 공간과 거리, 비례, 크기들을 합리적으로 표현한다. 넷째, 명도와 명암, 색상, 양감, 재질감을 의미 있게 표현하기 시작한다. 다섯째, 종종 부분에 관심이 쏠려 비례에 맞지 않는 과정이 나타난다. 그러나 이런 경향은 곧 사라지고, 전체의 형상을 비례로 파악한다. 여섯째, 남녀의 선호에 따라 주제를 합리적으로 표현한다. 이 단계의 어린이는 결정적인 최후 단계를 통과하고, 유희나 상징의 정감이 넘치는 즐거움에서 떠나 객관적이고 사실적인 세계로 향하며, '눈'[119]과 '손'[120]의 불화를 스스로 의식하여 그 불안과 불만을 메워 보려고 부단한 노력을 한다.

Luka, M. & Kent, R., *Art Education : Strategies of Teaching*, Englewood Cliffs, New Jersey : Prentice & Hall Inc., 1968.

사춘기(思春期, the adolescence stage)

몸의 생식 기능이 거의 완성되며, 이성에 관심을 가지게 되는 젊은 시절(13세~16세).

김정의 연구에 따르면, 사춘기는 자신의 그림에 대해 비판적 인식을 갖게 되고, 그림의 표현에 관해 신경을 안 쓰며, 포기를 잘한다. 또한 그들은 그림이 유치하다고 생각하면서 점차 그림을 멀리하게 된다.

김정, 『아동의 미술교육 연구』, 창지사, 1989.

---

117. 빨강 기와지붕의 색을 여러 가지의 빨강으로 채색한다.
118. 먼 것이 작게 보이고, 가까운 것은 크게 보이며, 먼 것이 가까운 것에 가려져서 '중첩'된다는 것을 깨닫는다. 원근은 중첩 원근에서 선 원근으로, 다시 대기 원근으로 발전된다. 색채 역시 좋아하는 색과 주관적 감정의 색채를 포기하고, 혼색을 탐구하기 시작하며, 사실에 부합되는 색을 혼색하여 사용한다. 먼 것의 색채가 가까운 것의 색채보다 흐리다는 것도 알게 된다.

---

119. 외적인 객관성을 의미한다.
120. 내적 주관을 의미한다.

사회 부적응(社會不適應, social maladjustment)
대인 관계나 사회 환경에 대해 행동 양식이 불균형하고, 사회의 가치나 규범에 일치되지 않는 행동.

사회성(社會性, social qualities)
인간의 근본 성질, 인격, 성격 분류에 나타나는 특성의 하나로 사회에 적응하는 개인의 소질이나 능력, 대인 관계의 원만성.
로저스(Rogers)는 그의 저서 《내담자 중심의 치료》에서, "사회성이란 일반적으로 사회가 요구하는 규범과 역할에 적응하는 능력으로, 긍정적인 자아상의 확립을 위해 환경과 성공적인 상호 작용이 필요하다. 따라서 특정한 사회 집단 내에서 대인 관계는 그 사람의 인성 발달에 결정적인 영향을 미치며, 한 사회 집단의 성격, 구조, 집단 성원의 인간관계도 사회성에 의해 좌우된다."고 밝혔다.
▍ Rogers, R. W., *Client-Centered Therapy*, Boston : Houghton Mifflin, 1970.

1954년 여성 교육학자인 엘키슈(Elkisch)는 그의 논문("어린이 그림의 투사적 방법")에서 어린이들의 사회성을 진단했다. 그녀는 '친구놀이' 중에서 인기가 있는 네 명의 어린이와 인기가 없는 네 명의 어린이 모두 여덟 명의 어린이 그림을 세밀하게 분석한 결과 어린이들의 사회성을 진단할 수 있는 채점법 네 가지를 고안했다. 첫째, 요동치는가, 규칙적인가. 둘째, 복잡한가, 단순한가. 셋째, 활달한가, 위축되어 있는가. 넷째, 통합된 것인가, 분열된 것인가.
▍ Elkisch, P., "Children's Drawings in a Projective Technique", *Psychology Monograpy*, 58, 1954.

사회성 발달(社會性發達, social development)
인간 발달의 제반 영역들 중에서 개인이 사회의 적응력을 발달시키는 측면.

사회성 발달은 자신이 속한 사회에서 공인된 언어, 사고, 감정, 행동을 포함한 생활양식을 학습하여 타인과 상호 접촉을 통한 건전한 사회생활을 할 수 있는 성향을 의미한다.
▍ 한국교육심리학회 편, 『교육심리학 용어사전』, 학지사, 2000.

사회성 성숙 검사(社會性成熟檢査, Social Maturity Scale, SMS)
사회에 적응하는 개인의 소질이나 능력, 대인 관계의 원만성을 자랄 수 있도록 측정하는 방법.
돌(Doll)은 개체의 사회생활 능력을 중요시 여겨 자립(self-help), 운동 능력(loconmotion), 의사 전달(communication), 작업(occupation), 자기 지도(self-direction), 사회화(socialization) 여섯 가지 항목을 제시했다.
교사나 부모가 이 항목에 따라 자기 자식을 관찰하여 기록한다. 특히 정신박약아에게는 지능 검사보다 사회 성열도 검사가 더 의의가 있다.
▍ Doll, E. A., 〈Social Maturity Scale〉. / 교육학사전편찬위원회 편, 『교육학대사전』, 교육서관, 1989.

3원색(三原色, three component)
세 가지의 원색.
3원색의 종류에는 색료의 3원색과 색광의 3원색 두 가지가 있다. 원색은 색을 혼합해서 다른 모든 색상을 만들 수 있으나, 반대로 색을 혼합해서 원색을 만들 수 없다.
▍ 박현일 외, 『색채학 사전』, 국제, 2006.

삽화(揷畵, illustration)
잡지나 신문에 게재된 글의 내용에 맞추어 그린 그림.

상상화(想像畵, imagining picture)
대상을 보지 않고 공상, 꿈, 환상 따위를 그리거나 경험한 것을 기억하여 그리는 그림.

상징(象徵, symbol)

어떤 사상(事象)이나 개념에 대해 그것을 상기(想起)시키거나 연상(聯想)되는 구체적인 사물이나 감각적인 말.

흔히 상징은 심벌이라고도 하는데, 심벌은 그리스어의 symbolon(符信)이 그 어원이며, 나중에 기호(記號)라는 뜻이 되었다. 거리의 네온사인은 어둠 속에서 휘황찬란하게 빛나는 빛으로서 존재할 뿐만 아니라 일정한 사물이나 의미를 전달하는 역할을 한다. 또한 서재의 책상은 일정한 형상이나 빛깔과 크기를 갖추고 있고, 방 안에 놓여 있는 것이 아니라 인간이 그 앞에 앉아 일을 하게 하는 것으로서 존재한다. 이런 의미에서 어떤 것이 그 성질을 직접 나타내는 기호(sign)와는 달리, 상징은 그것을 매개로 다른 것을 알게 되는 작용으로서 인간에게만 부여된 고도의 정신 작용의 하나이다.

▌『두산백과사전』, 동아출판사, 1982.

스위스의 심리학자인 피아제(Piaget)는 그의 저서(어린이 시대 놀이와 꿈, 그리고 모방)에서 상징은 본질적으로 어린이의 현존하는 실제적 표현이다. 그리고 개념(말)은 일반적이고 전달 가능한 것이며, 이미지는 개별적이고 자기중심인 것이다. 그림을 그리는 어린이들은 시각적 상징들을 만들어 낸다. 일반적으로 어린이들은 물리적으로 존재하지 않는 대상과 사건들을 묘사하고, 정신적인 본 자세는 믿음이다. 의심이나 가설은 7세~11세 어린이들이 형태를 조작하는 단계에 도달하기까지 복합적이고 파생적인 행위들이다. 이 단계는 사고하는 힘과 의식이 없는 것을 받아들이고, 진정한 구별이 나타난다.

▌Piaget, Jean, *Play : Dreams and Imitation in Childhood*, New York : W. W. Norton Co., 1951.

상징기(象徵期, the symbolic period)

근육이 세부적으로 분화하기 시작하여 협응(coordination)하는 힘의 시기(4세~8세).

루카(Luka)는 켄트(Kent)와 함께 쓴 저서(미술 교육)에서 상징기를 설명했다. 이 시기는 무엇을 보기 위해서 몸 전체를 움직이던 것이 안구의 움직임만으로 바뀌고, 어깨와 팔의 운동에 의해 긁적거리던(scribbling) 것이 팔꿈치와 손목, 나중에는 손가락의 움직임으로 분화된다. 지적 기능이 발달하여 자아를 강력히 주장하고, 쾌와 불쾌를 구분하고 요구하게 된다. 지능이 발달하기 때문에 개념이 형성되고, 자기가 알고 있는 세계를 원시적으로나 기술적으로 표현하는 단계이다. 어린이들은 여러 가지 크기의 원을 그려 놓고 달과 해, 머리, 동전이라고 스스로 각기 다른 것들을 구별 짓고 성격화시킨다. 머리의 둥근 원 안에는 눈과 코, 입을 제시하고, 둥근 원에 실 같은 두 개의 선을 긋고 '다리'라고 한다. 또한 어린이들은 머리(원)에서 두 개의 선을 왼쪽과 오른쪽으로 긋는데, 이는 두 개의 팔을 의미한다. 이것의 다음 단계는 동체(몸통)가 네모로 표현되고, 좀 더 발전하여 머리와 동체 사이에 목이 나타나며, 손바닥과 손가락, 발가락이 표현된다.

이 단계의 표현에는 이미 크기와 운동의 속도, 질감, 공간 개념이 나타나지만 성인이 알아볼 수가 없을 정도로 미미하다. 이 단계의 후기에는 땅을 표시하는 선이 나타나서 공간 개념을 대표적으로 표시한다. 하늘을 나타내는 선을 하늘 선, 땅을 나타내는 선을 바닥 선이라고 한다. 이 단계의 표현은 양식이나 도식으로써 모든 것을 상징으로 표현하는데, 이 표현을 피아제(Piaget, Jean)는 '스키마(schema)'라고 한다. 스키마는 어린이가 지각한 외계의 경험이 하나의 '경험'으로 어린이 나름대로 형성 발명되는 것이다. 따라서 스키마는 어린이의 각기 다른 형태로 나타나고, 어린이의 환상과 현실 사이를 연결하는 다리의 역할을 하며, 최초로 사회에 참여하는 수단이 되기도 한다. 어린이는 스키마를 표현하여 부모나 동무들과 의사소통을 한다. 이것을 '탐색적 사회 참여'라고 해석하고, 어린이는 이 참여를 통해 자기주장과 자기의 존재적 지위를 확보한다. 어린이는 이 자체가 '기쁨'과 '자신감'으로 나타나며, 결국 자신감과 적극성을 가진다. 이러한 주체나 자율적 참여 욕구는 '창조'를 낳는다. 이 점이 미술 교육의 모든 것을 담고 있는 정수이다. 이때 어린이는 그들이 '느끼는 감정대로' 만들고 칠한다. 그들이 그리는 것은 외계가 아니고 내계적이며, 지적에 대한 인식이 아니고 정에 비치는 애정의 표현이다. 그래서 흔히 이것을 가치화(valuing)의 표현이라고 한다. '가치'는 어린이의 주관에 의해 의미의 중요성을 나타낸다. 이 단계의 어린이는 '말초적' 표현을 한다. 말초란 어떤 대상을 보고 전체를 파악하는 것이 아니라 관심이 쏠리는 부분을 감각적으로 표현한다. 이 시기에 어린이들의 지각적 특징은 부분과 정감, 주관에 있다.

공간 개념이 발달됨에 따라 지면에 아는 것, 보는 것, 경험한 것들을 무질서하게 늘어놓은 표현(4세까지)이 지양되고, 화면 전체의 통일된 공간 질서가 나타나므로 모든 사물은 각기 제 위치를 찾아 통합(integration)이 이루어진다. 예를 들면 놀이터를 그릴 때 하늘을 파란 띠(sky strip)로 표시하고, 건물이나 놀이 기구, 사람은 땅을 표시하는 바닥 선 위에 세우며, 뿌리는 바닥 선 아래 투명하게 그려진다. 이런 엑스레이(X-ray) 묘사는 '망원 묘사'와는 다르다.

이런 특징은 이 시기의 어린이에게 아주 당연하다. 이 시기에 있어서 정감이 표현된다는 것은 어린이가 중요한 의미를 가지는 존재를 뜻한다. 사물의 중요성은 느껴지는 대로 크기를 과장해서 표현하고,[121] 중복이나 연속적인 표현도 이 시기의 표현 특징이며, 시간의 연속성을 반복적으로 표현한다.[122] 이러한 주관적이거나 내의적, 발명적이거나 상징적, 현실성 없는 환상의 표현이 다음 표현 단계인 사실기로 접근하면서 어린이다운 신비와 매력이 점차 줄어들고 성인의 그림처럼 표현된다.

❚ Luka, M. & Kent, R., *Art Education : Strategies of Teaching*, *Englewood Cliffs*, New Jersey : Prentice & Hall Inc., 1968.

상징 색(象徵色, symbol color)
어떤 사상(事象)이나 개념에 대해 그것을 상기(想起)시키거나 연상(聯想)되는 색채.
기업의 상징 색으로 LG는 빨간색, 후지필름은 녹색, 코닥필름은 노란색, 삼성은 파란색, 맥도날드는 빨간색을 사용하고 있다.

상징의 기호(象徵–記號, sign of symbol)
어떤 사상(事象)이나 개념을 상기(想起)하거나 연상(聯想)시키는 구체적인 사물의 뜻을 나타내는 부호.
미국의 교육 철학자, 실용주의 교육의 창시자인 듀이(Dewey)는 그의 저서(경험의 예술)에서, "상징이란 추상적 사고의 표현이다. 어린이가 표현한 상징의 기호는 어린이 자신도 의식하지 못한 발언이다."라고 했다.

---

121. '교통순경'의 팔은 길거나 과장되게 표현한다.
122. 아주 빨리 달리는 말은 늦게 달리는 말보다 다리가 몇 갑절 많이 그린다.

그는 상징의 기호에 대해 열한 가지를 제시했다. 첫째, 집은 강한 보호 욕구를 바라는 상징이다. 둘째, 담은 잠재된 공격적 충동의 상징 또는 미워하고 싫은 사람에 대한 감시의 상징이다. 셋째, 사람은 지적 반응보다 정적 반응을 한다. 넷째, 자화상은 자기 전시와 인정의 욕구이다. 다섯째, 빈번한 자화상은 고독의 상징이다. 여섯째, 말은 공격적이고 외향적이다. 일곱째, 손의 연결은 하늘 선의 상징이다. 여덟째, 귀신은 싫은 교사를 나타낸다. 아홉째, 꽃과 정원, 태양은 평화로운 마음을 상징한다. 열째, 배는 현상적 탈출을 상징한다. 열한째, 여자 아이가 그림을 그리는데 남자 생식기를 표시하는 것은 거세감과 열등감의 상징이다.

▎ Dewey, John, *Art as Experience*, New York : Gapricorn Books, G. P. Putnam's, 1958.

상징화(象徵畫, symbol picture)

어떤 사상(事象)이나 개념을 상기(想起)시키거나 연상(聯想)시키는 구체적인 그림.
여성 교육학자인 랭거(Ranger)는 그의 저서(표현)에서 상징화에 대해 설명했다. 상징화란 정신적인 본질의 행위이며, 정신이란 통칭 사고라고 하는 것 이상의 것을 포괄한다. 상징을 만들어 내는 두뇌는 평범한 추론적 규준에 따라 이용될 수 있다. 지각함으로써 생겨나는 모든 자료들은 끊임없이 상징으로 만들어지는데, 이것이 우리의 기본적인 관념이다. 이런 관념 중에 어떤 것들은 우리가 추론이라고 부르는 방식에 의해 합성되고 조작된다. 나머지 다른 것들은 그렇게 사용되지 않고, 자연스럽게 꿈 속으로 압축되거나 의식의 공상 속에서 발산된다. 어린이는 잠재해 있는 음[123] 속에서 자기가 들은 것들을 점차 배우며,

익혀 가는 온갖 종류의 소리를 연습하는 것과 같이 어린이는 어떤 생각이나 어떤 느낌을 종이 위에 상징으로 나타내며, 어떤 표시(mark)를 만들어 내고자 하는 충동을 느끼게 된다.

▎ Ranger, Suzanne K., *Expressiveness : Problems of Art*, New York : Charles Scribner's Sons, 1957.

영국의 학자인 슐리(Sully)는 그의 저서(예술가다운 아이들)에서, 유아는 자연 묘사보다 상징파의 그림을 그린다. 유아가 최초로 얼굴을 그리는 것은 인간의 가장 숭고한 왕관을 쓰는 부분이 머리라고 생각하기 때문에 얼굴을 느낀다. 또한 얼굴이 그려질 때 흥미를 느낀 나머지 코, 입, 귀들이 나타난다. 너무 흥분한 나머지 코가 있는 반면에 입이 빠져 버리는 일이 많다.

▎ Sully, J., *The Child as Artists : In Studies in Childhood*, London : Longmans & Green Co., 1890.

상징화 과정(象徵化過程, symbolization process)

미술 치료의 효과 네 가지 단계 중에서 두 번째에 속하는 과정.
상징화 과정은 이완된 심리적 상태에서 일어나는 정서, 행동과 사고의 조화, 기분의 불쾌감, 육체적인 고통의 문제에 초점이 맞추어진다. 특히 이 단계에서는 자신의 내면에 숨어 있는 콤플렉스(complex)나 원형을 암시하는 정서적 이미지(image : 표상)를 보게 된다. 이미지를 그림으로 형상화시키며, 색채를 통한 정서적인 톤, 형태를 통해 확실한 모습으로 구체화되지만 변화되고 발전한다. 이 과정은 1단계의 형상화 과정을 통해 그림의 내면과 숨어 있는 또 다른 면, 그림에 표현된 심리적 정서, 콤플렉스를 접했기 때문에 그림을 그리는 사람은 더 이상 정서적인 면을 포장하거나 압도당하지 않으며, 내적 이미지를 능동적으로 표현할 수 있다.

---

123. 언어(vocabulary)를 의미한다.

그림을 그리는 것은 자신의 정서와 자유로운 감정을 발산하도록 도와준다. 그림의 틀은 제한과 한계가 있으며, 울타리에 가두는 느낌이 든다. 그래서 사람들은 화지에 그림을 다 채우지 못하고, 또 어떤 사람들은 화지가 비좁아 형태가 잘리기도 한다. 그림을 그리는 사람은 화지를 세로로 놓거나 가로로 놓고 그리며, 가로나 세로에 따른 상징성도 다르게 나타난다. 그림의 형태가 종이의 틀 안에 상징적으로 배열되는 것처럼 인간의 삶도 자신이 선택한 틀 안에 주어진다. 이러한 틀은 사람들에게 좁게 느껴지거나 넓게 느껴지기도 한다.

감정 표현의 예

박현일·조홍중, 『그림을 통한 성격 치료 미술 치료』, 시그마프레스, 2009.

새 둥지화(－畵, Birds Nest Drawing, BND)

카이저(Kaiser)는 애착 행동의 연구에 사용되는 질적 평가 도구로 '새 둥지화'를 개발했는데, '동적 가족화'보다 저항이 적어 애착 행동의 임상 진단 척도로서 적절함을 입증했다. 새 둥지 상징에 기초한 치료적 개입은 애착 개념을 이끌어 내기 위해 개인, 가족, 부부, 집단 미술 치료에서 발달되고 활용되어 왔다. 새 둥지화를 통해 이끌어 낸 관계와 친밀감 문제에 대한 내담자의 이해는 종종 다른 사람과의 상호 작용을 구축하고 강화시키며, 불안정 애착의 회복을 돕는 인식과 통찰을 유도한다. 이에 애착 유형의 치료적 이해를 높이기 위해 개인 및 가족 미술 평가에서 새 둥지화를 사용했다.

Kaiser, D. H., "Indication of Attachment Security in a Drawing Task", *The Arts Psychotherapy*, 23(4), 1996.

색(色, color of light, light)

빛을 반사 또는 흡수하는 성질에 따라 색깔이 다르게 나타나는 물리적인 현상＝빛.

이 현상을 통해 눈으로 빨강, 노랑, 녹색, 파랑, 보라를 지각한다. 색채학에서는 색과 색채로 나누고, 이

두 가지를 통틀어 '색'이라고 부른다.
▌박현일 외,『색채학 사전』, 국제, 2006.

색각 설(色覺說, color sense theory)

빛깔을 식별하는 감각의 이론.
'색각 이론'은 그리스 시대에 자연 철학의 발생으로 사상가들에 의해 여러 가지로 논의되었다. 엠페도클레스(Empedokles)와 데모크리토스(Demokritos)는 본다는 것은 보이는 물체로부터 어떤 유출물이 눈을 통해 나오고, 눈은 구멍(동공)을 통해 내부의 불(빛)과 같은 유출물이 나와 쌍방이 합쳐짐으로써 지각의 상이 생긴다고 했다.

아리스토텔레스(Aristoteles)는 '색각 설'로 유명하고, 눈으로부터 빛이 나온다면 왜 어두운 곳에서는 보이지 않는가라고 반박했다. 가장 근원적인 색은 하양, 회색, 검정 또는 하양, 노랑, 검정이다. 그 밖의 많은 색은 하양과 검정의 미세한 혼합이며, 그 혼합의 비율에 의해 만들어질 수 있다.
▌박현일 외,『색채학 사전』, 국제, 2006.

색각 이상(色覺異常, abnormal of color vision)

빛깔을 식별하는 감각이 정상의 상태가 아님.
건강한 눈은 망막에서 색을 지각하는데, 망막의 결함으로 색을 느끼지 못하는 경우를 색맹이라 한다. 색맹에는 선천성과 후천성 두 가지가 있는데, 태어나면서부터 색을 구별하지 못한 사람은 선천성 색맹이고, 망막이나 시신경의 염증으로 인해 색각이 손상되는 경우가 후천성 색맹이다.

정상적인 색각을 가진 관측자는 빨강 광, 녹색 광, 파랑 광의 세 가지 혼합 원리로 구별하며, 전문 용어로 정상 시각의 관측자를 3색형 시각자(tri-chromat)라고 한다. 두 가지 혼합 원리를 구별하는 사람은 부분 색맹 또는 2색형 색각자(dichromat)라고 한다.

▌박현일 외,『색채학 사전』, 국제, 2006.

색각 장애자(色覺障碍者, color vision handicapped people)

빛깔을 식별하는 감각이 없는 사람.
색각 장애자를 위한 여섯 가지 안전 색과 형태가 있다. 첫째는 노랑, 둘째는 주황, 셋째는 빨강, 넷째는 파랑, 다섯째는 녹색, 여섯째는 하양이다.

색감(色感, feeling of color)

색이 망막을 자극하여 느끼는 심리적인 감정.

색 감각(色感覺, color sensation)

눈에 색 자극이 나타나는 효과.
색 감각은 빛이 눈으로 들어가는 시간적인 변화가 없다고 가정하면, 빛의 공간적 분포 지각은 색 지각에 최대의 영향을 주고, 개구(開口) 지각, 광원 지각, 조명 지각, 표면 지각, 용적 지각들이 고려되며, 이러한 요소들이 색 지각에 수반된다. 빛의 공간적 분포를 지각하는 데 수반되는 요소를 배제한 실험적인 조건이 색 지각이다. 가능한 한 순수화된 색 지각을 색 감각이라 하고, 개구 지각을 수반하는 색 지각을 색 감각이라 한다.

이런 색 감각을 일으키는 방사를 색 자극(color stimulus)이라 한다. 예를 들면 인간과 원숭이 같은 영장류는 추상체와 간상체가 발달되고, 쥐와 올빼미는 간상체만 발달(야행성)되며, 거북이와 도마뱀, 뱀 같은 파충류와 조류는 추상체가 발달하여 주행성이 되며, 어류와 양서류는 추상체가 발달, 영장류를 제외한 포유류는 색각을 느끼지 못한다. 개, 고양이, 돼지는 약간 색각을 느끼지만, 소는 색각이 없기 때문에 붉은색을 보지 못한다. 특히 투우 경기에서 소가 흥분하는 것은 투우사가 흔드는 깃발의 밝기와 흔들림 때문이다.
▌박현일 외,『색채학 사전』, 국제, 2006.

색과 미각(色 – 味覺, color and sense of taste)

색과 맛의 관계.

일반적으로 난색 계통은 단맛과 관계가 있다. 주황은 미각을 촉진시키고, 붉은 보라는 미각에 관계가 있다. 한색 계통은 쓴맛과 관계가 있고, 회색 계통은 맛과 거리가 멀다. 단맛은 빨강 기미의 주황[124]과 빨강 기미의 노랑, 신맛은 녹색 기미의 노랑과 노랑 기미의 녹색, 쓴맛은 진한 파랑과 브라운(brown) 색과 보라와 올리브그린색, 달콤한 맛은 핑크색, 짠맛은 연한 녹색과 회색, 연한 파랑과 회색의 배색에서 느껴진다.

〈색과 미각의 이미지〉

색	식품의 인상
복숭아 색	부드러움, 달다
빨강	영양분이 있는, 달다, 지나치게 진한, 신선한
자주	지나치게 진한
짙은 자주	진한, 달다, 따뜻한
귤색	영양분이 있는, 지나치게 진한, 달다, 맛있는
물색	시원한
탁한 노랑	오래된
하양	산뜻한, 영양분이 있는, 부드러움, 청결한, 시원한
회색	불쾌한, 맛없는
어두운 노랑	맛있는, 오래된
매우 연한 연두	시원한, 산뜻한
연두	시원한, 산뜻한
어두운 연두	불쾌한
어두운 갈색	딱딱한, 맛없는, 따뜻한
탁한 귤색	딱딱한, 오래된 따뜻한
크림색	영양분이 있는, 산뜻한, 달다, 맛있는, 부드러운

노랑	맛있는, 영양분이 있는
매우 연한 녹색	산뜻한
녹색	신선한
매우 연한 청록	시원한

▌ 박현일 외, 『색채학 사전』, 국제, 2006.

색광의 보색(色光 – 補色, complementary colors of additive color)

빛의 보색.

색광의 보색은 두 가지 색광을 같은 비율로 혼합하면 색 기미가 없는 하양 광이 나타난다. 두 가지의 색을 혼합하여 무채색이 되면 보색이고, 모든 2차색은 그 색에 포함되지 않은 원색과 보색 관계이다.

▌ 박현일, 『족집게 컬러리스트』, 교우사, 2008.

색광의 3원색(色光 – 三原色, three component of additive color)

세 가지 빛의 색.

색광의 3원색은 빨강(red), 녹색(green), 파랑(blue)이다. 색광의 중간색은 빨강(red)＋녹색(green)＝노랑(yellow)이고, 녹색(green)＋파랑(blue)＝시안(cyan)이며, 파랑(blue)＋빨강(red)＝자주(magenta)이다. 기호로는 R＋G＋B＝white이다.

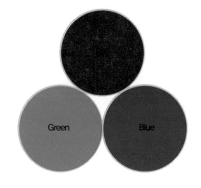

▌ 박현일 외, 『색채학 사전』, 국제, 2006.

---

124. 비렌(Birren, Faber)은 식당에서 식욕을 돋우는 대표적인 색으로 주황을 꼽았다.

색료(色料, colorant)

물체의 표면에 발색 층을 형성하며, 특정한 색채가 나타나는 것.

색료는 물체 위에 떨어지는 빛을 반사, 투과, 산란, 간섭하는 과정을 통해 색채를 띠게 한다. 색료는 염료와 안료 두 가지가 가장 대표적이고, 이것은 사용방법에 따라 염료나 안료로 구분된다. 색료는 컬러인덱스 인터내셔널로 구분되며, 국제적으로 통용되고 있다.

▌박현일 외, 『색채학 사전』, 국제, 2006.

색료의 보색(色料 – 補色, complementary colors of subtractive color)

색상환의 맞은편에 있는 물감의 색.

색료의 보색은 색상환에서 맞은편에 있는 색이 보색이고, 가장 먼 곳에 있는 색이 반대색이다. 물감의 두 가지 색을 혼합하면 검정색 가까운 색이 나타난다.

▌박현일, 『족집게 컬러리스트』, 교우사, 2008.

색료의 3원색(色料 – 三原色, three component of subtractive color)

세 가지 색료의 색＝물감의 3원색.

색료의 3원색은 시안(C : cyan), 마젠타(M : magenta), 노랑(Y : yellow)을 말한다. 색료의 중간색은 마젠타＋노랑＝빨강이고, 노랑＋시안＝녹색이며, 시

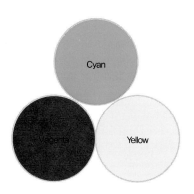

안＋마젠타＝파랑이 나타난다. 기호로는 C＋M＋Y ＝black이다.

▌박현일 외, 『색채학 사전』, 국제, 2006.

색료 혼합(色料混合, subtractive color mixture) → **감법 혼합**(減法混合)

색맹(色盲, color blindness)

색채를 식별할 시력이 아주 없거나 불완전한 상태 또는 그 사람.

색맹에는 전(全)색맹, 적록(赤綠) 색맹, 청황(靑黃) 색맹 세 가지가 있다.

첫째, 전색맹은 색상의 구별이 전혀 되지 않은 색각 이상자를 말하고, 눈은 언제나 정상자의 암순응 상태에 있고, 빛이 강할 때 눈이 부셔 볼 수 없는 현상이다. 어떤 성분의 색광에 대해서 휘도(輝度)만 조성되는 사람을 말하고, 1색형 색각자(monochromat)라고 한다.

둘째, 적록 색맹은 빨간색과 녹색을 식별하는 능력이 없는 색각 이상자를 말하고, 파란색과 노란색은 식별된다. 파란색에 가까운 청록색과 노란색에 가까운 황록색, 오렌지색은 파란색과 노란색처럼 같은 감각을 느낀다. 녹색에 가까운 청록색, 황록색, 빨간색에 가까운 오렌지색은 무채색처럼 명암만 느낀다. 빨간색 색맹은 적록색과 녹색은 식별되나, 빨간색이 식별되지 않는다. 녹색 색맹은 빨간색 색맹과 정반대이다.

셋째, 청황 색맹은 파란색과 노란색이 느껴지지 않는 색각 이상자를 말하고, 희귀한 색맹이다.

▌박현일 외, 『색채학 사전』, 국제, 2006.

색명(色名, color name)

옛날부터 지금까지 사용되고 있으며, 색 이름을 표시하는 표색(表色)의 일종.

색명은 크게 관용 색명, 일반 색명 두 가지로 나눈다. 색명은 숫자나 기호보다 색감의 연상이 편리하고, 색명은 감성적이고 부정확성을 가지며, 색명은 나라별로 다르다.

▌박현일 외, 『색채학 사전』, 국제, 2006.

색상(色相, Hue, H)

색채의 종류를 나타내고, 다른 색과 구별되며, 그 색만이 갖는 독특한 성질.

태양 광선의 프리즘을 통과하여 빛의 파장에 따라 빨강에서 보라까지 무지개 색띠로 나타나고, 색상환에 배열된 색을 말한다. 유채색은 각기 다른 색감과 성질을 가지고 있으며, 특히 원색이나 순색은 그 특성이 쉽고 뚜렷하게 느껴진다. 이 색을 구별하는 데 색의 이름이 필요하고, 색명으로 구별되는 모든 색은 감각으로 느낄 수 있다.

KS 색상 규정의 색 표시법은 1968년 교육부(현 교육과학기술부)와 한국산업규격에서 먼셀 컬러 시스템을 채택했고, 먼셀의 20색상환을 사용했다. 빨강, 노랑, 녹색, 파랑, 보라의 성질과 속성을 기호와 수치로 배열시켰다.

▌박현일 외, 『색채학 사전』, 국제, 2006.

색상 대비(色相對比, contrast of hue)

색상이 서로 다른 두 가지 색을 대비시켰을 때 원래의 색보다 차이가 더욱 크게 느껴지는 대비.

색상 대비는 색상이 서로 다른 색끼리 배색되었을 때, 각 색상은 색상환 둘레에서 시계 반대 방향으로 기울어져 보이는 현상[125]이다. 색상환에 있어서 각도가 커짐에 따라 색상은 그 선명한 정도가 증대되고, 180도의 거리가 되었을 때 두 색의 특성이 최대한으로 발휘

된다. 이 대비는 일정한 방향성을 가지고 있으므로 서로 반대되는 방향[126]에서만 색상 변화를 감지한다. 여러 가지 대비 중에서 가장 단순한 대비이다.

색상 대비는 세 가지 색이 명료하게 구별되는 색이 필요하고, 그 효과는 항상 활발하고 힘이 강하며, 결정적이다. 색상 대비의 강력함은 사용되는 세 가지 색 중 1차색에서 멀어질수록 감소된다. 예를 들면 주황, 녹색, 보라는 노랑, 빨강, 파랑보다 특징이 약하고, 특히 3차색에 있어서 그 효과가 분명하지 않다.

색상 대비의 특징은 근접하는 두 가지 이상의 색상이 서로 대비되어 색상 차이가 크게 나타난다. 명도나 채도가 비슷할수록 원래의 색보다 색상 차이가 크게 보인다.

초기의 색상 대비는 스테인드글라스(stained glass)[127]를 사용했는데, 이 방법을 사용한 사람은 스테판(Stefan), 안젤리코(Angelico), 보티첼리(Botticelli)이다. 현대 회화에서는 피카소(Picasso), 칸딘스키(Kandinsky), 미로(Miro), 레제(Léger), 마티

---

125. 주황 위에 초록을 놓으면 주황은 더욱 붉게 보이고, 초록은 청록(blue green)으로 보인다.

126. 노랑(yellow)/빨강(red)/파랑(blue), 빨강(red)/파랑(blue)/녹색(green), 파랑(blue)/노랑(yellow)/보라(violet), 노랑(yellow)/녹색(green)/보라(violet)/빨강(red), 보라(violet)/녹색(green)/파랑(blue)/오렌지색(orange)이다.

127. 각종 색유리를 도상(圖像)에 따라 적당히 잘라서 납으로 만들고, 가느다란 레일로 접합시켜 그림 무늬의 판을 만든다. 원래는 근동(近東)에 기원을 두고 있으나 고딕 시대의 교회 건축에서 발달했다. 빛이 유리를 투과하면 산뜻한 색채가 신비롭고 찬란한 효과를 낸다. 색유리에는 빨강, 파랑, 노랑이 주류를 이루고, 산화동(酸化銅)으로 도상의 윤곽선을 그렸으며, 색채에 따라 빛의 투과도가 다르므로 이것을 잘 조절해야 한다. 고딕 초기에는 빛을 흡수하는 산화동을 줄이고, 빛의 양을 조절했다. 후기에는 산화동과 중간색을 많이 사용하여 빛의 양을 배려하지 않았으며, 단순히 유리에 그림을 그리는 것으로 성격이 바뀌게 된다. 이것이 근대에 와서 오히려 광선을 차단하면서 본래의 기능을 잃고 쇠퇴한다.

스(Matisse)이다. 청기사(靑騎士, Der Blaue Reiter)[128] 시대의 화가들은 초기에 색상 대비에 몰두했다.

▎박현일 외, 『색채학 사전』, 국제, 2006.

색상 조화(色相調和, hue harmony)

색상 사이에서 조화를 얻는 방법.

색상 조화는 색상에 의한 조화라고 한다. 색의 3속성으로 나누어 각 요소에 따라 범위를 구하고, 서로 어울리는 요소로 조화시킨다. 이 조화에는 단색 조화, 2색 조화, 3색 조화, 4색 조화 네 가지가 있다.

단색 조화는 명도나 채도에 의해 나타나기 때문에 색의 명도 조화에 따라 차이가 있고, 색의 한란과 전진, 후퇴, 수축, 팽창도 조화를 이룬다. 채도가 약한 조화는 남색(PB)이나 자주(RP)에 적합하다. 채도가

128. 마르크와 칸딘스키가 편집한 연간지(年刊誌)의 이름이며, 이 잡지는 '우리 시대의 새롭고 진지한 사고방식 대변자'를 시도했다. 간행되기 전 1911년 칸딘스키와 마르크(Marc), 마르케(Marquet), 쿠빈(Kubin), 뮌터(Münter)를 비롯한 큐비즘을 움직이는 작가들이 서로의 의견 차이로 '뮌헨예술가동맹'을 탈퇴하여 기획 중이던 연간지의 타이틀을 따서 '청기사'를 조직했다. 제1회 전시회는 1911년 12월에 개최하고, 1912년 제2회 전시회는 클레(Klee), 마케, 캄펜동크(Campendonck)을 회원으로 맞아 고르츠 화랑에서 판화만을 가지고 개최했다. 칸딘스키는 절대 추상(絶對抽象)의 이론 및 작품이 젊은 세대의 화가들에게 커다란 영향을 끼쳤으나, 연간지는 제1호만 나왔다. 이 그룹은 베를린의 '시투름(the sturm, 폭풍)'과 합류했지만 1914년 제1차 세계대전으로 더 이상 지속되지 않았으며, 표현주의 발전에 큰 역할을 했다.

강할 때 명도 차이가 너무 크면 위험한 배색이 된다. 단색 상에서 2색을 조화시킬 때 적량의 명도 차이에 의한다. 밝은색(强彩度)의 큰 면적은 적은 대비가 좋고, 어두운색(弱彩度)의 적은 면적은 강한 대비가 좋다. 예를 들면 건축 배색의 조화는 약한 채도가 좋고, 면적이 큰 것은 적은 대비(小對比)가 좋다. 가구나 복장의 조화는 면적이 적으므로 중간(中) 대비가 좋다. 액세서리는 큰(大) 대비가 좋다

▎박현일 외, 『색채학 사전』, 국제, 2006.

색상환(色相環, color circle)

색입체의 수평 단면과 같은 형태의 순색 배열.

색입체의 색상에서 채도가 가장 높은 순색만의 배열이며, 서로 마주 보는 색이 보색 관계이다.

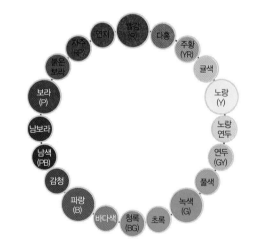

▎박현일 외, 『색채학 사전』, 국제, 2006.

색순응(色順應, chromatic adaptation)

어떤 조명 광이나 물체색을 오랫동안 보면 그 색에 순응하여 색의 지각이 약해지는 현상.

예를 들면 형광등을 켜면 불빛은 푸른 기미이지만 시간이 흐르면 푸른 기미가 없어진다.

▎박현일 외, 『색채학 사전』, 국제, 2006.

색약(色弱, anomalous trichromatism)

색맹의 증상은 아니지만 색각이 불완전한 상태 또는 그런 사람.

색약은 채도가 높은 색을 밝은 곳에서 보면 정상인과 차이가 없으나 원거리의 색이나 채도가 낮은 경우에 식별을 못한다. 색약은 거의 빨강 색약과 녹색 색약이 있으며, 단시간에 색을 식별하는 능력이 부족한 경우이다.

대비 효과가 강한 경우 황토색이나 노랑이 빨강에 인접해 있을 때 녹색 계열로 보이고, 녹색에 인접했을 때 빨강 계열로 보이는 현상이다.

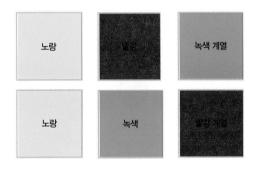

▌박현일 외, 『색채학 사전』, 국제, 2006.

색의 감정(色 – 感情, feeling of color)

색이 주는 심리적인 느낌.

색의 기호(色 – 嗜好, color preference)

연령, 성별, 민족에 따라 상당한 차이가 있음.

색의 대비(色 – 對比, contrast of color)

배경과 주위에 있는 색의 영향으로 색의 성질이 변화되어 보이는 현상.

눈의 망막(網膜)에서 일어나는 생리적인 현상과 뇌에 전달되는 신경 과정에 기인한다. 인체의 오관(시각, 후각, 미각, 청각, 촉각)을 통해 감각의 차이나 감

각의 강도에 따라 대비 현상[129]이 일어난다. 이와 같은 현상은 각 감각 기관의 자극에 의해 일어나고, 처음 보았던 색이 배경이나 인접한 색의 영향에 의해 본래의 색과 다르게 느껴진다.

색의 대비는 배경색이 물체와 대비가 되면 색 지각이 쉽고, 유사하면 색 지각이 어렵다. 색의 노출은 물체의 색을 볼 때 시간이 짧거나 길어지면 다른 색으로 착각한다. 색의 대비는 크게 동시 대비와 계시 대비 두 가지로 나뉘고, 색의 성질 변화 요인에 따라 명도일 경우에는 명도 대비, 채도일 경우에는 채도 대비라고 한다.

대비 효과는 두 색이 떨어져 있는 경우에 나타나고, 두 색의 간격이 크면 클수록 감소한다. 명도 대비가 최소일 때 대비는 최대가 된다. 명도가 같은 경우 유도야색의 채도가 증가하면 색 대비도 증대된다. 대비 색, 반대색, 보색, 잔상 색과 관계에 있어서 대비 색은 보색의 관계에 있다고 생각되지만 엄밀히 말하면 일치하지는 않는다. 대비 효과는 색차가 적을 때 아주 근소하고, 색차가 커질 때는 증대한다. 대비 효과의 특징은 검사야(檢查野)가 작을수록 현저하게 나타나고, 대비량은 유도야(誘導野, 바탕)가 커질수록 커진다.

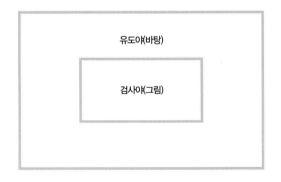

---

129. 공장 내부에서 외부로, 밝은 방에서 어두운 방으로, 키가 큰 사람과 키가 작은 사람, 아름다운 사람과 못생긴 사람, 설탕을 먹고 사과를 먹는 경우를 말한다.

▌ 박현일 외,『색채학 사전』, 국제, 2006.

색의 동화(色 – 同化, assimilation of color)

한 색이 옆에 있는 색에 의해 닮은 색으로 변해 보이는 현상.

이 현상을 동화 현상(同化現象, assimilation) 또는 동화 효과(同化效果)라고 한다. 동화 현상은 대비 현상과 반대 현상이다. 색상, 명도, 채도가 다르게 보이며, 이런 현상은 어두운색보다 밝은색에서 더욱 심하고, 줄무늬와 같이 주위를 둘러싼 면적이 작거나 복잡하고 섬세하게 배치되었을 때 나타나며, 서로 인접된 색이 비슷한 색일 때도 나타난다.

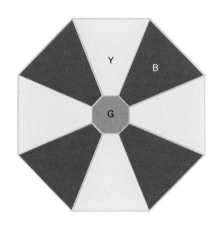

▌ 박현일 외,『색채학 사전』, 국제, 2006.

색의 배합(色 – 配合, blending of color)

색을 일정한 비율로 알맞게 섞어 합침.

게일(Gale, Ann Van Nice)은 아동들의 색 배합에 대해 실험했다. 아동들에게 여러 가지 크레용을 주고 실험한 결과 노랑이 붉은 보라 또는 파랑과 배합되었을 때 아이들에게 인기가 있고, 파랑과 초록의 배합도 역시 인기가 있었다. 이것은 서로 대비되는 색으로, 유사한 색 또는 잘 구분되지 않은 색보다 더 선호한다.

▌ 김용훈 편저,『색채 상품 개발론 : 생리학 · 심리학적 시좌 해설』, 청우, 1987.

이마다(Imada, M.)는 그의 연구에서, "아동은 색의 배합에 있어서 아름다움에 대한 안목이 충분히 개발되지 않더라도 어떤 색에 대한 선호는 우연히 생겨나지 않는다. 검정색 크레용을 주었을 경우 아동들은 무생물, 말하자면 탈것이라든가 건물을 그리는 경향이 나타났다. 그러나 여러 가지 색의 크레용을 주자 아동들은 좀 더 상상력을 발동하여 사람이라든가 동물, 나무 같은 것들을 그렸다. 아동들이 가장 좋아하는 색의 배합은 빨강과 노랑, 빨강과 파랑이다."라고 했다.

▌ 파버 비렌(Faber Birren) 저, 김화중 역,『색채심리』, 동국출판사, 1985.

미국의 저명한 심리학자인 길포드(Guilford)는 그의 논문("색상, 농담 그리고 색도의 기능에서 색채의 정서적 가치")에서 색의 배합에 대해서 언급했다. 그는 색채와 색의 배합에 관해 무수히 많은 실험을 했고, 조화를 이룬 색의 배열에 대해 기술했다. 비슷한 색끼리 배합 또는 매우 다른 색끼리 배합은 중간 정도의 배합보다 더 유쾌한 효과를 준다. 이러한 경향은 남성들보다 여성들에게 훨씬 더 강하다. 사람들은 아주 밀접하게 연관된 색 사이 또는 정반대되는 색 사이에서 조화를 느끼고, 그 밖의 색들 사이에서 조화를 느끼지 못한다. 이것을 색원(色圓)[130]으로 표시하면, 노랑은 귤색이나 연두, 파랑이나 청자색, 보라와 결합했을 때 조화를 이루게 된다. 노랑이 주황이나 초록, 빨강들과 결합했을 때에는 선호하지 않는다.

그의 논문에서는 탁한 색(濁色)과 맑은 색(淸色) 중에서 하나를 선택할 경우 맑은 색을 더 선호하고,

---

130. 여러 가지 유채색을 서로 비슷한 색끼리 연결하여 하나의 원추 상에 배치시킨다.

어두운색과 밝은색 중에서 밝은색을 선택했다. 사람들은 서로 밀접하게 관련된 색의 배합이나 서로 반대되는 색(補色)의 배합을 좋아한다. 이러한 색의 변화는 색상을 명확히 표현하는 데 매우 중요하다. 예를 들면 화려하고 강렬한 표현에는 순색을 써야 하고, 밝고 섬세한 표현에는 흰빛이 섞인 색을 써야 하며, 깊고 점잖은 표현에는 검정빛이 섞인 색을 써야 한다. 그러나 위에서 언급한 표현이나 형식들 사이에 어중간하게 끼어 있는 색은 보기 흉한 색이 된다. 따라서 빨강에 하양을 약간 섞으면 빨강의 매력이 줄어든다. 그렇지만 하양을 충분히 섞어서 색의 느낌이 순색으로부터 섞인 색으로(분홍색) 옮아가면 매력은 다시 살아난다. 빨강에 검정을 조금만 섞으면 그것은 특징이 없는 더러운 색으로 보인다. 그러나 검정이 충분히 혼합되어 색의 표현 양식이 진한 적갈색으로 변하면 아름다움이 되살아난다.

■ Guilford, J. P., "The Affective Value of Color as a Function of Hue, Tint, and Chroma", *Journal of Experimental Psychology*, June, 1934.

색의 3속성(色 – 三屬性, attribute three elements of color)

색의 자극에 따라 나타나는 색채의 세 가지 지각 성질. 색의 3속성은 색상(hue), 명도(value, lightness), 채도(chroma, saturation)[131]를 말한다.

■ 박현일 외, 『색채학 사전』, 국제, 2006.

색의 3요소(色 – 三要素, three elements of color)

빛과 물체, 인간의 눈.

색의 3요소는 광원 또는 발광체에서 나오는 빛의 파장(가시광선, 광원, 빛)이고, 물체에 반사 또는 투과

(흡수)할 수 있는 빛의 파장(물체 색)이며, 물체를 지각할 수 있는 빛의 파장(인간의 눈)이다.

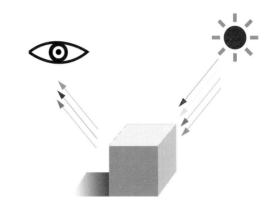

■ 박현일 외, 『색채학 사전』, 국제, 2006.

색의 상징(色 – 象徵, color symbolism)

색의 감정을 통해 사상이나 개념이 상기되거나 연상됨.

색의 생리학적 측면(色 – 生理學的側面, physiological side of color)

눈에서 대뇌에 이르는 신경 계통의 광화학적 활동을 규명하는 방법.

색의 생리학적 측면은 색 자극에 따르는 신경 조직, 망막, 시신경, 홍채의 조직과 기능에 대한 연구를 의미한다.

■ 박현일 외, 『색채학 사전』, 국제, 2006.

색의 시인도(色 – 視忍度, visibility of color)

색의 색상, 명도, 채도 차이에서 나타난 도형과 바탕의 결과.

색의 시인도는 명도 차이가 큰 것이 뚜렷하다.

■ 박현일 외, 『색채학 사전』, 국제, 2006.

---

131. 먼셀 표색계에서는 채도를 크로마(chroma)라고 한다. 컴퓨터 그래픽 프로그램에서는 채도를 saturation으로 사용한다.

색의 심리 물리적 측면(色－心理物理的側面, psychological physical side of color)

색상, 명도, 채도의 세 가지 기본적인 색채 반응과 빛의 물리량, 인간의 감각 자극과 반응의 관계를 측색하는 방법.

색의 심리 물리적 측면은 인간의 색 지각에 따르는 색 지각, 색맹, 잠재의식, 환경 요소의 연구를 의미한다.

▎ 박현일 외,『색채학 사전』, 국제, 2006.

색의 심리학적 측면(色－心理學的側面, psychological side of color)

개개인의 주관적인 감정 작용, 과거의 경험에 의한 기억, 연상 작용에 대한 색채의 반응을 규명하는 방법.

색의 심리학적 측면은 색채가 인간에게 미치는 작용과 영향에 대한 연구를 의미한다.

▎ 박현일 외,『색채학 사전』, 국제, 2006.

색의 연상(色－聯想, association of color)

색이 시지각을 자극하여 추상적 개념이나 구체적인 사물이 마음속에 떠오르는 심상(心想).

색의 연상은 사용된 색에 따라 우울해 보이거나, 따뜻해 보이거나, 값비싸 보이는 심리적 효과를 말한다.

▎ 박현일 외,『색채학 사전』, 국제, 2006.

색의 영감(色－靈感, inspiration of color)

색을 통해 머리에 번뜩이는 신묘(神妙)한 생각.

미국의 캘리포니아대학교 심리학과 교수인 머피(Murphy, Gardener)는 미국심리학협회에서 추진한

연구 계획의 일환으로 영감을 연구했다. 그 결과 사람들이 빨강에 대하여 품고 있는 적개심은 정신 감응적(情神感應的, 텔레파시에 의해)으로 일어난다. 실험은 대체로 두 가지의 제한적인 응답으로 그렇다 아니다, 처음이다 끝이다, 검다 희다 중에서 하나를 선택한다.

다른 연구에서는 영감 카드[132]와 '룩 카드(rook cards)'[133] 한 쌍이 사용되었다. 룩 카드는 네 개의 조와 56매로 구성되어 있고, 각 조는 각기 다른 색이 있으며, 조마다 1에서 14까지 숫자가 있다. 룩 카드를 분석한 결과 어떤 집단의 판독 점수가 평균치보다 약간 높고, 하양 바탕에 빨강 숫자가 적힌 카드는 다른 카드의 판독 점수보다 낮다.

▎ 파버 비렌 저, 김화중 역,『색채심리』, 동국출판사, 1985.

색조(色調, color tone)

색의 3속성 중에서 명도와 채도를 통합한 용어.

색 지각(色知覺, color perception)

색 감각에 기초하여 색의 상태를 파악하는 것.

색 지각은 색이나 색채에 대해 일상생활에서 경험하는 것을 말하고, 빛이 눈으로 들어가는 경우 물리적 조건이나 생리적 조건에 의해 좌우된다. 시지각은 일정한 것이 아니며, 색 지각은 특정한 관측의 조건에서 경험적으로 일정하다. 경험적 사실에 바탕을 둔 빛은 물리량과 색, 색채의 심리량 사이에 1 : 1의 대응이 존재한다는 것을 표시하는 체계(표색계)이다.

---

132. 텔레파시를 시험하기 위해 카드에 문자, 숫자, 그림이 그려져 있다. 두 사람이 서로 보이지 않는 곳에서 한 사람이 카드를 집어 들면 다른 사람은 그 집어 든 카드와 같은 카드를 골라내는 실험이다.

133. 영감 카드를 사용하는 방식과 같이 텔레파시에 의해 맞춘다.

색 지각의 네 가지 조건에는 빛의 밝기, 사물의 크기, 색의 대비, 색의 노출이 있다. 빛의 밝기는 색 지각의 근본이 되고, 빛의 밝기에 따라 색 지각이 각각 다르게 나타난다. 색 지각을 하기 위해서는 사물의 일정한 크기가 필요하다.

▌ 박현일 외, 『색채학 사전』, 국제, 2006.

색채(色彩, color)

물체의 색. 물체가 발광하지 않고 빛을 받아서 반사되는 색＝색깔.

우리가 일상생활 속에서 늘 보는 색을 색채[134]라고 한다. 색채는 물체의 지각(표면 지각)을 수반하는 것이고, 심리적인 성질을 가지고 있다. 일정한 관측 조건을 부여하면 일정한 색채로 지각되기 때문에 적당한 방법으로 표시하는 것(정량화)이 가능하다.

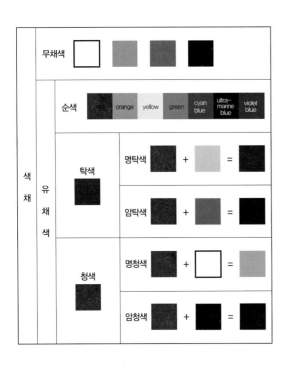

---

134. 광고지에 인쇄된 색, 옷에 염색된 색, 자동차에 도색된 색을 말한다.

색채의 분류에는 무채색과 유채색 두 가지가 있다. 유채색은 순색, 탁색(濁色), 청색(淸色) 세 가지로 나눈다. 탁색은 명탁색과 암탁색으로 나누고, 청색은 명청색과 암청색으로 나눈다.

▌ 박현일 외, 『색채학 사전』, 국제, 2006. / 박현일, 『색채학 강의』, 서우, 2007.

쿡(Cook, W. M.)은 그의 연구에서, 어린이는 그들이 성장하면서 색깔을 정확하게 지각하고 사용하는 능력이 점점 증가한다고 밝혔다. 그는 2세～5세 반까지 어린이를 연령별로 나누어 빨강, 초록, 노랑, 파랑 네 가지의 색에 대해서 이들이 얼마나 정확하게 색채를 짝지을 수 있는지, 또한 색의 이름을 부를 수 있는지 조사했다. 그 결과 어린이는 연령이 증가되어 감에 따라 색채를 짝짓고, 이름을 부르는 일이 점점 정확해졌으며, 색채를 분별하는 것이 색채의 이름을 아는 것보다 먼저 발달한다. 이 사실은 언어로써 상징이 먼저 발달되고, 색의 개념에 따라 학습된다는 것을 의미한다.

▌ 김정, 『아동의 미술교육 연구』, 창지사, 1989.

알슐러(Alschuler)와 해트윅(Hattwick)이 함께 쓴 저서(그림과 개성)에서 미술의 정신 요법에 관한 직업과 학문에 대해 연구했다. 이것은 미술 표현을 통한 인간의 개성적인 연구에 치중하고 있다. 색채는 그림으로 나타나는 단순한 양상보다 어린이의 정서적 본질과 특별한 가치를 지니고 있다. 어린이들은 형태보다 색채에 대해 더 민감하고 순수한 즐거움을 느낀다. 그들은 나이를 먹을수록 감정의 자제와 수양을 쌓아 감에 따라 본래 색의 호소력을 다소 상실하게 된다. 어린아이들은 빨강, 주황, 분홍, 노랑과 같은 따뜻하고 밝은색에 호감을 가진다. 그들은 이러한 색에서 그들의 내적 감정을 해방시킨다. 파랑과 녹색의 차가운 색을 사용하는 아이들은 신중하게 행동하고 성급하게 굴지 않는다. 검정, 갈색 또는 회색을 사용하는 아이들은 어떤 내적 고민거리를 표출한다.

3세~5세까지 색채의 즐거움이 나타내는 정서적인 경향 네 가지를 제시했다. 첫째, 파랑이나 검정을 자주 쓰는 경우에는 정서에 대한 자제력과 억제력이 나타난다. 둘째, 빨강은 최고 정조의 가치를 지니고 있다. 억제하기 힘든 감정을 표현으로 나타낸다. 셋째, 노랑은 유아의 특성(trait)[135]에 조화롭고, 성인의 신뢰에 조화하는 것으로 여겨진다. 넷째, 녹색은 균형을 나타내고, 감정적인 충동을 감소시켜 단순하고 소박한 성격을 보여 준다.

▌ Alschuler, Rose H. & Hattwick, La Berta W., Painting and Personality : *A Study of Painting and Personality of Young Children*, (Vol. 2), Chicago : Univ. of Chicago Press, 1947.

색채 감각(色彩感覺, sense of color)

색채를 통해 받아들이는 느낌.

1933년 월튼(Walton, William E.)은 500명의 어린이들과 100명의 어른들을 대상으로 인형에 옷 입히기 실험을 했다. 그 결과 4세부터 색의 조화에 대한 감각이 나타났고, 평균 8세 이후가 되어야 비로소 믿을 만한 경향으로 나타났다. 단색의 선호나 색채 선택에 소모된 시간은 조화로운 색을 고를 수 있는 능력과는 상관이 적었다. 조화로운 색을 고르는 것은 나이가 많아짐에 따라 발전되고, 미적 재능에 따라서 달랐다.

▌ 박현일 외, 『색채학 사전』, 국제, 2006.

---

135. 여기서 말한 특성은 여러 가지 상황에 대한 일정한 행동 경향 또는 하나의 마무리를 의미한다.

색채 개념(色彩槪念, color concept)

색채 속에서 공통적 요소를 얻은 하나의 보편적인 관념.

오스트리아의 미술 교육학자, 심리학자, 화가인 로웬펠드(Lowenfeld)는 그의 저서(어린이와 어린이 미술)에서 색채 개념을 제시했다. 그의 색채 개념은 가장 설득력 있고, 신중한 연구로 평가되었다. 어린이의 그림과 지각력의 질은 촉각, 시각, 청각의 현상에 의한 직접적인 경험을 통해 어린이의 이미지 형성과 지각력이 개발된다.

〈로웬펠드의 색채 개념〉

나이	색채 개념
2세~4세	색채의 개념이 아직 분명치 않다. 색채를 보고 그리는 것이 아니라 그리고 싶은 충동으로 손끝에 이끌려 긁적거린다. 많은 색채보다 한두 가지의 색채로 처리한다. 색채보다 그냥 그린다는 개념이 더 어울린다.
4세~7세	대상을 놓고 어떤 색채로 표현할 것인가를 우선 생각한다. 색채보다는 대상의 묘사에 충실하고자 노력한다. 물체를 스케치한 것만 보고 판단해서는 안 된다. 자꾸 색채가 변하게 된다. 색칠하는 과정에서 개인의 의식은 어떤 의미의 깊이를 갖는 것이 아니라 자연스럽게 그린다. 유아들의 색채는 심리 상태와 무관하지만은 않다. 강한 인상을 받았거나 좋아하는 색채를 자주 애용한다.
7세~9세	대상과 색채는 자연스럽게 관계를 맺는다. 대상과 똑같게 그리지 않을 때도 있다. 여러 가지 형태의 하늘이 나타난다(맑은 하늘을 보았고, 안개 낀 하늘도 본 적이 있으며, 노을 진 하늘도 보았다.).
9세~12세	고정적인 색채 관념으로 보아서는 곤란하다. 틀에서 벗어나 자연스런 형태로 변모해 간다.

▌ Lowenfeld, Viktor, *Your Child and His Art*, New York : Macmillan Publishing Co. Inc., 1956.

색채 검사(色彩檢査, Color Test, CT)

색의 배열 상태로 인간의 의식, 무의식, 심리 상태를 분석하는 방법.

스위스 학자인 뤼셔(Lüscher)는 그의 저서(색채 검사)를 출간했다. 뤼셔의 〈색채 검사〉는 1947년 발표되었고, 일곱 개의 색판에 73색으로 만들어졌으며, 독일어로 출간되었다. 이 검사법은 1951년 외국에 알려졌고, 1969년 얀 스콧(Ian Scott)가 영어로 출판했으며, 미국에서 대중화가 되었다.

〈색채 검사〉는 다른 사람들의 의식, 무의식적 특성, 심리적 동기에 의해 개발되었고, 다홍과 밝은 노랑, 청록, 암청, 보라, 갈색, 중간 회색, 검정에 대한 설명이 포함되어 있다. 이 검사는 개인의 기호에 따라 여덟 가지의 색을 왼쪽에서 오른쪽으로 배열[136]하며, 가장 좋아하는 색과 가장 싫어하는 색의 조합에 대한 설명, 약 320개의 짤막한 진단 논평과 설명이 있다.

다홍을 선호하는 사람은 생명력, 욕망, 행동을 나타내며, 충동적이고 성적(性的), 육체적 또는 정신적으로 지친 사람들이 가장 먼저 선택하는 색이다. 이 색을 싫어하는 사람은 생명력이 부족하거나 자신의 생활 문제로 고민한다. 밝은 노랑을 제일 선호하는 사람은 지적이며, 혁신을 좋아하고, 희망을 갖고 있다. 이 색을 싫어하면 의구심, 생활에 대한 실망, 고립감을 암시한다.

청록을 제일 선호하는 사람은 그 자체의 빛깔처럼 자연의 항구성(恒久性), 영속성, 불굴의 의지를 암시하고, 안정을 바라며, 변화에는 저항감이 있다. 이 색에 대한 거부 반응은 불안을 암시하며, 부(富)의 손실이나 지위 실패에 대한 두려움을 나타낸다.

암청은 성취감, 끈기, 질서, 평화로운 상태를 나타낸다. 이 색에 대한 거부는 개인 자신에 대한 거부를 알리는 것이다. 이것은 탈피하려는 욕망이나 이상한 행동으로 끌어 갈 수도 있다.

보라는 신비로운 결합, 매혹과 꿈의 실현, 소망이 충족되는 마법적인 상태를 의미한다. 보라에 대한 거부는 그 사람이 개인적이든 직업상이든 밀접한 관계를 피하는 쪽을 선택하고, 사춘기 전의 어린이들이 보라를 강하게 선호한다.

갈색은 물리적인 것으로 안전과 보수주의적인 성향과 관련이 있다. 이 색이 첫 번째 위치에 놓는 일은 없으며, 이 색이 있는 곳에는 박탈당한 영혼이나 불안정한 영혼을 만나게 된다. 갈색은 가장 좋아하지 않는 색이고, 이 색은 아마도 개인적이며 독립하려는 욕망을 나타내는 표정일 것이다.

중간 회색은 갈색이나 검정과 마찬가지로 대부분의 사람들이 맨 마지막에 선택하는 색이다. 회색은 주체도 객체도 아니고, 내면도 외면도 아니며, 긴장도 이완도 아니다. 회색은 베를린의 장벽이요, 철의 장막이다. 회색을 처음 위치에 놓은 사람은 벽 속에 살기를 원하며, 혼자 떠나 있기를 원한다. 회색에 대한 거부 반응은 따분함을 표출하고, 고립되어 있기보다 생활에 참여하기를 원하는 사람이다.

검정을 좋아하는 사람은 이 색을 선택하지 않는다. 어떤 사람이 검정을 선택할 때 자신의 운명에 대해 저항하는 상황에 있다. 검정은 다른 일곱 가지의 색보다 뒤서 검사표의 마지막 부분에 가장 많이 놓인다. 검정이 마지막 위치에 놓이는 것은 그 어떤 것도 포기할 수 없는 결심을 나타낸다. 정상적인 사람들은 원색을 선호하는 반면 신경증 징후를 보이는 사람은 하양, 갈색, 검정을 선택한다.

Lüscher, Max, 〈The Lüscher Color Test〉, New York : Random House, 1969.

색채 경험(色彩經驗, color experience)
색채를 보고 겪는 일.

릭커스(Rickers, Maria)는 인간의 성격 깊이를 탐구하기 위해 연구된 〈로르샤흐 검사(Rorschach Method)〉

---

136. 가장 좋아하는 색은 왼쪽에, 가장 싫어하는 색은 오른쪽에 놓는다.

와 관련하여 다음과 같이 언급했다. 색채 경험은 형태의 경험보다 더욱 순간적이고 직접적이며, 감각적인 사실로 나타난다. 지각 작용은 피험자에게 편견이 없는 객관적인 태도를 수반한다. 색채 경험은 지각 작용보다 더욱 순간적이므로 정조적(情調的)인 특성을 포함하고 있다.

■ 김용훈 편저,『색채 상품 개발론 : 생리학 · 심리학적 시좌 해설』, 청우, 1987.

색채 기호(色彩記號, color sign)

색채를 보고 좋아하며 즐김.

여성 미술 교육학자인 엥(Eng)은 그의 저서(어린이들의 그림 심리)에서, 남자 아이는 색채 기호에 있어서 연령이 증가할수록 파랑이 많이 나타나고, 보라가 점점 줄어든다. 여자 아이는 보라가 증가하고, 파랑이 줄어든다. 빨강은 8세~12세까지 증가되었다가 그 뒤 감소한다. 녹색은 7세~9세까지 가장 많이 사용되고, 그 후에는 줄어드는 경향을 보인다.

■ Eng, Helga, *The Psychology of Children's Drawings*, London : Kegan Paul, 1931. / Eng, Helga, *The Psychology of Child and Youth Drawing*, London : Harcourt, Brace & World, Inc., 1957.

사간트(Sargant, Walter)의 연구에 따르면, 색채 기호는 각 개인의 경험에서 생성되고 극히 주관적인 취미이다. 민족이나 집단은 객관적 색채 기호의 경향을 엿볼 수 있다.

드레버(Drever, James)는 그의 연구에서 여섯 가지의 색종이를 카드에 붙이고, 두 가지 색의 짜임새 중에서 남성과 여성에게 한 색을 선택하도록 했다. 남성의 기호 색은 여섯 가지 색 가운데 세 가지의 색이 여성의 기호 색과 다르게 나타나 성의 차이가 나타났다.

〈색채기호의 순위〉〈남녀 사춘기 전후〉

조건 \ 순위		1	2	3	4	5	6	비고
B	남성	파랑 (6.8)	보라 (5.1)	자주 (5.0)	빨강 (4.7)	노랑 (4.4)	녹색 (3.9)	18세~21세 대학생 144명(남성 54명, 여성 90명), 색채로는 빨강, 노랑, 녹색, 보라, 파랑, 자주이다(숫자는 기호 수를 나타냄).
	여성	파랑 (6.5)	보라 (6.0)	녹색 (5.6)	노랑 (4.7)	빨강 (3.8)	자주 (3.6)	

심리학자인 루카스(Lucas, Darrell Blaine)는 브리트(Britt, Steuart Henderson)와 함께 색채 기호의 경향을 중요시했다. 일정한 색채에 의해 되살아나는 감정의 만족은 색채 기호에 반영된다. 대부분의 사람들은 일정한 색채를 좋아하고, 다른 색채에 대해 완전히 무관심하거나 받아들이지 않는다.

모리슨(Morrison, Beulah M.)은 월튼(Walton)과 함께 성인을 대상으로 색채 광선을 스크린에 투사한 결과 배색 기호를 여덟 가지로 밝혔다.

첫째는 빨강과 파랑, 둘째는 파랑과 녹색, 셋째는 빨강과 녹색, 넷째는 하양과 파랑, 다섯째는 호박색과 파랑, 여섯째는 호박색과 녹색, 일곱째는 빨강과 호박색, 여덟째는 하양과 호박색.

■ 김용훈 편저,『색채 상품 개발론 : 생리학 · 심리학적 시좌 해설』, 청우, 1987.

색채 동화(色彩同和, color assimilation)

색들끼리 서로 영향을 주어 인접된 색에 가까운 색으로 느끼게 하는 현상.

색채 동화는 같은 배경의 색이라도 위에 그려진 그림 색의 영향으로 색 전체의 톤뿐 아니라 원래 배경 색의 속성까지 다르게 보인다. 이런 현상은 색의 3속성으로 서로 반대되는 색이 변해서 나타나고, 인접된 주위의 색과 닮은 색으로 변해 보이며, 또한 둘러싸인 면적이 적거나, 둘러싸인 색상이 주위의 색상과

비슷하거나, 복잡하고 섬세한 무늬에서 나타나는 현
상이다.

▌ 박현일 외, 『색채학 사전』, 국제, 2006.

색채 반응(色彩反應, color reaction)

색채의 자극이나 작용을 받아 일으키는 변화나 움
직임.

카보스키(Karwoski)와 오드버트(Odbert)가 함께 쓴
논문("색채와 음악")에서, 148명의 대학생을 대상으
로 색채 반응을 조사한 결과 60% 이상의 학생들은
음악을 들을 때 색채 반응을 경험했다. 39%의 학생
들은 한 가지의 색 또는 여러 가지 색을 볼 수 있고,
53%는 색채를 연상할 수 있으며, 31%는 색채 반응을
느꼈다.

　대부분 사람들은 한 가지 방법 또는 다른 방법으로
색채를 음악과 연관시킨다. 느린 음색은 파랑, 높은
음색은 밝은색, 낮은 음색은 어두운색, 색과 더불어
무늬까지도 연상된다.

▌ Karwoski, F. Theodore & Odbert, "Color Music",
Psychological Monographs, (Vol. 50), No. 2, Columbus,
Ohio State Univ., 1938.

색채 분석(色彩分析, color analysis)

색채의 요소나 성질에 따라서 가르는 일.

미국의 여성 심리학자인 알슐러(Alschuler)는 해트윅
(Hattwick)과 함께 쓴 저서(회화와 개성)에서 어린이
의 그림에 나타난 색채를 분석했다.

　빨간색을 좋아하는 어린이는 느낀 대로 자유롭게
행동하고 반응하며, 신체적 기능이 왕성하다. 빨간
색을 좋아하는 아이들의 특징은 사회적 규범에 관심
이 없고, 어른들이나 동무들과 사이가 좋아 적응을
잘하거나 협동해서 잘 논다.

　둥글둥글한 빨간색 스트로크는 애정이나 기분이
좋은 상태이다. 적의나 자기주장이 강한 경우에는

수직이나 수평의 직선을 죽 뻗게 그린 무거운 스트로
크, 길고 폭이 넓은 스트로크로 화면을 덮거나 다른
색 위에 겹쳐서 빨간색을 덧칠한다. 빨간색을 좋아
하는 아이들은 따뜻한 색을 좋아하는 아이들과 비슷
하다. 빨간색은 애정에 관한 각종 감정을 나타내고,
행복에 찬 애정 상태나 적의에 찬 상태가 교차한다.

　파란색을 좋아하는 어린이는 두 무리로 나뉜다.
한 무리는 날카롭고 긴장된 자국으로 물감의 덩어리
로 표현하며, 이것은 억제된 불안을 나타낸다. 다른
한 무리는 선과 형태로 그리는데 이런 아이들은 명랑
한 성격으로 환경에 적응을 잘한다. 노란색 위에 파
란색을 칠하는 경우는 더 크고 싶다는 욕구이다.

　노란색을 좋아하는 어린이는 파란색을 좋아하는
어린이보다 더 의존적인 행동을 많이 한다. 반면 노
란색보다 파란색을 더 많이 쓰는 어린이는 자기 억제
가 강하다. 노란색을 강조한다든지 그 위에 파란색
을 이중으로 칠하는 것은 성장 욕구와 유아의 상태에
머무르는 갈등의 표시이고, 동생이 태어나서 가족에
게 자신에 대한 계속적인 애정을 요구하는 마음과 동
생에 대한 증오의 표현이다.

　녹색을 좋아하는 어린이는 감정을 강하게 표현하
지 않는 내향적인 성격으로, 빨간색을 좋아하는 어린
이보다 자기 억제가 강하다. 파란색과 녹색을 비교
하면 파란색은 감정의 순화를 뜻하고, 녹색은 강한
감정의 충동을 순화시킨다. 이 색은 감정의 결여나
회피하는 경향을 의미하고, 엄격한 가정의 어린이가
이 색을 즐기는 경우가 많다.

　검정색을 좋아하는 어린이는 정서적인 행동에 결
함이 있음을 표시한다. 자유로운 감정의 흐름이 결
여되어 있고, 공포의 경향이 내재되어 있다.

　주황색을 좋아하는 어린이는 주위에 잘 적응하는
사회적인 성격을 가지고 있다. 그러나 개중에 강한
감정을 표현하거나 약간 두려운 어린이가 그것을 위

장하기 위해 사용할 때도 있다. 공상을 즐기는 어린이가 현실생활에서 도피하려는 심리적 반영으로도 볼 수 있다.

파란색과 비교하여 갈색을 강하게 표현하거나 좋아하는 어린이는 유아의 상태에 머무르려는 욕구의 표현이며, 또한 더러운 것을 싫어하고, 잘 부서지는 장난감을 제재할 때 고의적으로 쓴다.

보라색을 좋아하거나 오래도록 고집하여 쓰는 어린이는 억제되고 불행한 심리 상태와 관계가 있고, 친구를 많이 사귀기를 싫어하는 감상적인 경우가 많다. 회색뿐인 유아의 그림은 정서적 결핍이나 인간관계가 나쁜 것으로 해석된다.

충동적 발달 단계에서 아이들은 선이나 형태에 비해 색채에 더 흥미를 가지고 있다. 남자 아이보다 여자 아이 쪽이 더 많은 감정을 표출한다. 선이나 형태에 많은 관심을 가지는 아이는 자기 억제적이며 이성적 행동으로 나타나는 것이 특징이다. 선이나 형태는 어린이가 보존하고 있는 에너지이고, 어린이가 사용 가능한 통제력을 나타내며, 통제력이 작용한 방향으로 나타난다.

▌ Alschuler, Rose H. & Hattwick, La Berta W., *Art and Personality : A Study of Young Children*, Chicago : Univ. of Chicago Press, (Vol. 1) & 2, 1947.

색채 사용(色彩使用, color use)

그림에서 색채를 쓰거나 부림.

김정은 그의 연구에서 색채의 사용에 대해 다음을 제시했다. 빨강은 남자 아이보다 여자 아이가 더 즐겨 사용하고, 학년이 낮을수록 남녀 모두 좋아하는 경향이 있다. 파랑은 한국 어린이가 가장 많이 사용하는 색채이다. 여백의 공간은 거의 파랑 계열로 칠하는 경향이 있고, 특히 남자 아이가 즐겨 쓴다. 노랑은 밑그림으로 많이 쓰는 색이고, 한국 어린이의 그림에서 노랑이 지나치게 많이 나타난다. 초록은 의외로 많이 쓰지 않고, 특히 겨울철에는 화면에 잘 나타나지 않는다. 검정은 나이가 어릴수록 많이 사용한다.

미국의 여성 심리학자인 알슐러(Alschuler)와 해트윅(Hattwick)이 함께 쓴 논문("유치원 아이들의 개성적 지표에 나타난 그림")에 따르면, 어린이는 연필이나 단색의 크레용보다 색채의 사용을 더 좋아한다. 통제적이고 계획된 특성을 지닌 연필이나 크레용으로 드로잉하는 것보다 유동적이고 생생한 특성을 지닌 색채가 정서적 반응을 더욱더 불러일으킨다. 따라서 어린이의 인성에 대해 통찰을 할 때 또는 감정과 관련된 인성의 측면은 드로잉보다 표현을 관찰하는 것이 더 적절하다.

▌ Alschuler, Rose H. & Hattwick, La Berta W., "Easel Painting as an Index of Personality in Preschool Children", *American Journal of Orthopsychiatry*, (Vol. 13), 1943.

미국의 캘리포니아대학교 교수인 샤이(Schaie, K. Warner)는 〈피스트의 검사〉를 제작했다. 이 검사법에서 정상인은 하양의 사용 빈도가 29.1%이고, 정신분열증 환자는 76.6%로 나타났다. 하양을 선택한 전자의 사람은 정신과적 주의를 요하며, 하양을 좋아하는 사람을 만날 수 없었다. 색표를 흩어 버리는 사람은 색채 지향적이고, 색표를 읽어 짜는 사람은 형태 지향적이다. 또한 검사하는 개개인이 색채를 자유롭게 사용했는가 혹은 억제하면서 사용했는가에 주의를 기울여야 한다. 빨강을 대범하게 사용하는 사람은 외향적인 특성을 보여 주고, 주황은 원만하고 좋은 대인 관계를 갖고자 하는 욕구, 노랑은 단호한 인간관계, 녹색은 심리적 혼란 상태의 징후, 파랑은 이성적인 경향, 자주는 불안함, 하양은 정신 분열증을 의미한다.

▌ 김진한, 『색채의 영향』, 시공사, 1997.

색채 상징 검사(色彩象徵檢査, Color Symbolism Test, CST)

개인이 가지고 있는 성격 경향, 성도(性度), 향성(向性), 이상도(異常度)를 색채의 호의(好意)나 '집', '인생', '자기'에 관해서 색채 이미지를 검사하는 것.

색채 상징 검사는 CST라고 부르며, 자극어(刺戟語)에는 감정적인 단어인 향추, 불안, 단념, 고독이 선택되고, 각 단어에서 받는 느낌을 열여섯 가지 색채 카드 가운데서 선택하는 방법이며, 일정한 수속에 의해 진단 자료로 사용된다. 초점은 통계적 방법에 의해 남성도-여성도, 내향적-외향적, 히스테리의 분열적-조울적(躁鬱的)으로 평정되어 개인의 득점을 산정한다.
┃ 교육학사전편찬위원회 편,『교육학대사전』, 교육서관, 1989.

색채 선택 검사(色彩選擇檢査, color selection test)

내담자가 좋아하는 색으로 그림을 그리게 하는 방법.

색채 선호도(色彩選好度, color preference)

특별히 가려서 색채를 좋아함.

윈치(Winch)는 그의 연구에서 어린이에게 하양, 검정, 빨강, 초록, 노랑, 파랑의 이름을 알려 주고, 제일 좋아하는 색을 조사했다. 아주 어린 아이들은 빨강을 제일 좋아하고, 6세가 갓 넘은 어린이들은 파랑을 첫 번째로 선택했다.
┃ 김정,『아동의 미술교육 연구』, 창지사, 1989.

아이젠크(Eysenck)는 그의 논문("색채 선호도의 비평적 경험적 연구")에서 2만 1천 60명을 대상으로 한 연구 결과를 도표로 작성했다. 이 결과에서는 파랑이 가장 선호하는 색이고, 그 다음으로 빨강, 초록, 보라, 주황, 노랑 순이다. 성별의 분류에서 남성들이 좋아하는 색의 순서는 주황이 다섯 번째이고, 노랑은 여섯 번째이다. 여자들의 경우 노랑은 다섯 번째이고, 주황은 여섯 번째라는 점 외에 순서가 모두 일치했다.

〈색채 기호의 순위(남성과 여성)〉

성별＼순위	1	2	3	4	5	6
남성	파랑	보라	자주	빨강	노랑	녹색
여성	파랑	보라	녹색	노랑	빨강	자주

┃ Eysenck, H. J., "A Critical and Experimental Study of Colour Preferences", *American Journal of Psychology*, July, 1941.

피크포드(Pickford)는 그의 저서(심리학과 시각의 미학)에서 색채 선호도는 문화의 풍습에 대한 영향을 많이 받고 있다고 하였다. 또한 1950년대 영국과 1960년대 미국, 1920년 이전 시대의 경향들을 비교할 때 분명한 차이점이 있다. 결국 사회 심리학의 요인이 색채 선호도에 영향을 주는 것 중의 하나이다.

1945년 가드(Garth, T. R.)의 연구에 따르면, 6세 어린이들은 빨강을 제일 좋아하고, 다음으로 파랑을 좋아한다. 이 나이가 지나면 파랑을 제일 먼저 고르고, 다음으로 빨강과 주황(오렌지색)을 선택한다. 1,000명을 표본 조사한 결과 498명의 남자 어린이들은 파랑에 이어 빨강을 가장 좋아했고, 502명의 여자 어린이들은 빨강을 다섯 번째로 선택했다.

색채의 선택(choosing of color)이나 선호(preference)는 나이와 교육의 배경에 따라 다르므로 정확하게 증명할 수 없다.

┃ Pickford, R. W., *Psychology and Visual Aesthetics*, New York : Hutchinson Educational Publisher, 1970.

박현일(朴賢一)은 그의 논문에서 청소년 색채 선호도를 조사했다. 이 논문에서는 1,242명의 학생들을 실업 계열과 인문 계열로 나누었으며, 서울 지역과 서울 근교 지역, 중소 도시(medium and small city)로 분류했고, 서울 지역 인문계 남자 고등학교(boy's academic high school) 1개 학교와 서울 지역 실업계 여자 고등학교(girl's vacational business high school)

1개교, 서울 근교 실업계 여자 고등학교 1개교와 중소 도시 인문계 남자 고등학교 1개교를 중심으로 설문지(questionnaires) 조사를 했다. 연구 결과에 따르면, 1,242명 중에서 17.1%인 213명의 학생들은 파랑을 가장 선호하는 색으로 선택했고, 두 번째는 노랑으로 15.6%인 194명, 세 번째는 녹색으로 14.7%인 183명, 네 번째는 하양으로 13.3%인 166명, 다섯 번째는 검정으로 7.9%인 99명이 각각 응답했다.

1학년이 가장 좋아하는 색은 노랑으로 550명 중에 20%인 110명, 두 번째는 파랑으로 16.1%인 89명, 세 번째는 녹색으로 13.6%, 네 번째는 하양, 다섯 번째는 검정으로 7.2%인 40명이 선호한다고 각각 응답했다. 2학년은 전체의 응답자와 마찬가지로 파랑으로 16.1%인 54명, 두 번째는 녹색으로 14.4%인 48명, 세 번째는 하양과 녹색으로 똑같이 응답했고, 네 번째는 노랑으로 10.4%인 37명, 다섯 번째는 검정으로 9.8%가 선호함을 나타냈다. 3학년은 2학년과 전체 응답자 학생들의 반응과 일치했고(파랑으로 19.6%로 70명), 두 번째는 녹색(16.8%), 세 번째는 하양(52명인 14.5%), 네 번째는 검정을 각각 응답했다.

1학년, 2학년, 3학년 학생들은 순위가 약간씩 뒤바뀌어 있으며, 첫 번째와 다섯 번째 사이의 선호 색은 그대로 파랑, 녹색, 노랑, 하양, 검정이 존재하고, 학생들의 편견이나 혐오하는 색으로 회색이 가장 많았다. 회색은 30.8%인 378명, 두 번째는 검정으로 14.1%인 176명, 세 번째는 빨강으로 12.7%인 158명, 네 번째는 주황으로 8.7%, 다섯 번째는 자주로 8.1%로 101명이 각각 싫어하거나 혐오하는 색으로 제시했다. 1위와 2위의 차이는 현저하게 심하다. 그러나 2위와 3위는 차이가 없음을 쉽게 알 수가 있다.

1학년이 가장 혐오하는 색은 회색으로 약 30%(29.6%)로 나타났고, 두 번째는 역시 무채색(achromatic color)인 검정으로 19.8%인 109명, 세 번째는 빨강으

로 11.8%, 네 번째는 주황으로 7.8%가 각각 제시했다. 2학년은 1학년보다 약간의 지지율이 높은 31%로 하양이 나타났으며, 두 번째는 주황으로 11.6%, 세 번째는 빨강으로 10.7%, 네 번째는 보라로 9.85%, 다섯 번째는 자주로 8.95%로 밝혀졌다. 3학년은 회색으로 30.4%가 싫어하는 것으로 나타났고, 두 번째는 검정으로 14.7%인 176명, 세 번째는 빨강, 네 번째는 주황으로 8.7%인 109명이 거부 반응을 나타냈고, 대체로 무채색 계열을 싫어했다.

〈1989년 설문 조사의 지역 분포도〉

지역 성별	서울 지역 (인문계)	서울 지역 (실업계)	서울 근교 (실업계)	중소 도시 (인문계)	계
남성	1			1	2
여성		1	1		2
계					4

▋ 박현일, 「색채를 통한 청소년 심리상태의 분석연구」, 동국대학교 석사논문, 1990.

1958년 라코프스키(Larkowski)는 그의 연구에서, 색채의 선호는 나이에 따라 달라지며, 25세~35세까지 청년기 때에 가장 민감한 반응을 보이고, 그 이후 점점 둔감해진다고 밝혔다.

▋ 김춘일, 『미술교육론』, 홍성사, 1985.

1962년 발렌타인(Valentine, C. W.)의 연구에서, 남자 어린이가 좋아하는 색깔의 첫 번째 순위는 파랑이고, 두 번째는 빨강이었다. 생후 3개월의 유아들에게 색채가 있는 실 다발 두 개를 동시에 보여 주고, 제각각 실 다발에 주목하는 시간을 측정했다. 그 결과 노랑을 가장 오래 보았고, 백색과 핑크색 순으로 나타났다. 또한 가장 주목하지 않는 색채는 검정, 녹색, 파랑과 제비꽃색으로 나타났다.

〈어린이의 색채 선호도 순위〉

색채 \ 성별	남자 어린이의 순서	여자 어린이의 순서
파랑	1	1
빨강	2	2
하양	5	3
녹색	3	3
노랑	4	5
검정	6	6

▌ Pickford, R. W., *Psychology and Visual Aesthetics*, New York : Hutchinson Educational Publisher, 1970.

1909년 빈치(Winch)는 그의 연구에서 7세~15세까지 2,000명의 어린이를 대상으로 색채 선호도 조사를 실시했다. 498명의 남자 어린이들은 파랑을 제일 좋아하고, 빨강을 두 번째로 좋아하는 색으로 선택했다. 502명의 여자 어린이들은 빨강을 다섯 번째로 좋아하는 색으로 선택했다.

▌ 김정,『아동의 미술 교육 연구』, 창지사, 1989.

1922년 브리드(Breed, F. S.)는 카츠(Katz, S. E.)와 함께 2,500명을 대상으로 색채 선호도를 조사했다. 그 결과 어린이들은 파랑을 가장 많이 골랐으며, 나이가 어릴수록 단파장[137]의 색채[138]를 좋아하고, 나이가 많을수록 장파장의 색채[139]를 좋아한다.

---

137. 짧은 파장을 말한다. 파장의 단위는 nm(nanometer), mμ(millimicron), μ(micron), Å(Angstrom, 스웨덴의 물리학자 이름)을 사용한다. 가시광선의 범위는 약 380nm~780nm까지이다. 380nm보다 짧은 파장은 감마(γ)선, X선, 자외선(ultraviolet) 순이다. 780nm보다 긴 파장은 적외선(infrared)과 전파이다. 먼셀(Munsell)의 색 파장 순서는 빨강(630nm), 주황(590nm), 노랑(578nm), 녹색(540nm), 파랑(485nm), 보라(459nm) 순이다.
138. 주로 한색 계열의 색채(녹색, 파랑, 남색)가 속한다.
139. 주로 난색 계열의 색채(빨강, 주황, 노랑)가 속한다.

1956년 우즈(Woods)는 그의 연구에서 어린이들의 나이와 색채 선호도, 지능과 색채 선호도에 대해 실험했다. 나이가 어리거나 지능이 낮은 사람은 색이 혼란스럽고 대비가 강한 색상을 고른다. 11세 이후가 되어야 색채 감각이 나온다. 또한 문화적으로 발전된 사람은 섬세한 색상을 고르는 현상이 나타났다. 지능에 있어서 IQ가 40 이하인 24세의 남자는 전혀 구별을 할 수가 없었으며, IQ가 47~70일 때는 7세 정상 아이와 같은 반응을 하였다. 이 연구에서는 지성과 성, 나이에 따라 달라진다.

1958년 코플렉스(Couplex)는 그의 연구에서 색채의 객관성을 알아보기 위해 코닥칼라 필터로 투영된 열 가지의 색을 사용하여 15세~22세 청년을 대상으로 실시했다. 그는 이 실험에서 성별 차이가 색채 선호도 반응에 중요한 요인이 되었다. 색채는 개인의 정신 상태에 직결되고 있으므로 정신 분석의 한 도구로 가능하다.

1969년 승구리안(Choungourian)은 그의 연구에서, 문화가 다르고 나이와 교육의 수준이 다른 미국이나 레바논 어린이들을 대상으로 색채 선호도를 조사했다. 남자 아이는 차가운 계통의 파랑을 좋아하고, 여자 아이는 따뜻한 계통의 빨강을 좋아한다. 물론 이 결과는 5세 어린이의 경우이다. 성적 차이에 의한 색채 선호도는 명백할 수도 없고, 의미가 없다.

▌ 김춘일,『미술교육론』, 홍성사, 1985.

1968년 차일드(Child, I. L.)는 핸슨(Hansen)과 혼백(Hornback)이 함께한 연구에서 어린이의 색채 선호도를 실험했다. 이 실험은 중소 도시에 사는 어린이들을 대상으로 명도나 채도의 차이가 다른 색종이를 보여 주고 고르게 했다. 어린이들은 모두가 한색을 좋아하고, 특히 남자 어린이들보다 여자 어린이들이 훨씬 좋아하는 것으로 나타났다.

▌김용훈 편저, 『색채 상품 개발론 : 생리학 · 심리학적 시좌 해설』, 청우, 1987.

색채 선호도의 원리(色彩選好度-原理, principle of color preference)

색채 중에서 특별히 가려서 좋아하는 이치나 법칙의 틀. 색채의 선호도는 개성, 성별, 연령, 국가, 민족, 환경에 따라 다르게 나타난다. 남자는 파랑과 청록 계열을 좋아하고, 여자는 보라나 오렌지색 계열을 좋아한다. 어린 시절에는 빨강과 노랑을 선호하지만, 성인이 되면서 단파장의 색채를 좋아하게 된다. 파랑은 세계적으로 가장 선호하는 색이고, 서구 문화권의 영향을 받은 대부분 국가에서는 성인의 절반 이상이 파랑을 가장 선호하는 색으로 나타났으며, 서구화된 나라일수록 파랑을 선호한다. 세계의 공통적인 선호 때문에 파랑 민주화(blue civilization)라는 용어가 생겨났다.

색채 선호도의 일반적인 원리로 두뇌형은 노랑, 근육형은 빨강, 이기적인 사람은 파랑, 사교적인 사람은 주황으로 나타난다.

SD법(Semantic Differential Method)은 이미지 조사의 한 가지 방법이고, 개념을 의미적으로 식별하는 방법이다. 특히 반대어를 설정하고(좋다, 나쁘다, 크다, 작다, 많다, 적다, 밝다, 어둡다), 조사 대상이 선택한 결과를 수량화하거나 도표화하며, 특정한 대상

〈색채 선호도의 원리와 유형〉(SD의 조사)

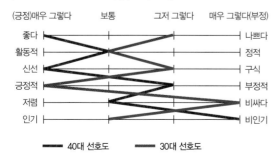

의 색채 선호도를 추출한다.

▌박현일 외, 『색채학 사전』, 국제, 2006.

색채 선호도의 유형(色彩選好度-類型, type of color preference)

색채 중에서 특별히 가려서 좋아하는 틀.

체스킨(Cheskin, Louis)의 색채 기호는 사회적, 문화적, 교양적, 경제적인 양과 수에 기초를 둔다.

프레이(Frey, Albert Wesley)는 금발과 흑발(blond and brunettes), 도시인과 지방인(city and country people), 청년과 성인(young people and older people), 부자와 빈곤(rich and poor), 교양과 무교양(culture and less culture) 다섯 가지로 분류했다.

비렌(Birren)은 지역설(regional color preferences), 민족설(racial color preferences), 유행설(fashionable color preferences), 연령설(age differential color preferences), 생득설(natural color preferences), 소득설(income differential color preferences), 제품설(appropriate color preferences or product differential color preferences) 일곱 가지로 분류했다.

사간트(Sargant, Walter)는 색채 기호를 각 개인의 경험에서 생성되고, 극히 주관적인 취미이며, 민족이나 집단은 객관적 색채 기호를 가지고 있다고 설명했다.

페트릭(Patrick)은 유아, 아동, 대학생, 기성인 네 가지로 분류했다. 첫째, 유아의 기호 색에는 빨강, 파랑, 하양, 녹색, 갈색. 둘째, 아동의 경우에는 파랑, 빨강, 노랑, 녹색, 하양. 셋째, 대학생은 파랑, 빨강, 녹색, 노랑, 오렌지색. 넷째, 기성인(旣成人)은 파랑, 빨강, 녹색, 보라, 오렌지색.

케치먼(Ketchman, Howard), 테일러(Taylor, E. A.), 존슨(Johnson, Lewis K.), 비렌(Birren, Faber)의 소득설(income differential color preferences)은 높은 소득층(the high income bracket)과 낮은 소득층으로

분류했다. 높은 소득층은 채도가 높은 색을 선호하지 않고, 정교한 중간색이나 농암색(濃暗色)을 선호한다. 또한 이들은 교양이나 취미, 판단, 소득의 증대에 따라 색채 기호가 침착하게 나타난다. 낮은 소득층은 밝은색이나 순색, 담색을 선호한다.

▌ 박현일 외, 『색채학 사전』, 국제, 2006.

색채 식별(色彩識別, color identification)

색채의 성질이나 종류 따위를 구별함.

맥코믹(McCormick, Ernest J.)은 사람들이 색채를 식별할 수 있는 색의 수는 10만~30만이라고 주장했다.

색채 심리(色彩心理, color psychology)

색채를 통해 마음의 움직임이나 상태를 알아봄.

일본의 학자인 하마바다께(浜細紀)는 그의 저서에서 색채 심리를 크게 두 가지로 언급했다.

첫째, 따뜻한 색 계열의 색채 의미는 추상화[140]이다. 빨강은 자기주장이 강하다. 노랑은 자타가 평등하다는 것을 긍정한다. 하양은 자기를 부정한다. 고동색은 기아나 배고픔, 배설의 기능을 나타낸다.

둘째, 차가운 색 계열에서 색채 의미는 추상화[141]이다. 초록은 삶이다. 파랑은 무력함이다. 검정은 죽음이다. 보라는 항염증 기능[142]을 나타낸다.

▌ 浜細紀, 『色彩生理心理學』, 黎明書房, 1975.

미국의 캘리포니아대학교 교수인 웰맨(Wellman, William A.)은 극적인 효과를 연출하는 데 있어서 빨강은 정력의 색, 노랑은 온정과 기쁨의 색, 녹색은 건강의 색, 파랑은 영성(靈性)과 사색의 색, 갈색은 슬픔의 색, 회색은 노령의 색, 하양은 열의와 자각의

색, 검정은 음울한 색이다.

▌ 파버 비렌(Faber Birren) 저, 김화중 역, 『색채심리』, 동국출판사, 1985.

일본의 아동 미술 교육자인 아사리 아쓰시(淺利篤)는 그의 저서에서 어린이 그림의 색채 심리 가치에 대해 제시했으며, 그림 형태의 상징적 의미를 자기의 임상적 경험을 토대로 찾아냈다. 어린이의 그림은 어린이 정신 속에 자리 잡고 있는 양식(model)의 상징이며, 조건 없는 검사에 의한 묘화 진단법을 매우 독특한 착안에서 출발했다. 그는 묘화 원리를 이종 동형(isomorphism)[143]이라고 했다. 이 설은 심리적 현상과 생리적 과정 사이에 그 구조에 있어서나 형태에 있어서 공통된 점이 있고, 서로 대응하거나 병행하는 현상이다. 보라는 질병으로 인해 야기되는 감정이고, 상당히 대인 관계가 나쁘다. 이 색으로 지면이나 배경을 칠할 경우에는 외고집과 불통, 심술, 자기중심성, 사교가 없음, 남과 잘 다투는 아이들에게서 많이 나타난다. 발 부분이 보라와 빨강으로 칠

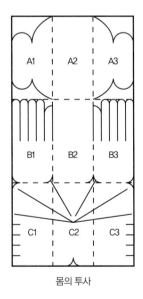

몸의 투사

---

140. 자아의 기능을 의미한다.

141. 존재의 기능을 의미한다.

142. 염증을 일으키는 병이다.

143. 심신의 현상을 같은 모양으로 설명하는 이론이다.

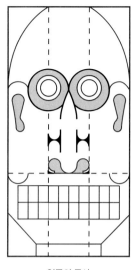

얼굴의 투사

해질 경우에는 출혈형, 왼쪽 발이 다쳐서 불구가 되었다는 해석이다. 체구형의 C1, 2와 2, 3 사이에 있는 보라는 허리 위치에 상처가 있다. B1, 3은 귀의 위치에 있는 것으로 보아 중이염 환자이다. B2의 위치만을 공백으로 남겨두고, 산 같은 것을 그리는 형은 대개 부친이 사망한 경우가 많다.

보라의 의미에 있어서 분활법은 화면에 얼굴이나 신체의 모습이 나타나는 가정 아래 화면을 9등분하는 방법이다. 소아 천식은 청소용의 빗자루 털 모양을 한 보라의 가로 운필법이다. 소아 천식으로 발작하는 환자가 여인[144]의 상반신 복장을 파란색으로, 깃을 보라색으로 칠한 그림이다. 폐침윤[145]은 두 장의 그림에 공통되게 턱 밑 보라색으로 칠하고, 가슴에도 보라를 칠한다. 검정을 많이 사용한 어린이는 자녀의 얼굴에 대해 잘못된 적극성을 가진 어머니의 아이들이고, 전날에 어머니에게 심한 꾸중을 듣는 아이들이다. 검정을 계속해서 사용한 어린이는 성격화

된 어머니의 홍분(hysteric)된 정서적 상태[146]이다. 또한 전체적인 화면 속에 일부만 까맣게 칠한 어린이는 어머니의 홍분에 대한 공포이다. 검정의 윤곽은 어머니의 훈육이 엄격하고, 검은 구름은 어머니가 화를 내지 않을까 하는 불안을 의미한다. 노랑의 의미에 있어서, 노랑과 검정의 대조(contrast)를 계속적으로 사용할 경우 아버지가 사망하거나 아버지의 부재, 꾸지람을 의미하고, 여자들도 남편을 잃었음을 나타낸다. 아버지의 사랑을 구하는 경우에는 검정과 황토색, 검정과 고동색이 나타난다. 황토색(yellow ocher)의 의미에 있어서 야뇨아는 황토색과 검정을 쓰며, 부모에 대한 보복으로 오줌을 싸며, 야뇨 환자의 약 80%가 여기에 포함된다.

초등학교 1학년은 C에 잘 나타나고, 아노아보다 동생에 대한 샘이 훨씬 많으며,[147] 소변 불리의 아이들에게 나타난다. 특히 황토색이 C에 나타나면 훈육과 관계가 있다. 진 고동색(burnt umber)과 고동색(brown)의 의미에 있어서 진 고동색과 검정, 고동색과 검정의 대조는 도벽과 관계가 있고, 아버지의 사망과 부재로 인한 극도의 애정이 부족한 원인이며, B1과 B3에 나타날 때 무언가 갖고 싶거나 물건을 훔쳤다는 의미이다. B2는 공복을 나타낸다. 고동색의 복장은 극도의 애정 부족이나 물욕의 불만을 표시한다. 초록은 허약한 아이들이 즐겨 사용하고, 피로한 후에 나타난다. C에 나타나는 것은 발의 피로이고, B1과 B3의 사용은 손의 피로이며, 병을 앓고 난 후에는 보라에서 초록으로 변한다. 이 색은 소극적인 의미를 지니고 있으며, 다른 색채와 대조를 이루며 적극적으로 나타난다. 빨강과 초록의 대조(contrast)는 성적 관심과 어머니가 음식이나 유흥업을 경영하고,

---

144. 선생님을 의미한다.

145. 폐침윤(肺浸潤) : 결핵균이 폐 조직에 침입한 상태.

146. 불유쾌한 분위기를 만드는 경우가 많이 있다.

147. 대부분 애정에 대한 질투가 나타난다.

어머니나 아버지가 바람을 피울 때나 도덕적으로 바람직하지 못한 직업을 가질 때 나타난다.

〈아사리의 상징적 의미〉

대 상	상징 의미
고릴라	형제
탱크	본인
개	본인(그림을 그린 사람)
모자 쓴 신사	본인
개미	본인
잎이 떨어진 나무	본인의 공격
유령	부모
기차(달리는)	어머니
비행기	어머니
네모	어머니
집, 건물	어머니
코끼리	어머니
기린	어머니
튤립	어머니
거꾸로 선 세모	어머니
고래	어머니
자동차	어머니
귀신	어머니
말	어머니
부엉이	어머니
산(봉우리가 2개 이상)	어머니
뱀	어머니
잎을 향한 꽃	어머니
산(봉우리 1개)	아버지
태양	아버지
삼각형	아버지
등대	아버지
깃발을 단 자동차	아버지
깃발	아버지

정면으로 향한 꽃	아버지
동그라미	아버지, 입
거북이	아버지
배	아버지
비행접시	아버지
무지개	추억을 의미
가지만 그려진 나무	늑골
양쪽으로 갈라져 서 있는 두 그루의 나무개(강아지)	귀
권총, 대포	꾸짖는 사람
소나무	기다림
나비	왕래
길	생활난, 행방 불명

상징적 의미

淺利篤, 『兒童畵の秘密』, 黎明書房, 1956.

아사리 아쓰시는 그의 저서(『색채 심리의 평가』)에서 색채 심리에 대해 제시했다. 하양은 경계심, 실패감. 검정은 공포심, 히스테리. 빨강은 불만, 비난, 공격. 등색(橙色)은 극도의 애정 결핍. 노랑은 애정, 욕구. 갈색은 식욕, 물욕의 욕구. 녹색은 허약, 비애. 파랑은 의무감, 복종심. 보라는 질병, 허약, 상해와 그 영향. 비색(자색의 대용)은 마음의 고통. 회색은 불안. 검정과 빨강은 모친의 질책, 사망. 검정과 갈색은 극도의 애정 부족. 검정과 파랑은 본질, 의지. 검정과 녹색은 반목, 학대, 계모. 검정과 보라는 어머니의 병적 히스테리. 검정과 하양은 공포심. 빨강과 파랑은 질투, 선망. 빨강과 녹색은 성적 관심. 파랑과 등색은 불결. 파랑과 노랑은 근심, 걱정. 보라와 하양은 부상, 실패, 가해, 죄악감. 보라와 빨강은 출혈, 월경. 보라와 노랑은 질병 상태의 고통이다.

▌ 淺利篤, 『色彩心理の價値』, 黎明書房, 1956.

독일의 물리학자이자 빛과 색채의 정신 병리학적 연구로 유명한 도이취(Deutsch)는 그의 논문("빛과 빛을 통한 인상의 정신적·물질적 혈관 체계의 영향")에서, "색채가 혈압 변화에 영향을 미치며, 이 혈압의 변화는 간접적인 경로를 거쳐서 일어난다. 환자가 색채를 보고 그것을 좋아하게 되며, 그에 따라 환자의 전 기관계[148]가 안정되고, 환자의 관점이 변화되면 환자는 좀 더 낙관적인 태도로 혈압이 변한다."고 했다.

그는 자신의 결론을 네 가지로 요약했다. 첫째, 색채는 단지 느낌과 정서를 통해 혈관계에 반사 작용을 일으킨다. 둘째, 이때 일어나는 반응은 개개인의 색채에 따라 개별화되지 않는다. 따뜻한 색은 어떤 사람을 흥분시키지만 다른 사람에게는 진정시킨다. 차가운 색은 어떤 사람에게 자극적이지만 다른 사람에

게는 별다른 반응을 일으키지 않을 수도 있다. 셋째, 빨강 빛이나 초록빛을 비추면 혈압이 상승하여 맥박이 빨라질 수도 있으나, 개개인의 정신적인 기질에 따라 그와 반대되는 현상이 나타날 수도 있다. 넷째, 시각 이외의 색채 감지 기관은 아직까지 밝혀지지 않았으나, 색채의 반응은 인체 기관에 효과를 미칠 수도 있다.

▌ Deutsch, Felix, "Psycho Physical Reactions of the Vascular System to Influence of Light and to Impression Gained Through Light", *Folia Clinic a Orientalia*, (Vol. I), Fasc. 3 & 4, 1937.

색채 심리의 가치(色彩心理 – 價値, value of color psychology)

색채를 통해 나타나는 마음의 움직임이나 상태의 중요성.

미국의 여성 심리학자인 알슐러(Alschuler)는 해트윅(Hattwick)과 함께 쓴 논문("유치원 아이들의 개성 지표에 나타난 그림")에서 색채의 심리 가치에 대한 연구를 제시했다. 이 논문에서는 색채가 어린이의 강한 흥미와 감정적 양상에 대해 세 가지 단계로 분류했다.

1단계, 어린이가 주로 충동적으로 행동하는 발달 단계에서 선이나 형에 비해 색채에 더 많은 흥미를 갖는 경향이 있고, 연령이 증가함에 따라 행동이나 감정이 누그러지면서 색채 사용이 감소된다.

2단계, 여자 아이가 남자 아이보다 더 많은 감정을 밖으로 표출한다.

3단계, 색채를 강조하여 그린 집단과 주로 선이나 형에 중점을 두고 그린 집단을 비교해 보면 선이나 형에 중점을 두고 그리는 집단이 더 자기 억제적이며, 본능적인 행동보다 이성적인 행동으로 나타나는 것이 특징이다.

이러한 특징이 일반화될 때 왜 위험성이 생기는지

---

148. 세포가 모여 조직이 되고, 조직이 모여 기관이 된다. 기관이 모여 기관계가 되고, 기관계가 모여 하나의 개체가 된다. 기관계로는 신경계, 순환계, 내분비계를 들 수 있다.

그 이유 세 가지를 제시했다. 첫째, 어린이는 자기의 진정한 감정을 행동으로 나타내지 않는다. 둘째, 어린이의 그림은 자아의 반영이라기보다 외부의 자극적인 모사에 불과하다. 셋째, 어린이의 그림은 개개인의 요소나 양상을 개별적으로 하나씩 떼어내서 어린이들에게 관련시켜 본다는 것 자체가 일반론이다.

▌ Alschuler, Rose H. & Hattwick, La Berta W., "Easel Painting as an Index of Personality in Preschool Children", *American Journal of Orthopsychiatry*, (Vol. 13), 1943.

색채 연상(色彩聯想, color association)

어떤 색채를 보거나 생각하거나 할 때 그와 관련된 이미지가 머리에 떠오르는 효과.

도르커스(Dorcus, R. M.)는 언어 반응에 의한 색채 연상을 구하는 광고 또는 상품 계획(merchandising)을 위한 새로운 기법을 연구했다. 남자 대학생들에게 일련의 색채를 보여 주고, 색명 이외에 상기되는 최초의 단어를 기록했다. 8주 후 학생들에게 자기의 언어 반응 리스트를 주고, 이번에는 다시 거기에 대해서 연상되는 색명을 쓰도록 했다.

〈색채 이외의 반응에 대한 색채 연상의 일관성(consistency of association of colors with responses other than the name of each color)〉[149]

색채	피험자들이 색채를 보고 기록한 언어 반응의 리스트(색명은 제외)와 8주가 지난 후 새로 연상된 색명이 최초의 색채와 일치한 비율	정확한 색명의 비율
빨강	82.1%	94.0%
오렌지색	39.0%	79.8%
노랑	61.5%	95.6%
녹색	77.7%	97.8%
파랑	79.9%	98.6%
보라	49.8%	79.9%

▌ 김용훈 편저, 『색채 상품 개발론 : 생리학·심리학적 시좌 해설』, 청우, 1987.

색채와 감정(色彩 – 感情, color and feeling)

색채를 통해 느끼고 일어나는 심정.

포레이(Foley)는 아나스타시(Anastasi)와 함께 쓴 논문에서, 인간에게 깊이 뿌리박은 색채의 의미와 인간의 감정 사이에는 어떤 보편적인 연합 관계가 있다고 보았다.

▌ Anastasi, A. & Foley, J. P., "A Survey of the Literature on Artistic Behavior in Abnormal III : Spontaneous Productions, Psychology, Monograpy", *Journal Gen. Psychology*, 1942. / Anastasi, A. & Foley, J. P. "An Analysis of Spontaneous Artistic Productions by the Abnormal", *Journal Gen. Psychology*, 28, 1943.

색채와 자연 환경(色彩 – 自然環境, color and natural environment)

색채가 생활체를 둘러싸고 있는 자연에 직접·간접으로 영향을 주는 환경.

프랑스 학자인 랑크로(Lenclos)는 색채 지리학의 용어를 처음으로 사용했다. 각 지역의 자연과 기후에 의한 지역 색에는 각 민족의 색채 특징이 담겨 있다. 이집트의 영향을 받은 유럽 문화는 동양에서 불교문화처럼 많은 공통점을 가지고 있다. 유럽 문화는 대체적으로 중간 채도를 사용했으며, 불교문화는 일반적으로 어둡고 약한 채도를 사용한 것이 특징이다. 불교계의 영향을 받은 동양의 색채는 자주, 갈색, 검정의 어두운 계통을 사용했다. 그리스도교의 서양 색채는 베이지색, 코발트색, 빨강, 녹색, 핑크색, 올리브색으로 밝고 경쾌한 색과 어둡고 강한 대비의 색

---

149. 오렌지색과 노랑이 혼동되고 있다. 오렌지색과 노랑의 반응은 합계 76.9%이고, 그 중 노랑 단어의 반응은 37.9%였으며, 76.9%~37.9%=39.0이므로 오렌지색으로 표시한 것이다.

을 사용했다. 회교는 빨강, 하양, 파랑, 노랑의 따뜻한 색상, 높은 명도, 강한 채도를 좋아하는 경향이 있다. 중세기에는 중간 색상의 중명도, 중채도를 사용했다. 문화의 성숙기에는 중간 한색 계열의 저명도와 저채도를 주로 사용했으며, 연령에 따른 기호의 변화와 일맥상통한다.

▌ 박현일 외, 『색채학 사전』, 국제, 2006.

색채와 형태(色彩 – 形態, color and shape)
색채와 사물의 모양과의 관계.

카츠(Katz, David)는 그의 연구에서, 색채는 형태보다 감정에 훨씬 더 밀접한 관련이 있다고 보았다. 일반적인 원칙으로 형태가 소박하면 할수록 그만큼 감정의 결부는 더욱 긴밀해진다. 예를 들면 어린이들은 형태의 지배(form dominant)보다 색채의 지배(color dominant)를 더 많이 받는다. 그는 3세~5세 유아를 대상으로 한 색채와 형태의 분리(color form abstraction)를 실험했다. 그는 먼저 많은 수의 빨강 삼각형과 녹색 원반을 유아들에게 주고, 유아들에게 빨강 원반을 보여 준 다음 이와 꼭 같은 것을 고르라고 했다. 유아들은 조금도 망설이지 않고 빨강 삼각형을 골랐다. 유아들은 형태가 아니라 색채에 의해 꼭 같은 것을 골랐다.

▌ 박현일 외, 『색채학 사전』, 국제, 2006.

색채 위치(色彩位置, color location)
그림에서 색채의 특정한 자리.

미국의 여성 심리학자인 알슐러(Alschuler)는 해트웍(Hattwick)과 함께 쓴 저서(회화와 개성)에서 어린이의 그림에 나타난 색채의 위치를 분석했다. 이중으로 칠할 때 밑에 칠한 색이 마음속의 본래 감정을 의미하고, 위에 칠한 색은 행동의 양식(pattern)을 표시하며, 자기의 참된 정서를 외부에 표현하는 경향이 있다. 어린이는 색을 분리해서 칠할 때 주의를 외부로 향하고, 주위의 기대에 적응하려는 경향이 있다. 어린이가 난잡하게 색을 칠할 때 언제나 어린이다운 감정에 머무르려는 퇴행(regression)적 욕구 표현이고, 적절한 적응이 안 된 거친 행동의 반영이다. 혼색의 경우는 적극적인 성격을 가지고 있고, 자유롭게 자기감정을 표현하려는 경향이 있다.

▌ Alschuler, Rose H. & Hattwick, La Berta W., *Art and Personality : A Study of Young Children*, Chicago : Univ. of Chicago Press, (Vol. 1) & 2, 1947.

색채 음악(色彩音樂, color music)
색채와 음이나 음악의 관계.

색채 음악을 예술로 발달시키고자 시도한 것은 16세기 이후이지만, 색채와 음 사이에 어떤 유사성이 있다는 사실은 그리스 시대부터 주목을 끌었다. 아리스토텔레스(Aristoteles)는 그의 저서(*De Sensu*)에서 음의 조화와 색채 조화 간의 유사성에 관해 언급했다.

회화와 음악을 조화시키려는 최초의 시도는 16세기에 행해졌으며, 밀라노의 화가인 아르킴볼도(Arcimboldo)는 음계의 체계와 유사한 색 체계에 색채 조화를 설정한 방법을 고안했다. 그 후 17세기와 18세기에 이르러서 뉴턴(Newton, Isaac)의 실험에 고무되어 스펙트럼의 색채를 전 음계와 연결하는 시도가 행해졌다.

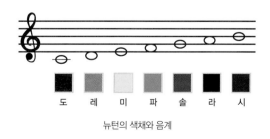

뉴턴의 색채와 음계

▌ 박현일 외, 『색채학 사전』, 국제, 2006.

라비냐(Lavignac, Albert)는 그의 저서[음악과 음악가(Music and Musicians)]에서, 관현악의 편성법은 색채를 응용하는 화가의 기술과 흡사하다. 음악가의 팔레트(palette)는 오케스트라의 리스트이고, 여기에 음악가는 자기의 생각, 선율의 디자인, 화성의 조직을 표현했고, 화가가 빛과 음영을 이루기 위해 색채를 배합하는 것처럼 톤을 혼합한다. 군악이나 화려한 취주악은 장식 회화와 일치하며, 실내 음악은 매우 부드럽고 미묘한 색채 농담을 가진 수채화와 같다.

스크랴빈(Scriabin)[150]은 뛰어난 색청의 능력을 가진 사람이며, 그의 곡 〈프로메테우스-불의 시(Prométhée, le Poéme du feu), op. 60〉(1908년~1910년)는 색채가 있고 빛을 변화시키는 반주 부분을 도입했으며, 1911년 모스크바에서 처음 공연했다.

1757년 색채와 음악을 결합시켜 '색채 오르간(color organ)'을 처음으로 시도한 사람은 예수회의 성직자이자 수학자인 카스텔(Castel)이며, 현악기와 움직이는 투명한 색 테이프를 만들어 낸 사람이다. 최근 이 분야를 실험한 미국인 윌프레드(Wilfred, Thomas)는 소리와 색채를 결합하지 않고, 스크린 상자에 움직이는 색채 패턴들을 '클라빌럭스(Clavilux)'라는 기계에 투사시켰다.

▌메이틀랜드 그레이브스 저, 배만실 역, 『디자인과 색채』, 이화여자대학교 출판부, 1998.

색채의 공감각(色彩-共感覺, synesthesia of color)

색채를 통해 하나의 감각이 다른 영역의 감각을 불러일으키는 현상.

색채가 감각 기관의 느낌을 수반하는 것이 공감각이며, 색채의 공감각은 시각에 의해 결정(80% 이상)된다. 영국의 유전학자 갈턴(Galton, Francis)은 "색채의

공감각은 유전이나 선천성에 의해 생겨난다"고 주장했다.

▌박현일 외, 『색채학 사전』, 국제, 2006.

색채의 배치(色彩-配置, arrangement of color)

색채를 알맞은 자리에 나누어 둠.

김재은과 임형진은 그들의 논문에서, 색채의 배치는 어린아이들의 개성적인 구조에 대해 이해의 도움을 준다고 보았다. 한 가지 색 위에 다른 색을 겹쳐서 칠할 때 처음에 칠한 색은 내면적인 감정의 투사이다. 그 위에 덧칠한 색은 외면적인 행동 양식(pattern)을 반영한다. 색을 서로 떼어서 칠하는 경우는 에너지를 외계로 향하고, 환경이나 주위의 인물에 대한 기대에 순순히 따르는 아이들에게 많이 나타나며, 자기의 감정을 통제하려고 노력한다. 색을 섞어서 칠하는 경우는 자유로운 자기의 감정 표현을 할 수 있으며, 적극적으로 행동하는 아이들이고, 외부의 욕구에 재빨리 순응하는 외향적인 성격을 가진 아이들이다. 색을 난잡하게 섞는 아이들은 언제까지나 아이이고 싶은 심정이고, 욕구 좌절에 대한 공격적인 반응을 보이는 아이들이다.

▌김재은·임형진, 「아동의 자유화에서의 색채사용량과 인성요소간의 상관연구」, 『이화여대 한국문화연구원 논총』, 1972.

색채의 상징(色彩-象徵, symbol of color)

어떤 사상(事象)이 색채로 상징되는 일. 색채를 보았을 때 특정한 형상이나 의미가 상징되는 것.

〈색채의 상징〉

색명	상징	안전색채	음양오행	계절(중국)	국기
	피, 더위, 혁명, 위험, 활력, 크리스마스, 카네이션 분노	금지, 방화, 멈춤	남(주작)	여름	혁명, 유혈, 용기

---

150. 스크랴빈(Alexander Scriabin, 1872년~1915년)은 러시아의 작곡가, 피아니스트이다.

주황	따뜻함, 원기, 적극, 만족, 풍부, 가을, 하품, 초조	위험				태양, 번영
노랑	희망, 광명, 팽창, 금, 바나나, 천박, 냉담	주의, 명시	중앙			금, 태양, 비옥
녹색	엽록소, 안정, 안전, 중성	안전, 진행				농업, 희망, 회교, 살림
파랑	숭고, 천사, 냉철, 무한, 신비	조심		동(청룡)	봄	평화, 바다, 하늘, 자유
	창조, 우아, 신비, 예술, 고가, 위험, 신앙					
	성적(性的), 코스모스, 발정적, 창조적, 술, 애정	방사능				
하양	순수, 순결, 청결, 정직, 백의(白衣), 눈, 설탕, 신성	정돈, 통로		서(백호)	가을	순결, 평화
회색	우울, 중성색, 무기력, 겸손, 점잖음					
검정	암흑, 주검, 불안, 밤, 침묵, 절망, 부정, 흑장미			북(현무)	겨울	아프리카, 대지

▌ 박현일 외, 『색채학 사전』, 국제, 2006.

색채의 역할(色彩 – 役割, role of color)

색이 하는 일.

현대는 상품의 분위기(mood)를 판다. 분위기는 오감에 의해 느껴지며, 오감 중에서도 색에 대한 비율이 가장 높다.

〈오감의 감도〉

종류	시각	청각	후각	촉각	미각	합계
비율(%)	87.0%	7.0%	3.5%	1.5%	1%	100%

▌ 박현일 외, 『색채학 사전』, 국제, 2006.

색채의 이원성(色彩 – 二元性, duality of color)

색채 사용에 있어서 현실(의식)적인 입장과 비현실(무의식)적인 입장이 서로 대립되는 두 개의 원리.

박현일(朴賢一)은 그의 논문에서 현실적인 색채와 비현실적인 색채를 두 가지 세계로 나누었다. 전자는 인간의 현상 중에서 내(內)적 존재이고, 후자는 외(外)적 존재이다. 색채의 이원성은 인간의 이중성과 어느 정도 일치하고, 선호 색과 혐오 색의 사이에서 일어나는 괴현상이다. 그는 디자인포장지센터에서 정기적으로 설문 조사한 것[151]을 예로 들었다. 설문 12에서 포장지를 보았을 때 빨강 색채가 제일 먼저 눈에 띈다고 답한 사람이 95명으로 전체 응답자의 28.6%이고, 설문 2에서 가장 싫어하는 색채로 빨강 계통을 꼽은 사람이 57명으로 약 17%를 차지하고 있다. 심리적으로 보아 가장 좋아하는 색이 맨 먼저 눈에 띄어야 할 텐데 싫어하는 색채가 먼저 눈에 띈다는 사실이다.[152] 이런 이상한 현상은 색채의 이원성에 대한 인간의 심리적 현상이다.

〈색채의 이원성〉

현실적인 색채	비현실적인 색채
인간 외적 존재 현상	인간 내적 존재 현상
구체적 · 구상적 세계	추상적 세계
표현성 가능	표현성 불가능
의식적 사고력	무의식적 사고력
적극적인 행동 행위	소극적인 행동 행위
학습적 행동 행위	비학습적 행동 행위
인지 가능	인지 불가능
긍정적이다(선호 색)	부정적이다(혐오 색)
목적	맹목적
연령 분포가 낮다	연령 분포가 높다
현실적, 육체적 문제	정신적 문제

---

151. 〈디자인 포장〉, 제7권, 1972년
152. 70%가량이 싫어하는 색으로 빨강을 꼽았으나, 눈에 가장 먼저 띄는 색채가 빨강이다.

▌ 박현일, 「색채를 통한 청소년 심리상태의 분석연구」, 동국
대학교 석사논문, 1990.

색채의 주목성(色彩 – 注目性, attention of color)

사람의 눈에 자극을 주어 눈길을 끄는 색의 성질.
아담스(Adams, H. E.)는 그의 연구에서 흰 종이 바탕
에 네 가지의 표준색을 붙이고, 이것을 피험자의 그
룹에 한 번씩 보여 주었다. 이 실험은 태양 광선의 아
래에서 행해졌는데, 피험자들이 최초로 주목한 색채
에 대한 보고서이다. 피험자들은 아래 표처럼 모두
여덟 가지의 색을 지적했다. 그 중에서 주황, 빨강,
파랑은 모두가 주목했다. 같은 색채(同色彩)의 색상
차이 또는 명도 차이는 색채와 색채의 차이에서 나타
나지 않으며, 각 색에 대해 남녀 모두가 같은 반응이
나타나지 않았다.

〈색채의 최초 주목 가치의 수(attention value of colors)〉

색차	최초로 주목된 수		
	남성	여성	합계
빨강	283	323	606
주황	436	262	698
주황	436	262	698
노랑	216	175	391
녹색	175	236	411
파랑	311	224	535
보라	90	90	180
검정	222	214	436
회색	0	22	22
계	1,733	1,546	3,279

▌ 김용훈 편저, 『색채 상품 개발론 : 생리학·심리학적 시좌
해설』, 청우, 1987.

색채의 지각 효과(色彩 – 知覺效果, perception effect of colors)

감각 기관을 통해 색채를 인식하는 작용의 결과.
색채의 지각 효과에는 시야의 지각 효과, 생리적 지
각 효과, 심리적 지각 효과, 속성의 지각 효과 네 가
지가 있다.

색채 조화(色彩調和, color harmony)

색채를 가지고 서로 잘 어울리도록 함.
색채 조화의 정의는 조형 예술에 있어서 형태, 색채,
재료들로 이루어진다. 이 중에서 색채가 가장 중요하
다. 조화의 원리는 반대색(opposition color), 농담(濃
淡), 한란성(寒暖性)에 의해 얻어지고, 조화는 대자연
에서 나온다. 색채 조화의 정설은 12색상환에서 1단
계 이하의 색상 차이가 색조의 1/3 이상의 단계와 함
께 호감을 주며, 그 사이의 중간 범위에 있는 색채는
불쾌감을 준다. 색의 조화론 체계화는 합성 화학에
의한 색소와 색입체의 발달에 있다. 이후의 모든 학
설들은 슈브뢸(Chevreul) 조화론의 근거가 되었다.
　색채 조화의 원리는 여러 가지 색상, 명도, 채도가 적
절히 결합되어 조화를 이루며, 질서의 원리(principle
of order), 유사의 원리(principle of similarity), 동류의 원
리(principle of familiarity), 비모호성의 원리(principle of
unambiguity), 대비의 원리(principle of contrast) 다섯
가지가 있다.
　첫째, 질서의 원리는 색채의 조화에 있어서 효과적
인 반응과 질서의 계획에 따라 선택된 색채 속에서
생긴다.
　둘째, 유사의 원리는 배색된 색채의 공통되는 상태
와 속성을 가질 때 그 색채의 덩어리는 조화롭다.
　셋째, 동류의 원리는 색상환에서 가장 가까운 색채
끼리 배색하는 것은 보는 사람에게 친근감을 주고,
조화를 느끼게 한다.

넷째, 비모호성의 원리는 색채의 조화에 있어서 두 가지 색 이상의 명료한 배색에서만 나타난다.

다섯째, 대비의 원리는 배색된 색채에 있어서 상태와 속성에 반대되고, 모호한 점이 없을 때 조화롭다.

색채 조화의 주의 사항에는 일반적으로 여섯 가지가 있다. 첫째, 인간의 기호에 대한 문제이고, 정서의 반응은 사람이나 때에 따라 다르다. 둘째, 시각의 크기에 따라 좌우된다. 셋째, 채색된 범위의 상대적 크기에 따라 좌우된다. 넷째, 디자인의 여러 요소나 형태에 따라 좌우된다. 다섯째, 디자인의 의미나 해석하는 방향에 따라 좌우된다. 여섯째, 색채 조화에 대한 특수한 규칙을 부여하면 실패하기 쉽다.

▌ 박현일 외,『색채학 사전』, 국제, 2006.

색채 지각의 유형(色彩知覺 − 類型, type of color perception)
감각 기관을 통해 색채를 인식하는 작용의 틀.
영국의 심리학자인 불로후(Bullough, E.)는 그의 연구에서 어린이 색채 지각의 유형을 네 가지 제시했다.

첫째, 객관형(objective type)은 감각적인 것보다 순수한 지적 감상에 따라 표현되고, 혼색을 분석하며, 감상할 때에는 어떤 독단적 기준을 중심으로 판단한다. 이 유형은 개성보다 관계성과 보편성을 찾으며, 개성적인 미나 감각적인 표현보다 객관적인 설명을 표현한다.

둘째, 주관형(physiological inter subjective type)은 색채의 표현과 색채 밝기의 자극이나 온도에 예민하고, 개인의 일반적인 체질에 따라 표현한다. 이 유형은 안정보다 자극, 찬 것보다 따뜻한 표현에 기울고, 외면적인 것보다 내면적인 것과 생리적인 자극 현상을 즐겨 표현한다.

셋째, 연상형(associative type)은 유쾌하지 않은 연상을 색채로 표현하기 싫어하며, 유쾌한 연상은 색채로 잘 표현된다. 이 유형은 연상에 따라 좌우하기 때문에 규칙적이지 못하고 추상적이며, 선입견(편견)이 개입된다.

넷째, 인격형(character type)은 어떤 종류의 색채에 대해 추상적인 편견을 갖고 있으며, 실제적인 감상에 있어서 개인이 특정한 색채를 선정하여 특별히 선호하는 일은 없고, 특수한 형체나 특수한 색채를 강조하지 못한다. 이런 유형의 어린이는 명료한 목적에 따라 정해진 색채로 온화하게 표현되며, 모든 색채는 다 아름답다는 잠재의식이 강하고, 생리적·개성적 요인과 개성이 없는 요인을 잘 소화시키고자 한다.

이런 미묘한 성격의 이중성은 개성을 객체에 투사하여 자신을 재발견하고, 최소한의 감정으로 최대 효과를 얻고자 한다. 그는 표현 유형을 언어적 설명 유형(설명형, 관찰형, 지식형, 정서형)으로 대응시켰다.

▌ Read, Herbert, *Education through Art*, New York : Pantheon, 1943.

〈불로후와 비네의 표현 유형의 비교〉

불로후	비네
객관형	설명
주관형	관찰＋정서
인상형	관찰＋정서＋지식
인격형	정서＋관찰

▌ 김춘일,『미술교육론』, 홍성사, 1985.

색채 치료(色彩治療, color therapy)
인간의 신진 대사 작용을 색채로 치료하는 방법.
색채 치료는 선사 시대부터 치료의 방법으로 사용했으며, 고대 의사들은 부적, 종교 의식, 유기 물질, 비유기 물질을 사용하여 색채 처방을 했다. 고대의 색채 표현 양식은 모두가 삶, 죽음, 신비주의와 깊은 관련이 있으며, 인간은 본능적으로 색채의 효과를 믿어 왔다. 그래서 인간은 태양과 무지개 색을 신성한 것으로 간주했고, 태양 빛이 모든 생명을 유지시키며, 태양이 없는 세상은 죽음이었다.

색채 치료는 질병을 자연 치유력으로 높이고, 수술이나 항생제보다는 자연 면역력을 증강시킨다. 과학적인 현대 의학의 장점은 살리고, 자연 치료 방법을 활용한다. 인위적인 환경[153] 속에서 조화로운 색채 사용은 건강과 삶에 중요하다. 색채가 인간에게 미치는 영향은 정서적, 생물학적, 생리학적으로 효과적이다.

색채는 고유한 파장과 진동수를 갖는 에너지의 한 형태이며, 빛의 형태인 색채는 전자기 스펙트럼의 한 부분이다. 모든 색채는 높거나 낮은 진동파를 방출시키고, 진동파를 인식하는 사람은 안정감 또는 불안감을 느끼며, 색채의 다양한 진동수가 인간의 신체 조직에 영향을 미친다. 진동 에너지는 인간과 동물의 조직(tissue) 활동을 회복 또는 억제시키며, 빛과 색채는 생명체[154]에 영향을 미친다. 모든 식물의 종들은 가시광선에 의해 번창하고, 적외선과 자외선 에너지에 의해 억제되며, 스펙트럼의 양끝에 위치하는 색채들은 동물과 인간에게 생리적, 심리적 영향을 미친다. 주위의 색이 밝고 조화가 잘 이루어져 있

인체의 색채 기능

으면 기분이 좋고, 기분이 좋아지면 맥박, 혈압, 혈관계, 신경과 근육의 긴장들도 영향을 받는다. 색채 치료의 주안점은 환자에게 바람직한 색채의 빛을 처방하는 데 있다.

우르트만(Wurtman, Richard J.)은 빛이 신체 기능의 조절 중에서 음식 다음으로 중요하다고 했다. 도이취(Deutch, Felix)는 빛과 색채를 정신 병리학적[155]으로 연구하는 물리학자이며, 빛의 작용은 정신과 육체를 구성하는 요소에 영향을 미친다고 했다. 비렌(Birren)은 환경 상태가 긴장, 두려움, 우울함의 원인이 되고, 정신 의학에서는 이것이 정신 질환을 유발시키며, 기의 연구에 큰 도움이 된다고 했다.

색채 치료와 현대 의학에 있어서 색채 치료의 이론적 근거는 인간의 기(aura)에 기초하며, 건강한 몸과 마음은 색채가 균형을 이룬다. 기에 대한 연구는 현대 의학에 의해 구체화되고 있으며, 사람의 몸은 일련의 전기장을 보내며, 에너지는 몸의 모든 기관과 피부에서 나온다. 색채는 호소력이 있고, 감정적이며, 영적인 요소가 있다. 색채와 기에 대한 과거의 신비주의적 입장은 현대 의학의 발달로 인해 명확한 사실로 인식되고 있으며, 색채 치료에서 기 에너지가 자율 신경계와 호르몬 분비의 조절과 관련되어 있다.

차크라 시스템(chakra system)은 신체 내부에 있는 에너지의 중심이고, 무지개 색채와 함께 색채 치료의 기본 원리이며, 신체의 특정 영역이라고 부른다. 차크라는 산스크리스 어의 'chakrum'에서 파생된 순환 'wheel'을 의미한다. 이것은 일곱 군데 신체의 부분을 의미하고, 각 영역은 파장에 민감하게 반응하며, 신체와 정서에 강한 영향을 미친다. 가장 중요한 치료점은 척추와 태양신경총[156]에 있는 신경중추이

---

153. 주택, 학교, 사무실
154. 식물, 동물, 여러 가지 잡다한 미생물들

155. 신경증 환자, 정신병 환자
156. 위 뒤쪽에 있는 가장 큰 교감 신경증

다. 신경총 다음으로 중요한 부분은 전두부, 후경부, 흉부, 복부의 순이다. 차크라의 일곱 가지에는 기, 색채, 신체 영역, 특성이 있다. 보라 차크라(두정부)는 뇌하수체가 있는 머리에 위치하고, 현명함과 영적인 에너지를 나타낸다. 남색 차크라(전두부)는 이마의 중간 부분 뒤쪽에 위치하고, 송과선을 조절하며, 직관을 나타낸다. 파란색 차크라(후두부)는 목 안에 있고, 갑상선과 관계가 있으며, 종교적 영감, 창조성, 언어를 나타낸다. 녹색 차크라(심장부)는 심장 신경총에 있으며, 사랑과 동정, 조화를 나타낸다. 노란색 차크라(상복부)는 가장 중요한 부분이고, 태양신경총에 위치하며, 부신과 췌장, 간에 영향을 끼치고, 지식이나 지적 능력을 나타낸다. 주황색 차크라(천골부)는 비장에 중심이 있고, 에너지를 나타낸다. 빨간색 차크라(기저부)는 미저골 중앙의 척추에 있고, 생명과 재생을 나타내며, 생식선과 생식기에 영향을 준다. 건강한 사람은 차크라의 에너지가 균형 있게 분배된다.

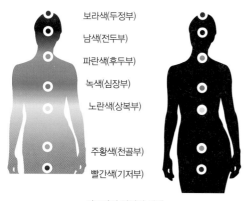

차크라의 영역별 색채

빨간색이 인체에 미치는 효과는 감각 신경을 자극하여 후각, 시각, 청각, 미각, 촉각에 도움을 주고, 혈액 순환과 뇌 척수액을 자극하여 교감 신경계를 활성화시킨다. 이 색은 간, 근육 조직, 좌뇌 반구를 활성화시키고, 활력을 주며, 헤모글로빈은 붉은색으로 구성되어 있다. 주황색의 효과는 갑상선 기능을 자극하고, 부갑상선 기능을 저하시킨다. 가열 효과는 빨간색이나 노란색으로 나뉘어 있을 때보다 강력하다. 노란색의 효과는 운동 신경을 활성화하고, 근육에 사용되는 에너지를 생성한다. 빨간색과 녹색 빛의 혼합이며, 녹색 파동의 회복 효과와 빨간색 파도의 자극 효과가 있다. 녹색(진녹색과 연두 모두)의 효과는 근육과 뼈, 그 밖의 세포막을 재생시킨다. 이 색은 산성도 알칼리성도 아니며, 심신과 긴장을 완화시키고, 혈압을 낮추며, 교감 신경계에 최면제 작용을 하고, 파란색과 동일한 방식으로 이용된다. 파란색의 효과는 신진대사를 증대시키고, 활력을 불어넣어 주며, 성장을 촉진시키고, 심장 운동을 느리게 한다. 이 색은 혈액 순환을 정상적인 균형으로 회복시키며, 신경의 흥분을 가라앉히고, 일반적으로 신체의 강장제 역할을 하며, 방부제 성질과 근육, 혈관을 축소시키는 효과가 있다. 남색의 효과는 사람을 긴장시키고, 열기를 식히는 수렴성이다. 이 색은 부갑상선을 자극하고, 갑상선을 억제하며, 혈액을 정화시키고, 근육 강장을 촉진시키며, 호흡기 기능을 증진시키고, 최면제와 같은 효과가 있으며, 식세포[157]를 생성시키고, 지혈 효과가 있다. 보라의 효과는 비장, 상부의 뇌, 뼈를 자극하며, 림프관과 심근, 운동 신경을 약화시킨다. 이 색은 배고픔을 덜 느끼게 하고, 백혈구를 조성하며, 이온 균형을 유지시키고, 정신 질환의 증상을 완화시키며, 감수성을 조절한다.

색채 치료에는 활용 방법이 네 가지 있다.

첫째 방법으로는 음식의 색채, 보색을 이용한 실내 디자인과 의상, 피부에 쏘이는 태양 광선과 인공 광

---

157. 혈액, 조직 내의 세포, 박테리아를 먹고, 전염을 막는 백혈구이다.

선, 색채의 명상을 통해 인체에 전달된다. 색채 호흡법은 사람의 의식을 변화시키고, 아픈 사람에게 부족한 색채를 공급하거나 신체의 균형을 깨뜨리는 색채를 줄여 준다. 지나치게 많은 색채는 보색을 공급하여 중화시킨다.

둘째 방법으로는 색채 치료의 기본 색채인 빨간색과 파란색 두 가지가 있으며, 그 밖의 색채에는 빨간색과 파란색의 보조 색 또는 변형이 있다. 순수한 색채일수록 광선이 잘 침투하며, 신체의 반응도 빠르다. 천연 색채는 유리, 필터, 염색보다 강력한 치유 능력이 있다. 치유에 있어서 중요한 것은 색채를 전달하는 힘이다. 잘못 사용된 색채는 특정한 신체 부위의 증세를 악화시킬 수도 있다.[158]

셋째 방법으로는 색채 광선을 인체 구조, 기관, 부위, 조직, 세포 구조에 적당하게 쬔다. 알맞은 차크라와 같은 유발점을 고른 다음 특정 신체 기관에 색채를 조사(照射)한다.

넷째 방법으로는 옷의 색깔이나 머리 염색도 신체에 영향을 미친다. 인공조명과 자연 조명은 자극과 산화 작용, 신진대사 강화와 면역 조절에 의해 치료된다.

〈색채 치료 효과〉[159]

색상	치료와 효과
자주(magenta) B+R	우울증, 저혈압, 노이로제, 월경 불순
홍색(紅, 연지)	빈혈, 노랑의 피부, 황달, 정조 부족, 강한 자극제, 발정제
빨강 R	노쇠, 빈혈, 비활력, 방화, 정지
주황(orange) R+1/2G	강장제, 무기력, 저조, 공장의 위험 표시, 공작물의 색
노랑(黃) R+G	신경질, 염증(炎症), 신경제, 완화제, 고독을 위로, 주의 색(공장, 도로), 방부제, 피로 회복
연두(黃綠) 1/2R+G	위안, 피로 회복, 따뜻함, 강장, 방부(防腐), 골절
녹색(綠) G	안전 색, 중성색, 해독(解毒), 피로 회복
청록(靑綠) G+1/2B	이론적인 생각을 추진, 기술 상담실의 벽
시안색(cyan) G+B	격정을 식힘, 침정 작용(沈靜作用), 총기, 마취성
파랑(靑) 1/2G+B	침정제, 눈의 피로 회복, 신경의 피로 회복, 맥박을 낮춤, 염증, 피서
청자색(靑紫) B	정화(淨化), 살균(殺菌), 출산(出産)
보라(紫) B+1/2R	중성색, 예술 감각, 신앙심 유발
하양(白) R+G+B	머리를 씻는 집의 벽, 고독감을 만듦
회색(灰) 1/2(R+G+B)	우울한 분위기를 만듦
검정(黑) R=G=B≒0	예복(禮服), 상복(喪服)

▌박현일 외, 『색채학 사전』, 국제, 2006.

에릭(Eric)는 그의 논문("색채 치료")에서, 정신 이상자들은 위험에 직면해 있다는 사실을 언제나 생각한다고 보았다. 정상인들과 정신 질환자 사이에는 자기에게 닥친 난관을 어떻게 처리하느냐 하는 차이가 존재한다. 정상인들은 자기에게 닥친 문제를 용감하게 대처하며 적응시키지만, 정신 질환자들은 문제로부터 도피하려는 경향이 있다. 히스테리성 전색맹(全色盲)이 진행될 경우 감지하지 못하는 색의 순서에는 보라색, 초록색, 파란색, 마지막으로 빨간색 순이다. 히스테리 환자들과 정신 상태가 불안한 정신 신경증 환자들은 초록을 특히 좋아하며, 이것은 도피를 상징한다. 이런 사람들은 감정적인 공격이 억제되면 미움이나 공격, 성적 충동을 나타내는 빨간색의 충동도 억제된다.[160] 광증(狂症) 환자나 경조증(經躁症) 환자가 빨간색을 선택하는 이유는 소용돌이치는 감정의 느낌과 유혈이 낭자한 느낌을 주기 때문이고,

158. 빨강을 잘못 사용하면 눈이 피로하고, 심리적으로 초조하다.

159. 일본 색채학자 다구찌(田口泖渺三郎)의 저서 『色彩學』 중에서 빛의 3원색을 기본으로 한 색상이다.

160. 빨강의 보색인 녹색을 선택한다.

우울증과 소침증은 감정의 욕구가 완전히 말살되기 때문에 생겨난다. 마지막으로 노란색에 대한 선호는 정신 분열 증세를 의미하고, 이 색은 병적인 정신 상태를 나타내는 본질적인 색이다.

■ Eric, P. Mosse, "Color Therapy", *Occupational Therapy and Rehabilitation*, February, 1942.

색채학(色彩學, chromatics)

색을 다루는 학문.

색채학에서는 색을 두 가지로 나눈다. 첫째는 색(light, 빛)이고, 둘째는 색채(color)이다. 이 두 가지를 통틀어 색이라고 부른다.

예를 들면, 색으로는 TV나 컴퓨터에서 나온 빛, 자동차, 라이터, 스탠드, 네온사인의 불빛을 말한다. 색채로는 책표지, 옷의 색깔, 자동차 표면의 색, 도로의 중앙선과 차선, 종이에 인쇄된 색, 건축 자재의 도색된 색을 말한다.

■ 박현일 외, 『색채학 사전』, 국제, 2006.

색채 현상(色彩現象, color actual condition)

색채를 지각할 수 있는 상태.

발렌타인(Valentine, C. W.)은 생후 3개월 된 아기들에게 여러 가지 색으로 착색된 실타래를 두 개씩 동시에 보여 주고, 각각의 실타래에 눈길이 머무는 시간을 측정했다. 아기들은 노란색을 가장 오랫동안 처다보았고, 그 다음은 하양, 핑크색, 빨간색의 순서로 나타났다. 검정색, 초록색, 파란색, 보라색의 실타래에는 눈길이 머물지 않았다. 아기들은 생후 6개월이 지나면 원색(原色)을 구별할 수 있다.

■ 박현일 외, 『색채학 사전』, 국제, 2006.

색청(色聽, color hearing)

어떤 소리(音)를 들었을 때 마음속에서 색을 느낄 수 있는 현상.

고음은 밝고 강한 채도의 색이고, 저음은 어두운 색이나 저명도의 색이다. 예리한 음은 순색에 가까운 밝고 선명한 색이고, 탁음은 둔한 색이나 회색 기미의 색이며, 마찰음은 회색 기미의 색과 거칠게 칠한 색이다. 표준 음계는 스펙트럼의 등급별 인상을 음계로 분리할 수 있다. 냉랭한 대화는 푸른색 계통이고, 다정한 대화는 밝고 따뜻한 색이며, 우물쭈물한 소리(말)는 중간 밝기의 낮은 채도의 색이다.

■ 박현일 외, 『색채학 사전』, 국제, 2006.

어떤 사람들에게는 동일한 색깔로 나타나지만, 어떤 사람들에게는 각 음계마다 서로 다른 색채가 나타난다. 라비냐(Lavignac)에 의하면, 각 악기는 각각 다른 색채를 가지고 있으며, 이것은 악기의 특별한 성질이다. 그러나 눈과 귀의 형태 차이로 관찰자에 따라 약간씩 달라질 수 있다.

호른(horn)은 노란색 중에서도 구릿빛 노란색 음감을 가진 악기이다. 트럼펫(trumpet), 클라리온(clarion), 트롬본(trombone)은 대부분 다홍색 계통의 음감이 표현된다. 호른은 오렌지빛 음을 곁들이고, 경박하고 허풍 같은 음을 내는 코넷까지 합쳐지면 아주 진한 빨간색이나 황소의 핏빛, 와인의 잔여물 같은 음색으로 변한다. 클라리넷의 고음은 거칠지만 부드러우며, 최저음은 어둡고 풍부한 음을 낸다. 이것은 적갈색과 반다이크(Van Dyke)의 빨간색, 석류석(石榴石)의 빨간색에 대한 연상이 나타나고, 연약하고 수줍은 듯하며, 흐릿한 음색을 지녀 음산하다. 괴로움에 빠진 슬픈 소리를 내는 저음의 관악기 바순(basson)은 어두운 갈색이 연상된다. 영국 특유의 호른 'cor anglais'의 소리는 고통, 슬픔, 체념을 호소하는 보라색에 해당된다. 플루트(flute)의 미묘하고도 은근한 투명 음색은 담청 하늘빛같이 순수하고,

맑은 순 파란색의 시각적 인상을 일으킨다. 오보에(oboe)의 소리는 녹색으로 들린다.

타악기인 저음을 내는 케틀드럼(kettle drum)은 저마다의 다양한 소리로 커다란 검정을 만든다. 사이드 드럼의 연속적인 음은 회색빛을, 반대로 트라이앵글은 은빛으로 표현된다. 피아노는 검정빛으로 표현되며, 전음(顫音)은 피아니스트에게 중요하고, 이것은 페달을 사용하는 방법에 따라서 미술가의 기법과 같다.

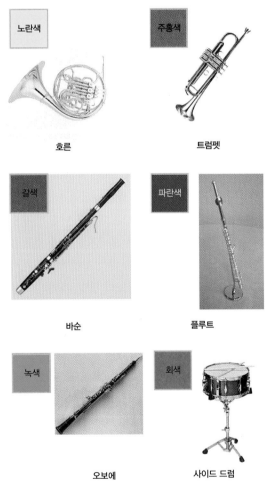

호른

트럼펫

갈색

파란색

바순

플루트

녹색

회색

오보에

사이드 드럼

▌ 메이틀랜드 그레이브스 저, 배만실 역,『디자인과 색채』, 이화여자대학교 출판부, 1998.

색칠 검사(色漆檢査, Color Stroke Test, CST)

그림의 형태 안에 색칠을 통해 성격을 진단하는 방법. 〈색칠 검사〉는 박현일과 조홍중에 의해 작성된 검사이고, 아이들이 형태 안에 얼마나 정성껏 색칠했는지 색칠(stroke)의 변인을 측정한다.

이 검사의 대상자는 유치원 어린이부터 초등학교 6학년까지이고, 각 단계별로 왼쪽 칸에 있는 형태를 어떤 스트로크로 어떻게 표현했는지에 대한 결과이며, 전체 스트로크 중에서 아이가 색칠한 여백이 없는 스트로크가 차지하는 비율(형태의 여백이 없는 스트로크÷전체 스트로크의 수×100)로 결과가 나타난다.

〈색칠 검사〉의 성격 치료는 아홉 가지 단계로 나눈다. 1단계는 4세 어린이까지, 2단계는 5세 어린이, 3단계는 6세 어린이, 4단계는 7세 어린이(초등학교 입

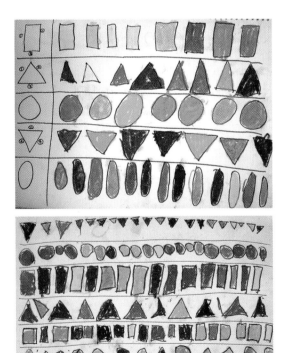

학 전), 5단계는 초등학생 1학년(8세), 6단계는 초등학생 2학년(9세), 7단계는 초등학생 3학년(10세), 8단계는 초등학생 4학년(11세), 9단계는 초등학생 5학년~6학년(12세~13세)이다.

이 검사의 평가 기준은 소심한 아이(91%~100%), 세심한 아이(81%~90%), 차분한 아이(71%~80%), 덤벙대는 아이(61%~70%), 산만한 아이(51%~60%), 과잉 행동하는 아이(51% 이하) 여섯 가지가 있다.

▌박현일·조홍중,『그림을 통한 성격 치료 미술 치료』, 시그마프레스, 2009.

생애 주기(生涯週期, life span)

인간의 생애를 단계로 구분한 것.

유아기부터 노년기로 구분한 뷸러(Bühler)는 전기 분석과 인터뷰 그리고 관찰을 통해 전 생애적 발달 모델을 구축했다. 그녀는 독특하게 인간의 발달을 단계별, 영역별, 경향별, 경험별 그리고 생활 주기별로 구분했다.

▌한국교육심리학회 편,『교육심리학 용어사전』, 학지사, 2000.

서스톤 성격 검사(-性格檢査, Thurstone's Personality Schedule, TPS)

대학 신입생들의 신경질적 경향을 타당한 지수를 마련하기 위한 검사 방법.

1928년 서스톤(Thurstone, L. L.)은 서스톤(Thurstone, T. G.)과 함께 제작한 것이고, 223개의 문항으로 구성되어 있으며, 대답은 '예', '아니요', '?'로 하게 되어 있다. 제작 절차는 진술문의 수집, 진술문의 편집, 선험적 채점반(採點盤)의 제작, 검사를 피험자에게 실시, 문장 분석, 규준의 제작 여섯 가지가 있다.

▌Thurstone, L. L. & Thurstone, T. G., 〈Thurstone's Personality Schedule〉, 1928. / 교육학사전편찬위원회 편,『교육학대사전』, 교육서관, 1989.

선(線, line)

금이나 줄.

선은 점이 움직이는 궤적이고, 기하학에서 무수히 많은 점이 집합하여 하나의 선이 된다. 궤적은 선 특유의 다이내믹한 특성을 나타내는 말이다. 선은 운동에 의해 생기고, 정적인 것에서 동적인 것으로 변화되며, 조형 작업에서 가장 먼저 역할을 한다.

선의 느낌에는 직선, 곡선, 절선 여러 가지가 있다.

직선은 강한 느낌(남성적), 경직, 명료, 확실, 정적인 표정을 준다. 수평선은 평온과 정적인 느낌, 안정감을 나타낸다. 수직선은 숭고한 느낌, 희망, 상승감과 긴장감을 나타낸다. 사선은 동적이고, 불안정한 느낌을 주지만 사용에 따라 강한 표현을 나타낼 수 있는 선이다.

곡선은 우아, 매력, 모호, 유연, 복잡함의 상징, 여성적, 동적인 표정을 나타낸다. 자유 곡선은 아름답고 매력적이나 무질서한 느낌(분방함)을 준다. 자유 곡선형은 아름답고 매력적이나 불명료하고 무질서한 느낌을 준다. 기하 곡선은 이지적 이미지를 상징한다. 포물선은 속도감을 준다. 호는 유연한 표정, 충실한 느낌이 나타난다. 쌍곡선은 균형의 미를 준다. 아르키메데스(Archimedes)의 나사선은 곡선 중에서 가장 동적이다.

절선은 두 개의 점이 번갈아 작용할 때 생긴다. 45도는 냉정하고, 전진의 긴장감을 느낀다. 90도는 노련하고 첨예, 능동적인 모습을 보여 준다. 135도는 우유부단하고 수동적, 귀찮고 난처한 느낌을 준다.

가는 선은 우아한 느낌, 폭이 좁은 선이다. 굵은 선은 힘이 있는 느낌, 폭이 넓은 선이다. 나선은 자연물의 형태에서 볼 수 있고, 무한함을 암시한다. 기하학적인 선은 기계적인 느낌이며, 긴장되고 정확하다. 유기적인 선은 자유스럽고 부드러운 느낌을 준다.

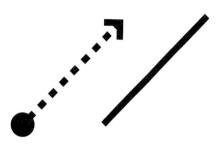

점이 이동하면 선이 된다

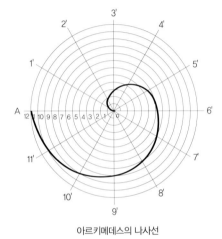

아르키메데스의 나사선

▮ 박현일, 『디자인 강의』, 교우사, 2008.

선명도(鮮明度, chromaticness, colorfulness)
시료 면이 유채색을 포함하고 있어 보이는 정도에 따라 채도에 대한 종래의 정의보다 직관적인 개념.

선묘 형태(線描形態, line drawing form)
선으로 된 그림의 모양.
미국의 여성 아동 미술 학자인 켈록(Kellogg)은 오델(O'dell)과 함께 쓴 그들의 저서(어린이 예술의 심리학)에서, 2세~6세까지 어린이의 그림은 긁적거리기(scribbling)와 모양(shape), 윤곽(outline), 도안(design)의 순서에 따라 변화된다. 이와 함께 그림의 내용은 태양과 빗줄기(suns & radials), 사람(people), 회화적(pictorial) 형태와 같은 특징이 순서에 따라 그

림으로 발달된다. 또한 2세 어린이는 손으로 종이나 울타리, 콘크리트 바닥에 긁적거리고, 모래 위를 발로 긁적거리기(scribbling) 시작한다.

이 시기의 어린이 선묘 형태는 기본적으로 이십 가지가 있다. 첫째는 점, 둘째는 수직선, 셋째는 수평선, 넷째는 빗선, 다섯째는 곡선, 여섯째는 수직 복선, 일곱째는 수평 복선, 여덟째는 빗금 복선, 아홉째는 포물 복선, 열째는 꼬부랑 개선, 열하나째는 꼬부랑 폐선, 열둘째는 지그재그선, 열셋째는 고리선, 열넷째는 겹 고리선, 열다섯째는 와선, 열여섯째는 중복선, 열일곱째는 겹선의 원, 열여덟째는 둥글게 퍼지는 선, 열아홉째는 원, 스무째는 불안전한 원으로 어린이의 그림에 일련의 다양성과 연계성이 있다.

3세 어린이는 여섯 가지 기초적인 선묘 형태의 도식을 만들 수 있으며, 이 도식을 여러 가지 방식으로 구성할 경우 무한정한 도식적 집합의 형태를 만들 수 있다. 긁적거림은 운동의 흥미뿐만 아니라 자기가 그려 놓은 것, 종이 위에 표현해 놓은 어떤 흔적에 대해서도 흥미를 갖는다.

2세~3세 어린이의 긁적거림은 손 운동과 그것에 의한 조형적 표현, 양면의 흥미에 의해 이루어지는 것은 하나의 예술 발달 기초이다. 조형 활동에 대하여 어린이의 미술은 정서와 심미, 교육, 사회, 인류학의 차원에서 매우 중대한 의미를 갖는다. 그녀는 사회성 활동에 많은 비중을 두고 있는데, 그것은 인물과 꽃, 자동차, 집과 같은 그림이 나를 둘러싸고 있는 사회적 관계를 강조한다. 난화기에 속하는 어린이들이 인물을 그린다는 것은 바로 해님을 그리는 것이고, 또한 얼굴에서 옆으로 솟아 나온 긴 양팔은 밑으로 축 처져 있기도 하고, 수평으로 있기도 하며, 위로 올라 있기도 한다.

그녀는 팔이 없는 사람을 그리는 것은 성숙하지 못하고, 잊어버렸다기보다 그런 사람이 어린이에게 더

극적거리의 型 1.	∙∙	점
극적거리의 型 2.	ǀ	하나의 세로선
극적거리의 型 3.	—	하나의 가로선
극적거리의 型 4.	＼／	하나의 빗금
극적거리의 型 5.	⌒	하나의 곡선
극적거리의 型 6.	⋀⋁⋀⋁	겹세로 선
극적거리의 型 7.	≣	겹가로 선
극적거리의 型 8.	⫽⫽	겹빗금
극적거리의 型 9.	⌒⌒	겹곡선
극적거리의 型 10.	∿	구불구불한 선(열렸음)
극적거리의 型 11.	∿	구불구불한 선(닫혔음)
극적거리의 型 12.	∿∿	갈지자선 또는 파도선
극적거리의 型 13.	ℓ	하나의 고리선
극적거리의 型 14.	ℓℓℓ	겹 고리선
극적거리의 型 15.	◎	소용돌이선
극적거리의 型 16.	◉	겹 동그라미
극적거리의 型 17.	◯	겹 원둘레
극적거리의 型 18.	◯◯◯◯	퍼진 동그라미
극적거리의 型 19.	⊘	교차된 동그라미
극적거리의 型 20.	◯	불완전한 동그라미

20가지 선묘 형태

a = 2년 6개월
b = 3년 4개월
c = 3년 7개월
d = 4년 2개월
e = 5년 10개월
e = 6년
g = 6년 3개월
h = 7년 5개월
i = 9년
j = 10년 10개월
j = 11세
l = 12세
m = 13세
n = 14세
o = 16세
성인의 그림

어린이의 형태 순서

좋게 보이며, 어떤 비율에 의해 머리나 다리를 만들어 내기도 한다고 했다. 어린이들이 발과 머리카락을 그리는 것은 어린이의 심미안으로 볼 때 사실적인 묘사로 넘어가는 것을 뜻한다. 어른의 관점에서 볼 때 방사선 형태의 사람은 팔을 내리면 피로해 보이거나, 슬프게 보일지 모르나, 어린이는 전반적인 심리적 견지에서 그린다.

3세~4세 어린이의 그림은 동그란 원형에서 선이 몇 개 밖으로 나오는 이른바 만다라(mandala)[161]형

그림이 엿보이기 시작하고, 이것을 스스로 터득하며, 그림 그리는 중요한 과정이다. 그녀는 학교 들어가기 이전의 어린이의 그림에 나타난 형태가 나이와 관련이 있다고 했다. 예를 들면 원은 사각형보다 먼저 나타나고, 사각형은 마름모보다 먼저 나타난다.

▌Kellogg, Rhoda & O'dell, S., *Psychology of Children's Art*, California : CRM Inc., 1967.

선호하는 그림(選好 – 畵, preference picture)

여러 가지 그림 중에서 특별히 좋아하는 그림.

니담(Needham)과 리틀존(Little-John)은 그들의 연

---

161. 만다라란 산스크리어트로 '원'이라는 뜻을 나타낸다. 동양의 종교에서는 원 같은 형태를 주로 기하학적 여러 가지 선으로 나타낸다. 만다라는 어린이가 원을 그리는 십자가와 대각선 십자가로 4등분과 8등분한 것을 말한다. 켈록은 만다라 형태가 도식기(the schematic stage)의 추

상적 형태로 이끄는 중요한 연속적인 부분에 있다고 보았다.

구에서 어린이들에게 세 가지 종류의 그림[162]을 보여 주는 실험을 했다. 이 실험의 핵심은 어린이들이 좋아하거나 싫어하는 것은 무엇이며, 왜 그런가하는 이유를 묻는 실험이다.

대부분의 어린이들은 그림을 선택할 때 두 가지의 기준이 있다. 첫째, '주제'이고, 둘째, 밝고 명랑한 '색'이다. 반면에 나이가 좀 든 어린이들은 '명암'만을 생각한다. 대상물의 미적 배치는 반응이 아주 적게 나타났다.

▋ Lark-Horovitz, B., *Understanding Children Art for Better Teaching*, New York : Bell & Howell Co., 1973.

선화기(線畵期, the drawing period)
색을 사용하지 않고 선으로만 그림을 그리는 시기(3세~4세).
버트(Burt)는 그의 저서(정신과 학습의 검사)에서 선화기를 제시했다. 선화기는 사람의 모습을 원(머리)과 점(눈), 두 개의 선(다리)으로 표시하는 주관적 해석이 나타난다. 이 시기에는 이따금 몸체가 나타나고, 두 번째 원이 표현되기도 하며, 팔을 나타내는 두 개의 수평선이 표현된다.

▋ Burt, C., *Mental and Scholastic Test*, London : P. S. King & Son., 1921.

성격(性格, personality)
각 개인이 가지고 있는 특유한 성질.
클라게스(Klages)의 연구에서, 성격이란 소재와 구조, 질의 세 가지 특수 군으로 나누어진다. 첫째, 성격의 소재란 사물을 기억하고 파악하는 마음의 특성이다. 둘째, 성격의 구조는 감동, 의지, 개인적 표현력을 말한다. 이 세 가지 특성 간에는 서로 같은 인간의 관심과 충동, 의지를 말한다. 셋째, 성격의 질은

---

162. 풍경화, 실내화, 인물화를 의미한다.

인간의 관심 또는 충동적 단련의 총체를 의미한다. 이 충동적 단련이란 의욕의 방향을 지시하는 특수 군으로 보았다.

▋ 김재은, 『그림에 의한 아동의 심리진단』, 교육과학사, 1984.

성격 검사(性格檢査, Personality Test, PT)
성격 특성인 인성, 인격, 개성의 여러 가지 증상적 항목 중 일부를 과학적으로 측정하고 평가하는 방법.
〈성격 검사〉는 역사적으로 보아 제1차 세계대전 중에 만들어진 우드워스(Woodworth)의 〈성격 자료 용지(Personality Data Sheet)〉에서 시작하여 그 이후의 성격 이론의 발전과 더불어 놀랄 만한 발전을 이룩했으며, 현재는 그 검사를 분류하기에 너무 많다.

자기 보고(自己報告) 형식의 성격 검사에는 우드워스(Woodworth)의 〈성격 자료 용지〉와 〈콜게이트 정신 위생 검사(Colgate Mental Hygiene Test)〉, 올포트(Allport)의 〈지배 복종 검사(Ascendance-Submission Test)〉, 서스톤(Thurstone)의 〈성격 조사표(Personality Schedule)〉, 번로터(Bernreuter)의 〈자기만족 검사(Self-Sufficiency Test)〉, 터먼-밀즈(Terman-Miles)의 〈태도 흥미 분석 검사(Attitude Interest Analysis Test)〉가 있다.

한 검사 속에서 여러 가지 요인의 성격 특성을 측정하는 다차원 검사에는 번로터의 〈성격 검사(Personlity Inventory)〉, 〈길포드 검사(Guilford Inventory)〉, 〈길포드-짐머만 기질 검사(Guilford-Zimmerman Temperament Survey)〉, 〈험-우드워스 기질 검사(Humm-Woodworth Temperament Scale)〉, 〈미네소타 다면적 기질 검사(Minnesota Multiphasic Personality Inventory)〉, 올포트-버넌(Allport-Vernon)의 〈가치 연구(Study of Value)〉가 있다.

흥미 검사에는 경험적으로 구성된 스트롱(Strong)의 〈직업 흥미 검사(Vocational Interest Blank)〉와 기

술적 흥미 검사인 〈쿠더 흥미 검사(Kuder Preference Schedule)〉가 유명하다.

투사적 방법으로는 유명한 로르샤흐(Rorschach)의 〈잉크 반점 검사(Ink-Blot Test)〉와 머레이(Murray, H. A.)와 모건(Morgan)의 〈주제 통각 검사(Thematic Apperception Test)〉, 로터(Rotter)의 〈문장 완성 검사(Sentence Completion Test)〉, 로젠즈바이크(Rosenzweig)의 〈회화 단절 검사(Picture Frustration Test)〉가 있다.

▌교육학사전편찬위원회 편, 『교육학대사전』, 교육서관, 1989.

성격과 색채(性格 - 色彩, character and color)

각 개인이 가지고 있는 특유한 성질과 색채의 관계. 김재은은 임형진과 함께 쓴 논문에서 어린이들의 성격과 색채에 대해서 다음과 같이 제시했다.

활동성이 있는 남자 아이들은 파랑, 초록, 황토색, 검정, 고동색, 노랑, 주황, 빨강, 보라를 차례로 사용한다. 여자 아이들은 황토색, 보라, 고동색, 파랑, 보라, 초록 순으로 많이 쓴다. 또한 보라보다는 황토색을 더 좋아한다. 활동성이 많은 아이들은 파랑을 즐겨 쓰지 않는다.

주황(오렌지색)색을 사용한 아이들은 황토색을 사용한 아이들보다 더 지배력이 있는 아이들이다. 여자 아이들은 파랑과 초록, 고동색이 보라보다 더 지배적이다.

충동성이 있는 남자 아이들은 황토색이 주황(오렌지색)에 비해 더 충동적이다. 여자 아이들은 빨강이 파랑과 초록, 황토색, 보라, 고동색보다 더 충동적이다. 노랑은 초록과 황토색, 보라, 고동색보다 더 충동적이다.

사려가 깊은 남자 아이들은 색채의 기호별로 변별력이 가능하지 않으나, 여자 아이들은 보라나 파랑이 빨강보다 더 사려 깊게 나타났다.

사회성이 있는 남자 아이들은 초록이 파랑이나 황토색보다 더 사회성이 있으며, 주황(오렌지색)은 파랑이나 노랑보다 더 있다. 여자 아이들은 빨강이 파랑이나 노랑보다 더 있으며, 초록은 노랑이나 파랑보다 더 있다.

보라를 즐겨 쓰는 어린이들은 활동성과 지배력이 약하다.

빨강을 많이 사용한 어린이들은 사회성이나 충동성이 높다. 빨강을 적게 사용한 어린이들은 사려나 사회성이 있다.

주황을 좋아하는 남자 아이들은 노랑과 황토색, 초록, 파랑을 좋아하는 아이들보다 훨씬 정서적 안정감이 있고, 고동색과 빨강, 보라를 좋아하는 아이들과 그리 큰 차이는 없다. 여자 아이들은 고동색과 초록을 좋아하는 아이들보다 정서적 안정감이 더 있다.

고동색을 많이 사용한 어린이들은 지배력이 있고, 또한 적게 사용한 어린이들은 충동성이 낮다. 고동색을 좋아하는 아이들은 일찍부터 용변 훈련이나 청결 습관을 과도하게 강요하는 가정환경에서 자란 아이들이다.

오렌지색을 많이 사용한 어린이들은 안정성이 높고, 황토색을 적게 사용한 어린이들은 지배력이 낮다. 황토색을 많이 사용한 어린이들은 활동성이 높다. 오렌지색(주황)을 좋아하는 아이들은 주위의 환경에 순응하고, 즐겁고 명랑한 기분을 느꼈다. 그러나 자기의 감정을 강하게 주장하지 못한 겁쟁이이다. 이 색은 소심한 아이들이 많이 사용하고, 내면적 불안의 출구로써 사용되며, 실제 생활에서도 도피적이다.

노랑을 좋아하는 아이들 중에 파랑 위에 노랑을 칠할 경우에는 어린아이이고 싶은 욕구이다. 노랑으로만 사용될 경우는 의존하는 아이들이고, 지적 장애[163]이며, 유아적 행복감에 좌우된다. 노랑을 잘 쓰는 어린이들은 다른 아이들과 사이가 좋고, 인기가 있으며, 평판이 좋다. 노랑은 충동성이 높다.

초록을 좋아하는 아이들[164]의 행동 특성은 자기 만족감, 주의 깊은, 잘 생각해서 하는 행동, 언어적인 어법이 적절히 잘 나타난다. 초록은 빨강과 반대로 충동적인 행동을 통제하는 색으로 나타난다. 그림을 더럽히기 위해 초록을 쓰는 아이들은 지나치게 엄격한 가정교육을 받는 아이들이다.

검정을 좋아하는 아이들은 정서적 행동의 결여와 감정의 흐름이 없고, 공포나 불안에 의해 생겨난 자기의 압력(repression)이다. 또한 자기의 신체 결함이나 가정 상황(결손 가정)을 검정으로 표현한다.

▌ 김재은·임형진,「아동의 자유화에서의 색채사용량과 인성요인 간의 상관연구」,『이화여대 한국문화연구원 논총』, 제20집, pp. 285~297, 1972.

1930년 렘케(Lembke, W.)는 그의 연구에서 17개 학급에서 가장 대담한 어린이와 가장 겁이 많은 어린이 한 명씩을 뽑아 34명의 어린이들에게 자유화를 그리게 했다. 겁이 많고 소심한 어린이는 대담한 어린이들보다 훨씬 밝은 색채를 사용했고, 성격의 특징과 정반대의 색채를 좋아한다. 대담한 어린이는 어두운 색채를 사용하고, 이 어린이들 중에는 보라와 짙은 고동색을 사용했다. 이 연구의 결과에서, 색채를 좋아하는 어린이들은 성격의 특징과 반대로 나타났다.

▌ 김재은,『그림에 의한 아동의 심리진단』, 교육과학사, 1984.

성격 연구(性格研究, characteristic research)
각 개인이 가지고 있는 특유한 성질에 대해 깊이 생각하거나 자세히 조사하여 어떤 이치나 사실을 밝혀냄.

---

163. 정신 발달의 관점에서 보는 견해이다.
164. 정서적인 표현을 하지 않은 아이들을 의미한다.

미국의 여성 심리학자인 알슐러(Alschuler)는 해트웍(Hattwick)과 함께 쓴 논문("유치원 아이들의 개성적 지표에 나타난 그림")에서 성격 연구의 방법을 네 가지 소개했다. 첫째, 어린이의 그림에는 추상적인 면과 다른 어떤 사물을 있는 그대로 표현한 유형을 두 가지로 나누었다. 둘째, 유아의 그림과 성격의 연구는 유아의 생활 전반에 대한 이해의 일환으로 다루었다. 셋째, 이론의 연구와 실제적인 연구를 종합하는 일이다. 넷째, 임계 장면을 연구하는 일이다.

▌ Alschuler, Rose H. & Hattwick, La Berta W., "Easel Painting as an Index of Personality in Preschool Children", *American Journal of Orthopsychiatry*, (Vol. 13), 1943.

성격 유형(性格類型, personality types)
각 개인이 가지고 있는 특유한 성질의 비슷한 틀.

독일의 정신의학자 크레치머(Kretchmer, E.)는 정신 병리학적 입장에서 기질과 체형의 관계를 세 가지로 언급했다. 첫째, 조울성 기질은 비만형. 둘째, 분열성 기질은 마른 체형. 셋째, 간질성 체형은 근골형 체형.

스위스 심리학자 융(Jung, C. G.)은 성격을 내향과 외향으로 분류했는데 리비도가 자기의 외부 대상으로 향하고 있는 사람을 외향형이라고 했으며, 이런 유형의 사람은 정서적 표현이 활발하고 결단이 빠르며, 통솔력이 있고 사교적이라고 했다. 반면 내향형인 사람은 리비도가 내면으로 향하고 있어 생활의 주관적인 면을 중시하고, 내성적이고 사려 깊으나 결단력이 모자라고 고독을 즐기는 경향이 있다.

프로이트(Freud, S.)는 구순애적, 전성지적, 성기애적, 항문애적 성격의 네 개 유형으로 나누었다. 항문애적 성격의 소유자는 성인이 되어 수동적인 동성애에 빠지기 쉽고, 직접적인 애정의 만족을 피하게 되며, 대상적으로 지나치게 꼼꼼하여 결벽성이 심한 성격이 형성된다.

■ 류경남 외, 『가족상담심리 용어사전』, 학지사, 2006.

성격 진단(性格診斷, characteristic diagnosis)
각 개인이 가지고 있는 특유한 성질을 관찰하여 상태를 판단함.
1940년 데스퍼트(Despert)의 논문에서, 어린이의 여러 가지 놀이 과정과 어린이의 그림은 어린이의 성격 진단에 유용하다. 초기 어린이의 그림 연구에서, 어린이는 본 것을 그리는 것이 아니라 아는 것을 그린다. 그는 보통 어린이와 다른 어린이[165]의 미술 작품을 심리학적 해석에 따라 많은 임상적 증거를 제시했고, 그림에 나타난 형태나 내용, 색채를 특정으로 어린이의 심리적 특성과 상태를 발견했다.

■ Despert, J. L., "A Method for the Study of Personality Reactions in Preschool Age Children by Means of Analysis of Their Play", *Journal Psychology*, 9, pp. 17~29, 1940.

와테그(Wategg)는 그의 연구에서 흰 종이에 간단한 점이나 선으로 된 그림을 보고, 어린이의 성격을 진단했다. 이것은 모두 투영적 방법으로써 어린이의 내면적 세계이다.

■ 김정, 『아동의 미술교육 연구』, 창지사, 1989.

성별 색채 선호도(性別色彩選好度, sex color preference)
남녀 중에 특별히 가려서 색채를 좋아함.
남성은 파랑과 같은 특정 색에 편중되며, 어두운 톤을 선호한다. 여성은 비교적 다양한 색과 밝고 맑은 톤을 선호한다.

성인 아이(成人 -, adult child)
해소되지 않은 어린 시절의 문제를 아직도 처리하고 있는 18세 이상의 성인.

---
165. 이상이 있는 아이(abnormal child)를 의미한다.

심리학자들은 이들이 역기능 가정의 산물로 보았으며, 콘웨이(Conway)는 성인 아이를 '겉으로는 다 컸는데 속으로 왜소하고 나쁜 사람처럼 느끼는 사람'이라고 정의했다. 성인 아이의 증상으로는 동반 의존성, 공격적 행동, 자기도취나 과시적 행동, 불신감, 중독이 있다. 성인 아이는 생활의 영역에서 어른과 같이 생각하거나 행동하는 어린이를 의미하고, 아직도 어린 시절의 미해결 과제를 안고 있는 성인을 의미할 수도 있다.

■ 류경남 외, 『가족상담심리 용어사전』, 학지사, 2006.

위트필드(Whitfield)는 성인 아이의 개념으로 '내재 아(inner child)', '거짓된 자아(false self)', '동반 의존적 자아(co-dependent self)', '진실되지 못한 자아(unauthentic self)', '공적인 자아(public self)'로 표현하고 있다. 각각의 사람들은 '내재 아(child within)'를 가지고 있으며, 내재 아는 우리의 내면적 부분을 가리키는 말로서 '진정한 자아(real self)', '참 자아(true self)', '신적 아동(divine child)', '고차적 자아(higher self)'의 용어로 혼용해서 쓰이고 있다.

■ Whitfield, Charles L., "Healing the Child Within : Discovery and Recovery for Adult Children of Disfunctional Families", *Health Communications*, 1987.

성적 발달 단계(性的發達段階, sexual development stage)
남녀의 성이나 성욕이 차차 완전한 모양과 기능을 갖추게 되는 과정.
헐록(Hurlock, E. B.)은 그의 연구에서 성적 발달 단계를 세 가지로 나누었다. 이것은 성 의식 변화에 관심을 두고 구분했다.
1단계는 초기 성적 행동의 단계(0세~5세)이다.
2단계는 성적 반발기(6세~12세)이다.
3단계는 청년기(13세 이상)로서 다시 세 가지로 나누었다. 첫째는 성적 혐오 단계이고, 둘째는 동성애의 단계이며, 셋째는 이성애의 단계이다.

▌ 김정,『아동의 미술교육 연구』, 창지사, 1989.

세만토 그래피(ㅡ, semanto graphy)

하나의 세계, 하나의 서법을 슬로건으로 하는 시각적
에스페란토(esperanto).

1940년대 찰스 K. 블리스는 나치스의 박해로 중국으
로 도피하여 한자의 표의성에서 창안하여 세만토 그
래피 브리스 심벌 릭스라는 그림 문자 시스템을 고
안했다. 100여 종의 그림 문자를 조합시켜 단어를 만
들었으며, 1957년 세만토 그래피의 재단이 캐나다에
설립되었고, 농아들에게 시도되었다.

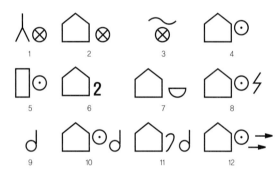

1. 자동차 수리공, 2. 자동차 정비소, 3. 휘발유, 4. 극장, 5. 입장권, 6. 2층
석, 7. 만원 사례, 8. 영화, 9. 음악, 10. 오페라, 11. 육상, 12. 경기장

▌ 박현일,『디자인 강의』, 교우사, 2008.

세포 분열도(細胞分裂圖, cell division picture)

생물체를 구성하는 최소 단위의 원형질 하나가 여러
가지로 갈라지는 그림.

미국의 뇌 신경외과 학자인 펜필드(Penfield, W. G.)
는 세포 분열도에 대해서 설명했다. 그는 대뇌 피질
부의 기능상으로 볼 때 세포 분열도는 심신 도형설이
라 주장하고, 이것은 얼굴과 몸통의 역방향[166]이다.

---

166. 상하의 위치가 바뀌었다.

또한 어린이 그림의 연구는 심리학에서 시작하여 생
리학에 도달한다.

▌ 김재은,『그림에 의한 아동의 심리진단』, 교육과학사, 1984.

소리의 색(ㅡ色, color of sound)

청각으로 느껴지는 색채의 관계.

베르너(Werner)는 그의 저서(정신 개발에 관한 비교
심리학)에서 낮은 소리와 높은 소리에 대해서 설명
했다. 귀에 들리는 낮은 소리는 어두운색으로 이동
하고, 높은 소리는 밝은색으로 이동한다. 낮은 소리
는 빨강을 더 짙게 또는 푸르스름하게 보이는 효과가
있고, 높은 소리는 빨강을 노랑 또는 주황을 띠는 효
과가 있다. 낮은 소리가 들릴 때 주황은 붉으스름한
색으로, 노랑은 갈색이나 붉으스름한 색으로, 초록은
푸르스름한 색으로, 파랑은 보라에 가까운 색으로 보
인다. 높은 소리가 들릴 때 주황은 노랑에 가까운 색
으로, 노랑은 더 여린 노르스름한 색으로, 초록은 노
랑으로, 파랑은 초록에 가까운 색으로 보인다.

  색을 '듣는' 것은 어린아이들에게 흔히 있는 일이

며, 원시인[167]들 사이에서도 존재한다. 이러한 현상은 정신병에 걸린 사람들, 특히 정신 분열 증세가 있는 사람들에게서 발견된다. 메스칼린(mescalin)[168]을 복용해도 그런 현상이 유발되고, 메스칼린의 영향을 받고 있는 피험자는 색과 음을 동시적으로 경험한다. 높은 음은 빛나는 색을 연상시키고, 낮은 음은 어두운 색감을 연상시킨다.

▌ Werner, Heinz, *Comparative Psychology of Mental Development*, Chicago : Follett Publishing Co., 1948.

소묘(素描, drawing)

형태와 명암을 위주로 하여 단색으로 그린 그림＝데생(dessin, 프).

소시오그램(–, sociogram)

인간관계나 집단의 구조 및 동태(動態)를 경험적으로 기술(記述)하고 측정하는 이론과 방법의 총칭.

소시오그램의 좁은 의미는 모레노(Moreno, J. L.)와 그 학파가 체계화시킨 방법을 가리킨다. 모레노에 의하면, 소시오그램은 집단 성원(成員) 사이에 끊임없이 변화하는 견인(牽引 : attraction)과 반발(repulsion)의 역학적 긴장 체계이며, 이는 개인의 자발적 성질과 문화적 역할에 대한 학습 정도에 따라 상대적으로 안정된 구조를 만들어 낸다.

모레노는 인간관계나 집단의 분석을 위한 주요 방법으로서, 면식(面識) 테스트(acquaintance test), 소시오 메트릭 테스트(sociomatric test), 자발성 테스트(spontaneity test), 상황 테스트(situational test), 역할 연기 테스트(role-playing test)의 다섯 가지를 제안했다.

▌ 『두산백과사전』, 동아출판사, 1982.

---

167. 원시 시대에 살던 인종이 아니라 현재 원시적인 생활을 하는 토인들을 가리킨다.
168. 단맛의 알칼로이드 흥분제이다.

손가락 그림(–, Finger Painting Test, FPT) → 핑거 페인팅

수기 문자(手記文字, hand lettering)

손으로 직접 쓴 문자. 좁은 의미로 레터링(lettering)에 해당됨.

수채화(水彩畵, watercolor)

물에 용해되는 매재(媒材, 일반적으로 아라비아 풀)와 혼합된 안료로 그린 회화를 가리키는 용어. 서양 회화의 여러 가지 양식 중에서 유화와 대응되는 용어.

수채화의 용도는 광범위하고, 시대를 거듭함에 따라 폭이 넓어졌다. 동양의 수묵화나 담채화, 중세 유럽의 도판 필사본에 그려진 장식화도 수채화의 범주에 속한다.

▌ 월간미술 편, 『세계미술용어사전』, 중앙일보사, 1989.

수축 색(收縮色, contraction color)

색의 면적이 실제 크기보다 작게 보이는 현상.[169]

수축 색은 차가운 색, 명도와 채도가 낮고, 작게 보인다. 수축과 팽창은 절대적인 것이 아니라 두 가지의 색 비교에 의해 심리적으로 느껴지는 경우가 대부분이다.

칸딘스키(Kandinsky)는 "노랑은 원심적(遠心的)인 성질이 있어서 크게 보이고, 파랑은 구심적(求心的)인 성질이 있어서 작게 보인다."고 설명했다.

---

169. 회색 바탕에 같은 크기의 빨강과 파랑이 나란히 있다. 파랑은 빨강보다 파장이 적기 때문에 작게 보인다.

■ 박현일 외, 『색채학 사전』, 국제, 2006.

수치 상징 색(數値象徵色, shame symbolic color)

수에 대해, 그것을 상기(想起)시키거나 연상(聯想)시키는 색채.

공학 분야에서는 수치를 시각화하기 위해 색을 상징 언어로 사용했다. 검정은 0, 남보라는 1, 빨강은 2, 주황은 3, 노랑은 4, 초록은 5, 파랑은 6, 보라는 7, 회색은 8, 하양은 9로 나타냈다.

■ 박현일 외, 『색채학 사전』, 국제, 2006.

순도(純度, purity)

색의 순수한 정도인 포화(飽和)의 비율.

순색(純色, full color)

하나의 색상에서 무채색 포함량이 가장 적은 색.

순색은 색 중에서 채도가 가장 높은 색이고, 깨끗하고 선명하며, 유채색에만 있다. 순색의 가장 정확한 뜻은 색광에 있어서 스펙트럼의 단색광을 말한다. 아이젠크(Eysenck)는 순색을 saturated colors라고 불렀다.

■ 박현일 외, 『색채학 사전』, 국제, 2006.

스케일(−, scale)

길이나 무게, 각도 따위를 재는 기구. 눈금, 자(尺), 척도(尺度).

스케치(−, sketch)

회화에 있어서 구도나 형태를 대략적인 인상으로 간단하게 그린 그림.

스크래치 긁기(−, scratch scratching)

종이에 다양한 색을 자유롭게 칠한 뒤 검정색으로 덧칠을 한 다음 종이 위에 뾰족한 도구로 긁는 그림.

스크래치 긁기는 내담자 그림이 지저분해졌을 때 그 위에 검은색으로 덧칠하여 재사용할 수 있으며, 이를 통해 느꼈던 짜증, 화남, 잘못된 것에 대한 불만의 마음을 해소할 수 있다. 오랜 시간 덧칠하는 것은 충동성 감소에 활용되기도 한다. 경우에 따라 덧칠 없이 긁어 낼 수도 있다.

■ 이근매, 『미술치료 이론과 실재』, 양서원, 2008.

스탠퍼드−비네 지능 검사(−知能檢査, Stanford-Binet Intelligence Scale, SBIS)

정상아와 정신박약아를 구별하는 지능 검사 방법.

1916년 스탠퍼드대학교 터먼(Terman) 교수가 최초의 지능 검사인 〈비네-시몽 검사〉를 미국의 피험자에게 알맞게 수정했다. 이것이 〈스탠퍼드-비네 지능 검사〉이고, 〈웩슬러 지능 검사(Wechsler Intelligence Scale)〉와 쌍벽을 이루고 있다.

이 검사의 특징은 여섯 가지가 있다. 첫째, 〈비네-시몽 검사〉는 문항을 약 3분의 1가량 새로 넣었을 뿐만 아니라 그냥 남겨둔 문항도 수정하고 재배치하여 변별력의 가치를 높였다. 둘째, 1916년도 판(1937년 제2차 개정판이 있음)은 처음으로 생활 연령과 정신 연령의 비율에 기초한 지능 지수(IQ)가 사용되었다. 아마 IQ의 사용은 지능 검사의 보편성, 실용성, 이론적 발달을 끝없이 제공했을 것이다. 이 검사가 약 20년간 전 세계적으로 개인 진단, 심리 실험, 인간 자원의 개발에 널리 사용되었다는 것은 이러한 특수성, 실용성, 타당성 때문이다. 셋째, 이 검사는 개인 검사이므로 집단적으로 실시할 수 없고, 반드시 훈련받은 검사자가 한 사람의 피험자를 상대로 검사를 실시해야 한다. 넷째, 1937년도 판의 L형과 M형은 〈동형 검사(Equivalent Test)〉를 만들어 추수(追隨) 연구, 비교 연구, 종속적 연구에 제공되었다. 다섯째, 1937년도 판 검사에서는 1916년도 판에서 90문항밖에 되지 않던 문항을 129개 문항으로 늘렸다. 여섯째, 1937년도 판에서는 능력의 범위나 연령의 범위가 훨씬 넓어졌다. 2세부터 성인 상 I, 상 II, 상 III에 이르기까지 여러 단계로 나누어 측정할 수 있다.

L형의 2세 문제로는 여섯 가지가 있다. 첫째, 작은 나무토막 세 개를 뚫려 있는 판자의 구멍에 집어넣게 한다. 둘째, 이름을 대면 인형을 지적한다. 셋째, 명칭을 말하면 종이 인형의 해당 신체 부분을 지적하게 한다. 넷째, 나무토막으로 탑을 쌓게 한다.[170] 다섯째, 여러 개의 그림에서 흔히 보는 물건의 이름을 말하게 한다. 여섯째, 두 개의 단어로 된 문장을 마음대

---

170. 검사자가 한 번 시범을 보인 후 그대로 따라 하게 한다.

로 말하게 한다.

▌ Terman, L. M., 〈Stanford-Binet Intelligence Scale〉, 1916. / 교육학사전편찬위원회 편, 『교육학대사전』, 교육서관, 1989.

스테인드글라스(-, stained glass)
재료에 여러 가지 물감을 넣어 만든 색유리나 겉면에 색을 칠한 유리를 기하학적 형태나 장식적인 형태의 색유리 그림.

스트롱 흥미 검사(-興味檢査, Strong Vocational Interest Blank, SVIB)
1927년 스트롱(Strong)이 제작한 것으로 경험적(empirical), 예상적(predictive), 직업적(vocational)인 특징을 지닌 검사이다. 이 검사는 남녀별로 되어 있는데, 남자용 검사의 명칭은 〈Strong Vocational Interest Blank for Men〉이고, 여자용 검사의 명칭은 〈Strong Vocational Interest Blank for Women〉이다.

이 검사는 통칭 VIB라고 하고, 제작에는 두 가지가 있다. 첫째, 같은 직업에 종사하고 있는 사람의 흥미는 서로 비슷한 데가 있다. 둘째, 각 개인의 직업은 거의 변하지 않는 고정적인 것이라는 두 가지 가정이 밑받침되고 있다. 이 검사의 주된 목적은 각 개인의 흥미가 여러 가지 직업에서 성공하고 있는 남녀의 흥미 유형과 어느 정도 일치하느냐의 정도를 남녀별로 밝혀 보자는 데 있다.

이 검사의 직업군은 11개로 나뉘는데, 이 중 채점으로 사용하고 있는 것은 여섯 개의 직업군이다.

첫째, 창의적·과학적으로는 미술가, 심리학자, 건축가, 외과의사, 치과의사. 둘째, 기공적으로는 수학자, 물리학자, 엔지니어, 화학자. 셋째, 사회·사무적으로는 YMCA, 체육 지도자, 인사 관리인, YMCA, 서기, 사회 과학 교사, 교육감, 목사. 넷째, 사무적으로는 회계사, 사무원, 판매 대리인, 은행가. 다섯째, 섭외적으로는 판매 관리인, 부동산 판매인, 생명보험 외무원. 여섯째, 언어적으로는 광고인, 법률가, 저술가, 저널리스트이다.

▎Strong, Edward K., 〈Strong Vocational Interest Blank〉, 1927. / 교육학사전편찬위원회 편, 『교육학대사전』, 교육서관, 1989.

스티커(−, sticker)

상표(商標)나 광고 또는 어떤 표지를 붙이는, 풀칠이 되어 있는 작은 종이.

스펙트럼(−, spectrum)

무지개 색과 같이 이어지는 색의 띠.

1966년 뉴턴(Newton, Isaac)은 삼각형 프리즘(prism)을 실험하고, 빛의 굴절 현상을 이용하여 하양 광(白光)을 분광(分光)시켜 스펙트럼을 전개했다. 하양 광이 분광되는 이유는 파장의 길이가 길고 짧음에 따라 굴절률이 다르기 때문이다. 장파장은 빨강이고, 단파장은 보라이다. 분광의 특성은 분광된 각각의 단색광에 대해 방사량을 측정하면 원래의 빛을 파장별로 알 수 있다. 빛의 파장 분포는 상태치가 충분하고, 분광 분포를 상대치로 나타내는 것이 분광 분포이다.

▎박현일 외, 『색채학 사전』, 국제, 2006.

시각(視覺, vision)

눈을 통해 물체의 모양이나 빛깔을 분간하는 감각.

가시광선에 의한 빛 자극은 물체를 비추고, 반사, 흡수, 투과하는 작용이다. 이 작용은 망막의 시세포를 자극하고, 시신경을 통해 대뇌에 전달하며, 색채에 있어서 가장 중요한 감각 기관이다. 시각은 사물에 대해 80% 이상의 정보를 얻는다.

▎박현일 외, 『색채학 사전』, 국제, 2006.

시각 개념(視覺槪念, concept of vision)

눈의 감각 속에서 공통적 요소를 뽑아 종합하여 얻은 하나의 보편적인 관념.

독일의 예술, 형태(gestalt) 심리학자인 아른하임(Arnheim)은 그의 저서(미술과 시지각)에서 시각 개념을 제시했다. 자극 소재라 할 수 있는 빨강의 색감, 크고 작은 것, 균등, 둥근 것, 수직선에 대한 지각은 본래 있었던 상태의 구조에 의해 환기되는 것을 의미한다. 지각은 그 대상이 속해 있었던 것에 되돌려주는 상태를 말한다. 그러나 주체가 지각 대상을 무조건 수용하지 않고, 그 대상의 자극 소재에 의해 제시되는 구조의 지각적 특성을 맞춘다.

▎Arnheim, Rudolf, *Art and Visual Perception*, Berkeley : Univ. of California Press, 1954.

시각 언어(視覺言語, language of vision)

시각에 호소하고 의사를 소통하는 언어로 디자인의 총칭. 근대 조형 예술의 일반적인 개념.

헝가리 태생의 미국인 디자이너, 교육자, 화가인 케페스(Kepes, Gyorgy)는 그의 저서[시각 언어(1944)]

태양광

Orange
Yellow
Green
Cyan Blue
Utramarine Blue
Violet Blue

프리즘

스펙트럼

에서 새로운 조형 원리를 설명하고, 처음으로 체계화
시켰다.

시각 언어의 종류에는 조형 예술, 영화, 사진, 텔레
비전이 있다.

▌ 박현일, 『디자인 강의』, 교우사, 2008. / 가이 줄리어 저, 김
　 양수 옮김, 『디자인 디자이너 사전』, 시공아트, 2006.

시각 예술(視覺藝術, art of visions)
물체의 모양이나 빛깔을 분간하는 눈에 의해 미를 창
조하고 표현하는 인간의 활동.
윌슨(Wilson)은 그의 논문("5학년과 6학년 학생들의
그림의 지각에 대한 실험 연구")에서 어린이들이 시
각 예술에 사용된 언어의 인지도를 조사했다. 이 조
사에서는 초등학교 5학년과 중학교 1학년, 중학교 3
학년, 고등학교 2학년 학생들 사이에 실질적인 차이
가 없음을 발견했다.

▌ Wilson, B., "An Experimental Study Designed to Alter
　 Fifth and Sixth Grade Student's Perception of Paintings",
　 Studies in Art Education, (Vol. 8), No. 1, Autumn, 1966.

시각적 사실기(視覺的寫實期, the visual realism period)
물체의 모양이나 빛깔을 분간하는 눈의 감각 시기(9
세~10세).
버트(Burt)는 그의 저서(『정신과 학습의 검사』)에서 시
각적 사실기를 제시했다. 시각적 사실기는 자연을
보고 그리는 단계로 중첩(overlap)과 원근법이 시도
되며, 외곽선을 사용한 2차원과 입체 표현을 시도한
3차원의 그림이 나타난다. 2차원적인 면은 외곽선이
사용되고, 3차원적인 면은 입체적 표현이 시도된다.
중첩(overlap)과 원근법이 시도되고 풍경화가 시작
된다.

▌ Burt, C., *Mental and Scholastic Test*, London : P. S. King
　 & Son., 1921.

시각 형태의 선호도(視覺形態 - 選好度, preference of vision forms)
눈을 통해 분간하는 감각과 사물의 생긴 모양을 특별
히 좋아하는 것.
파이론(Pyron)은 그의 논문("전위 예술과 대중 예술
의 거절")에서, 시각 형태의 유형에 관한 개인의 선호
도는 개인의 성격이나 그들의 일반적 창의력과 관련
이 있다. 이 연구의 방법은 음악, 미술, 문학의 세 가
지 예술 형태에서 대중, 고전, 전위의 세 가지 특성을
띤 작품을 제시했다.

그는 예술 작품을 평가하기 위해 피시험자들에게
의미 분류(semantic differential)로 알려진 것을 등급
으로 매기도록 했다. 이것은 좋은 : 나쁜, 정직함 : 부
정함, 유쾌한 : 불쾌한, 신성한 : 불경스러운, 행복한 :
불행한과 같은 대립되는 형용사 열두 가지를 척도로
판단했다.

이 연구는 간단한 것보다 복잡한 형태를 좋아하는
사람이 더 융통성이 있고 창조적이다. 실제로 불명
료하고 복잡한 것을 추구하고, 이를 관대하게 다루는
능력은 창의력과 관련된 개인의 특성이다. 단순한
질서를 요구하는 사람들이 복잡한 것을 좋아하는 사
람보다 더욱더 전위 예술을 거부한다.

▌ Pyron, B., "Rejection of Avant Garde Art and the Need
　 for Simple Order", *Journal of Psychology*, (Vol. 63), 1966.

시 감각(視感覺, visual sensation)
빛이 안구의 망막에 닿으면 망막 위의 감광 세포(추
상체와 한상체)의 선단 부근에 있는 감광 물질이 광
화학 변화에 분해되고, 분해된 생성물에 의해 시신경
섬유에 신경 자극(nerve impulse)을 일으킨다.

시몬즈 도형 검사(－圖形檢查, Symonds Picture Study Test, SPST)

시몬즈(Symonds)에 의해 제작된 것으로 투사적 방법의 성격 검사 방법.

〈시몬즈 도형 검사〉는 그림을 보여 주고 그림이 비어 있는 칸에 피험자가 반응하게 한 다음, 그 결과에 의해 성격을 진단한다.

▎Symonds, 〈Symonds Picture Study Test〉. / 교육학사전편
찬위원회 편, 『교육학대사전』, 교육서관, 1989.

시설 아동(施設兒童, facilities child)

부모의 부재로 입소되며, 부모의 이혼, 재혼, 가출, 부부 불화나 경제적 빈곤으로 입소한 아이.

시설 아동은 대부분 유아기 또는 아동기에 부모와 분리 경험이 있는 것 이외에 환경적인 특성으로 인해 일반 가정의 아동보다 물리적, 정서적, 사회적, 교육적 환경에서 양적으로나 질적인 면에서 결핍된 상태라고 볼 수 있다.

▎Barber, J. G. & Delfabbro, P. H., "The First Four Months
in a New Foster Placement : Psychosocial Adjustment,
Parental Contact and Placement Disruption", *Journal of
Sociology and Social Welfare*, 30(2), 2003.

시설 증후군(施設症候群, hospitalism)

유아가 생후 1년 동안 보호 시설에서 자라거나 상당 기간 동안 어머니의 돌봄을 심각하게 박탈당했을 때 나타나는 파국적 증후군.

시설 증후군에는 신체적 쇠약, 감염, 질병, 죽음, 심리적인 퇴화, 발달 정지, 기능의 퇴화가 포함된다. 시설에서 살아가는 아이들은 정신 의학적 장애, 정신 지체, 반사회적 경향성의 문제를 갖게 될 가능성이 높다.

▎미국정신분석학회 편, 이재훈 역, 『정신분석용어사전』, 한
국심리치료연구소, 2002.

시인성(視認性, visibility or eye catcher)

명확하게 눈에 잘 들어오는 성질＝명시성(明視性).

시인성은 배색을 통해 눈에 잘 띄는 정도를 말하고, 먼 거리에서 잘 보이는 배색은 시인도가 높은 색이다. 배색에 있어서 바탕과 무늬의 명도 차이를 크게 하며, 같은 명도의 색은 색상 차이나 채도 차이를 크게 하면 명시성이 높아진다. 이것은 색의 형(形)이 크고 작은 것과 채도의 강약, 거리의 원근, 조도의 강약에서 일어나는 현상이다. 예를 들면 각종 위험을 알리는 교통 표지, 광고물, 안내물에는 명시성을 이용하는 것이 좋고, 노랑과 검정의 배색은 명시도가 가장 높다. 검정 바탕일 때 노랑이나 주황은 명시도가 높고, 보라나 파랑은 명시도가 낮다. 하양일 때는 정반대로 나타난다. 유채색끼리는 노랑과 주황, 파랑과 보라의 관계가 명시도가 높다.

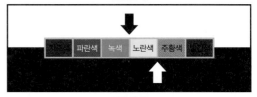

암순응시

| 파란색 | 녹색 | 노란색 | 주황색 | |

명순응시

(시인성이 높은 색)

▎박현일 외, 『색채학 사전』, 국제, 2006.

시지각(視知覺, perspective)

감광 세포에서 생긴 신경 자극(nerve impulse)이 대뇌에 들어와서 신경 자극과 상호 작용.

시지각은 과거의 경험이나 기억의 작용에 의해 외부 자극(빛)에 대한 직접적인 응답을 함으로써 시감각이 아니라 왜곡(歪曲)된 시감각을 일으킨다.

시지각의 종류에는 빛의 공간적 분포에 대한 지각, 빛의 시간적 변화에 대한 지각, 빛의 명암에 대한 지각, 색에 대한 지각 네 가지가 있다. 첫째, 빛의 공간적 분포에 대한 지각은 물리적으로 방사 에너지의 공간 좌표 미분(微分)이다. 물체의 크기나 모양, 위치, 광택, 표면 구조, 질감들은 물리적인 모든 성질에 대한 지각이다. 둘째, 빛의 시간적 변화에 대한 지각은 물리적인 시간 미분(微分)에 대한 지각이다. 빛이 순간적 또는 주기적으로 변화하는 상태에 따른 지각이다. 셋째, 빛의 명암에 대한 지각은 방사 에너지의 양으로써 밝고 어두움에 대한 지각이다. 넷째, 색에 대한 지각은 물리적으로 분광 분포에 관한 지각이다. 이 지각은 빛의 색이나 물체 표면의 색, 투과색의 지각이다.

▌ 박현일 외, 『색채학 사전』, 국제, 2006.

독일의 예술, 형태(gestalt) 심리학자인 아른하임(Arnheim)은 그의 저서(시각의 사고)에서, 시지각은 형태를 발명하는 수단이고, 복잡한 대상을 보고 형태나 공간의 구조와 질서를 파악한다. 그래서 '보는' 일은 곧 '시각의 사고'이다. 어린이들은 형상과 배경(figure ans ground)에 있어서 채색된 형상이 채색되지 않은 배경보다 공간적으로 근접해 보인다. 형태 심리학자는 "어린이는 보는 대로[171] 그림을 그린다"고 주장한다. 이 주장은 전통적 주지론자들의 주장인 "어린이는 보는 대로 그리는 게 아니라 아는 것을 그린다"는 이론과 정반대되는 견해이다.

▌ Arnheim, Rudolf, *Visual Thinking*, Berkeley : Univ. of California Press, 1969.

1965년 위트만(Withman, W.)은 그의 연구에서 시지각에 대해 제시했다. 하나의 표상(image)을 지각한

다는 일은 하나의 형태를 이루어 내는 일종의 창작적 참여다. 따라서 시지각은 인간이 창조하는 힘의 기본이다. 눈은 넓고 복잡한 시야에서 구조를 보며, 질서를 찾아낸다. 시지각은 자연에서 질서의 범위와 기준을 찾아낸다. 그리고 시지각은 '자연의 기본 정신(primal sanities)'에 의해 길러진다. 우리가 시지각을 회복하려면 먼저 '조화'를 회복해야 한다.

콜레르(Collier)는 그의 저서(미술과 창조하는 의식)에서, 시지각은 연역과 귀납, 안과 밖을 이어 주는 유기적인 힘을 가지고 있다.

▌ Collier, G., *Art and the Creative Consciousness*, Englewood Cliffs, New Jersey : Prentice & Hall, Inc., 1972.

시카고 기본 정신 능력 검사 (−基本精神能力檢査, Chicago Test of Basic Mental Abilities, CTBMA)

기초적 정신 능력으로 수, 지각, 공간, 언어, 추리, 언어의 유창 여섯 개의 인자로 나누어 개별적으로 측정하는 세계 최초의 진단 검사 방법.

1941년 서스톤(Thurstone)이 스피어먼(Spearman)의 '지능 이인자(二因子)설'에 반대하여 '다인자(多因子)설'을 주장했고, 지능의 인자 분석 결과 축출된 인자를 기본적 정신 능력이라고 했으며, 그 '다인자 설'을 기초로 하여 제작한 검사이다.

〈시카고 기본 정신 능력 검사〉는 세계 최초의 진단 검사이며, 기초적 정신 능력(지능 인자)으로 수(N), 지각(P), 공간(S), 언어(V), 추리(R), 언어의 유창(W) 여섯 개 인자로 나뉘며, 이를 개별적으로 측정하여 프로필에 의해 지능 구조의 횡단면적(橫斷面的)으로 파악했다. 이 검사는 5세부터 7세까지, 7세부터 11세까지, 11세부터 17세까지 세 종류로 나누어져 있다.

▌ Thurstone, L. L. & Spearman, C. E., 〈Chicago Test of Basic Mental Abilities〉, 1941. / 교육학사전편찬위원회 편, 『교육학대사전』, 교육서관, 1989.

---

171. 지각하는 대로

신념론(信念論, belief theory)

굳게 믿어 의심하지 않는 마음의 이론.

스위스의 심리학자인 피아제(Piaget)는 그의 저서(어린이 지식의 근원)에서 신념론을 제시했다. 신념론 (realism)은 자기가 알지 못하고도 절대적인 것으로 사고하며, 순수하고 주관적인 사고 양식이다.

첫째, 입으로 생각하고, 귀로 생각하는 단계는 제1단계(6세~7세)이다. 둘째, 머리로 생각하는 단계는 제2단계(8세~9세)이다. 셋째, 생각과 사물을 구별한 단계는 제3단계(10세~11세)이다. 넷째, 이른바 같은 사고방식의 단계는 제4단계(12세 이후)이다. 7세 어린이는 언어의 의미와 의미의 대상이 혼동[172]된다.

▮ Piaget, Jean, *The Origins of Intelligence in Children*, (Trans.) by Margaret Cook, New York : International Univ. Press, 1952.

신뢰감(信賴感, rapport)

상담자에 대한 신뢰감, 친화 관계, 친밀 관계, 관계 형성, 치료적 관계.

신뢰성 검사(信賴性檢査, reliability test)

피험자의 정직성을 객관적으로 알아보는 검사 방법.

일본의 우시지마(牛島義支)는 성격 검사에서, 〈신뢰성 검사〉는 피험자의 정직성을 객관적으로 파악하는 방법이다. 아래와 같은 그림에서, 피험자에게 눈을 감고 소도(小圖) 속에 ×인, △인, ○인을 기입하도록 지시하고 피험자가 지시한 대로 눈을 감고 소도 속에서 몇 개의 기호를 기입했는가를 추정한다. 피험자가 이 검사에 있어서 눈을 감고 있었다면 소도, 특히 ③이나 ④와 같은 작은 동그라미 속에 기호를 기입한다는 것은 거의 불가능하다. 따라서 검사를 ③과 ④

속에 기호가 많이 기입되어 있는 자는 신뢰를 배반 (背反)하여 커닝한 것으로 간주한다.

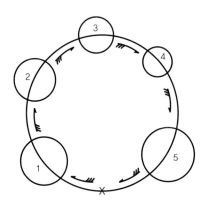

▮ 교육학사전편찬위원회 편, 『교육학대사전』, 교육서관, 1989.

신생아기(新生兒期, the newborn baby period)

유아기(幼兒期)의 한 과정(0세~3세).

김정의 연구에 따르면, 신생아기는 무엇이든지 입에 갖다 대는 시늉을 많이 하지만, 연필이나 기타 물건을 가지면 흔든다. 한국 어린이는 이런 행동이 상당히 빠른 편이다.

▮ 김정, 『아동의 미술교육 연구』, 창지사, 1989.

신체화(身體畵, somatization)

욕동, 방어 그리고 그것들 사이의 갈등과 같은 다양한 자극에 신체적으로 반응하는 경향성.

신호(信號, sign)

인간이 만들어 낸 인공적인 지표 또는 기호(記號). 어떤 의미를 전달하기 위한 문자나 부호.

빨간 신호등은 멈춤의 신호이다.

---

172. 동기와 소기(所期)의 혼동으로 표현된다.

실버 그림 검사(－檢査, Silver Drawing Test, SDT)

말이나 글을 대신하여 인지와 정서를 측정하는 그림 검사 방법.

〈실버 그림 검사〉는 실버(Silver)가 개발한 그림 검사이고, 이 검사는 그림이 언어적 결함인 말이나 글을 대신할 수 있는 근거로 제작되었다. 인지적 정보와 정서적 정보는 언어적 규칙뿐 아니라 시각적 규칙에 의해 명백하며, 단어를 통해 확인되고 평가될 수 있으나 이미지를 통해 확인되고 평가된다.

〈실버 그림 검사〉는 말하는 것이 어렵거나 말을 이해하기 어려운 아동들과 언어 소통을 위해 시도되었으며, 미술 경험은 생각과 감정을 자발적으로 표현할 뿐 아니라 언어적 결함을 보충할 수 있다. 이 검사 도구의 개발 원인은 중증 청각 장애인들의 상상력이나 미술 활동의 창의력이 낮다는 토렌스(Torrance)의 〈창의적 사고 검사〉에 대한 반대 가설을 두고 있으며, 농아동의 인지적 기능과 창의적 기능을 발달시키는데 잠재력이 있는 것으로 보았다. 이 검사의 도구는 그림이 언어화될 수 없는 사고와 감정을 표현하기 위해 능력, 지식, 흥미, 태도, 요구를 평가하기 위한 도구로서 이용될 수 있다는 다섯 개의 관찰 결과를 지지하고 있다. 미술 상징은 사고와 경험을 조직하는 도구로서, 회상, 일반화, 평가, 상상력을 발달시킬 수 있는 도구로 이용될 수 있다는 것을 제시했다.

〈실버 그림 검사〉는 다른 투사 검사보다 현실에 가깝다는 장점을 가지고 있으며, 실버가 제시한 다른 투사 검사와 다른 장점으로는 인지 능력과 정서적 특성을 파악할 수 있을 뿐 아니라 그림을 그린 사람의 심리적 문제를 치료하고, 그림의 내용을 통해 언어 표현 능력과 개념 획득의 의사소통 기술을 지도하는 수단으로 사용했다.

〈실버 그림 검사〉는 상상화(drawing from imagination), 예언화(predictive drawing), 관찰화(drawing from observation)의 세 가지 하위 검사를 포함하는 정서적 요소와 인지적 요소로 구성되었다. 이러한 하위 검사들은 물체의 모양이 바뀌어도 동일하다는 것을 인식하는 보존 능력에 근거하며, 내담자에게 자극 그림을 선택하도록 하고, 그것들 간에 발생하는 무엇인가를 상상하여 그리도록 한다. 동일한 자극 그림은 개인에 따라 다른 관찰에 근거하는데, 과거의 경험은 지각에 영향을 주고, 반응은 정서와 인지적 기능의 측면을 반영한다. 정서 내용–자아상 척도, 인지 내용–추상적 능력, 결합 능력–그림의 인물을 결합하거나 통합할 수 있는 능력, 표현 능력(창의성)–창의성과 지능을 분리하는 데 주의해야 한다. 예언화 하위 검사에서는 내담자에게 제시된 그림에 선을 첨가하여 대상의 외부에 변화를 예측하도록 요구한다. 7세까지의 아동들은 체계적으로 대상을 배열하거나 보존할 수 없다. 반응은 수 계열적 순서 개념(Bruner), 수평 개념, 수직 개념이 있다. 관찰화 하위 검사에서 관찰화의 목적은 과제가 제시되는 내담자의 능력 수준을 평가할 뿐 아니라 높이, 깊이, 넓이에 대한 능력을 알아보는 데 있다.

▌ Silver, R., *Stimulus drawings and techniques in therapy, development, and assessment*, New York : Trillium, 1986. / Silver, R., *Art as language : Access to emotions and cognitive skills*, Philadelphia : Brunner/Routledge, 2001.

실어증(失語症, aphasia)

좌뇌 반구의 손상으로 회화 능력이 상실되어 말을 하지 못하는 경우.

실어증 환자는 의식도 있고 다른 사람의 말을 잘 이해하지만, 자기의 생각을 말로 표현하지 못하는 경우가 있다. 이 환자는 몇 개의 단어를 기억하여 말을 하려고 하지만 단어를 연결할 뿐 문장을 만들 수는 없다. 실어증에는 대상에 맞는 용어를 발견하지 못하는 명사의 실어증과 단어를 올바르게 연결하지 못하는 문장의 실어증이 있다.

▎류경남 외, 『가족상담심리 용어사전』, 학지사, 2006.

심리적 구조(心理的構造, psychological structure)

마음의 움직임이나 상태의 조직체.

스위스의 정신 의학자, 심리학자인 융(Jung, C. G.)은 그의 학설에서 성격을 내향성과 외향성 두 가지로 나누고, 복잡한(complex) 성격학을 제시했다. 그의 연구는 인간이 갖고 있는 기본적 심리 구조를 사고와 감각, 감정, 지각 네 가지로 나누었다. 이것들의 한 가지 기능이 습관적으로 우세하면 제각각 형이 만들어진다. 이것이 사고형, 감각형, 감정형, 지각형이다.

리드(Read)의 표현 유형을 융의 네 가지 행동 특성(사고형, 감정형, 감각형, 직관형)과 비교시켰다.

〈리드와 융의 표현 유형 비교〉

융의 표현 유형	리드의 표현 유형
사고형	외향성 : 열거형, 내향성 : 유기형
감정형	외향성 : 장식형, 내향성 : 연상형
감각형	외향성 : 감정 이입형, 내향성 : 표현형
직관형	외향성 : 율동형, 내향성 : 구조형

▎Read, Herbert, *Education through Art*, New York : Pantheon, 1943.

심리 치료(心理治療, psychotherapy)

마음의 병이나 상처를 다스려서 낫게 함.

심리 치료는 질병의 원인과 관계없이 전문적으로 훈련된 심리 치료사가 사용하는 모든 치료 방법을 말한다. 이 용어는 다양한 정신 질환에 적용되며, 심리적인 기원을 지닌 신체화 증상과 부적응 행동에도 적용된다. 심리 치료는 본질적으로 인격의 기능과 발달을 방해하는 병리적 과정을 제거, 수정, 지연, 억압할 목적으로 환자와 치료사 간에 대화를 사용한다. 역사적으로 심리 치료는 충고, 격려, 안내, 재교육, 재확인, 암시, 최면 그리고 보다 최근에는 행동 수정이라는 수단을 사용하고 있다.

▎미국정신분석학회 편, 이재훈 역, 『정신분석용어사전』, 한국심리치료연구소, 2002.

심미성((審美性, aesthetic characteristic)

아름다움을 느낄 수 있는 미의식.

심미성은 합목적성과 반대되는 개념이며, 미의식은 시대성, 국제성, 민족성, 사회성, 개성이 복합되어 나타난다. 개성은 디자이너의 개인적인 취미나 계층, 시대, 국가에 따라 차이가 있다.

▎박현일, 『디자인 강의』, 교우사, 2008.

심벌(−, symbol)

상징(象徵).

심벌마크(−, symbol mark)

일정한 목적을 강조하고, 인상을 깊이 심어 주기 위해 제정된 마크.

심벌 사인(-, symbol sign)

1974년 아메리카 운수성은 아메리카그래픽아트협회의 협력을 얻어 34개의 심벌을 국제적으로 통일화시키기 위해 제안했다.

심상(心想, imagery)

감각 기관에 대한 자극 없이 사람의 기억이 마음속에 떠오르는 의식된 경험의 정신 영상.

심상은 마음속에 그린 그림으로서, 아리스토텔레스(Aristoteles)는 마음에 떠오르는 상이 사고에 필요하고, "마음속에 그림이 없으면 생각할 수도 없다. 생각할 때 느끼는 감정은 그림을 그릴 때 느끼는 감정과 같은 것이다."라고 했다. 심상은 보통 과거에 지각했던 자극물을 상기시킨 것이며, 지금까지 지각했던 일은 없으나 책을 읽거나 다른 이야기를 듣고서 마음에 떠오르는 심상도 있다. 일반적으로 환각이나 꿈도 심상의 하나이며, 심상은 상담자가 내담자로 하여금 점진적인 긴장 이완 과정을 거쳐 실제로 일어난 상황을 재연함으로써 이루어진다.

▌류경남 외, 『가족상담심리 용어사전』, 학지사, 2006.

심층 면접법(心層面接法, depth interview)

개인의 욕구나 감정을 간접적으로 밝히는 방법. 동기조사(動機調査)에 있어서 면접 기술의 한 가지 종류.

미술 치료 용어 사전

ㅇ

아교(阿膠, glue)

쇠가죽이나 동물의 뼈, 힘줄 따위를 석회소로 처리하여 점성 물질을 뽑아 응고 건조시킨 접착제.

아동 미술(兒童美術, child fine arts)

아이들이 사물의 형상이나 정감을 선이나 색채로 시각을 통해 평면이나 공간 속에 미를 표현하는 예술＝어린이 그림.

이탈리아의 미술사가인 리찌(Ricci)는 그의 저서(어린이의 예술)에서 아동 미술에 대한 설명으로 어린이의 발달 특징을 처음으로 기술했다.

▌ Ricci, C., *L'arte dei Bambini*, 1886.

리히트바르트(Lichtwart, A.)는 그의 저서[학교의 예술(1887)]에서 아동 미술과 미개인의 예술 사이에 어떤 공통점이 있다는 것을 지적했다.

여성 미술 교육학자인 엥(Eng, H.)은 그의 저서(어린이들의 그림 심리)에서 어린이 그림의 정서적 표현을 설명했다. 어린이의 그림에는 어린이의 마음이 표현되어 있으며, 그들이 현재 직면하고 있는 생활의 흥미나 관심 또는 욕구나 감정이 숨겨진 인격으로 투영된다. 어린이의 그림은 심신의 출발점이 되고, 자신의 본능이나 행동의 근원이 표현되기 때문에 어른의 그림과는 본질적으로 다르다. 어린이의 그림은 자연스런 학습 과정의 표현이고, 모방과 자기표현, 반복과 새로운 것의 획득이 그림의 주요한 특성이다. 특히 이 저서는 그림을 심리학적 의미에서 밝혔다.

▌ Eng, H., *The Psychology of Children's Drawings*, New York : Harcourt, Brace & World, Inc., 1931. / Eng, H., *The Psychology of Child and Youth Drawing*, London : Harcourt, Brace & World, Inc., 1957.

독일 아동 청년 심리학자인 뷸러(Bühler)는 그의 저서(어린이기의 문제와 교사)에서 어린이의 그림에 대한 개념을 제시했다. 어린이의 그림은 어린이가 지닌 의미를 넘어서 너무 분석적인 것은 피해야 하고, 쉽게 해석되거나 암시되는 것이 아니다. 어린이의 그림은 심리적 진단과 치료의 새로운 영역으로 그 가능성이 보이는 정도에 지나지 않는다. 따라서 낙서는 어린이의 활동 자체를 즐기는 현상이고, 기능의 쾌락(functional pleasure)으로 어린이의 여러 가지 활동으로 나타난다.

▌ Bühler, C., *Childhood Problems and the Teacher*, London : Routledge & Kegan Paul, Ltd., 1953.

미국의 여성 아동 미술 학자인 켈록(Kellogg)은 그의 저서(어린이의 미술 분석)에서, 거의 모든 나라의 아동 미술은 그들의 문화와 살고 있는 지역과 상관없이 비슷한 시기의 그림을 그리고, 유사한 형태의 배열과 연속적인 발달 양식을 알 수 있다. 조형 활동에 대해 어린이의 미술은 정신과 교육, 심미, 사회, 인류학의 차원에서 매우 중대한 의의를 갖는다.

▌ Kellogg, Rhoda, *Analysing Children's Art*, Palo Alto, California : National Press Books, 1969.

프랑스의 아동 미술 학자인 뤼께(Luquet)는 그의 저서(어린이의 그림 연구)에서, 8세~9세까지 어린이의 그림은 본질적으로 사실적인 의도에서 그리지만, 처음에는 어떤 인물이나 사물에 대해서 알고 있는 것을 그리며, 그런 후에 보는 것을 그린다. 다시 말해서 9세까지는 사람이나 물건에 대해 알고 있는 것[173]만을 그리며, 이것은 지적 사실주의(intellectual realism)이다. 9세 이후의 어린이들은 보는 것만을 그리는 시각적 사실주의(visual realism)가 나타난다. 막연한 형[174]은 내면적 모델이다.

---

173. 머릿속에 남아 있는 것을 그린다.
174. 어떤 대상을 보아도 머릿속에서 동화(assimilation)되어 가시적 심상으로 만든다.

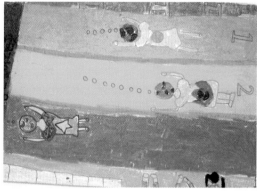

▌Luquet, G. H., *Les Dessins D'un Enfant*, Paris : Alcan, 1917. / 김재은, 『그림에 의한 아동의 심리진단』, 교육과학사, 1984.

아동 미술의 교육(兒童美術－教育, education of the child fine arts)

어린아이들이 시각을 통해 일정한 공간 속에 미를 표현하는 예술의 가르침.

미국의 코넬대학교 교수인 브리테인(Brittain)은 로웬펠드(Lowenfeld)와 함께 쓴 저서(창조와 정신 성장)에서, 어린이의 미술 교육이란 어린이와 환경과의 사이에 의미 있는 관계를 형성하도록 자극을 주는 일이다. 또한 모든 감각이 깨어 있을수록 학습 기회가 더욱 많다. 어린이에게 있어서 그림 그리는 일은 지극히 자연발생적으로 중요한 역할을 할 수 있다. 그것은 어른이 말하고, 먹고, 하고 싶은 일을 하듯이 어린

이도 그 충족을 조형 활동을 통해 발산하면서 크고, 어린이의 그림을 자주 감상하는 것이 그들을 이해하는 첩경이다. 어린이의 다양한 행위와 그들이 주고받는 얘기와 자신들이 흠뻑 빠져드는 분위기가 교사에게는 어린이의 미술을 이해하는 데 도움이 되는 사항들이다. 교사는 어린이들이 그려 놓은 그림에 대해 감상하며, 이야기하는 걸 흥미 있게 생각하지만 분에 넘치는 과찬은 금물이다.

▌Lowenfeld, Viktor & Brittain, W. Lambert, (4th Ed.), *Creative and Mental Growth*, New York : Macmillan Publishing Co. Inc., 1964 ./ Lowenfeld, Viktor & Brittain, W. Lambert, (6th Ed.), *Creative and Mental Growth*, New York : Macmillan Publishing Co., Inc., 1975.

아동 미술의 발달 단계(兒童美術－發達段階, development stage of the child fine arts)

어린아이들이 시각을 통해 일정한 공간 속에 미를 표현하는 예술의 완전한 모양과 기능을 갖추게 되는 과정.

오스트리아의 미술 교육학자, 심리학자, 화가인 로웬펠드(Lowenfeld)는 브리테인(Brittain)과 함께 쓴 저서(창조와 정신 성장)에서 아동 미술의 발달 단계를 일곱 가지 제시했다.

1단계, 0세~2세는 감각이 주변 환경과 처음으로 접촉하게 되고, 어린이가 이런 감각적 경험에 반응하면서 그림이 시작된다. 만지고, 느끼고, 보고, 조직하고, 맛보고, 듣는 것은 그림 그리기의 근본적 바탕이 된다.

2단계, 난화기(the scribbling stage, 2세~4세)에는 상상력이 풍부한 자기표현이 마음을 통해 시작된다. 맹목적인 난화는 근육 운동의 경험을 만족스럽게 한다. 반복적인 동작의 통제는 팔 운동과 시각 행위의 협응(coordination)을 배가시키고, 그려진 형태에 이름 붙이며, 근육 운동의 변화를 보인다. 어린이들은

그려진 형상과 외계 사이의 관계를 알게 되고, 눈앞에 없는 대상과 사건을 그릴 수 있게 된다. 결과적으로 선화는 개념과 느낌의 기록이다. 선화는 눈앞에 없는 대상과 사건 곧, 읽기 능력에 기초가 되는 상징 체계에 대한 시각적 기억력을 보여 준다.

3단계, 전도식기(the pre schematic stage, 4세~7세)의 자기중심은 공간을 고려하여 자신이 중심이 된다. 사람의 상징은 자신이 알고 있는 바에 근거로 보이는 것을 그리는 것이 아니라 아는 것을 그린다. 이 시기에는 투명화나 엑스레이(X-ray)식 묘사로 논리는 보이지 않지만 존재한다는 것을 알고 나타내며, 공간의 배열과 같은 주위 환경의 관계에 대한 관심을 선화로 나타내기 시작한다. 어린이들은 기하학적 선과 모양에 의존하기 시작한다.

4단계, 도식기(the schematic stage, 7세~9세)의 상징적 방식에서 개인적 도식은 개념화와 일반화를 보여 주기 위해 사용된다. 이 시기에는 중요하지 않는 것은 생략하고, 중요한 것은 과장하기 위해 사용했던 표준 도식에서 이탈하여 좀 더 일반화된 표현을 한다. 바닥 선, 태양, 하늘 선(sky line, sky trip)은 공간 구성에 대한 주의를 보여 주며, 같은 그림 속에 다른 일화들이 계획된다.[175]

5단계, 사실화기 또는 또래 집단기(the gang age, 약 9세~12세)에는 한 점에 초점을 맞추고, 감추어진 부분을 나타내지 않으며, 형태를 중첩시키는 능력을 얻게 된다.[176] 선은 기하학보다 좀 더 사실적이다. 상투적인 도식과 바닥 선이 사라지고, 원근감이 나타나며, 협동 제작에서 조별 노력에 흥미를 갖는다.[177]

6단계, 의사실기(the pseudo naturalistic, 약 12세~14세)는 상상력의 행위를 즐기고,[178] 원근감을 정확하게 표현하려고 노력한다.[179] 사람의 모습은 보통 풍자화 되고, 개성을 발휘하는 경우는 드물며, 자신의 초상화를 그리려 하지 않는 것은 '주체성의 위기'[180]이다. 색은 분위기와 감정을 표현하기 위해 사용되고, 점차적으로 자기의 비판을 한다.

7단계, 사춘기 또는 결정기(the period of decision, 약 14세~17세)는 환경에 대해 비판적으로 인식하고, 순간적인 인식에 대해 자연스럽게 묘사를 하며, 가치 있는 관계가 강조된다. 이 시기는 특성을 추출하고, 미적 고찰을 한다.

Lowenfeld, Viktor & Brittain, W. Lambert, (4th Ed.), *Creative and Mental Growth*, New York : Macmillan Publishing Co. Inc., 1964. / Lowenfeld, Viktor & Brittain, W. Lambert, (6th Ed.), *Creative and Mental Growth*, New York : Macmillan Publishing Co., Inc., 1975.

아동 미술의 활동(兒童美術-活動, activity of the child fine arts)

어린아이들이 시각을 통해 일정한 공간 속에 미를 표현하는 예술의 움직임.

마골린(Margolin)은 그의 저서(유아)에서, 어린이의

---

175. 여러 가지 사건을 차례로 보여 주기 위해 바닥 선이 높아진다.
176. 하늘이 땅과 맞닿게 그린다든지, 뒷부분의 대상을 부분만 그린다.
177. 또래 집단을 의미한다.

178. 가능성을 탐구하여 표현한다.
179. 자기중심적 관점이 점점 감소된다.
180. 자기의 실체에 의문을 가진다.

미술 활동은 미술의 기술을 양성하기보다 어린이의 반응을 중요시했다. 어린이의 미술 활동은 우선 어린이 나름대로 표현하는 수단이다.

Margolin, E., *Young Children*, New York : Macmillan Publishing Co., Inc., 1976.

아동 불안 측정 척도(兒童不安測定尺度, Children's Manifest Anxiety Scale, CMAS)
어린아이들의 불안 척도를 측정하는 방법.
카스터네다(Casterneda)와 맥칸드레스(Mccandless)가 4세부터 6세까지의 아동에게 보급시키기 위해 이 검사를 작성했다. 그들은 실시를 위한 제시나 항목을 이해하기 쉽게 42항목을 선정했다.

이 척도는 피험자의 불안 항목에 허위 경향의 지표가 되는 열한 가지 항목의 척도를 부가시켰다. 일주일 간격으로 실시된 재검사에서 불안 척도는 약 .90, 허위 척도는 .70의 신뢰도가 나타냈다. 불안 척도와 허위 척도 간의 상관은 거의 령(零)으로 양자는 독립되어 있으나, 불안 척도와 허위 척도에서 여자가 유의에 높은 점수를 따고 있어 성차가 있다.

Casterneda, A. & Mccandless, B. S., 〈Children's Manifest Anxiety Scale〉. / 교육학사전편찬위원회 편, 『교육학대사전』, 교육서관, 1989.

아동 예술 교육(兒童藝術敎育, child artistic education)
어린아이들이 일정한 재료와 양식과 기교에 의해 미를 강조하고 표현하는 인간 활동의 가르침.
정인섭은 세계아동미술전람회를 마치고 난 소감을 기고문으로 소개했으며, 이 기고문은 한국 최초의 예술 교육에 관한 글이 되었다. 이 기고문에서 새로운 교육 이론의 주장은 맹목적인 복종이 아닌 인격의 자유에 있으며, 강제적인 순종은 노예이고 진정한 의미의 도덕적 행위가 아니다. 재래식 교육 정신은 시종 주입식 교육의 복종이며, 기성화된 사회를 보수화하는 방편이다. 또한 재래식으로 사용된 교과서는 어린이 이외 사람을 위한 것이다. 그러므로 새로운 교육의 특색으로 생각한 바, 한 가지 목표란 어린이 자신들 가운데 있는 힘으로써 자연스럽게 발달하는 태도를 가져야 한다. 어린이는 자신의 세계를 개척하고 창조성을 배양하며, 전인적인 인격을 가진 자율적인 인물로 나타날 것이다. 그는 새로운 교육의 특색에 대해 주지주의와 물질주의의 여러 가지 결함된 모순을 설명하고, 존슨의 저서[그림의 지도 방법(*Drawing Method of Teaching*)]을 인용하면서 인간성 교육은 어린이의 자발적 창의성에 의해 이룩된다고 하였다.

정인섭, 「아동 예술 교육」, 동아일보, 12월 11일~13일, 1926.

아동의 그림 내용(兒童–內容, picture contents of child)
어린아이들이 사물의 형상이나 정감을 선이나 색채로 평면 속에 표현한 것.
캐나다의 미술학자인 게이츠켈(Gaitskell, C. C.)은 게이츠켈(Gaitskell, M.)과 함께 쓴 그들의 저서(유치원에서 미술 교육)에서 유치원 어린이 9천 명이 그린 그림을 조사하여 그 내용 아홉 가지를 제시했다. 첫째, 유아의 그림에서 주제는 역시 물질적이다. 둘째, 그림에 있어서 유사점[181]이 많이 발견된다. 셋째, 도식기(the schematic stage)에서 전도식기(the

---

181. 원과 얼굴, 태양과 빨강 스웨터들이 자주 등장한다.

pre schematic stage)로 퇴보되는 실례를 많이 찾아볼 수 있다. 이러한 실례에서 드러나는 상태는 정적인 배려를 요구한다. 넷째, 색채의 예비 작업에 있어서 어린이들은 제작에 의한 미적 경험이 부족하다. 다섯째, 구상이 아닌 그림[182]이 많이 나타난다. 여섯째, 54%에 해당되는 어린이들은 인물의 표현을 먼저 한다. 일곱째, 표현에 있어서 성장은 상징성의 숙달이 수반되고, 덧칠하기(fold over)와 투시의 표현(X-ray)이 나타난다. 여덟째, 미학적 특성으로 볼 때 전체적인 구도가 결여된 것이 보통이지만 차츰 구상이 되고 통일된 것으로 변한다. 아홉째, 조형적인 감각

182. 비구상 그림을 말한다.

이 발전되는 어린이보다 주위 환경에 연관되어 성장하는 어린이가 많다.

Gaitskell, Charles D. & Gaitskell, Margaret, *Art Education in the Kindergarten*, Toronto : Reyrson Press, 1952.

아동의 회화(兒童 – 繪畵, pictures of child)

어린아이들의 그림.

독일의 뮌헨예술대학교 교수인 세이츠(Seitz, R.)는 그의 연구에서, 어린이의 회화성은 바로 내면성에 있으며 그것은 대상의 형태를 중요시하기보다 그 속의 영향을 더 그리고 싶어 하기 때문이라고 보았다.

김정,『아동의 미술교육 연구』, 창지사, 1989.

아동 통각 검사(兒童統覺檢査, Children's Apperception Test, CAT)

어린이들이 가지고 있는 식물에 대한 갈등, 부모와 관계, 형제 사이의 적대 관계, 여러 가지의 공포, 배설에 대한 습관을 밝히는 인격 검사 방법.

1947년 벨라크(Bellak, L.)와 벨라크(Bellak, S. S.)가 제작한 것으로 유아(幼兒) 아동용 인격 검사의 한 종류이다. 이것을 〈주제 통각 검사(Thematic Apperception Test)〉라고도 부른다. 적용 범위는 3세부터 10세까지이고, 10매의 도판으로 구성되어 있다. 어린이가 쉽게 자기와 동일화시키는 것은 인물보다 동물이라는 관점에서 도판에 동물을 의인화시켰다.

〈아동 통각 검사〉는 유아의 경우에 유희 요법의 용구로 사용되는데, 일반적으로는 각각의 도판에 대해 과거, 현재, 장래를 포함하는 이야기를 피험자에게 말하게 하고 그 결과를 정리한다.

Bellak, L. & Bellak, S. S., 〈Children's Apperception Test〉, 1947. / 교육학사전편찬위원회 편, 『교육학대사전』, 교육서관, 1989.

아동학(兒童學, child study)

어린아이들에 대한 학문.

홀(Hall, G. Stanley)의 제자인 크리스만(Chrisman, O.)은 그가 처음으로 사용한 아동학의 술어를 점차 일반적으로 사용했다.

아동학의 방법은 아동 심리학뿐만 아니라 심신 발달의 법칙을 발견하는 모든 과학의 방법이 채용되고 있으며, 그 요소는 다음과 같이 다섯 가지로 나뉜다. 첫째, 측정법은 신체적 발육에 관한 측정이나 개정 조사, 정신 검사, 교육 측정이 행해지며 그 결과를 통계법에 의해 정리한다. 둘째, 발생법은 심신의 발달에 관한 법칙을 발견하는 것이며, 유전과 환경 관계가 특히 문제시되어 왔다. 셋째, 실증법은 어린이의 행동에 관한 조건의 발생을 고찰하기 위해 실험의 관찰이 사용되었다. 이것은 단순히 자극에 대한 반응의 관계를 관찰할 뿐만 아니라 지리적 환경에 대한 행동의 환경을 문제 삼아 그 행동의 장면 분석이 행해지며, 어린이의 행동 발달, 성격, 사회성의 형성에 관한 연구가 이루어지고 있다. 넷째, 임상법은 실험 관찰법의 하나이며, 면접 대화에 의해 어린이의 의의를 구명하려는 방법이다. 다섯째, 진단과 치료는 문제를 가진 아동에 대해 그 원인을 이해하고, 이것을 치료하는 것이며, 이에 대한 카운슬링(counselling)의 연구가 활발하다.

아동 학대(兒童虐待, child abuse)

부모·부모 역할을 하는 사람, 가족 구성원 또는 법적 후견인들이 18세 이하의 아동에게 고의적으로 신체적 해를 가하는 것.

아동 학대의 원인으로는 가해자에게 인격 장애가 있거나, 어렸을 때 제대로 부모에게 사랑을 못 받았을 뿐 아니라 학대를 받았던 경우이다.

▍류경남 외, 『가족상담심리 용어사전』, 학지사, 2006.

아이 이 에스 검사(-檢査, Impulse Ego Superego Test, IEST)

충동, 자아, 초자아의 대상적 강도와 이 세 가지 기능의 복합적인 상호 관계를 측정.

〈아이 이 에스 검사〉는 1951년 돈보로즈(Donbrose, L. A.)와 스로빈(Slobin, M. S.)이 공표한 검사이며, 하위 검사로 〈화살표 점선 검사(Arrow-dot Test)〉, 〈사진 분석 검사(Photo Analysis)〉, 〈그림 이야기 완성 검사(Picture Story Completion Test)〉 및 〈회화 주제 검사〉의 네 가지가 있다. 이와 같은 검사 작업을 통해 충동, 자아, 초자아가 나타난다.

이 검사의 I(충동) 득점은 성욕, 적의, 통제의 자유성과 외재성(外在性)을 반영하는 반응과 금지를 깨는 것에 대해 주어진다. S(자아) 득점은 현실 검증 문제 해결의 정위(定位)와 추측으로 수용 불가능한 행동의 조절을 반영하는 반응에 대해 주어진다. 이 검사는 실시의 간편성과 소재에 많은 매력이 갖추어져 있으나 타당성과 신뢰성에 관해 아직 문제가 남아 있다.

아이콘(-, icon)

대상의 닮은 형이나 닮은 상의 기능.

사진이나 캐리커처는 그 인물의 아이콘이다.

아트 지(-紙, art paper)

겉면에 점토, 활석 가루, 안료, 접착제를 바르고 반들반들하게 만든 양지(洋紙). 인쇄용지의 한 가지 종류.

아트 테라피(-, art therapy)

예술을 통해 병이나 마음의 상처를 다스려서 낫게 함.

아트 테라피는 미술 치료, 회화 요법, 예술 치료, 예술 요법들로 번역되고 있지만 두 가지 영역으로 대별(大別)할 수 있다. 하나는 예술 치료이고, 다른 하나는 미술 치료이다. 전자는 넓은 의미의 놀이, 춤, 레크리에이션(recreation), 작업, 시, 소설, 음악, 미술, 연극들이 포함되며, 후자는 좁은 의미의 회화(그림), 디자인, 조소, 공예의 미술 전 영역이 속한다.

▌ 박현일 · 조홍중, 『그림을 통한 성격 치료 미술 치료』, 시그마프레스, 2009.

안료(顔料, pigment)[183]

물이나 유기 용제에 녹지 않는 광물질 혹은 유기질의 착색제.

안료에는 하양과 유색이 있으며, 페인트와 잉크, 화장품의 원료로 첨가제와 함께 쓰인다. 안료는 물, 알코올, 벤졸의 용제에 불용성의 불투명 유색 화합물이고, 인쇄용 잉크와 페인트 제조에 중요한 착색 원료이다. 안료는 무기 안료(inorganic pigment)와 유기 안료(organic pigment) 크게 두 가지로 나누고, 원료에 따라 천연 안료(natural lakes)와 인조 안료(artificial pigment) 두 가지로 나눈다.

▌ 박현일 외, 『색채학 사전』, 국제, 2006.

안료 혼합(顔料混合, subtractive color mixture) → 감법 혼합(減法混合)

안수 협응(眼手協應, eye hand coordination)

눈과 손의 조화.

미국의 아동 심리학자, 게젤아동발달연구소(Gesell Institute of Child Development) 소장인 게젤(Gesell)은 그의 저서(5세에서 10세까지 아동)에서, 손과 팔의 운동은 시지각과 연관되어 안수 협응에 의해 움직인다. 안수 협응의 발달은 5세에 새로운 성숙 단계에 도달하고, 그 후에는 안수 협응 동작의 속도와 세련됨

이 보이며, 기교면에서 커다란 진보를 보인다. 왜냐하면 유아의 근육 발달은 큰 근육이 먼저 발달하고, 나중에 손 놀리는 작은 근육이 발달하기 때문이다.

▌ Gesell, A. L., *He Child from Five to Ten*, New York : Harper & Bros, 1946.

안전 색 및 안전표지(安全色 – 安全標識, safe color and safety mark)

각각의 색에 따라 연상, 상징, 특징, 성질을 구분하여 안전을 표시한 색.

현재 나라별로 안전색채를 사용하고 있다. 국제 규격은 ISO 3864(safety colors and safety signs)에 따라 제정되었다. 한국산업규격(KS A 3501–안전 색 및 안전표지)에서 규정하고 있다.

〈안전 색의 일반적인 의미〉

안전 색	의미 또는 목적	사용 보기
빨강 7.5R 4/15	방화	방화 표지, 배관계 식별 소화 표지
	금지	금지 표지
	정지	긴급 정지 버튼, 정지 신호기
	고도 위험	화학 경고표, 발파 경고표, 화학류의 표시
노랑 2.5Y 8/14	주의	주의 표지, 감전 주의 표시, 크레인, 구내 기관차의 범퍼, 낮은 대들보(양), 충돌할 우려가 있는 기둥, 바닥의 돌출물, 피트 가장자리, 바닥면의 끝, 호퍼 주의 및 계단의 발 디디는 곳 가장자리, 걸쳐 놓은 다리, 전선 방호구, 도로 상의 바리케이드, 해로운 물질을 잘게 부수는 용기 또는 사용 장소, 가전제품의 경고 표시
주황 2.5YR 6/14	위험, 항해, 항공의 보안 시설	위험 표지, 배관계 식별 위험 표시, 스위치 박스 뚜껑 안쪽 면, 기계의 안전 커버 안쪽 면, 노출 기어의 옆면, 눈금판의 위험 범위 구명보트, 구명구, 구명대, 수로 표지, 선박 계류 부표, 비행장용 구급차, 비행장용 연료차
녹색 10G 4/10	안전	안전 지도(指導) 표지 및 안전기
	피난	비상구 방향을 나타내는 표지, 대피소 위치를 나타내는 경표(警標) 및 대피소 갱구, 특정 구역의 방향을 나타내는 표지

---

183. 안료는 염료와 비슷하고, 일반적으로 물이나 유기 용제에 녹는 유색 분말이며, 주로 섬유 착색에 사용된다. 안료는 염료에 비해 불투명하고, 은폐력이 크다.

녹색 10G 4/10	위생, 구호, 보호	위생 지도 표지, 노동 위생기, 구호 표지, 보호구 상자, 들것, 구급상자, 구호소의 위치 및 방향을 나타내는 표지, 비상구 방향을 나타내는 표지
	진행	통행 신호기
파랑 2.5PB 3.5/10	의무적 행동	지시 표지
	지시	보호 안경의 착용, 가스 측정을 지시하는 표지, 수리 중 또는 운전 휴게 장소를 나타내는 표지, 스위치 박스의 바깥면
자주 2.5RP 4/12	방사능	방사능 표지, 방사능 경표, 방사능 동위 원소 및 이것에 관한 폐기 작업실, 저장 시설, 관리 규격에 설치하는 울타리

※ 파랑은 원형 속에 사용하는 경우에 한하여 안전 색으로 간주한다.

▌ 박현일, 『족집게 컬러리스트』, 교우사, 2008.

안전표지(安全標識, safety mark)
모양과 색을 조합하여 안전상의 내용을 전달 또는 문자나 기호를 첨가하여 내용을 전달하는 것.

암색(暗色, dark color)
어두운 느낌을 주는 색.
암색은 명이나 암 어느 쪽에도 기울지 않은 안정된 밝기를 가지고 있다. 색의 명암에 대한 감정은 주로 명도와 관계가 있고, 무채색과 유채색의 명암 척도(chiaroscuro scale)를 사용한다. 명암 값은 회색의 다양한 빛의 반사하는 양(물리적인 측정)과 관계없이 지각의 수준에서 정해진다. 명암의 감정은 반드시 명도만으로 좌우되는 것은 아니다. 색 자체의 밝기만이 아니라 사람 마음의 밝기에 영향을 주기도 한다.

▌ 박현일 외, 『색채학 사전』, 국제, 2006.

암청색(暗淸色, dark and clear color)
순색에 검정을 혼합한 색.
암청색은 검정색의 양이 많아짐에 따라 명도와 채도가 모두 낮아진다. 예를 들면 빨강＋검정＝어두운 빨강이다.

암탁색(暗濁色, dark and cloudy color)
순색이나 청색(淸色)에 검은 회색을 혼합한 색.
암탁색은 채도가 낮은 색이다.

애착(愛着, attachment)
사랑하는 대상과 관계를 유지하려는 행동을 뜻하는 정신 분석학적 용어.
애착은 영국의 아동 정신 분석학자 보울비(Bowlby)에 의해 정의되었고, 이 정의는 영아가 생애 초기에 맺는 양육자와의 상호 작용 경험 속에서 양육자의 가용성과 반응성을 기초로 자신과 타인에 대한 내적 실행 모델을 조직하게 된다. 이렇게 형성된 양육자의 내적 실행 모델은 관계에 대한 개인의 해석에 영향을 주게 됨으로써 영아기에 안정된 애착이 형성된 개인들은 타인에 대한 신뢰감과 자신이 가치 있는 존재라는 개념을 발달시켜 또래나 성인들과 더 조화로운 관계를 형성한다.

▌ Bowlby, J. M., *Attachment and Loss : 1, Attachment*, New York : Basic Books, 1969.

약시아와 맹아의 표현(弱視兒 – 盲兒 – 表現, expression of lazy eye child and blind child)

교정할 수 없을 정도로 약한 시력을 가진 아이와 눈이 먼 아이의 감정을 나타냄.

오스트리아의 미술 교육학자, 심리학자, 화가인 로웬펠드(Lowenfeld)는 그의 저서《창작 활동의 본질》에서 약시아와 맹아의 표현을 정상아와 비교하면서 어린이의 아름다움 표현 유형을 두 가지 제시했다.

첫째, 약시아는 시각형(seeing type)이다. 둘째, 맹아는 촉각형(haptic)이라고 하지만 정상인이나 약시아에게도 발견될 수 있다. 그는 표현 유형을 일반적인 것 또는 보편적인 것으로서 시각형과 촉각형 두 가지로 보았다. 시각형이나 촉각형이 각각 우세하게 표현되지만, 이것은 한 개념을 놓고 볼 때 공동적이다. 시각형(visual)은 외면적 시각 대상을 눈에 보이는 대로 표현한다. 이 시각형의 표현은 대상을 피상, 객관, 묘사, 지(知)적으로 표현하는 특징을 갖는다.

로웬펠드는 약시아를 중심으로 시각적 표현 유형을 두 가지 발견했다. 첫째, 시각 표현의 특징은 대상의 전체를 표현하되 부분의 인상을 모두 모아 총합적으로 조직하는 구조에 있다. 둘째, 외면이나 객관, 모방의 표현이라고 보았다. 촉각형(haptic)은 신체적 경험이 시각적 경험보다 미술 표현에 있어서 중요하고 우수하다.

로웬펠드는 촉각형을 표현파의 표현과 상통하는 표현으로 보았고, 다분히 인상파의 외면 사실주의보다 우수한 또 하나의 표현 유형으로 보았다. 그는 맹아들의 표현을 통해 촉각적 표현의 특징을 제시했다. 이것은 가시적이거나 외면, 외계 인식의 지(知)적인 모방의 표현이 아니라 내면적이고, 감각적 자아 표현의 특징을 갖는다.

▌ Lowenfeld, Viktor, *The Nature of Creative Activity*, New York : Harcourt Brace & Co., 1939.

양가감정(兩家感情, ambivalence)

사물에 대해 갈등하는 태도로서 한 가지 이상의 감정이 일어나는 것.

양가감정은 개인 내부에서 동시에 발생하는 사랑, 증오 같은 모순적 감정이며, 이러한 극단적인 감정은 우유부단함과 동시에 어떤 사람 또는 사상으로 빠르게 감정적인 태도 변화를 갖는 것과 관련이 있다. 이는 한 대상에 대해 사랑과 미움이 동시에 있는 것과 같이 두 가지 상반된 감정이 모순 없이 존재할 때이며, 한쪽이 무의식 속에서 억압된다. 다시 말해서 동일한 대상에 대해 사랑과 증오 또는 친근감과 적대감의 상반된 심리적 경향, 감정 및 태도가 동시에 존재하는 정신 상태를 말한다.

▌ 류경남 외, 《가족상담심리 용어사전》, 학지사, 2006.

양감(量感, volume)

물체를 보았을 때 느껴지는 무게에 대한 감각이나 입체적인 감각.

양식(樣式, style)

형(形), 형(型), 풍(風), 식(式), 유파(流派) 따위를 의미하는 말. 자연적으로 정해진 공통된 형식이나 방식.

양식화(樣式化, stylization)

자연의 형태를 과장하거나 장식적으로 변형함으로써 형식화하고, 단순화시키는 일.

어린이 그림(–, child picture) → **아동 미술**(兒童美術, children's art)

어린이의 그림 시간(–時間, picture time of child)

어린아이들이 사물의 형상이나 정감을 선이나 색채로 평면 위에 나타내는 동안의 길이.

미국의 여성 미술 교육가인 린드스트롬(Lindstrom, M.)은 남편인 린드스트롬(Lindstrome, C.)과 함께 쓴 그들의 저서(어린이의 미술)에서 어린이의 그림 시간에 대해서 언급했다. 유아가 종이를 받고 무엇을 그릴까 생각하는 소재의 선택 시간은 2분~3분이고, 그 짧은 시간이 대단히 중요하며, 낙서와 우발적인 표현과 최초의 도식적 그림으로 어른이 하는 행동을 흉내 낸다. 만 4세가 되기까지 낙서를 그림의 한 형태로 계속 그려 나가는데, 그중 한두 가지 형태는 어린이가 일생에 걸쳐 계속 표현한다. 최초의 선은 한쪽 방향으로 휘젓다가 차츰 끝 부분이 둥글게 되는 게 보통이다. 4세 어린이의 그림은 중간 형태가 많고 사람인지, 동물인지, 음식인지 모르게 적당히 그려 놓은 듯한 표현이 나타난다.[184]

그녀는 방위의 동존화(同存化) 특징을 유아의 독창성이라고 한다. 그 이유는 전체를 그리다가 어려움 때문에 한쪽을 그리고 난 다음 다른 한쪽을 돌려서 그린다. 그들은 이런 창의적인 작업을 위해 그림 종이를 세 가지 시각으로 분류한다.[185] 지각하는 능력은 순전히 관심에 좌우되며, 한 번에 한 가지 초점을 맞추어야 한다. 어린이는 중요하다고 생각하는 부분만 주관적으로나 감정적으로 강조하지만, 선택에 따라 발달이 제한되기도 한다. 도식기는 텔레비전이나 영화, 만화를 즐겨 봄으로써 일어나는 주위의 영향이라고 못 박고, 상업적 만화풍의 코믹한 내용이 그림에 자주 등장하는 것도 그 때문이다. 삽화를 즐겨 그리는 횟수가 늘어난다.

▌Lindstrom, Miriam & Lindstrome, C., *Children's Art*, Berkeley : Univ. of California Press, 1962.

---

184. 무엇을 그렸느냐고 물어보면 본인도 확실히 모르는 경우가 많다.
185. 정면과 측면, 하늘에서 내려다보는 방향을 말한다.

어린이의 조형(－造形, modeling of child)

어린이가 그림을 그릴 때 어떤 형상(形狀)을 그리는 것. 베르본(Verworn, M.)은 그의 논문에서 어린이의 조형을 두 가지 제시했다. 하나는 관념적(ideoplastic) 조형이고, 또 다른 하나는 물리적(physioplastic) 조형이다. 재현적 조형 예술은 자연 그대로 재현하는 것과 연상의 관념을 객관화하고 대립시킨다. 이 두 가지 유형적 예술은 물체적 조형(physioplastisch)과 관념적 조형(ideoplastisch)이다. 예술의 사실주의와 자연주의에 대한 특색과 관념은 도식적인 묘화 태도에 의해 두 가지로 분류했다. 또한 사실적인 회화를 남긴 구석기 시대의 수렵인은 영혼이나 관념 또는 형이상학적인 것은 없었다.

▌Read, Herbert, *Education through Art*, New York : Pantheon, 1943.

어린이의 표현(－表現, expression of child)

어린아이들의 의견이나 감정 따위를 드러내어 나타냄. 불프(Wolff, W.)의 연구에서, 어린이의 표현에는 시각형(visual)과 촉각형(haptic) 두 가지가 있다. 시각형은 시각적 형태와 개념의 표현이고, 촉각형은 촉각(tactual)적 형태와 개념의 표현이다.

▌Read, Herbert, *Education through Art*, New York : Pantheon, 1943.

독일의 심리학자인 쿤(Kuhn, H.)은 그의 연구에서 어린이의 표현을 두 가지로 보았다. 하나는 감각형이고, 다른 하나는 상상형이다. 감각형은 자기 주변에서 일어나는 경험적 감각을 통해 얻는 사실을 복사처럼 표현하고자 한다. 이것은 자연적 모방이며, 대상의 재현이다. 상상형은 생활 경험과 동떨어진 것, 영구적인 것, 보편적인 것, 대상에 내재하는 것을 표현한다.

▌임영방·박철준,『미술과 교육(I)』, 한국방송통신대학, 1987.

억제기(抑制期, the repression period)

신체와 언어 발달이 왕성하므로 미술의 표현이 침체되고, 사실적인 묘사 능력의 부족에 불만을 가진 시기(11세~14세).

버트(Burt)는 그의 저서(정신과 학습의 검사)에서 억제기를 제시했다. 이 시기에는 지력과 관찰력이 발달하여 운동이나 언어적 표현으로 흥미가 전환되고, 자기의 개성적 디자인이 나타나며, 풍경이나 과학 기구의 표현으로 전환된다. 여자 아이는 색채의 풍요성, 우아한 형태의 표현, 기교와 호화스러운 장식적인 멋이 억제기에 머문다. 이 시기의 어린이는 신체와 언어 발달이 극도로 왕성하기 때문에 자기의 생각이나 감정을 구태여 그림으로 표현하려고 하지 않는다.

▎ Burt, C., *Mental and Scholastic Test*, London : P. S. King & Son., 1921.

언어 검사(言語檢査, Verbal Test, VT)

지능 중에서 가장 큰 요인인 언어적인 요인을 측정하는 방법.

이 검사는 대개 〈지능 검사〉를 구성하는 하위 검사(sub-test)의 일종이며, 언어적인 지능 요인을 통틀어 일컫는 말이다. 언어 요인은 지능 중에서도 가장 비중이 큰 요인이며, 일찍부터 이러한 종류의 검사가 사용되어 왔다. 〈언어 검사〉의 대표적인 종류에는 〈동의(반대)어 검사(Synonym (Opposite) Test)〉, 〈문장 완성 검사(Sentence Completion Test)〉, 〈문장 재구성 검사(Sentence Rearrangement Test)〉, 〈문장 이해력 검사(Reading Completion Test)〉 네 가지로 나누어진다.

언어 요인 이외에 이와 비슷한 요인으로는 서스톤(Thurstone, L. L.)의 언어 유창성(word fluency) 요인을 들고 있다. 이 요인은 서스톤의 요인 분석에서 밝혀낸 것으로 PMA(Primary Mental Ability)라는 기본

정신 능력 중의 하나다. 진단적 지능 검사인 〈웩슬러 지능 검사〉에는 언어 검사와 동작 검사가 따로 되어 있으나, 〈스탠퍼드-비네 지능 검사〉나 기타 지능 검사에는 별도의 검사가 구성되어 있지 않고 검사의 전체 속에 섞여 있다.

▎ 교육학사전편찬위원회 편, 『교육학대사전』, 교육서관, 1989.

언어 기능(言語機能, language function)

생각이나 느낌을 음성으로 전달하는 수단과 체계의 능력이나 재능.

스위스의 심리학자인 피아제(Piaget)는 그의 저서(어린이 지식의 근원)에서 어린이의 언어 기능을 제시했다. 어린이의 언어 기능은 자기중심성(egocentric)이고, 반복과 집합적 독어이며, 한계 상황의 연령이 7세[186]이다. 이 기능은 행동 언어가 수반되고, 사회성(sociality)이 있다. 내관의 곤란은 어린이의 내부 마음을 들여다보기가 어렵다. 관계 판단의 결여는 나와 다른 사람의 입장을 의식할 수가 없다.[187] 총합적 능력의 결여는 어린이의 머릿속에 있는 정경들을 질서 없이 배치하는[188] 것이다.

▎ Piaget, Jean, *The Origins of Intelligence in Children*, (Trans.) by Margaret Cook, New York : International Univ. Press, 1952.

언어 치료(言語治療, verbal re mediation)

타인에게 자신의 의사 전달을 쉽게 할 뿐만 아니라 상대방이 하는 말도 잘 이해할 수 있도록 하는 훈련.

언어 치료는 언어 장애를 치료하는 것을 말하며, 언어 표현과 언어 이해, 발음, 언어 능력을 진단한다.

---

186. 진정한 의미에서 2세나 3세~4세나 5세까지가 속한다.
187. 집이나 나무의 높이가 자기의 키와 같은 크기로 그린다.
188. 어린이는 모든 것에 결합시키고, 동시에 일어난 모든 사물은 내적 관계를 가지고 일어난다.

일종의 재활 훈련 프로그램이며, 구강 및 발성 훈련의 여러 가지 언어 훈련을 실시하게 된다. 한국의 경우 언어 치료의 대상자는 전체 인구의 약 5% 정도로 알려져 있다.

언어 치료의 대상은 조음 장애, 유창성 장애, 기호 언어 장애, 음성 장애를 가진 사람이다. 다시 말해서 언어 발달이 늦은 소아, 뇌성마비를 가진 소아, 말을 더듬는 소아 또는 성인, 실어증 환자, 구개 파열과 치열 구조 이상으로 인해 언어 장애가 나타나는 사람, 청각 장애자, 주의력 결핍 과잉 행동 장애(ADHD)를 가진 소아, 자폐아가 대상이 된다.

언어 장애가 있는 사람에게는 이야기를 할 수 있는 능력보다 책을 읽어 주는 방법을 통해 타인이 하는 말을 이해할 수 있도록 능력을 길러 준다. 일단 다른 사람의 말을 알아들을 수 있게 되면 말을 할 수 있게 되기 때문이다.

▎『두산백과사전』, 동아출판사, 1982.

얼굴을 그리는 순서(-順序, order which draws the face)

얼굴을 그릴 때 정해져 있는 차례.

일본의 교육학자인 나가사카(長坂光彦)는 그의 연구에서 유아가 최초로 얼굴을 그릴 때 나타난 순서를 언급했다. 그 차례는 원형(동그라미)과 얼굴, 두 개의 발, 팔다리이다.

▎김정, 『아동의 미술교육 연구』, 창지사, 1989.

에드워드 자기애 검사(-自己愛檢査, Edward's Personal Preference Schedule, EPPS)

머레이(Murray, H. A.)의 욕구 체계에서 선택한 현재(顯在) 욕구인 성취, 공순(恭順), 질서, 현시, 자율, 친지, 내면적 인지, 구호, 지배, 복종, 양호, 변화, 지구성, 이성애, 상대의 공격 강도를 측정하는 방법.

〈에드워드 자기애 검사〉는 에드워드(Edward)에 의

해 작성되었고, 이 검사의 욕구는 아홉 가지의 기술로 표현되고 있으며, 각 욕구의 기술은 다른 욕구의 기술과 쌍으로 이루어져 있고, 일대(一對) 비교의 형식으로 각 욕구끼리 쌍의 조립으로 2회가 반복된다. 이 검사에서는 쌍을 형성하는 두 가지 기술의 사회적 요구성(要求性)과 사회적 요구성의 판단에 영향이 최소가 되도록 배려했다. 득점은 각 요구에 관한 득점, 일관성 득점, 프로필 안전성 득점의 세 가지 종류를 구할 수 있다. 일대 비교로 강제적인 선택의 형식이기 때문에 구해지는 득점은 독자적이다. 개인 간의 비교를 위해서 T 득점 규준과 퍼센트 순위 규준이 남녀별로 준비되어 있다.

▎Edward, A. L., 〈Edward's Personal Preference Schedule〉./ 교육학사전편찬위원회 편, 『교육학대사전』, 교육서관, 1989.

에스키스(-, esquisee, 프)

회화에서 작품을 위한 밑그림.

에칭(-, etching)

산(酸)이 판의 부식시키는 작용을 이용 하여 동판에 그림을 그린 기법.

엘렉트라 콤플렉스(-, electra complex)

딸이 아버지에게 애정을 품고 어머니를 경쟁자로 인식하여 반감을 갖는 경향을 가리키는 정신 분석학 용어 ⇔ 오이디푸스 콤플렉스(oedipus complex).

엘렉트라 콤플렉스는 프로이트(Freud, S.)가 이론을 세우고, 융이 이름을 붙였다. 프로이트에 따르면, 3세~5세의 남근기(男根期)에 속하는 여자 아이들은 자신에게 남자 동생이나 아버지가 갖고 있는 성기(penis)가 없다는 사실을 알고 남성을 부러워하는 한편, 자신에게 남성 성기를 주지 않은 어머니를 원망한다. 프로이트는 이와 같은 음경 선망(penis envy)

이 여자 아이로 하여금 엘렉트라 콤플렉스를 갖게 하는 적극적인 원인으로 보았다. 이러한 욕구는 어머니의 여성적 가치를 자기와 동일시하고 초자아(超自我)가 형성되면서 사라진다.

▋『두산백과사전』, 동아출판사, 1982.

엠보싱(-, embossing)

종이나 직물 따위의 재료에 일정한 형태로 압인(壓印)하여 음영(陰影)에 의한 시각적 효과를 내는 표현 기법.

엠비티아이(-, The Myers-Briggs Type Indicator, MBTI)

일상생활에 활용할 수 있도록 고안된 자기 보고식 성격 유형 지표.

〈엠비티아이〉는 마이어-브릭스 유형 지표(The Myers-Briggs Type Indicator)의 약어이고, 융(Jung, C. G.)의 심리 유형론을 근거로 하는 심리 검사이다. 마이어-브릭스 성격 진단 또는 성격 유형 지표라고도 한다. 1921년~1975년에 브릭스(Briggs, Katharine Cook)와 마이어(Myers, Isabel Briggs) 모녀에 의해 개발되었다.

〈엠비티아이〉는 개인이 쉽게 응답할 수 있도록 자기 보고 문항을 각자 인식하고 판단하며, 선호하는 경향들이 행동에 어떤 영향을 끼치는가를 파악하여 실생활에 응용한다. 1921년부터 본격적인 연구를 시작하여 A형~E형이 개발되었고, F형은 1962년 미국 ETS(Educational Testing Service)에서 출판했다. 1975년에는 G형이 개발되었으며 이후 K형과 M형이 개발되었다.

한국에는 1990년에 도입되어 초급, 보수, 중급, 어린이 및 청소년, 적용 프로그램, 일반 강사 교육 과정이 개발되었다. 성격 유형은 모두 16개이며, 외향형과 내향형, 감각형과 직관형, 사고형과 감정형, 판단

형과 인식형의 네 가지의 분리된 선호 경향으로 구성되었다. 선호 경향은 교육이나 환경의 영향을 받기이전에 잠재되어 있는 선천적 심리 경향을 말하며, 각 개인은 자신의 기질과 성향에 따라 각각 네 가지의 한쪽 성향을 띠게 된다.

▋『두산백과사전』, 동아출판사, 1982.

여름의 색채(-色彩, color of summer)

초록이나 파랑으로 시원한 색을 말함.

여명기(黎明期, the dawning period)

날이 밝아 오는 시기(8세~11세).

김정의 연구에서, 여명기는 객관적인 표현이 점차 강화되면서 사물의 사실적인 표현으로 접근하고, 시각적인 발달로 그림이 점차 어른스러워진다.

▋ 김정, 『아동의 미술교육 연구』, 창지사, 1989.

역 대칭(逆對稱, reverse symmetry)

점, 선, 면 혹은 이것들로 된 도형이 어떤 기준이 되는 점이나 선 또는 면을 중심으로 서로 맞서는 자리에 놓이는 반대의 경우.

역 대칭은 180도 회전하고, 대칭의 변화가 크며, 착시 현상이 나타날 수 있다.

▌ 박현일, 『디자인 강의』, 교우사, 2008.

연두(軟豆, green yellow)

노랑과 녹색을 혼합한 색, 또는 중간의 색.

연두의 상징적 효과는 신선함, 휴식, 편안함을 준다. 봄이나 초여름의 자연을 상징하며, 자연과 어린이, 새싹의 느낌을 준다.

연령별 색채(年齡別色彩, ages by color)

나이에 따라 구분되는 색채.

소년은 빨강, 청년은 노랑, 장년은 검정, 노년은 하양을 선호한다. 발육기에는 강한 채도의 큰 대비로 빨강, 파랑, 노랑이 나타난다. 장년기에는 중간 채도의 적당한 대비로 베이지색, 올리브색이 나타난다. 노

년기에는 약한 채도의 적은 대비로 회색, 검정, 갈색이 나타난다.

▌ 박현일 외, 『색채학 사전』, 국제, 2006.

연령별 선호색(年齡別選好色, ages by color preference color)

나이에 따라 좋아하는 색채.

색채 선호도의 연령 차이는 인종과 국가를 초월하여 거의 비슷한 경향을 보인다. 연령이 낮을수록 원색 계열과 밝은 톤을 선호한다. 생후 6개월이 지난 아기들은 원색을 구별할 수 있고, 아기들이 가장 좋아하는 색은 장파장의 빨강과 노랑이다. 성인이 되면서 단파장의 파랑과 녹색을 점차 좋아하게 된다.

▌ 박현일 외, 『색채학 사전』, 국제, 2006.

연변 대비(緣邊對比, area along contrast)

두 가지 이상의 배색 경계선 근처에 일어나는 대비 현상.

연변 대비는 같은 색이라고 해도 밝은색과 인접해 있는 부분은 어두워 보이고, 어두운색과 인접해 있는 부분은 밝게 보인다. 연변 대비의 특징은 대비가 되는 경계 부분이 너무 강해서 몽롱하게 보일 때가 있는데, 이것이 할레이션 현상이다. 이 대비는 무채색을 명도 단계로 배열하거나 유채색을 색상별로 배열할 때 나타난다.

▌ 박현일 외, 『색채학 사전』, 국제, 2006.

연상 검사(聯想檢査, Association Test, AT)

심리적 요소가 결합된 모양을 검사하는 방법.

〈연상 검사〉는 일반적인 용어이기 때문에 그 의미도 막연하다. 현재에도 이 용어의 의미는 특정한 뜻을 갖고 있지 않다. 연상을 이용하는 모든 검사를 통칭하는 말로 사용하고 있다. 잘 알려진 것으로는 〈단어 연상 검사(Word Association Test)〉를 지칭하는 경우가 많고, 〈단어 연상 검사〉는 〈자유 연상 검사(Free Association Test)〉라고 부르는 경우도 있다. 같은 자유 연상이라는 용어를 프로이트(Freud, S.)가 사용할 때 자발적인 연상의 의미이다.

〈연상 검사〉는 대단히 오래된 검사이며, 오늘날의 투사적 방법(projective technique) 중의 한 가지 방법으로 유효하게 사용되고 있다. 투사적 방법의 〈단어 연상 검사〉는 1879년 갈턴(Galton)에 의해 처음 고안되었으며, 프로이트가 이를 수정하여 그의 정신 분석에 〈자유 연상 검사〉를 꿈에 사용했다. 이 검사는 검사자가 대개 50개~100개 정도의 자극어를 읽어 주고, 피험자가 자기 머리에 제일 먼저 떠오르는 단어를 말하게 하는 방법을 사용했다. 이 방법에는 융(Jung, C. G.)의 방법, 레퍼포트(Rapaport, D.)의 방법, 켄트-로사노프(Kent-Rosanoff)의 방법, 캐텔(Catell, R. B.)의 방법, 멜처(Meltzer, H.)의 방법이 있다.

▮ 교육학사전편찬위원회 편, 『교육학대사전』, 교육서관, 1989.

연상 법칙(聯想法則, association law)

어떤 사물을 보거나 듣거나 생각할 때 그와 관련 있는 다른 사물이 머리에 떠오르는 규칙.

오스본(Osborne)은 그의 연구에서 고대 그리스 사람들의 연상 법칙 세 가지를 소개했다. 첫째, 연속성의 원리는 아기 신발을 보고 그 아기를 상기하는 연상이다. 둘째, 유사성의 원리는 고양이의 그림을 보고 호랑이를 연상하는 것과 같은 경우이다. 셋째, 대비의 원리는 난쟁이를 보고 키다리를 연상시키는 경우이다.

▮ Osborne, A. F. 저, 신세호 역, 『想像工學』, 배영사, 1968.

연속성의 법칙(連續性－法則, law of continuance)

유사한 배열이 하나의 묶음으로 보이는 것. 게슈탈트(gestalt) 개념의 한 가지.

연속적인 선으로 보이는 물체는 그 선의 일부가 아닌 다른 물체와 정신적으로 분리된다.

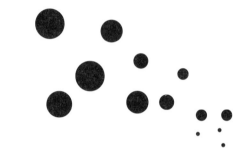

▮ 박현일, 『디자인 강의』, 교우사, 2008.

염료(染料, dye)

물과 기름에 용해되는 색료로서 섬유에 착색하는 유색 물질.

염료는 염색에 사용되는 재료나 물감을 말하고, 색소가 다른 물질에 흡착하거나 결합하기 쉽다. 염료가 가장 중요한 용도로 사용된 것은 방직 계통이다. 염료는 종이, 잉크, 목재, 화장품, 착색용 페인트, 니스, 피혁, 식품, 의약, 셀룰로오스, 현미경의 프레파라트를 작성할 때 사용된다. 염료는 물체에 따라 같

천연 염료

인디고

은 유색 물질(색소)의 염료나 안료로 사용되는 경우도 있고, 현재는 7,000 종류의 합성염료나 안료를 사용하고 있다. 염료 사용의 역사는 B. C. 2000년경이고, 1856년 퍼킨(Purkin, W. H.)은 최초로 화학 염료를 합성하여 모브(mauve)를 추출했다.

▌박현일 외,『색채학 사전』, 국제, 2006.

염색(染色, dyeing)
염료를 가지고 섬유 제품, 피혁(皮革), 목재류(木材類) 따위를 물들이는 착색 기술.

예술(藝術, art)
일정한 재료와 양식, 기교에 의해 미를 창조하고 표현하는 인간의 활동.
베레만(Berreman)은 그의 저서(오늘날의 인류학)에서, 예술은 라틴어에서 유래된 단어이고, 기술 또는 학습되어진 특별한 능력을 의미한다. 고대 중국에서 예술이라는 말은 어떤 기술을 익힌다는 의미로 사용되었다.

▌Berreman, G., *Anthropology Today*, California : Communications Research Machines, Inc., 1971.

독일의 철학자, 예나대학교의 교수인 헤겔(Hegel, G. W.)은 그의 저서(*Ästhetik*)에서 예술을 언급했다. 그에게 있어서 예술의 내용은 관념적이고, 그것은 표현 양식의 감각적 형태이다. 예술이란 이 두 측면을 자유롭게 해석하는 총체적 개념이다. 예술 작품의 탁월성은 바로 이러한 관념과 형태, 형상이 멋지게 어울려 나타나는 긴밀함과 결합의 정도에 달려 있다. 헤겔에 있어서 예술은 정신적 관념을 알아보기 위한 통로이다.

▌조요한,『예술철학』, 경문사, 1973.

영국의 미술 비평가, 사회 개혁론자, 근대 공예의 선구자인 러스킨(Ruskin)은 그의 저서에서 예술을 다음과 같이 피력했다. "예술은 사람의 혼을 표현하며, 다른 사람과 대화를 하는 사회나 문화의 이해를 의미한다. 예술은 사회가 아직 보지 못한 것을 보는 힘을 가졌고, 그것을 표현한다."

▌Ruskin, J.,『예술 교육론』, 1857. / 임영방·박철준,『미술과 교육(I)』, 한국방송통신대학, 1987.

일본의 학자인 하야카와(Hayakawa)는 그의 논문(「사고와 행동의 언어」)에서, 예술은 우리 자신이 받고 있는 고뇌를 감싸는 데 도움이 될 뿐 아니라 장차 고뇌하지 않도록 하는 항독제가 된다고 보았다. 인류의 선친들이 경험을 했을 아폴로(Apolo)의 타인 중심은 디오니서스(Dionisus)의 자기중심으로 해석되며, 긴장과 초조를 경험한다.

▌Hayakawa, S. I., *Language in Thought and Action*, 김영준 옮김,『의미론』, 민중서관, 1957. / 정순목,『예술교육론』, 교육과학사, 1983.

미국의 교육 철학자, 실용주의 교육의 창시자인 듀이(Dewey)는 그의 저서(경험의 예술)에서 예술을 경험으로 이해하고 해석했다. 그 여러 가지 이유 중에서 가장 중요한 두 가지는 예술의 특성을 생활 경험과 밀접하게 연결시킨 점과 하나의 과정으로써 예술 경험을 풀이했다는 점이다. 이것은 디자인 교육의 기반을 이루는 가장 중요한 개념이 된다.

▌Dewey, John, *Art as Experience*, New York : Gapricorn Books, G. P. Putnam's, 1958.

영국의 작가, 시인, 미술사가, 평론가, 예술 철학자인 리드(Read)는 그의 저서(예술의 의미)에서 예술에 대한 개념을 설명했다. 예술은 즐거운 형태(forms)를 창조하는 것이고, 미와 예술은 별개의 것으로 구별했다. 아름다움이란 감각과 지각에 있어서 형식 관계의 통일이나 조화의 인식(beauty is a unity of formal relations among our sense perception)이라는 형식주의 정의를 하고 있다. 예술은 인간의 정신을 새롭게 직접 측정할 수 있는 척도이다.

❚ Read, Herbert, *The Meaning of Art*, London : Faber & Faber, 1955.

예술 교육(藝術敎育, art education)

일정한 재료와 양식, 기교에 의해 미를 창조하거나 지식을 가르치고 기름.

행크스(Hanks)는 그의 논문("예술 교육")에서, 예술 교과는 모든 교과의 중핵이 되고, 나머지 주지 교과의 그릇된 교육까지 구현할 수 있는 모형(model)이다.

❚ Hanks, N., "Art Education", *Art Education*, Virginia : N. A. E. A.(National Art Education Association), (Vol. 26), No. 3, May, 1976.

희랍의 철학자, 교육학자인 플라톤(Platon)은 일찍이 조화로운 인간을 예술 교육에 기대했다. 음악이나 기타 예술을 가르친다는 것[189]은 가장 바람직한 일이다. 그 이유는 리듬과 조화를 영혼에 스며들게 하고, 인간의 행동이 고상하며, 정신을 우아하게 만들기 때문이다. 특히 어린이의 초기 시대부터 실시하는 예술 지도는 인간을 합리적인 미와 조화시킨다. 그는 예술의 순수하고 본질적인 성격을 지적했다.

❚ Rosenberg, M., *Introduction to Philosophy*, New York : Philosophical Library, 1955.

프랑스의 현대 철학자, 바티칸(Vatican) 대사, 프랑스의 파리대학교 교수, 미국의 프린스턴대학교 초빙 교수인 마리텡(Maritain)은 그의 저서(위기의 교육)에서, 제3학[190]은 정신을 자유롭게 하고, 창조의 통찰력을 표현케 하며, 지식 가치[191]와 훈련 도야를 내면적으로 통일시킨다.

❚ Maritain, J., *Education at the Crossroads*, 1955.

실버만(Silverman)은 그의 저서(교실에서 위기)에서, 현대 학교 교육은 기계적으로 구성된 조직성 때문에 교육의 본연인 자율성과 배움의 기쁨, 창조적인 즐거움이 손상되고 파괴된다. 참다운 인간이 학교에 의해 파괴되거나 소멸되고 있다. 이러한 인간성 파괴의 상황을 극복하고, 참다운 인간의 기쁨과 인간의 힘을 소생시키는 일을 이제 많은 사람들이 예술 교육에 기대하기 시작했다. 왜냐하면 예술이란 모든 인간 형성의 기본이요, 관문인 '감성'에 의존하고, 인간의 가장 기본적인 본연에서 이루어지기 때문에 예술 교육은 '사치스러운 주변 교과'가 아닌 '기본적인 경험(basic experience)'으로 인식되고 있다.

❚ Silverman, C., *Crisis in Classroom*, 1970, 배영사 역, 1976.

김인회와 정순목(丁淳睦)은 그들의 저서에서, 예술가가 창조하는 것은 자유와 만나는 것으로 표현의 이상을 그리워할 때 가능하다고 보았다. 그림은 그리움의 준말이다. 그러나 표현의 이상은 고정 불변한 어떠한 정형으로 설명될 수 없다. 예술은 인간 생활의 유기 과정의 일부이며, 아름다움을 형성하려는 의지와 감정의 한 표현이다. 지성과 감성의 균형, 조화에서는 교육의 가장 중요한 원리와 방법이 나오며, 예술 교육은 현대 교육의 징후를 치료한다. 예술 교육은 예술가의 육성을 목표로 하는 것이 아니다. 가장 평범한 인간학은 교육학 원리에서 출발하는 것이다.

❚ 김인회 · 정순목, 『한국문화와 교육』, 이화여자대학교 출판부, 1974.

---

189. 그 당시 플라톤의 개념은 훈련이다.
190. 예술 교육이다.

191. 내용적 도야를 의미한다.

예술 교육의 필요성(藝術敎育 - 必要性, necessity of artistic education)

일정한 재료와 양식, 기교에 의해 미를 창조하고 지식을 가르치는 데 필요한 성질.

정순목(丁淳睦)은 그의 논문에서 예술 교육의 필요성에 대해 언급했다. 오늘의 교육은 개인과 개인, 개인과 사회를 분열시키고, 교과목 상호 간의 유대가 없다는 느낌이 강하다. 실증적 가치관이 기계주의의 인간 의식과 불모의 현대성에 편승하여 본래의 의도와는 다른 방향으로 나아가고 있다. 또한 현대 교육은 주지주의 편중에 대한 경향으로 이른바 아리스토텔레스의 전통으로서 인간을 떠난 교육의 원인이 되었다. 예술 교육의 원리는 예술 교과에 관한 것만이 아닌 전체적인 인성에 관한 원리이며, 예술 교육에서 요구하는 인간상은 전인적 인간과 조화로운 인간이고, 교육은 하나의 예술이어야 한다. 이 원리의 적용이 예술 교육의 방법이다.

▌ 정순목, 「예술교육의 이론적 전개에 따르는 창조적 자기표현과 인식에 관한 연구」, 중앙대학교 석사 논문, 1963.

오병남은 그의 논문에서 오늘날 예술 교육이 요청되고 있는 까닭을 전개했다. 우리의 예술 작품은 정말로 다양한 내재적인 가치를 갖고 있다. 그들의 제 가치가 작품으로 구해질 수밖에 없는 고유한 미적 향수와 함께 개인 생활에 있어서나 사회 발전에 있어서 지극히 의의 있는 것들임을 인식하기에 이른다. 그러나 현재 우리 모두가 예술 작품을 반드시 그렇게 훌륭하고 기능적인 것으로 받아들이고 있다고 말할 수 없지 않을까? 그처럼 훌륭한 작품이라 해도 경험하는 사람들에 따라 '바람직하지 못한 효과(side effect)'를 안겨다 줄 수도 있는 일이기 때문이다. 이처럼 예술 작품은 경험하는 이의 능력에 따라 훌륭한 기능의 대상으로 전락될 수도 있다.

▌ 오병남, 「예술교육의 문제점에 대한 미학적 접근」, 『한국미학회』, No. 2, 1972.

예술 부흥기(藝術復興期, artistic reconstruction period)

예술의 재능이 꽃피는 시기(15세 이후).

비트(Burt)는 그의 저서(정신과 학습의 검사)에서 예술 부흥기를 제시했다. 이 시기에는 그림으로 이야기를 하며, 성별에 차이가 분명히 나타난다. 특히 여자 아이는 색의 풍요함이 두드러지고, 우아한 형태의 표현을 즐기며, 선이 곱다. 이 시기의 그림은 기교적이고 장식(호화로운)적인 멋을 부린다. 그러나 이 마지막 단계를 사람들은 미처 도달하지 못하고 대부분이 '억제기'에 머물고 만다.

▌ Burt, C., *Mental and Scholastic Test*, London : P. S. King & Son., 1921.

예술 사회학(藝術社會學, sociology of art)

예술을 사회적 연구의 대상으로 하는 학문.

프랑스의 현대 사회학자, 교육학자인 뒤르켐(Durkheim)은 그의 저서(교육과 사회학)에서, 예술 사회학은 예술의 사실이다. 예술은 하나의 틀림없는 사회의 사실이라는 데서 예술과 사회의 관계가 고찰된다.

▌ Durkheim, E., *Education et Sociologie*, 1922. / 임영방 · 박철준, 『미술과 교육(I)』, 한국방송통신대학, 1987.

예술 심리학(藝術心理學, psychology of art)

예술을 심리적 연구의 대상으로 하는 학문.

예술의 내재적 가치(藝術 - 內在的價値, immanence value of art)

일정한 재료와 양식, 기교에 의해 미를 창조하는 것에 내재하는 중요성.

버드실리(Beardsley)는 그의 저서(비평주의 철학에서 미학의 문제점)에서 예술의 내재적 가치를 일곱 가지 제시했다. 첫째, 미적 경험은 긴장을 해소시켜 주며, 파괴의 충동을 완화시켜 준다. 그것은 감각성의 수동적 상태로부터 사고와 의욕의 능동적 상태로, 전환은 미적 자유의 중간 상태를 통해 밖에서 일어날 수 없으며, 이 중간 상태는 우리들의 통찰과 의향에 대해 아무것도 결정해 주지 못한다. 따라서 우리의 지적 가치나 도덕적 가치를 결정하지 못한 채 방치해 놓은 상태라 하더라도 그것은 우리가 통찰과 의향에 도달할 수 있는 필연적인 조건이다. 둘째, 미적 경험은 자아 내부적 여러 갈등을 정화시켜 준다. 셋째, 미적 경험은 지각과 분별력(discrimination)을 순화시켜 준다. 넷째, 미적 경험은 상상력을 개발시켜 주며, 스스로 타인의 입장에 서게 하는 능력이 있다. 다섯째, 미적 경험은 의학 용어를 빌어 말하자면 정신 건강(mental health)에 도움을 준다. 여섯째, 미적 경험은 상호 공감과 이해를 배양시켜 준다. 일곱째, 미적 경험은 인간 생활에 대해 이상을 제공한다.

▌ Beardsley, M. C., *Aesthetic Problems in Philosophy of Criticism*, Harcourt, Brace & World, Inc., 1958.

예술의 발생 구조(藝術 - 發生構造, occurrence structure of art)

일정한 재료와 양식, 기교에 의해 미를 창조하거나 어떤 현상이 일어나는 관계나 그 체계.

독일의 프랑크푸르트대학교 교수, 화가인 마이어(Meyers)는 그의 연구에서 예술의 발생 구조를 크게 세 가지로 보았다. 첫째는 정신의 것, 둘째는 조직, 셋째는 포괄성.

전체를 감싸는 가장 큰 덩어리는 충동과 정신적 관계이다. 곧 충동의 욕구가 조직과 복합적 요인으로 정리되면서 질서의 경향으로 옮아간다. 이러한 과정은 합법적인 기술 제작에서 정신적인 아름다움으로 승화된다. 여기에는 설명인 서술, 율동, 구성, 창조가

조화를 이룰 때 한층 더 정신적인 표현이 아름답다.

▌ Meyers, Hans, *Lind & Blidnerisches Gestalten*, Köselverlag, München, 1968. / Meyers, Hans, *Stilkunde der Naiven Kunst*, Kramer Verlag, Frankfurt, 1975. / 김정, 『아동의 미술교육 연구』, 창지사, 1989.

예술의 본질(藝術 - 本質, essence of art)

일정한 재료와 양식, 기교에 의해 미를 창조하는 가장 중요한 근본적인 성질.

미국의 교육 철학자, 실용주의 교육의 창시자인 듀이(Dewey)는 그의 저서(경험의 예술)에서, 미술은 인간의 의식으로 또는 의미의 수준에서 회복할 수 있다고 보았다. 특히 욕구와 감각, 충동은 인간의 독특한 활동을 결합할 수 있는 생생하고도 구체적인 증거이다. 의식의 개입은 규제와 선택의 힘, 재구성의 능력을 증가시킨다. 이와 같이 의식은 끝없는 방법으로 예술을 다양화시킨다. 그러나 의식의 개입은 또한 예술이 인류의 역사 속에서 가장 위대한 기적의 성취처럼 의식의 사상은 생각을 가능하게 한다. "… 더욱이 저항(resistance)의 만남을 통해 자아의 본연(nature)은 형성되고 길러진다. 예술가의 개성도 예외는 아니다. 만일 그의 활동이 단순한 유희나 자유 방임에 그치는 것이라면, 또 자유가 실제적 조건으로 저항에 의해 길러지는 것이 아니라면 예술 작품은 하나도 생산되지 않을 것이다."

▌ Dewey, John, *Art as Experience*, New York : Gapricorn Books, G. P. Putnam's, 1958.

예술의 성격(藝術 - 性格, character of art)

일정한 재료와 양식, 기교에 의해 미를 창조하는 그 자체의 성질.

19세기 프랑스의 역사 철학자, 예술 사회학의 창시자인 텐느(Taine)는 그의 저서(예술 철학)에서 예술을 사회학의 안목으로 고찰하여 예술의 성격을 규명

해야 한다고 주장하고, 실증주의의 연구 결과를 제시했다. 예술이란 곧 사회정신의 결과적 산물이다. 예술과 사회의 상호 관계에 있어서 예술은 사회 환경의 조건과 인과 관계로써 나타나는 필연적인 결과이다. 예술 작품이 오로지 그 자율성에서 자체 충족과 존재성 독립으로 고립된 존재라고 보지 않고, 그것은 이해할 수 있는 몇몇 관계에서 존재한다. 한 작품의 이해는 그 작품의 여타 작품이나 작가가 관계하고 있는 유파나 작가 혹은 취미를 같이 하고 있는 세계에 관련시킬 필요가 있다. 그래서 그는 하나의 예술 작품, 한 예술가, 예술가 그룹을 이해하기 위해 이 모든 것이 속해 있는 시대적 정신이나 그 풍속 전반의 상황에 재현되지 않으면 안 된다.

▌ Taine, H., *Philosophie de l'Art*, 1885. / 임영방 · 박철준, 『미술과 교육(I)』, 한국방송통신대학, 1987.

예술의 재능 재생기(藝術 – 才能再生期, the rebirth of artistic ability period)
예술의 창작이 가능한 시기.

예술의 적성(藝術 – 適性, aptitude of art)
일정한 재료와 양식, 기교에 의해 미를 창조하는 각 개인의 적응 능력.
1930년대 미국의 아이오와대학교 예술적성연구소 소장인 마이어(Meier)는 그의 저서(*심리학 논총*)에서 예술의 적성에 기여하는 여섯 가지 요인을 제시했으며, 유전적 결과의 요인으로는 손재주, 인내력, 미적 판단 세 가지가 있다. 유전의 요인은 부모로부터 직접 받는 것이 아니라 체질적으로 축적되어 온 유산이다.
　이러한 유산은 친척들의 유전 기여와도 관계가 깊다. 친척의 유전적 재능은 개인의 유전 구성에 뚜렷하게 영향을 미친다. 그가 발전시킨 관점은 예술적 능력이 재능적 결과이고, 그 재능은 소수만이 가지고 있다는 일반적인 믿음과 일치하며, 그 믿음은 폭넓게 받아들여진다.

▌ Meier, N. C., *Psychological Monographs*, 1933.

예술의 차이점(藝術 – 差異點, difference of art)
일정한 재료와 양식, 기교에 의해 미의 차이가 나는 점.
영국의 화가, 비평가인 프라이(Fry, Roger E.)는 그의 연구에서, 진정한 예술과 사이비 예술의 차이는 예술가의 마음속에 있는 어떤 관념적 표현의 차이이며 예술만이 순수한 것이라고 본질적인 성격을 지적했다.

예술 작품(藝術作品, work of art)
일정한 재료와 양식, 기교에 의해 미를 창조하여 만든 물건.
졸라(Zola)는 예술 작품에 대해 설명했다. 예술 작품이란 예술가의 기질을 통해 본 자연의 일부이다. 이 말을 바꾸어 보면 미적 대상이란 미적 태도에 의한 미의식의 지향적 대상이다. 다시 말해서 미적 대상은 오직 미적 태도에 대해서만 우리의 앞에 나타난다.

예술 작품의 이해(藝術作品 – 理解, understanding of work of art)
일정한 재료와 양식, 기교에 의해 미를 창조하여 만든 물건을 분별하여 앎.
19세기 프랑스의 역사 철학자, 예술 사회학의 창시자인 텐느(Taine)는 그의 저서(*영국 문학사*)에서 인종(la race)과 환경(le milieu), 시대(le moment)의 3요소와 문화의 각 영역에 의한 상호 의존적 법칙들과 문학사 연구의 방법론 및 문화 철학의 전망을 서술했다.
　그는 또한 예술 작품의 표현을 이해하기 위해 그것이 의존하고 있고, 또 그것을 결정짓는 세 가지 요인을 지적했다. 첫째, 선천적이거나 유전적으로 갖고 있는 인간의 기질과 신체적인 구조 및 소질. 둘째, 종족을 둘러싸고 있는 자연과 사회적 환경. 셋째, 지나간 시대의 작가 또는 어느 사조의 작가나 예술 사조의 요인. 예술 표현이 예술가 한 개인의 조그마한 심리적 조건만으로 결정되는 것이라기보다 그것을 둘러싼 커다란 사회의 힘 또는 환경적 요인에 의해 정리된다. 그는 이것을 환경이라고 주장한다.

▌ Taine, Hippolyte A., *Histoire de la Littérature Anglaise*, Tom 1, 1891.

예술 치료(藝術治療, art therapy)

창작 활동을 통해 개인을 보다 정서적으로 안정되고 성숙한 상태로 이끌어 주는 것.

예술 치료의 목표는 내담자가 호소하는 내용을 성실히 들어 주는 것, 적당한 시기에 적당한 창작 방법을 활용하여 증상의 치유나 경감이 되도록 유도하는 것, 전 인격적인 개인이 되도록 도와주는 것, 정신 성장 과정을 촉진하게 도와주는 것, 보다 건전한 성격으로 전환하도록 도와주는 것, 남의 감정에 대한 이해심이 증진되도록 도와주는 것이다.

▌ 김진숙,「예술심리 치료의 이론과 실제」,『K. E. A. P. A.』, 13, 1993.

예술 현상(藝術現狀, artistic actual condition)

일정한 재료와 양식, 기교에 의해 미를 창조하는 현재의 상태.

프랑스의 예술 사회학자인 프랑카스텔(Francastel)은 그의 저서〈예술과 기술〉에서, 예술 현상은 사회학의 관심 대상 가운데 중요한 부분이 되고 있다. 또한 그는 예술을 집단적 정신의 표현이라고 했다. 예술은 사회적 산물이 아니라 예술 자체가 하나의 사회의식이다. 텐느(Taine)가 예술을 사회화 산물로 보는 데 비해, 그는 사회 산물이라는 결과적 입장이 아니라 예술 그 자체가 스스로 사회의 정신을 이룩하고 있는 것으로 보았다. 예술이 사회에 대해 의존과 귀속의 관계를 이루고 있는 것이 아니라 동일하고, 동시적 위치에 있는 것이며, 사회정신의 형성과 발달에 있어서 가장 예민한 촉각적인 역할을 하고 있다. 예술 그 자체가 하나의 사회의식이다.

이에 모든 종류의 사회 행동 변화가 가장 먼저 예술에 나타난다. 다시 말해서 사회가 움직이고 변천되는 증거는 예술 동태에서 제일 먼저 나타난다. 따라서 새로운 문화나 사회 정립의 힘은 예술에서도 동시에 병립적으로 싹트고 형성되며, 그 시대의 모든 것이 예술에 표현된다. 특히 이것이 예술 작품을 부정할 수 없는 문명적 사실이라고 보았을 때, 한 사회에 있어서 수학적 사고와 정치적 사고가 존재하고 있듯이 조형적 사고도 존재한다. 그는 예술을 집단적 정신의 표현이라고 보고, 예술 자체가 하나의 사회의식이라고 주장했다. 하나의 새로운 문화나 사회가 성립되는 힘은 다른 여러 가지 사회의 구성 조건과 함께 예술도 동시에 싹트고 형성되며, 그 시대의 예술에는 그 시대의 모든 것이 표현된다.

▌ Francastel, P., *Art et Technique*, 1956. / 임영방·박철준, 『미술과 교육(I)』, 한국방송통신대학, 1987.

오브제(–, objet, 프)

프랑스 언어로 물체, 물건, 객체의 의미.

초현실주의는 오브제를 전용(轉用)하여 독특한 표현 개념으로 구체적인 예술의 한 방법으로 삼았다.

▌ 월간미술 편,『세계미술용어사전』, 중앙일보사, 1989.

오이디푸스 콤플렉스(–, oedipus complex)

아들이 엄마에게 애정을 품고 아버지를 경쟁자로 인식하여 반감을 갖는 경향을 가리키는 정신 분석학 용어 ⇔ 엘렉트라 콤플렉스(electra complex).

온도(溫度, temperature)

덥고 찬 정도 혹은 그 도수.

건조하고 부드러운 지방(이집트, 아시리아)에서는 강렬한 순색과 강한 대비로 노랑, 빨강, 파랑, 녹색이 나타난다. 온화한 지방(한국, 일본, 유럽 일대, 미국)에서는 약한 대비와 온화한 중간색으로 회색, 베이지색, 갈색이 나타난다. 한랭한 지방(소련, 북유럽, 알래스카)에서는 확실한 색과 강한 대비로 하양, 검정, 빨강, 노랑이 나타난다.

온도감(溫度感, temperature sense)[192]

난색(暖色, warm color)과 한색(寒色, cool color)을 느끼는 감정.

온도감은 색상에 의한 효과에서 가장 강하게 느껴지지만 무채색에서도 한난의 감정이 나타나고, 고명도는 찬 느낌을 준다. 하양은 한색의 원점이며, 밝은 회색에서 어두운 회색으로 이동함에 따라 한색 느낌이 줄어든다. 중명도는 중성이 되며, 저명도는 난색의 느낌이 증가하여 검정에 가까워지면 난색이 된다.

색의 온도 감각은 물리적인 사실과 색의 연상 작용에 깊은 관련이 있으며,[193] 소재의 표면 상태에 따라 달라진다.[194] 이것은 반드시 실제의 온도와 일치하지는 않는다. 태양이나 불은 빨강 계통을 연상하고, 따뜻하게 느낀다. 실제로 온도가 높은 불꽃은 빨강보다는 파랑에 가깝다. 파랑은 물을 연상하므로 차갑게 느껴진다. 적외선은 열선이라고 불리는 것과 같이 열작용을 한다. 단파장의 빛은 열선을 많이 흡수하며, 특히 파랑을 많이 사용한 방은 열선 때문에 서늘하게 느낀다.

오늘날 대부분의 디자인에서 따뜻한 색 계열이 많이 사용되는 이유는 난색 계통은 자극적인 성질과 강렬한 강도를 지니기 때문이다.

〈색상별 온도감〉

색상	온도감	작용
빨강(R)	매우 따뜻함	매우 자극적
주황(YR)	따뜻함	자극적
노랑(Y)	약간 따뜻함	약간 자극적
연두(YG)	중성	중성
녹색(G)	중성	중성
청록(BG)	약간 차가움	약간 가라앉은 느낌
파랑(B)	차가움	가라앉은 느낌
남색(BP)	약간 차가움	약간 가라앉은 느낌
보라(P)	중성	중성
연지색(RP)	약간 따뜻함	약간 자극적

박현일 외, 『색채학 사전』, 국제, 2006.

올포트 지배 복종 검사(-地排僕從檢査, Allport's Ascendance Submission Reaction Study, AASRS)

지배와 복종의 특성을 측정하는 방법.

1928년 올포트(Allport, G. W.)와 올포트(Allport, F. H.)가 제작한 검사이다. 그들은 지배와 복종의 두 가

---

192. 온도감이나 중량감은 모든 자연의 현상과 모든 사물의 연상 감정(連想感情)에서 오는 것이 지배적이다. 예를 들면 빨강, 불꽃, 태양에서 뜨거운 것, 바닷물의 푸른색이나 시원한 하늘색에서 찬 느낌이 연상된다. 또한 흰 구름, 흰 솜, 흰 백지에서 가벼움을 감상하고, 검푸른 바위와 녹슨 무쇠에서 무거움을 연상하게 된다. 열대 지방의 사람들은 푸른 바다색을 보아도 차가운 느낌을 느끼지 못한다. 왜냐하면 열대 지방의 바닷물은 항상 온대 지방이나 한대 지방보다는 훨씬 따뜻하기 때문이다.

193. 두 개의 컵 중에서 한쪽에는 빨강 잉크, 다른 한쪽에는 파랑 잉크를 물로 연하게 희석시킨 다음 두 쪽 다 36℃로 맞추고 여기에 손을 넣도록 한다. 대부분 사람들은 빨강 잉크 쪽이 따뜻하게 느껴지고, 파랑 잉크 쪽은 차갑게 느껴진다고 한다.

194. 실크 계통은 찬 느낌을 주고, 울 계통은 따뜻한 느낌을 준다.

지 특성이 존재한다는 것을 가정하고, 한 개인에 있어서 한쪽 특성이 강하면 다른 한쪽 특성이 약해진다는 이론 위에서 출발했다.

〈올포트 지배 복종 검사〉는 남자용 33개 장면에 41개의 문항, 123개의 선택지로 구성되어 있다. 여자용은 35개의 장면, 49개의 문항, 140개의 선택지로 구성되어 있다. 이 검사의 제작 절차는 장면의 목록을 선택, 이것을 실험 집단에 실시, 피험자 및 그와 가까운 동료들이 일곱 단계 평가 척도로 대답, 각 문항에 대한 각 선택지의 평균 평정 점수를 결정, 점수 비중의 결정, 규준의 제작 여섯 가지 단계가 있다.

▌ Allport, G. W. & Allport, F. H., 〈Allport's Ascendance-Submission Reaction Study〉, 1928. / 교육학사전편찬위원회 편, 『교육학대사전』, 교육서관, 1989.

욕구(欲求, need)

무엇을 얻거나 무슨 일을 하고자 바라고 원함, 혹은 그 욕망. 생존이나 안녕, 충족을 위한 물리적, 심리적, 경제적, 사회적인 필요를 의미함.

미국의 하버드대학교 교수, 하버드대학교 심리상담소 소장인 머레이(Murray)는 그의 저서에서 욕구(needs)에 대해 세 가지를 제시했다.

첫째는 객관화된 욕구, 둘째는 객관화되어 있지 않은 욕구, 셋째는 주관화된 욕구.

그러나 객관화되어 있지 않은 욕구나 주관화된 욕구는 잠재의 욕구[195]가 그림에 투사된다. 특히 그는 어린이의 기본적인 정서적 욕구를 열한 가지 제시했다.

첫째는 개인의 가치 의식, 둘째는 안정감, 셋째는 인정, 넷째는 동정의 이해, 다섯째는 고의적 수용, 여섯째는 자기 동무들과의 지위, 일곱째는 자율 정신의 증진, 여덟째는 환경의 접촉과 조화, 아홉째는 모험, 열째는 상호성, 열하나째는 사회의 공헌 욕구이다.

195. 숨겨진 세계를 의미한다.

예술 교육의 교육 과정은 이와 같은 어린이의 기본적인 욕구에 입각하여 가장 알맞은 교육 과정이 되어야 한다.

▌ Murray, H. A., *Explorations in Personality*, New York : Oxford Univ. Press, 1938.

욕구 단계(欲求段階, need stage) → 매슬로우의 인간 욕구 단계(창의성)

욕구 위계(欲求位階, hierarchy of needs)

무엇을 얻거나 무슨 일을 하고자 바라고 원함에 따른 지식의 통일된 전체.

인간의 동기는 인간 욕구의 강도와 중요성에 따라 일종의 계층적 관계로 배열되어 있는 것으로 보고 있으며, 매슬로우(Maslow, A. H.)는 기본 생리적 욕구, 안전 욕구, 애정과 소속의 욕구, 자존심의 욕구, 자아실현의 욕구, 인지적 욕구, 심리적 욕구로 위계화했다. 이러한 욕구 위계는 하위 단계의 욕구가 어느 정도 만족되어 다음 수준의 상위 욕구가 생겨난다고 보았다.

▌ 한국교육심리학회 편, 『교육심리학 용어사전』, 학지사, 2000.

욕구 좌절(欲求挫折, needs breakdown)

개인의 욕구가 내적 외적 방해에 의해 저지되거나 충족되지 못하는 상황.

우찌다-크레펠린 정신 작업 검사(－精神作業檢查, 內田－Kraepelin test mental work)

독일의 정신 병리학자 크레펠린(Kraepelin, E.)은 정신병자의 작업 장애 연구에서 나타난 연속 가산 작업을 일본의 우찌다(內田勇三郎)가 보통 사람의 성격을 알아볼 수 있도록 제작했다.

작업의 내용은 단순한 수치의(1위 수) 연속적인 더하기 작업인데, 15분 작업 5분 휴식 그리고 15분(혹은 10분) 작업을 시킨다.

그는 또한 결과를 처리할 때는 작업 결과의 작업량, 오류와 탈락의 수, 작업 곡선형 세 가지로 처리한다. 첫째, 작업량은 ABCD 네 가지 단계로 나누고, 동요가 심하고 범위가 불명확한 것은 E로 한다. 둘째, 오류율이 2%가 넘으면 이상(異常)으로 취급한다. 셋째, 작업 곡선은 작업 경과를 지배하는 의지, 긴장, 흥분, 관숙(慣熟), 연습 효과, 피로의 다섯 가지 정신 기능 요인을 염두에 두고 판정한다.

이 결과에 의해 작업 곡선이 결정되고, 작업 곡선이 정상적이냐 이상적(異常的)이냐에 따라 성격 진단을 할 수 있다.

▌ 교육학사전편찬위원회 편,『교육학대사전』, 교육서관, 1989.

운동감(運動感, movement)

조형 예술에서는 대상의 움직임＝동세(動勢).

운동과 촉각(運動－觸覺, motion and antenna)

몸을 움직이는 일과 온도나 아픔 따위를 분간하는 피부의 감각.

1945년 모트(Mott, S.)는 그의 실험에서 운동이나 촉각의 자극에 대해 연구했다. 그는 51개월~72개월이 된 24명의 유아들을 대상으로 신체 동작을 곁들여 그림을 그리게 했다. 가령 교사가 "이것은 나의 머리죠? 자, 나는 지금 머리를 끄덕이고 있어요."라고 동작을 취하고, 어린이에게 그것을 반복시킨 뒤 '어머니'나 '선생님'을 종이에 그리게 한다. 다음날도 비슷하게 되풀이하되 이번에는 신체의 다른 부분을 강조한다. 이렇게 10일간 계속하고 6주간 쉰 다음, 5일간 계속하고 나서 그 그림들을 모아 〈구드너프의 인물화 검사〉로 채점을 했다. 그 결과 연구 이전의 그림보다 더 많은 신체 부분들이 표현되었다.[196]

---

196. 4세~6세 어린이들이 신체나 옷의 부분들을 자세히 표현하는 것은 그들의 지능 성숙과 관련이 깊다는 게 구드

▌ Lansing, Kenneth M., *Art, Artists and Art Education*, New York : McGraw & Hill Book Co., 1977.

원근법(遠近法, perspective)

미술에서, 화면에 멀고 가까운 것을 나타내어 그림의 현실감이나 입체감을 표현하는 기법≒원근감.

알베르티(Alberti)는 그의 저서(회화론)에서 원근법을 처음으로 사용하고 이론적으로 제시했다.

▌ Alberti, L. B., *De Pictura*, 1946.

원색(原色, primary color)

3색 표시의 기본이 되는 색이고, 더 이상 쪼갤 수 없는 최소한의 색.

원색이란 다른 색을 혼합하여 만들 수 없는 모든 색의 근원이 되는 색을 말하고, 반대로 원색을 혼합하여 어떤 색이든지 만들 수 있다. 이들의 색을 전부 혼합하면 하양(white)[197] 또는 검정(black)[198]이 된다.

▌ 박현일 외,『색채학 사전』, 국제, 2006.

원색 설(原色設, primary color theory)

3색 표시의 기본이 되는 색이고, 더 이상 쪼갤 수 없는 최소한의 색의 이론.

원색 설의 종류에는 '12원색 설', '10원색 설', '8원색 설', '7원색 설', '6원색 설', '5원색 설', '4원색 설', '3원색 설' 여덟 가지가 있다. '12원색 설'은 오스트발트(Ostwald)가 주장했고, 이 색 설에는 red, red orange, orange, yellow orange, yellow, yellow green, green, blue green, blue, blue violet, violet, red violet이 있다. '10원색 설'은 먼셀(Munsell)이 주장했고, 이 색 설에는 red, red orange, orange, yellow, green, yellow green, blue green, blue, purple, red purple이 있다.

너프(Goodenough)의 인물화 검사의 취지다.

197. 색광의 혼합을 말한다.
198. 색료의 혼합을 말한다.

'8원색 설'은 오스트발트(Ostwald)가 주장했고, 이 색설에는 red, orange, red orange, yellow, yellow green, blue green, blue, violet이 있다. '7원색 설'은 뉴턴(Newton, Isaac)이 주장했고, 이 색 설에는 red, orange, yellow, green, blue, indigo, violet이 있다. '6원색 설'[199]은 브레우스터(Brewster)가 주장했고, 이 색 설에는 red, orange, yellow, green, blue, violet이 있다. '5원색 설'[200]은 먼셀(Munsell)이 주장했고, 이 색 설에는 red, yellow, green, blue, purple이 있다. '4원색 설'에는 red, yellow, green, blue가 있다. '3원색 설'에는 색료의 3원색, 색광의 3원색, 인쇄용 3원색 세 가지가 있다. 색료의 3원색에는 red, yellow, blue가 있다. 색광의 3원색에는 red, green, blue가 있다. 인쇄용 3원색에는 chroma yellow, magenta, blue green이 있다.

〈대표적인 원색 설의 도표〉

원색 설	원색의 색
12원색 설	red, red orange, orange, yellow orange, yellow, yellow green, green, blue green, blue, blue violet, violet, red violet
10원색 설	red, red orange, orange, yellow, yellow green, green, blue green, blue, purple, red purple
8원색 설	red, red orange, orange, yellow, yellow green, blue green, blue, violet
7원색 설	red, orange, yellow, green, blue, indigo, violet
6원색 설	red, orange, yellow, green, blue, violet
5원색 설	red, yellow, green, blue, purple
4원색 설	red, yellow, green, blue
3원색 설	색료의 경우 red, yellow, blue 색광의 경우 red, green, blue 인쇄용의 경우 chrome yellow, magenta, blue green

---

199. 레오나르도 다 빈치(da Vinci)의 6원색 설에는 red(火), yellow(地), green(水), blue(天), black(그림자), white(光)가 있다.

200. 중국의 5원색 설에는 red(火), yellow(土), blue(木), black(水), white(金)가 있다.

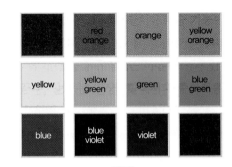

12원색

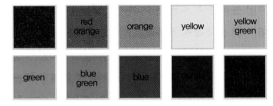

10원색

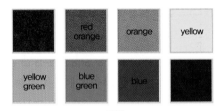

8원색

7원색

6원색

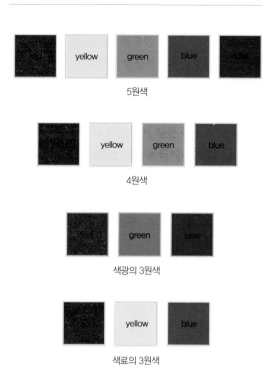

5원색

4원색

색광의 3원색

색료의 3원색

■ 박현일 외, 『색채학 사전』, 국제, 2006.

원시 미술(原始美術, primitive fine arts)
문화가 아직 발달되지 않았던 미개한 시대의 공간 속
에 미를 표현하는 예술.
프랑스의 미술학자인 위그(Huyghe)는 그의 저서(선
사와 고대 미술의 백과사전)에서 원시 미술을 두 가
지 표현으로 제시했다.
　첫째, 투사(projection)는 손톱자국을 내고, 선을
그리며, 큰 돌이나 나무에 표시를 하거나 이름을 새
기는 따위를 말한다. 둘째, 포착(capture)은 흰 눈 위
에 발자국을 내고, 새나 동물의 현상을 그리며, 동굴
벽에 손바닥을 대고 윤곽선을 그어 착색을 하는 것을
말한다.
■ Huyghe, Rene, (Ed.), *Larousse Encyclopedia of Prehistoric*
& Ancient Art, London : Hamlyn, 1957.

원화(原畫, original paint)
만화 영화에서 캐릭터의 움직임이 시작과 중간, 끝
으로 나누어지는데 시작, 또는 기본이 되는 그림＝
밑그림.

월별 색채(月別色彩, months by color)
달에 따라 상징하는 색채.
1월은 회색, 2월은 남색, 3월은 하양, 4월은 노랑, 5월
은 남보라, 6월은 장미색, 7월은 파랑, 8월은 녹색, 9
월은 주황, 10월은 갈색(고동색), 11월은 보라, 12월
은 빨강이다.

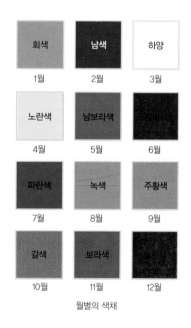

월별의 색채

■ 박현일 외, 『색채학 사전』, 국제, 2006.

웩슬러-벨레뷰 지능 검사(- 知能檢查, Wechsler-
Bellevue Intelligence Scale, W-BIS)
정신병, 신경증, 정신박약, 대뇌 장애의 유형을 진단
하는 방법.
1944년 웩슬러(Wechsler)가 발표한 새로운 성인용

지능 검사이고, 그 전까지 널리 사용되고 있었던 〈스탠퍼드–비네 지능 검사〉와 여러 가지 면에서 색다른 특징을 띤 검사이다.

그 특징으로는 다섯 가지가 있다. 첫째, 개별적으로 실시하는 것. 둘째, 종래의 〈비네 검사〉와는 지능 지수(IQ)의 산출이 정신 연령에 의하지 않고 지능 편차치에 있는 것. 셋째, 〈언어 검사〉와 〈동작 검사〉의 두 가지 종류로 되어 있으며, 두 가지에 대해 따로 따로 지능 지수가 나올 뿐 아니라 종합적인 지능 지수도 나오게 되는 것. 넷째, 하위 검사와 다섯 개 내지 여섯 개로 짝지어 있어서 각 검사에 대해 프로필(profile)을 할 수 있는 것. 다섯째, 지능 진단을 성격 구조의 유형에 따라 할 수 있으며, 특히 정신병, 신경증, 정신박약, 대뇌 장애의 유형을 진단할 수 있다.

〈웩슬러–벨레뷰 지능 검사〉에는 두 가지 종류의 검사가 있다. 하나는 처음에 제작했던 〈성인용 지능 검사(Wechsler-Bellevue Adult Intelligence Scale, WAIS)〉와 다음에 제작했던 〈아동용 지능 검사(Wechsler Intelligence Scale for Children, WISC)〉이다. 이 지능 검사는 현재에도 〈스탠퍼드–비네 지능 검사〉와 함께 진단적 지능 검사로서 세계에서 널리 사용되고 있는 검사의 일종이다.

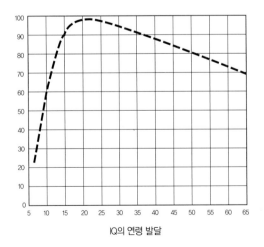

IQ의 연령 발달

■ Wechsler, D., 〈Wechsler-Bellevue Intelligence Scale〉, 1944. / Wechsler, D., *Wechsler Intelligence Scale for Children*, Revised, 1974. / 교육학사전편찬위원회 편, 『교육학대사전』, 교육서관, 1989.

유기체(有機體, organic body)

생물에서, 유기적으로 이루어진 생활 기능을 가진 조직체.

스위스의 심리학자인 피아제(Piaget)는 그의 저서 〈어린이 지식의 근원〉에서 현재까지 가장 탁월한 유기체론이라고 부르는 발달 이론을 제시했다. 보고 듣는 것이 많은 어린이들은 더 많은 것을 보고 듣길 원한다. 그는 자신의 연구 분야를 발달의 인식론(genetic epistemology)이라고 부르고, 어린이의 심리학은 논리학이나 수사학, 생물학의 많은 분야를 포괄한다. 피아제가 여러 영역의 연구를 인식론에 의해 다룰 수 있다고 보게 된 것은 수학이나 논리학이 개념의 추상성을 가장 많이 얻은 지식 체계로 보았고, 근원을 감각 운동 형태에서 찾을 수 있으며, 이러한 감각 운동 형태의 행동은 추상적 논리적 사고와 같이 인식론의 기능을 할 수 있다. 유기체는 선천적인 방사 능력을 갖고 태어날 뿐만 아니라 점차 환경에 효율적으로 적응할 수 있는 능력을 갖고 태어난다. 이러한 능력 중의 하나가 조절(accommodation)이며, 이 능력은 환경의 현실에 따라 자신의 행동을 변경시키는 능력을 가리킨다. 하나의 기능 동화(assimilation)는 환경적 자극을 이해할 수 있고, 이용할 수 있는 형태로 조정하는 경향을 말한다. 피아제에게 있어서 이 두 기능에 의한 적응 과정은 결국 특정한 환경이나 선천(先天)적인 동화, 조절 능력이 상호 작용한다.

■ Piaget, Jean, *The Origins of Intelligence in Children*, (Trans.) by Margaret Cook, New York : International Univ. Press, 1952.

유니티(-, unity) → **통일**(統一)

유발적 사실기(誘發的寫實期, the inceptive realism period)
묘화에 있어서 어린이의 사실성이 구현되는 시기.
미국의 심리학자인 밀라드(Millard)는 그의 저서(초
등학교 어린이의 성장과 발전)에서 유발적 사실기
에 대해 설명했다. 이 시기에는 육체적 성장을 현저
하게 볼 수 있으며, 교사나 부모들로부터 독립하려는
의욕은 우월성을 갖고 어떤 행동에 직면하게 되며,
또 인내력과 아울러 자기 동기(self motivation)의 신
장을 볼 수 있다.

▎Millard, C. Y., *Child Growth and Development in
Elementary School Years*, Boston : D. C. Health & Co.,
1951.

유사(類似, similarity)
조형(造形)에서, 모티브가 서로 닮아 차이가 적은 것
의 관계.

유사 색(類似色, similarity color)
색상, 명도, 채도의 속성 차이가 적은 색.

유사성의 법칙(類似性 – 法則, law of similarity)
유사한 요소들이 연관되어 보이는 것. 게슈탈트
(gestalt) 법칙의 한 가지 요소.
사람은 집중하기 위해 가장 간단하고 안정적인 형태

를 선택하고, 단순한 자극의 형태를 유지하기 위해
뇌가 인식할 수 있는 간단한 형태의 의미를 전달한
다. 이 법칙은 정사각형, 원, 삼각형의 가장 기본적인
모양의 중요성을 강조한다.

▎박현일, 『디자인 강의』, 교우사, 2008.

유선형(流線型, stream line)
1930년대 미국의 산업 디자인을 특징지은 양식.
유선형은 원래 공기나 수류의 저항을 최소화하기 위
해 항공기나 선박에 적용되었던 유체 역학의 개념이
다. 대량 생산과 소비주의로 나가던 미국의 산업 디
자인이 이것을 채택했고, 당시의 거의 모든 제품에
적용되었다. 양식적인 기원은 이탈리아의 미래파에
서 나타났고, 1920년~1930년대 아르 데코에서도 찾
아볼 수 있다. 대량으로 생산된 제품에 적용한 최초
의 산업 디자인 양식이다. 근대 디자인의 미학적 기
능의 순수함을 거부하고, 표피적인 양식(styling)으로
출발했다.

▎박현일, 『디자인 강의』, 교우사, 2008.

유아기(幼兒期, infancy)
젖을 뗀 때로부터 학령 이전까지의 시기.
프로이트(Freud, S.)는 '유아적'이라는 단어를 아동
기 전체 기간 동안의 현상을 가리키는 용어로 사용했
다. 현재 유아기는 보통 임신에서 3세까지의 기간으
로 본다. 이 기간 동안 유아는 완전한 심리적 및 신체
적 의존 상태에서 벗어나 자율적으로 조절되는 자기
와 타인에 대한 감각을 갖게 되고, 언어를 사용하며,
자신의 내면세계를 의사소통할 수 있는 능력을 갖게
되고, 정신 기능의 여러 영역에서 독립성을 지닌 개
인으로 발달한다. 유아기 후반까지 정신 구조의 중
요한 형성이 이루어지는데, 그것은 자기 표상과 대상
표상을 분명히 구별하고, 좋거나 나쁜 대상을 전체의

대상 표상과 전체의 자기 표상으로 통합하는 것이다. 유아기에는 자아와 원본능이 구별되고, 갈등을 일으키는 감정과 충동을 다루기 위한 방어 기제도 발달된다. 내적 불안을 일으키고, 신경증적 증상을 발달시키는 능력이 형성되고, 타협 형성 능력도 형성된다.

▌미국정신분석학회 편, 이재훈 역,『정신분석용어사전』, 한국심리치료연구소, 2002.

유아 미술의 특징(幼兒美術 – 特徵, feature of the infantile fine arts)

어린아이들이 감상할 수 있도록 일정한 공간 속에 미를 표현하는 예술에 대한 눈에 띄는 점.

프랑스의 아동 미술 학자인 뤼께(Luquet)는 그의 저서(어린이의 그림 연구)에서, 유아의 특징은 본 대로 그리지 않고 알고 있는 것을 그린다. 이것은 관념적 실상이다. 또한 그는 전도식기 그림의 형태를 지적 사실주의라고 주장하며, 뢴트겐(X-ray)화라고 부른다. 그의 주장에 따르면, 유아는 안 보이는 것까지도 투명하게 그린다.[201]

▌Luquet, G. H., *Les Dessins D'un Enfant*, Paris : Alcan, 1917. / 박현일,『사고력 발달을 위한 어린이 그림 지도 방법론』, 생활지혜사, 1996.

유아의 특성(幼兒 – 特性, quality of infant)

어린아이들의 특수한 성질.

스위스의 심리학인 피아제(Piaget)는 그의 저서(어린이 지식의 근원)에서, 유아의 특성은 분화되지 못한 자기중심이다. 이것을 더 세분화시켜 세 가지로 나누었다.

첫째는 자기와 외계 사이에 분화가 발달하지 못함이다. 둘째는 현실과 상상의 분화가 발달하지 못한

다. 셋째는 언어가 분화하지 못함이다.

이상과 같은 세 가지 점에서 유아의 인과관, 도덕적 판단, 사고나 신념의 특징이 나타난다.

▌Piaget, Jean, *The Origins of Intelligence in Children*, (Trans.) by Margaret Cook, New York : International Univ. Press, 1952.

유약(釉藥, glaze)

도자기의 바탕에 액체나 기체가 스며드는 것을 방지하고, 광택과 아름다움을 주는 효과의 잿물.

유인원의 묘화(類人猿 – 描畵, portrayal of anthropoid)

고릴라나 침팬지가 그린 그림.

영국의 동물학자인 모리스(Morris, D.)는 그의 저서(미술의 생물학)에서, 새끼 원숭이가 28개월까지는 28개월이 된 유아보다 그림을 훨씬 잘 그린다. 그는 미적 생물학에 관한 유인원의 묘화 행동을 여섯 가지 원리로 제시했다.

첫째는 자각 활동화의 원리, 둘째는 구도 제어(構圖制御)의 원리, 셋째는 화면 분화의 원리, 넷째는 주제 변이(主題變異)의 원리, 다섯째는 최적도 이질의 원리, 여섯째는 보편적 화상의 원리이다.

이와 같은 원리에서 인자는 생물학의 단계에서 잠재하고 있다.

▌Morris, D., 小野嘉明 譯,『美術の生物學』, 法政大學出版局, 1975. / 박현일,『사고력 발달을 위한 어린이 그림 지도 방법론』, 생활지혜사, 1996.

유전의 법칙(遺傳 – 法則, law of ancestral)

부모의 형질(形質)이 자식에게 전해지는 현상의 규칙.

영국의 생물학자, 다윈(Darwin, C. R.)의 제자인 갈턴(Galton)은 우생학을 시작했고, 인류학에 대한 일반 연구와 지문에 관한 논문으로 유명하며, 그가 학계에 기여하게 된 것은 인간의 일반 유전에 관한 연

---

201. 밖에서 주택 내부가 훤히 보이는 그림이라든가, 구두 속의 발가락이 보이게 그린다.

구와 통계학에 의한 집단 법칙의 발견이다. 통계학에 있어서 그의 최대 공적은 회귀(regression)와 상관(correlation) 개념을 도입하여 유전 연구에 활용했다는 것이다. 유명한 조상의 유전 법칙은 회귀 법칙에서 발견되었다. 개체의 여러 가지 유전 특질은 부모에게서 1/2, 조부모에게서 1/4, 증조부에게서 1/8로 각 세대에 따라 유전이 등비 급수적으로 전달된다.

그는 가계 법으로 천재에 관한 유전 연구를 했으며, 영국의 저명한 300 가계와 997명의 우수인을 조사했다. 재판관과 군인, 문학자, 과학자, 시인, 종교가, 예술가들은 혈연의 농도에 있어 평범한 사람과 달랐다.

이와 같은 연구는 생물 진화의 법칙에 관한 지식을 인류 향상을 위해 이용할 수 있다는 신념을 가지고 우생학을 창시했으며, 갈턴국민우생학연구소(Francis Galton Laboratory of National Eugenics)라는 이름으로 계승되고 있다.

▎Galton, Francis, *Inquiries Human Faculty*, London : Macmillan & Co., Ltd., 1883.

유채색(有彩色, chromatic color)

무채색을 제외한 나머지 모든 색.

색의 3속성을 모두 가지고 있으며, 유채색에는 순색, 탁색, 청색(淸色, clear hues) 세 가지가 있다. 탁색에는 명탁색과 암탁색 두 가지가 있고, 청색에는 명청색, 암청색 두 가지가 있다.

〈색의 분류〉

	무채색		
색	유채색	순색	
		청색	명청색
			암청색
		탁색	명탁색
			암탁색

유채색

▎박현일,『디자인 강의』, 교우사, 2008.

유추 검사(類推檢査, Analogy Test, AT)

주어진 한 쌍의 언어 관계에 비추어 주어진 다른 한 개의 자극어에 알맞은 말을 생각하는 검사 방법.

〈유추 검사〉는 〈지능 검사〉의 한 분야이다. 이 검사는 스피어먼(Spearman, C. E.)이 생각하는 지능에 아주 알맞은 형식의 검사라 할 수 있다. 예를 들면 '탐구-호기심에 대한 것은 식사하는 것, 첫째 마시는 것, 둘째 기아(飢餓), 셋째 흥미, 넷째 수면이 된다.'와 같은 식사하는 것과 탐구와 호기심 간의 관계가 되는가를 식사하는 것 다음에 들려준 네 개의 말 가운데서 하나를 고른다.

▎교육학사전편찬위원회 편,『교육학대사전』, 교육서관, 1989.

유행색(流行色, fashion color)

유행하고 있는 색.

유행색은 기업이나 협회의 단체에서 제품에 응용되거나 앞으로 선호될 것이라고 예상하여 만들어 낸 색이다. 유행색의 주기는 색상의 주기와 톤의 주기로 나누는데, 색상의 주기는 보통 난색 계통과 한색 계통이 반복된다. 톤의 주기는 강한 톤(색조)과 어두운 톤의 시기, 파스텔 톤의 시기, 담담한 톤의 시기가 교대로 나타난다. 어떤 계절이나 일정 기간 동안 특별히 많은 사람에 의해 입혀지고, 선호도가 높은 색을 말한다.

국제유행색협회(Internationale pour la Couleur dans la Mode et le Textile)는 독일 베를린에 본부가 있는 국제적인 유행색 지정 기관이며, 1963년 창립

된 이후부터는 여성복 컬러를, 1985년부터는 남성복 컬러를 지정했다. 인터컬러(Intercolor)는 국제유행색위원회의 명칭이고, 이 위원회에서 결정한 계절별 지정 색명이다. 국제유행색협회는 봄/여름, 가을/겨울 두 분기로 나누어 유행색을 예측 제안하고, 매년 1월과 7월 협의회를 개최하며, 각국을 대표하는 색채 전문 민간단체로서 1개국에 1개 단체만 가입할 수 있다. 한국은 한국유행색협회(Korea Fashion Color Association, KOFCA)가 1992년 12월부터 가입했다. 국제유행색협회의 위원회에서는 전년도 시장 분석과 사회적 배경, 경제, 문화 모든 것을 종합한 후 토의를 거쳐 미래 패션에 적용될 유행색을 심의한다.

　한국유행색협회는 국제유행색협회 및 각종 해외 패션 경향 정보사의 제안 색을 입수하여 시즌 약 18개월 전 예측 색채를 테마와 함께 제안한다. 남성복부회, 여성복부회, 산업인테리어부회(인테리어, 자동차, 가전, 화장품, 한복, 피혁 분과위원회 포함)로 구성되어 있다.

▌박현일, 『족집게 컬러리스트』, 교우사, 2008.

유화(油畫, oil painting)

안료를 녹이는 매재(媒材)로서 린시드 오일(linseed oil)을 사용하는 그림.

윤곽 법(輪廓法, contour law)

물체나 물건의 둘레의 규칙.

'윤곽 법'은 일반적으로 사용되며, 유효도가 높은 방법이다. 명도 차이가 작은 배열이나 약한 색이 배열되었을 때 무채색이나 광휘가 강한 색으로 표시되면 조화가 잘된다. 예를 들면 근거리 명도의 두 색이 병치(竝置)되었을 때와 색상의 차이가 부조화된 두 색이 병치되었을 때, 채도의 강도가 동일할 때를 말한다. 이용 범위에는 스테인드글라스, 모자이크 타일,

묵화 담채, 보료 판화, 흑선 판화가 있다.

▌박현일 외, 『색채학 사전』, 국제, 2006.

윤곽선(輪郭線, outline)

물체나 물건의 둘레의 선=테두리 선.

윤곽선 검사(輪郭線檢査, Outline Test, OT)

그림의 형태를 얼마나 정확하게 그렸는지 형태의 변인을 측정하고 조사하여 성격 교정과 지능을 측정하는 방법.

〈윤곽선 검사〉는 박현일과 조홍중에 의해 작성된 검사이고, 이 검사는 내담자가 화지에 그려진 네모, 세모, 원을 보고 그 형태를 따라 그리게 한다. 특히 이 검사는 자아가 나약한 내담자들에게 미술 활동을 자극시키며, 과잉 행동으로 주의가 산만한 아이들을 묵시적(黙示的)으로 통제할 수 있다.

　이 검사는 아이들이 그린 밑그림과 그 형태의 지각 능력을 통해 성격을 교정하는 데 목적이 있고, 아이들의 성격을 여섯 단계로 분류했으며, 대상자는 유치원 어린이부터 초등학교 6학년까지이다.

　〈윤곽선 검사〉의 방법은 아이들로 하여금 각 단계별 왼쪽 그림을 보고 그리게 한다. 1단계부터 3단계까지는 아이들이 각 단계별 형태를 그리고, 그 형태의 정확도 변인에 따라 점수화(%)한다. OT는 전체 개수에서 아이가 정확히 그린 형태의 개수가 차지하는 비율로 결과가 나타난다. 4단계는 가로 선과 세로 선의 정확도와 이 선들에 의해 공간의 개수(너비와 높이), 공간의 대소 관계가 자동적으로 나타난다. 특히 이 단계에서는 선의 정확도에 의해 변인을 점수화[202]한다. 5단계부터 9단계까지는 각 단계별 형태의

---

202. 정확한 가로 선의 개수÷전체의 가로 선×100 또는 정확한 세로 선의 개수÷전체의 세로 선×100

모양과 형태의 개수, 형태의 대소 관계, 공간의 배치가 나타난다. 이 단계에서는 각 형태의 모양을 정확도의 비율로 평가한다(각 형태별 정확한 형태의 개수÷각 형태의 전체 개수×100).

〈윤곽선 검사〉의 평가 기준은 소심한 아이(91%~100%), 세심한 아이(81%~90%), 차분한 아이(71%~80%), 덤벙대는 아이(61%~70%), 산만한 아이(51%~60%), 과잉 행동하는 아이(51% 이하) 여섯 가지가 있다.

단계별 성격 치료는 아홉 가지로 나눈다. 1단계는 4세 어린이까지, 2단계는 5세 어린이, 3단계는 6세 어린이, 4단계는 7세 어린이(초등학교 입학 전), 5단계는 초등학생 1학년(8세), 6단계는 초등학생 2학년(9세), 7단계는 초등학생 3학년(10세), 8단계는 초등학생 4학년(11세), 9단계는 초등학생 5학년~6학년이다.

〈윤곽선 검사〉

치료사(교사)가 그리는 부분	내담자(아이)가 그리는 부분
원	
타원	
타원	
클로버	
정삼각형	
이등변 삼각형	
역정 삼각형	

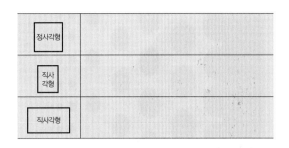

정사각형	
직사 각형	
직사각형	

▌박현일·조홍중,『그림을 통한 성격 치료 미술 치료』, 시그마프레스, 2009.

율동(律動, rhythm)
규칙적인 운동＝리듬.

율동은 유사한 요소가 반복, 배열됨으로써 시각적 인상이 강화되는 미적 형식의 원리이다. 그리스 어인 '흐르다(rheo)'에서 나온 말이며, 음악과 시, 무용, 영화의 시각적 형식을 갖는 것과 청각, 시각을 통해 나타난다. 생명감과 존재감이 가장 강하게 나타나고, 동적인 표정을 가지며, 색의 표현에 있어서 점점 어

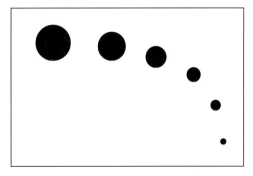

둡거나 밝은 명암 단계에서 느낄 수 있다. 디자인의 원리 중 점증과 반복에서 느낄 수 있다. 율동에는 반복(repetition), 점이(gradation), 강조(emphasis) 세 가지가 있다.

▌박현일, 『디자인 강의』, 교우사, 2008.

융 학파의 분석적 미술 치료(學派 - 分析的美術治療, analytical art therapy of Jung school)

꿈이나 환상을 시각적으로 표상하여 치료하는 미술 치료의 한 가지 종류.

융(Jung, C. G.)학파의 치료자들은 내담자들에게 꿈이나 환상을 시각적으로 표상하도록 했다. 특히 융은 자신의 개인적 위기를 그림이나 조소 활동을 통해 생동감 있는 통찰을 얻었으며, 나움버그(Naumburg)도 초기에는 융의 사상에 많이 공감했다. 융은 무의식에서 나온 능동적 심상화(active imagination) 기법에 대해 많이 논의했으며, 내담자의 그림을 종합적으로 해석하고 그림을 지적, 감정적으로 이해한다.

융(1964)의 분석적 미술 치료는 프로이트(Freud, S.)와 달리 인간의 심상을 임상적 자료로 사용하기보다 내담자의 개인적 요소와 원형적 요소를 종합하는 방식으로, 내담자와 치료자 간의 상호 통찰과 이해의 자료로서 사용했다. 이것은 프로이트의 정신 분석학적 미술 치료보다 접근하기 어려운 점이 있어 활용 정도가 낮았다고 할 수 있다.

융학파는 미술이 추구하는 낭만적 작업이 임상적

정보 자료원도 아니며, 원형적 형상화를 알고자 하는 흥미위주의 지적 탐구도 아닌 내적 및 외적 실체에 대한 잠재적 통찰을 불러일으키는 합성물로서 또한 그 상징으로서 심상을 다루고 있다. 융은 심상을 강조하면서 '능동적 심상'이란 방법을 창안했다. 그는 능동적인 심상을 내적인 심상의 흐름을 관찰하는 내성법이라고 정의하면서, 무의식적 심상은 인간에게 위대한 책임을 지우고 있다. 융은 능동적 심상과 꿈을 구분하고 있으며, 능동적 심상은 심상이 일어나는 동안에 무엇이 진행되고 있는가를 깨어 있는 상태에서 충분히 볼 수 있다. 능동적 심상을 그린 후 이것을 미술이라고 한다면, 그것은 융이 목표하는 심상의 의미를 알고 이해하며, 결과를 받아들이는 것과 상반된 것이다. 능동적 심상에서 강조되어야 하는 것은 문답이다. 그 답은 처음에 자신과 시작하여 자신의 내적 마음속에 있는 많은 사람과 이루어진다. 문답은 직면을 의미하며, 성장 과정에서 문답을 통해 신비적인 결합인 화해가 이루어진다. 다시 말해서 서로 상반되는 것들이 균형을 이루어 함께 평화적으로 살아간다. 이러한 과정은 미술 매체를 통해 촉진시킬 수 있다. 어떤 치료사는 반투명의 색종이를 가지고 콜라주 활동을 시켜 자유로운 형상을 만들게 했으며, 이러한 형상은 더 깊은 정신세계(무의식)에서 나온다. 또한 이러한 미술 활동은 과정을 통해 결국 나타낸 것에 대한 의미를 알게 되고, 무의식적 형태와 감각이 더욱 명료해진다.

▌『두산백과사전』, 동아출판사, 1982.

음악 치료(音樂治療, music therapy)

음악을 통해 마음의 상처나 병을 다스려서 낫게 함.

음악 치료는 정신과 신체 건강을 복원하거나 유지시키기 위해 음악을 사용하는 치료법이고, 이것을 단계적으로 사용하며, 환자로 하여금 자신과 주변의 세계

를 깊이 있게 이해하여 사회에 보다 잘 적응할 수 있
도록 도와준다. 음악 활동은 노래, 연주, 감상, 창작,
음악에 따른 움직임, 악보 읽기나 지휘가 있다.

▌ 한국교육심리학회 편, 『교육심리학 용어사전』, 학지사, 2000.

1977년 미술음악치료협회(NAMT)는 음악 치료를 정
신적·신체적 건강의 증진, 유지 및 화목을 위한 치
료적 목표를 달성하기 위해 음악을 사용하는 것이라
정의했다.

▌ 김명희·유석진, 「음악요법의 실제」, 『임상예술』, 2, 1986.

노도프(Nordoff)와 로빈스(Robbins)는 음악 치료를
음악 치료사와 치료를 받은 사람의 관계에서 심리
적·정신적·신체적 건강의 회복, 유지, 향상 그리고
재활, 행동적·발달적·사회적 기능들의 유지를 위
한 치료적 도구로 사용했으며, 다른 치료 양식의 강
화를 가능하게 하는 것이라고 했다.

▌ Boxill E. H., *Music Therapy for the Developmentally Disabled*, An Aspen Publication, 1985.

음악 치료사(音樂治療師, music therapist)

정서적, 사회적, 장애를 겪고 있는 사람을 음악을 통
해 치료하는 전문직 종사자.

음악 치료사는 미국, 영국, 캐나다, 오스트레일리아
의 선진국에서는 이미 일반화된 직업으로, 한국에서
는 1990년대 초반에 도입되었다. 이들은 정신 병원
이나 지역 사회 건강센터, 청소년 치료센터, 마약이
나 알코올 재활센터, 양로원, 특수학교, 요양원, 실버
타운에서 장애 아동, 정신 질환자, 치매 노인, 불안증
환자들과 함께 음악을 통해 질병을 치료하거나 회복
할 수 있도록 돕는다. 그들은 환자들에게 악기를 다
루게 하고, 노래 부르기, 작곡 및 연주의 다양한 음악
활동을 통해 과학적이고 체계적인 음악 지식은 물론
심리적인 면에서도 전문적인 지식이 요구된다.

▌ 『두산백과사전』, 동아출판사, 1982.

의미 치료(意味治療, logo therapy)

근본적으로 의미가 없는 삶을 살아가는 사람들을 다
루기 위한 심리 치료 방법.

의미 치료는 프랭클(Frankl)에 의해 개발되었으며,
삶의 의미와 가치, 목표와 책임감을 느끼도록 하는
것에 주된 목적을 두며, 인간 실존의 의미를 찾고자
하는 인간의 욕구를 다루는 치료 기법이다. 정신 건
강과 개인적 성장의 선결 조건으로 삶의 가치, 의미,
목적을 중시하며, 의지를 최대로 신장시켜 자기의 인
생에 긍정적이고 가치 있는 의미를 부여하는 것을 핵
심으로 하고 있다.

▌ 한국교육심리학회 편, 『교육심리학 용어사전』, 학지사, 2000.

의사소통(意思疏通, communication)

서로 뜻이 막히지 않고 잘 통함.

의사소통은 보통 커뮤니케이션이라고 한다. 커뮤니
케이션은 일반적인 의미로 집단이나 인간 상호 간에
메시지를 주고받는 것으로 이해된다. 그러나 이론적
커뮤니케이션의 의미는 의사, 정보, 감정을 포함하는
것으로 '의사소통이나 정보 교환 또는 감정 이입의
행위 과정'으로 해석된다. 커뮤니케이션을 효과적으
로 전달하기 위해 송신자의 메시지, 의사, 정보, 감정
을 수신자에게 전달하는 여러 단계를 거치게 된다.

▌ 류경남 외, 『가족상담심리 용어사전』, 학지사, 2006.

사티르(Satir)는 의사소통이 건강한 가정의 조건인 양
육과 지지가 정서적 성숙을 위해 중요한 매개 변수임
을 주장한다. 그는 가족이 건강하지 못할 경우, 가족
구성원들이 배우는 의사소통과 생존 방식은 부적절
할 수밖에 없다. 그는 스트레스에 반응하는 의사소
통 유형으로 회유형, 비난형, 초 이성형, 산만형을 건
강한 의사소통 유형으로 제시했다.

┃ Satir, V., *People Making*, Palo Alto, California : Science and Behavior Books, 1972.

의사실기(擬寫實期, the pseudo realism period)

지각이 발달하여 논리적 사고가 증대되는 시기(11세~13세).

로웬펠드(Lowenfeld, V.)는 그의 연구에서, 이 시기의 아동은 운동감과 3차원적 표현이 가능하며, 시각형과 비시각형 두 가지로 나누어진다고 보았다.

김정은 그의 연구에서, 의사실기는 사실적인 표현을 숭배함으로써 그림이 모형과 같은가 같지 않은가를 스스로 평가하고, 지나치게 사실적이어서 자칫 만화풍에 젖게 되는 시기이다.

┃ 김정, 『아동의 미술교육 연구』, 창지사, 1989.

의식(意識, consciousness)

외부 사건이나 정신 현상을 정신적으로 자각하는 것.

프로이트(Freud, S.)는 정신을 의식과 전의식, 무의식으로 구분하는 지형학적인 이론을 확립했다. 그리고 그것들은 서로 다른 기능과 과정, 에너지 근원, 관념적 내용을 지닌 역동적 체계로 보았다. 의식은 정신의 가장 표층에 있으며, 외부 세계와 신체 및 정신 양쪽 모두로부터 정보를 받아들인다.

┃ 미국정신분석학회 편, 이재훈 역, 『정신분석용어사전』, 한국심리치료연구소, 2002.

의인법(擬人法, personification)

생물이나 생명이 없는 물체를 생명이 있는 인간처럼 표현하는 방법.

의존(依存, dependence)

욕구 충족 또는 적응을 목적으로 다른 사람에게 의지하려는 경향.

의존은 발달에 결정적인 영향을 미치며 꼭 필요한 것이다. 그러나 의존이 다른 사람에게 과도하게 그리고 나이에 맞지 않는 방법으로 의지하는 형태를 띤다면, 그것은 경멸의 대상이 되기도 한다. 지나친 의존은 종종 '구강기 의존' 성격이나 약물 중독과 관련되기도 한다.

┃ 미국정신분석학회 편, 이재훈 역, 『정신분석용어사전』, 한국심리치료연구소, 2002.

의지 기질 검사(意志氣質檢査, Will Temperament Test, WTT)

1927년 울브록크(Uhrbrock)와 다우니(Downey)에 의해 작성된 검사이다. 다우니에 의하면, 〈의지 기질 검사〉는 개인의 선천적인 항구적(恒久的) 성질을 의미하며, 그것은 신경 에너지의 양 및 운동 면에 방출되는 경향에 의해 규정된다.

성격의 형성은 의지 기질에 의해 결정되는데, 내용은 규정되지 않는다. 이 생각에 입각하여 반응의 속도와 유창성 반응의 강도, 결단성, 조심성, 인내성에 관한 의지 기질의 형을 측정한다.

┃ Uhrbrock, R. S. & Downey, J. E., 〈Will Temperament Test〉, 1927. / 교육학사전편찬위원회 편, 『교육학대사전』, 교육서관, 1989.

이니셜(-, initial)

머리글자.

이미지(-, image)

마음속에 떠오르는 형태, 형상, 상, 심상, 영상.

이미테이션(-, imitation)

모방.

이야기 치료(-治療, narrative therapy)

자신의 고통이나 슬픔에 대한 이야기를 통해 자신의

삶의 의미를 발견하고 치유하고자 하는 것.

이야기 치료는 화이트(White, Michael)가 구성주의적 이야기 접근법을 개발한 것에 비롯되었으며, 포스트모더니즘의 세계관을 배경으로 한다. 그에 의하면, 사람은 자신의 삶에 대해 지배적인 이야기를 갖고 있으며, 종종 숨겨져 있는 대안적인 이야기도 갖고 있다. 이러한 이야기는 같은 사건이라도 매우 다양한 방식으로 이루어질 수 있는데, 삶의 경험들이 이야기를 보다 풍부하게 만든다. 이야기 치료의 기본 전제는 무엇보다 인간은 이야기적 존재로 태어났으며, 우리는 자신의 삶을 이야기로 경험하며, 이야기를 통해 우리 자신과 다른 사람들 그리고 이 세계와 관계성을 맺고 있다. 따라서 이야기를 잘 들어보면 그 사람의 관계성을 알 수 있기 때문에, 이야기는 인간의 삶에서 관계성의 틀과 의미를 밝혀 주는 통로가 된다.

▌ 류경남 외, 『가족상담심리 용어사전』, 학지사, 2006.

프리드먼(Freedman)과 콤브스(Combs)의 저서(이야기 치료)에 의하면, 이야기 치료는 이야기에 의해 살아간다는 내러티브 이론에 기초한다. 이러한 이론의 특징은 이야기의 매개체를 통해 인간을 이해하는 치료 기법이다. 이야기 치료의 이론적 기초는 가족 치료의 중심이다. 여기에서 이야기 치료의 독특성은 구조주의 접근으로부터 개개인의 이야기와 사회 구성주의 관점으로 전환된다.

▌ Freedman, J. & Combs, G., *Narrative Therapy*, 1996.

이피피에스 검사(-檢査, Edward's Personal Preference Schedule Test, EPPST) → 에드워드 자기애 검사(-自己愛 檢査, Edward's Personal Preference Schedule, EPPS)

인간의 사고(人間-思考, thinking of human)
사람의 생각.

드 보노(de Bono)는 그의 저서(*사고의 지도*)에서, 인간의 사고는 근본적으로 '주의를 기울이는 데'서 시작되며, 이것은 '주의 주시법(attention directing method)'에 의한 사고력 훈련 방법이다. 이 사고 방법은 대상이나 현상을 '주의해 관찰'함으로써 사고를 유발하게 하는 시각이나 직관적인 면을 강조하고 있는 점이 특징이다. 우리가 사고한다는 것은 지각과 관계한다는 것을 뜻하며, 사고의 양식(pattern)과 관계한다는 것을 의미하고, 또한 '주의를 어떤 방향으로 기울인다'는 것을 의미한다. 우리의 주의력은 우리의 경험 체제나 대상의 감각 형태 구성에 따라 자연스럽게 '흘러간다'고 보았다.

▌ De Bono, E., *Teaching Thinking*, Pelican Books, 1976.

인간의 정신 능력(人間-精神能力, mental ability of human)
감정의 작용을 다스리는 인간이 어떤 일을 해낼 수 있는 힘.

오스본(Osborne)은 그의 연구에서 인간의 정신 능력 기능을 네 가지로 분류했다. 첫째, 흡수력은 관찰이나 주의를 집중하는 능력이다. 둘째, 파악력은 기억이나 재생력이다. 셋째, 추진력은 분석이나 판단 능력이다. 넷째, 창조력은 구현이나 재현, 생각(idea)의 산출력이다. 첫 번째부터 세 번째까지는 컴퓨터가 할 수 있지만 창의력이나 생각을 산출하고 그것을 주체화하는 능력은 결코 컴퓨터가 대행할 수 없다.

1963년 그의 연구에서, 자연적 발상은 명상이나 재생의 생산이다. 인위적 발상은 사실적 상상이고, 이 상상은 연상(association)에 의해 우연히 떠오르고, 단편의 이미지들을 다듬거나 다시 구성해서 하나의 의미 있는 형태로 조직한다. 또한 인위적 발상 방법은 그의 '응용된 상상력(applied imagination)'에서 많은 시사를 얻을 수 있다.

그 중에서 다섯 가지 방법은 어린이나 청소년들에

게 훈련할 만한 유익한 창의적 사고 방법들이다. 첫째, 적용은 어떤 주어진 물건이나 조건, 형상, 의미들을 여러 가지 사태나 입장에 적용시켜 보면서 재미있고 독특한 생각(idea)이나 이미지를 찾는다. 둘째, 수정은 주어진 생각이나 이미지 일부를 수정하고, 창의적인 것으로 전환시키는 방법이다. 셋째, 대치는 주어진 조건과 사물, 형상, 생각들을 다른 것과 바꿔치기함으로써 참신한 생각이나 이미지를 얻어 낸다. 넷째, 가감 승계는 어떤 주어진 생각이나 이미지를 지극히 크게 확대하거나 작게 축소한다든지 또는 어떤 부분을 더하거나 뺌으로써 재미있고 독특한 형태를 창조하는 방법이다. 다섯째, 재배열은 주어진 사물이나 사건의 조직 형태, 순서를 다시 구성함으로써 새로운 형태를 얻어 낸다.

▌Osborne, A. F. 저, 신세호 역, 『想像工學』, 배영사, 1968.

인간 중심 미술 치료(人間中心美術治療, human base art therapy)

삶의 의지와 삶의 형태를 창출하여 주체성을 발달시키는 미술 치료의 한 가지 종류.

인간 중심 치료의 모형은 출발부터 몇 가지 철학적 신념을 지니고 있다. 예컨대 한 개인은 총체적으로 연구되어야 하고, 적응과 편안함보다 의미와 주체성을 제공하는 자기실현과 성취가 인간 존재의 기본 목표이다. 인간 중심 미술 치료에서는 치료자가 내담자를 정신 질환자로 인식하지 않으며, 삶의 적응 과정에서 특정한 문제에 당면한 것으로 본다. 또한 내담자가 여러 가지 주체성 위기를 창조적·표현적 생활양식으로 통합하고 조절하도록 하며, 한층 더 변화의 경험으로 나갈 준비를 돕는다.

인간 중심 미술 치료는 정신의 깊은 곳까지 탐색할 수 있는 의지와 힘을 길러 주며, 상반되는 양극성(선과 악)의 태도보다 인간이 사랑할 수도 미워할 수도

있는 존재라는 신념을 확신케 한다. 이 치료에서 강조하는 전 인격적 통합은 몸과 마음, 영의 조화로운 협력을 말한다. 그래서 내담자가 두려움이나 불행, 불안에서 탈피하려는 것보다 진정한 표현의 성취로부터 나오는 기쁨, 유쾌한 흥분을 얻고, 이 느낌을 창조적 양상의 표현으로 변화시키는 것이다. 인간 중심 미술 치료는 창조성을 보는 시각도 다르다. 이들은 창조성을 선천적 인간 충동이라고 보는 이차적 현상의 정의를 수용하지 않으며, 결핍 보상 이론보다 역동적 총체적 이론을 지지하고 있다.

▌김동연 외, 『미술치료의 이론과 실재』, 동아문화사, 1994.

인물화(人物畵, figure painting)

사람의 자화상, 초상화를 그린 그림.

레비(Levy)는 그의 저서(인물화 검사)에서 인물화에 대한 개념을 피력했다. 인물화란 자유로운 개념적 투사이고, 누군가가 다른 사람에게 대한 태도적 투사이며, 이상(perfection)적 자기 이미지의 투사이

다. 또한 이것은 외적 사정의 결과이며, 습관적 형태의 표시이고, 정서적 색조 표시이다. 특히 인물화는 시험자나 그 상황에 대한 피험자의 태도적 투사이고, 일방적인 생활이나 사람에 대한 태도 표시이다.

▌ Levy, S., "Figure Drawing as a Projective Test", *in Projective Psychology by Abt*, L. E. & Bellak, L. Knapt, 1950.

인물화 개념(人物畵槪念, figure painting concept)

사람의 그림 속에서 공통적 요소를 뽑아 종합하는 하나의 보편적인 관념.

미국의 여성 미술 교육학자인 구드너프(Goodenough)는 그의 저서(그림에 의한 지능 측정)에서 인물화의 개념을 설명했다. 인물화에 의해 측정된 기능의 개념은 다른 검사와 달리 주로 개념의 성숙도(conceptual maturity)를 측정했다. 그녀는 최초로 인물화를 심리 검사의 도구로 사용했고, 〈인물화 검사〉의 구성과 발전에 크게 공헌했다.

▌ Goodenough, F. L., *Measurement of Intelligence by Drawings*, New York : World Book, Co., 1926.

인물화 검사(人物畵檢査, Draw a Person Test, DPT)

남과 여의 전신상을 통해 내담자의 성격과 심리를 검사하는 방법.

미국의 여성 미술 교육학자인 구드너프(Goodenough)는 그의 저서(그림에 의한 지능 측정)에서, 〈인물화 검사〉는 성격 진단, 언어 결함, 인지 능력의 결함을 진단할 수 있는 투사법으로 발전했으며, 어린이의 그림은 지적 요소와 밀접한 관계가 있다. 그녀는 인물화로 지능 측정 척도를 만들었으며, 지능 지수(IQ)와 묘사 능력의 상관관계를 통해 지능 검사로 만들었고,[203] 지력이 발달함에 따라 표현이 달라진다는

---

203. 그림 그리는 능력을 지력이라 한다.

연구가 그녀의 대표적인 이론이다. 지능론은 어린이가 보는 것을 그리는 것이 아니라 아는 것을 그린다.

그녀는 어린이의 〈인물화 검사〉 결과를 네 가지로 구분하고, 그림마다 특성을 발견했으며, 그것은 여러 행동과 깊은 관련이 있다. 첫째는 다언형, 둘째는 개인의 반응형, 셋째는 비약형, 넷째는 균형이 없는 것. 이와 같은 검사는 행동에 이상이 있는 어린이(abnormal child)가 대상이 되었다.

인물화의 분석은 HTP나 가족화가 기초가 된다. 예를 들면 남성이 여성을 먼저 그리면 성에 혼란이 있거나, 이성의 부모에 대한 의존이나 집착으로 해석되며, 눈동자가 생략되면 죄책감을 나타내므로 감추어진 팔이나 손의 모습과 관련지어 해석한다. 코와 입은 성과 깊은 관련이 있으며, 큰 입은 성적인 이상을 의미한다. 길이가 다른 다리와 발은 충동과 자기 통제 사이에서 겪는 갈등으로 본다.

인물화의 해석은 묘사된 인물의 부분적인 특징과 각 신체의 정확한 비율, 내담자가 처한 상황, 증상, 각 신체의 상징에 대한 심리적 특성을 파악했다. 특히 그녀는 인물화에 있어서 아동의 발달 단계를 고려하며, 여섯 가지 핵심 사항을 제시했다.

첫째, 인물화 순서에서 80% 이상의 전체 피검자는 자신과 동일한 성의 인물을 먼저 그린다. 그러나 간혹 반대되는 성을 먼저 그리는 경우가 있는데, 그 인물은 자신에게 중요한 존재이며, 이성 부모 또는 이성에 대한 강한 애착과 의존의 표현이다.

둘째, 그림의 크기를 종이의 크기와 비교해 볼 때, 그림의 상대적 크기는 내담자와 환경과의 관계를 암시한다. 인물의 크기가 작으면 위축되거나 환경의 요구에 열등감을 느끼는 경우이며, 인물의 크기가 크면 우월한 자아상과 공격적 태도를 나타낸다. 때때로 인물은 자아상을 나타내지 않고 이상적 자아상 또는 부모상을 반영한다. 부모상이 투사될 경우 큰 인물은

강하고 능력이 있으며, 의지할 수 있는 관계이며, 위협적이고 공격적인 부모상을 반영한다. 또한 인물의 크기가 크면 열등감을 보상받으려는 시도이다.

셋째, 그림의 위치가 중앙보다 위에 위치하면 불안정한 자아상과 연관이 있고, 아래에 위치하면 보다 안정된 상태 또는 우울감, 패배감을 나타내며, 왼편에 위치하면 내향적 성향을 의미한다. 중앙의 적절한 위치는 적응적 자아 중심적 경향과 관계가 있다.

넷째, 인물의 동작에서는 매우 활발한 움직임을 보이는 경우 운동 활동에 대한 강한 충동 또는 불안정하여 안절부절못하는 상태, 정서 장애의 조증 상태를 나타낸다. 반대로 자세가 굳어 있어 움직임이 적으면 강박적 억제의 표현이며, 억압된 불안이 내재해 있음을 나타낸다. 앉아 있거나 기대고 있는 모습은 활동력이 적고 정서적으로 메마른 상태를 의미한다.

다섯째, 왜곡되거나 생략된 신체 부분은 심리적 갈등이 그 부분과 관련이 있으며, 과장 또는 강조되거나 흐린 모습의 신체 부분은 심리적 갈등을 의미한다.

여섯째, 마지막으로 각 신체 부분의 상징이다. 머리는 지적인 면과 자아 개념의 관계이며, 이것이 강조되면 매우 공격적이거나 지적인 야심, 때로는 머리 부분의 신체적 고통과 관련이 있음을 암시한다. 입은 구강적 공격과 고착을 상징하며, 공격성의 표현으로 입이나 이빨을 강조하는 경우가 있다. 눈은 눈동자가 생략되어 있으면 자아 중심적, 자아도취적 경향으로 해석하며, 강조된 큰 눈은 대체로 망상의 표현이고, 눈을 감고 있는 경우 현실 도피를 의미한다. 목은 충동적인 행동을 통제하는 부분이며, 가늘고 긴 목은 의존성을 나타내고, 굵고 짧은 목은 충동적 통제의 어려움을 의미한다. 생략된 팔과 손은 현실 접촉의 어려움, 죄책감을 의미하며, 손이 강조되어 있으면 현실적 불만과 열등감에 대한 보상적 욕구로 표출하는 경향이 있다. 팔이 신체에 가까이 붙어 있을

수록 수동적이거나 방어적이며, 외부로 뻗어 있을수록 공격적 표현으로 해석할 수 있다. 발과 다리는 이동성과 관계가 있으며, 병으로 누워 있는 사람은 발이나 다리를 그리지 않는 경우가 많다. 길게 그린 다리는 자율성에 대한 욕구를 나타내며, 가슴 부분에 붙은 주머니의 단추는 애정 결핍과 박탈을 상징하며, 유아적이고 의존적인 성격을 의미한다.

Goodenough, F. L., *Measurement of Intelligence by Drawings*, New York : World Book, Co., 1926.

맥코버(Machover)는 인물화에서 그려진 인물과 그것을 그린 개인의 성격 간에 밀접한 관련이 있으며, 특히 '자기표현의 수단으로서 신체'를 강조하여 투사를 통한 동일시와 내사를 통한 동일시가 만나는 지점이 신체이다. 신체 또한 심적 활동에 있어서 가장 친근한 참조의 준거가 된다.

그는 인물화에 반대의 성을 그리는 방법을 창안했으며, 이 방법은 성격 검사로 널리 사용되고 있다.

Machover, K., *Personality Projection in the Drawings of the Human Figure*, 8th Printing Springfield Minois, Springfield, Illinois : Charles C. Thomas, 1949.

메디너스(Medinnus)는 보빗(Bobitt)과 헐렛(Hullet) 세 사람이 함께 쓴 논문("인물화 검사의 타당성")에서 〈인물화 검사〉의 타당성에 관한 의문을 제기했다. 그들은 능력에 관한 평가, 특히 지능을 구성하는 복잡한 능력은 자주 변하는 것이 아니라고 강조했다. 또한 이 논문에서 흥미를 끄는 것은 그림 검사가 지능을 평가하도록 고안되었다는 것이다.

Medinnus, J. R. & Bobitt, D., Hullet, J., "Effect of Training on the Draw a Man Test", *Journal of Experimental Education*, (Vol. 35), Winter, 1966.

1946년 해비거스트(Havighust)는 그의 연구에서 비언어적 측정 도구로 된 〈인물화 검사〉를 인도에서 만

들었다. 이 검사는 여섯 가지 종류에 따라 6세~11세까지 어린이 325명을 대상으로 한 결과이다. 이 결과 인도 어린이는 IQ 평균이 종족에 따라 102~107이고, 백인 어린이가 높으며, 남자 아이가 여자 아이보다 대체적으로 높았다. 1940년경에는 어린이 그림의 연구가 지능과 성숙도 측정의 도구뿐만 아니라 인격 진단의 도구로 시도되었다.

▌ 김정, 『아동의 미술교육 연구』, 창지사, 1989.

〈인물화 검사〉는 그림을 통해 내담자의 성격 검사와 심리 검사에 많이 사용되고 있다. 특히 이 검사는 자유화 검사보다 내담자의 저항이 적기 때문에 검사가 용이하다.

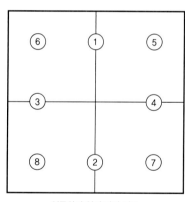

인물화의 위치 판단 기준

▌ 박현일·조홍중, 『그림을 통한 성격 치료 미술 치료』, 시그마프레스, 2009.

인물화 연구(人物畵研究, figure painting research)

사람을 그린 그림을 깊이 생각하거나 자세히 조사하여 어떤 이치나 사실을 밝혀 냄.
일본의 아동 미술 연구가인 오오토모 시게루(大伴茂)는 그의 연구에서 인물화의 위치나 대소, 모습, 묘화 순서, 머리, 얼굴, 눈, 코, 입, 턱, 귀, 목, 동체, 팔과 다리와 발, 의복을 분류했다.

〈위치〉

성격 분석 기준	상징 의미
위쪽 부분(전체의 1/2)	낙천적, 보다 높은 데로 올라가려는 태도
아래쪽 부분(전체의 1/2)	비판적, 때로는 억압, 고요와 같음
왼쪽 부분(전체의 1/2)	자기 자신에게 향함, 내적, 동적, 여성적
오른쪽 부분(전체의 1/2)	환경으로 향함, 외적, 동적, 남성적
위 부분 오른쪽	낙천적, 남성적
위 부분 왼쪽	낙천적, 여성적
아래 부분 오른쪽	비관적, 심정적
아래 부분 왼쪽	비관적, 억제적

〈대소〉

성격 분석 기준	상징 의미
크다(2/3 이상).	자아가 강하고, 확대, 공격적인 감정을 나타낸다. 자아상일 때에는 보상적 공상을 뜻하며, 부모상이면 강대(强大)나 유력(有力), 위협적이거나 징벌을 뜻한다.
작다(1/2 이하).	자아가 약하고, 열등감을 품은 환경에 대한 응답이다.
자신과 같은 성이 균형에 맞지 않게 크다.	자기의 과시, 때로는 편집적이다. 부모상이면 자기와 같은 성의 부모가 가정에서 강하다.
자기와 같은 성이 균형에 맞지 않게 작다.	자아가 약하고, 자각, 때로는 편집적이다. 부모상이면 자기와 같은 성의 부모가 가정에서 약하다.

〈모습〉

성격 분석 기준	상징 의미
행동이 수반되고 있다(달리고 있다).	신체 활동에 강한 충동, 도피의 욕구이다.
행동이 수반되고 있다(걷고 있다).	위험한 상태에 빠지기 쉽다.
앉아 있다, 기대고 있다.	의존성이 약하고, 욕망의 결여, 피로를 나타낸다.
몸이 기울고 있다.	불안정, 불만
선이 딱딱하다.	뿌리가 깊은 곤란, 자아가 강하다.
선이 부드럽다.	자아가 약하다.

성격 분석 기준	상징 의미
선이 기계적이다(전부 선화, 기하학의 도형).	운동의 의미가 결여됨, 정신적 방해
선이 가늘다.	신경질, 열등감, 자폐증(自閉症)
선이 거칠다.	정신 불안, 자아가 강하다.
부위 생략(머리, 몸체, 팔, 다리)	생략된 부위에 관계있는 갈등, 자기의 불구나 결함에 대해 초조함을 나타낸다.

〈묘화 순서〉

성격 분석 기준	상징 의미
여기저기서 그리기 시작한다.	불안정하고, 신경질적인 반응이다.
본인과 같은 성을 나중에 그린다.	성에 혼란이 있고, 이성의 부모에 대한 의존, 정착 또는 이성 누군가에 대한 의존이나 집착한다.
얼굴을 맨 나중에 그린다.	대인 관계의 혼란, 외적인 자극 거부, 자기를 뚜렷이 밝히려 하지 않는다.
몸체부터 그린다.	
팔이나 손부터 먼저 그린다.	환경의 접촉을 아주 싫어하고, 적응하지 못한 것을 자각하지 않으려는 경향을 나타낸다.
팔이나 손을 맨 나중에 그린다.	
다리와 손을 먼저 그린다.	자아가 약하다.
머리를 맨 나중에 그린다.	도피 경향, 죄악감

〈머리〉

성격 분석 기준	상징 의미
매우 크다(몸체의 1/2 이상).	적극성 또는 무의식적으로 지적인 것을 열망하고, 공상에 만족한다. 머리가 큰 쪽의 인물이 가정에서 권위가 있다. 때로는 두통이나 질병, 기타의 내장(內臟)의 징후가 나타난다.
작은 머리	강박 신경증, 지적인 무능력, 죄악감이나 고통을 없애려는 상징이다.
뒤로 향한 머리(뒤통수)	분열증의 편집성
머리카락을 주의 깊게 다루었다(모자를 쓰고, 머리카락을 밖으로 나오게 그린 것도 포함).	자기애의 동성애

모발이 없는 남자	분열증
머리카락을 흐리게 그린다.	겁쟁이, 꽁한 성격
머리카락을 위로 세워 그린다.	자아가 강하고, 자기중심적
머리카락을 매우 길게 그린다(머리카락이 많은 것 포함).	성적으로는 양향적(兩向的), 적대적인 공상이 있다.
머리카락을 까맣게 그린다.	사고 공상에 대한 불안이 있다.
머리카락이 얼굴 양쪽으로 느려졌다.	적의(敵意)의 감정에 지배당했다.
야단스럽게 그려진 여자의 머리카락	조숙, 성적 불량화

〈얼굴〉

성격 분석 기준	상징 의미
얼굴 부분을 흐릿한 선으로 그렸다.	
얼굴을 다소 하향(下向)으로 그리고, 눈을 날카롭게 그린다.	
험상궂은 표정	
얼굴에 주름이나 그늘을 그린다.	
특히 강조한 것(화장한 얼굴, 여자 같은 남자의 얼굴, 남자 같은 여자 얼굴)	

〈눈〉

성격 분석 기준	상징 의미
눈을 강조한다.	변질적, 호기심이 많다.
크다.	큰 것은 공격적, 크고 어둡게 그려진 것은 편집적, 크고 눈동자가 없는 것은 허식에 대한 죄악감
눈동자를 검게 그리거나 또는 세로로 그린다.	공격적, 적대적 자기주장
눈동자를 생략 또는 결손	무엇인가에 대한 죄악감
작은 눈	외부 세계에 대해 주의를 기울이지 않는다.
감은 눈	신체의 자기애
남자의 상에 속눈썹을 그린다.	조숙, 성적 이상

〈코〉

성격 분석 기준	상징 의미
큰 코, 넓적한 코	성적 발달, 성적 불능의 보상, 경멸, 거부
코를 문질러서 그린다.	자위 거세(自慰去勢)의 공포, 눈보다도 코가 위로 튀어나온 것은 성적으로 적응을 못한다.
명암을 그린다.	조숙, 성적 이상
작은 코, 결손된 코	성적 갈등, 성적 미숙
특히 두드러진 코 구멍	공격적

〈입〉

성격 분석 기준	상징 의미
큰 입	성적 이상
특수한 형태로 강조	입에 의한 공격적 충동에 기인하는 불안, 우울증, 알코올 중독, 전간(癲癇, 간질)
입술의 강조	구순적 성욕
간단한 선으로 타원, 벌리고 있다.	
너무 작은 입	
이가 보인다.	유아기의 퇴행
혀가 보인다.	

〈턱〉

성격 분석 기준	상징 의미
특히 넓은 턱	사회적 우위를 구한다. 공상적
특히 좁은 턱, 옆얼굴에서 튀어나온 턱	사회적 무능력
여자의 얼굴에 큰 턱	성적 이상
여자의 상에서 수염을 그린다.	성적 이상

〈귀〉

성격 분석 기준	상징 의미
특히 크다.	다른 사람들의 비판에 마음을 쓴다.
귀에 특수한 표현을 한다.	귀의 질병
매우 작다.	다른 사람들의 비판에 귀를 기울이지 않는다.
귀의 생략, 나쁜 위치에서 그렸다.	

〈목〉

성격 분석 기준	상징 의미
길거나 가늘다.	분열증, 음식을 삼키는 것이나 정신적 소화 장애
짧다.	감정의 통제가 안 된다.

〈동체〉

성격 분석 기준	상징 의미
모가 났다.	표현 운동(남성적)
둥글다.	발달 지체(여성적)
넓다.	의식적인 욕구 불만이 많다.
좁다.	열등 감정, 충동적 불안
가늘고 길며, 평행선을 그은 동체	분열증, 퇴행
동체가 없는 것	자기애, 굳어 있는 성격, 충동 거부

〈다리와 발〉

성격 분석 기준	상징 의미
다리가 길다.	정신적인 것과 다리의 미발달
다리가 없다.	성적 불안전
다리의 과장	분열증의 편집성
교차된 다리	성적 접근에 대한 방어
길이가 똑같지 않은 다리	충동과 자기 통제, 갈등
하나로 된 다리	긴장하고, 성적 불능
여윈 발과 투명한 팬티를 그린다.	갈등
큰 발	안정의 요구, 성적 세력 과시
작은 발	위축, 의존적
발을 벌렸다.	안정적 보상
발의 생략	자기 통제 결여
반대 방향으로 향한 발	감정의 갈등이 심함
발가락을 강조	억압된 적대의 태도

발가락을 감추거나 흐릿하게 그린 그림(신을 신고 있을 때 적절히 판정)	위축, 소극, 의존

〈옷〉

성격 분석 기준	상징 의미
주의 깊게 그린다.	
나체화	
가슴에 있는 호주머니 강조(손수건을 넣었다.)	애정, 물질의 결손 보상
단추의 강조(많이 달았다)	어머니의 의존, 유아적 부적응
넥타이에 주의를 기울였다.	
옷을 입고 있는 것 같기도 하고, 나체인 것 같기도 하다.	

〈여자의 성에 대해서〉

성격 분석 기준	상징 의미
여자의 가슴을 특히 강조	구강적·의존적 요구
팔과 손이 길며, 두드러지게 눈에 띈다.	보호적인 모상(母像)에 대한 욕구
여성의 특징이 표면적 또는 상징적인 그림으로 정성스럽게 그린다.	두드러지게 좌절된 오이디푸스(Oedipus)의 감정을 뜻한다.

〈팔과 손〉

성격 분석 기준	상징 의미
형상부터 과장되어 있다.	손의 활동에 대한 불만, 접촉 곤란, 부적당한 감정에 대한 보상의 행동
가늘다(가느다란 선으로 되어 있다.).	열등감, 노력하는 보람이 없는 감정
넓게 편 팔	강대함을 나타냄, 공격적, 적극적인 욕구 표시
아래 부분에서 넓어지는 팔	행위는 충동적이고, 자기 통제력이 결여되어 있다.
몸체에서 튀어나온 팔	감정이 없고, 통제할 수 없다.
길고 탄탄한 팔	완력이 부족한 데 대한 보상
너무 긴 팔	과도한 야심

성격 분석 기준	상징 의미
몸체에 밀착된 팔	소극적 또는 방어적인 감정
팔이 없다.	분열증, 우울증. 여자의 상으로 팔이 없는 것은 어머니의 양육 방법에 대한 불만이다.
손이 없다.	보통 이상의 무능. 손이 없는 것은 적응하지 못하기 때문이다.
손가락을 폈다(때로는 그늘지게 그렸다.).	손의 활동에 대한 불안
주먹을 쥐었다.	억압된 공격성
호주머니에 넣은 손 또는 감추어진 손	자위에 대한 죄악감, 접촉 곤란, 도피, 불량소년, 이상자
손톱이나 관절의 주의 깊은 밑그림(스케치)	강박증 혹은 조기 분열 병자의 경우와 같이 신체 개념에 대한 곤란을 나타낸다.
열쇠처럼 그려진 손가락	적의, 공격
손과 관계가 없는 손	유아적 공격
검게 칠해진 손가락	자위 또는 훔치기와 같은 죄악감이다.
다섯 개 이상의 손가락	야심, 공격
팔이 가슴 또는 앞에서 교차	회의적이고, 적대적인 태도
팔을 뒤로 돌린다.	공격적 적대적 감정을 억제하려고 한다.
손을 허리에 대고 있다.	성적인 공포를 안고 있는 방어적 태도, 성에 관해 편견을 가지고 있다.
검게 칠해진 손 또는 그늘지게 그린다.	자위, 훔치기, 싸움, 손에 의한 행동의 죄악감, 불안
손을 크게 그린 것	강대함을 나타낸다.

〈기타〉

성격 분석 기준	상징 의미
엉덩이를 둥글고 크게, 보통 이상으로 그린다(성기 부분의 노출 포함).	
다리나 팔의 관절 부분을 그린다.	
어깨를 추켜올렸다.	
무릎을 노출시켰다.	
해부도	분열증
좌우가 극단적으로 균형을 잃고 있다.	성격 전체의 조화가 없음, 혼란

전신이나 그 주위에 그늘 같은 것을 그리고, 마룻바닥이나 땅을 그린다.	
내장을 그렸다.	
한쪽 성은 정면, 다른 성은 염면. 양성(兩性)을 모두 염면으로 향했다.	
손에 뭔가를 쥐고 있다.	
뒤를 향한 상	
만화나 바보스러운 그림(주의를 줘도 계속 그린다.)	
그리기를 완강히 거부한다.	

▌ 淺利篤, 『兒童畵の秘密』, 黎明書房, 1956. / 淺利篤, 『兒童畵と家庭』, 黎明書房, 1956.

인물화의 위치(人物畵－位置, position of figure painting)

사람을 그린 그림의 자리.

미국의 미술 교육학자인 레비(Levy)는 인물화의 위치를 8등분으로 분류했으며, 특히 오른쪽 위, 오른쪽 아래, 왼쪽 위, 왼쪽 아래, 중앙을 포함시켰다. 그는 흰 종이 위에 인물화 위치를 보고 1~8까지 분석 규준을 적용했고, 그림과 같이 그림 종이를 4등분하여 인물화 위치를 결정했다.

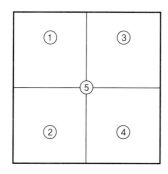

▌ Levy, S., 〈Figure Drawing as a Projective Test〉, in Projective Psychology, by Abt, L. E. & Bellak, L. Knapt, 1950.

인물화의 특징(人物畵－特徵, characteristic of figure painting)

사람을 그린 그림이 특별히 눈에 띄는 점.

구드너프(Goodenough)의 제자, 미국의 펜실베이니아주립대학교 교수, 여성 심리학자인 해리스(Harris)는 그의 저서(성숙한 지적 측정 도구로서 어린이들의 그림)에서 〈그림 검사(Drawing Test)〉를 만들고, 어린이의 인물화에 대해 정신 병리학적으로 언급했다. 정신 병리적 사례로 본 어린이 인물화의 특징으로는 그림이 많이 그려져 있지만 아무 생각도 있지 않는 것과 같은 언어형의 그림, 누구도 이해하기 어렵지만 피험자인 어린이 자신은 알고 있는 것,[204] 한쪽 귀만 표현된 인물화, 머리카락이 머리 한 쪽에만 있는 것, 인물화에 원시적인 특징과 성숙한 특징이 비정상적으로 결합된 그림, 일관성이 결여된 그림들이 있다.

▌ Harris, Dale B., *Children's Drawings as Measure of Intellectual Maturity : A Revision and Extension of the Goodenough Draw-a-Man Test*, New York : Harcourt, Brace & World, Inc., 1963.

인상 색(印象色, impression color)

자신의 인상에 의해 주관적으로 표현한 색.

인상 색은 물체의 고유색이나 자연의 색을 부정하고, 광선에 의해 변하는 인상을 그리는 인상파의 색이다.

인접 색(隣接色, contiguity color)

유사 색 또는 색상환에서 옆에 있는 색.

인종별 기호 색(人種別嗜好色, racials by symbolic color)

신체적인 여러 형질에 따라 구분되는 사람의 집단이 좋아하는 색채.

황인종은 빨강, 노랑, 황금색(gold)을 좋아한다. 백

---

204. 순수한 개인적 반응 형태를 의미한다.

인종은 파랑, 빨강, 녹색, 보라를 좋아한다. 흑인종은 파랑, 빨강, 녹색, 보라, 오렌지색, 노랑을 좋아한다.

▌ 박현일 외, 『색채학 사전』, 국제, 2006.

인지 구조(認知構造, cognitive structure)

지각하는 현상을 믿음, 태도 및 기대의 통합적 · 위계적인 형태로 조직한 지식의 조직체.

자극-반응 이론에서는 학습을 시행착오적 반복으로 고정되는 습관이라고 간주하는 반면, 형태 심리학에서는 학습을 통찰에 의한 인지 구조의 변화라고 본다.

▌ 한국교육심리학회 편, 『교육심리학 용어사전』, 학지사, 2000.

인지 발달(認知發達, cognitive development)

어린이가 성장하고 발달하는 인지 기능의 변화.

대표적인 인지 발달은 피아제(Piaget, Jean)의 이론이며, 그는 인지 발달을 단순한 어린이의 성장과 발달보다 지식의 본질, 다시 말해서 지식의 구조와 과정의 발달에 관해 연구하는 발생론적 인식론에 관심을 두었다. 따라서 지식이 마음속에서 표상되는 방법과 표상된 지식이 성장함에 따라 변하는 방법을 경험적으로 연구했다.

▌ 한국교육심리학회 편, 『교육심리학 용어사전』, 학지사, 2000.

아이스너(Eisner)의 저서(마음의 창조와 예술)에 따르면, 인지 발달은 마음의 본질이 자신의 경험에 대해 표상으로 형성하는 과정이며, 이러한 표상의 형식들은 감각을 통해 얻어진 경험에 기원을 두고 있다. 어떤 표상들은 시각적 지각에 기초한 반면, 다른 것들은 청각적 혹은 촉각적인 자원으로부터 생겨나게 된다. 그는 인간 경험의 양상이 단순한 형식보다 특정한 형식을 통해 잘 표현되는 인지의 내재적 특성에 주목했다.

▌ Eisner, E. W., *The Art and Creation of Mind*, 강현석 · 김

혜숙 · 손민호 · 이은적 · 이자현 · 황연주 옮김, 『예술교육론-미술교과의 재발견』, 아카데미프레스, 2007.

인지적 미술 치료(認知的美術治療, cognitive art therapy)

인지의 외부 세계와 미술의 상징성을 관련시켜 치료하는 미술 치료의 한 가지 종류.

인지적 미술 치료는 인지가 외부 세계의 자극을 조절하는 수단이며, 인지는 언어와 관련이 있고, 인지와 언어는 미술의 상징성과 관련이 있다는 기본적인 이론을 바탕으로 하고 있다. 또한 인지는 창의성과 분리될 수 없으며 생각을 표현하고 받아들이는 중요한 매체로서 미술을 사용하는 것이 유용하다는 것을 전제로 한다.

이 치료는 미술을 통해 인지나 창조적 기능을 사정할 수 있을 것이며, 또한 인지나 창조적 기능을 개발할 수 있다. 이미 피아제(Piaget)와 인헬더(Inhelder)의 연구를 통해 우리는 인지 발달에 대한 지식을 가지고 있다. 언어를 통해 발달된 개념들은 미술 형태를 통해 비언어적으로 발달될 수 있으며, 이들 개념에 대한 이해는 스케치나 채색화, 조소와 같은 미술 작품의 형태에서 추론된다. 실버(Silver, 1983)의 연구에서 보듯이 그림을 통해 공간 개념이나 계열적 순서, 부류의 개념을 사정할 수 있으며, 특히 신경학적 손상(학습 장애 등)의 진단은 매우 유용하다.

▌ Piaget, Jean & Inhelder, B., *The Child's Conception of Space*, London : Routledge & Kegan Paul, Ltd., 1956. / 김동연 외, 『미술치료의 이론과 실재』, 동아문화사, 1994.

인지 치료(認知治療, cognitive therapy)

어떤 행위에 대한 내담자의 의식적 사고 과정, 동기, 행위의 원인에 초점을 맞추는 치료의 한 형태.

인지 치료의 주 창시자는 아들러(Adler, G.)이다. 인간 행동이란 주변의 자극이나 사건보다 그것을 어떻게 지각하고 해석하는 생각에 따라 결정된다. 따라

서 치료의 목표는 인간의 잘못된 인지를 수정하고 합리적으로 평가하고 해석할 수 있다. 또한 인지 치료는 단기 상담 모형으로서 10회 내지 12회 상담으로 이루어진다. 정신 역동 치료자는 내담자에게 위장된 의미 혹은 숨겨진 의미를 찾는 데 반해, 인지 치료는 내담자의 숨겨진 의미보다 의식적인 생각을 이해하며, 내담자와 함께 변화될 필요가 있는 사고의 측면을 찾아낸다.

▌ 류경남 외, 『가족상담심리 용어사전』, 학지사, 2006.

인지 표현의 양식(認知表現 – 樣式, style of cognitive expression)

어떠한 사실을 분명히 인정하고 나타내며, 그렇게 정해진 공통의 형식이나 방식.

미국의 심리학자, 학습 이론가인 브루너(Bruner)는 그의 저서(나의 인지 성장과 학습 인지 성장)에서, 어린이의 인지 표현의 양식은 행동 영상의 도식 언어로써 나타난다고 보았다. 미술 도구들은 언어 능력 발달의 본질로서 주장하는 적절한 환경을 제공한다. 어린이들은 그림을 그리면서 시각적 상징을 만들어낸다. 보통 어린이들은 물리적으로 존재하지 않는 대상과 사건들을 묘사한다.

▌ Bruner, J. S., *On Cognitive Growth I, Studies in Cognitive Growth*, New York : John Wiley & Sons Inc., 1966.

인지 행동 치료(認知行動治療, cognitive behavior therapy)

잘못된 거짓 신념과 비합리적인 사고를 합리적인 사고로 대체시키는 인지 치료의 한 가지 방법.

백(Beck, Aaron T.)의 인지 행동 치료는 사고나 인지로 불리는 내면에서 은밀하게 일어나는 행동 변화를 중재하는 이론적 입장을 취하는 모든 치료법을 의미한다. 다시 말해서 인지에 변화를 일으킴으로써 내담자의 감정과 행동을 변화시키는 데 목적을 가진 치료법이다.

▌ 류경남 외, 『가족상담심리 용어사전』, 학지사, 2006.

인체 근육과 색채(人體筋肉 – 色彩, human body muscle and color)

사람의 몸의 연한 부분을 이루고 있는 힘줄과 살의 색채.

페레(Fere)는 인체 근육의 반응에 있어서, 빨강은 보통 23개에서 42개로 근육의 강도를 늘린다. 주황은 35개, 노랑은 20개, 녹색은 28개, 파랑은 24개이다. 그러나 스펙트럼의 따뜻한 색상들은 자극을 주는 반면, 차가운 색상들은 긴장을 풀어 준다.

인체 비례(人體比例, human body proportion)

사람의 몸이 각 부분의 비례 관계에 의해 크게 좌우되는 이론.

일러스트레이션(– , illustration)

삽화(揷畵) 또는 도해(圖解). 책이나 신문, 잡지 따위에서 문장의 내용을 돕기 위해 곁들인 그림.

일러스트레이션은 인간의 의사를 시각적으로 전달하는 정보 기능을 집약적으로 표현한 실체이며, 넓은 의미로는 회화, 사진을 비롯하여 도형을 말한다. 좁은 의미로는 드로잉(drawing)에 의한 그림만을 뜻한다.

일러스트레이션의 표현 형식에는 구상적(具象的) 표현, 단화적(單化的) 표현, 추상적(抽象的) 표현, 만화적 표현, 패션, 기하학적 추상 여섯 가지가 있다. 첫째, 구상적(具象的) 표현은 사실적인 실체를 그대로 표현한다. 둘째, 단화적(單化的) 표현은 실체를 간결한 도형으로 단순화시킨다. 셋째, 추상적(抽象的) 표현은 유기적 · 무기적인 추상 도형의 표현이다. 넷째, 만화적 표현은 회화적인 즐거움을 강조하는 표현이다. 다섯째, 패션은 모드(mode)와 스타일(style)화이다. 여섯째, 기하학적 추상은 주로 직선, 감각 형,

사각형, 원, 타원, 포물선의 형태를 이용한다.

표현 방식에 의한 일러스트레이션의 분류에는 구상적인 일러스트레이션, 추상적인 일러스트레이션, 초현실적인 일러스트레이션 세 가지가 있다.

▌박현일, 『디자인 강의』, 교우사, 2008.

일루전(-, illusion)
착각이나 환상, 망상. 작품을 감상할 때 의식적으로 일어나는 심적 과정(心的 過程)의 자기 착각.

일중독(- 中毒, workaholic)
남달리 일을 많이 하고 일을 좋아하는 것.

본인은 활동하는 것이 좋기 때문에 그것이 해가 된다는 생각을 하지 않지만, 본인의 신체 건강이 악화되거나 그로 인해 배우자의 불만과 가족 구조에 문제가 발생하게 된다.

▌류경남 외, 『가족상담심리 용어사전』, 학지사, 2006.

스코트(Scott)와 무어(Moore), 매셀리(Mieceli)는 그들의 저서(일중독의 결과와 의미의 탐험)에서 일중독 성향을 강박적, 완벽주의, 성취 지향적의 세 가지 유형으로 분류했다.

첫째, 강박적 성향은 원래 계획된 것보다 더 많은 시간을 일에 투자하려는 사람들이며 이렇게 초과된 업무량을 지각하면서도 이를 통제하지 않거나 혹은 통제하지 못하는 유형을 의미한다. 이 성향은 걱정이나 스트레스의 수준, 신체적·심리적 문제와 관련이 있고, 이것은 직무 수행이나 불만족이 관련이 있다.

둘째, 완벽주의 성향은 통제력 지각, 엄격함에 비해 비정상적으로 강한 욕구를 가지고 있으며, 공격적인 태도로 자신의 일이나 환경을 탐구하려는 성향이 강한 사람들이다. 이 유형은 스트레스와 신체적·심리적 문제의 수준과 정적으로 관련되어 있고, 적대적 대인 관계와 자발적 이직 혹은 결근과 정적 관련성을 가지며, 직무 만족 및 수행 수준은 부적합하다.

셋째, 성취 지향적 성향은 성공이나 적절한 난이도가 있는 과제를 성취하는 것에 흥미를 느끼는 사람으로서 경쟁에 의해 자극받으며, 장기적 목표에 초점을 두고 일을 추진하는 경향이 강하다. 이 유형에 속하는 사람은 직무 및 삶에 대한 만족, 신체적·심리적 건강, 직무 수행 그리고 친 사회적 행동과 정적으로 관련이 있다.

▌Scott, K. S., Moore, K. S. & Mieceli, M. P., *An Exploration of the Meaning and Consequences of Workaholism*, Human Relatons, 50, 1997.

임신과 성격(姙娠 - 性格, pregnancy and character)
아이를 배는 달과 성격의 관계.

미국의 예일대학교 교수인 헌팅턴(Huntington, Ellsworth)은 사람들이 태어난 달과 그들의 성격 사이의 관계를 연구했다. 이것은 임신한 달이 가장 중요한 의미를 지닌다. 천재, 백치 및 범죄자들 가운데 생일이 2월, 3월, 4월인 사람들이 많이 있고, 그들의 임신되는 달은 5월, 6월 7월이 된다. 봄철의 임신은 '자연적인 충동'에 따르는 것이어서 좀 더 충동적인 성격의 자식을 낳게 된다. 명예의 전당[205]에 이름이

---

205. 1900년 뉴욕대학교에 주랑(柱廊)이 창설되었으며, 미국을 빛낸 사람들의 조상(彫像)을 기념하는 곳이다.

실린 사람들 가운데도 생일이 2월, 3월, 4월인 사람들이 많다. 감옥에 있는 사람들도 대부분 그렇지만, 조발성 치매증(癡呆症)[206]을 앓고 있는 약 3,000여 명을 조사한 보고서에 의하면 생일이 2월과 3월이 많았다. 명상록을 보면 9월과 10월에 태어난 사람들이 많고, 그런 사람들이 임신된 달은 12월과 1월이다. 성직자들은 1월에 태어난 사람들이 많고, 화학자들은 9월에 태어난 사람들이 많다. 쌍둥이는 대체로 5월, 6월, 7월에 태어난다. 그러나 1년 중 6월이나 7월에 태어나는 사람들은 그 수가 많지 않다.

▌파버 비렌(Faber Birren) 저, 김화중 역, 『색채심리』, 동국출판사, 1985.

임화(臨畵, imitation picture)

교과서의 그림이나 잘된 그림, 명화를 보고 그대로 모방하는 그림.

입체(立體, solid)

점, 선, 면보다 뚜렷하고 많은 특징을 가지고 있음. 입체는 면이 이동하여 생기는 3차원의 세계이다. 원, 삼각형, 사각형은 입체로 전개될 때 입체의 기본적인 형식이 된다. 세잔(Cezanne, Paul)은 자연 속에 있는 모든 것은 구, 원추형, 원기둥의 모형이라고 보았다.

▌박현일, 『디자인 강의』, 교우사, 2008.

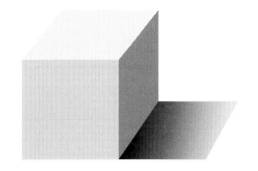

잉크 반점 검사(－斑點檢査, Ink Blot Test, IBT)

행동이나 성격의 역동적 요인을 밝혀내기 위해 지각의 무의식적 요인을 임상적으로 측정하는 방법.

1911년부터 1921년까지 스위스 정신병학자 로르샤흐(Rorschach)가 완성한 투사적 방법에 의한 대표적인 심리 검사이다.

〈잉크 반점 검사〉는 종이에 잉크 방울을 떨어트린 후 마주 접어서 생기는 좌우 대칭의 그림을 이용한다. 이 검사는 흑백으로 된 5매와 색채가 섞인 5매 총 10매로 되어 있으며, 이 검사는 고도의 전문성이 요구되므로 해석의 객관성을 유지하기 위한 방안으로 만들었다.

▌Rorschach, Hermann, 〈Ink-Blot Test〉, 1911~1921.

---

206. 지능이 백치보다도 더 낮아 IQ가 40 이하이다.

미술 치료 용어 사전 ㅈ

자각기(自覺期, the self conscious period)
자아의식이 어느 정도 싹트는 시기.

자극(刺戟, stimulation)
생물체의 감각 기관에 어떤 작용을 일으켜 학습자의 내부로 들어오는 모든 것.

자기중심성(自己中心性, egocentrism)
자기를 자기로서 정위(定位) 지을 수 없는 유아나 아동의 특징적인 심성.
자기중심성은 어린아이 마음의 특성을 나타내는 개념으로서, 스위스의 심리학자 피아제가 제창했다. 어린아이는 어른과 달라 무엇이든 자기중심으로 생각하며, 이 성질을 자기중심성이라 한다. 예를 들면 동무들과 함께 놀고 있을 때 동무에게 말을 하는 게 아니라 혼자서 멋대로 지껄이고 있는 경향을 보인다. 이것은 어린아이가 자기와 자기를 에워싼 바깥 세계 사이에 분명한 구별이 생기지 않았기 때문이다. 다시 말해서 자기 자신의 주관적인 세계와 자기 밖에 있는 객관적 세계에 구별이 없는 이른바 주객 미분(主客未分)의 세계이고, 자기중심성을 비롯해 모든 것에 생명과 마음이 있다고 생각하는 애니미즘, 자기 머릿속으로 그린 상상적인 것과 실물을 똑같은 것으로 생각하는 실념론(實念論), 모든 것을 인간이 만들었다고 생각하는 인공론(人工論)과 같은 사고방식이 나타난다. 8세~9세 이상이 되면 이와 같은 자기중심성은 차차 없어진다.
┃『두산백과사전』, 동아출판사, 1982.

자기중심적 사고(自己中心的思考, egocentric thinking)
전 조작기의 아동들에게 볼 수 있는 자기 관점에서의 사고를 의미하는 것.

자기 집 평면도 검사(－平面圖檢査, Own House Floor Plan Test, OHFPT)
자기에게 영향을 끼친 사람이나 성격 형성을 발견하여 부적응 행동에 대한 재인식을 하게 하는 방법.
〈자기 집 평면도 검사〉는 어린 시절(가능하면 유아 시절)에 자기가 살았던 집의 평면도를 그려 가장 무서웠던 곳, 비밀 장소, 함께 살았던 사람들을 설명하고 자신의 과거를 회상하게 한다.
┃ 이근매, 『미술치료 이론과 실재』, 양서원, 2008.

자기 통제(自己統制, self control)
자기가 처한 환경이나 상황에 합당하도록 자신의 충동 또는 행동을 통제할 수 있는 상대적 능력.
자기 통제는 보다 크고 장기적인 목표를 달성하기 위해 순간의 충동적인 욕구나 행동을 자제하며, 즐거움이나 만족을 지연시키는 능력을 뜻한다.
┃ 류경남 외, 『가족상담심리 용어사전』, 학지사, 2006.

자기 효능감(自己效能感, self-efficacy)
어떤 상황에서 적절한 행동을 할 수 있다는 기대와 신념.
캐나다의 심리학자 반두라(Bandura)에 의해 제안된 자기 효능감은 바람직한 결과를 얻기 위한 방법으로 어떤 행동을 할 수 있다는 능력에 대한 자신감을 의미한다.
┃ Bandura, A., "Self-Efficacy : Toward a Unifying Therapy of Behavioral Change", *Psychology Review*, 84, 1977.

반두라는 자기 효능감을 특정한 장면에서 의도하는 결과를 산출하고, 필요한 행위를 조직하며, 실행하는 능력에 관한 개인적인 신념이라고 하였다. 그것은 고정된 행위도 아니며, 단순히 무엇을 하는가를 아는 것이 아니라 인지적·사회적·행동적 하위 기능을 종합적인 행동 코스로 조직하는 생성 능력이고, 특정한 활동을 수행할 수 있는 개인의 판단이며, 개인이 성취 장면에서 자신의 능력에 대해 가지는 기대라고 할 수 있다.

▌ Bandura, Albert 저, 김의철 · 박영신 · 양계민 옮김,『자기 효능감과 인간행동 : 이론적 기초와 발달적 분석』, 교육과 학사. 1999.

자아(自我, ego)

자기 자신.

정신 분석 이론의 발달사에서 중요한 위치를 차지하고 있는 용어로서 초기 의미와 후기 의미 모두가 사용되고 있다. 프로이트(Freud, S.)는 그의 초기 저술에서 이 용어를 때때로 전체 자기를 나타내는 데 사용했다. 그것은 여러 생각들이 하나로 조직화된 것을 의미했다. 이 생각들 중 어떤 것들은 의식에 의해 수용되는데, 이것들이 자아를 구성한다. 다른 것들은 수용되지 못하고 무의식으로 분류된다. 따라서 프로이트의 초기 자아 개념에서는 방어가 자아의 핵심 기능들 중 하나로 강조된다.

현대적 용법에서 이 용어는 대부분 1923년 프로이트가 재정의한 자아의 의미로 사용된다. 다시 말해 자아는 세 가지 마음의 기구들 중 하나이다. 이 자아 안에는 의식적 내용들이 있지만, 자아의 많은 작용들은 자동적으로 그리고 무의식적으로 이루어진다.

▌ 미국정신분석학회 편, 이재훈 역,『정신분석용어사전』, 한국심리치료연구소, 2002.

자아 감각 발달 검사(自我感覺發達檢查, Self Sense Development Test, SSDT)

자아 개념이나 신체적 장애가 있는 내담자에게 이를 해소시키기 위한 기법.

〈자아 감각 발달 검사〉는 지체 장애인이나 섭식(攝食) 내담자에게 자화상 그리기, 손도장 찍기, 발 도장 찍기, 손 본뜨기, 씨앗으로 얼굴 만들기, 가면 만들기를 권장하면 효과적이다.

▌ 박현일 · 조홍중,『그림을 통한 성격 치료 미술 치료』, 시그마프레스, 2009.

자아 개념(自我槪念, self concept)

개인이 가지고 있는 자신에 대한 견해.

자아 개념은 자신을 좋게 평가하느냐, 나쁘게 평가하느냐에 따라 각각 긍정적 자아 개념과 부정적 자아 개념으로 대별된다. 자아 개념은 내용에 따라 신체적 자아 개념, 사회적 자아 개념, 학업적 자아 개념의 여러 측면으로 구분할 수 있다.

▌ 한국교육심리학회 편,『교육심리학 용어사전』, 학지사, 2000.

쿨리(Cooley)는 그의 저서(인간의 사회적 · 자연적 질서)에서, 자아는 타인과의 사회적 교섭을 통해 형성되며, 자기상은 이런 교섭 과정에서 타인이라는 거울을 통해 발견된다. 이런 뜻에서 그는 면경 자아라는 개념을 창안했다. 이런 개념을 통해 그는 자아 개념이 주로 자기에 대한 타인의 평가, 그 평가에 대한 자기 자신의 반응에 따라 형성되는 것으로 이해했다. 다시 말해서 자아 개념은 타인과의 상호 작용의 결과로 형성되고 발달된다.

▌ Cooley, C. H., *Human Nature and the Social Order*, New York : Chsrles Scribner's Sons, 1902.

자아상(自我像, self image)

자기 자신에 관한 각 개인의 의식 또는 관념을 그린 모습.

미국 매사추세츠 주 교육위원회 비서관, 일반학교잡지(*Common School Journal*)의 편집자인 만(Mann, H.)은 그의 논문에서, 한 개인이 갖는 자아상은 인물화에 바로 투사되기 때문에 인물화 해석을 유추(analogy)할 수 있다.

▌ Mann, Horace, "Drawing", *Common School Journal*, 4, 1842.

미국의 여성 미술 교육학자, 미국 뉴욕주립대학교 의과대학 임상 교수인 맥코버(Machover)는 인물화법의 연구자로 유명하다. 그녀는 그의 저서(개성이 투사된 인물화)에서, 한 개인이 갖는 자아상(self image)은 인물화에 직접 투사되기 때문에 유추(analogy)할 수 있다고 보았다.

▌ Machover, K., *Personality Projection in the Drawing of the Human Figure*, Illinois : Charles C. Thomas, Publisher, 1948.

오버스트리트(Overstreet)는 그의 저서(타인과 우리 자신의 두려움에 대한 이해)에서 자아상의 영향에 대해 설명했다. 모든 사람이 생활에서 일차적으로 관계되는 것은 자기 자신에 관련된 것이다. 인간이 행하고 있는 첫 번째 창조적 모험은 스스로 그것의 중요성을 깨닫기 오래 전부터 이루어진 자아상의 형성이다. 상황에 대한 접근은 생의 모든 것, 곧 생의 초기에 형성된 자신에 대한 상을 반영한다. 바라던 것이든 바라지 않던 것이든, 가치 있는 것이든 별 가치 없는 것이든, 강하든 약하든 간에 상을 반영한다.

▌ Overstreet, B. W., *Understanding Fear in Ourselves and Others*, New York : Harper & Row, 1950.

맥콤비(Macomby)는 그의 저서(사회 심리학을 읽다)에서, 흑인 어린이와 백인 어린이 간의 자아상에 대해 많은 흑인 어린이들은 4세 정도에 이미 자신이 검다는 이유로 부정적 자아상을 갖는다.

▌ Macomby, E., *Readings is Social Psychology*, New York : Holt, Rinehart & Winston, 1958.

자아실현(自我實現, self-realization)

하나의 가능성으로 잠재되어 있던 자아의 본질을 완전히 실현시키는 일.

자아실현은 인간 교육이 궁극적으로 지향하는 것이며, 윤리의 핵심 요소이다. 인간의 삶이 자아실현을 위한 잠재적 실현 가능성의 과정이라는 것을 처음으로 언급한 사람은 아리스토텔레스이다. 그는 인간의 본질을 합리성으로 보고, 그것을 최대한으로 발휘함으로써 인간의 궁극적인 목적인 행복에 이를 수 있다고 했다. 프롬(Fromm, E.)은 인간이 자신의 잠재적 가능성을 창조적으로 발휘하고 실현하는 것을 생산성이라는 말로 표현했다. 생산성은 창조성과 같은 의미를 지니고, 생산성은 인간의 특유한 잠재적 가능성을 인간이 실현하는 것, 다시 말해서 힘의 사용이다. 매슬로우(Maslow, A. H.)는 자아실현을 성장 동기가 계속적으로 충족되는 것이고, 브라멜드(Brameld, T.)는 문화에 의해 성립된 사회 속에서 자신의 가능성과 잠재력이 발휘되는 것이라고 설명한다. 일부 그리스도교 관념주의자들은 신의 의지가 구현되는 것이라고 한다. 인간은 잠재적 가능성을 생득적으로 타고나며, 또한 그것을 현실화하고 실현하려는 욕구를 가지고 있다. 그렇기 때문에 윤리와 교육의 목적은 인간 각자가 자아실현을 할 수 있도록 하는 데 있다. 자아실현은 개체의 목적과 본질을 중시하는 교육 사상가들이 교육의 궁극적 목적을 표현하는 개념이다.

▌ 『두산백과사전』, 동아출판사, 1982.

자아 존중감(自我尊重感, self-esteem)

다른 사람들이 자기를 보는 것과 별개로, 자기가 자신에게 가지는 애착, 사랑, 신뢰, 존중, 가치로움.

쿠퍼미드(Coopermith)는 그의 저서(자아 존중감의 선례)에서, 자아 존중감은 각 개인이 자신에 대해 내리는 평가를 의미하고, 자신을 인정하거나 부인하는 태도를 말하며, 또한 자신을 유능하고, 중요하며, 성공적이고, 가치 있다고 믿는 정도를 나타낸다. 자아 존중감이란 자신이 얼마나 가치 있는가에 대해 내리는 개인적 판단이다.

Coopermith, S., *The Antecedent of Self-Esteem*, San Francisco : Freeman & Company, 1967.

자아 존중감에는 종종 자아 개념, 자아 형성의 의미가 중복으로 사용되고 있지만, 엄밀히 구분하면 자아 개념이나 자아 형성은 우리가 우리 자신에 대해 갖고 있는 생각, 태도, 감정을 포함한다. 다시 말해서 자아 형상과 자기 개념이 자기표현을 의미하는 반면, 자존감은 자기 평가를 뜻한다.

류경남 외, 『가족상담심리 용어사전』, 학지사, 2006.

자아 초자아 자극 검사(自我初自我刺戟檢查, Impulse Ego Superego Test, IEST)

충동, 자아, 초자아의 대상적 강도 세 가지 기능의 복합적인 상호 관계를 측정하는 방법.

1951년 돈보로즈(Donbrose)와 스로빈(Slobin)이 공표한 검사이다. 〈자아 초자아 자극 검사〉는 하위 검사로 〈화살표 점선 검사(Arrow-Dot Test)〉, 〈사진 분석 검사(Photo Analysis)〉, 〈그림 이야기 완성 검사(Picture Story Completion Test)〉 및 〈회화 주제 검사〉 네 가지가 있다. 이와 같은 검사 작업을 통해 충동, 자아, 초자아가 측정 가능한 방법으로 행동에 나타난다. I(충동) 득점은 성욕, 적의, 통제의 자유성과 외재성(外在性)을 반영하는 반응과 금지를 깨는 것에 대해 주어진다. S(자아) 득점은 현실 검증 문제 해결의 정위(定位)와 추측으로 수용 불가능한 행동의 조절을 반영하는 반응에 대해 주어진다. 이 검사는 실시의 간편성과 소재에 많은 매력이 갖추어져 있으나 타당성과 신뢰성에 관해 아직 문제가 남아 있다.

Donbrose, L. A. & Slobin, M. S., 〈Impulse Ego Superego Test〉, 1951. / 교육학사전편찬위원회 편, 『교육학대사전』, 교육서관, 1989.

자연주의(自然主義, naturalism)

사물을 표현할 때 주관을 섞지 않고 외계의 것을 그대로 표현하는 주의. 19세기 실증주의에서 나타난 철학 이론.

자연주의 교육(自然主義教育, naturalism education)

어린이의 천성을 자연 그대로 발달시키며, 지식과 품성, 체력을 기르는 주의.

부르크도르프의 초등학교 교사인 페스탈로치(Pestalozzi, J. H.)는 어린이 자신의 체험을 존중하고, 자연주의의 교육을 직접 실천에 옮겼다. 자연주의 교육은 자연물의 사생에 의한 도화 교육과 점토에 의한 공작 교육, 직공의 수공 기능을 습득시키기 위한 공장 견학들이 그 예이다.

교육학사전편찬위원회 편, 『교육학대사전』, 교육서관, 1989.

자유 연상(自由聯想, free association)

정신 분석과 정신 분석적 심리 치료에서 행해지는 기본적인 절차.

1890년대 자유 연상은 최면 대신 도입한 이래로 정신 분석의 방법론적 열쇠이다. 자유라는 단어는 의식적인 통제를 중지시키는 것을 의미한다. 정신 분석 치료에서 환자는 머릿속에서 떠오르는 모든 생각, 감정, 바람, 감각, 이미지, 기억을 그대로 표현하도록 요구받는다. 자유 연상은 환자로 하여금 가능한 많은 것들을 표현할 수 있는 특별한 조건을 제공하고, 분석 과정의 효과에 대한 환자 자신의 경험을 통합할 수 있게 한다. 분석가는 언어 또는 침묵을 사용하여 개입함으로써 환자로 하여금 표현과 성찰 간의 균형을 유지할 수 있게 한다.

미국정신분석학회 편, 이재훈 역, 『정신분석용어사전』, 한국심리치료연구소, 2002.

자유 연상 검사(自由聯想檢查, Free Association Test, FAT)

하나의 사상(事象)에서 다른 사상을 연상하는 경우를 이용하여 개인에 대한 성격 검사의 한 방법=자유 연상법.

〈자유 연상 검사〉는 많을 경우 몇 가지의 자극어를 주고, 자유 연상에 의한 반응어와 반응 시간에 피험자의 심리 상태를 진단한다. 이것은 정신 분석 학파에 의해 정신 분석의 한 방법으로 사용되었다.

이 검사는 프로이트(Freud, S.)가 창시자이다. 그는 브로이어(Breuer, J.)의 지도 아래 초기에 최면술을 응용하여 심적 외상의 방법을 취했으나, 나중에 최면술을 포기하고 회상시키는 방법을 사용했다. 그는 회상에 있어서 곤란함을 제거하기 위해 환자의 자유로운 연상을 이야기하도록 했다.

정신 분석 학파의 융(Jung, C. G.)은 노래, 여자, 꽃, 사랑, 침대들의 감정적인 색채를 지니고 있는 100%의 자극어를 주고, 피험자 반응의 불규칙성에 의해 정신 장애의 원인이 되는 무의식계의 콤플렉스(complex)를 찾아내려고 노력했다. 켄트(Kent)와 로사노프(Rosanoff)는 비교적 감성적인 색채가 없는 자극어 100개에 대한 반응어를 분석하고, 정상자와 이상자, 연령, 성인종(性人種)을 비교했다. 이 검사는 범인 색출에도 응용되는 경우가 있다.

이와 같이 자유 연상에 의한 진단법은 그 후 많은 검토를 거쳐 최근에는 프로젝티브 테크닉(projective technique)의 한 방법으로 중시되어 왔다. 예를 들면 샌포드(Sanford, R. N.)는 식사에 관계있는 자극어 48개에 대해 식전과 식후, 보통의 상태와 24시간 절식 후 반응어를 분석하여 식욕이 행동에 미치는 영향을 조사했다. 레퍼포트(Rapaport)는 65개의 자극어를 사용해서 〈자유 연상 검사〉를 행했는데, 반응어의 내용보다도 그때그때 피험자의 전체적인 행동 특징을 진단적으로 중시했다.

■ 김재은, 『그림에 의한 아동의 심리진단』, 교육과학사, 1984. / 교육학사전편찬위원회 편, 『교육학대사전』, 교육서관, 1989.

자유 표현(自由表現, free expression)

남에게 얽매이거나 구속받지 않고, 자기 마음대로 행동하며 나타냄.

오스트리아 비엔나미술학교 공작 교사, 어린이의 자유 표현을 주장한 현대 미술 교육의 개척자인 치체크(Cizek, F.)는 자유화의 사상이나 이탈리아 리찌(Ricci)의 개념으로 유럽의 미술 교육에 영향을 주었고, 이러한 그의 사상은 유럽을 거쳐 미국으로 흘러가게 한 공로자이다. 그는 어린이들이 교실 밖에서 그려 놓은 낙서의 자유로움에 주목하고, 낙서를 그릴 수 있는 환경과 조건을 교실 안에서 하도록 함으로써 실험을 성공시켰다.

치체크는 1908년 제3차 국제미술교육연맹(International Federation for Education through Art)[207]에서 어린이에게 절대로 간섭이나 제한, 제시, 조건을 가하지 말고 어린이의 자발성을 중심으로 유희를 하듯 자유롭고 마음껏 표현하게 하자고 주장했다. 또한 그는 어린이의 자유 표현 실험[208]을 통해 어린이 자신의 독특한 창조적인 세계를 인정했다. 그는 직접 그의 이념을 '비엔나미술학교'에서 8세~15세 어린이들을 대상으로 전개했고, 기성 작품을 어린이에게 보여 주는 것을 금했다. 기존의 작품을 어린이에게 보여 주는 것은 모방에 빠지게 하며, 어린이를 의기소침하게 만들고,[209] 그런 지도 방법은 결과적으로 방임주의(laissez faire)에 빠지게 된다. 어린이는 판

207. 국제미술교육자회의를 말한다.
208. 자기 방에서 내려다보이는 경치를 벽에 그린 낙서를 말한다.
209. 제시하는 미술 작품을 금지시키는 것은 소극적인 견해에 불과하다.

에 박힌 듯한 반복적인 표현이나 새로운 생각(idea)들이 재료에서 오는 저항으로 인해 고착된 표현에 빠지게 된다.

교사는 어린이의 창조 능력을 짓밟지 말고, 이를 위해 교실에서 창조적 분위기를 조성하며, 어린이에게 성실한 자세로 대해야 한다. 또한 교사는 비판적 평가나 과잉의 칭찬은 위험하며, 그들에게 사랑이나 안정감과 개인 작품의 중요성을 심어 주어야 하고, 어린이의 인격도 존중되어야 한다. 그는 어린이의 낙서나 아프리카의 원시림 속의 피그미(pigmi) 족이 낙서하는 것을 비교함으로써 의식이 형성된 표현의 진화 과정을 발견했고, 단순히 사실적인 기술이나 수공예의 기교들을 전개하지 않는 어린이의 그림을 발견했다.

▌김정, 『아동의 미술교육 연구』, 창지사, 1989.

자유화(自由畵, Free Drawing, FD)

남에게 얽매이거나 구속받지 않고, 자기 마음대로 그린 그림.

레빈스테인(Levinstein)은 그의 저서(14세 이하의 어린이 그림)에서 어린이의 자유화에 대해서 피력했다. 그는 그림을 심리학적 의미로 견해를 밝히고, 어린이가 자유롭게 그린 그림을 모아서 신중히 분류하고 검토를 했으며, 여러 가지 측면에서 다른 결론을 내렸다. 어린이의 자유화는 이제까지 가치가 없는 것으로 생각되었으나 결코 그렇지 않고, 어린이의 천진한 감성과 생활이 표현되어 있으며, 이것을 길러야 한다.

그는 유아들이 그린 특유한 얼굴 방향에 관해 다음과 같이 분석했다. 8세 어린이의 약 반수가 혼합화를 그렸으며, 그 이후에는 대부분 측면화가 나타났다.

▌Levinstein, S., *Kinder Zeichengen 14 Leonsiahr*, 1904.

바네스(Barnes)는 그의 논문("어린이의 그림 연구")에서, 어린이의 자유화는 지금까지 졸렬한 것, 별로 가치가 없는 것으로 버림을 받아 왔는데, 이것은 어린이의 그림에 어른들이 흉내조차 낼 수 없는 순진하고 발랄한 표현이 있으며, 이것을 길러 주는 것이야말로 가치 있는 일이라고 보았다. 초등학교 남녀 어린이는 그림의 수준이 거의 같다. 비록 남녀 어린이가 사용한 그림의 주제는 어느 정도 차이를 보이지만, 그 주제를 다루는 기능은 비슷하다.

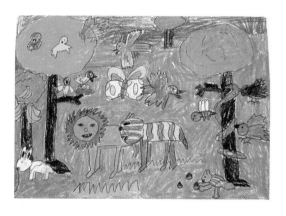

▌Barnes, E., "A Study of Children's Drawings", *Pedagogical Seminary*, 2, Massachusetts, 1892.

자유화 검사(自由畵檢査, Free Drawing Test, FDT)

남에게 얽매이거나 구속받지 않고, 자기 마음대로 그린 그림의 선, 형태, 색채의 사용량, 공간의 위치, 내용을 분석하는 방법.

미국의 여성 심리학자인 알슐러(Alschuler)는 해트윅(Hattwick)과 함께 쓴 저서(회화와 개성)에서 어린이의 그림을 심리학으로 분석했다. 그들은 이 저서에서 어린이들에게 그리고 싶은 것을 자유롭게 그리도록 하는 자유화 검사를 통해 그들의 정서적 상태와 2세~8세 어린이(88명)의 자유화를 통한 색채 선호도를 정신 분석학으로 분석했다. 4년 6개월~5세 어린이들은 색채 선호도가 바뀌고 있다. 그것은 빨강에 대한 선호가 줄어들고, 파랑을 좋아하는 경향이 나타나는 것이다. 또한 3세~5세 어린이는 난색이 줄고, 한색이 늘어나며, 혼색에 대한 관심이 싹튼다. 어린이의 그림에서 나타난 혼색은 심리적 억압이 있을 때 나타나는 현상으로 해석했다. 어린이의 그림에는 행동의 기능과 감정, 애정의 욕구, 자기 표출의 수준, 여러 가지 불만이 표현으로 나타난다.

▌ Alschuler, Rose H. & Hattwick, La Berta W., *Art and Personality : A Study of Young Children*, Chicago : Univ. of Chicago Press, (Vol. 1) & 2, 1947.

〈자유화 검사〉는 아이(내담자)에게 스스로 종이의 크기, 재료, 방법들을 결정하게 한다.

▌ 박현일 · 조홍중, 『그림을 통한 성격 치료 미술 치료』, 시그마프레스, 2009.

자주(紫朱, reddish purple)

빨간색과 보라색을 같은 비율로 혼합한 중간색.
자주색은 사랑, 애정, 성, 신비, 환상의 이미지를 의미한다. 또한 이 색은 저혈압이나 우울증을 상징하며, 여성적이거나 신비로움 또는 부드러움을 강조할 때 많이 사용된다.

자폐성 장애(自閉性障碍, autistic disorder)

사회적 상호 작용과 의사소통의 발달이 비정상적으로 손상되어 활동과 관심의 폭이 현저하게 제한됨.
자폐성 장애는 사회적 상호 작용과 의사소통을 하기 위한 여러 가지 비언어적 행동[210]을 하는 데 연령별 발달 수준에 적합한 또래 관계가 형성되지 못한다. 어린 아동들은 친구 관계를 형성하는 데 거의 관심이 없고, 나이 든 아동들은 친구 관계에는 관심은 있지만 사회적 상호 작용의 관례를 이해하지 못해 다른 사람들과 기쁨, 관심, 성취를 공유하려고 하지 않으며,[211] 의사소통의 문제가 지속적이어서 언어적 또는 비언어적 기술에 영향을 준다. 구어의 발달이 지연되거나 완전히 결여되어 있고, 말을 할 수 있는 경우에는 다른 사람과 대화를 시도하지만 능력이 손상되어 있으며, 상동적이고 반복적인 언어나 괴상한 (idiosyncratic) 언어를 사용하고, 발달 수준에 맞는 자연스런 가상 놀이나 사회적 모방 놀이가 결여되어 있다.

자폐 아동은 행동, 관심, 활동의 양상이 제한되어 있거나 강도나 초점이 비정상적이고, 특정한 비기능적인 틀에 박힌 일과 상동적이고 반복적인 동작을 보이며, 부분적인 사물과 한 가지 관심(날짜, 전화번호)에 몰입한다. 똑같은 방법으로 되풀이하여 일정한 수의 놀이 기구를 일렬로 정렬하거나 텔레비전에 나오는 배우들의 행동을 반복적으로 모방한다.

▌ 윤치연, 『발달장애의 이해』, 형설출판사, 2004.

자폐증(自閉症, autism)

주위에 관심이 없거나, 남과의 공감을 느낄 수 없어 말을 하지 않게 되는 증세로 자기 세계만 몰두.

---

210. 눈 마주치기, 얼굴 표정, 몸 자세, 몸짓
211. 재미있다고 생각되는 것을 보여 주거나, 가져오거나, 지적하지 않음

자폐증에 대해 최초로 설명한 칸너(Kanner, L.)는 그
의 연구에서, 자폐증의 임상적 특징으로는 원만한 대
인 관계를 맺을 수 없는 경우가 많다고 하였다. 그들
은 반향어(echolalia)의 사용이 빈번하고, 대명사를
혼동하여 반복해서 사용하며, 같은 동작의 놀이가 나
타난다. 상상의 놀이는 불가능하지만 기억력이 뛰어
나며, 신체적 발달이나 외모는 정상적인 어린이와 동
일하다.

▌ 김정, 『아동의 미술교육 연구』, 창지사, 1989.

홍강의는 그의 논문에서, 자폐증은 모든 인종과 문화
권에서 발생하며 4 : 1의 비율로 여자 아이보다 남자
아이에게 훨씬 많다. 자폐증은 흔하지 않으나 가장
치료하기 힘든 장애로서 3세 이전에 발생하며, 한국
에는 약 4만 명 정도가 있다고 추정했다. 자폐증 어린
이의 조형 활동은 치료적인 면에서 의미 있는 매체의
가능성을 가지고 있다. 자폐증 어린이의 조형적 특징
은 그림을 그린다기보다 3세~4세의 정상 어린이의
그림에서 볼 수 있는 긁적거리는 형태(scribble)가 많
이 나타난다.

▌ 홍강의, 「유아 자폐증의 진단과 치료」, 『교사를 위한 연수
  회』, 1982.

자화상(自畵像, self-portrait)

자기가 그린 자신의 초상화.
그린버그(Greenberg)는 로렌조(Lourenso)와 데이비
드슨(Davidson)과 함께 쓴 논문("불우한 어린이의
그림에 나타난 인간성의 특색과 학업 성취의 차이")
에서 도시 빈민의 4학년과 5학년 111명의 어린이를
대상으로 자화상을 연구했다. 그는 어린이들에게 자
신의 모습을 그리게 한 후 손의 표현, 몸에 대한 머리
의 비율, 옷의 표현, 얼굴 표정을 분석했다. 낮은 성
취도의 여자 어린이와 달리 낮은 성취도의 남자 어린
이는 자신을 그릴 때 머리와 몸통, 팔, 손, 손가락과

같은 신체 부위를 생략했다. 성취도가 낮은(70%) 여
자 아이에 비해 남자 아이(93%)는 신체의 주요 부분
들을 하나 또는 그 이상 생략했다. 이 연구의 결과에
서, 흑인 여자 아이가 흑인 남자 아이보다 신체의 부
분을 생략하지 않은 것은 긍정적인 자아 발달 기회를
많이 갖기 때문이다.

▌ Greenberg, J. W., Lourenso, S. V. & Davidson, H. H.,
  "Personality Characteristics Revealed in Drawings of
  Deprived Children Who Differ in School Achievement",
  Journal of Educational Research, (Vol. 59), October, 1965.

잔상(殘像, after image)

자극(대상물)이 사라진 뒤에도 잠시 동안 그대로 망
막(網膜)에 남아 있는 시각의 상(像).
잔상에는 정의 잔상(positive after image)과 부의 잔
상(negative after image) 또는 시적 잔상(visual after
image) 두 가지가 있다.
　정의 잔상은 눈에 비쳤던 색채의 자극이 없어진 뒤
에도 색의 감각이 계속해서 남아 있는 경우이고, 그
자극을 제거한 다음 반대의 현상을 볼 수 있는 경우
가 부의 잔상이다. 안구에는 빨강(R), 녹색(G), 노랑
(Y), 파랑(B)의 현상이 있다.
　잔상은 양성 잔상과 음성 잔상 두 가지가 있는데,
양성 잔상은 감각과 같은 질의 밝기나 색상을 가질

때 나타나고, 음성 잔상은 감각과 반대의 밝기나 색상을 가질 때 나타난다. 물체색의 잔상은 원래의 색상과 보색 잔상으로 나타난다.

▌박현일 외, 『색채학 사전』, 국제, 2006.

장난감의 흥미 단계(－ 興味段階, interest stage of toy)

아이들 놀이에 사용되는 물건이 재미에 따라 달라지는 과정.

토르페(Thorpe, L. P.)는 그의 연구에서 유아들을 연령별로 장난감에 대한 흥미를 조사했다.

2세의 놀이 특징은 개별적이며, 신체적 활동량이 많고, 무엇이나 분주하게 만지면서 논다. 이때 흔히 놀이에 사용되는 완구로는 밀고 끄는 장난감과 인형, 자동차, 딸랑이, 나무 쌓기, 상자들을 꼽을 수 있다.

3세에는 상상의 가상 놀이가 시작되며, 단순한 구성을 많이 하는 시기이고, 흔히 하는 활동으로는 나무 쌓기, 세발자전거, 자동차, 인형, 걸상, 미끄럼틀, 그네, 연필로 선 긋기를 꼽는다.

4세의 상상 놀이는 주로 혼자 중얼대며, 1인 3역을 하는 연극 같은 행동(dramatization)에 뚜렷한 흥미를 나타내고, 이에 따른 여러 가지 기구들과 활발하고 떠들썩한 활동을 하면서 논다. 이 시기는 흔히 여러 가지 네모 모양 또는 기둥 형태의 나무토막 쌓기를 좋아하며, 말뚝에 고리 던지기, 구슬치기, 전화놀이, 엎드려 그림 그리기를 한다.

5세는 더욱 복잡하고 특수한 놀이를 하며, 이 시기는 감각과 지각이 아주 잘 발달되어 그냥 앉아서 노는 놀이와 활동적인 놀이를 할 수 있다. 이 시기 어린이의 놀이는 조직이 잘 이루어지고 형태가 뚜렷하며, 때때로 완전한 놀이를 한다. 가장 많이 하는 놀이는 가위로 종이를 오려 풀로 붙이고, 가끔 못을 박는 일도 하며, 공을 갖고 놀기를 좋아한다.

6세의 남자는 남자끼리 여자는 여자끼리 나누어서 놀기를 좋아한다. 운동의 활동 자체가 아주 세련되고, 특수한 기능과 기술이 학습되며, 조직의 놀이에서 기능이 풍부해지며 경쟁력이 생긴다. 잘 노는 놀이로는 모의 돈놀이, 구슬치기, 셈하며 노는 놀이를 들 수 있다.

3세 이전에는 금을 긋고 놀고, 4세 때는 의미와 형태를 알고 그리며, 5세~6세가 되면 더 구체적인 표현이 나온다.

▌김정, 『아동의 미술교육 연구』, 창지사, 1989.

장단 색(長短色, long and short color)

길고 짧음에 따라 느껴지는 색채의 관계.

붉은 색채는 시간이 길게 느껴지고, 푸른 색채는 시간이 빠르게 느껴진다. 스피드를 주는 색채는 연두, 노랑, 빨강, 주황의 장파장 계열의 색이고, 고명도의 색채는 스피드를 증가시킨다. 둔한 느낌을 주는 색채는 청록이고, 대체로 저명도의 색채이다.

▌박현일 외, 『색채학 사전』, 국제, 2006.

장식(裝飾, decoration)

아름답게 꾸밈. 본래 중국에서 '정돈'의 의미로 유래되었음.

장애인 심벌(障碍人 －, Rehabilitation International, RI)

1969년에 설정된 신체장애자용 시설 안내 픽토그램.

재능과 창의성(才能 − 創意性, talent and originality)

재주와 능력, 새로운 생각이나 의견의 성질.

만젤라(Manzella)는 그의 논문("자아상의 그림 능력에 대한 최면술의 영향")에서, 미술가의 재능이나 창의성에 대한 강화는 미술가의 작품에 반영된다. 그는 더 나아가 그런 강화로 인해 개인이 정상적인 의식 상태에서 작업할 때 오직 부분적으로만 사용하던 제작 기법과 심미적 통찰력이 자유로워지는 경향이 있다. 또한 미술가들이 최면 상태에서 그린 그림의 특성은 보통 사항에서 그린 것과 크게 다르지 않다.

▌Manzella, D., "The Effect of Hypnotically Induced Change in the Self Image on Drawing Ability", *Studies in Art Education*, (Vol. 4), No. 2, Spring, 1963.

재질감(材質感, texture)

물체의 표면에서 느낄 수 있는 재질의 느낌.

재질감을 나타내는 시각적 요소는 물체를 볼 때의 광택, 투명, 깊이, 두께, 금속, 잔주름 모양이 있다. 재료의 조성, 배열, 조직, 구조의 차이에서 나타나기 때문에 재료와 촉감의 관계에서 생성된다. 촉감에서 시각적 촉감에 이르기까지 모든 느낌을 말하며, 자연적 촉감과 의식적 촉감으로 구분할 수 있다.

시각적 질감(visual texture, 눈의 느낌)에는 장식적 질감, 자연적 질감, 기계적 질감 세 가지가 있다. 장식적 질감은 표면의 장식과 형태, 규칙적이거나 불규칙적인, 의도적인 표현이다. 자연적 질감은 시각적 표현의 일부분, 우연적인 표현이다. 기계적 질감은 컴퓨터나 TV 주사선, 사진의 망점을 말한다.

촉각적 질감(tactile texture, 눈과 손의 느낌)은 2차원의 표면과 3차원의 양각으로 나누어지고, 자연 재료를 그대로 사용하거나, 찢거나, 수정한다.

▌박현일, 『디자인 강의』, 교우사, 2008.

저명도(低明度, low-end value)

무채색 중에서 0~3까지 4단계, 검정 포함.

저항(抵抗, resistance)

통찰 지향적인 심리 치료, 특히 정신 분석 치료에서 일반적으로 부딪히는 역설적 현상.

신경증 문제를 해결하기 위해 전문적으로 도움을 구하는 환자는 다양한 방식으로 변화를 가져오는 치료 과정을 방해하고 거부한다. 저항은 태도, 언어화 그리고 행동으로 표현될 수 있다. 저항은 환자의 지각, 관념, 기억, 감정 또는 그러한 요소들의 복합체인 콤플렉스에 대한 인식을 가로막음으로써 현재 경험과 초기 경험 사이의 연관성을 깨닫지 못하게 하고 무의식적 갈등의 성질을 통찰하지 못하게 한다. 저항은 종종 자유 연상을 회피하는 것에서 드러나지만 넓은 의미에서 저항은 자기−인식을 회피하고자 하는 환자의 모든 방어적 노력을 포함한다.

▌미국정신분석학회 편, 이재훈 역, 『정신분석용어사전』, 한국심리치료연구소, 2002.

적록 색맹(赤綠色盲, red-green color blindness)

빨강과 녹색을 식별할 수 없는 색각 이상이며, 파랑과 노랑을 식별.

적록 색맹은 부분 색맹 중에서 가장 많이 나타나는 색맹이고, 이 색맹에는 빨강 색맹과 녹색 색맹 두 가지가 있다. 빨강 색맹은 빨강의 보색인 청록이 무색으로 보이고, 녹색 색맹은 녹색의 보색인 자주가 무색으로 보인다.

파랑에 가까운 청록과 노랑에 가까운 연두, 오렌지

색에서 파랑과 노랑의 감각을 느낀다. 녹색에 가까운 청록과 연두, 빨강에 가까운 오렌지색은 무채색처럼 명암만 느낀다.

▌박현일 외,『색채학 사전』, 국제, 2006.

전개념기(前槪念期, the pre-conceptional period)

주의 환경에서 현존하지 않은 사물을 표상할 수 있는 시기(2세~7세).

스위스의 심리학자인 피아제(Piaget)는 그의 저서(어린이 지식의 근원)에서 전개념기의 개념을 제시했다. 이 시기에는 상징적 기능이 발달되어 언어나 그림을 인지 과정에서 사용할 수 있다. 상징적 사고를 할 수 있는 능력은 어린이가 점차 복잡한 사고를 다룰 수 있게 하며, 환경에 더 효율적으로 상호 작용을 할 수 있게 한다. 전개념기의 시기에 나타나는 표상의 형태는 자연 모방과 상징 놀이, 그림 그리기, 심상, 언어들로 나누어진다. 영아의 자연 모방은 생후 몇 개월이 지나면 성인의 동작을 모방하기 시작한다. 그러나 전조작기에 들어오면 모방할 대상이 눈앞에 없어도 동작을 모방할 수 있다. 다시 말해서 모방할 동작이 표상으로 파지(retention)[212]되어 있다가 재현된다. 상징 놀이는 유아가 놀이 속에서 자기 자신보다 물건에 대해 현실과 다른 것으로 간주하여 노는 경우이다.[213]

이러한 현상은 유아가 현실에 존재하는 대상이나 상태에서 벗어나 유아 내부의 표상을 갖고 있다. 심상[214]은 감각 운동기에서 유아가 들은 것이나 본 것

을 머릿속에 떠올리지 못하다가 전조작기에 들어오면 심상이 나타난다. 언어는 기호의 기능을 고도로 발달시켜 준다. 다른 기호나 상징은 때때로 개인적인 것에 비해 언어는 사회적인 것으로 이미 형성된 언어 체계로서 외부에 의해 주어진다. 전조작기의 초기 단계인 전개념기의 시기에 언어가 주요한 상징 기능의 하나로 시작된다. 언어는 4세가 되면 점차 문법적으로 구사하고, 상황을 다루는 능력이 증가됨에 따라 개념을 형성하는 능력도 증가된다. 언어에 의한 기호의 상징은 활동이 내면화되어 표상으로 작용하고, 사고에 대한 근본적 변화를 가져온다. 어린이의 언어가 어린이의 사고 과정을 반영하지만 언어가 사고의 유일한 근원은 아니다. 사고는 언어보다 앞서고, 어린이들은 자신들이 말할 수 있는 것 이상으로 알고 있다.

▌Piaget, Jean, *The Origins of Intelligence in Children*, (Trans.) by Margaret Cook, New York : International Univ. Press, 1952.

김정은 그의 저서에서, 전도식기는 그림에 대한 흥미와 감정이 최고조에 도달할 정도로 묘화에 접근한다. 그림의 특징도 이 시기에 많이 나타나게 된다. 그림을 즐겁게 그리고 자주 그리려고 한다.

▌김정,『아동의 미술교육 연구』, 창지사, 1989.

프랑스의 아동 미술 교육학자인 뤼께(Luquet)는 그의 저서(어린이의 그림 연구)에서 전도식기 그림의 형태를 지적 사실주의라고 주장하며, '뢴트겐(X-ray)화'라고 부른다. 그의 주장에 따르면, 유아는 안 보이는 것까지도 투명하게 그린다.

▌Luquet, G. H., *Les Dessins D'un Enfant*, Paris : Alcan, 1917.

미국의 코넬대학교 교수인 브리테인(Brittain)은 로웬펠드(Lowenfeld)와 함께 쓴 저서(창조와 정신 성장)

---

212. 약간의 강약 차이가 있어도 경험은 흔적을 남기며, 그 효과가 뒤에까지 지속되는 것을 말한다.
213. 소꿉놀이 중에서 엄마 노릇을 하거나 나무토막을 가지고 자동차 놀이와 비행기 놀이를 하는 것을 말한다.
214. 심상이란 시각적인 것이 그대로 저장되는 것이 아니라 오히려 내면화된 모방에 의해 생긴다.

에서, 전도식기 초기에는 그림과 낙서가 뒤범벅된 상태가 많다. 그것은 낙서를 하는 과정에서 이름도 써보고, 또한 그림도 그린다.

▌Lowenfeld, Viktor & Brittain, W. Lambert, (4th Ed.), *Creative and Mental Growth*, New York : Macmillan Publishing Co., Inc., 1964. / Lowenfeld, Viktor & Brittain, W. Lambert, (6th Ed.), *Creative and Mental Growth*, New York : Macmillan Publishing Co., Inc., 1975.

미국의 심리학자인 밀라드(Millard)는 그의 저서(초등학교 어린이의 성장과 발전)에서 전도식기(전상징기)에 대해 설명했다. 미술의 표현에서 전도식기의 상은 아직도 난화기의 영향 아래 있다. 유치원이나 초등학교 1학년 어린이는 거의 이 시기에 속한다.

▌Millard, C. Y., *Child Growth and Development in Elementary School Years*, Boston : D. C. Health & Co., 1951.

전도식기 (前圖式期, pre-schematic stage)
의식적으로 자신의 주변 세계와 관련지은 그림을 그려서 의사 표현을 함.

전도식기는 4세~7세의 연령으로 표상 시도의 초기 단계로 주로 유치원 시기에 해당된다. 이때의 그림으로 유아가 중요시하는 것을 알 수 있고, 유아의 사고 과정을 엿볼 수 있다. 4세에는 확실한 형태를 알아보기 힘든 불확실한 형태가 나타나며, 5세에는 사람, 집, 나무와 같은 확실한 형태가 나타나고, 6세에는 주제에 따라 확실한 윤곽을 가진 그림을 그리게 된다. 유아들은 보통 사람을 많이 그리는데 '두족인', 다시 말해서 원을 중심으로 팔다리를 마치 태양과 같이 인물을 그리게 된다. 또 자신과 환경과의 관계를 표현하지 못하여 형태를 나열하게 된다. 형태들은 도형의 기본인 세모, 네모, 동그라미를 기본형으로 선들과 연합하여 그리며, 기저선, 사람, 집, 나무, 꽃, 태양을 사용한다.

▌김동연 외, 『미술치료의 이론과 실재』, 동아문화사, 1994.

전이 (轉移, transference)
중요한 사람들의 관계에서 경험했던 느낌, 사고, 행동 유형이 현재 맺고 있는 사람들의 관계로 전치된 것.

전이는 넓은 의미로 보면 내담자가 상담자에 대해 느끼는 감정이나 사고이며, 좋은 의미로 보면 내담자가 유아기나 아동기에 부모들이나 다른 성인들에 대해 지녔던 감정과 사고를 상담자에게 투사하는 것을 말한다.

▌한국교육심리학회 편, 『교육심리학 용어사전』, 학지사, 2000.

전조작기 (前操作期, former manipulate period)
논리적인 사고를 하기 이전의 단계로, 사고는 가능하지만 그 사고를 원래대로 되돌릴 수 있는 가역성이 발달되지 못한 시기(2세~7세).

스위스의 심리학자인 피아제(Piaget)는 그의 저서(어린이 지식의 근원)에서 전조작기의 개념을 제시했다. 전조작기는 전개념기와 직관적 사고기 두 가지로 나뉜다. 이 시기는 감각 운동기의 사고 유형과 달리 환경에서 사물에 대한 상징과 심상을 사용하는 능력이 증가된다. 전조작기에서 심상은 비교의 상태로 재생된다.[215] 전조작기의 어린이 사고의 특징은 가역적으로 조작을 할 수 없고, 변환 과정을 이해할 수 없으며, 지각의 중심화가 나타나 자기중심적이다.

전조작기는 사물에 대해 상징과 심상을 작용하는 능력이 증가되며, 처음으로 상징된 재현의 표현을 시도한다. 3세 이하의 어린이는 난필(scribble)밖에 할 수 없다. 3세~4세 어린이는 어떤 형상의 닫히고 열림을 지적할 수 있고, 삼각형과 사각형, 기타의 기하학 형태들이 모두 둥근 모양으로 그려진다. 이에 대

---

215. 무엇이 떨어지는 경우 중간 단계는 상상하지 못한다.

해 피아제는 유아들이 생각하고 그리는 최초의 양식을 위상이라고 하였다. 만곡의 동그라미(loop), 선화하는 동그라미(whirl), 부정형의 둥근 형태의 난필이 점점 없어지고, 마음과 눈의 통제에 따라 차츰 평면적인 기하학의 형상들이 조작된다.[216]

▌ Piaget, Jean, *The Origins of Intelligence in Children*, (Trans.) by Margaret Cook, New York : International Univ. Press, 1952.

쇠라의 〈그랑드자트 섬의 일요일 오후〉

점(點, dot)

기하학으로 보면 눈에 보이지 않고, 위치만 있음.
점은 합목적으로 사용되는 기호이며, 비물질적 존재이고, 본질적인 측면에서 보면 0과 같다. 점의 기능은 위치, 강조, 구분, 계획, 수량을 나타내며, 상징적인 면에서 모든 조형 예술의 최초의 요소로 규정지을 수 있다.

〈디자인 요소의 형태 분류〉

형태	동적인 형태	정적인 형태
점	위치만 있고, 크기는 없다.	선의 한계, 교차
선	점의 이동	면의 한계, 교차
면	선의 이동	입체의 한계, 교차
입체	면의 이동	

▌ 박현일, 『디자인 강의』, 교우사, 2008.

점묘법(點描法, pointage)

붓이나 펜으로 점을 찍어 그림을 그리는 기법.

점이(漸移, gradation)

차차 옮아감 또는 점차적인 변화=그러데이션, 계조(階調), 점층(漸層).
점이란 보편적인 자연 질서의 기본적인 형태를 말하며, 각 부분의 단계적인 변화나 일정한 비례를 준다. 간격이 일정하면 단조롭고, 간격이 불규칙하면 리듬감이 생긴다. 점이는 점차적인 변화와 질서의 방법을 요구하며, 때때로 착시 현상도 일으키고, 연속과 유도로 진보를 나타낸다. 빨강, 주황, 노랑, 녹색, 파랑, 보라로 변하는 무지개 색과 하양에서 검정까지 명도 단계가 좋은 예다.

▌ 박현일, 『디자인 강의』, 교우사, 2008.

점토(粘土, clay)

찰흙.

점토 교육(粘土敎育, clay education)

찰흙에 대한 지식을 가르치고 품성과 체력을 기름.
염태진(廉泰鎭)은 그의 저서에서 점토 교육의 효과

---

216. 둥근 원이나 네 개의 선을 첨가하여 사람들을 표현하고, 큰 동그라미 안에 작은 동그라미를 그려 얼굴 부분이 나타난다.

를 두 가지로 정리했다. 첫째는 근육 운동과 조형 감각의 협응(coordination)이다. 둘째는 정서적 안정을 높이 평가하고, 누구나 쉽게 만들 수 있기 때문에 좌절감보다 성공적 즐거움을 맛보게 되며, 정복감과 만족감, 자신감을 가지게 된다.

▌ 염태진, 『유아교육을 위한 창작공예』, 창지사, 1984.

점토 활동 단계(粘土活動段階, clay activity stage)
아이들이 찰흙을 이용하여 움직이는 과정.
미국의 코넬대학교 교수인 브리테인(Brittain)은 로웬펠드(Lowenfeld)와 함께 쓴 저서(창조와 정신 성장)에서 2세가 된 어린아이는 점토를 두드리는 행동을 하고, 3세가 된 어린아이는 동그란 공을 만든다. 4세가 된 어린아이는 공을 모아 약간 복잡한 형태로 만들어 손가락으로 구멍을 내기도 한다. 5세가 된 어린아이는 무엇을 만들 것인지 구체적으로 목적을 세운다.

▌ Lowenfeld, Viktor & Brittain, W. Lambert, (4th Ed.), *Creative and Mental Growth*, New York : Macmillan Publishing Co., Inc., 1964. / Lowenfeld, Viktor & Brittain, W. Lambert, (6th Ed.), *Creative and Mental Growth*, New York : Macmillan Publishing Co., Inc., 1975.

정물화(靜物畵, still-life painting)
꽃이나 과일 또는 기물(器物)을 소재로 그린 그림.
정물화는 17세기 네덜란드 화가들에 의해 시작되었고, 18세기 프랑스의 샤르댕(Chardin, Jean-Baptiste-Siméon)은 정물을 주제로 한 작품을 많이 남겼으며, 그 이후 인상파 화가들에 의해 더욱 발전되었다.

바네스(Barnes)는 그의 논문("어린이의 그림 연구")에서, 어린이는 정물을 그릴 때 앞에 놓인 정물의 시각 형태에 주의를 기울이지 않는다. 어린이의 그리기 방법에 관한 연구에서, 어린이는 시각적 내용을 사실적으로 그리려는 욕구보다 상징적으로나 도식적으로 그린다. 또한 미술을 전공하는 대학생들도 형태의 지각 방식에 대한 학습 욕구는 그리 강한 편은 아니다.

이 논문에서는 어린이에게 자기 앞에 놓인 대상을 그리도록 요구해도 그것에 주의를 기울이지 않는 것은 그들의 마음속에 있는 단순하고도 명쾌한 이미지 때문이고, 또한 그림의 의도나 기능의 차이 때문이다.

▌ Barnes, E., "A Study of Children's Drawings", *Pedagogical Seminary*, 2, Massachusetts, 1892.

정밀 묘사(精密描寫, precision description)
연필이나 펜 따위로 대상을 정확히 관찰하고, 실재감을 느낄 수 있도록 한 세밀한 표현.

정서(情緖, emotion)
유기체가 자극에 직면하여 인지적, 생리적, 행동적으로 반응하는 발생적으로 획득된 동기.

정서 교육(情緖敎育, emotion education)
문학, 미술, 음악, 무용에 대해 직접적으로 파악할 수 있는 올바른 이해와 감상력을 육성시켜 미적(美的) 정서의 함양을 꾀하는 교육.
미국의 클라크대학교 총장, 교육학 세미너리(seminary), 잡지사 편집자인 홀(Hall)은 그의 논문("활동에 관한 어린이의 연구")에서 정서 교육에 대해 언급했다. 모든 교육의 형식 중에서 정서 교육이 가장 중요하고, 이것은 지적인 활동보다 더 근본적인 것이다. 지식은 나중에 발달하나 정서는 인생과 같이 오랜 시간이 필요하다. 따라서 정서는 지식 개발과 모든 사상의 근원이 된다. 그의 교육은 창조적인 자기의 발전 과정이며, 이것은 내적 개발(inner unfolding)에서 이루어진다.

▌ Hall, G. S., "Child Study Movement".

정서 장애(情緒障碍, emotional disturbance)

발달상에 있는 어린이의 적응 장애 중에서 지적 능력 이외의 요인에 의한 장애.

크레이머(Kramer)와 울먼(Ulman)은 그들의 저서에서, 정서 장애는 정서적인 환경에서 부적절한 행동이나 느낌을 가지며, 동료와 원만한 대인 관계를 유지할 수 없는 상태와 불행한 감정을 가지고 있다고 보았다. 그들은 지각, 인지, 운동 장애를 가진 정서 장애 아동들에게는 창조적 과정인 미술 치료가 자기 인식과 개인적 성장을 촉진시킬 뿐 아니라 갈등을 조정하기 위한 도구라 했다.

▌ Kramer, E. & Ulman, E., *Art Therapy*, In Reynolds, C. R. & Gutkin, T. B., (Eds.), *The Handbook of School Psychology*, New York : Johnn Wiley & Sons, 1982.

정서적 반응(情緒的反應, emotional reaction)

정서를 띤 작용이나 자극에 의해 일어나는 변화의 현상.

미국의 행동주의 심리학자인 왓슨(Watson, J. B.)은 1913년 어린이의 정서 발달을 처음으로 연구했다. 인간이 가지고 있는 근원 중에 기초적인 정서 반응의 초기 형태[217]는 공포, 분노, 애정 세 가지가 있다.

그는 또한 공포를 일으키는 원인으로 크게 두 가지가 있다고 했다. 첫째는 큰 소리를 질렀을 때, 둘째는 신체적 충격이다.

▌ 김정, 『아동의 미술교육 연구』, 창지사, 1989.

---

217. 신생아기(생후 1개월 이내)를 의미한다.

정신 검사(精神檢査, Mental Test, MT)

여러 가지 정신 작용 중에서 특히 지적인 면에 많이 사용되고 있기 때문에 지능 검사와 같은 뜻으로 사용. 〈정신 검사〉는 〈지능 검사〉라는 말 대신에 〈정신 발달 검사〉라고도 하며, 이때도 지적 능력의 면을 가리킨다. 이 검사는 1890년 미국의 캐텔(Cattell, J. M.)이 쓴 논문("정신 검사 및 측정")에서 시작되었고, 프랑스의 비네(Binet)의 〈지능 검사〉도 이와 같이 부르고 있다.

부로스(Buros, O. K.)의 〈정신 측정 연감(Mental Measurement Yearbook)〉이 사용되는 경우도 있고, 이것은 성격 및 인격이나 지능, 적성과 같이 심리적 제 검사의 개관이며, 많은 〈성취도 검사(Achievement Test)〉의 개관이기도 하다. 이와 같이 정신은 대단히 넓은 뜻으로 사용되고 있다.

▌ 교육학사전편찬위원회 편, 『교육학대사전』, 교육서관, 1989.

정신박약아 미술 지도(精神薄弱兒美術指導, mental weakness fine art teaching)

지능 발달이 지체된 아이를 일정한 공간 속에서 미를 표현하는 예술의 목적이나 방향에 따라 가르침.

김정권·김춘일은 그들의 논문에서 정신박약 학생을 위한 미술과 학습 지도에 유념해야 할 열 가지 사항을 제시했다. 첫째, 흥미를 중요하게 생각한다. 둘째, 개별적인 지도 방식을 중요시한다. 셋째, 일상생활의 경험을 중심으로 한다. 넷째, 구체적이고, 감각적인 활동을 중심으로 지도해야 한다. 다섯째, 학습의 내용, 과정, 방법이 단순해야 한다. 여섯째, 반복적으로 한다. 일곱째, 통합적으로 한다. 여덟째, 사회 경험을 강조한다. 아홉째, 융통성이 있게 한다. 열째, 학생을 존중한다.

위에서 언급한 사항을 요약하면, 정신박약 학생들은 미술 활동에 있어서 정상적인 학생과 비교할 때 발달의 속도가 느리고 수준이 낮지만, 기본적인 발달 양식은 크게 다르지 않다. 따라서 이들의 미술 지도는 좀 더 교육적으로 구안(具案)된 신체·정서적 자극, 지도의 전략이 필요하다. 그리고 이들은 동기 유발에 있어서 매우 활동적이고, 행동이 반복적이며, 좀 더 흥미 있는 언어로 동기화를 부여한다.

▎김정권·김춘일,「특수아의 미술 교육」,『특수학교 교육과정 문제점 분석』, 대구대학교 특수교육연구소, 1987.

정신박약아의 그림(精神薄弱兒 -, picture of mental weakness)

지능 발달이 지체된 아이(지능 지수가 보통 75 이하)의 그림.

일본의 아동 미술 연구가인 미야타께(宮武)는 그의 연구에서 정신박약아의 그림 특징을 세 가지 제시했다. 첫째, 정신 정박아의 그림은 추상적이고, 설명이 없으면 해명이 불가능한 경우가 많다. 이런 그림은 먼저 어린이를 알아야 하고, 이 그림을 그린 전후의 변화나 과거의 그림과 비교해야만 실마리가 풀린다. 둘째, 긴장의 체제와 경계선의 딱딱한 정도가 정상 어린이와 다르다. 긴장의 체제란 목표를 이루도록 짜여진 반응의 조건인데, 정박 어린이들은 하나의 행동과 다른 행동 사이의 벽이 두껍고, 목표 달성을 취하면 행동은 중단되며, 언젠가 그 일을 계속한다. 그들은 한 가지 행동과 다음 행동 사이에 긴장도가 크

고, 그 사이의 벽이 딱딱하다. 셋째, 타인에 대해 경계를 하고, 병적 자기 방어가 심하며, 무엇인가를 두려워하고 있는 것이 대체적으로 많다.

▎김재은,『그림에 의한 아동의 심리진단』, 교육과학사, 1984.

정신 분석(精神分析, psychoanalysis)

프로이트에 의한 신경증의 치료법과 그 심리학적 이론 체계.

오스트리아의 의사인 브로이어(Breuer)는 심한 히스테리에 걸린 한 소녀에게 최면술을 걸어 병을 일으키게 된 사건에 대해 얘기를 시켰는데, 그것으로 소녀의 병이 완쾌되었다. 다시 말해서 마음속 깊이 억눌려 있기 때문에 환자 자신은 의식하지 못한 마음의 상처가 병이 되는 원인을 알아냈다. 프로이트(Freud, S.)는 브로이어와 함께 히스테리의 증상을 무의식 속에 억압되어 있던 마음의 갈등이 본인의 의사와 관계없이 육체적인 증세로 변형되어 일어나는 정신적 에너지로 생기는 병임을 알아내었다. 따라서 그들은 히스테리를 고치려면 무의식 속에 눌려 있던 감정을 정상적 통로를 통해 의식계(意識界)로 방출(catharsis)하는 이론을 세웠다.

프로이트는 자유 연상법(自由聯想法)으로 환자 머리에 떠오르는 생각을 숨기지 않고 얘기하게 하는 방법으로 바꾸었다. 1896년 그는 이런 방식을 '정신 분석'이라고 명명했다. 그는 노이로제의 치료에서 얻은 지견을 꿈, 남 앞에서 빗나간 말을 하는 것, 농담이라는 형식으로 방출시키는 속마음을 연구하여 1900년 이후 자기 나름의 심리학 체계를 세우고 이를 정신 분석이라고 불렀다. 자기의 학설이 처음부터 가설에서 출발한 것이고, 과학적인 입증(立證)이 불가능한 것이어서 감히 정신 분석학이라는 학(學)자를 넣지 못했다.

▌『두산백과사전』, 동아출판사, 1982.

정신 분석적 미술 치료(精神分析的美術治療, psychoanalysis art therapy)

정신 분석가들이 사용한 자유 연상, 꿈의 해석, 저항, 전이의 분석, 해석을 사용하는 미술 치료의 한 가지 종류.

정신 분석적 미술 치료는 자유 연상이나 꿈의 내용을 전달하는 데 있어서 그림이나 창조적 매체를 통해 표현케 한다. 아동의 경우는 성인에 비해 자유 연상의 준비성이 결여되어 있어서 그림의 사용이 언어의 사용보다 의사소통에 용이하다(Freud, 1927). 또한 어떤 환자의 경우는 무의식적 동기를 각성시켜 의식 수준으로 전환시키는 방법에서 꿈보다 미술 작품의 분석이 더 효율적이라는 학자들도 있다.

성인의 경우 난화나 핑거 페인팅을 그리게 하여 자유 연상이나 연상되는 것을 적용하는 치료사들이 늘어나고 있다. 나움버그(Naumburg, 1928)가 오래 전에 발견했듯이, 자발적인 미술 표현을 통해 이미지를 표출[218]하는 것이 치료나 정화, 원활한 의사소통

의 효과를 거둘 수 있다. 정신 분석적 미술 치료는 내담자가 표현한 작품의 소재를 분석하고, 미술을 상징적 언어의 형태로 보았으며, 자유롭게 자신을 표현케 한다. 다시 말해서 이 치료는 상징과 전이를 매우 중시하고, 융(Jung, C. G.)의 집단 무의식 개념과 대상관계 이론도 치료 이론에 통합하고 있으며, 미술 치료의 승화 문제나 자아 심리학적 접근도 프로이트(Freud, S.)의 이론을 기초로 하고 있다.

이러한 정신 분석적 치료 모형은 음악 치료의 모형으로도 활용되며, 내담자에게 10분 정도 음악을 들려주고 음악이 끝나면 자유 연상을 하게 한다. 이때도 시각적 언어인 그림을 사용할 수 있다. 초기의 놀이 치료에서는 친화 관계 형성을 위해 놀이를 사용했으며, 놀이 도구를 통해 아동의 현재 세계를 표현하게 했다.

▌김동연 외, 『미술치료의 이론과 실재』, 동아문화사, 1994.

정신 분열병(精神分析病, schizophrenia)

망상, 환각, 와해된 언어, 심하게 와해된 행동이나 긴장증적 행동, 음성 증상이 상당 기간 동안 존재함.

사회적·직업적 기능 부전으로 발병 이후 상당 기간 동안 직업이나 대인 관계, 자기 관리와 같은 하나 또는 그 이상의 주요 생활 영역의 기능 수준이 발병 이전과 비교하여 현저히 감소되며, 적어도 6개월 이상 지속되어야 한다. 일생 동안 사회로부터 철회되며, 다른 사람들과 관계 형성 능력과 적절히 반응하는 능력에 심각한 장애가 있고, 지나치게 내향적이고 온순하며, 정서가 빈약한 것이 특징이다.

▌윤치연, 『발달장애의 이해』, 형설출판사, 2004.

정신 연령(精神年齡, mental age)

지능의 정도나 수준을 생활 연령에 비추어 지적 연령으로 환산함.

과거의 정신 연령은 실제 연령의 백분율로서 지능 지

---

218. 무의식을 의식화하기

수를 산출하는 데 사용된 적도 있다.

▌ 한국교육심리학회 편, 『교육심리학 용어사전』, 학지사, 2000.

정신 이상자 선호색(精神異狀者選好色, mental aberration person preference color)

비정상적인 괴이한 행동을 하는 자가 좋아하는 색채. 카츠(Katz, S. E.)와 브리드(Breed)는 색채 기호 연구에서, 정신이 이상한 사람들은 파랑, 초록, 빨강, 자주, 노랑, 주황의 순서로 좋아한다고 밝혔다. 공포증 환자들이 따뜻한 색을 더 좋아하고, 히스테리 환자들은 차가운 색을 더 좋아한다.

▌ 파버 비렌 저, 김화중 역, 『색채심리』, 동국출판사, 1985.

정신 작용과 색의 범위(精神作用 − 色 − 範圍, scope of mental function and color)

사고나 감정을 다스리는 현상과 빛깔의 힘이 미치는 한계.

리이더 2세(Jr. Reeder)는 그의 논문("정신 작용에 대한 색의 범위")에서 정신 이상 여부의 진단을 가능하게 했다. 정상인의 망막은 초록 부분이 가장 좁고, 다음은 빨강 부분이며, 파랑 부분은 넓은 편이다. 망막의 주변 부분은 검정과 하양만 느낀다. 그러나 비정상인의 망막은 색을 느끼는 부분뿐만 아니라 형태를 느끼는 부분도 크기가 감소된다. 그 형태도 변화하지만, 가장 중대한 변화는 색을 느끼는 부분의 위치가 바뀐다.

색을 느끼는 부분이 바깥쪽에서 안쪽으로 배열되는 것이 아니라 서로 뒤섞여 있어 위치가 바뀐다. 색을 느끼는 부분이 형태를 느끼는 부분의 경계선 밖으로 돌출된다. 그는 망막의 색채를 느끼는 부분의 연구로 정신 이상의 증세를 발견할 수 있었다. 또한 망막의 구조를 진찰받은 환자는 거짓말을 할 수 없으므로 꾀병을 부리지 못한다. 망막의 색을 느끼는 부분이 비정상적으로 배열되어 있다면 정신 상태도 비정상적이다.

▌ Reeder, James E., "The Psychogenic Color Field", *American Journal of Ophthalmology*, April, 1944.

정체성(正體性, identity)

다양한 상황에서 유지되는 가치관, 행위, 사고의 기본적인 통합과 지속성뿐만 아니라 개인의 자의식과 독특성에 대한 안정된 느낌.

정체성은 하버드대학교 에릭슨의 정신 분석적 자아 심리학과 올포트(Allport, G. W.)의 인격 심리학에서 사용한 용어이며, 사람은 태어나서 죽을 때까지 환경과 교섭을 통해 새로운 경험으로 거듭나고, 생각이나 행위가 시간에 따라 변화되는데도 불구하고 현재의 자기는 어제나 과거의 자기와 같은 자기이며, 또 내일이나 미래의 자기와 이루어진다고 생각하여 점차 그 통합성을 굳게 하게 된다. 이러한 경험이나 사실을 정체성 또는 자기 동일성이라 한다.

▌ 류경남 외, 『가족상담심리 용어사전』, 학지사, 2006.

조각(彫刻, sculpture)

공간 속에서 입체감을 표현하는 예술＝조소(彫塑).

조소(彫塑, sculpture) → 조각(彫刻)

조음 장애(調音障碍, phono logical disorder)

음파로써 물리적으로 말의 소리를 발생시키는 데 있어서의 장애.

조음 장애는 적절한 소리를 실현할 수 없는 증상을 의미하고, 불명료한 소리나 생략, 말이 바뀜, 왜곡으로 크게 구별할 수 있다.

▌ 한국교육심리학회 편, 『교육심리학 용어사전』, 학지사, 2000.

조형(造形, modeling)

형태가 있는 것을 만들어 냄.

미국의 현대 예술 사회학자인 곳샬크(Gotshalk)는 그의 저서(예술과 사회 질서)에서, 조형은 예술 행위의 기본이라고 보았다. 이것은 형태를 낳게 하는 필연적인 행위이다. 형태의 산출은 사회성을 띤다. 개인은 사회 속에서 형성되기 때문에 그의 감각과 의식은 그 사회의 성격을 띤다. 따라서 형태의 산출은 사회성, 곧 '보편적 질서'를 반영한다.

▌Gotshalk, D. W., *Art and Social Order*, New York : Dover Publishing Inc., 1962.

영국의 여성 미술 교육자인 미셸(Michel, H.)은 그의 연구에서, 조형은 개인이나 사회에 있어서 빠뜨릴 수 없는 인간 활동이며, 세계는 예술을 통해 이해한다고 보았다. 그것은 이해를 느리게 할 수도 있고, 더 빨리 할 수도 있으며, 또한 새롭게 만들기도 한다. 예술 교육은 어떤 의미에서 육체에 필요한 생리적인 호흡과 같은 역할을 한다. 예술을 모르는 인간과 예술에 관심을 두지 않은 문명은 정신적인 질식과 도덕적 환멸에 빠질 것이다. 조형에서 자유와 훈련을 어떻게 조화시키느냐가 바로 미술 교사의 과제이다.

▌倉田三郎・手塚又四郎,『世界の美術教育』, 美術出版社(株), 1963.

조형 교육(造形教育, modeling education)

모양을 만드는 것을 가르치고 품성과 체력을 기름. 넓은 의미로 미술 교육이라 함.

조형 예술(造形藝術, modeling arts)

형태가 있는 것을 일정한 재료, 양식, 기교에 의해 미를 창조하고 표현하는 인간의 활동.

코르넬리우스(Cornelius, H.)는 그의 연구에서, 조형 예술은 눈을 위한 형성을 의미한다고 하였다. 이러한 전제에 있을 때 우리들의 시각 체험을 구성하는 세 가지 요소인 광, 색, 형은 조형 예술에 있어서 보다 기본적인 요소이다.

▌미술교재편집회 편,『미술교육』, 학문사, 1986.

독일의 심리학자, 미학자인 립스(Lipps)는 그의 연구에서 조형 예술을 두 가지로 분류했다. 조형 예술은 형상 예술(bildkunst kunst)과 추상 예술(abstrakte kunst) 또는 공간 예술(raumkunste kunst)이다.

▌Lipps, T., *Ästhetik*, I, 1903, II, 1906.

조형적(造形的, plastic)

좁은 의미로 3차원 공간에 작품의 재료나 전체적인 구조에 있어서 미적 형태를 부여하는 것.

조화(調和, harmony)

두 가지 이상의 요소나 부분들의 상호 관계를 잃지 않은 상태=하모니(harmony).

조화는 요소들이 동일하거나 유사할 때 완전히 조화된다. 합리적인 조화는 요소 상호 간에 공통성이 있고, 동시에 차이점이 있을 때 생긴다. 적절한 통일과 변화가 이루어질 때 조화를 이룬다. 통일감은 주제, 모양, 크기를 반복하는 것은 물론 색채, 질감, 재료에서 조화를 이룬다.

조화의 예 : 피사 대성당

▌박현일,『디자인 강의』, 교우사, 2008.

조화 색(調和色, harmony color)

대립이나 어긋남이 없이 서로 잘 어울리는 색채.

1933년 월튼(Walton, William E.)은 500명의 어린이들과 100명의 어른들을 대상으로 인형에 옷 입히기 실험을 했다. 색의 조화는 4세부터 감각이 나타났으나, 평균 8세 이후가 되어야 비로소 믿을 만한 경향이 나타난다. 그리고 단색의 선호나 색채 선택에 소모된 시간은 조화로운 색을 고를 수 있는 능력과 상관이 낮았다. 여기서 조화 색의 선택은 나이가 많아짐에 따라 발전되고, 미적 재능에 따라 달라진다.

▌Pickford, R. W., *Psychology and Visual Aesthetics*, New York : Hutchinson Educational Publisher, 1970.

조화 색의 선호(調和色 - 選好, preference of harmony color)

대립이나 어긋남이 없이 서로 잘 어울리고, 특별히 좋아하는 색채.

1971년 대쉴(Dashiell)은 유치원 어린이 200명을 대상으로 조화 색에 대한 선호(preference)를 조사했으며, 빨강과 녹색, 빨강과 파랑, 주황과 노랑의 쌍을 보여 주고 자신이 좋아하는 쌍을 고르도록 했고, 그 결과 어린이들이 선호하는 색을 알수 있었다. 또한 이 조사는 어린이들에게 사용한 것과 같이 대학생들에게 사용했더니 성적 차이와 나이의 차이에 따라 선호가 달랐다. 여자 대학생들은 파랑과 보라 쌍을 제일 좋아하는 반면, 남자 대학생들은 아주 싫어했다.

▌Pickford, R. W., *Psychology and Visual Aesthetics*, New York : Hutchinson Educational Publisher, 1970.

종교 행사의 색(宗敎行事 - 色, color of religious service)

신이나 절대자를 믿고, 숭배하고, 받듦으로써 마음의 평안과 행복을 얻고자 하는 정신문화의 색채.

빨강은 성탄절과 성 발렌타인 데이(Valentine Day), 주황은 만성절 전야, 노랑은 부활절을 나타낸다.

▌박현일 외, 『색채학 사전』, 국제, 2006.

성탄절　성 발렌타인 데이　부활절

종합 집-나무-사람 검사(綜合 - 檢査, Synthetic-House-Tree Person Test, S-HTPT)

집, 나무, 사람에 대해 종합적으로 분석하는 방법.

마루노(Maruno)와 도쿠다(Tokuda)는 나카이(中井)의 방법과 다이아몬드(Diamond, 1954)의 기법을 도입해 종합적 HTP 검사를 도입했다.

〈S-HTP 검사〉의 장점은 HTP와 비교하여 한 장의 종이에 그리므로 내담자의 부담이 적다는 것이다. 이 검사의 해석은 집, 나무, 사람에 대한 버크(Buck)의 견해에 따르고 있다. 집은 가정생활이나 가족 내 인간관계에 따른 연상의 표현이다. 나무는 보다 무의식적인 자기상이나 자기상에 대한 감정을 나타낸다. 사람은 의식에 가까운 부분에서 자기상이나 환경과의 관계를 나타낸다.

사람의 평가에서는 인원수와 크기를 분석한다. 인원수는 한 사람 혹은 복수를 그리는 경우가 있는데, 고립 경향이 있는 사람은 한 사람을 그리는 경우가 많다. 사람이 집이나 나무에 비해 균형이 맞는지가 중요하다. 이성만 그리는 경우는 문제가 있고, 방향은 다른 것과 관련해서 다양하게 해석할 수 있다. 동작을 나타낼 때는 질문해서 확인하고, 그 동작이 심적 상황이나 원망을 나타내는 경우도 있다. S-HTP에서는 간략하게 그리고, 방어적 태도를 나타낸다.

집의 평가에서는 크기, 안정감, 벽을 분석한다. 집은 가족과의 관계를 나타낸다. 초등학생은 집을 크게 그리는 경우가 많은데, 안정감이 없는 집은 가족관계의 불안정이나 내적 불안정성을 나타낸다. 벽면수는 발달과 관계가 있다. 문은 외계와의 교류, 적극적인 인간관계에 대한 태도를 나타낸다. 창문은 간접적인 교류, 수동적인 외계와의 접촉의 방법을 나타낸다. 초등학생 이하에서는 생략하는 경우도 있다. 그밖에 굴뚝이나 커튼이 그려지는 경우가 많다.

나무는 복수로 그리는 경우가 많은데, 이 경우는 각각의 나무가 간략화된다. 복수의 경우는 세부적인 분석보다 전체적인 평가가 중심이 된다. 각각의 평가는 〈바움 검사〉의 평가에 준한다.

> 三上直子, 『S-HTP法—統合型HTP法による臨床的·發達的アプローチ』, 東京, 誠信書房, 1995.

좋은 교사 (– 敎師, good teacher)

뉴질랜드의 대학교 교수인 바레트(Barrett)는 그의 논문("뉴질랜드의 미술 교육")에서 좋은 교사와 풍부한 전문가를 위한 내용을 세 가지 제시했다. 첫째, 인품은 인간으로서 길러야 할 최소한의 조건이다. 둘째, 지도 능력은 아이들과 관련되어 있는 관계이다. 셋째, 미술 능력은 사회에 적응할 수 있는 좋은 품성으로 인간 교육을 해야 한다.

> Barrett, W., "Education on through Art in New Zealand", 유네스코 세계대회, 1962. / 김정, 『세계의 미술교육』, 도서출판 예경, 1994.

좋은 선생 (– 先生, good teacher)

일본의 아동 심리학자인 하나노 이쏘꼬(花野イソコ)는 그의 저서에서, 좋은 선생이란 처음부터 아이를 전문가로 키우려 하지 않는 선생, 아이가 좋아하는 선생, 아이의 몸과 마음의 발달을 이해하고 무시하지 않는 선생님이라고 밝혔다.

> 하나노 이쏘꼬 저, 외문기획 옮김, 『유아심리를 이용한 젊은 엄마의 자녀교육』, 한울림, 1993.

좌우 뇌수 (左右腦髓, left and right brain)

왼쪽과 오른쪽 뇌의 관계.
올스타인(Orstein)은 그의 연구에서 좌우 뇌수 기능

의 특성을 소상하게 언급했다. 왼쪽 뇌수는 시간의 데이터 처리에 능하고,[219] 오른쪽 뇌수는 공간의 데이터 처리에 능하다.[220]

〈좌우 뇌수의 기능〉

좌(left)	우(right)
합리적, 논리적, 이지적	직관적
수렴적 사고 과정	확산적, 창조적 사고
연역	상상
분석, 구별	종합, 관련, 전체
구분	계속
2차적 과정	1차적 과정
방향, 지시	자유
선, 순차	면, 순차 없는
역사, 시간	시간 없는, 공간
객관성	주관성
언어적	비언어적
일반성	개성
과학, 본 다음에 믿겠다.	종교, 믿으면 보게 된다.
서양의 문화	동양의 문화
읽기, 듣기, 말하기, 쓰기	꿈, 상징, 율동, 음악, 시
즉각적	영구적

> 김춘일, 『미술교육론』, 홍성사, 1985.

좌우 대칭 (左右對稱, left and right symmetry)

중앙을 중심으로 상하 좌우 축으로 일치하는 것=선대칭.
좌우 또는 상하로 한 개의 직선을 축으로 대칭하는 것이다.

> 박현일, 『디자인 강의』, 교우사, 2008.

---

219. 시간의 뇌수(temporal brain)를 의미한다.
220. 시각, 공간의 뇌수(visual spatial brain)를 의미한다.

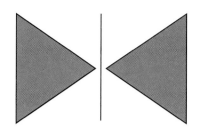

좌절(挫折, frustration)

어떤 목적의 지향적 행동이 훼방당하거나 연기될 때 일어나는 긴장 상태.

목표를 장애물이 가로막아 동기나 욕구를 이루지 못할 때 생겨나는 마음의 응어리를 욕구 불만 또는 욕구 좌절이라고 한다. 좌절은 어떤 일을 하려는 노력이 방해받을 때 흔히 일어난다.

▌류경남 외, 『가족상담심리 용어사전』, 학지사, 2006.

좌향 우향(左向右向, left and right direction)

왼쪽 방향과 오른쪽 방향의 관계.

1952년 젠센(Jensen)은 그의 연구에서 묘화에 나타난 수향성(handedness) 결과를 제시했다. 묘화에 나타난 얼굴을 보고 왼쪽이냐 오른쪽이냐에 대해 분석했다. 오른손잡이는 좌향이고, 왼손잡이는 우향이며, 신체적인 조건 가운데 수향성을 의미한다. 어린이들은 자라면서 점점 좌향성이 줄어들지만 상당한 어린이들은 좌향성으로 굳어 버린다.

▌Lansing, Kenneth M., *Art, Artists and Art Education*, New York : McGraw & Hill Book Co., 1977.

힐드리드(Hildreth, G.)는 그의 연구에서 왼손잡이와 오른손잡이에 대해 언급했다. 왼손으로 자주 그림을 그리는 것은 난화기(2세~4세나 5세)에 속하는 어린이들이 많다. 어린이가 점점 성장함에 따라 초등학교에 들어갈 때쯤이면 왼손잡이는 차츰 적어진다. 2세~5세의 어린이 44명을 대상으로 그들이 식사할 때와 운동장에서 노는 모습을 조사했는데, 그중 11%

조금 넘는 어린이가 왼손잡이였고, 또 여자 아이보다 남자 아이가 왼손잡이나 양손잡이가 많았다. 결론적으로 오른손잡이는 그가 식사할 때 모방한 학습된 행동으로 많이 나타난다.

▌김정, 『아동의 미술교육 연구』, 창지사, 1989.

주관색(主觀色, subjective color)

흑백의 반짝임을 느끼게 하면, 무채색(하양과 검정)의 자극밖에 없는 데서 유채색이 보이는 현상.

1838년 독일의 물리학자 페흐너(Fechner, G. T.)가 발견하여 페흐너의 효과라고 한다.

▌박현일, 『족집게 컬러리스트』, 교우사, 2008.

주목성(注目性, attention)

사람의 눈에 자극을 주어 눈길을 끄는 성질.

주목성은 단일 색상에 대한 자극성을 말하며, 보색 관계에 있는 색채에서 강한 효과가 나타난다. 이것을 주의 가치(attention value)[221]라고 한다. 또한 모든 사람의 심리적인 작용에 의해 일어나고, 객관적인 표시는 곤란하다.

주목성이 강한 색의 순서는 주황(YR), 빨강(R), 노

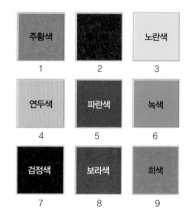

---

221. 주목성이 강한 색은 배색 관계에 있어서 배경 색과 명도 차이가 심하고, 보색 관계에 있어서 색채의 효과가 강하다.

랑(Y), 연두(YG), 파랑(B), 녹색(G), 검정(B), 보라
(V), 회색(gray)이다. 시인성이 높은 색은 주목성도
높고, 따뜻한 난색은 차가운 한색보다 주목성이 높
다. 명도와 채도가 높은 색은 원색(빨강과 노랑)일수
록 주목성이 높다. 하양 배경에서 주목성이 높은 색
의 순서는 빨강, 주황, 노랑, 녹색, 파랑, 보라의 순서
이다. 회색 배경에서는 노랑, 빨강, 주황, 파랑, 녹색,
보라의 순서이다. 검정 배경에서는 노랑, 주황, 빨강,
녹색, 파랑, 보라의 순서이다.

▌박현일 외, 『색채학 사전』, 국제, 2006.

주의력 결핍(注意力缺乏, attention-deficit)

주의 집중을 유지하지 못하는 현상.

일반적으로 6세~7세의 아동들은 주의 집중과 학습
할 수 있는 능력이 생기나, 간혹 어떤 아동들은 이러
한 능력이 채 발달하기 전 초등학교 과정을 시작할
경우가 있으며, 이럴 때 학습에 주의를 집중하지 못
하는 발달상의 결함이 나타날 수 있다.

▌한국교육심리학회 편, 『교육심리학 용어사전』, 학지사, 2000.

주의력 결핍 및 과잉 행동 장애(注意力缺乏過剩行動障碍, Attention Deficit Hyperactivity Disorder, ADHD)

주의 집중을 유지하지 못하고, 지나치게 몸을 움직이
는 장애.

대한소아청소년정신의학회 아동 부모 지침서에 의
하면, 주의력 결핍 과잉 행동 장애는 아래와 같이 두
가지 유형의 증상들에 대한 평가 결과, 두 유형 중 하
나라도 다음 네 가지 조건에 모두 해당되면 ADHD로
진단된다. 첫째는 아홉 가지 증상 중 여섯 가지 이상
이 적어도 6개월 이상 지속된다. 둘째는 증상의 일부
가 반드시 만 일곱 살 이전에 나타난다. 셋째는 증상
이 적어도 둘 이상의 상황[222]에서 나타난다. 넷째는

이런 증상들로 인해 사회생활이나 학습 기능에 장애
가 발생하고 있다.

주의력 결핍 증상 유형에는 아홉 가지가 있다. 첫
째는 공부, 일 또는 일상생활에서 부주의해 실수를
많이 한다. 둘째는 공부, 일, 놀이를 할 때 집중을 하
지 못한다. 셋째는 다른 사람의 이야기를 귀 기울여
듣지 않는 것처럼 보인다. 넷째는 반항하거나 지시
사항을 이해하지 못한 것도 아닌데, 지시에 따라 자
신이 해야 할 일을 끝마치지 못한다. 다섯째는 일이
나 활동을 조직적으로 체계화시켜 처리하는 데 어려
움이 있다. 여섯째는 학교 공부 또는 숙제의 정신적
노력이 필요한 일이나 활동을 피하거나, 싫어하거
나, 또는 하기를 꺼린다. 일곱째는 필요한 물건들을
흔히 잃어버린다. 여덟째는 외부의 자극에 따라 쉽
게 산만해진다. 아홉째는 일상적인 활동을 자주 잊
어버린다.

과잉 행동과 충동성 증상 유형에는 아홉 가지가 있
다. 첫째는 자리에 가만히 앉아 있지 못하고 손발을
계속 꼼지락거리거나 몸을 꿈틀거린다. 둘째는 수업
시간처럼 가만히 앉아 있어야 하는 상황에 자리에서
일어나 돌아다닌다. 셋째는 공공장소에서 뛰어다니
거나, 지나치게 높은 곳을 오르는 행동을 한다. 넷째
는 놀이에 어려움이 있거나 여가 활동을 조용히 하지
못한다. 다섯째는 마치 '모터가 달린 장난감처럼' 쉴
새 없이 움직인다. 여섯째는 말을 너무 많이 한다. 일
곱째는 질문이 끝나기도 전에 불쑥 대답한다. 여덟
째는 자신의 순서를 기다리지 못한다. 아홉째는 다
른 사람의 대화나 놀이에 불쑥 끼어들어 방해한다.

▌박현일 · 조홍중, 『그림을 통한 성격 치료 미술 치료』, 시그
마프레스, 2009.

---

222. 학교와 집

주의 산만(注意散漫, distraction)

주의력을 유지할 수 없는 상태.

주의 산만은 가까이에 있는 사물에서 주위가 쉽게 전환되는 경향을 말한다. 다시 말해서 자극이 조금만 있어도 한 영역이나 주제에서 다른 쪽으로 주의가 바뀌거나, 중요하지 않은 외부 자극에 주의가 지나치거나 빈번하게 쏠리는 상태이다.

▌ 류경남 외, 『가족상담심리 용어사전』, 학지사, 2006.

주의 집중(注意集中, attention concentration)

마음에 새겨 한군데로 모이거나 한군데로 모음.

기리피스(Griffiths)는 그의 저서(초기 어린이 시대의 상상력 연구)에서, 4세 어린이가 한 가지 일에 집중하는 시간은 5분~10분 정도이다. 그 중에서 약 3분의 1은 주의가 산만해지거나 공상하는 데 소비하여 집중하는 시간이 2분~3분 정도밖에 안 된다. 보통 5세 어린이들은 정신 집중 상태를 단지 몇 분밖에 유지할 수 없으며, 몇 분 안 되는 동안에도 문제에서 이탈하여 좀 덜 격렬한 공상 작업에 빠진다. 이러한 사고 유형은 지시가 없는 사고이고, 그들의 공상을 이해하는 것이 그들을 이해하는 것이다.

▌ Griffiths, R., *A Study of Imagination in Early Childhood*, London : Kegan Paul, 1935.

주제의 선호(主題 – 選好, preference of theme)

주요한 제목을 특별히 좋아함.

라크–호로비츠(Lark-Horovitz)는 그의 저서(미술보다도 지도에 더 이해를 하는 어린이)에서 어린이들의 관심이 어디에 쏠리는가를 관찰했다. 주제의 선호에 대한 어린이의 반응은 다음의 그림과 같다.

▌ Lark-Horovitz, B., *Understanding Children Art for Better Teaching*, New York : Bell & Howell Co., 1973.

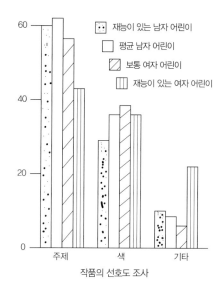

작품의 선호도 조사

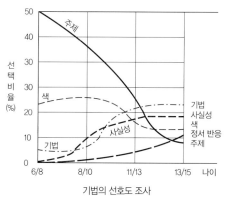

기법의 선호도 조사

주제 통각 검사(主題統覺檢査, Thematic Apperception Test, TAT)

애매하고 분명치 않은 그림을 보여 주고 그에 대한 반응을 분석함으로써 피험자의 욕구, 동기, 기본적 태도, 성격 구조에 관한 통찰을 하는 방법.

〈주제 통각 검사〉는 1935년 하버드대학교 심리학연구소에서 머레이(Murray)와 모건(Morgan)이 발표한 것으로 로르샤흐(Rorschach) 검사와 함께 쌍벽을 이루는 투사적 방식의 검사이다.

이 검사의 방법은 피험자 자신이 자각하지 못하거나 다른 방법으로 관찰자에게 준다. 이 방법의 이론적 배경은 프로이트(Freud, S.)의 정신 분석에 있으며, 특히 정신 분석의 동일화 기제(mechanism of identification)에 있다.

그림을 보고 이야기를 만든 결과 한 인간의 성격 구조를 알 수 있다는 것은 다음의 두 가지 이론적 배경에 있다. 첫째, 인간은 애매한 사회 장면을 해석하려고 할 때 자기의 과거 경험이나 현재의 욕구를 더해 그것을 설명하려고 하는 경향이 있다. 둘째, 이야기를 만드는 사람은 그 재료를 자기의 경험에서 가져오며, 의식적·무의식적으로 자기 자신의 감정 요구를 이야기 속에 집어넣게 된다.

이 검사의 구성은 30매의 애매한 그림으로 된 카드와 1매의 백지로 된 카드로 구성되어 있다. 이것을 소년용(B), 소녀용(G), 성인남자용(M), 성인여자용(F)으로 나누며, 20매씩 조합이 되도록 기호가 정해져 있다. 이 20매의 카드를 10매씩 나누어 두 번에 실시한다.

결과의 해석은 여러 가지 방법이 있다. 여기에서 설명된 방법은 머레이(Murray)의 해석법이다. 머레이는 여섯 가지로 분석했다. 첫째는 누가 주인공(hero)이냐? 피험자가 누구와 동일시하고 있느냐? 둘째는 주인공의 욕구, 동기, 감정의 분석. 셋째는 주인공에게 주는 환경의 압력에 대한 분석. 넷째는 결과가 어떻게 끝났느냐? 해피 앤딩이냐 아니냐? 성공이냐 실패냐?. 다섯째는 테마. 여섯째는 흥미와 감정이다.

▋ Murray, Henry Alexander, Morgan, C. D., 〈Thematic Apperception Test〉, 1935.

주조 색(主調色, dominant color)

배색의 기본이 되는 색으로 전체 면적의 70% 이상을 차지하는 색＝도미넌트 컬러.

주조 색은 전체의 느낌을 전달하는 배색을 가리키고, 가장 넓은 면을 차지한다. 전체의 색채 효과가 좌우되고, 다양한 조건을 가미한다. 이 색은 인테리어, 환경, 제품, 소품, 그래픽 디자인, 미용, 패션에서 분야별로 선정된다. 자연에서 볼 수 있는 일몰이나 일출과 같이 여러 가지 색들 가운데 한 가지 색이 중심을 이룰 때 얻어지는 조화이다. 예를 들면 한 사람이 검정색 옷을 입고 흰색 넥타이를 매고 있을 때 검정색이 주조 색이다.

▋ 박현일, 『족집게 컬러리스트』, 교우사, 2008.

주홍(朱紅, reddish orange)

빨강과 주황을 혼합한 색 또는 그 중간의 색.

주홍색

주황(朱黃, orange)

빨강과 노랑을 혼합한 색, 또는 그 색의 중간색.

주황의 상징적 효과는 빨강보다 약간 호소력이 떨어지지만 시인성과 주목성이 좋다. 경계를 표시하는 색채이고, 기계 장치의 위험 부분과 전기 장치의 노출 부분에 사용되며, 밝은 계통의 주황은 식욕을 증진시키는 효과가 있어서 식당에서 많이 사용된다. 조명 광원은 태양의 직사광선 아래에서 강렬하게 반사되고, 시감도가 비교적 높은 색이다. 그늘진 곳이나 어두운 장소에서는 눈에 잘 띄며, 등(燈) 아래에서는 노랑 느낌을 준다.

주황색

▌ 박현일 외, 『색채학 사전』, 국제, 2006.

중간색(中間色, half tone)

색명의 분류에서, 원색과 2차색의 혼합에서 나타난 색.

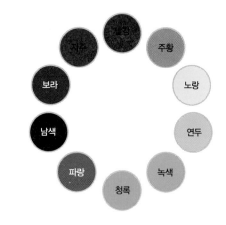

중간 혼합(中間混合, mean color mixture)

혼합된 색의 명도나 채도가 혼합된 색들의 평균 명도나 채도가 되는 경우 눈의 망막에서 일어나는 착시 현상. 혼합된 색의 수가 많아져도 명도나 채도에는 변함이 없다. 이 혼합을 평균 혼합이라 하고, 중첩되지 않은 차이가 있다. 병치 혼합과 회전 혼합 두 가지가 있는데, 이것을 편의상 중간 혼합이라고 하지만 가색 혼합에 속한다.

▌ 박현일 외, 『색채학 사전』, 국제, 2006.

중간 회색(中間灰色, middle gray)

먼셀의 명도 단계에서 명도 0은 검정이고, 명도 10은 하양이다. 이 중간에 속하는 색.

중간 회색의 특성은 예상한 대로 하양과 검정의 성질을 골고루 가지고 있다. 이 색은 날카로운 하양이 갖고 있지 않은 부드러움을 가지고 있으며, 반대로 검정이 가지고 있는 압박하는 듯한 중압감은 없다. 이런 이유 때문에 이 색은 가장 대중적이며, 일반적으로 검정 또는 하양의 어느 것보다도 더 좋아한다.

순색(純色)이 가장 잘 나타나는 배경은 보색을 가미한 회색 바탕이다. 예를 들면 녹회색 상에 놓인 강한 빨강의 경우와 같다. 중간 회색의 상징성과 연상 작용은 피동적인 단념과 겸손을 가진 점잖은 노년을 상징한다.

녹회색

■ 박현일 외,『색채학 사전』, 국제, 2006.

중명도(中明度, middle value)
무채색 중에서 4~6까지 3단계.

중량감(重量感, heavy appearance)
가벼운 느낌과 무거운 느낌.

중량감은 명도에 따라 좌우되고, 가벼운 느낌의 색은 명도가 높은 색일수록 가볍게 느껴진다. 가벼운 색(밝은색)을 위로 하면 안정되어 보이고, 아래로 하면 불안해 보인다. 맑은 하늘, 흰 구름, 흰 종이를 보면 가벼운 느낌이 들고, 색상환에서 난색 계열의 색이다. 무거운 느낌의 색은 명도가 낮은 색일수록 무겁고 답답하게 느껴진다. 쇳덩어리나 바위를 보면 무거운 느낌이 들고, 색상환에서 한색 계열의 색이다.

중량감의 특징 중에서 가장 무겁게 느껴지는 색은 검정이고, 가장 가볍게 느껴지는 색은 하양이다. 중량감은 검정, 파랑, 빨강, 보라, 주황, 초록, 노랑, 하양의 순서이다.

흰색

검정색

■ 박현일 외,『색채학 사전』, 국제, 2006.

중색(重色, heavy color)
무겁게 느껴지는 색.

색의 경중감은 사람의 기분에 의해 좌우되고, 무엇보다도 정서적인 감각의 유추에서 온다. 색의 무겁고 가벼운 감정은 주로 명도에 의한 것이다. 먼셀 체계에서 명도 5~6을 중심으로 저명도의 색은 무겁게 느껴지고, 같은 명도일 경우 채도가 낮은 색이 무겁게 느껴진다. 빨강, 보라, 청록이 무겁고, 검정은 빨강이나 보라보다 더 무겁게 느껴지며, 어두운색은 음울한 느낌을 준다. 난색 계열의 색이 무겁게 느껴지는 것은 지각에 의한 것이다.

검정색

청록색

보라색

■ 박현일 외,『색채학 사전』, 국제, 2006.

중성색(中性色, neutral color)
한난 어느 곳에도 속하지 않은 연두, 녹색, 보라, 자주, 연지색.

중량감은 명도의 영향이 크지만, 중성색은 명도가 높으면 따뜻하고 명도가 낮으면 차갑게 느껴진다. 순색 계열은 중성색이면서 명도 변화에 따라 중성색이 되지 않은 경우도 있다.[223] 어떠한 색상이라고 해도

───────────

223. 연두가 순색일 경우 중성과 고명도에 따라 서늘함이 증가되므로, 연두의 청색(淸色)은 한색 계열에 속한다. 순색에 의한 저명도는 따뜻함이 증가되므로 연두의 암색

ㅈ

밝고 맑은 색은 한색으로 느끼고,[224] 어둡고 탁한 색은 난색으로 느낀다.

박현일 외, 『색채학 사전』, 국제, 2006.

지각(知覺, perception)

감각 기관을 통해 외부의 사물을 인식하는 작용.

와프너(Wapner, S.)는 워너(Wanner, H.)와 함께한 연구에서 지각론을 때로는 감각 구조론 또는 유기체론이라고 불렀다. 지각이란 환경의 자극과 눈, 귀의 오감에 의해 결정된다.[225] 어떤 대상에 대한 지각의 경험이란 대상의 실체적 자극과 어린이의 유기체가 가지는 내면적 감응 욕구 두 가지로 이루어진다. 내면적 감응의 욕구는 외부 세계나 어떤 대상에 대해 자기 스스로 인상되는 일이다.[226]

Lansing, Kenneth M., *Art, Artists and Art Education*, New York : McGraw & Hill Book Co., 1977.

지각과 묘사 과정(知覺-描寫過程, perception and description process)

감각 기관을 통해 사물의 인식하는 작용을 객관적으로 표현하는 정도.

여성 미술 교육학자인 맥피(McFee, J.)는 그의 연구에서 어린이의 지각과 묘사의 과정을 네 가지 과정으로 보았다. 특히 그녀는 지각과 묘사의 과정을 시지각을 통한 선택이나 반응의 과정이며, 환경이 이 과정의 성격을 결정한다고 주장했다.

첫째, 지각적 수용의 과정은 일정한 시간 내에 반응에 대한 개인의 전반에 걸친 준비 상태를 나타낸다. 여기에는 어린이의 현재 단계에 있어서 신체와 지적 발달이 포함된다. 그러므로 이미 학습된 반응과 관습이나 태도, 지적 기제(mental set)에 따라 반응이 일어난다. 심리적 기제(mind set)의 항상성은 눈앞의 시각 영상[227]에 영향을 받기보다 과거의 경험과 지각적인 행동 양식에 따라 결정된다.

둘째, 심리적·문화적 환경 작용의 과정은 어린이의 심리와 문화적 배경이 지각이나 표현의 성격으로 결정된다. 곧 공포와 실패, 성공, 위협, 안심, 상과 벌의 심리적 배경은 지각적 문을 여닫는다. 다시 말해서 실패의 경험은 어린이의 시각 경험을 선택하고, 그것에 대한 능력을 억제하며, 현실적인 목표를 설정하는 능력을 제재하게 된다.

셋째, 지식 정보 통제의 과정은 개인이 받아들인 시각적 특징을 어떻게 파악하는가에 관한 일이다. 세밀한 부분이나 불균형한 모양을 파악하는 능력은 일반적인 지성과 어린이가 받아들인 시각적 정보를 조직화하는 데 중요하다. 그러므로 어린이가 훈련에 있어 세밀한 부분을 묘사하는 능력과 색의 변화와 같은 시각 정보를 위한 학습의 영역은 어린이에게 보다 많은 정보를 파악할 수 있다.

넷째, 묘사의 과정에서 사람은 환경에서 반응한 것을 전달하기 위해 상징을 발견하거나 사용한다. 이런 반응은 직접적인 시각적 경험을 어떤 누군가의 시각적 경험으로부터 기억해 냄으로써 관념화시킨다. 그러므로 묘사는 지각과 경험의 환경에서 반응으로 생산되는 생각, 개념, 느낌을 물리적으로 제시하는 활

(暗色)은 난색 계열에 속한다.

224. 주황에 하양이 띠면 따뜻한 느낌이 줄어들고, 서늘한 느낌이 증가한다.

225. 보고 듣는 감각적 수용은 어느 정도 신체 기관의 모양과 근육의 붙임새에 따라 달라진다는 것을 말해 주는 증거이다.

226. 외부 세계나 대상에 어떤 형태를 주려는 욕구이다.

227. 색채, 선, 크기를 의미한다.

동이며, 이것은 형상의 창조와 조립이다.

■ 김춘일, 『미술교육론』, 홍성사, 1985.

지각 발달(知覺發達, perception development)

감각 기관을 통해 외부의 사물을 인식하는 작용이 차차 완전한 모양과 기능을 갖추게 됨.

스위스의 심리학자인 피아제(Piaget)는 그의 저서(어린이 지식의 근원)에서 어린이 초기의 지각 발달을 3단계로 제시했다. 지각은 학습되고, 헤브(Hebb, D.)나 세덴(Seden, M.)도 지각이나 지각 행동의 성장은 개념 형성에 영향이 크고, 이것이 어린이의 미술에 그대로 반영된다고 하였다. 지력이 발달함에 따라 표현이 달라진다는 연구[228]가 대표적이다.

공간 개념의 연구에 의하면 어린이의 공간 개념 발달에 따라 표현이 달라진다. 4세~8세의 표현은 양식이나 윤곽을 상징적으로 표현하는데, 이 표현의 형태를 스키마(schema, 도식)라고 한다. 윤곽은 어린이가 지각한 외계의 경험이 하나의 '개념'으로 어린이 나름대로 형성된다. 윤곽은 어린이 각자에게 각각 다르게 표현되고, 어린이의 환상과 현실 사이에 다리의 역할을 하며, 최초로 사회에 참여하는 수단이 된다. 의사소통이나 탐색의 사회 참여, 자기주장, 존재의 지위 확보, 기쁨과 자신감, 적극성, 주체성과 자율의 참여는 창조를 낳는다.

1단계는 생후 4개월~5개월까지이다. 이 단계는 지각이 막 열리는 단계로서 매우 혼돈스럽고 질서가 없다. 공간 지식은 위상이다.[229] 위상은 멀어져 가는 분리감과 가까이 다가오는 접근감을 일련의 질서(serial order)로 볼 수 있고, 이런 능력이 생기면 선이나 면의 계속성(continuity)도 지각된다.

2단계, 지각 발달 단계는 5개월~1세까지 이르는 단계이며, 비전(vision)과 손 운동(파악)을 정합하기 시작하고, 손의 운동이 비전에 의해 통제받게 된다. 이 단계는 대상을 질서 있는 체제로 다루려는 의도가 생긴다. 이 단계의 어린이들은 손가락으로 만지며, 물건의 형태를 눈으로 파악하고, 눈동자를 움직인다. 형태의 크기와 항상성은 물론 평면의 항상성과 투시의 공간 관계를 볼 수 있다. 평면의 공간을 지각한다는 것은 직선과 각, 원, 비례, 기하학의 형상을 지각한다는 것이다. 입체 공간을 본다는 것은 사물의 원근법을 자각할 수 있다는 것이다.

3단계의 지각 발달 단계는 1세~2세까지이다. 이 단계는 좀 더 발전되고 체계 있는 감각적 탐색이 나타나고, 단순한 사물의 형태와 차원[230]을 인식하며, 사물 사이의 관계가 파악된다. 2세에는 사물에 대한 지적 개념의 이미지가 그림으로 표현되기 시작한다. 7세~9세는 평면 공간이나 입체 공간 관계를 그리기 시작한다.

■ Piaget, Jean, *The Origins of Intelligence in Children*, (Trans.) by Margaret Cook, New York : International Univ. Press, 1952.

지각 훈련(知覺訓練, perception training)

감각 기관을 통해 외부의 사물을 인식하는 작용이 활용될 수 있도록 배워 익힘.

살로메(Salome)는 그의 논문에서, 지각 훈련은 관찰 능력과 시각적 자극을 선택하고, 반응하는 능력을 개발하는 가르침이라고 보았다.

■ Salome, R. H., "The Effects of Perceptual Training upon the Two Dimensional Drawings of Children", *Studies in Art Education*, (Vol. 7), No. 1, Autumn, 1965.

---

228. 개념론으로 구드너프(Goodenough)의 연구가 여기에 속한다.

229. 위치에 따라 각기 한 사물의 이미지가 독립적으로 존재한다. 항상성이 형성되어 있지 않은 것을 말한다.

230. 평면, 입체감을 의미한다.

지 검사(–檢査, Z Test)

인간의 노이로제, 정신 신경증, 구조적 뇌 장애의 증상을 밝히는 심리 진단 방법.

이 검사는 '잉크 반점(ink-blot)'을 투영시키는 검사의 한 종류이다. 추리거(Zulliger, H.)가 〈로르샤흐 검사〉의 축소판으로 작성했다.

〈로르샤흐 검사〉에서는 10매의 도판으로 구성되어 있으나, 이 검사에서는 불과 3매의 도판으로 구성되어 있으며, 이 때문에 실시에 요하는 시간이나 해석에 소요되는 노력을 절약할 수 있다는 점이 특색이다. 이 점을 제외하면 〈로르샤흐 검사〉와 별다른 차이는 없고 시행법, 분류, 해석이 같다.

▌ 교육학사전편찬위원회 편, 『교육학대사전』, 교육서관, 1989.

지능(知能, intelligence)

지식을 쌓거나 사물을 바르게 판단하는 지적인 능력.

브룸(Bloom, B. C.)은 그의 연구에서, 지능이 가장 현저하게 발달하는 시기는 7세이고, 0세~6세까지는 59%, 5세~8세까지는 30%가 이루어진다고 하였다.

스위스의 심리학자인 피아제(Piaget)는 그의 저서 (과학 교육과 어린이의 심리학)에서, 지능의 근본적인 작용은 이해와 창안에 있다고 보았다. 다시 말해서 이것은 현실을 구조함으로써 이룩되는 체계이다. 이런 인식은 미술의 역할에 대한 의미심장한 내용을 함축하고 있다. 또한 지식은 안으로 구축되는 것이므로 학생들의 활발한 참여를 포함하고, 사회적 의사소통과 관계하며, 표현의 발달을 가져온다.

▌ Piaget, Jean, *Science of Education and the Psychology of the Child*, New York : Orion Press, 1970.

테일러(Taylor)는 그의 논문("미술과 지능")에서 사고력을 기르는 것이 단순히 구조화된 실체적인 연구를 통한 지능 훈련의 문제가 아니라는 견해이다. 지능은 재능과 분리되는 것이 아니다. 그것은 사실과 사건, 생각들의 직접적인 경험과 함께 감각 속에서 시작되는 전체적인 유기체 속의 한 활동이다. 그것은 정서를 포함한다.

▌ Taylor, Harold, "Art and Intellect", *Museum of Modern Art*, New York, 1960.

지능 검사(知能檢査, Intelligence Test, IT)

훈련이나 학습의 영향을 받지 않고 일반적 경험의 소산으로 형성되는 소질적인 지적 능력을 측정하는 방법.

1939년 미국의 심리학자인 웩슬러(Wechsler, D.)는 〈웩슬러–벨레뷰 검사(Wechsler Bellevue Test)〉를 발표했다. 1946년에는 W–B I 검사를 제정하고, 다시 W–B II 검사, 어린이용으로 WISC[231]를 발표했다. 또한 그는 수정된 어린이 지능 척도(Wechsler Intelligence Scale for Children-Revised, WISC–R, 1974)를 발표했다. 어린이의 지능 척도에서 검사의 목적은 중요하고도 유익한 행동에 대한 개개인의 잠재력을 평가하기 위한 것이다. 이 검사는 다른 문화의 개개인에게 좀 더 많은 기회를 줄 수 있다. 그는 "지능이란 단독적인 실체가 아니라 요소적인 성격보다 오히려 〈지능 검사〉의 목표와 결과에 의해 인식될 수 있는 능력과 특성의 조합"이라고 했고, "추상적 추론 능력과 기억력, 언어의 유창성으로 정의를 내린 지능적 요소가 또 다른 기초적 능력을 대신하지는 않는다."고 했다. 〈웩슬러–벨레뷰(Wechsler Bellevue) 검사〉는 미국에서 가장 많이 사용되는 지능 측정 도구라고 할 만큼 지능 검사로서 가치를 인정받았다.

1905년 프랑스의 의사인 시몽(Simon, T.)은 심리학자, 정신 의학자인 비네(Binet, A.)와 함께 〈비네–시몽(Binet-Simon) 지능 검사〉를 만들었다. 1911년 그들은 실험 결과를 다시 개정하여 문항의 곤란도

---

231. 웩슬러는 WISC의 창시자이다.

순서를 배열했으나 11세과 13세, 14세에 배당할 문항이 없어졌다. 이 해에 비네가 세상을 떠났기 때문에, 이 검사는 완성되지 못한 채 끝나고 말았다. 그러나 각 국은 이 검사에 자극을 받아 보다 발달된 검사가 제작되었다. 이 검사의 특징은 다섯 가지가 있다. 첫째는 지능을 측정하기 위해 변별력과 기억력 같은 단일 검사를 사용했으나, 이 검사에서 여러 가지 기능을 검사하여 종합적 성격으로 지능을 결정했다. 둘째는 검사 문제로서 특별한 교육에 의하지 않고, 보통의 환경 속에서 생활한 사람들이 누구나 알고 있는 문제를 택했다. 셋째는 검사 결과를 정신 연령(mental age, MA)으로 표시했다. 넷째는 검사 문제를 각 연령에 배당하기 위해 실험적인 결과를 객관적으로 했다. 다섯째는 검사의 실시 방법이나 채점 방법을 직관적으로 할 수 있도록 고안했다.

이 검사는 파리 근교에 있는 초등학교에서 정신박약아를 식별하기 위해서 제작되었다. 이 검사는 30문항으로 구성되어 있고, 1908년에는 3세부터 13세까지 각 연령층에 따라 각각 3문항~8문항으로 된 59문항의 연령 척도에 의한 검사를 개정했고, 지능 연령 또는 정신 연령이라는 개념을 처음으로 만들었다. 1911년에는 문제 수를 늘려 각 연령에 따라 5문항씩 배정하여 성인에 가까운 지능까지 측정할 수 있도록 개정했다. 심리학의 역사로 볼 때 지능 측정은 비네-시몽(Binet-Simon)이 최초로 만들었다.

〈스탠포드-비네(Stanford-Binet) 검사〉는 미국에서 가장 많이 쓰이는 지능 측정 도구이고, 〈지능 검사〉로서 가치를 인정받았다.

▌교육학사전편찬위원회 편, 『교육학대사전』, 교육서관, 1989.

비네는 불로후(Bullough, E.)의 표현 유형을 언어적 설명 유형(설명형, 관찰형, 지식형, 정서형)과 대응시켰다.

〈불로후와 비네의 표현 유형〉

불로후	비네
객관형	설명
주관형	관찰＋정서
인상형	관찰＋정서＋지식
인격형	정서＋관찰

▌김춘일, 『미술교육론』, 홍성사, 1985.

도일(Doyle)은 맥키치(Mckeachie)와 함께 쓴 저서 〈심리학〉에서, 〈지능 검사〉는 언어의 능력과 지식, 이해력,[232] 논리력,[233] 기억력을 강조하는 경향이 있다고 보았다. 표준화 지능 검사에 표출되지 않은 과정의 하나는 길포드(Guilford)가 '발산적 사고'라고 부른 문제에 대한 다양한 사고와 접근 태도를 산출하는 능력이다. 여러 가지 해답을 생각하는 발산적 사고는 하나의 정답을 찾는 수렴적 사고와 상반된다. 논리나 연상에 의한 사고의 다양성은 문제 해결 과정, 특히 창조적인 예술가나 과학자가 스스로에게 부과한 문제들을 해결하는 데 있어서 대단히 중요하다. 지능 검사의 표본 가운데 발산적 사고력 측정 부분이 빠졌고, 창조적인 작업을 위한 결정적인 능력의 한 가지가 간과되어 왔다.

▌Doyle, C. & Mckeachie, W., *Psychology*, Massachusetts : Addison & Wesley Publishing Co., 1966~1970.

지능과 묘화 관계(知能－描畵關係, relationship of intelligence and portrayal)

지식을 쌓거나 사물을 바르게 판단하는 지적 능력과 그리는 그림이 서로 걸리는 일.

김정은 그의 연구에서 지능과 묘화 관계를 언급했다. 지능과 묘화의 관계는 국가나 지역, 가족 단위에

---

232. 인지 능력을 의미한다.
233. 수렴적 사고력을 의미한다.

따라 약간씩 차이가 있다. 한국 어린이 6세~7세와 중동 지역 어린이 6세~7세의 표현 능력을 비교했을 때 중동 지역의 어린이들은 약 1년~2년 정도 낮게 나타났다.

▌김정, 『유아의 묘화 분석』, 백록출판사, 1984.

지능과 색채(知能 – 色彩, intelligence and color)

지식을 쌓거나 사물을 바르게 판단하는 지적인 능력과 색채와의 관계.

독일의 뮌헨 논리 심리학회 이사인 에텔(Ertel)은 그의 기고문에서, 파랑은 아름답다. 환경에 있어서 색채가 학습 능력에 미치는 영향을 알아내기 위해 천장이 낮은 방을 각각 다른 색으로 칠했다. 파랑, 노랑, 연두, 주황들은 인기 있는 색이며, 이와 같은 색으로 칠한 방은 지능을 12포인트나 올릴 수 있었다. 소위 추한 색이라고 부르는 하양과 검정, 갈색은 지능을 저하시켰다. 연구자들은 인기 있는 색이 민첩성과 창조성에도 자극을 주며, 하양과 검정, 갈색으로 칠한 놀이방은 어린이를 무디게 만든다는 것을 알게 되었다. 그의 이런 발견은 여러 사람들이 모이는 곳과 신체적 휴식, 시각적 능률, 손 기술, 정서적 안정이 요구되는 곳이며, 어떠한 실내에도 하양과 회색 또는 무채색 벽은 반대하는 입장이다.

▌Ertel, Henner, *The Time*, 9월 17일, 1975.

지능과 어린이 그림(知能 –, intelligence and child picture)

지식을 쌓거나 사물을 바르게 판단하는 지적인 능력과 아이들이 사물의 형상이나 정감을 선이나 색채로 평면에 표현한 것의 관계.

미국의 여성 미술 교육학자인 구드너프(Goodenough)는 그의 저서(그림에 의한 지능측정)에서 지능과 어린이의 그림을 설명했다. 4세~8세 어린이는 보이는 대로 그리는 게 아니라 아는 것을 그린다. 표현은 정감에 의한 중요성을 나타내는 것이고, 크기나 화면의 위치에 이것을 반영하며, 화면 중앙에 가장 중요한 의미의 존재를 그린다. 특히 아이들은 사물의 중요성에 대해 크기를 크게 그린다.

어린이의 그림에 있어서 개념의 발달은 어린이의 미술 표현에 부인할 수 없는 중요한 영향을 주며, 그녀가 이 연구 결과를 가장 먼저 발표했다. 지능과 어린이 그림의 상관관계가 낮게 나왔던 초기의 연구는 전통적 심리 표현의 분석에 집중했기 때문이다. 그녀는 미적 반응을 통제하여 집, 나무, 사람을 그리게 하고, 그림의 자세한(detail) 표현과 전체적인 비례, 동세 표현들을 점수화하여 지능과 상관을 0.74라는 높은 관계로 객관화시켰다. 그녀는 이것을 〈지능 검사〉 결과와 비교하여 지능을 알아보는 도구를 만들었다. 개념론은 지력이 발전함에 따라 표현이 달라지며, 이것은 오늘날 피아제의 연구와 함께 대표적이다.

▌Goodenough, F. L., *Measurement of Intelligence by Drawings*, New York : World Book, Co., 1926.

지능의 발달 시기(知能 – 發達時期, development time of intelligence)

지식을 쌓거나 사물을 바르게 판단하는 지적인 능력과 차차 완전한 모양과 기능을 갖추게 되는 기간.

데이비스(Davis)는 지능이 현저하게 발달된 시기를 11세로 보았고, 이 나이에 성인의 50%가 이루어진다. 모든 인간의 80%가 어린이 시기에 발달된다.

▌Davis, D. J., *Research Trends in Art Education*, Pappas, G., Concepts in Art and Education, London : Macmillan, Co., 1970.

지능 지수(知能指數, Intelligence Quotient, IQ)

지능 검사 결과로 지능의 정도를 총괄하여 나타내는 수치.

〈지능 검사〉 창시자 중의 한 사람인 프랑스의 비네는

검사의 결과를 정신 연령[234]으로 나타내었는데, 이 방법은 피검사자의 생활 연령의 관계 여하에 따라 지능의 양부(良否)에 대한 평가가 달라진다. 그 후 독일의 슈테른과 미국의 터먼(Terman, L. M.)은 정신 연령의 생활 연령에 대한 비(比)를 구하는 IQ를 고안했다.[235] 이에 의하면, 평균 지능이 100점이 되어 지능의 우열을 따지는 데에 이해하기 쉽다는 이점이 있으나, 수리 통계학적으로 엄밀한 의미를 전제로 하는 숫자라고는 할 수 없기 때문에 현재는 지능 편차치(知能偏差値)를 사용하는 경우가 많다.

▎『두산백과사전』, 동아출판사, 1982.

지선(地線, ground line, basic line) → **바닥 선**

지식(知識, intelligence)
사물에 관한 의식과 그것에 대한 판단.
영국의 교육자, 철학자인 스펜서(Spencer)는 그의 저서(교육론)에서 가장 가치 있는 것을 지식과 지육, 덕육, 체육의 네 개의 장으로 구성했다. 교육의 목적은 사람으로 하여금 완전한 생활을 준비시키는 데 있으며, 개인이나 사회생활의 발전에 가장 적합한 지식을 얻고, 이 지식을 이용하는 힘을 기르지 않으면 안 된다고 했다.

그는 또한 가장 가치 있는 지식을 다섯 가지 제시했다. 첫째는 직접적으로 자기 보존에 유용한 지식, 둘째는 간접적으로 자기 보존에 유용한 지식, 셋째는 자손의 양육에 필요한 지식, 넷째는 사회나 정치적 관계를 적당히 유지함에 유용한 지식, 다섯째는 취미나 감정의 만족에 유용한 지식과 중요성의 정도에 따른 판단이다.

---

234. 지능의 발달 정도가 일반 생활 연령으로 몇 살, 몇 개월 되는 사람의 평균 지능에 상당하는가를 표시하는 것
235. IQ=(정신 연령÷생활 연령)×100이다.

과학의 지식은 모든 지식 중에서 첫 번째에 속한다고 힘주어 말했다.

▎Spencer, H., *Education Theory*, 1861.

라이번(Liben)은 지식이 없을 경우 어린아이들의 그림은 변하지 않는다고 주장했다.

▎교육학사전편찬위원회 편, 『교육학 대사전』, 교육서관, 1989.

지식을 통한 예술(知識‒藝術, art through a knowledge)
사물에 관한 의식과 그것에 대한 판단을 통해 일정한 재료와 양식, 기교에 의해 미를 창조하고 표현하는 인간의 활동.
미국의 미술 교육자인 카네스(Karnes)는 그의 저서(지식을 통한 예술의 창조)에서 지식을 통한 예술의 창조를 여섯 개의 장으로 제시했다.

첫째, 제1장은 감상하기(seeing & feeling)이다. 이 장에서는 질감의 차이 구경하기와 밝기의 차이 구경하기, 안팎의 질감 차이를 만져서 느껴 보기, 선이나 그림자 보기, 모든 물건의 모양새 차이점을 찾아보기가 있다.

둘째, 제2장은 표현하기(painting & drawing)이다. 이 장에서는 연필로 그리기와 크레파스로 그리기, 여러 가지 사인펜으로 그리기(drawing a picture with felt tip pens), 초크로 그리기, 붓으로 그리기, 색깔로 그리기, 흑백 그림에 명암 넣기, 그림 종이에 다른 재료로 그리기, 투명한 종이를 대고 그리기, 벽에 그리기가 있다.

셋째, 제3장은 찍어 표현하기(printmaking)이다. 이 장에서는 손가락으로 찍기와 고무 스탬프로 찍기 열한 가지가 있으며, 주로 판화의 요소가 포함되었다.

넷째, 제4장은 조각이다. 이 장에서는 판자로 만들기와 스티로폼으로 만들기, 나무로 조각하기, 철사 줄로 형상 만들기 열 가지를 소개했다.

다섯째, 제5장은 만들기(crafts & mixed media)이다. 이 장에서는 뜯어서 붙이기와 종이로 인형 만들기 아홉 가지가 있다.

여섯째, 제6장은 특별 활동이다. 이 장에서는 자화상 그리기와 동물원을 주제로 만들거나 그리기, 괴물을 만들거나 그리기가 있다.

▌Karnes, Merle B., *Creative Art for Learning*, Virginia : Council for Exception Children, 1982.

지적 능력(知的能力, intellectual ability)

지식에 관한 일을 해낼 수 있는 힘.

서스톤(Thurstone)은 그의 저서(*미술의 백과사전*)에서, 인간의 지적 능력이란 일반적인 것과 총체적인 것, 하나의 덩어리로 된 능력이라기보다 특수한 몇 개의 능력 덩어리로 되어 있다고 보았다.

▌Thurstone, C., *Encyclopedia of Arts*, 1946.

지적 발달 원인(知的發達原因, intellectual development cause)

지식에 관한 것을 갖추게 됨에 따라 어떤 현상보다 먼저 일어나 그것을 일으키는 근본적인 현상.

스위스의 심리학자인 피아제(Piaget)는 그의 저서(*어린이 지식의 근원*)에서 지적 발달 변화의 원인을 네 가지 가정했다. 첫째는 생리적인 성역이다. 둘째는 물리적인 세계와 상호 작용을 통해 얻어지는 경험이다. 셋째는 다른 사람에게서 전해 듣는 지식이다. 넷째는 균형화이다.

이 네 가지 가정은 다른 이론에도 없는 피아제 이론의 중심 개념이다. 그에게 있어서 지적 발달은 사물을 이해하는 새로운 인지 구조를 동화와 조절을 통해 점차로 만들어 가는 과정이다. 동화와 조절을 통해 변화하는 과정은 균형화에 의한다. 이 균형화로 인해 동화와 조절은 조화가 잡힌 통합적인 상태로 향하게 된다. 균형은 안전성을 나타내지만, 이것은 결코 정적 상태가 아니라 안정적이고 지속적이며, 환경에 적응하는 범위가 넓어진다.

▌Piaget, Jean, *The Origins of Intelligence in Children*, (Trans.) by Margaret Cook, New York : International Univ. Press, 1952.

지적 성숙(知的成熟, intellectual maturity)

지식에 관한 경험이나 훈련을 쌓아 익숙해짐.

미국의 여성 미술 교육학자인 구드너프(Goodenough)는 스탠퍼드대학교 박사 논문("어린이의 그림 속에 담겨 있는 지적 요소")에서, 지적 성숙이란 어린이들이 획득한 개념 형성의 수준이라고 보았다. 개념을 형성하는 능력은 어린이가 특별한 집단(group) 안에서 상이성과 유사성의 인식을 필요로 하는 지적 능력이다. 이런 특징을 가진 어떤 특정한 것을 만났을 때, 어린이들은 그 대상의 특성을 이해할 수 있으며, 그 대상의 개념이 형성된다. 해리스(Harris)와 함께한 연구에서 어린이의 그림은 개념 형성의 정도를 드러내며, 어린이의 그림 속에 나타난 사람 모습의 많은 세부 묘사는 어린이들이 획득한 지적 성숙을 알리는 하나의 지표라고 했다.

▌Goodenough, F. L., "The Intellectual Factor in Children's Drawings", doctoral dissertation, Stanford Univ., 1924. / Harris, Dale B., *Children's Drawings as Measure of Intellectual Maturity* : A Revision and Extension of the Goodenough Draw-a-Man Test, New York : Harcourt, Brace & World, Inc., 1963.

지적 장애(知的障碍, Mental Retardation, MR)

지능 발달과 적응 행동의 장애로 관습의 습득과 학습에 장애가 있는 상태.

지적 장애는 정신 발달 저지라고도 한다. 과거에는 정신박약 또는 정신지체 장애라는 용어가 쓰였으나, 2007년 10월 장애인복지법의 개정으로 지적 장애라는 명칭으로 바뀌었다. 과거에는 지적 장애의 분류를 IQ(지능 지수)의 점수에 따라 백치, 치우(痴愚), 경우(輕愚), 노둔(魯鈍)으로 불렸으나, 지금은 IQ가 50~70을 경증, 35~49를 중등도, 20~34를 심도(深度) 지적 장애인이라고 분류한다. 전체 지적 장애인 중에서 경한 자가 약 80%이고, 중등도가 12%, 심한 경우가 7%, 극심한 경우가 1% 정도이다. 외국에서는 전체 지적 장애인 중 약 4%가 특수시설에 수용되어 있다. 1972년 한국에서는 6세~18세 중에서 IQ 60 이하의 발생 빈도가 0.55%라는 보고가 있다. 전 세계의 통계를 감안해 보면 일반 인구 중 지적 장애인은 적게 잡아 약 1%이다.

▎『두산백과사전』, 동아출판사, 1982.

지적 장애는 지적 기능과 개념적, 사회적, 실제적 적응 기술로 표현되는 적응 행동에서 유의미한 제한을 가진 장애로 특징지어진다. 이 장애는 18세 이전에 나타난 경우로 한정한다.

▎American Association on Mental Retardation, *Mental Retardation*, Washington D. C. : American Association on Mental Retardation, 2002.

이들 개체들은 여러 가지 다양성이 있지만, 크게 정신 능력의 손상과 학업 성취에 지체를 나타내는 것이 특징이다. 지적 장애인의 대부분은 정신 연령이 생활 연령보다 상당히 낮아 지능이 평균보다 낮고, 적응 행동에 결함을 보인다. 경도의 지적 장애는 6세~12세 사이 학교생활에 장애를 받고, 특히 또래 집단에 잘 어울리지 못하며, 교사의 지시에 따르지 못한다.

▎윤치연,『발달장애의 이해』, 형설출판사, 2004.

지적 형태(知的形態, intellectual form)

지식이 생긴 모양.

이탈리아의 학자인 크로체(Croce, B.)는 그의 연구에서 지(knowledge)적 형태를 두 가지 제시했다.

첫째, 논리적인 지(logical knowledge)는 지능에 의해 얻어지고, 보편적인(universal) 지는 사물과 사물 간의 관계에서 얻어지는 것이며, 개념(conception)이다.

둘째, 직관적인 지(intuitive knowledge)는 상상력(imagination)에 의해 얻어지고, 개별적인(individual) 지는 개별의 사물에서 얻어지며, 마지막으로 표상(image)을 생산한다.

직관은 감각과 지각(perception)으로 구별된다. 또한 지각은 사실과 구체적인(concreteness) 것에 얽매여 실재적인 것밖에 볼 수 없다. 감각(sensation)은 어떤 형태를 갖추지 못한 기계이고, 물질의 수용성 또한 내용이 없는 접수의 기능이다. 직관은 정신 작용에 부여되고 구체화되며, 내용이 형성되고, 결과적으로 인간성을 표현하는 특수한 형태를 취한다. 이 것은 내용이 없는 접수의 기능을 모으고 꿰뚫어서 하나의 내용을 형성하고, 사실과 구체적인 것에서 얻어진 표상이기 때문에 사실에 구속되지 않으며, 가능한 포착하여 개별적이고 독립적인 것을 통합하는 힘이다. 미술 표현의 특성에는 감정(feeling)의 비중을 크게 두고 있다. 예술은 직감(intuition)이고, 표현(expression)이다. 또한 직관의 예술은 예술이 다만 지적 조직이 아니며, 하나의 상상 형식이다. 예술을 표현이라고 하는 것은 내용과 형식이 별개의 것이 아니라 양자가 구별 없는 입장을 말하고 있다. 표현은 미적 체험 또는 인상(impression)적인 사실에 덧붙여지는 것이 아니라, 미적 체험이나 인상이 표면 활동에 의해 형성되고 다듬어진다.

▎Hospers, J., (Ed.), *Artistic Expression*, New York : Meredith Corporation, 1971.

지지적 치료(知止的 治療, supportive therapy)

의존적이고 자아가 약한 내담자에게 사용하는 치료.

지지적 치료는 지치고, 힘들고, 기대고 싶어 찾아온 내담자에게 용기를 주고, 자아 존중감을 가질 수 있도록 도와주는 것이 중요하다. 치료자는 힘을 주는 사람이 되어야 한다. 내담자는 현재의 상태를 분석하거나 문제 발견이 어려운 상태이므로 치료자가 대신 이 역할을 하여 방향을 잡아 주는 것이 필요하다. 이런 내담자들은 치료자도 자신과 같이 나약하고 한없이 좋아 보이면 오히려 불신한다.

❚ 김동연 외, 『미술치료의 이론과 실재』, 동아문화사, 1994.

직관(直觀, intuition)

오랜 시간에 거쳐 관찰된 많은 사실들을 조직화하고 통합함으로써 빠르게 이해하는 능력.

직관적 사고기(直觀的思考期, the intuitive thought period)

논리적 표상 능력을 갖는 시기(4세~7세).

스위스의 심리학자인 피아제(Piaget)는 그의 저서 《어린이 지식의 근원》에서 직관적 사고기의 개념을 제시했다. 이 시기는 논리적 유추와 판단을 하기 시작하는데, 전개념기에 있었던 외형적 지각에 근거를 둔 유추가 반복되는 것이며, 다만 객관성을 추구하는 노력이 반영된다는 점이 다르다. 그는 여기서 보존의 개념과 분류, 서열화, 관계의 인지, 사회의 인지, 자기중심을 검토함으로써 직관적 사고 특성을 밝힌다.

보존의 개념에서 전조작기의 사고가 조작적 사고와 다른 것은 보존의 개념이 없기 때문이다.[236] 중심화란 다른 요소들을 무시한 채 한 요소에만 주의를 집중하는 경향을 말한다.[237] 직관적 사고기 후반에 가면 이러한 중심화 현상은 어느 한 가지 측면에만 기울어지는 것이 아니라 왔다 갔다 한다. 일단 변화가 일어나면, 이것은 원상태로 되돌려 볼 수 없고, 그 이유는 비가역성 때문이다.

분류의 개념에서 분류는 논리적 사고에 대한 불가결한 것인데, 전조작기 수준에서는 분류화가 충분하지 않다. 1단계(2.5세~5세)의 어린이는 분류 기준의 계획이 없고 기준이 있다고 하더라도 항상 변화한다. 이때 어린이들의 분류는 논리적 분류라고 볼 수가 없다. 2단계(5세~8세)의 어린이들은 분류할 대상이 지닌 속성에 따라 분류하고, 이것은 하위 집단으로 분류할 수도 있기 때문에 분류화가 된다. 그러나 이 개념은 분류의 외연 속에 포함되는 관계를 진정으로 이해하지 못하고 있다. 3단계는 8세 이후 논리적 관계 또는 내포 관계가 잘 이해되고 있어서 조작의 분류화가 가능하다.

서열화는 어린이에게 길이가 조금씩 틀린 나무막대기를 주고 길이가 짧은 것부터 차례로 배열하라는 주제를 주면, 처음에는 전혀 서열화를 하지 못하는 단계가 나타나며, 다음 단계에서는 몇 개의 서열을 만드나 전체적으로 하나의 서열밖에 조작하지 못한다. 다음 단계는 시행착오의 배열을 반복하고, 결과적으로 서열이 완성되는 단계이다. 이 단계는 전체 막대기 중에서 가장 작은 것을 끄집어내고, 다음에는 나머지 주위에서 가장 작은 것을 골라내는 식의 조직 방법에 의해 서열을 구성하는 이른바 연역적 합성이 가능하다. 'ㄱ'이 'ㄴ'보다 크고, 'ㄴ'이 'ㄷ'보다 크면, 'ㄱ'은 'ㄷ'보다 크다는 추리를 할 수 있다.

---

236. 유아들은 같은 크기와 모양의 컵 두 개에다 같은 양의 물을 넣어서 그 양이 같다는 것을 확인시킨 후, 밑면적이 넓은 것과 좁은 컵에 각각 물을 담아서 물어보면 물의 높이가 높은 것이 많다고 한다.

237. 물의 양은 밑면적과 물의 높이에 의해 결정되는데, 유아들은 지각으로 두드러진 한 가지 측면에만 관심을 보인다.

관계의 인지는 형제나 좌우 상태의 관계를 어떻게 이해하느냐이다. 이 단계의 어린이들은 형제가 있다는 것을 알고 있어도 그 형제에게 있어서 자기가 형제가 된다는 것을 알지 못한다. 자기의 왼쪽과 오른쪽은 잘 알고 있어도 다른 사람의 왼쪽과 오른쪽은 지적하지 못한다. 이와 같이 어린이들은 상대의 사물을 이해하지 못하고 절대적으로만 판단하고 있기 때문이다. 피아제의 인과 관계에서 전조작기의 어린이들은 두 사건이 시간적으로 밀접해 있으면 인과 관계가 있다. 피아제는 이와 같은 것을 병렬 (juxtaposition)이라고 불렀다. 어떤 현상이 일어나는 것은 어린이가 그 물건만 그렇게 되기를 바라기 때문이고, 물건의 내부 의미를 안정된 동기로 설명한다. 어린이의 인과성 인식은 어린이의 독특한 자연관과 밀접한 관계가 있는데, 피아제는 이 시기의 어린이들에게 실제론(realism), 물화론(animism), 인공론 (artificialism)의 경향이 강한 것으로 지적했다. 실제론은 마음에서 생각한 것이 객관적으로 실제하고 있으며, 어떤 물체의 이름을 물건의 성질 일부로 본다. 물화론은 모든 물건에 생명이 있으며, 의식이 있는 존재라고 생각한다.[238] 이러한 생각은 주관과 객관의 미분화[239]이다. 인공론은 모든 물건이 사람에 의해 만들어졌다고 생각하는데, 호수나 개울은 사람이 땅을 파서 물을 넣은 것이며, 태양은 사람이 만든 것으로 본다.

사회의 인지는 이 시기에 나타난 사고의 특징으로 인간관계나 사회관계의 이해에서 나타난다. 피아제는 어린이가 놀 때에 놀이의 규칙이 있다는 것을 잘 모르는 단계이며, 다음 단계는 규칙을 지켜야 되고,

아무도 변경할 수 없는 절대적인 것으로 생각하는 단계이다.[240]

자기중심성은 피아제의 초기 이론 중에서 가장 중요한 개념이다. 그러나 후에는 자기중심성이 오해되어 쓰이는 경우가 많다고 해서 중심화의 개념으로 대치시켰다.[241] 어린이들의 세계에 대한 이해는 어린이들의 자기중심적 사고에 의해 제한된다. 자기중심성은 어린이가 자신의 입장에서만 사물을 보고, 다른 사람의 입장이 있다는 것을 충분히 이해하지 못하고 있다는 것을 말한다.

❘ Piaget, Jean, *The Origins of Intelligence in Children*, (Trans.) by Margaret Cook, New York : International Univ. Press, 1952.

직업적인 색(職業的－色, occupational color)

생계를 위해 일상적으로 하는 일과 관계된 색채.

두뇌직은 중간 명도와 채도가 약한 대비를 좋아하고, 색채로는 청회색, 녹회색, 아이보리색이 나타난다. 기예직은 명도가 높고, 채도가 중간인 큰 대비를 좋아하며, 색채로는 핑크색, 베이지색, 하늘색, 옅은 보라, 선명한 빨강이 나타난다. 노동직은 명도가 낮고, 약한 채도의 대비를 좋아하며, 색채는 갈색이 나타난다. 사교직은 명도가 높고, 강한 채도의 중간 대비를

---

238. 바람은 자기가 불고 싶어서 불고, 태양이 자기 스스로 움직이고 있다는 것을 어린이들은 알고 있다.

239. 어린이의 마음속 내면과 외계가 구분되지 않으며, 또한 자기중심성의 한 측면이다.

240. 규칙은 밖에서 주어진 것으로서 절대적인 것으로 생각한다.

241. 자기 자신이나 자기 자신의 활동에 중심화되는 경향이 어린이에게 있고, 이 개념 속에 자기중심성을 포함시켰다.

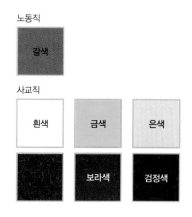

노동직

갈색

사교직

| 흰색 | 금색 | 은색 |

| 보라색 | 검정색 |

좋아하며, 색채로는 하양, 금색, 은색, 빨강, 보라, 검
정이 나타난다.

▌박현일 외, 『색채학 사전』, 국제, 2006.

직업 흥미 검사(職業興味檢査, Occupational Interest
Inventory, OII)
이론적 판단에 의존하여 여섯 개 분야의 직종 상, 중,
하에 맞게 직업을 선택하는 방법.
1943년 리(Lee)와 토르페(Thorpe)가 제작한 것으로,
스트롱(Strong)식과 쿠더(Kuder, G.)식은 전혀 다른
이론적 접근(logical approach)으로 이루어졌다는 점
이 특색이다.
　스트롱식과 쿠더식이 모두 통계적인 조작에 의해
제작하고 채점하는 반면, 이것은 장면 검사처럼 순전
히 이론적 판단에 의존하고 있다. 리와 토르페는 여
섯 개 분야의 직종을 택하여 그 직종의 상, 중, 하 정
도에 맞는 직업을 선택하며, 그것을 짝지었다. 피험
자는 짝지어진 작업 중에서 어느 것을 보다 더 좋아
하는가를 선택한다.
　첫째는 직종으로 개인적–사회적(personal-social),
둘째는 자연적(natural), 셋째는 기공적(mechanical),
넷째는 사무(business), 다섯째는 예술, 여섯째는 과
학의 항목이다.

각 개인의 점수는 이 여섯 항목에 따라 채점된다.
▌Lee, E. B. & Thorpe, L. P., 〈Occupational Interest
Inventory〉, 1943. / 교육학사전편찬위원회 편, 『교육학대
사전』, 교육서관, 1989.

진단 검사(診斷檢査, diagnostic test)
정신적이거나 심리적 장애의 본질을 알아보기 위해
심리학자들이 사용하는 도구.

진단 도구(診斷道具, diagnosis tool)
진찰하여 병의 상태를 판단할 때 쓰이는 기법.
이 도구는 미술 치료에서 활용되는 두 가지 기법
중 한 가지이다. 진단의 도구에는 〈가족화(Family
Drawings, FD) 검사〉, 〈나무 그림(Tree Drawings, TD)
검사〉, 〈난화(難畵) 검사〉, 〈인물화(Draw a Person,
DAP) 검사〉, 〈자유화(Free Drawing, FD) 검사〉, 〈집–
나무–사람(House-Tree-Person, HTP) 검사〉, 〈풍경
구성 검사(Landscape Montage Technique, LMT)〉,
〈학교 생활화(School Life Drawing, SLD) 검사〉 들이
있다.
▌박현일 · 조홍중, 『그림을 통한 성격 치료 미술 치료』, 시그
마프레스, 2009.

진단성 지능 검사(診斷性知能檢査, Diagnostic Intelligence
Test, DIT)
지능 인자나 지능 구조를 분석하는 방법.
〈진단성 지능 검사〉는 단순히 지능 지수라든지 지능
편차치를 산출하여 지능 검사 결과를 전체적인 지능
으로 보는 것이 아니라 지능 인자나 지능 구조를 분
석하는 검사이다. 이 검사는 스피어먼(Spearman, C.
E.)의 '이인자설(二因子說)'이나 서스톤과 길포드의
'지능 인자의 연구', 웩슬러의 새로운 지능관이 나온
다음 지능을 단순히 고저(高低)뿐만 아니라 지능 구
조를 진단적으로 측정하려는 〈WISC〉와 〈WAIS〉, 서

스톤(Thurstone, L. L.)의 〈기본적 정신 능력 검사〉가 있다.

〈WISC〉는 〈언어 검사〉와 〈동작 검사〉로 나누어지고, 양 검사가 각각 여섯 종류의 하위 검사로 나누어져 지능 구조의 진단뿐만 아니라 성격 진단 및 문제 행동의 진단까지 실시한다. 서스톤의 검사는 지능을 여섯 개의 지능 인자인 S, P, M, N, V, R로 나누어 진단한다. 이와 같은 지능 구조나 지능 인자, 각 교과의 학습과 어떤 관계가 있는지도 연구했으며, 학업 부진의 진단에도 이용되고 있다.

▌ 교육학사전편찬위원회 편,『교육학대사전』, 교육서관, 1989.

진정 색(鎭靜色, calm color)
색을 보고 있으면 요동치는 마음이 진정되거나 안정감을 주는 색.
진정 색은 오랜 시간을 보내는 사무실이나 거실, 교실, 도서관에 주로 사용된다. 한색(cool color)의 저명도 색은 진정시키는 효과가 있다. 은은한 2차색이나 3차색은 안정감을 준다.

▌ 박현일 외,『색채학 사전』, 국제, 2006.

진출 색(進出色, advanced color)
색이 진출되어 크게 보이는 색.
진출 색과 후퇴 색은 빛과 파장에 따른 굴절률의 차이에서 오고, 명도나 채도가 높은 색은 자극이 강하므로 그 자극이 망막 상에서 퍼지는 성질이 있어 크

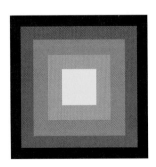

게 보인다. 안구 안의 굴절률 차이로 진출 색과 후퇴 색이 나타난다.

진출 색은 고명도나 고채도, 따뜻한 색을 말하고, 장파장의 색상이 여기에 속한다.

▌ 박현일 외,『색채학 사전』, 국제, 2006.

질감(質感, matiere, 프) → 마티에르(matiere, 프)
화면에 표현된 재질에 따라 느껴지는 독특한 느낌.

질문지법(質問紙法, questionnaire method)
연구나 조사 따위의 일정한 목적을 위해 미리 만들어 놓은 질문지를 여러 사람에게 나누어 주고, 그 회답을 집계하고 분석하는 방법.
대부분의 심리 검사가 이 방법으로 진행되고 있다. 이는 연구자가 일정한 연구 문제에 대해 미리 인쇄해 둔 몇 개의 질문 사항을 제시하고, 응답하게 하는 방법으로 수집된 자료를 통계적으로 처리하며, 도표로 표시하여 일반적 결론을 추출한다.

1892년 교육 심리학자인 홀(Hall, G. S.)이 보스턴에서 '입학할 당시 아동의 심리적 내용'에 관한 연구를 하면서 사용하기 시작했으며, 이는 교육 심리 분야뿐만 아니라 사회 조사, 심리 검사 전반에 널리 사용되고 있다. 이 방법은 많은 대상을 단시간에 일제히 실시할 수 있을 뿐만 아니라 그 결과도 비교적 신속하게 기계적으로 처리할 수 있다.

▌ 류경남 외,『가족상담심리 용어사전』, 학지사, 2006.

질문지법의 용도는 크게 두 가지로 분류된다. 첫째, 사실에 대한 질문으로 생활 배경, 생장 사적(生長史的) 경험, 연령, 직업, 가족 수를 묻는 경우이다. 둘째, 의견, 태도, 판단, 감정의 주관적 생각을 묻는 경우이다. 질문지법의 주된 목적은 후자의 경우가 많다. 질문지의 형식은 응답 형식에 따라 자유 기술형, 선택형, 체크 리스트형(checking method), 분류형,

등위형(ranking method), 평정 척도형(rating scale method), 상호 비교형(method of paired comparison)으로 나눌 수 있다.

질문지법의 장점으로는 네 가지가 있다. 첫째, 집단적으로 실시하기 때문에 비교적 짧은 시간과 적은 비용으로 자료를 얻을 수 있다. 둘째, 넓은 범위의 문제에 대해 집단의 경향을 쉽게 알 수 있다. 셋째, 질문지를 우송하여 조사하는 경우에는 면접자에 의한 편파성이 제거되며, 누구에게나 똑같은 자극을 줄 수 있다. 넷째, 다른 관찰 실험 방법과 함께 병용함으로써 종합적인 조사를 할 수 있다.

질문지법의 단점으로는 네 가지가 있다. 첫째, 언어 능력과 표현 능력에 대한 의존도가 높기 때문에 그러한 능력 정도에 따라 질문지의 결과도 변할 수 있다. 둘째, 질문 범위 내의 것만 알 수 있기 때문에 부분적 자료밖에 될 수 없다. 셋째, 질문지에 나타난 의견이 진실인지 거짓인지, 사실에 관한 질문에 기억의 착오는 없는지를 판단할 수 없다. 넷째, 응답한 내용의 의미를 반복해서 확인할 수 없다. 이러한 장점과 단점을 고려하여 질문지를 작성할 때에는 여섯 가지 주의가 필요하다. 첫째, 질문지를 처음 작성할 때부터 무엇을 측정하고 진단할 것인가를 분명히 해야한다. 둘째, 어떤 형식의 질문지를 택하여 사용할 것인가를 사전에 고려한다. 셋째, 질문은 될 수 있는 대로 간단명료해야 한다. 넷째, 질문에 어떤 암시를 주거나 자극적인 영향을 미칠 어구는 넣지 않도록 한다. 다섯째, 질문의 순서는 연구자의 논리적 순서에 따르지 말고 피험자의 심리적 순서에 따르도록 고려해야 한다. 여섯째, 가능한 한 개인의 신분이 확인되지 않도록 무기명으로 한다.

▌『두산백과사전』, 동아출판사, 1982.

질서의 원리(秩序 – 原理, principle of order)

사물의 올바른 상태를 유지하기 위해 일정한 차례나 규칙의 기본이 되는 이치나 법칙.

저드(Judd, D. B., 미국의 색채학자)의 색채 조화론의 한 가지이다. 색 체계에서 규칙적으로 선택된 색은 질서가 정연하다는 원리이다. 색채의 조화는 효과적인 반응과 질서의 계획에 따라 선택된 색채 속에서 생긴다. 질서 있는 계획에 의해 선택된 배색은 조화롭고, 색채 조화는 계획에 따라 선택된 색의 나열이며, 색채 조화는 지각적 등보도(等步度)의 색 공간이다.

▌박현일, 『색채학 사전』, 국제, 2006.

질서의 탐구(秩序 – 探究, research of order)

사물의 올바른 상태를 유지하기 위해 일정한 차례나 규칙을 깊이 연구함.

호주의 여성 미술 교육학자인 부스(Booth)는 그의 논문("아이들에 의한 그림과 양식")에서, 질서의 탐구는 인간의 본질적인 특성이라고 보았다. 예술은 인간의 마음을 설명해 준다고 믿고 있으나 질서에 대한 관심은 근본적으로 양식의 형태(pattern)에 연관되어 있다. 연구의 일차적인 목적은 어떤 대상물이다. 사람을 대신하거나 외형으로 닮은 사진(picture)이 아니라 도안(design)이다.

▌Booth, D., "Pattern-Painting by the Young Child : A Cognitive Developmental Approach", Med. thesis, Univ. of Sydney, 1974.

집-나무-사람 검사(– 檢査, Home-Tree-Person Test, HTPT)

집, 나무, 사람을 세 장의 화지에 각각 그리게 하여 질병 상태를 투사하는 방법.

〈집-나무-사람 검사〉는 한 장의 종이에 세 가지를 그리게 하여 이것을 통합법으로 사용하며, 내담자의 그림을 비교할 때 질병 상태나 경과를 쉽게 파악할 수 있다.

▌박현일·조홍중, 『그림을 통한 성격 치료 미술 치료』, 시그마프레스, 2009.

〈Home-Tree-Person 검사, HTP〉는 정신 분석가인 버크(Buck)가 고안한 묘사법에 의한 투영법 검사이다. 버크는 프로이트(Freud, S.)의 정신 분석학을 바탕으로 하여 HTP를 개발했으며, 버크와 해머(Hammer, E. F., 1969)는 집-나무-사람 그림을 발달적이며 투사적인 측면에서 더욱 발전시켰다. 그들은 단일 과제의 그림 검사보다 집-나무-사람을 그리게 하는 것이 피험자의 성격 이해에 보다 효과적이라고 생각했다. 이 검사는 진단을 목적으로 연필과 종이만을 사용하였고, 1948년 페인(Payne, H.)이 채색하는 방법을 시도했다. 번스(Burns)는 한 장의 종이에 HTP를 그리게 하고, KFD와 같이 사람의 움직임을 교시하는 K-HTP(Kinetic House-Tree-Person)을 고안했다.

〈HTP 검사〉의 해석은 집, 나무, 사람의 세 가지를 사용한다.

첫째, 집-나무-사람은 유아뿐만 아니라 누구에게나 친밀감을 준다.

둘째, 모든 연령의 피험자가 그림 대상으로 편안하게 받아들인다.

셋째, 다른 과제보다 솔직하고 자유로운 언어 표현을 시킬 수 있는 자극으로 이용할 수 있기 때문이다.

이 검사의 분석 방법으로는 그린 시간, 그리는 순서, 위치, 크기, 절단, 필압, 선의 농담, 그림의 대칭성, 투시도, 조감도, 방향, 운동, 원근법이 있다. 내용 분석은 집, 나무, 사람에 있어서 이상한 부분, 형식적인 부분, 그림에서 강조된 부분, 그림이 무엇을 상징하는지를 살펴본다.

집 그림은 내담자가 성장한 가정이 나타나고, 자신의 가정생활과 가족 관계를 어떻게 인지하며, 그것에 대한 감정과 태도를 나타내는 경우가 많다. 따라서 집 그림은 피검자가 현재의 가정과 이상적 가정, 과거의 가정에 대한 소망을 나타내기도 한다. 집 그림은 그림 전체를 평가하고, 필수적인 부분으로 지붕, 벽, 창문, 출입문을 주의해야 한다.

나무는 땅에서부터 하늘까지 성장하고 움직이는 인생의 열망을 반영한다. 따라서 그것은 가장 보편적인 상징으로 정신과 자기 확장을 은유적으로 나타낸다. 나무 그림은 내담자의 자기상을 나타내며, 피검자는 자신의 마음 상태를 무의식적으로 나타내며, 정신적 성숙도를 표시한다. 나무의 필수 부분은 줄기와 가지이며, 나무 그림을 그리는 순서는 줄기부터 시작하여 앞으로 그려 나간다. 나무 그림은 나무에 대한 첫인상과 공간 상징, 살아 있는 유기체로서 나무의 줄기 상태, 나무의 심장, 상흔, 수관, 가지, 나뭇잎, 열매와 필압, 생활 상황을 참고한다.

인물화는 그림 검사 가운데 가장 깊은 연구로 나무나 집보다 자기를 잘 나타낸다. 그러나 인물화는 내담자에게 경계심을 품게 하고, 자기를 방어하려는 생각을 갖기 때문에 의식적·무의식적 자기의 모습을 왜곡시켜 나타내며, 자기 이외의 다른 사람을 그리는 경우가 많다. 원칙적으로 인물화는 자기의 현실상이나 이상을 나타내며, 의미 있는 사람과 일반적인 인

간의 인지를 나타낸다.

▌ Buck, J. N., "The H-T-P test", *Journal Clinic Psychology*, 1948(A). / Buck, J. N., "The H-T-P Technique : a Qualitative & Quantitative Scoring Technique", *Journal Clinic Psychology*, No. 5, 1948(B).

집단 따돌림(集團 –, group leaving out)

많은 사람이 모여서 괴롭히는 행위.

하인만(Heinmamn)은 집단 따돌림을 mobbing이라는 용어를 사용하여 괴롭힘에 관련된 다수의 집단을 의미하며, 그 집단의 일반적인 활동을 방해하는 한 개인을 공격하는 뜻을 담고 있다고 밝혔다.

▌ Heinmamn, P. P., *Mobbing*, Olso : Gyldendal, 1973.

집단 미술 치료(集團美術治療, group art therapy)

여러 명의 사람들을 동시에 치료하는 미술 치료의 한 가지 종류.

집단 미술 치료는 집단의 크기와 다른 집단원과 시각적·언어적 접촉이 유지되면서 상호 작용을 일으킬 수 있는 인원으로 대략 6명~12명 정도가 좋고, 행동의 통제가 어려운 아동일 경우 4명 정도가 적당하며, 최소한 4명 이상에서 6명 정도가 좋다. 이 치료는 4명 이하이면 집단 활동 중 대화의 사고 범위가 제한되고, 8명이 넘을 경우에 몇몇 구성원이 참여하며, 구성원이 많으면 집단을 쉽게 지배할 가능성이 있어 바람직하지 못하다.

▌ Gumaer, J., *Counseling and Therapy for Children*, New York : MaCmillian, 1984.

집단 미술 치료는 집단 심리 치료에 미술을 도입하고, 그림은 내면세계에 간직된 인간 감정을 자유롭게 꺼내는 것과 동시에 언어로서 서로 부딪히는 감정의 위기의 완충제가 되며, 카타르시스 효과와 함께 감정 교류의 조정 역할을 한다. 따라서 집단 미술 치료를 목적으로 하는 것은 집단의 한 일원으로서의 개인적

체험이며, 치료자와 환자, 환자와 환자 상호 간의 교류 가운데 자기통찰이고, 나아가 자신의 이미지를 시각화한다는 회화의 특수성에 의해 치료자는 환자의 정신세계를 좀 더 정확하게 파악할 수 있다. 집단 심리 치료에서 미술을 도입하는 시도는 비언어적 표현이 중심이 되는 아동 정신과 영역에서 행할 수 있기 때문이다.

집단 심리 치료에 미술을 도입하는 이유가 네 가지 있다.

첫째, 회화의 도입으로 언어적 표현이 쉽다. 회화는 발언 내용이 약하다는 결점이 있으나, 치료사가 환자의 심리 상태를 정확히 파악·지적·강화시키는 것으로 보완할 수 있다.

둘째, 회화는 환자의 무의식적인 정신세계보다 표출하기가 용이하다. 회화에 대한 어떤 지적이 환자의 혼란을 초래하기 쉽다. 이것이 유기적 상황으로 이어질 수 있으므로 치료사는 신중한 언어를 사용해야 한다.

셋째, 치료사는 환자와 함께 활동함으로써 환자를 정점으로 하는 일방적, 지시적, 집단 내 계층을 막을 수 있다. 환자의 자기 통찰이 깊을 때 다른 발언으로 화제를 옮긴다든지, 위기적 상황에 치료사는 적극적으로 개입해야 한다.

넷째, 회화는 카타르시스적 효과가 있다. 회화에 의해 카타르시스가 나타나기 때문에 치료사는 언어에 의한 자기표현의 필요성이 감소되는 단점을 간과해서는 안 된다.

▌ 김동연 외, 『미술치료의 이론과 실제』, 동아문화사, 1994.

집단 치료(集團治療, group therapy)

한 명의 치료사가 여러 명의 사람들을 동시에 치료하는 심리 치료의 형태.

집단 치료는 고독의 문제를 다루거나 다른 사람을 만날 때 자신감 결여, 대인 관계 문제를 다루는 데 적당한 치료 방법이다. 치료의 수단은 역시 대인 관계이며, 각 집단의 구성원이 그 집단 내에서 그들 자신의 작은 사회를 창조하고, 각자의 대인 관계의 어려움을 토로하여 치료가 되도록 한다.

▌ Yalom, I., *Impatient Group Psychotheraphy*, New York : Basic Book, 1985.

미술 치료 용어 사전

ㅊ

착감기(錯感期, the artistic illusion period)
예술의 느낌을 조금씩 풍기는 시기이다.

착시(錯視, optical illusion)
눈의 생리적 작용에 의해 일어나는 시각적인 착각.
착시는 정신 상태에 따라 사물을 보는 법이나 받아들
이는 법에 영향을 받으며, 지각된 부분들 사이에 상
호 작용의 결과로 생기는 현상이다.
┃ 박현일, 『디자인 강의』, 교우사, 2008.

착시 효과(錯視效果, optical illusion effect)
인간의 시각에 의해 생기는 착각.
착시 효과는 사물의 길이, 면적, 크기, 형태, 색깔의
객관적인 성질을 눈으로 볼 때 나타난 결과이다.

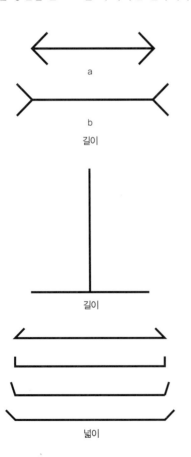

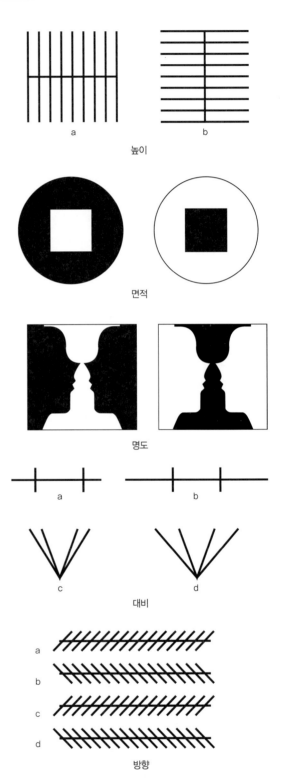

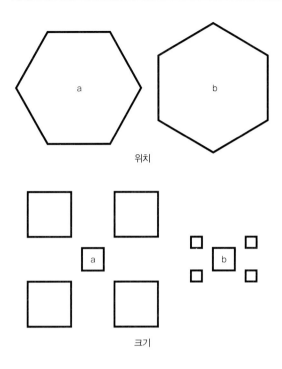

위치

크기

■ 박현일,『디자인 강의』, 교우사, 2008.

착화기(着火期, the scribble period)
긁적거리는 낙서를 통해 최초로 그림이라는 수단이
나타남.

참여 관찰법(參與觀察法, participant observation)
피검자의 주변 인물 가운데 관찰자를 선정하여 피검
자의 행동을 평가하게 하는 방법.
참여 관찰법은 발생 빈도가 낮은 행동이나 외부 관찰
자에 의해 영향을 많이 받는 행동을 평가할 때 유용
하다. 광범위한 문제 행동에 적용할 수 있고, 자연적
상황에서 자료 수집이 가능하여 비용이 저렴하다는
장점이 있으나, 검사자의 편견이 내포될 가능성이 있
다는 것이 단점이다.
■ 류경남 외,『가족상담심리 용어사전』, 학지사, 2006.

창의력(創意力, creativity)
새로운 생각이나 의견의 힘≒창의성.
미국의 심리학자인 길포드(Guilford)는 그의 저서(지
성의 자연)에서 창의력을 지적 특성으로 보았으며,
일곱 가지 지적 능력의 요소를 제시했다. 첫째는 문
제를 볼 줄 아는 능력, 둘째는 주어진 시간 안에 보다
많은 아이디어를 생각하는 능력, 셋째는 보다 융통성
있는 사고 능력, 넷째는 정보를 분석하고 종합하는
능력, 다섯째는 창의적인 사고 능력, 여섯째는 주어
진 의미를 다시 정의하는 능력, 일곱째는 조잡한 것
을 정교하게 만드는 능력.
　그는 또 다른 저서(지성과 창조성 그리고 교육의
함축)에서, 창의적 사고에 포함되는 그 어떤 기능에
몰두하는 연습은 능력의 발달을 가져온다. 지적 능
력의 구조론은 입체와 3차원 모형의 입장에서 지능
을 120개 요인으로 분석했다.

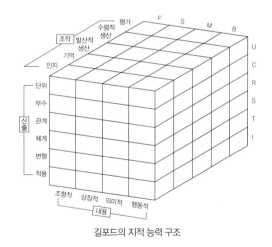

길포드의 지적 능력 구조

■ Guilford, Joy P., *The Nature of Intelligence*, New York : McGraw & Hill Inc., 1967. / Guilford, Joy P., *Intelligence, Creativity, and Their Educational Implications*, San Diego : California, Robert R. Knapp, 1968.

독일의 여성 아동 청년 심리학자인 뷸러(Bühler)는

그의 저서(어린이기의 문제와 교사)에서, 창의력은 선천적인 학습에 의해 획득된다고 보았다. 이 연구는 묘화를 통한 인간성 연구를 위한 방법이다. 그녀의 연구 방법은 어린이의 그림을 색채나 형이라고 하는 추상적 요소에서 분석하는 것이 아니라 그림 속에 그려진 내용이나 묘화의 대상을 분석했다.

묘화가 투사의 방법으로서 매우 가치가 있다는 점을 지적함과 동시에 다음과 같이 묘화의 진단 가치에 대해 제시했다. "어린이의 그림은 결정적인 해석을 제공해 준다. 교사가 밝은 색채를 사용하는 어린이가 명랑한 어린이가 아닐까"라고 생각을 한다든가, 어떤 현상 속에서 어린이의 개성(personality)을 이해할 만한 실마리에 흥미를 갖는 것은 매우 귀중한 경험이다.

이와 같은 일은 임상적 훈련을 쌓은 사람에 의해 세심한 주의가 요구된다. 검사자는 투사적 자기표현으로 그림을 이해하고, 표현된 개인적인 독특한 모습은 그 개인의 사사로운 세계(private world) 속에서만 의미를 갖는다는 것을 충분히 이해하며, 이와 같은 개인의 독자적인 모습은 그 개인의 생육사에 관해 알고 있을 때에만 이해할 수 있다.

▌ Bühler, C., *Childhood Problems and the Teacher*, London : Routledge & Kegan Paul, Ltd., 1953.

창의성(創意性, creativity)

전통적인 사고방식에서 벗어나 새롭고 독창적인 것을 만들어 내는 능력≒창의력, 창조성.

1950년대 말과 1960년 초 미국의 심리학자인 길포드(Guilford)는 그의 저서(교육의 함축과 창조적인 지식)에서, 경험적 창의성과 이론적 창의성을 연구했는데, 창의성 요인에는 여덟 가지가 있다. 첫째는 문제의식에 대한 민감성(sensitivity to problems), 둘째는 사고의 융통성(flexibility), 셋째는 사고의 참신성(novelty of ideas), 넷째는 정신적 융통성(flexibility of mind), 다섯째는 종합 분석적 능력(synthesizing and analyzing ability), 여섯째는 재정의나 재구성력(factor involving reorganization or redefinition), 일곱째는 개념 구조의 복잡성(complexit y of conceptional structure), 여덟째는 평가 능력(evaluation ability)이다.

▌ Guilford, Joy P., *Intelligence, Creativity, and Their Educational Implications*, San Diego : California, Robert R. Knapp, 1968.

신세호는 그의 논문에서, 창의성은 그 자체가 지적 능력이 아니라 문제에 임하는 개인적인 태도이며, 그것은 주어진 문제를 해결해 나가는 데 있어서 개인과 환경의 상호 작용 속에서 보이는 자기표현의 과정이다.

▌ 신세호, 「창의적 사고에 미치는 인성요인에 관한 연구」, 서울대학교 석사논문, 1965.

미국의 부란다이스대학교 심리학 교수인 매슬로우(Maslow)는 그의 저서(존재의 심리학)에서 창의성을 두 가지로 분류했다.

첫째, 개인에 있어서 새로운 가치 경험을 주고, 창조의 기쁨을 주는 자기실현의 '개인적 창의성'. 둘째, 개인뿐만 아니라 사회의 새로운 가치를 지닌 발명가와 과학자, 예술가들의 특수한 사람들에게 볼 수 있는 특수한 재능인의 '사회적 창의성'으로 구분된다.

그는 인간의 1차 욕구인 생리적 욕구가 충족이 되면, 점차 고차원적 욕구를 충족시키는 '욕구 수계 체제설'을 주장했다. 생리 욕구가 충족되면 안전의 욕구를, 이것이 충족되면 소속과 애정의 욕구를, 자존심의 욕구나 자아 현실의 욕구를 향해 점차로 수준 높은 욕구 충족을 원한다. 이러한 욕구가 충족되면 만족을 얻어 적응 행동을 하지만 요구가 충족되지 못하면 적응하지 못한 행동을 하게 된다.

자기실현의 욕구
(self-actualization needs)

존경의 욕구
(esteem needs)

소속감과 애정의 욕구
(belongingness and love needs)

안전의 욕구
(safety needs)

생리적 욕구
(physiological needs)

매슬로우의 인간 욕구 단계

▌ Maslow, A. H., *Towards a Psychology of Being*, Princeton : Van Nostrand, 1962.

창의성 연구의 선구자, 심리학자인 토렌스(Torrance)는 그의 저서(창조성)에서, 창의성이 높은 몇몇의 어린이들이 기존의 지능 검사에서 자신들의 능력만큼 인정받지 못하는 이유를 설명했다. 창의성이 높은 어린이들의 사고는 검사의 응답을 평가하는 데 쓰이는 규격화된 차원이나 행동의 규범을 단순하게 따르지 않는다. 주의 깊은 관찰자는 종종 창의성이 있는 어린이를 알아볼 수 있다.

교사들이 학부모들에게 단서를 줄 수 있는 여러 가지 행태(行態)의 목록 여덟 가지를 제시했다. 첫째는 청취나 관찰, 행위 자체를 깊이 있게 몰두한다. 둘째는 경제가 곤란해도 생기발랄하다. 셋째는 권위 있는 의견에 의문을 제기하는 경향이다. 넷째는 사물에 대한 면밀한 관찰력이 있다. 다섯째는 거의 관련 없는 생각들 사이에서 관계를 제시한다. 여섯째는 발견에 대해 흥분을 한다. 일곱째는 통찰력이 있는 관찰과 질문을 한다. 여덟째는 스스로 지식을 깨우친다.

▌ Torrance, E. Paul, *Creativity*, Belmont, California : Feron Publishers, 1969.

호킨스(Hawkins, D.)는 그의 논문에서 창의성에 대해 언급했다. 5세까지 어린아이들은 누구나 다 예술가이며, 이것은 교육적으로 어른이 다 됨에 따라 전체적인 예술성이 사라진다. 그래서 어른들에게 문제가 되는 것은 어른이 아직 못 되었기 때문이 아니라 어린이가 되지 못했기 때문이라고 강조했다.

홀만(Hallman)은 그의 연구에서, 창의성이란 모든 유아들이 잠재하고 있거나 실제로 가지고 있는 능력이며, 뛰어난 천재나 과학자만이 독특하게 지닌 특성이 아니라 모든 사람이 보편적으로 구비하고 있는 행동 특성이라고 하였다. 또한 이러한 창의성은 주위 환경의 여러 요소에 따라 받는 능력이다.

▌ 김정, 『아동의 미술교육 연구』, 창지사, 1989.

엘레메이어(Ellermeyer)는 창의성에 대한 여러 학자들의 정의를 세 가지로 정리했다. 첫째는 창의적인 사람을 중심으로 창의적인 사람의 특징과 성격을 관련시킨다. 둘째는 창의적인 과정 그 자체이다. 이것은 과업을 달성시키는 방법인 창의성의 과정에서 다룬다. 셋째는 창의성의 결과나 산물에 초점을 두며, 독창성과 사회적 가치, 실천성을 포함해서 강조한다.

이상에서 학자들이 제시한 창의성 정의는 창의적 과정, 창의적 산물, 창의적 인성과 같은 세 가지 방법으로 접근했으나, 기본적으로 무엇이 인간을 창의적이게 하는가에 초점을 두고 설명했다.

▌ Ellermeyer, D., "Enhancing Creativity through Play : A Discussion of Parental and Environment All Factors", *Early Child Development and Care*, 93, Guilford, J. P., 1968, Intelligence, 1993.

창의성 수준(創意性水準, creativity level)
새로운 생각이나 의견에 따른 일정한 표준이나 정도. 1972년 테일러(Taylor, E. B.)는 그의 연구에서 창의성 수준 다섯 가지를 제시했다.

첫째, 표출(expression)의 수준은 원초적인 표출의 수준이나 주위 환경에 대한 지각의 한계, 어린이의 미술, 원시인의 미술이 특징이다.

둘째, 숙달(proficiency)의 수준은 능숙한 기교와 기술이 중심이 되는 수준이고, 고정된 양식(pattern)은 미술가와 장인의 특징이며, 사물의 정확한 외형 묘사가 목표이다.

셋째, 발명(invention)의 수준은 기술에 있어서 기존의 개념을 여러 가지 수단과 과정, 재료, 기술들을 독창성으로 구사하여 새로운 수단으로 표현하며, 융통성과 지각력이 중요하다.

넷째, 혁신(innovation)의 수준은 기존의 원리와 기본적인 전체를 독창적으로 재해석하여 보다 높고 새로운 질서를 제시한다.

다섯째, 비범한 창조(emergentive type of creativity)의 수준은 미술에 있어서 새로운 원리를 창출하는 뛰어난 수준이고, 피카소와 세잔은 새로운 유파를 창조했다.

▌Osborne, A. F. 저, 신세호 역, 『想像工學』, 배영사, 1968.

창의성의 사고 과정(創意性 – 思考課程, thinking process of creativity)

새로운 생각이나 의견을 제시하는 과업의 정도.
월러스(Wallas)는 그의 연구에서 창의성의 사고 과정을 네 가지 단계로 나누었다.

1단계, 준비는 문제를 지각하고 알아보는 단계이다.

2단계, 부화기는 문제의 의식이 없는 것을 방치하고 있는 단계이다.

3단계, 조명기는 갑자기 해결에 관건이 되는 생각(idea)이 떠오르는 단계이다.

4단계, 검증기는 조명기의 생각(idea)과 가설의 타당성을 검증하여 그 결과에 따라 생각을 완성하는 단계이다.

▌Hastie, R., *Encounter with Art*, New York : McGraw & Hill Book Co., 1969.

창의성의 저해 요인(創意性 – 沮害要因, hindrance cause of creativity)

새로운 생각이나 의견에 대해 제시하지 못하게 하는 원인.

창의성 연구의 선구자, 심리학자인 토렌스(Torrance)는 그의 저서(창조성)에서 창의적인 사고에 대한 저해 요인을 다섯 가지 제시했다. 첫째는 활동을 안전성에만 중점을 두는 태도, 둘째는 질문과 탐구의 제안과 통제, 셋째는 남녀 성적 차이에 따른 억압, 넷째는 전통 문화에 대한 귀속, 다섯째는 학습과 활동의 엄격한 분리를 말한다.

유아기의 창의적인 상상력은 4세부터 4세 반 사이에 결정이 이루어지는데, 5세경에 학교에 들어가면서 점차 감퇴되는 현상이 일어난다. 이러한 현상은 자연의 현상으로 간주되었다. 그러나 새로운 학자들에 의하면, 5세경의 이러한 감퇴 현상은 자연적 · 신체적 현상이라기보다 오히려 인간에 의한 교육으로 만들어지는 후천적인 현상이다.

▌Torrance, E. Paul, *Creativity*, Belmont, California : Feron Publishers, 1969.

창의자(創意者, creation person)

새로운 생각이나 의견을 가진 사람.
쉐퍼(Schaefer)는 그의 저서(어린이들의 창의적 발달)에서, 창의적인 사람은 다양한 영역에서 뛰어난 능력과 재능을 지닌 사람이며, 유아기에 나타나는 특성에 대하여 열 가지를 제시했다.

첫째, 주위의 모든 일에 대해 언제나 의심을 품는다. 창의적인 사람들은 언제나 주위에서 일어나는 일들에 대해 어린이와 같은 호기심을 가지며 의심을 품는다. 그는 확실한 사실보다 애매모호한 일들에 관심을 기울이며, 자신의 모든 감각을 활용하여 이를 밝히려 한다.

둘째, 느낌이나 감정이 무척 개방적이고, 언제나 자발적이고 충동적이며, 타성이나 외부의 지시에 얽매이지 않고 자신의 생각들을 수시로 토로한다. 또한 창의적인 어린이의 그림에는 생동감 넘치는 감정의 흐름을 발견할 수 있다.

셋째, 호기심 많고 탐구적이며, 진취적인 정신을 지닌다. 그들은 자신의 주위 환경이나 장난감들, 주위의 여러 물건에 대해 강한 호기심을 가지며 탐색하기를 즐긴다.

넷째, 풍부한 상상력을 지닌다. 상상력이란 실제로 경험하지도 존재하지도 않는 사실을 가상적인 이미지로 떠올리거나, 과거에 경험한 사실과 서로 간에 연관성이 없는 이미지를 감수성 있게 연결시켜 새로운 생각(idea)을 창조하는 것을 뜻한다. 상상은 실제로 여러 가지 일들을 경험하는 데 있어서 생동감과 긴박감을 준다. 특히 어린이들은 추상적이거나 논리적인 사고에 익숙하지 않으나 실제적인 놀이를 경험하는 데 있어서 놀라운 상상력을 갖고 있다.

다섯째, 직관적 사고를 지닌다. 직관적 사고는 논리의 이해 없이 문제를 해결하는 능력을 뜻한다. 직관적 사고를 할 수 있는 사람은 예민한 육감을 지니며, 정확한 추측을 할 수 있다.

여섯째, 독립적 사고를 한다. 권위나 외부의 지시에 순종하기보다 스스로 한 판단의 기준에 확신을 갖고 행동한다.

일곱째, 공부나 연구, 작업들을 행함에 있어서 열성적인 태도를 지닌다. 창의적인 사람들은 놀이나 작업에 임할 때 일과 일체감을 느낄 정도로 전신을 다하여 일에 열중한다.

여덟째, 확산적 사고를 갖는다. 주어진 조건에 이미 결정된 하나의 바른 답을 추구하는 수렴적 사고와 반대되는 개념이다. 확산적 사고는 하나의 정확한 해답을 찾기보다 다양하고 독창성이 있는 여러 개의

가능성을 추구하며, 이미 정해진 해결 방안을 벗어나 여러 가지 다양한 방법을 추구한다.

아홉째, 창작하려는 기질을 지닌다. 이제까지 만들어진 것이나 널리 알려진 것에서 과감히 탈피하고, 보다 독창적이고 남다른 새로운 방법으로 대상을 창작하려는 기질을 지닌다.

열째, 환상적인 생각을 즐기려는 경향이 있다. 창의적인 사람은 새롭고 환상적이며, 실현 불가능한 아이디어가 제시되었을 때 생각의 가능성이나 새로움에 흥미를 느끼고, 그것이 실제 가능한 것인지를 밝히기 위해 즐거운 마음으로 작업에 임한다.

❚ Schaefer, C. E., *Developing Creativity in Children*, Buffalo : Dok Publishers, 1973.

창의적 교수 학습(創意的敎授學習, creative teaching study)
새로운 생각이나 의견을 가르치고 배워서 익힘.
패스터(Faster)는 그의 저서(창의성과 지도)에서 창의적인 교수 학습 특성 열여덟 가지를 제시했으며, 이것은 미술 지도 방법의 기본 바탕이다.

첫째, 교사와 어린이 간의 인간관계는 애정의 관계로 발전해야 한다. 교사는 언제나 수용적이거나 긍정적인 청취자여야 하고, 생각의 수용력이 민감해야 하며, 그것을 긍정적으로 반응해야 한다.

둘째, 집단생활에서는 협동성이 있어야 하고, '경쟁'을 무기로 사용하지 않는다.

셋째, 교사는 시간을 재촉하지 않으며, 어린이의 활동 속도를 알고 있어야 하고, 어린이의 성장과 능력에 대한 지식의 효율적인 사용은 어린이의 창의적인 반응을 뒷받침해 준다.

넷째, 어린이에게 성공적이고, 기쁘며, 행복한 경험을 자주 맛보도록 하여 긍정적인 반응을 뒷받침해 준다.

다섯째, 어린이의 집단 활동에서 결과보다 참여 과

정에 중요성을 두어야 한다.

여섯째, 목표는 밖과 물질의 보상보다 무엇을 잘해 보겠다는 내면적 심리의 만족에서 우러나야 한다.

일곱째, 어린이 활동의 구성을 융통성 있게 설계해야 한다.

여덟째, 학습은 자연적 흐름에 따르는 통합적 기초에서 수행해야 한다.

아홉째, 객관적 표준에 의한 평가는 거부한다.

열째, 풍부하고 다양한 자료 제시가 중요하다.

열하나째, 어린이는 생각(idea)부터 모든 활동의 끝맺음까지 스스로 할 수 있도록 한다. 이것에 대한 어린이의 토의가 고무되어야 한다. 브레인스토밍(brain storming)[242] 방법은 생각을 만들어 내는 데 도움이 된다.

열둘째, 활동의 출발점은 학교 이외의 활동과 경험을 포함한다.

열셋째, 교사는 마음속에 균형 잡힌 계획(program)을 지니고 있어야 한다.

열넷째, 협동 활동을 강조한다.

열다섯째, 학습 자료는 충분히 마련한다.

열여섯째, 교사가 있어야 한다고 생각되는 곳이 아니라 어린이가 현재 처해 있는 지점에서 출발한다.

열일곱째, 교사가 가야겠다고 생각하는 곳이 아니라 어린이가 가고자 하는 곳으로 가게 한다.

열여덟째, 상상이나 개성의 해결을 요구하는 교육

---

242. 오스본(Osborn)이 제창한 집단 토의식 아이디어 발상법이다. 이 발상법은 자유롭게 발언을 하는 과정에서 새로운 아이디어를 얻으며, … 인원이 많을수록 아이디어도 많고, 아이디어가 많을수록 가능성이 크다. 브레인스토밍의 중요한 원칙은 타인의 발언을 일체 비판하지 않고, 자유분방한 아이디어를 적극적으로 권장하며, 될 수 있는 한 많은 아이디어를 내게 하고, 아이디어의 연쇄 반응을 시도하며, 아이디어끼리 조합을 생각하고, 아이디어의 정리는 최후에 한다는 것이다.

놀이를 많이 사용하는 것이 창의성 발달에 큰 도움이 된다.

▮ Faster, J., *Creativity and the Teacher*, London : Macmillan Education Ltd., 1971.

창의적 사고(創意的思考, creative thinking)

새로운 생각이나 의견에 대한 자기만의 생각.

헨드릭슨(Hendrickson)은 그의 연구에서 창의적인 사고에 대한 저해 요인을 다섯 가지 제시했다. 첫째는 활동을 안전성에만 중점을 두는 태도, 둘째는 질문과 탐구의 제한이나 통제, 셋째는 남녀의 성적 차이에 따른 억압, 넷째는 전통 문화에 대한 귀속, 다섯째는 학습과 놀이 활동의 엄격한 분리.

▮ 김정, 『아동의 미술교육 연구』, 창지사, 1989.

창의적 유아의 특성(創意的幼兒 - 特性, quality of creative infant)

어린아이의 새로운 생각이나 의견에 대한 특수한 성질.

브리그스(Briggs, D.)는 그의 연구에서 창의적인 유아들의 특성에 대해 설명했다. 유아들은 집단의 규칙이나 일상성에 예민하지 않고 독립적이며, 타인들이 자신에 대해 어떠한 생각을 갖고 있는지에 대해서 별로 신경 쓰지 않는다. 또한 그들은 일상적인 모든 일에 대해 호기심을 갖고 질문을 하며, 사물이 아닌 고정 관념에 얽매이지 않고, 사물의 이미지 자체를 신선하게 보며, 상상력이 풍부하고 유머스러운 면을 지닌다. 그들이 제시하는 여러 방법들은 무척 장난스럽고, 다양하며, 자신의 예민한 감각으로 보다 많은 것을 보고 느끼려고 한다. 유아들은 내(內)적 정신세계나 외(外)적 물질세계의 모든 경험이나 인식에 있어서 개방적이고, 직관적이며, 집단적 성격에 쉽게 물들지 않는다.

▮ 김정, 『아동의 미술교육 연구』, 창지사, 1989.

창의적 표현(創意的表現, creative expression)

새로운 생각이나 의견을 드러내어 나타냄.

제퍼슨(Jefferson)은 그의 저서(*어린이들의 미술 지도*)에서, 어린이의 창의적인 표현은 미술 작업을 위한 주제나 표현될 방법, 그것에 대한 구성을 어린이가 스스로 선택해야 한다고 밝혔다.

▎ Jefferson, Blanche, *Teaching Art to Children*, Boston : Allyn & Bacon, Inc., 1959.

교육 행정가, 미술가인 아이스너(Eisner)는 그의 저서(*미술 교육의 전망*)에서 초등학교 6학년 어린이의 작품을 중심으로 창의적인 표현의 수준을 네 가지 제시했다.

첫째, 한계 떠밀기(boundary pushing)는 사상에 대한 기존의 관념을 다시 규명하고 확대하는 수준이다.

둘째, 발명하기(inventing)는 새로운 개념을 창작하기 위해 기존의 본질적 요소를 이용하는 수준이다.

셋째, 한계 깨뜨리기(boundary breaking)는 기존의 개념을 버리고 전혀 새로운 구조적 개념을 수용하는 수준이다.

넷째, 미적 구성(aesthetic organizing)은 작품을 새로운 질서에 의해 조화롭게 표현하는 수준이다.

▎ Eisner, Elliot W., *Educating Artistic Vision*, New York : Macmillan Publishing Co., Inc., 1972.

원켈만(Wankelman)은 그의 저서(*고등학교 교사들을 위한 미술과 기술의 기본*)에서 창의적 지도 요령 열여덟 가지를 제시했다.

첫째, 표현에 있어서 어린이에게 느슨하게 한다. 미술 수업은 어린이들의 입장에 따라 여러 가지 다른 목표를 달성할 수 있기 때문이다.[243]

둘째, 미술을 일상생활의 한 부분으로서 활용하고, 사물과 현상에 대한 적극적인 관심을 보여 준다.

셋째, 어린이의 정서나 지식이 창조되고 있음을 이해한다. 어린이들의 작품은 어린이들의 깊은 감성 세계가 반영되고, 이를 대할 때 비판이 아니라 공감을 가지고 본다.

넷째, 어린이들에게 외계의 실제를 보여 주는 것보다 자신의 마음과 정서를 보여 주는 것이 더 흥미 있다.

다섯째, 어린이는 어느 정도 개인적인 비밀을 가지고 싶어 하며, 그들에게 자립적인 감정을 가지게 한다.

여섯째, 어린이는 예민하기 때문에 학급 어린이 모두에게 공정한 사랑과 관심을 기울여야 한다.

일곱째, 어린이들에게 여러 연령층의 작품을 볼 기회를 제공하며, 자신의 판단 기준에 따라 보게끔 지속적인 감상 경험을 시킨다.

여덟째, 어린이에게 자신의 작품을 다른 사람에게 보여 주고 설명을 하도록 권유한다.

아홉째, 우리 주변에서 볼 수 있는 미술 현상에 관심을 가지도록 한다.

열째, 초등학교의 미술 지도를 고무시키는 것이 그 본연의 임무이다. 따라서 담임교사는 어떤 미술가보다도 훌륭한 미술 교사임을 확신해야 한다.

열하나째, 미술 시간에 어떻게 해야 할지 모르는 어린이에게 사랑 어린 동정심으로 적절한 협조가 필요하다.

열둘째, 어린이들을 각기 다른 독특한 개성적 인격체로 생각한다.

열셋째, 자신의 힘으로 표현하고, 표현한 작품을 놓고 성취감을 마음껏 맛보게 하며, 긍정적 자아의식을 가지게 한다.

열넷째, 수업시간 중에 비공식적인 사태가 발생할 것을 언제나 생각한다. 미적 표현 과정은 일상적 규율 속에서 얽매일 수만은 없고, 이러한 특성을 가지

---

243. 재료를 다루는 데 대한 만족감, 자신이 처한 외계의 이해, 자신을 표현하는 수단, 우리들에게 잠재되어 있는 창의성을 표현하는 데 대한 만족감이 있다.

고 있는 것을 이해해야 한다.

열다섯째, 때때로 어려운 문제에 매달려 끝까지 노력하는 투지력을 길러야 한다. 새 시대를 여는 표현은 언제나 투지력, 개척 정신, 의지력이 강한 사람들에 의해 이루어진다.

열여섯째, 건전한 비판력을 고쳐시켜야 한다. '~은 나쁘다'가 아니라 '~하면 좋겠다'는 방식으로 생각한다.

열일곱째, 미술 수업 활동의 복잡한 조건에 따라 시간을 적절히 운영하는 융통성이 필요하다.

열여덟째, 주변의 이용 가능한 교육 자료를 최대한 활용한다.

▌ Wankelman, W. F., *A Handbook of Arts and Crafts for Elementary and Junior High School Teachers*, Iowa : Brown, W. C., Publishers, Co., 1977.

창작 과정(創作過程, creation process)

예술 작품을 독창적으로 만들거나 표현하는 일의 경로.

라스키(Lasky)는 무커지(Mukerji)와 함께 쓴 논문("어린아이들을 위한 미술의 기본")에서 어린이의 창작 과정을 네 가지 단계로 분석했다.

1단계, 탐구(exploring)는 창작 과정의 첫 단계로서 다양한 재료에 대한 가능성과 제한성을 발견한다.

2단계, 선택(focusing)은 탐구 기간에 느낀 많은 가능성 중에서 한 가지를 선택하고 추구한다.

3단계, 작업(producing)은 필요성의 알맞은 기법을 사용하여 일을 성취시킨다.

4단계, 완성(stopping)은 평가와 다시 하는 작업이 포함되며, 아이디어의 표현과 문제 해결에 만족할 때 작업을 멈춘다.

▌ Lasky, L. & Mukerji, R., "Art Basic for Young Children", *The National Association for the Education of Young Children*, Washington, D.C., 1981.

여성 조각가, 미술 교육자인 코헨(Cohen)은 게이너(Gainer, R. S.)와 함께 쓴 저서(미술 : 학습을 위한 또 다른 언어)에서 창작 과정에 대해 세 가지를 제시했다. 첫째는 개인의 의미 있는 대상을 선택한다. 둘째는 그 안에서 그것들 간의 관계를 조사한다. 셋째는 개인의 관점에 따라 논리적 진실을 갖는 시각적 형태 배열을 시도한다.

▌ Cohen, E. P. & Gainer, R. S., *Art, Another Language for Learning*, 1984.

창작성(創作性, creativity)

기존의 소재를 새롭게 해석하여 독창적으로 만드는 것.

창조(創造, creation)

처음으로 만듦.

부버(Buber)는 그의 저서(너와 나)에서, 창조는 만남 속에서 그 형태를 나타낸다고 보았다. 창조는 기다리고 있는 감각에 대해 굳는 것이 아니라 붙잡는 자에게 드러내 놓는다. 창조는 완성된 인간 주위에서 늘 친숙해진 대상으로 유동하고 있으나, 그것을 하려면 수고의 손길을 끊지 않고 구애해야 한다.

▌ Buber, M. 저, *I and Thou*, 김광식 역, 『당신과 나 세계의 대사상 21』, 徽文出版社, 1973.

창조 과정(創造過程, creative process)

처음으로 만들어진 경로.

쾨스틀러(Koestler)는 그의 저서(통찰력과 예측)에서, 창조 과정과 그 과정에 관한 분석은 발명에 대한 설명과 유사하다고 밝혔다. 이것은 일반적으로 분리된 것을 생각하는 두 분야, 새로운 생산 관계를 확립하기 위해 서로 밀접하게 연관시킬 수 있다는 것을 창조자가 발견하는 이중 연상(bi-association)의 과정이 창의성이다. 이 관계를 발견하는 능력은 욕구의 결과로 생기고, 동기로부터 발생하며, 이런 동기들은 재치와 익살로 제품에 반영된다.

그는 이중 연상을 다음과 같이 언급했다. 마치 중매하는 것과 같은 이중 연상의 창의적 통찰력은 매끄러운 삼단 논법의 도식으로 설명하기 쉽지 않다. 이 도식은 정신적 성취를 결론적으로 끌어내는 듯한 인상을 준다. 말하자면 성취는 한 지붕 아래서 두 개의 전체를 가져올 수 있다. 결론은 단지 틀(method)에 박힌 행동에 의해 도달된 밀접한 결과뿐이다. 다른 말로 하면 삼단 논법과 영역 추출은 창의적으로 사고하는 방법이 아니다. 그것들은 단지 행위 다음에 형식의 논거로서 작용한다.[244] 문제의 해결은 발명되거나 번역되는 것이 아니라, 발견되고 발생하는 것이다.

▌ Koestler, Arthur, *Insight and Outlook*, New York : Macmillan Co., 1949.

창조성 검사(創造性檢查, Creativity Test, CT)

어린이의 행동 반응을 관찰하여 창조성을 측정하는 방법.

1920년대부터 유희 재료나 잉크의 얼룩에 대한 어린이의 행동 반응을 관찰하여 창조성을 평가한 기록은 있으나, 〈창조성 검사〉로서 사용되는 측정법은 1960년대에 실용화가 되었다.

겟절스(Getzels)와 잭슨(Jackson)은 고교생의 단위의 의미, 물건의 용도, 도덕성의 문제, 묘화로 된 〈창조성 검사〉를 시행하여 지능 검사와 성적과의 관계를 조사했다. 그 결과 어느 정도 양자에 정 상관(正相關)은 있었으나, 지능이 높고 창조성이 낮은 군과 창조성은 높으나 지능이 낮은 군은 그 질에 차이가 있었다. 다시 말해서 고지능군(高知能群)이 수렴적 사고(convergent thinking)를 가지고 있는 데 비해, 고

창조군은 발산적 사고(divergent thinking)를 특징으로 하고 있다. 고지능군이 보존적 인지를 하는 데 비해 고창조군은 건설적 인지를 하고 있다.

미네소타대학교 교육연구소의 토렌스(Torrance, E. P.)는 불완전 도형을 완성하고, 제품 개량이나 보통이 아닌 사용법을 생각하며, 상상적 이야기의 언어적인 것과 비언어적인 것으로 된 조직력, 감수성, 독창성, 심리적 동찰(洞察), 풍부성, 다섯 가지를 기본으로 평정했다. 그 밖에 해리스(Harris, R.)에 의한 〈AC 창조력 검사〉가 있다.

▌ Getzels, J. W. & Jackson, P. W., *Creativity and Intelligence*, 1962. / Torrance, E. P., *Guiding Creative Talent*, 1960.

창조자(創造者, creator)

처음으로 만든 사람.

바런(Barron)은 벨흐(Welch)와 함께 쓴 논문("미적 지각에 있어서 인간성 양식의 가능한 요소")에서 창조적인 사람이 창조적이지 못한 사람보다 어려운 것에 대해 더 관용적인 것을 두 가지 지적했다.

첫째, 예술 양식의 선호(preference)에 교육이나 지성이 필요하지 않는다.

둘째, 익숙하지 않는 형태에 대해 자신을 개방하는 것은 그것을 받아들일 수 있는 능력이 있음을 의미한다.

▌ Barron, F. & Welch, G., "Artistic Perception as a Possible Factor in Personality Style : Its Measurement by a Figure Preference Test", *Journal of Psychology*, (Vol. 33), 1958.

바런(Barron)은 그의 또 다른 논문("상상력의 심리학")에서, 창의적인 예술가들과 창의적인 과학자들은 모두 창의성이 부족한 사람들보다 대단히 복잡하고, 대칭이 되지 않는 외관상 혼란스러운 디자인을 더 선호한다고 보았다.

---

244. 전제가 대표되는 것으로서, 두 분야의 최초 연상(original association) 다음에 유추에 의한 과정을 반복하기 위한 도식으로 작용한다.

Barron, F., "The Psychology of Imagination", *Scientific American*, (Vol. 199), September, 1958.

창조적 표현(創造的表現, creative expression)

처음으로 만들어 나타냄.

미국의 교육 철학자, 실용주의 교육의 창시자인 듀이(Dewey)는 그의 저서(민주주의와 교육)에서, 창조적 표현이란 인간과 인간을 교통시키고, 완전하게 저지되지 않은 오직 하나의 길이며, 경험이 제한된 세계에서 장애를 모두 없애는 길이다. 그러므로 예술 교육에 있어서 표현적 의미는 조형 기술의 습득보다 표현과 인간의 내부적 생명에 중요한 의의를 두었다.

Dewey, John, *Democracy and Education*, Chicago : Rand McNally, 1916.

창조주의 미술 교육 유형(創造主義美術敎育類型, creationism fine arts educational type)

영국의 작가, 시인, 미술사가, 평론가, 예술 철학자인 리드(Read)는 그의 저서(예술을 통한 교육)에서 창조주의 미술 교육의 이론을 집약하여 여덟 가지 표현 유형을 제시했다.

첫째는 유기형(organic form), 둘째는 인상형(impressionist), 셋째는 구조형(structured form), 넷째는 열거형(enumerative form), 다섯째는 표현형(expressionist), 여섯째는 장식형(decorative form), 일곱째는 율동형(rhythmical form), 여덟째는 감정 이입형(empathetic form)이다.

Read, Herbert, *Education through Art*, New York : Pantheon, 1943.

채도(彩度, chroma)

색의 맑고 탁한 정도. 색채가 강하고 약한 도(度). 많은 색 중에서 가장 깨끗한 색가(色價)를 지니고 있는

순도.[245] 색의 순도(純度) 또는 포화도(飽和度)라고도 한다. 색의 선명도(鮮明度).

동일한 색상 중에서 채도가 가장 높은 색을 순색(full color)이라 하고, 순색에 무채색을 혼합하면 혼합할수록 채도가 낮아진다. 가장 낮은 단계의 채도는 1이고, 가장 높은 단계의 채도는 14이며, 14단계로 분류한다.

채도의 속성은 색상과 명도에 비해 혼동하기 쉽고, 좀처럼 이해하기가 어려운 성질이다. 배색의 경우에 실제로 필요한 것은 3이나 6의 채도보다 오히려 색의 순도가 문제시된다. 채도는 일률적이 아니라 순색, 다시 말해서 각 색에 따라 다르고 색상환에서도 다르며, 색은 무채색에 이를수록 채도가 약해진다.

한국산업규격(KS)의 채도 규정은 물체 표면의 등명도를 무채색의 차이에 관한 시지각의 속성으로 척도화한 것이다. 이것은 색의 맑음, 색의 선명도, 색의 순도로 규정하고 있고, 채도에 관련된 용어는 국제조명위원회(CIE)에서 규정한 3단계로 분류한다.

〈20색상환 채도 표〉(1968년 개정 먼셀 시스템 기준)

색명	빨강 R	다홍색 yR	주황 YR	귤색 rY	노랑 Y
채도	14	10	12	10	14
색명	노란 연두 gY	연두 GY	풀색 yG	녹색 G	초록 bG
채도	8	10	10	8	6
색명	청록 BG	바다색 gB	파랑 B	감청색 pB	남색 PB
채도	6	6	8	8	12
색명	남보라 bP	보라 P	붉은 보라 rP	자주 RP	연지색 pR
채도	10	12	10	12	10

---

245. 채도가 가장 높은 색을 청색(淸色, clear color)이라고 한다. 탁(濁)하거나 색기가 약하고, 선명치 못한 색이나 채도가 낮은 색을 탁색(濁色, dull color)이라고 한다.

■ 박현일 외,『색채학 사전』, 국제, 2006.

채도 대비(彩度對備, contrast of chroma)

서로 인접하는 색들이 작용하여 채도 변화가 나타남
＝질적 대비(qualitative of contrast).
빨강(red)과 보라(purple)의 색지를 인접시키면 빨강
은 더욱 선명하게 보이고, 보라는 더욱 탁하게 보인
다. 태양 광선의 분산에 의해 발생되는 프리즘의 색
은 색상에서 가장 높은 채도의 색이고, 선명도가 강
한 색이다.

채도가 다른 두 가지 색을 대비시키면 채도 차이가
커 보인다. 채도를 약화시키는 방법으로 순색은 하양
을 혼합하여 엷게 할 수 있다. 하양을 가하면 색감은
차가워진다. 순색은 검정을 혼합하여 채도를 약화시
키고, 채도가 높은 색의 경우 회색을 혼합하는 단계
에 따라 채도를 약화시킬 수 있다. 순색은 그것에 대
응하는 보색과 혼합하여 채도를 약화시킬 수 있다.
채도 대비를 이용한 작품으로는 마티스(Matisse)의
〈피아노〉와 클레(Klée)의 〈이상한 물고기〉가 있다.

■ 박현일 외,『색채학 사전』, 국제, 2006.

채도 조화(彩度調和, chroma harmony)

색이 맑고 탁한 정도가 서로 잘 어울리는 관계.
채도와 색상에 있어서 색채 효과는 채도가 강할수록
높아진다. 채도와 명도에 있어서 채도가 강하면 명
도를 저명도로 하고, 채도가 약하면 명도 차이를 크
게 한다. 적량의 명도 차이는 색상 차이를 지배하기

때문에 색상 차이가 50(먼셀 색상환에 의함)까지 증
가하면 명도 차이를 줄이고, 보색에 가까워지면 명도
차이를 높인다. 근거리 명도일 때 색상 차이를 30으
로 하고, 채도가 강하면 같은 채도 차이로 한다.

채도와 면적에 있어서 큰 면적은 채도를 약하게 하
고, 적은 면적은 채도를 강하게 한다. 채도와 재료에
있어서 강한 채도가 나오는 플라스틱과 양모는 채도
를 강하게 하고, 가죽이나 금속은 채도를 약하게 한
다. 종이의 종류는 채도를 너무 강하게 하면 좋지 않
으며, 비닐의 종류는 약한 채도가 좋고, 타일은 강한
채도가 좋다. 또한 색의 용도에는 약한 채도가 많다.

〈채도와 친화도〉[246]

채도	1	2	3	4	5	6	8	10
친화도(%)	80	70	60	50	45	40	30	20

■ 박현일 외,『색채학 사전』, 국제, 2006.

채색(彩色, coloring)

그림에 여러 가지 색을 칠함.

채색화(彩色畵, coloring picture)

여러 가지 색을 사용하여 완성하는 모든 그림＝채화
(彩畵).

채화(彩畵, colored picture) → 채색화(彩色畵)

척도(尺度, scale)

스케일(scale).
척도에는 실척(實尺, full scale), 축척(縮尺, contrac-
tion scale), 배척(倍尺, enlarged scale) 세 가지가 있다.

---

246. 친화도란 어떤 색에 대해 동일한 채도의 색상으로 조화
　　시켰을 때 그 색상이 조화되는 비율을 표시한다. 또한 채
　　도가 3인 색은 전체 색상에 대한 60%의 조화를 이룬다.

청년기(靑年期, adolescence)

인간의 발달 단계에서 아동기를 지나 성인기에 들어가려는 12세~13세부터 23세~24세까지 기간.

청년기는 신체적·생리적 변화와 정신적으로 발달하고, 청년기의 특징으로는 지적 발전, 정서적인 변화, 자아의 발견, 사회생활의 전개, 생리적인 변화를 들 수 있다.

▎한국교육심리학회 편,『교육심리학 용어사전』, 학지사, 2000.

청록(靑綠, blue green color)

녹색과 파랑을 혼합한 색, 또는 그 중간 색.

청록의 상징적 효과는 깊은 산림, 이지, 심미의 이미지를 준다. 이 색은 수술실, 상담실에서 사용되는 색채이다.

청색(淸色, clear color)

순색에 하양이나 검정을 혼합한 색.

청색은 같은 명도의 색상 중에서 채도가 가장 높다. 청색에는 명청색과 암청색 두 가지가 있다.

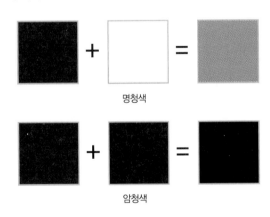

명청색

암청색

▎박현일 외,『색채학 사전』, 국제, 2006.

청황 색맹(靑黃色盲, blue-yellow color blindness)

파랑과 노랑이 느껴지지 않는 색각 이상.

초자아(超自我, superego)

도덕적 태도와 양심, 죄의식을 나타내는 정신 기능으로서 프로이트(Freud, S.)의 정신 분석학에서 제시된 정신 구조 중 하나.

초자아는 개인이 속해 있는 사회의 윤리적 기준을 내재화함으로써 유해하고, 부모 및 어린 시절의 다른 중요한 인물들을 동일시함으로써 발달한다. 초자아의 기능은 두 가지 범주로 나눌 수 있다. 첫째는 보호하고 보상하는 기능, 둘째는 죄의식 또는 양심의 가책을 불러일으키는 비판적·처벌적 기능.

▎한국교육심리학회 편,『교육심리학 용어사전』, 학지사, 2000.

촉각(觸覺, sense of touch)

온도나 아픔을 분간하는 피부의 감각. 오감(五感) 중의 한 가지.

촉각에는 윤택함, 경질, 거친감, 유연함, 광택, 접착, 평활 광택감 일곱 가지가 있다.

첫째, 윤택함은 깊은 톤의 색이다.

둘째, 경질은 은회색(silver gray)으로 딱딱하고 찬 느낌이 있고, 한색 계열의 회색 기미가 있는 색은 싸늘함과 딱딱한 느낌을 준다.

셋째, 거친감은 진한 색이나 회색 기미의 색으로 거친 느낌을 준다.

넷째, 유연함은 따뜻하고 가벼운(light) 톤의 색으로 부드러움을 준다.

다섯째, 광택은 고명도이고, 높은 채도의 색(밝은 회색 톤)이다.

여섯째, 접착은 중성 난색이다.

일곱째, 평활 광택감은 고명도와 고채도의 색이며, 밝은 톤의 색이다.

▎박현일 외,『색채학 사전』, 국제, 2006.

추상(抽象, abstraction)

개별적인 사물이나 구체적인 개념에서 공통적인 요소를 뽑아 일반적 개념으로 파악함.

추상 미술(抽象美術, abstract art)

비구상(非具象) 미술, 비대상(非對象) 미술, 비묘사적(非描寫的) 미술.

추상 미술은 눈에 보이는 현실의 사물을 승화된 순수 형태나 해방된 물질에 의해 예술적 표현의 묘사 대상으로 하지 않는 미술.

추상 예술(抽象藝術, abstract art)

20세기에 일어난 비재현적인 예술의 모든 조류.

축척(縮尺, reduced scale)

실물의 크기보다 축소해서 그린 그림[줌아웃(zoom out)].

출발 그림 검사(出發 − 檢查, Starter Sheet Test, SST)

그림에 대한 공포나 저항을 줄이고, 그림에 대해 자극하거나 촉진시키는 기법.

〈출발 그림 검사〉는 치료사가 그림을 직접 그려 주거나 사진을 오려서 완성시키며, 이 검사는 지적 장애자나 정신 질환자들이 처음으로 그림을 그릴 때 사용한다.

▌ 박현일 · 조홍중, 『그림을 통한 성격 치료 미술 치료』, 시그마프레스, 2009.

충동(衝動, impulse)

원초적 자아나 본능적 힘에 의해 지향되는 힘 또는 갑작스런 행동의 움직임.

충동성(衝動性, impulsive style)

사고나 행동이 감정에 의해 좌우되어 즉각적인 반응을 보이고, 인내력이나 자제력이 결여되어 있는

경향.

모피트(Moffit)는 그의 논문("완고한 진로 생활과 제한된 사춘기의 반사회적 행동")에서, 충동성은 장기적이고 반복적인 반사회적 행위의 위험을 직간접적으로 증가시킨다고 보았다. 통제의 결핍이 자신의 행동을 통제하는 능력과 반사회적 행위가 가져올 미래의 결과를 생각할 능력을 방해하며, 직접적으로 비행을 야기할 수 있다.

▌ Moffit, T. E., "Adolescence-Limited and Life-Course-Persistent Antisocial Behavior : A Developmental Taxonomt", *Psychological Review*, 100(4), 1990.

취학 적성 검사(就學適性檢査, Aptitude Test for School Beginning, ATSB)

독일의 케른(Kern, A.)은 취학 전 아동을 중심으로 양형태(量形態)의 모사, 〈인물화 검사〉, 〈연속 문양 검사〉들을 사용하여 분절성의 발달에 관해 연구했다.

이 검사를 사용한 결과, 초등학교에서 40%의 유급 아동은 취학 시기에 충분히 학령 성숙에 도달하지 못했다. 독일에서는 이와 같은 연구에 따라 취학 학령을 반년 인상하는 행정 조치를 청구하게 되었으나, 그 결과 학령 미숙자는 전부 감소되지 않았고, 학령 성숙은 생물학적으로 규정되는 것이 아니라 교육에 의해 어느 정도 좌우되는 것이다.

▌ 교육학사전편찬위원회 편, 『교육학대사전』, 교육서관, 1989.

치료(治療, therapy)

히브리말로 질병, 장애, 결함을 처리하는 것.

치료 도구(治療道具, therapy tool)

병이나 상처를 낫게 할 때에 쓰이는 연장.

치료 도구는 미술 치료에서 활용되는 두 가지 도구 중 한 가지이다. 치료의 도구에는 〈윤곽선 검사(Out-line test, OT, 테두리 선 검사)〉, 〈자아 감각 발달 검사〉, 〈출

발 그림(Starter Sheet) 검사〉, 〈콜라주(Collage) 검사〉, 〈핑거 페인팅(Finger Painting) 검사〉 들이 있다.

▌박현일 · 조홍중, 『그림을 통한 성격 치료 미술 치료』, 시그마프레스, 2009.

미술 치료 용어 사전　ㅋ

캐리커처(-, caricature)

주로 인물을 소재로 익살, 유머, 풍자의 효과를 살린 그림.

캐리커처는 원래 이상적이고 숭고한 인물화에 의도적으로 역행하는 시도였으나, 정치가의 권위를 풍자하고 야유하는 수단으로 대상의 특징을 포착하며, 또한 작가의 드로잉 능력, 관찰력, 상상력, 개성 있는 표현이 요구된다.

어원은 이탈리아 어의 '과장하다(caricare)'에서 유래되었으며, 영국, 프랑스, 독일, 유럽을 중심으로 유행했다.

▌박현일, 『디자인 강의』, 교우사, 2008.

캘리포니아 심리 목록 검사(-心理目錄檢査, California Psychological Inventory, CPI)

인격을 사회적 태도로 측정하는 방법.

거흐(Gough, H. G.)가 질문지법으로 인격을 사회적 태도로 파악했으며, 458개의 질문 항목이 있는 검사이다.

검사 결과는 지배성(리더십의 뜻, Do), 사회적 능력(Cs), 사교성(Sy), 사회적 품위(Sp), 자기 수용(Sa), 행복감(Wb), 책임성(Re), 사회화(So), 자기 통제(Sc), 관용성(To), 좋은 인상(Gi), 상식성(Cm), 관습의 순

응적 액티브먼트(Ac), 독립적 액티브먼트(AI), 지적 유효성(Ie), 심리적 흥미(Py), 유연성(Fx), 여성적 적성(Fe)의 각 카테고리로 정리되어 있다. 이 중 사회화의 척도(socialization)는 비행(非行) 척도로서 국제적 비교 연구도 실시되고 있다.

▌Coulson, J. E., (Ed), *Programmed Learning and Computer-Based Instruction*, 1962.

캘리포니아 정신 성숙 검사(-精神成熟檢査, California Test of Mental Maturity, CTMM)

모든 연령에 따라 정신 요인을 측정하는 방법.

1951년 설리번(Sullivan), 에라크(Elark), 티이그스(Tiegs)와 함께 제작한 것으로 현재 가장 널리 사용되고 있는 검사의 하나이다.

〈캘리포니아 정신 성숙 검사〉는 유치원부터 성인에 이르기까지 모든 피험자를 대상으로 하고 있으며, 검사는 연령에 따라 예비형(유치원~초등 1년), 기초형(초등 1~3년), 초급형(초등 4년~중등 2년), 중급형(중등 1년~고등 1년 및 성인), 고급형(중등 3년~성인) 다섯 가지로 나누어진다. 그러나 형은 달라도 정신 요인을 측정하도록 되어 있고, 지능은 언어 IQ와 비언어 IQ로 나누어 표시하게 되어 있으며, 각 하위 검사별로 프로필을 나타낼 수 있다.

▌Sullivan, C. T., Elark, W. W. & Tiegs, E. W., 〈California Test of Mental Maturity〉, 1951. / 교육학사전편찬위원회 편, 『교육학대사전』, 교육서관, 1989.

컷(-, cut)

활자 인쇄 매체에 대한 지루함을 덜고, 내용의 이해를 돕는 그림.

컷의 표현에는 사실적인 표현, 추상적인 표현, 유머러스한 표현, 장식적인 표현 네 가지가 있으며, 의뢰인과 편집자의 요구에 의한 컷이 있다.

▌박현일, 『디자인 강의』, 교우사, 2008.

콜게이트 정신 위생 검사(－精神衛生檢査, Colgate Mental Hygiene Test, CMHT)

정신 위생을 신뢰성과 객관성, 타당성 있게 측정하기 위한 방법.

1926년 레이어드(Laird)가 제작한 검사로서, 검사의 목적은 '정신 위생을 필요로 하는 사람을 가려내기 위한 신뢰성 있고 객관적이며, 타당한 방법을 제공하기 위해' 또는 '이상(異常)의 정도와 종류를 아주 정확하게 양적으로 측정하는 도구를 제공하기 위해' 제작되었다.

〈콜게이트 정신 위생 검사〉의 제작 절차는 진술문의 수립, 편집, 실험 집단의 실시, 이상적(異常的)인 응답의 결정, 백분위 규준의 준비, 다섯 가지가 있다. 여기서 사용된 진술문은 〈우드워스의 검사〉에서 빌려온 것이 대부분이다. 이 검사에서는 두 가지 뚜렷한 특징을 발견할 수 있다. 첫째는 편차 의식도(deviant signification)를 결정하기 위해 각 진술문의 반응을 분포로 만들었다. 둘째는 피험자의 대답을 도식에 의해 기록했다.

▌ Laird, D. A., 〈Colgate Mental Hygiene Test〉, 1926. / 교육학사전편찬위원회 편, 『교육학대사전』, 교육서관, 1989.

콜라주(－, collage)

본래 프랑스어 coller에서 유래된 말로 '풀칠', '바르기'의 의미였으나 전용되어 화면에 인쇄물, 천, 쇠붙이, 나무 조각, 모래, 나뭇잎의 여러 가지를 붙여서 구성하는 회화 기법, 또는 그러한 기법에 의해 제작되는 회화.

1910년경 입체파의 화가인 피카소와 브라크는 화면 효과를 높이고, 구체감을 강조하기 위해 화면에 그림물감 대신 신문지, 우표, 벽지, 상표의 실물을 붙여 화면을 구성하는 기법을 개발했다.

▌ 박현일, 『디자인 강의』, 교우사, 2008.

콜라주 검사(－檢査, Collage Test, CT)

분노의 표출, 거부의 감소, 희망에 대한 상징들을 필요한 재료로 자르거나, 오려 붙이거나, 혹은 그리게 하는 방법.

〈콜라주 검사〉는 최근에 가장 많이 사용되고 있는 미술 치료 기법 중 하나이다. 이 검사는 표현이 쉽고, 그림을 그리기보다 감정이 정확히 전달되나 필요한 재료가 많이 있어야 한다.

▮ 박현일 · 조홍중, 『그림을 통한 성격 치료 미술 치료』, 시그마프레스, 2009.

콜라주 미술 치료(−美術治療, collage art therapy)

다양한 매체를 활용하여 직감이나 감각의 비합리적 기능을 이용하는 미술 치료의 한 가지 종류.

콜라주 기법은 일본에서 개발된 심리 치료이며, 대상자들도 별다른 제약 없이 자신들의 성장 및 사회적 기술 훈련에 활용하고 있다. 최근에는 심리 치료뿐만 아니라 사법 영역에서 응용하고 발전하여 재활 치료 장면, 심신 건강이나 인간적 이해를 주안점으로 한 카운슬링, 사회성 향상을 목적으로 한 새로운 치료적 활용이 적용되고 있다.

오늘날 미술 치료 기법으로 활용하고 있는 잡지 사진 콜라주 기법은 1972년 버크(Buck)와 프로반처(Provancher)가 평가 기법으로 미국 작업 치료지에 게재된 것이 최초이며, 이후 일본의 스기우라(杉浦, 1994)가 치료 기법으로 연구 개발하여 활용되고 있다. 1920년경 미술 표현의 하나로 초현실주의자들에 의해 확립된 콜라주 기법은 그 후 미국 작업 치료의 재활 장면에서 활동(Buck & Provancher, 1972)이나 평가법(Lerner, 1982)으로 이용되었다. 일본에서는 1988년 전후 모리타니(森谷)와 스기우라(杉浦)에 의해 모래 놀이 치료의 임상 실천과 기초 연구를 거쳐 개발된 것이 콜라주 기법이다.

▮ 森谷寬之 · 杉浦京子 · 入江茂 · 服部令子 · 近喰ふじ子, 『体驗, コラージュ療法』, 東京：山王出版, 1992. / 森谷寬之 · 杉浦京子 · 入江茂 · 山中康裕, 『コラージュ療法入門』, 東京：岩崎學術出版社, 1993. / 森谷寬之 · 杉浦京子 · 入江茂 · 服部令子 · 近喰ふじ子, 訳, 『マガジン コラージュ』,

東京：誠信書房, 2003. / 高江洲義英 · 入江茂編, 『コラージュ療法−造形療法』, 東京：岩崎學術出版社, 2004. / 青木智子, 『コラージュ療法の發展的活用』, 風間書房, 2005.

콜라주 박스 법(−法, collage box method)

내담자는 상자 안에 있는 원하는 그림을 선택하거나 가위로 자르고, 완성된 작품을 근거로 이야기를 나누는 방법.

콜라주 박스 법은 잡지 그림 콜라주 방법과 마찬가지로 작품을 두고 서로 감상을 하지만, 치료사는 해석적인 말을 하지 않는다. 이 방법은 간편하게 사용되므로 일반적인 소요 시간은 15분 정도이다.

▮ 森谷寬之 · 杉浦京子 · 入江茂 · 服部令子 · 近喰ふじ子, 『体驗, コラージュ療法』, 東京：山王出版, 1992. / 森谷寬之 · 杉浦京子 · 入江茂 · 山中康裕, 『コラージュ療法入門』, 東京：岩崎學術出版社, 1993. / 森谷寬之 · 杉浦京子 · 入江茂 · 服部令子 · 近喰ふじ子, 訳, 『マガジン コラージュ』, 東京：誠信書房, 2003. / 高江洲義英 · 入江茂編, 『コラージュ療法−造形療法』, 東京：岩崎學術出版社, 2004. / 青木智子, 『コラージュ療法の發展的活用』, 風間書房, 2005.

쿠더 흥미 검사(−興味檢査, Kuder Preference Record, KPR)

1940년대 쿠더(Kuder)가 제작한 것으로 기술적(descriptive), 합리적(rational), 동질성(homogeneous)의 특징을 지닌 검사이다.

〈쿠더 흥미 검사〉는 A, B, C, D 네 가지 유형이 있다. 첫째, A형은 일종의 성격 검사이다. 둘째, B형은 직업적 흥미 검사의 초기 판이다. 셋째, C형은 현재 사용되고 있는 검사이다. 넷째, D형은 최근에 〈스트롱 흥미 검사〉처럼 특정한 직업을 예언하는 검사이다.

이 검사는 직업 흥미를 열 개의 군집으로 나누고, 각 흥미군에 동질적인 문제를 정했다. 그 흥미군은 기공적 흥미(mechanical interest), 계수적 흥미(computation interest), 학구적 흥미(scientific interest), 설논적(說論的) 흥미(persuasive interest), 미술적 흥미(artistic interest), 문예적 흥미(literary interest), 음악적 흥미(musical interest), 사회 봉사적 흥미(social service interest), 사무적 흥미(clerial interest), 운동적 흥미(out-door interest)로 나누었다.

▎ Kuder, G., 〈Kuder Preference Record〉, 1940. / 교육학사전편찬위원회 편,『교육학대사전』, 교육서관, 1989.

쿨먼-앤더슨 지능 검사(－知能檢查, Kuhlman-Anderson Intelligence Test, KAIT)

1952년 쿨먼(Kuhlman)과 앤더슨(Anderson)이 제작한 지능 검사로 미국의 집단 지능 검사 중에서 가장 유명한 검사.

〈쿨먼-앤더슨 지능 검사〉는 아홉 개의 검사 시리즈로 구성되어 있고, 각 피험자는 자기 능력에 적당한 시리즈를 선택하여 검사를 받도록 되어 있는 것이 특징이다. 예를 들면 책자(採字) K(유치원)는 1~10까지의 소검사, A(1학년)는 4~13의 소검사, B(2학년)는 8~17의 소검사, H(9~12학년)까지의 39개 소검사로 구성되어 있다.

이 검사는 비교적 비네의 원칙에 많이 따르고 있으며, 언어 능력을 중시하고 있는 편이다. 측정하는 내용은 거의 〈스탠퍼드-비네 지능 검사〉와 상관이 같다.

▎ Anderson, R. G. & Kuhlman, F., 〈Kuhlman-Anderson Intelligence Test〉, 1952. / 교육학사전편찬위원회 편,『교육학대사전』, 교육서관, 1989.

크레파스의 수(－數, number of pastel crayon)

아이들의 나이나 학년에 따라 크레파스 색깔의 수를 결정.

박현일은 그의 저서에서 크레파스의 수를 나이에 따라 일곱 가지로 나누었다. 첫째는 4세까지는 12색 색연필, 둘째는 5세에서 6세까지는 12색 크레파스, 셋째는 6세에서 7세까지(유치원 아이들)는 18색 크레파스, 넷째는 초등학교 1학년은 24색 크레파스, 다섯째는 초등학교 2학년은 36색 크레파스, 여섯째는 초등학교 3학년은 48색 크레파스, 일곱째는 초등학교 4학년 이상은 48색 이상의 크레파스.

▎ 박현일,『사고력 발달을 위한 어린이 그림 지도 방법론』, 생활지혜사, 1996.

크레펠린 정신 작업 검사(－精神作業檢查, Kraepelin Test, KT)

독일의 정신 병리학자 크레펠린(Kraepelin, E.)이 정신병자의 작업 장애 연구를 실험한 연속 가산 작업에 의한 검사.

〈크레펠린 정신 작업 검사〉의 작업은 횡으로 81자의 계열에 대해 옆에 있는 숫자의 연속 가산 작업을 행하게 한다. 1분마다 단을 바꾸어 15분 작업, 5분 쉬게 한 다음, 같은 방법으로 15분 또는 10분 작업을 한다.

작업 결과는 작업량 오류와 탈락 수, 작업 곡선형의 세 가지 항목에 따라 처리한다. 작업량은 탈락 수를 제외한 것을 각 단마다 기입하고, 각 단을 가산한 최종 숫자를 작업 곡선으로 구한다.

▎ 교육학사전편찬위원회 편,『교육학대사전』, 교육서관, 1989.

클로즈업(－, close-up)

근접 촬영(近接撮影). 중요한 부분을 포착하여 화면 가득히 촬영하는 기법.

ㅋ

미술 치료 용어 사전 ㅌ

타인 공포증(他人恐怖症, xenophobia)

낯선 사람에 대한 두려움을 갖는 증상으로 다른 사람을 만나는 것을 회피하는 증상.

타인 공포증은 어렸을 때 낯가림이나, 타인 공포증이 성인이 될 때까지 남아 있거나, 성인이 되어 사라졌다 할지라도 중년 이후 또 다시 발생하는 경우도 있다.

▌ 류경남 외, 『가족상담심리 용어사전』, 학지사, 2006.

탁색(濁色, dull color)

청색(清色, clear hues)이나 순색에 회색을 혼합한 색. 채도가 청색(清色)에 비해서 낮으며, 탁색에는 명탁색과 암탁색 두 가지가 있다.

▌ 박현일 외, 『색채학 사전』, 국제, 2006.

탄생석 의미(誕生石意味, birthstone meaning)

돌에 대한 상징과 달을 의미.

1월은 가넷(garnett, 석류석)이며, 충실을 의미한다. 2월은 아메지스트(amethyst, 자수정)이며, 성실을 의미한다. 3월은 아쿠아마린(aquamarine, 남옥석)이며, 부부애를 의미한다. 4월은 다이아몬드(diamond, 금강석)이며, 순결을 의미한다. 5월은 에메랄드(emerald, 녹두석)이며, 행복한 아내를 의미한다. 6월은 펄(peal, 진주)이며, 건강을 의미한다. 7월은 루비(ruby, 홍옥)이며, 깊은 애정을 의미한다. 8월은 사도닉스(sardonyx, 홍마노)이며, 행복을 의미한다. 9월은 사파이어(sapphire, 청옥)이며, 덕망을 의미한다. 10월은 오팔(opal, 단백석)이며, 우애를 의미한다. 11월은 토파즈(topaz, 황옥)이며, 우애를 의미한다. 12월은 터키석(turquoise)이며, 성공을 의미한다.

▌ 박현일, 『족집게 컬러리스트』, 교우사, 2008.

탐구(探究, research)

더듬어 깊이 연구함.

미국의 교육 철학자, 실용주의 교육의 창시자인 듀이(Dewey)는 그의 저서(민주주의와 교육)에서 탐구에 대해 설명했다. 탐구는 '어떤 상황에서 확정되지 않은 여러 요소들의 구별과 관계가 통일된 상황으로 전환될 수 있는 전환 작업'이다. 이 '전환 작업'은 다섯 가지 단계의 탐구 과정을 내포하고 있다.

1단계는 확실하지 않은 상황이다. 이것은 탐구의 초기 단계로서 사람들이 갈등을 일으키는 상황이다. 이 갈등은 어지럽다, 난처하다, 당황스럽다, 혼란스럽다, 귀찮다, 모호하다, 명료하지 않다와 같은 용어로 표현될 수도 있다. 이들이 모두 심리적 측면을 갖는 것은 상황적 확실성이 없는 '갈등'으로 느껴진다. 그리고 확실성이 없는 상황의 여러 요소들이 확정되지 않는 데서 그러한 갈등을 느낀다. 그러나 이러한 상황에서 느껴지는 갈등은 바로 탐구를 요청하는 것이기 때문에 탐구의 첫 단계가 된다.

2단계는 문제의 제기이다. 문제는 이미 어떤 확실성이 없는 상황을 부분적으로 전환한다. 우리는 '문제를 잘 잡으면 절반은 해결된 것'이라고 자주 말한다. 문제 제기가 되지 않았을 때 암중모색이 되고, 문제 제기가 잘못되었을 때는 헛수고가 된다. 문제 제기의 방식은 가설 또는 해결 방안에 대한 제안을 취사선택하는 결정으로 좌우되기 때문이다. 바로 문제 가설이 적합성 판단의 표준이 된다.

3단계는 가설의 제안 또는 해결의 시도이다. 그러면 이 가설이 어떻게 제안되는가? 확실성이 없는 상황에서는 확정된 요소들만을 가지고 전환할 수 없다. 이러한 맥락에서 취해야 하는 첫 조치는 주어진 상황에서 확정적 요소들이 무엇인가를 알아보는 일이다. 이것은 관찰로써 이루어진다. 이때 가설이 나타난다. 가설이란 관찰된 요소들의 관계 속에서 어떤 조건을 부여한다면 무엇이 발생하리라는 결과의 기대 또는 예견이다. 가설은 시초의 단계에서 애매하고 단순한 암시로 갑자기 나타나지만, 종결 단계에서는 분명하게 나타날 수도 있다.

4단계는 추론의 작업이다. 제안된 가설에 의해 비판이 없는 것을 받아들인다면 탐구는 성립될 수 없다. 그러한 경우에 가설이 올바르게 전개될지라도 정당한 것은 못 되며, 가설에 대한 비판적 추론 작업이 이루어져야 한다. 이것은 이미 받아들여진 체계 안의 다른 요소들과 제안된 가설이 들어맞는가를 가리는 작업이다. 일관성에 대한 질문 과정에서 가설은 명료성을 얻게 된다.

5단계는 가설의 실험이다. 가설은 관련된 관찰을 조작할 수 있는 점에서 도구이다. 기존의 가설적 조건은 어떤 조작을 함으로써 새로운 사실을 도입하기도 하고, 궁극적으로 선택된 모든 사실을 통일된 전체로서 파악할 수 있게 해 주는 제안이며 계획이다.

이 가설은 '만일 ~이면 ~일 것이다'라는 형식이 보편적으로 주어진다. 듀이는 가설로써 보편적 가정의 실험 조건으로 구체적인 가정이 포함된다고 생각했다. 구체적인 가정에 의해 실험이 실제적으로 되거나 관찰이 이루어져서 가설이 받아들여지기도 하고 거부되기도 한다.

▌ Dewey, John, *Democracy and Education*, Chicago : Rand McNally, 1916.

탐구 문제(探究問題, research problem)
더듬어 깊이 연구하거나 해결해야 할 사항.

영국의 킬리(Keele)대학교 디자인 교육 과정 연구팀은 열세 가지의 탐구 문제 해결 과정을 제시했다. 첫째는 문제의 영역과 요구를 확인한다. 둘째는 문제에 영향을 미치는 요인을 분석한다.[247] 셋째는 문제를 정확하게 정의하고, 종합된 사실들을 연관 짓는다. 넷째는 문제에 관련된 정보나 자료를 수집한다. 다섯째는 해결책을 만들어 내는 데 필요한 순서를 배열한다. 여섯째는 해결책의 윤곽을 잡는다. 일곱째는 선택된 해결책을 합리적으로 결정한다. 여덟째는 적절한 기술을 활용(응용)한다. 아홉째는 디자인의 관점에서 여러 해결책 중 적절한 방안을 모색한다. 열째는 관찰과 조사 연구, 해결책의 증거와 정보를 기록한다. 열하나째는 생각(idea)과 해결책을 디자인으로 분명하게 나타낸다. 열둘째는 도구나 재료, 기술, 근본 원리의 지식을 적용, 창작(제작)한다. 열셋째는 학생들이 실제 생활에서 디자인의 원천적인 문제를 해결하는 것을 목표로 한다.

이 계획(project)은 다음과 같은 문제 해결의 단계를 내포하고 있다.

1단계, 참신한 접근은 초보적인 디자인 문제의식

---

247. 사회, 경제, 기능, 미, 재료, 내용들을 포함한다.

을 느끼면서 발전하도록 촉구하는 과정이며, 학생들에게 디자인 개선을 위한 문제의식을 발견하고 해결할 기회를 제공한다. 특히 이 단계는 문제를 교사가 만들어서 던져 주는 전통적인 디자인의 지도 방식을 탈피하고, 학생들이 직접 찾을 수 있도록 한다.

2단계, 가정은 가족들의 활동을 면밀히 관찰하는 가운데 디자인 문제를 해결하고 분석하는 영역이다.

3단계, 지역 사회는 병원, 학교, 면사무소, 양로원, 유치원, 지역 사회의 여러 가지 시설에서 일하고 있는 사람들의 행동을 면밀히 관찰하고 분석하여 디자인 문제를 찾아내는 영역이다.

4단계, 여가는 놀이터나 극장을 포함한 여러 가지 오락이나 여가 선용과 관련된 상황 속에서 디자인 문제를 찾아내는 영역이다.

5단계, 근로 생활은 학교생활이나 장래의 직업, 일용품 생산을 포함하는 직업, 근로, 산업들과 관련된 분야에서 디자인 문제를 찾게 한다. 이를 위해서 사회의 지식 내용이 크게 도움이 된다.

〈킬리대학교의 디자인 문제 해결 과정〉

절차	해결 과정
위치(situation)	사람들이 생활하거나 작업할 때 문제점과 필요한 것을 발견한 곳에서 상황을 관찰한다.
조사 (investigation)	문제점과 필요한 곳에 영향을 미치는 주된 요인들을 조사한다.
상술 (specification)	해결할 필요가 있는 문제의 전모를 하나하나 상세하게 열거한다.
생각이나 윤곽 (idea & outline)	문제의 각 부분을 풀기 위한 가정을 수립한다. 모델이나 스케치, 그림들을 이용한다.
실현(realization)	해결책을 실제로 제작한다.
검사(testing)	앞의 문제에 대해 진술한 내용을 비추어 평가한다.

▌ 김춘일, 『미술교육론』, 홍성사, 1985.

탐구 학습 과정(探究學習過程, research learning process)

더듬어 깊이 연구하고 익히는 경로.

매시알라스(Massialas)는 그의 저서에서, 탐구 학습의 과정은 '교육적인 면에서 탐구하는 중요한 생각(idea)을 발견하고, 명세화하고, 인간과 인간의 환경을 판단하는 과정'이라고 정의했다. 탐구 수업은 문제의 해결에 이르는 연속적인 행동 형태를 나타내며, 이 단계는 문제(주제)의 안내, 가설, 정의, 탐색, 증거, 제시, 일반화를 포함한다.

▌ 정세구, 『탐구수업』, 배영사, 1977.

태양(太陽, sun)

해. 어린이 그림에서 해는 아버지를 상징함.

1949년 프랑스의 여성 미술 교육학자인 랑베르(Rambert, M. L.)는 그의 연구에서, 태양은 아버지의 상징이라고 주장하고, 태양에 대한 그림을 다음과 같이 분석했다.

"7세 루이는 거세 공포를 가진 남자 아이이다. 이 아이는 말수가 적고, 웃는 일도 별로 없으며, 성격이 차갑고, 소극적인 태도를 보이며, 자진해서 어머니에게 키스한 적도 없다. 그는 반에서 공부가 꼴찌이지만, 교사는 이 아이를 지능이 지체된 아이라고 추측한다. 그림 1에 대한 해석으로 태양은 아버지를 상징하고, 에펠탑은 어린이 자신의 성기를 의미한다. 이 그림에서 태양은 자기를 거세하려고 하며, 자기의 힘을 빼앗아 갈 무서운 아버지로 표현되고 있다. 언덕을 올라가는 자동차는 자기의 활동적인 소원을 표현한다. 그러나 그것도 태양의 무서움에는 당할 수가 없다. 그런데 분석이 진행되면서 아이의 기분이 변하고, 거세 공포 증상이 사라지면서 명랑한 성격으로 변하기 시작했으며, 그 후에 그린 그림이 그림 2이다. 그림 2에 대한 해석으로 두 작은 남자 아이가 텐트를 가지고 있고, 따뜻하고 부드럽고 친밀한 눈동자

밑에서, 어떤 호숫가에 캠프를 쳤다. 탔다가 버린 비행기는 아직도 연기를 뿜고 있고, 그 앞에는 새가 놀고 있으며, 따뜻하고 부드러운 정경의 모습이다."

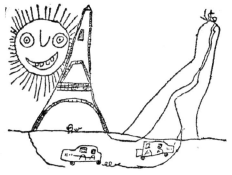

〈그림 1〉 거세공포가 있는 때

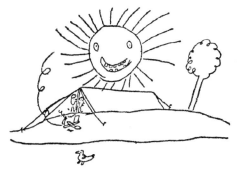

〈그림 2〉 거세공포가 사라질 때

▌김재은,『그림에 의한 아동의 심리진단』, 교육과학사, 1984.

태양 상태(太陽狀態, sun condition)
어린이 그림에서 해의 모양에 따라 아버지의 상징성이 나타남.
일본의 아동 미술 연구가인 가가와(香川勇)의 저서에서, 아버지는 태양의 상태에 따라 여러 가지로 추측된다. 일몰(日沒)은 양친의 정신적인 긴장이나 아버지와의 거리, 사망이나 병으로, 화면에서 잘려진 태양은 사망으로, 물에 비치는 태양은 병이나 사망으로, 구름에 걸려 있는 태양은 아버지의 어떤 사건으로 진단할 수 있으며, 이 외의 태양은 각각의 상황에 따라 진단할 수 있다.

▌香川勇,『太陽の研究』, 日本兒童畵研究會, 1954.

태양의 색(太陽-色, color of sun)
어린이 그림에서 해의 색채에 따라 아버지의 상징성이 나타남.
일본의 아동 미술 연구가인 가가와(香川勇)의 저서에서, 태양은 대개 '아버지'를 상징한다고 보았다. 아버지는 태양의 색에 따라 여러 가지로 추측된다. 빨강은 평범한 아버지나 건전한 아버지, 오렌지색은 애정이 적은 아버지, 노랑은 부재(不在)중이거나 사망한 아버지, 혹은 애정이 극히 적은 아버지. 황토색은 사망하거나 사망에 가까운 부재중인 아버지, 초록은 때리는 아버지, 아버지에 대한 근심과 슬픔과 체념들, 파랑은 훈육이 까다로운 아버지와 냉담한 아버지, 보라나 분홍색은 신체에 이상이 있거나 병이 나거나 몸이 다친 아버지나 사망한 아버지, 고동색은 사망한 아버지나 아버지에 대한 강청(强請), 하양은 아버지의 실패, 검정은 무정한 아버지나 사망이나 사망에 가까운 아버지의 부재를 나타낸다. 이 색은 동시에 어머니의 히스테리도 포함한다. 회색은 검정에 준한다. 윤곽만 있는 태양은 불행한 상태의 아버지를 상징한다. 많은 색을 사용한 태양은 여러 가지 색의 의미나 대조(contrast)에 따라 그 의미를 갖는다.

▌香川勇,『太陽の研究』, 日本兒童畵研究會, 1954.

태양의 수(太陽-數, number of sun)
어린이 그림에서, 해의 개수에 따라 아버지의 상징성이 나타남.
일본의 아동 미술 연구가인 가가와(香川勇)의 저서에서, 아버지는 태양의 수에 따라 여러 가지로 추측된다. 태양의 수가 여러 개로 나타나면 다면적, 불가해한 성격이나 행동에 대한 불만, 비난, 걱정을 의미한다.

▌香川勇, 『太陽の硏究』, 日本兒童畵硏究會, 1954.

태양의 위치(太陽－位置, position of sun)

어린이 그림에서, 해의 자리에 따라 아버지의 상징성이 나타남.

일본의 아동 미술 연구가인 가가와(香川勇)의 저서에서, 아버지는 태양의 위치에 따라 여러 가지로 추측된다. 왼쪽 위나 오른쪽 위는 둘 다 문제가 없으며, 왼쪽 아래나 오른쪽 아래에 관계없이 낮아질수록 불행한 상태를 의미한다.

▌香川勇, 『太陽の硏究』, 日本兒童畵硏究會, 1954.

태양의 크기(太陽－, size of sun)

어린이 그림에서, 해의 큰 정도에 따라 아버지의 상징성이 나타남.

일본의 아동 미술 연구가인 가가와(香川勇)의 저서에서, 아버지는 태양의 크기에 따라 여러 가지로 추측된다. 이상하게도 아주 작은 태양은 아버지가 사망하거나 부재중이고, 이상하게도 아주 큰 태양은 권위가 강한 아버지를 의미한다. 1/4 정도는 애정이 적은 아버지, 1/2 정도는 사망하거나 부재중인 아버지, 그리고 정신적으로 거리가 있음을 의미한다.

▌香川勇, 『太陽の硏究』, 日本兒童畵硏究會, 1954.

태양의 후광(太陽－後光, halo of sun)

어린이 그림에서, 해를 더욱 빛나게 하는 배경에 따라 아버지의 상징성이 나타남.

일본의 아동 미술 연구가인 가가와(香川勇)의 저서에서, 아버지는 태양의 후광에 따라 여러 가지로 추측된다. 정상적인 후광은 정상적인 아버지를 의미한다. 후광이 없는 상태는 대체로 아버지 부재나 사망, 약한 후광은 애정이 적은 아버지, 부재중이거나 사망

한 아버지, 강한 후광은 권위가 있는 아버지. 끊어진 후광은 아버지의 애정 부족, 흐트러진 후광은 성미가 급하고 화를 잘 내는 아버지, 긴 후광은 성가신 아버지, 분광(spectrum)으로 분열된 후광은 사망한 아버지, 느슨하게 일그러진 후광은 아버지의 애정 부족, 손과 발이 자유스럽지 못한 아버지, 보라의 후광은 아버지의 손과 발이 질병 상해(疾病傷害), 특수한 후광은 사망이나 부재, 이상(異常)한 상태의 아버지, 부드럽게 굽은 후광은 아버지의 애정이 요구에 미치지 못한다는 것을 의미한다. 일방적인 광선은 아버지의 애정을 요구한다. 얼굴이 그려진 태양은 대체로 이상(異常)이 있음을 의미하고, 얼굴의 표정도 관계가 있다.

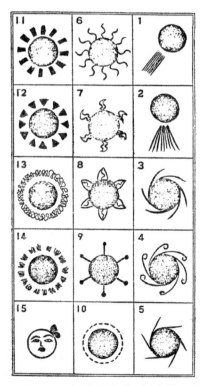

〈태양의 후광(태양의 이상(異狀)적인 후광), 나카니시(中西良男), 1957년.

▌香川勇, 『太陽の硏究』, 日本兒童畵硏究會, 1954.

테두리 검사(－檢査, Outline Test, OT)

자아가 허약한 내담자에게 묘화를 자극하여 공포를
줄일 수 있는 방법.

〈테두리 검사〉는 내담자에게 용지의 테두리를 그어
주는 방법이다. 테두리를 그릴 때에는 자를 사용하
지 않고, 동그라미나 세모의 다른 모양을 그려 주지
않는다. 이 검사는 상황에 따라 원을 그리고, 원 안에
그림을 그리거나 채색하여 과잉 행동, 주의 산만을
통제할 수 있다.

▌이근매, 『미술치료 이론과 실재』, 양서원, 2008.

톤(－, tone)

색조(色調). 색채가 가지고 있는 성격의 정도 차이를
파악하는 근본적인 것.

통각(統覺, apperception)

주의를 기울이는 지각 대상을 인식하고, 이해할 수
있는 지각과 정의의 마지막 단계.

통각은 어떤 의식 내용을 명료하게 하는 과정으로,
분트(Wundt, W.)는 이러한 통일의 과정을 능동적 과
정이라 생각했고, 이것을 의지 과정과 동일시했으며,
이 과정에는 생리적 대응 과정이 존재하지 않는다고
했다.

▌류경남 외, 『가족상담심리 용어사전』, 학지사, 2006.

통일(統一, unity)

다양한 요소나 소재, 조건 따위를 하나의 완성체로
종합하는 것.

통찰(洞察, insight)

외현적인 시행착오가 아니라 정보의 정신적 조작을
통해 문제 해결에 접근하는 것.

통찰은 개인의 감정, 자극, 문제에 대한 자기 이해와
인식으로 내담자의 내부 영역과 그들의 본성에 관해
의식을 고양시키고 조명한다. 이것은 문제와 관련된
기본적인 지식들이 활용 가능한 상태로 준비되어야
하며, 어느 정도 시행착오를 겪어야만 가능한 경우도
있다.

▌류경남 외, 『가족상담심리 용어사전』, 학지사, 2006.

통찰은 자신이 처한 상황 또는 자기 문제의 본질을
이해하는 능력이나 행위로서 정신 질환에 대해 자기
인식을 의미하는 용어로 사용되어 왔다. 정신증 환
자들과는 달리 신경증 환자들은 통찰이 가능하다고
간주되어 왔다. 정신 분석에서는 역동적 요소들을
이해함으로써 갈등 해결에 기여하는 깨달음이라는
의미로 사용되고 있으며, 따라서 치료적 변화를 위해
필수적인 요소로 간주된다.

▌미국정신분석학회 편, 이재훈 역, 『정신분석용어사전』, 한
국심리치료연구소, 2002.

통찰적 치료(洞察的治療, insight therapy)

어떤 질병, 장애, 결함들을 밝히는 기법.

통찰적 치료는 자아나 자존심이 강한 내담자일 경우
에 사용하는 것이 좋다. 자아가 강한 내담자에게 치
료자가 분석하거나 지시하면 반감을 사기 쉽다. 이
런 내담자들은 자신이 충분히 문제를 발견하고 방향
을 잡아 나갈 수 있기 때문에 편안히 들어 주는 것이
좋다. 들어 주는 것만으로도 내담자가 말하는 도중
에 스스로 문제를 발견하고 회복되기 때문이다.

▌김동연 외, 『미술치료의 이론과 실재』, 동아문화사, 1994.

퇴행(退行, regression)

미성숙한 정신 기능의 단계로 되돌아가거나 정신 조
직이 붕괴될 때 일어나는 방어 기제의 하나.

퇴행 개념은 심리적 발달 과정에서, 개인은 일련의
단계들을 거치며, 이 단계들은 각각 특정 본능, 자아,

자아-이성 그리고 초자아의 특성을 가지고 있다는 가정과 밀접하게 연관되어 있다.

■ 미국정신분석학회 편, 이재훈 역,『정신분석용어사전』, 한국심리치료연구소, 2002.

일본의 정신 분석학자인 시모다(霜田)의 연구에서, 정신병자나 신경증 환자들이 퇴행의 행동을 보인다. 이 환자들에게 자유화를 시켜 보면, 퇴행 상태가 진행됨에 따라 처음에는 상징적 사실화가 나타나고, 중간에는 상징화가 나타나며, 나중에는 추상화가 나타난다. 마지막에는 유아의 난화(scribble)와 같은 그림이 나타난다. 이들은 어린아이들의 그림 발달을 거꾸로 거슬러 올라간다.

■ 김재은,『그림에 의한 아동의 심리진단』, 교육과학사, 1984.

투사(投射, projection)

받아들일 수 없는 충동이나 생각을 외부 세계로 옮겨 놓는 정신 과정.

투사는 방어적 과정으로 개인 자신의 흥미와 욕망이 다른 사람에게 속한 것처럼 지각되거나 자신의 심리적 경험이 실제 현실인 것처럼 지각되는 현상이다. 투사는 만족스럽게 작용되지 않을 때 그 모습이 드러나고, 특히 편집증적 개인에게서 두드러지게 나타난다. 이런 이유로 투사는 종종 부정적인 의미를 지닌 원시 방어로만 생각되기도 한다.

프로이트(Freud, S.)는 다른 사람들이 아동 자신이 느끼는 것과 똑같이 느낄 거라고 생각한다는 사실에 주목했다. 이후의 분석가들은 투사가 초기 유아기에 겪었던 공생 경험을 나타낸다고 생각했다.

■ 미국정신분석학회 편, 이재훈 역,『정신분석용어사전』, 한국심리치료연구소, 2002.

투사 검사(投射檢査, Projective Test, PT)

내담자의 무의식 과정과 역동적인 성격 구조를 분석할 경우 사용하는 방법.

머레이(Murray, H. A.)는 검사 자극이 모호할수록 지각적 자극을 인지적 과정으로 해석하고, 개인의 욕구와 관심, 심리적 구조의 영향을 더 강하게 받는다고 지적했으며, 개인의 인격 특성을 반영하는 투사적 검사의 유용성을 강조했다.

〈투사 검사〉는 개인의 독특한 심리적 특성에 대한 관심과 개인의 독특성을 측정하기 위한 비구조적 기법 검사 과제를 제공하며, 무제한으로 개인의 다양한 반응을 허용하기 위해 검사의 지시 방법이 간단하고 일반적인 방식이 주어진다. 한편, 검사 자극이 불분명하고 모호한 특징을 지니고 있어서 비구조적 검사(unstructured test)라고 부른다. 〈투사 검사〉의 장점으로는 반응의 독특성, 반응의 풍부함, 방어의 어려움, 무의식적 내용의 반응들이 있으며, 단점으로는 검사의 신뢰도와 검사의 타당도가 낮다는 것이며, 반응에 대한 상황적 요인의 영향을 강하게 받는다.

■ 김동연 외,『미술치료의 이론과 실재』, 동아문화사, 1994.

투사적 그림 검사는 사람이나 집, 나무와 같은 특정한 형상에 대한 그림으로 개인의 성격, 지각, 태도를 반영한다는 가정에 기반하고, 심리학이나 심리 치료 문헌에 등장하게 되었다. 그림은 자신을 어떻게 지각하는가에 대한 표상이며, 어떤 의미에서 종이는 환경에 해당되고, 사람은 바로 그림을 그린 자신에 해당된다. 개인의 감각, 지각, 감정은 특정한 신체 부위와 연결되고, 그 과정에서 신체상이 발달되며, 그림은 이러한 신체상이 투사됨으로써 개인의 충동이나 불안, 갈등, 보상 욕구로 표현된다. 다시 말해서 그림은 개인의 신체적, 생리적, 대인 관계적 측면이 모두 다 포함된 개인의 내면화가 투사되어 나타난다.

■ 신민섭 외,『그림을 통한 아동의 진단과 이해 : HTP와 KFD』, 학지사, 2006.

투사적 동일시(投射的同一視, projective identification)

한 개인이 투사를 이용해 자신의 가족, 소속 그룹, 조직의 다른 멤버로 하여금 투사된 태도에 일치되는 행동을 하도록 유도하는 과정.

투사적 동일시는 단순한 투사와 달리 개인은 투사한 것에 대해 전적으로 부인하지 않는다. 개인은 자신의 감정이나 충동에 대해 알고 있으나, 그것은 타인에 대한 정당한 반응이라고 잘못을 탓한다.

▍류경남 외, 『가족상담심리 용어사전』, 학지사, 2006.

투사적 방법(投射的方法, Projective Technique, PT)

인간의 성격을 표준화 검사가 아닌 투사적 방법을 통해 측정.

투사적 방법은 1938년 프랑크(Frank, L. K.)에 의해 사용되었으며, 현재에는 굉장히 넓은 뜻으로 사용되고 있다. 프로젝션(projection)이란 의미는 프로이트 (Freud, S.)가 창안한 인간 심리의 기제를 지칭하는 말인데, 자아가 불안하거나 죄의식의 감정에서 벗어나기 위해 취하는 심리를 말한다. 이 방법은 자기에게 나쁜 점이 있어서 생기는 죄악감 혹은 자기의 요구, 원망, 공포들을 자기 밖의 어딘가에 투사 혹은 투영시키는 현상이다. 밤중에 겁을 먹고 걸어가면 길거리의 나뭇가지가 유령으로 보이는 수가 많다. 사람들이 유령이 나올 것이라고 겁을 먹고 있기 때문에 나뭇가지를 유령으로 오인한다. 예를 들면 이것은 사람을 영사기로 생각하고, 그 사람의 정신 내용을 영화의 필름이라고 가정할 때 영사막에 그 필름이 투사되는 것과 같은 과정이다.

투사적 방법의 유리한 점은 네 가지가 있다.

첫째, 표준화 검사는 일반적으로 피험자가 문항에 대답할 때 자신에게 유리하게 대답하거나, 모르는 사이 유리하게 대답할 가능성이 많다. 이에 비해 투사적 방법은 이것이 불가능하므로 정직한 반응을 얻을 수 있다.

둘째, 표준화 검사는 가령 피험자가 정직하게 대답했다고 가정해도 그것이 개인의 내성적인 보고이기 때문에 그것을 전적으로 신뢰할 수 없다. 왜냐하면 피험자가 자기 자신을 잘 이해하고 있어야 한다는 전제 조건이 성립되어야 하는데, 모든 사람이 자신을 올바르게 이해하고 있다고 단정할 수 없기 때문이다. 그러나 투사적 방법은 피험자의 내성이라는 여과 작용이 필요 없기 때문에 정확한 성격 진단이 가능하다.

셋째, 피험자가 비교적 부드럽고 편안한 자세로 대답할 수 있다. 왜냐하면 표준화 검사는 아무래도 어느 대답을 할까 망설여야 하는 심리적 불안이 있지만, 투사적 방법에는 이것이 없다.

넷째, 가장 큰 이점으로 각 피험자는 자신도 알 수 없는 성격의 심층에 놓여 있는 무의식을 파헤칠 수 있으나 결점도 있으며, 그것은 해석의 곤란이다. 특히 주관적인 해석법이 진단의 타당성을 낮출 위험성이 있고, 진단법의 해설서를 보는 정도로는 진단을 할 수 없으며, 장기적으로 임상적인 경험이 요구된다.

투사적 방법의 종류에는 시각적 자극을 사용한 〈로르샤흐 검사(Rorschach Ink blot Test)〉, 〈주제 통각 검사(Thematic Apperception Test, TAT)〉가 있다. 이 두 가지 검사는 투사적 방법 중에 가장 유명하다. 또한 〈존디 검사(Szondi Test)〉, 로젠즈바이크 (Rosenzweig)의 〈그림 좌절 검사(Picture Frustration Test)〉가 있다. 언어의 자극을 사용한 〈언어 연상 검사(Word Association Test)〉, 〈문장 완성 검사 (Sentence Completion Test)〉가 있다.

▍교육학사전편찬위원회 편, 『교육학대사전』, 교육서관, 1989.

투영법(投影法, projection techniques method)

심리학에서, 사람을 일정한 시점(視點)으로 나타내

는 방법.

독일의 아동·청년 심리학자인 뷸러(Bühler)는 그의 저서(어린이기의 문제와 교사)에서 투영법에 대한 개념을 제시했다. 자기표현인 투영법은 개인 자신의 정서를 표현하는 기회를 주는 방법이다. 또한 자기 표현은 '간접적'으로 어떤 매개물(medium)을 통해 마음의 상태를 표현한다. 이 '간접적'인 것은 의식이 없고, 표현에 있어서 의식적인 것은 감춤(conceal)이 있으며, 심층적인 심상의 일부분만 나타난다. 투영 법은 언어적 질문(verbal questionnaires)의 한계성을 벗어나 어린이의 내심을 발굴하려는 비언어적 질문 (간접, nonverbal questionnaires)이다.

투영법은 두 가지 가치가 있다. 첫째, 진단의 가치는 조사자가 의식이 없는 상태에서 침잠(沈潛)된 어린이의 인간성을 발굴하는 일이다. 둘째, 학습의 가치는 자기표현의 기회를 줌으로써 자아를 인식시키고 안정감을 준다.

▎ Bühler, C., *Childhood Problems and the Teacher*, London : Routledge & Kegan Paul, Ltd., 1953.

특수교육과의 표현 활동(特殊敎育科 – 表現活動, expression activity of special education)

신체·정신상의 이상(異狀)이 있는 사람들에게 특별히 행하는 교과에서 의사나 감정들을 나타내는 움직임.

김정권·김춘일은 그들의 논문에서 특수교육과의 미술 교육에 대해 표현 활동의 특징을 네 가지 제시했다. 첫째, 성장의 속도는 느리지만 정상적인 양식을 보여 준다. 둘째, 단조롭고 원시적인 형태를 가지지만 손의 운동 기능은 뒤지지 않는다. 셋째, 형태나 주제가 고착적이고 반복적인 표현에 빠져 있으며, 실험적인 태도를 보여 주지 못한다. 넷째, 촉각적인 형태의 경험에 치우치는 경향이 있다.

그들은 이와 같은 특징을 더 자세히 일곱 가지로 나누었다. 첫째, 표현 공간에서 자기의 실체를 기준으로 한 시각(view point) 중심이다. 둘째, 입체 표현(modeling)에서 부분이 분해된 통일성 없는 부분의 방법(piece method)을 쓴다. 셋째, 그림에서 공간 깊이의 표현이 결여되어 있다. 넷째, 선화에 있어서 우직하고 강하게, 시작과 끝이 확실하지 않은 애매한 선으로 처리된다. 다섯째, 특징적인 경험으로 동기화하던 형태를 감정으로 과장하거나 누락, 왜곡시킨다. 여섯째, 색채를 지극히 감정적으로 사용한다. 일곱째, 촉각적이고 온통 감각적인 의식으로 표현된다.

▎ 김정권·김춘일, 「특수아의 미술 교육」, 『특수학교 교육과정 문제점 분석』, 대구대학교특수교육연구소, 1987.

특수 아동(特殊兒童, special children)

정신적 발달, 감각적 능력, 신경 운동적, 신체적 능력, 사회적 행동, 의사소통의 능력 면에서 보통의 아동이나 정상 아동과는 현저하게 일탈된 아동.

특수아 미술 지도(特殊兒美術指導, fine arts guidance of special children)

심신의 발달과 행동이 일반 어린이와 다른 어린이들에게 일정한 공간 속에 미를 표현하는 예술의 가르침.

김정권·김춘일은 그들의 논문에서 특수아를 위한 미술 지도의 다섯 가지 방식을 제시했다. 첫째, 형태나 공간에 대해 감수성이 예민하게끔 지도한다. 둘째, 자아나 환경에 대한 지적 개념이 좀 더 풍부해지도록 지도한다. 셋째, 이미 습득하고 있는 개념들을 좀 더 유연하고 융통성 있게 활용하도록 지도한다. 넷째는 좀 더 깊은 정서적 감수성을 계발한다. 다섯째는 사회의 접촉을 넓히고, 자신감을 육성한다.

▎ 김정권·김춘일, 「특수아의 미술 교육」, 『특수학교 교육과정 문제점 분석』, 대구대학교특수교육연구소, 1987.

티 에이 검사(-檢査, Test Anxiety Scale, TAS)

예일대학교의 사라손(Sarason, S. B.)에 의해 작성된 아동의 검사 불안을 측정하기 위한 척도.

〈티 에이 검사〉는 프로이트(Freud, S.)의 불안 반응의 세 가지 규준(불쾌, 생리적 부수 변화, 자각)에 합치되어 있는 검사나 검사의 유사 장면에 대한 태도나 그러한 것에 관련되어 있는 43개 항목으로 구성되어 있다. 이 척도는 집단적으로 시행되어 각 항목이 낭독된 다음에 회답 용지에 'Yes'나 'No'로 표시한다.

2학년~5학년까지 1,697명에게 실시한 결과 검사 불안 득점은 학년과 함께 증가하여 지능 지수와 부적 상관(負的相關)을 보이고 있다. 또한 이 득점은 교사에 의한 아동의 불안 행동에 관한 평점과 잘 일치하고 있다. 교사가 학업상 또는 행동상 문제가 있다고 진단한 아동은 그렇지 않은 아동보다 유의미하게 높은 검사 불안 득점을 나타내는 경향이 있다. 이 척도를 이용하여 학습과 불안에 대한 많은 연구가 실시되고 있다.

▍교육학사전편찬위원회 편,『교육학 대사전』, 교육서관, 1989.

틴트(-, tint)

부드러운 느낌을 주는 색의 혼합.

미술 치료 용어 사전 ㅍ

파노라마(-, panorama)

그리스 어로 전체가 보인다는 의미. 전경화(全景畵) 또는 회전화(回轉畵).

파랑(-, blue color)

색광의 3원색 중 한 가지 색.

파랑은 공통적으로 전 세계의 선호 특성 때문에 청색 민주화(blue civilization)라는 용어까지 생겼으며, 파랑의 상징적 효과는 국제적으로 선호도가 가장 높은 색이다. 이 색은 물, 차가움, 상쾌함, 신선한, 냉정한 느낌을 주고, 한색 계열의 대표적인 색이다. 파랑의 특성은 차고 청명하며, 수동적이고 고요하다.

괴테(Goethe, J. W.)는 이 색을 가리켜 자아를 매혹시키는 무(無)라고 했다. 파랑의 상징성과 연상 작용으로 교회에서는 정직, 희망, 침착을 의미한다. 스페인과 베네치아의 명사들은 파랑과 검정에 매혹되었으며, 이 색채들이 가지고 있는 본래의 초연함을 잘 알고 있다. 오늘날 '블루 블러디드(blue blooded)'라는 말은 '귀족'을 뜻하며, '트루 블루(true blue)'라는 말은 '충실'을 의미한다.

박현일 외, 『색채학 사전』, 국제, 2006. / 박현일, 『족집게 컬러리스트』, 교우사, 2008.

판화(版畫, engraving, print)

금속, 나무, 돌의 면(面)에 형상을 새겨 잉크나 물감을 칠해 종이나 천 따위에 찍어낸 그림.

판화는 사용 재료에 따라 동판화, 목판화, 석판화로 나누어지고, 기법에 따라 공판, 볼록판, 오목판, 평요판(平凹版)으로 분류된다.

팔다리 순서(-順序, order of arm and leg)

어린이 그림에서 팔과 다리가 표현되는 차례.

호주의 맥큐어리(Macquarie)대학교 교수, 미국의 조지워싱턴대학교 교환 교수인 구드나우(Goodnow)는 그의 저서(어린이들의 그림)에서, 팔다리 순서가 어떻게 나타나는지를 미국과 호주에서 수집된 어린이의 그림을 통해 분석했다.

이 분석에서 각기 특색 있는 버릇이 나타났으며, 동그란 원형에서 외곽으로 뻗어 나오는 선들의 형태는 모두 같았다. 난화기에 원형으로 빙글빙글 휘저으며 긋는 선은 오른쪽이나 왼쪽으로 여러 번 반복하는 기간이 필요하며, 이때 왼손으로 하느냐 오른손으로 하느냐에 따라 왼손잡이가 될 수 있는 가능성의

팔다리 순서(손발을 그리는 순서)

시기이다.

한 번에 끊기지 않고 연달아 그리는 묘선은 기능과 연령, 작품의 특징에 비추어 연관되어 있다. 한 번의 선으로 사람을 그리려고 하는 것은 이미 신체의 각 부분을 알고 있음을 의미하고, 하나씩 그려 덧붙여 가는 그림보다 훨씬 발달된 것이다. 7세의 어린이는 대부분 이어지는 선으로 그림을 그린다.

▌ Goodnow, Jacqueline J., *Children Drawing*, Massachusetts, Cambridge : Harvard Univ. Press, 1977.

패턴(−, pattern)

일반적으로 모형, 모양, 형, 무늬.

팽창색(膨脹色, expansion color)

색의 면적이 실제 크기보다 크게 보이는 현상.

회색 바탕에 같은 크기의 빨강과 파랑이 나란히 있을 때 빨강은 파랑보다 파장이 크기 때문에 크게 보인다. 팽창색은 따뜻한색이고, 명도나 채도가 높은 색은 크게 보이며, 밝은색 바탕에 어두운색 글자보다 어두운색 바탕에 밝은색 글자가 더 굵고 커 보이는 현상이다.

칸딘스키(Kandinsky, W.)는 노랑에 원심적(遠心的)인 작용의 성질이 있어 크게 보이고, 파랑은 구심적(求心的)인 성질이 있어 작게 보인다고 했다.

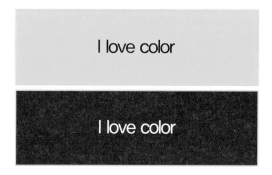

▌ 박현일 외, 『색채학 사전』, 국제, 2006.

퍼포먼스(−, performance)

연기, 연주, 실행의 뜻. 조형 예술에서는 작가나 관객의 신체를 이용한 표현 행위.

평면색(平面色, film color)

색 지각에 있어서 순수하게 느끼는 감각 또는 색 자극. 평면색은 색의 구체적인 표면이 없기 때문에 거리감이나 입체감의 지각이 없다. 하늘과 같은 느낌의 색과 구멍을 통해 보는 색은 질감을 제외한 상태에서 지각되는 색 자극이다. 이것을 면색이라고 한다.

▌ 박현일 외, 『색채학 사전』, 국제, 2006.

폐쇄성의 법칙(閉鎖性−法則, law of closure)

닫힌 도형은 정리하기가 쉬움. 게슈탈트(gestalt) 법칙의 한 가지 요소.

▌ 박현일, 『디자인 강의』, 교우사, 2008.

포트폴리오(−, portfolio)

자료나 서류의 보관철. 회화나 디자인에서는 작가의 과거나 현재의 작업이나 작품 경향을 일목요연하게 볼 수 있는 작품의 견본.

표면색(表面色, surface color)

물체의 표면에 빛이 반사되어 나타나는 색.

표면색은 반사되는 파장 범위에 따라 색으로 보이며,

사물을 지각할 때 사물의 질감이나 상태를 나타내는 색이고, 대부분 물체의 표면에서 불투명한 정도를 느낀다. 질감, 입체감, 거리감, 방향, 위치를 지각할 수 있고, 물체의 표면이 빛에 반사될 때 보인다. 표면의 종류에는 광원색, 금속색, 형광색, 간섭색이 있다.

▌ 박현일 외, 『색채학 사전』, 국제, 2006.

표본 효과(標本效果, the sample effect)
특정한 색채의 응용과 특정한 집단의 색채에 대한 시장을 조사하여 측정하는 효과.

표상(表象, representation)
공간의 물체나 형태를 지각하고 확인하는 과정 중 형태와 비교되는 학습.
표상이란 어떤 실체에 뒤따르는 '마음에 떠올려진 것'이라 정의되고, 그 예를 개인의 마음에 그려진 내적인 이미지나 묘사, 겉으로 표현된 작품, 실물과 상관없지만 그것을 표시하기 위한 인위적인 기호나 상징을 말한다.

▌ Paivio, A., *Mental Representations : A Dual Coding Approach*, New York : Oxford Universities Press, 1986.

표제(標題, title)
캐치프레이즈(catchphrase), 타이틀(title), 헤드라인 (headline), 캡션(caption).

표준 광(標準光, illuminant)
조명 광과 색의 방향이 변화하는 것을 표시하는 기준.

표출(表出, acting out)
적절하게 표현되지 못한 무의식적 감정, 충동, 긴장의 역기능적인 속성을 가진 비정상적인 행동과 행위.

표현(表現, expression)
의견이나 감정 따위를 나타냄.
독일의 교육학자인 딜타이(Dilthey)의 연구에서, 표현은 상상력을 수반한다. 상상력은 시의 세계가 형성될 때 일어나는 정신적 과정의 총체이다. 상상력은 하나의 기적, 현실 세계와 다른 제2의 세계를 구축한다. 상상력에서 표출되는 일련의 형성 과정은 정서적 중심부에서 생각대로 할 수 없다.

▌ Dilthey, Wilhelm, *Erlehnis und Dichtung*, 栗田治三 譯, 『經驗と創造』, 岩波書店, 1985.

수티에(Suttie)는 그의 연구에서 표현 목적과 표현 활동에 대해 제시했다. 표현 목적은 이유기에서 비롯된 분리적 불안을 극복하려는 데 있고, 표현 활동은 다른 사회적 활동과 마찬가지로 유년 시절에 잃은 어머니의 사랑 회복과 보상이다. 표현은 자기표현의 소극적인 표출뿐만 아니라 사회의 승인과 접촉을 시도하는 기호 체계이다. 표현의 기호 체계는 인간성(personality)과 점 접합(point of articulation)에 마주칠 때 기존의 가치 체계는 필연적으로 붕괴되고, 새로운 가치 체계는 가압적(加壓的)으로 수립된다. 이것은 미발(未發)적 자기표현에 의해 촉발되고, 새로운 자기의 계발이 형성되는 작업이다.

▌ 정순목, 『예술교육론』, 교육과학사, 1983.

표현과 반응(表現 - 反應, expression and reaction)

의견이나 감정 따위를 받아 일으키는 변화나 움직임.
박재명(朴載明)은 그의 논문에서 어린이 그림의 표현과 심리적 발달, 반응 양식 간의 관계를 여덟 가지 가설로 검증했다. 첫째, 회화는 언어적 상징이다. 둘째, 회화는 개념 형성과 생활 경험을 표현한다. 셋째, 회화는 자아상(self image)의 표현이다. 넷째, 회화는 창조적 사고와 욕구의 표현이다. 다섯째, 회화는 환경에 대한 태도의 표현이다. 여섯째, 회화는 성격의 표현이다. 일곱째, 회화는 무의식 세계의 표현이다. 여덟째, 회화는 정신 병리적 징후의 표현이다.

▌ 박재명, 「아동화의 심리진단적 평가」, 이화여자대학교 석사논문, 1969.

표현 양식(表現樣式, expression style)

의견이나 감정 따위가 공통적으로 정해진 형식이나 방식.
로드(Rothe, R.)의 연구에서, 어린이 표현 양식에는 두 가지 유형이 있다. 첫째, 축조형(building type)은 부분적인 요소들을 조직하고 구조화시켜 표현한다. 벽돌이나 돌로 집을 짓듯이 표현된 것이 특징이다. 둘째, 시각형(seeing type)은 덩어리 전체를 세부적으로 표현하는 것이 특징이다.

▌ Read, Herbert, *Education through Art*, New York : Pantheon, 1943.

표현 유형(表現類型, expression type)

의견이나 감정 따위의 비슷한 틀.
영국의 작가, 시인, 미술사가, 평론가, 예술 철학자인 리드(Read)는 그의 연구에서 표현 유형을 제시했다.

〈리드와 융의 표현 유형〉

융의 표현 유형	리드의 표현 유형
사고형	외향성-열거형, 내향성-유기형
감정형	외향성-장식형, 내향성-연상형
감각형	외향성-감정 이입형, 내향성-표현형
직관형	외향성-율동형, 내향성-구조형

▌ Read, Herbert, *Education through Art*, New York : Pantheon, 1943.

표현의 위치와 크기(表現 - 位置 - , size and position expression)

그림에 나타난 감정이나 정서 상태의 자리나 크기의 정도.
미국의 여성 심리학자인 알슐러(Alschuler)는 해트윅(Hattwick)과 함께 쓴 저서(회화와 개성)에서 표현의 위치와 크기에 관한 특징을 제시했다. 이 저서에서는 색채 외에도 선과 형태, 그림의 화면상 위치나 크기에 따라 어린이의 심리나 정서적 상태를 분석했다. 어린이가 크게 그릴 때는 자신감이 있고, 진취적이며, 적극적이다. 또한 그들이 작게 그릴 때는 열등감이나 불안, 자기 통제 따위를 나타낸다. 어린이가 적절한 크기로 그릴 때는 원만하고, 이지적이며, 조직적이고, 주체성이 강하다. 위치에서 중앙은 주체이고, 긍정적인 성격이 나타난다. 왼쪽 아래는 강박적인 행동이나 자기의 욕구와 충동에 의한 정서적 만족을 찾는다. 오른쪽 아래는 안정된 통제의 행동이고, 욕구와 충동을 서슴치 않고 뒤로 미룬다. 또한 지적 만족을 구하는 내향적인 성격의 소유자이다. 위 부분은 노력형과 공상형, 초연, 지적이다. 아래 부분은 우울과 침착, 열등감을 의미한다.

▌ Alschuler, Rose H. & Hattwick, La Berta W., *Art and Personality : A Study of Young Children*, Chicago : Univ. of Chicago Press, (Vol. 1) & 2, 1947.

표현의 특징과 발달 단계(表現 – 特徵 – 發達段階, development stage and characteristic of expression)

나타난 형상이나 모양 따위가 눈에 띄는 점이 기능을 갖추게 되는 과정.

미국의 미술 교육가인 드 프란시스코(de Francesco)는 그의 연구에서 발달 단계와 표현의 특징, 어린이들에게 어떤 미술 경험을 갖게 할 것인가 하는 내용에 대해 다음과 같이 여섯 가지로 분석했다. 첫째, 구안된 활동은 어린이의 경험 수준에 드는 것인가?[248] 둘째, 구안된 활동은 어린이의 각자 내(內)적 안목(vision)을 만족시킬 수 있을 만큼 충분한 다양성을 허용하고 있는가?[249] 셋째, 표현 도구와 재료는 어린이의 조작 능력과 지적 수준에 맞는 것인가?[250] 넷째, 구안된 활동은 어린이로 하여금 한 걸음 더 나아가게 하는 자기 발전의 활동으로 이끄는 것인가?[251] 다섯째, 구안된 활동의 목적은 어린이의 정신 건강에 유익한가?[252] 여섯째, 어떤 시사적 자극을 주어서 어린이의 표현 의욕을 가장 잘 환기시킬 것인가?[253]

▐ De Francesco, Italo L., *Art Education : Its Means and Ends*, New York : Harper & Row, Publishers, 1958.

표현형(表現型, expression type)

나타난 형상이나 모양의 생김새.

독일의 뮌헨대학교 교수, 빈대학교 교수, 아동 미술학자인 뷸러(Bühler)는 그의 저서(어린이의 정신 발달)에서 분석적 표현형과 종합적 표현형 두 가지를 분석했다. 첫째, 분석적(analytic) 표현형으로 로드(Rothe, R.)의 축소형과 같다. 찰흙으로 사람을 만들 때 분석형은 두부 덩어리에 눈과 코, 귀를 만들어 붙인다. 둘째, 종합적(synthetic) 표현형으로 시각형과 같고, 몸체에서 팔과 다리들을 주물러서 빼낸다.

▐ Bühler, Karl, *The Mental Development of the Child*, New York : Harcourt, Brace & World, Inc., 1930.

풍경 구성 검사(風景構成檢査, Landscape Montage Technique, LMT)

정신 분열증 환자에게 자연 경치나 풍경을 그리게 하는 미술 치료의 방법.

〈풍경 구성 검사〉는 미술 치료의 진단적 도구에 속하며, 1969년 일본의 미술 치료학자 나카이(中井久夫)가 개발했고, 원래 정신 분열증 환자를 대상으로 했으나 이론적 가치가 인정되어 치료의 목적으로 사용되고 있다.

▐ 한국미술치료학회 편, 『미술치료의 이론과 실제』, 동화문화사, 2000.

풍경화(風景畵, landscape painting)

자연 경치나 풍경의 주변 경관을 그리는 그림.

회화에서 자연 경관을 나타내는 것을 기술하기 위해 16세기 후반에 처음으로 사용했다.

▐ 월간미술 편, 『세계미술용어사전』, 중앙일보사, 1989.

17세기경 네덜란드 화가인 호베마(Hobbema, Meindert)와 루이스탈이 풍경을 그리기 시작했고, 18세기 말경 영국의 터너(Turner, Big Joe)와 컨스터블(Constable, John)이 주로 풍경을 그렸으며, 19세기에는 자연주의 화가들과 인상파 화가들이 야외 풍경화를 많이 그렸다.

▐ 노영자 · 이인숙, 『필승 미술』, 교학사, 2000.

---

248. 어린이의 발달 단계에 맞는 적절한 내용을 의미한다.
249. 어린이가 각기 자기 입장에서 자유롭게 해설할 수 있는 융통성의 내용을 의미한다.
250. 표현 재료와 연모 사용의 적절성을 의미한다.
251. 혼자서 계속할 수 있는 발전의 제재를 의미한다.
252. 제재의 건전성 곧, 기발한 창의적 제재를 구안했다고 하더라도 이것이 어린이로 하여금 습관적인 백일몽이나 정신 이상의 상황으로 자꾸만 빠져들게 된다면 이는 어린이의 정신 건강에 유해한 것이다.
253. 제재 제시 방법을 창의적으로 구안하는 일을 의미한다.

프뢰벨 교육 사상(– 教育思想, Fröbel educational ideology)
독일의 관념주의 교육자, 유치원의 창설자인 프뢰벨
(Fröbel)은 만유신론인 종교의 인생관으로 일관했다.
교육 목적은 어린이의 신성[254]을 개발하고 실현시켜
주는 것이며, 교육 내용은 자기의 표현 활동을 할 수
있는 유희, 수공, 노래, 언어, 율동, 도화를 강조했다.
교육 방법은 자기 활동의 원리와 연속적 발전의 원
리, 노작 원리 세 가지가 있다.

　이 원리는 듀이(Dewey, J.)의 교육론에 큰 영향을
주었다. 그는 학교를 꽃으로, 어린이를 화원의 식물
로, 교사를 정원사로 비유했다.

　그가 창안한 은물 교육은 상징주의이므로 정신력
의 도야에 이른다. 어린이의 발달은 내부의 자아 표
현에 의해 자연의 과정을 밟아야 한다. 어린이의 창
의적 구성 활동은 자발성과 사회의 계약을 조화시키
는 힘이 되었으며, 어린이를 위한 미술 교육의 기초
를 닦았다. 유아의 발달에 있어서 놀이 행위의 근본
적인 중요성을 지적한 후, 놀이란 유아들에게 성장의
최고 표현이고, 인간 성장에 있어서 하나의 반영이
며, 유형이라고 하였다.

▎Fröbel, Friedrich W., *Education of Men*, New York : D.
　Applenton & Co., 1987.

프로타주(– , frottage, 프)
마찰하는 것으로 초현실주의 기법 중의 하나.
막스 에른스트(Max Ernst)가 콜라주 형식으로 개발하
였다.

프리핸드(– , free hand)
도구를 사용하지 않고 손으로 자유롭게 그린 그림
이나 문자.

---

254. 선천적인 잠재력을 의미한다.

플러스 혼합(– 混合, additive color mixture) → **가법 혼합**
(加法混合)

피그말리온 효과(– 肴果, pygmalion effect)
타인의 기대나 관심으로 인해 능률이 오르거나 결과
가 좋아지는 현상.
피그말리온 효과는 로젠탈 효과, 자성적 예언, 자기
충족적 예언이라고도 한다. 그리스 신화에 나오는
조각가 피그말리온의 이름에서 유래한 심리학 용어
이다. 조각가였던 피그말리온은 아름다운 여인상을
조각하고, 그 여인상을 진심으로 사랑하게 된다. 여
신 아프로디테(로마 신화의 비너스)는 그의 사랑에
감동하여 여인상에게 생명을 주었다. 이처럼 타인의
기대나 관심으로 인해 능률이 오르거나 결과가 좋아
지는 현상을 말한다.

　심리학에서는 타인이 나를 존중하고, 나에게 기대
하면 그 기대에 부응하기 위해 노력한다는 의미이
다. 특히 교육 심리학에서는 교사의 관심이 학생에
게 긍정적인 영향을 미치는 심리적 요인이 된다.

　1968년 하버드대학교 사회 심리학과 교수인 로젠
탈(Rosenthal, Robert)과 미국에서 20년 이상 초등학
교 교장을 지낸 제이콥슨(Jacobson, Lenore)은 미국
샌프란시스코의 한 초등학교에서 전교생을 대상으
로 지능 검사를 한 후 검사 결과와 상관없이 무작위
로 한 반에서 20% 정도의 학생을 뽑았다. 그 학생들
의 명단을 교사에게 주면서 '지적 능력이나 학업 성
취의 향상 가능성이 높은 학생들'이라고 믿게 했다.
8개월 후 이전과 같은 지능 검사를 다시 실시했는데,
그 결과 명단에 속한 학생들은 다른 학생들보다 평균
점수가 높게 나왔다. 뿐만 아니라 학교 성적도 크게
향상되었다. 명단에 오른 학생들에 대한 교사의 기
대와 격려가 중요한 요인이었다. 이 연구 결과는 교
사가 학생에게 거는 기대가 실제로 학생의 성적 향상

에 효과를 미친다는 것을 입증했다.

▋『두산백과사전』, 동아출판사, 1982.

피드백(-, feedback)
하던 일을 되돌리는 일.

피아제 연구 방법(-研究方法, Piaget research method)
스위스의 심리학자인 피아제(Piaget)는 그의 저서(어린이 지식의 근원)에서 그의 대표적인 학설 또는 연구 방법을 네 가지 제시했다. 첫째, 실재론의 인과관은 상상만의 세계와 이름만 있고, 실재하지 않는 것은 없다는 사고방식이다. 둘째, 마력의 인과관은 물건과 사건 또는 사건과 사건이 마력으로 결합한다. 셋째, 결과론의 도덕적 판단은 동기보다 결과를 존중하는 것과 같은 입장을 취한다. 넷째, 물화론(animism)은 생각하는 모든 것을 생물로 취급한다. 인지 발달은 지적 발달 과정에서 사고 능력이나 구조의 질 변화에 관심을 두고, 인지 발달을 분석 연구한 학자들은 피아제, 브루너(Bruner), 프라벨(Fravell)이다. 이들은 고차원적인 인지 능력을 포함하는 반응일수록 고도의 구조화된 내면적 기제를 가정하고, 이러한 기제의 질 변화를 곧 지적 능력 발달로 받아들였다.

▋ Piaget, Jean, *The Origins of Intelligence in Children*, (Trans.) by Margaret Cook, New York : International Univ. Press, 1952.

피터 팬 증후군(-症候群, Peter Pan Syndrome, PPS)
성년이 되어도 어른들의 사회에 적응할 수 없는 '어른아이'와 같은 남성들을 나타내는 심리적인 증후군. 동화에 나오는 피터 팬은 어른 사회로부터 '공상의 섬'으로 떠나 꿈나라에서 모험하는 영원한 소년이다. 1970년대 후반부터 미국에는 어른들의 사회에 끼어들지 못하는 '어른아이'의 남성이 대량으로 발생하기 시작하여, 이들 남성들이 보여 주는 마음의 증

후군을 임상 심리학자인 카일리 박사가 피터 팬 증후군이라고 했다. PPS는 전사춘기(前思春期)에서 청년기까지 여섯 가지 발달 단계에서 기본적인 증상이 차례로 나타난다.

첫째, 전사춘기(초등학생~중학 저학년 정도)는 무책임─연령적으로는 다 컸지만 언제까지나 어린이로 있고 싶기 때문에 자신의 일을 스스로 할 능력이 모자라 책임 있는 행동을 싫어한다. 전사춘기(중학생 정도)는 불안─겉으로는 명랑하게 행동하고 있지만 마음속으로는 언제나 불안하다. 여기에 무책임이 가해지면 자기는 본래 게으름뱅이라든가 틀려먹은 인간이라고 생각하게 된다.

둘째, 중사춘기(中思春期 : 중학 고학년~고교생)는 고독─사람들을 모으거나 그룹에 가입하고, 따돌림을 받는 것이 무엇보다 두려우며, 주체성이 모자라 유행에 약하다.

셋째, 사춘기 중기~후기(고교 고학년~대학생)는 성 역할의 갈등─'남성다움'에 구애를 받으면서도 여성에게는 항상 모성의 역할을 원한다.

넷째, 청년기(대학생)는 나르시시즘─자신의 완전함을 필요 이상으로 추구하고, 이를 현실적으로 달성할 수 없기 때문에 자기만의 세계로 도망쳐 자기만족에 빠진다.

다섯째, 청년기 후기(대학생~사회인)는 남존 여비 지향(男尊女卑志向)─여성에 대해 이해하는 페미니스트를 자처하지만 실제로 책임을 모두 여성에게 떠넘긴다.

여섯째, 20대 후반~30대(사회인)는 사회적 불능성─통상적으로 무기력증과 같은 형태로 나타나 자기 자신에게 싫증이 난다.

이와 같은 피터 팬 증후군이 출현한 사회적 배경으로는 가정의 불안정, 학교 교육 및 가정교육의 기능 저하와 함께 미국에서 페미니즘 정착에 따른 여성,

특히 주부들의 자립을 최대의 요인으로 들 수 있다.
▎『두산백과사전』, 동아출판사, 1982.

피학증(被虐症, psycho masochism)

성 도착증의 하나로 신체적, 정신적 고통을 받음으로써 성적 만족을 얻음.

피학증은 가학증과 함께 소아기 초기에 부분적으로 나타나 성인기까지 지속되며, 정상인의 전희에서도 많이 볼 수 있고, 특히 남자보다 여자에게 많이 나타난다.
▎한국교육심리학회 편, 『교육심리학 용어사전』, 학지사, 2000.

노빅(Novick)은 피학증을 구강, 항문, 성기 수준에서의 적응, 방어, 본능적 만족에 기여하는 정신적 · 신체적 고통과 괴로움, 굴욕에 대한 능동적 추구라고 정의하고 있으나 대상관계와 자기애적인 요소를 포괄하지 못하고 있다.
▎Novick, J., "Some Comments on Masochism and the Delusion of Omnipotence from a Developmental Perspective", *Journal of the American Psychoanalytic Association*, 39, 1991.

피해망상(被害妄想, delusion of persecution)

자신이 타인으로부터 부당하게 박해를 받고 있다고 생각하는 증상.

피해망상은 누군가, 어떤 조직, 어떤 권력 단체가 자신에게 어떤 방식이로든 해를 끼치고, 자신의 명성에 손상을 주며, 결국에는 자신에게 신체적 손상을 주어 미치게 만들거나 심지어는 자신들을 죽일 것이라는 믿음을 말한다.
▎World Health Organization. "SCAN : Schedules for Clinical Assessment in Neuropsychiatry." Geneva : World Health Organization., 1992.

핑거 페인팅(-, finger painting)

손가락으로 형태나 물체를 표현=손가락 그림.

1955년 알퍼(Alper, T.)는 초등학교 중학년(3학년과 4학년)과 저학년(1학년과 2학년)의 손가락 그림에 대한 태도를 연구했다. 이 연구에서 저학년 어린이는 풀 그림을 매우 즐기고, 작품 속도도 빨랐다. 그러나 중학년부터는 손가락 그림을 싫어하고, 속도도 느렸다. 이것은 중학년부터 위생에 대한 지식이 늘어나고, 스스로 자기의 위생을 지킬 수 있는 습관이 생기게 되자 지저분한 '손가락 그림'의 작업 과정을 혐오스럽게 생각하기 때문이다.

▎김춘일, 『미술교육론』, 홍성사, 1985.

핑거 페인팅은 미술 치료 초기나 말기에 사용하는 것이 좋고, 아동에게 성취감 형성 및 감각 발달을 촉진하는 데에도 도움이 된다.
▎이근매, 『미술치료 이론과 실재』, 양서원, 2008.

핑거 페인팅 검사(-檢査, Finger Painting Test, FPT)

손가락으로 형태나 물체를 표현한 그림을 검사하는 방법=손가락 그림 검사.

FPT는 내담자의 정서적 안정, 이완, 저항의 감소 효과가 나타나며, 손가락으로 그림을 그리므로 스트레스 해소에 좋고, 내담자뿐만 아니라 일반 사람에게도 도움이 된다.
▎박현일 · 조홍중, 『그림을 통한 성격 치료 미술 치료』, 시그마프레스, 2009.

핑크(-, pink)

연한 빨강 또는 분홍. 색 이름의 한 가지.

미술 치료 용어 사전 ㅎ

하늘 선(-線, sky line)

그림의 위 부분(하늘)에 나타난 선=천선(天線).
어린이들은 이 선을 공간과 하늘을 구분하는 데 사용한다.

▌ 박현일·조홍중,『그림을 통한 성격 치료 미술 치료』, 시그마프레스, 2009.

하모니(-, harmony) → 조화(調和)

하양(-, white)

눈(雪)이나 우유의 색깔과 같이 밝고 선명한 색=백색, 흰색.

하양의 연상 작용은 순결, 청초, 결백, 진실이다. 하양의 상징적 효과는 어떤 색도 없는 무색이며, 순결과 숭고, 단순함, 깨끗한 느낌, 고독, 공허, 정직의 느낌을 준다. 색 온도는 차가운 느낌을 주며, 모든 빛을 반사한다. 하양의 특성은 회색과 검정을 비교했을 때 적극적, 자극적, 화려하고, 경쾌하며, 밝고 고상하다.

현대적 속어인 '하양 놈(white guy)'은 정직과 고결

을 의미한다. 중국에서 하양은 상중(喪中)이나 사별(死別)을 상징한다. 서구인들에게는 하양이 혼례복의 전통적인 색채이다. 또 다른 연상 작용으로는 하양 기가 휴전이나 항복을 의미한다.

▌ 박현일 외,『색채학 사전』, 국제, 2006. / 박현일,『족집게 컬러리스트』, 교우사, 2008.

하이라이트(-, highlight)

예술 작품 속에서 가장 밝은 부분.

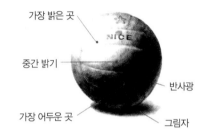

가장 밝은 곳 / 중간 밝기 / 반사광 / 가장 어두운 곳 / 그림자

학교 거부증(學校拒否症, school refusal)

학교에 가지 않고 집에 있거나 다른 장소로 도피.

학교 공포증(學校恐怖症, school phobia)

명확한 이유 없이 학교 가는 것에 대해 공포를 느껴 등교를 거부하는 모습을 보이는 증상.

일부 정신 역학 분석가들은 '공포증'이라는 용어가 불안과 관련되듯이, 학교 공포증은 유아 시절에 의존에 대한 욕구가 해결되지 않거나 분리 불안에 있다고 본다.

▌ 류경남 외,『가족상담심리 용어사전』, 학지사, 2006.

학교 생활화(學校生活化, Kinetic School Drawing, KSD)

학교에서 친구와 교사의 관계에 대한 아동의 지각을 측정하는 투사적인 방법.

학교 생활화는 노프(Knoff)와 프라우트(Prout)에 의해 개발된 것으로, 학생들이 학교생활에서 어떤 부분

이 어려운지, 즐거운지를 알아보고, 그것이 태도와 행동에 어떤 영향을 미치며, 고립 장면과 특별한 관계 또는 내담자에게 상호 작용을 가능하게 한다.

학교 생활화는 그림 속의 인물인 교사와 친구에 대해 내담자의 주관적인 판단에 따라 그림을 그리므로 '지각 선택'의 특징이 나타난다. 지각 선택이란 그림을 그리는 사람의 주관적인 판단을 의미하고, 내담자의 경험이나 자신이 처한 상황에 따라 교사나 친구에 대한 감정은 주관적이며 심리적이다.

그림을 그린 후 그림을 그린 순서와 그림 속의 인물이 누구이며 그 사람이 무엇을 하고 있는지에 대해 질문하고 기록한다. 그 다음 순서로 그림을 보고 친구와의 관계, 교사와의 관계, 학교생활에 대해 질문을 하고 이야기를 나눈다. 학교 생활화는 동적 가족화와 함께 동적 그림 체계로 번스(Burns)와 카우프만(Kaufman, 1970, 1972)의 해석을 참고하고 있다.

▌ Burns, R. C. & Kaufman, S. H., *Action, Style, and Symbols in Kinetic Family Drawings*, New York : Brunner & Mazel Publishers, 1972.

학교 생활화 검사(學校生活化檢査, School Life Drawing Test, SLDT)

선생님이나 친구들을 포함한 학교생활에 대해 그린 그림을 투사하는 방법.

〈학교 생활화 검사〉는 학교생활에 잘 적응하고 있는

지를 파악하고, 내담자의 학교생활을 분석한다. 이 검사나 친구화(畵)는 또래 집단 내에서 내담자의 위치나 역할, 친밀도, 적응 상태를 나타낸다.

▌ 박현일 · 조홍중, 『그림을 통한 성격 치료 미술 치료』, 시그마프레스, 2009.

학교의 의무(學校 – 義務, duty of school)

미국의 하버드대학교 교수, 하버드대학교 심리상담소 소장인 머레이(Murray, H. A.)는 그의 저서(어린이의 교육 과정)에서, 어린이의 정서 발달을 수행하는 데 있어서 학교는 두 가지 중요한 책임이 있다고 밝혔다.

첫째, 어린이들의 기본인 정서적 욕구를 만족시켜 주는 일이다.

둘째, 이미 정서적으로 병들어 있는 어린이를 인식하고, 적절한 치료를 해 주는 일이다.

학문별 상징 색(學問別象徵色, scholastics by symbolic color)

일정한 이론에 따라 체계화된 지식 분야로 연상되는 색채.

미국의 대학에서는 1893년부터 각 학과의 전공 분야를 나타내기 위해 색채 부호(code of color)를 사용했다. 스칼렛 색은 신학, 어두운 파랑은 철학, 검정은 미학 및 문학, 녹색은 의학, 보라는 법학, 황금색은 자연 과학, 주황은 공학, 분홍색은 음악, 갈색은 미술과 건축학을 상징한다.

〈학문별 상징 색〉

단과대학	색상	단과대학	색상
법학	purple	치과학	lilac
철학	dark blue	약학	olive green
예술 문화인류학	white	농학	maize
보건 위생학	salmon pink	무역, 회계학	drab
자연과학	golden yellow	가정경제학	maroon
의학	green	웅변학	silver gray
미술. 건축학	brown	행정 외교학	peacock blue
산림학	russet	교육학	light blue
도서관학	remon	체육학	sage green
신문학	crimson	간호학	apricot
사회학	citron	수의학	gray
경제학	copper	공학	orange
음악학	pink	신학	scarlet
미학	black	수사학	sliver gray
디자인	brown		

Maroon	Apricot	Copper	Orange	Light Blue
가정경제학	간호학	경제학	공학	교육학
Maize	Lemon	Brown	Drab	Brown
농학	도서관학	디자인	무역, 회계학	미술, 건축학
Black	Purple	Salmon Pink	Citron	Russet
미학	법학	보건 위생학	사회학	산림학
Sliver Gray	Gray	Crimson	Scarlet	Olive Green
수사학	수의학	신문학	신학	약학
White	Sliver Gray	Pink	Green	Golden Yellow
예술 문화인류학	웅변학	음악학	의학	자연과학
Dark Blue	Dage Green	Lilac	Peacock Blue	
철학	체육학	치과학	행정 외교학	

▌Birren, Faber, *Selling Color to People*, New York : New York Univ. Books, Inc., 1956.

한국 전통 색(韓國傳統色, Korean traditional color)
검정(흑), 하양(백), 빨강(홍), 노랑(황), 파랑(청)＝오방색.

오방은 동쪽, 서쪽, 남쪽, 북쪽, 중앙 다섯 가지 방향을 의미하고, 각 방향의 의미와 상징을 색채 개념과 일치시켰다. 태양이 솟은 동쪽은 파랑의 부활과 탄생을 의미한다. 서쪽은 하양이다. 남쪽은 빨강이고, 작열하는 태양처럼 왕성한 생명력을 의미한다. 북쪽은 검정이다.

한국 전통 색은 사람에게 해로운 것을 물리쳐 준다고 믿어 간장에도 붉은 고추를 띄웠고, 경사가 나면 붉은 팥이나 수수로 떡을 했으며, 아기의 옷에 빨강과 파랑을 사용해야 복을 많이 받는다고 생각했다. 옷의 색채는 오행 사상과 동방의 위치로 파랑을 숭상했으며, 관리들의 복색이 주로 푸른색이었다. 음식의 색채는 음식의 맛과 색상에서도 음양오행의 원리를 지키려 했다. 오색 고명[255]은 음식을 화려한 색상으로 장식하고, 시각적으로 미각을 돋았다. 전통 건축은 음양오행설의 지대한 영향을 받았으며, 성 체계

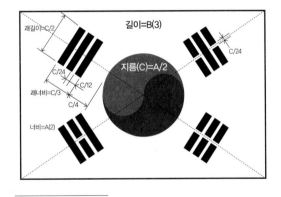

---

255. 검정은 표고버섯, 목이버섯, 김이 있다. 하양은 계란, 무, 배가 있다. 홍색은 붉은 고추, 대추, 당근이 있다. 노랑은 계란지단, 호두, 깨가 있다. 파랑은 푸른 고추, 파, 쑥갓, 미나리가 있다.

는 궁궐, 사찰, 사당, 향교가 있다. 특히 유교적인 이념이 중요시되는 건물에는 바탕을 흑백의 선으로 테두리를 그어 긋기 단청을 했다. 사찰의 법당이나 주요 전각에는 비단에 수를 놓듯 부재에 여백 없이 현란하게 금색으로 단청을 했다. 단청의 색과 문양은 건물의 성격과 용도에 따라 사용되었다. 속 체계는 백성들이 살아가는 일상의 생활공간으로 민가와 같은 주거 공간이다. 대부분(돌, 석회, 나무 들) 저채도 색상이기 때문에 색 대비에 의한 시각적인 자극은 없다. 건축물들은 유사한 색 조화를 이루어 통일된 정서를 느낀다.

한국의 전통 색명은 자연적 환경과 사상적 요인에 많이 기인한다. 한국 전통 색은 순한 색을 선호하고, 저채도와 고명도의 색을 가지고 있다. 음양오행설에 의한 오방 정색, 오방 간색, 잡색 세 가지로 분류되는 색 체계가 한국 전통 색의 바탕이다. 오색은 각 방위에 해당되는 색을 정색(正色)이라 하고, 모두 양에 속한다. 오행 중 상충하는 각 방위의 중간에는 간색(間色)이 오고, 이 색은 모두 음에 속한다. 서방과 동방 사이에는 벽색(碧色), 동방(木)과 중앙(土) 사이에는 녹색(綠色), 남방(火)과 서방(金) 사이에는 홍색(紅色), 남방(火)과 북방(水) 사이에는 보라(紫色), 북방(水)과 남방(土) 사이에는 유황색(騮黃色)이 온다.

〈오행 일람표, 복희 팔괘 방위지도(伏羲八卦方位之圖)〉

오행	오방	오색	오시	오상
목(木) (이미지)	동(東)	청(靑)	봄(春)	인(仁)
화(火) (이미지)	남(南)	적(赤)	여름(夏)	예(禮)
토(土)	중앙	황(黃)	4계절	신(信)
금(金) (이미지)	서(西)	백(白)	가을(秋)	의(義)
수(水) (이미지)	북(北)	흑(黑)	겨울(冬)	지(智)
오장	오관	오미	오음	오동
간장	눈	신맛	각	청룡

심장	혀	쓴맛	치	공작
비장	몸	단맛	궁	봉황
폐장	코	매운맛	상	호랑이
신장	귀	짠맛	우	거북이

▌ 박현일, 「한국 색채문화의 사회미학적 연구」, 원광대학교 박사 논문, 2004. / 박현일 외, 『색채학 사전』, 국제, 2006. / 박현일, 『족집게 컬러리스트』, 교우사, 2008.

한난 대비(寒暖對比, contrast of warm and cool)
색의 차고 따뜻함에 의해 나타나는 대비.
한난 대비는 다양한 표현력을 가지고 있으며, 표현적인 효과나 원근의 효과를 내는 데 중요한 표현 수단이다. 풍경화에서는 멀리 있는 물체일수록 한색을 사용하고, 가까이 있는 물체는 난색을 사용한다. 특히 원근을 암시하는 요소를 가지고 있다.

한색은 서로의 영향으로 더욱더 차갑게, 난색은 더욱더 따뜻하게 나타난다. 중성색인 경우 한색과 대비되었을 때 차갑게 느껴지고, 난색과 대비되었을 때 따뜻하게 나타난다. 난색과 회색이 대비되었을 때 회색이 난색의 영향을 받아 좀 더 따뜻하게 보이고, 회색이 한색의 영향을 받아 좀 더 차갑게 보인다.[256] 이것을 한난 대비의 특징이라 한다.

인상과 화가들은 하늘의 대기가 한색이므로 모든

256. 연두 계열의 색이나 보라, 자주 계열은 중성색이다. 중성색 옆에 한색(차가운 색)이나 난색(따뜻한 색)을 놓으면 한난 대비가 일어난다. 중성색 옆에 난색은 따뜻하게 느껴진다. 중성색 옆에 있는 한색은 더욱더 차갑게 느껴진다.

태양 광선이 난색과 대조된다고 인지했다. 한란 대비의 색조 변화 처리를 이용한 작가는 모네(Monet), 르누아르(Renoir), 피사로(Pissarro)이다.

▌박현일 외, 『색채학 사전』, 국제, 2006.

한색(寒色, cool color)

차가운 느낌을 주는 색.

파랑이 한색 중에서 가장 찬 느낌을 주고, 한색은 단파장의 색이며, 수축과 후퇴하는 느낌을 준다. 한색은 심리적으로 긴장감을 주고, 안정되고 침착하게 느껴진다. 가장 차가운 한색은 망간 청(magenta blue) 또는 망간산염 바륨(barium magenta)이다.

청록은 피곤, 스트레스, 패배감을 해소시키고, 차분한 역할을 한다. 파랑은 명료성과 창조성을 증가시키고, 불면증을 완화시킨다. 남색은 두려움을 해소시키고, 정신병 치료에 효과적이다. 보라는 불안한 마음, 두려움, 쇼크를 해소시키는 역할을 한다.

▌박현일 외, 『색채학 사전』, 국제, 2006.

한색 계열(寒色系列, cool color system)

차가운 색의 계열.

한색 계열은 청록과 바다색, 파랑, 감청색이 있다. 한색 계열을 좋아하는 피험자들은 네 가지 유형이 있다. 첫째는 외부의 세계에 대해서 분열적 선택을 취한다. 둘째는 새로운 환경에 스스로 적응하기가 어렵고, 자유로운 표현이 어렵다. 셋째는 감정적으로 냉담하고 내성적이다. 넷째는 주관과 객관의 관계에서 주관성이 강조된다.

한색의 배색

▌박현일 외, 『색채학 사전』, 국제, 2006.

한지(韓紙, Korean paper)

닥나무를 원료로 만든 한국 재래의 종이.

행동 관찰법(行動觀察法, conduct observation law)

개인이나 집단의 심리학적 성질을 알기 위해 사용하는 연구법.

행동 관찰은 어떤 특정한 행동의 빈도수, 지속 시간, 속도를 측정하여 질의 좋고 나쁨을 평정하는 것을 목적으로 하는 경우가 있고, 외면적인 행동 내부에 있는 긴장, 동기, 태도, 인격적 특성, 지각, 집단 규준을 추론하려고 행하는 경우도 있으며, 개인의 내성 보고를 구하는 방법과 대조적으로 외부에서 이해하려고 하는 것으로서 다음과 같이 세 가지로 대별된다.

첫째, 자연 관찰법은 일상생활이나 작업 장소에서 자연적으로 발생하는 행동 그대로, 어떤 자극이나 조작을 가하지 않고 관찰하거나 기록하는 경우 그것이 일어나고 있는 장소나 발생 조건을 관찰한다.

둘째, 실험적 관찰법은 관찰 대상과 장소와 방법을 한정하고, 행동을 인위적으로 일으킨다거나 조직적으로 변화시켜서 관찰한다.

셋째, 우연적 관찰법은 일화 기록법이라고도 부르고, 우연히 나타난 행동을 기록하고 관찰한다.

이상 세 가지 행동 관찰법에는 이점이 있으나 빠져들기 쉬운 결점이 있으므로, 정확한 관찰을 행하기 위해 그것을 잘 알고 난 뒤에 훈련을 거듭해야 한다.

▌『두산백과사전』, 동아출판사, 1982.

행동 장애(行動障碍, action disorder)

일상적인 환경에서 사회적으로 용납되지 않는 행동을 하거나 자기 자신에게 불만족스러운 행동으로 반응. 정서 장애는 일반적으로 크게 행동 장애, 성격 장애, 미성숙 사회화된 비행 영역으로 분류하고 있다.

▌한국교육심리학회 편,『교육심리학 용어사전』, 학지사, 2000.

행동주의(行動主義, behaviorism)

심리적 탐구의 대상을 의식하지 않고 외현적인 행동에 입장을 둔 심리학의 조류 중 하나.
행동주의에서 인간은 자극에 따라 반응하는 존재로 보고, 학습이란 인간의 바람직한 행동의 변화를 일으키기 위해 적절한 자극과 반응을 강화시킨다. 1913년 왓슨(Watson, J. B.)이 주장한 이후 미국 심리학의 주요한 줄기가 되어 왔다.
1913년 이전까지 심리학은 심리적 탐구의 대상을 의식에 두어야 한다고 알려져 왔기 때문에 행동주의는 심리학의 과학화에 기여한 측면이 있다.

▌『위키백과사전』, 인터넷백과사전, 2001.

행동주의적 미술 치료(行動主義的美術治療, behaviorism art therapy)

발달 장애 아동이나 행동의 문제를 지닌 성인에게 유용한 미술 치료의 한 가지 종류.
행동주의적 미술 치료는 행동 치료 기법을 미술 치료에 실제로 적용시킨 것이다. 정신 역동적 관점과 행동주의적 관점이 상호 상반되는 이론으로 널리 알려져 왔으나, 사실상 정신 역동적 미술 치료사들은 내담자의 특성에 따라 행동 치료 기법을 활용하고 있다. 두 치료가 강화를 이용하는 점이나 전이 현상에 의존, 통찰하는 적용의 유사점이 많기 때문이다.

▌김동연 외,『미술치료의 이론과 실재』, 동아문화사, 1994.

행동 치료(行動治療, behavior therapy)

몸을 움직여 병이나 상처를 다스려서 낫게 함.
행동 치료적 접근은 인간의 모든 행동을 강화시키는 조건으로 조명하는데, 행동의 원인과 결과는 'if-then'의 공식에 적용된다. 바람직한 행위에는 그 행위의 발생을 장려하고, 바람직하지 못한 행위는 'if-then'의 관계를 역조건이 되도록 조성함으로써 발생을 차단시킨다.

▌정보인 외,「행동치료를 통한 시설아동의 만성 구토행위 치료」,『소아ㆍ청소년정신의학』, 1(1), 1990.

행동 치료는 행동 수정이나 인지 행동 치료라고 부르며, 일반적으로 서로 바꿔 쓸 수 있다. 행동 치료는 가장 폭넓고 순수한 개념이라고 할 수 있다. 행동 치료의 목적은 다양한 심리 치료 방법과 마찬가지로 내담자의 심리 문제를 해결하는 것이다. 심리적 문제는 내담자의 개인적인 고민거리이자 타인에게도 골칫거리가 되며, 사회적 규범을 위반할 수 있다. 행동 치료는 객관성, 정확성, 경험적 검증의 과학적인 접근을 강조하며, 내담자들은 문제를 해결하거나 개선시키기 위해 치료자에게 자신의 문제에 대해 이야기만 하고 마는 것이 아니라 행동을 통해 직접 치료 과정에 적극적으로 참여한다. 그리고 행동 치료는 현재에 초점을 두고 학습을 강조한다.

▌전윤식 외,『행동치료』, 시그마프레스, 2004.

향성 검사(向性檢査, Introversion Extroversion, IE)

주로 질문지법에 의해 내향성ㆍ외향성을 결정하는 방법으로 성격 검사의 한 가지. 창시자는 융.
목록표 형식의 〈인격 검사(Personality Test)〉이다. 융(Jung, C. G.)은 정신적 에너지, 다시 말해서 리비도(libido)가 향하는 방향에 따라 인격의 유형을 내향성과 외향성으로 나누고, 이 중 어느 쪽이 상대적으로 우세하냐에 따라 내향, 외향의 성격으로 분류했다.

ㅎ

그러나 현재 사용되고 있는 여러 가지 〈향성 검사〉는 융의 당초 개념과는 다소 다른 입장에서 만들어졌다.

미국에서는 레이어드(Laird, D. A.)의 검사를 비롯해서 길포드(Guilford, Joy P.) 검사 또는 많은 검사가 있다. 길포드 목록표는 사교적 내향성-외향성(social introversion-extroversion), 사색적 내향성-외향성(thinking introversion-extroversion), 우울증(depression), 희귀성(cycloid disposition), 태평성(rhathymia)의 다섯 개의 특성을 잴 수 있도록 되어 있다.

▌교육학사전편찬위원회 편, 『교육학대사전』, 교육서관, 1989.

현상학적 미술 치료(現象學的美術治療, phenomenology art therapy)

선입견이나 추론적인 아닌 주관적인 경험을 통해 치료하는 미술 치료의 한 가지 종류.

현상학의 기본 개념은 의도성(intentionality)이다. 의도성은 내가 보고 있는 것에 열중하는 것이며, 우리들의 의식은 어떤 대상과 항상 관계하고 있다는 것을 의미한다. 그래서 내담자들은 의도성을 통해 새로운 세계를 의식하고, 생활 속에서 자기와 관계하는 대상들을 찾으려 한다. 의도성은 신체와 더불어 존재하기 때문에 신체는 의도성으로 가득 차 있다. 예컨대 우리는 신체를 통해 세상을 지각하고 있다. 또한 많은 학자들은 의도성이 정서에도 있다고 한다. 특히 대상과 관련된 정서의 의도성에 있어서 하나의 추가적 요소가 나타난다. 또한 의식의 현상학은 존재의 숨겨진 차원(무의식의 현상학)을 밝혀낸다는 점에서 미술 치료와 가장 가까울지도 모른다. 내담자가 자유롭게 선택한 미술 매체를 자유롭게 표현하는 과정이나 자신의 미술 작품을 감상하고 고찰하는 과정을 통해 현상학적 목표를 달성할 수 있을 것이다.

현상학적 미술 치료의 방법은 세 가지가 있다. 첫째는 내담자가 미술 재료를 선택한다. 둘째는 미술 작업을 통해 현상을 창조한다. 셋째는 현상학적 직관 단계이다.

이러한 인지를 촉진시키는 것이 첫 단계이며, 현상학적 묘사를 하는 것이 두 번째 단계에 속한다.

▌김동연 외, 『미술치료의 이론과 실재』, 동아문화사, 1994.

현실 치료, 현실 요법(現實治療, 現實療法, reality therapy)

현재 존재하고 있는 병이나 상처를 다스려서 낫게 함. 위볼딩(Wubbolding)은 현실 치료의 원리와 기본 가정을 다섯 가지 제시했다. 첫째, 인간은 자신의 욕구와 바람을 충족하기 위해 행동을 하게 된다. 둘째, 개인이 경험하는 환경으로부터 얻어진 지각 현상과 자신이 원하는 것과의 차이는 행동 유발의 원인이 된다. 셋째, 활동하기, 생각하기, 느끼기와 생리적 기능으로 이루어진 인간의 전 행동은 목적이 있다. 현실 요법에서는 개인의 행동이 선택임을 상기시키고, 느낌 표현이 명사이건 형용사이건 모두 동사 어휘로 표현하는 것이 특징이다. 넷째, 원리로는 활동하기, 생각하기, 느끼기, 생리적 기능은 분리될 수 없는 행동의 요인으로 개인의 내부에서 생성되며 대부분 선택된다. 다섯째, 원리는 인간의 지각을 통해 세상을 본다.

▌Wubbolding, R. E., *Reality Therapy for The 21st Century*, 박애선 역, 『21세기와 현실요법』, 시그마프레스, 2004.

1955년 미국의 정신과 의사인 글래서(Glasser)가 고전적인 정신 분석 상담의 비효율성을 깨닫고, 인간의 존엄성과 잠재 가능성의 믿음을 토대로 새로운 이론 및 치료 절차를 개발하고, 체계화시킨 상담 이론이다. 상담 목표는 자신의 행동 탐색과 평가를 통해 원하는 것이 무엇인지를 탐색하고, 원하는 것을 얻기 위해 도움이 되는 행동을 학습함으로써 현실 세계에 효율적으로 대처할 수 있는 변화를 목적으로 한다.

▌Robert, E. Wubbolding, 김인자 역,『현실요법의 적용』, 한국심리상담연구소, 2008.

혈액형 판별(血液型判別, blood type discrimination)

어린이의 그림을 보고 혈액을 분류하는 형을 명확히 구분함.

정대식은 그의 저서에서 어린이의 그림을 보고 혈액형을 판별하는 방법을 3년간(1987년~1989년) 연구하여 임상 병리학적으로 규명했다.

〈혈액형과 색상〉

혈액형	어린이들이 즐겨 쓰는 책
A	고동색, 레몬색, 연두, 노랑, 하늘색
B	군청색, 파랑, 초록, 주황, 보라, 황토색(※검정, 빨강을 선택할 수도 있다.)
O	검정, 빨강, 진보라, 자주(혼색)
AB	노랑, 분홍색, 하늘색, 회색, 하얀색, 연두(※금색, 은색, 검정을 선택할 수도 있다.)

▌정대식,『아동 미술의 심리 연구』, 1991.

협동화(協同畵, cooperation picture)

또래나 부모와 자녀, 가족이 그림을 함께 그려 상호 작용을 촉진시켜 주는 효과.

협동화 검사(協同畵檢査, cooperation picture test)

또래나 부모와 자녀, 가족이 그림을 함께 그리게 하여 상호 작용을 촉진시켜 주는 방법.

형과 색(形 - 色, form and color)

형태에서 느끼는 색채.

일본의 색채학자인 츠카다 이사무(塚田敢)는 그의 저서(『색채의 미학』)에서 형과 색을 먼셀의 순색인 빨강(R), 주황(YR), 노랑(Y), 연두(GY), 녹색(G), 청록(BG), 파랑(B), 남색(PB), 보라(P), 자주(RP)를 선택했다. 형으로는 정삼각형, 정사각형, 사다리꼴, 직사각형, 마름모, 정육각형, 부채꼴, 반원형, 타원형, 원으로 선정하여 색과 형에 대한 이미지를 분석했다.

그가 사용한 언어는 열 가지가 있다. 첫째는 시원하고 따뜻함, 둘째는 건조하고 습함, 셋째는 예리하고 둔함, 넷째는 단단하고 부드러움, 다섯째는 강하고 약함, 여섯째는 수축하고 확대됨, 일곱째는 무겁고 가벼움, 여덟째는 순수하고 화려함, 아홉째는 품위가 있고 없음, 열째는 유쾌하고 불유쾌함이며, 분석한 결과는 형에 연결되었다.

원형은 아주 유쾌하고, 따뜻하고, 부드럽고, 습하고, 확대되고, 품위가 있다. 반원형은 따뜻하고, 습하고, 둔하다. 부채꼴은 예리하고, 시원하고, 가볍고, 화려하다. 정삼각형은 시원하고, 예리하고, 단단하고, 강하고, 수축되고, 가볍고, 화려하다. 사다리꼴은 시원하고, 건조하고, 예리하고, 단단하고, 강하고, 품위가 있고, 가볍고, 화려하다. 마름모꼴은 무겁고, 단단하고, 수수하다. 정사각형은 단단하고, 강하고, 수수하고, 무겁고, 품위가 있고, 유쾌하다. 직사각형은 시원하고, 건조하고, 단단하고, 강하다. 정육각형은

별 특징이 없다. 타원형은 따뜻하고, 둔하고, 부드럽고, 유쾌하고, 습하고, 확대된다.

빨강(R)은 굉장히 따뜻하고, 강하고, 화려하고, 예리하고, 무겁고, 품위 있고, 유쾌하고, 확대된다. 주황(YR)은 굉장히 따뜻하고, 확대되고, 화려하고, 건조된 느낌, 예리하고, 강하고, 유쾌하다. 노랑(Y)은 밝고, 따뜻하다. 연두(GY)는 부드럽고, 습하고, 약하고, 확대되고, 가볍고, 즐겁다. 녹색(G)은 습하다. 청록(BG)은 시원하고, 단단하고, 수축되고, 무겁다. 파랑(B)은 굉장히 시원하고, 습하고, 예리하고, 단단하고, 수축되고, 품위 있고, 즐겁다. 남색(PB)은 시원하고, 단단하고, 수축되고, 무겁다. 보라(P)는 둔하고, 예리하고, 약하다. 자주(RP)는 따뜻하고, 부드럽고, 화려하다.

▎塚田敢,『色彩の美學』, 1979.

형광 색(螢光色, fluorescent color)

빛의 자극에 의해 물체가 발광하는 현상의 색.

형광 색은 파장이 강한 반사를 통해 얻고, 구분이 뚜렷해야 하는 안전표지, 표지판, 작업복에서 많이 사용된다.

▎박현일 외,『색채학 사전』, 국제, 2006.

형상화 과정(形象化過程, form process)

무(無)에서 유(有)를 창조하는 그림의 변화 과정으로 미술 치료의 효과 중에 1단계에 속하는 과정.

이 단계는 어떤 새로운 것을 만드는 혁신적인 과정이다. 이 형상화 과정은 그림에 대한 아이디어를 만들고, 이미지(image : 심상)를 구체화시키며, 계속적으로 형상화시키는 과정이다.

그림을 그리는 것은 내적으로 자아를 정립하기 위한 것이고, 자신의 그림을 다른 사람에게 보여 줌으로써 그들과 대화를 할 수 있으며, 그림에 대한 의사소통이 또 다른 조형 활동을 하게 한다. 다시 말해서 자신 안에 숨어 있는 창의성이 다시 활동하게 되므로, 자신의 유용한 에너지를 자유롭게 사용할 수 있다.

그림을 그린 사람은 자신을 더 이상 고통받는 자가 아니라 조형 활동을 하는 자로 느끼며, 자신의 정서적 불안과 심리적 고통, 우울함을 그림의 주제로 선정하여 표현하고, 자신의 그림에서 감정과 심리적 모습을 볼 수 있고, 대면할 수도 있다.

그림을 그리는 사람은 조형 작업을 통해 자신의 파괴적인 분노나 자신을 무력화시키는 우울증에서 자아 몰입으로 변화되고, 창의적 활동과 성취감의 즐거움, 무의식적인 기쁨, 성공적인 작품 제작으로 그림 자체에 대한 만족감을 나타낼 수 있다. 이러한 만족감은 상황에 따라 그 사람의 자신감에 영향력을 준다. 또한 내담자는 집단의 구성원과 치료사에게 그림을 보여 주고, 그 그림에 대해 이야기를 하는 것은 그림에 대한 긍정적인 의미를 나타내며, 그림에 대한 감정이 더욱더 좋아진다.

그림을 그리는 사람은 다음과 같은 과정의 순서를 밟아 간다.

첫 번째는 자신 스스로 생각하거나 마음속에 품고 있는 심리적인 상태에 알맞은 색채와 형태로 표현된다.

두 번째는 자신의 욕구에 따라 보완될 필요성이 있는 것, 기분 전환이 될 수 있는 색채와 형태, 상징들을 더 그린다. 특히 그림을 그리는 것은 자신의 조절력과 밀접한 관계가 있으며, 조화롭게 형상화시키는 노력은 심리적인 균형과 통일성, 조정 능력에 대해 지대한 영향을 준다.

그러나 이것의 전제 조건은 심리적으로 안정되고, 응집력이 있는 자아의 존재가 필요하다. 응집력 없는 자아는 지리멸렬한 개체의 구성 요소로 정신 분열증 환자의 그림처럼 나타난다.

▌ 박현일·조홍중,『그림을 통한 성격 치료 미술 치료』, 시그마프레스, 2009.

형식 단계설(形式段階設, formal stage)

헤르바르트 학파의 질러(Ziller, J. E.)와 라인(Rein, W.)에 의해 주장된 교수의 일반적 단계에 대한 형식. 독일의 교육학을 과학적 학문으로 조직한 최초의 학자, 철학자인 헤르바르트(Herbart, Johann F.)는 그의 저서(일반 교육학)에서 형식 단계설을 언급했다. 이 저서에서 교육학의 목적은 윤리학에, 교육 방법은 심리학에 기초를 두었고, 교육 목적과 교육 방법을 분리하여 설명했다. 교육 목적을 윤리학에서 찾는 것은 칸트 철학의 영향이 컸다. 어린이의 자기 활동은 내적으로 발생하는 의지 활동이 아니라 오계(誤計)의 대상에 의해 유발되는 활동이다. 이러한 주지주의 입장에서 모든 교육의 진행은 일정한 형식에 따라 이루어진다.

▌ Herbart, J. F.,『일반 교육학』, 1806. / 교육학사전편찬위원회 편,『교육학 대사전』, 교육서관, 1989.

형식적 조작기(形式的操作期, the formal operational period)

구체적인 사물뿐만 아니라 도덕 원리와 이상, 가설의 개념과 같은 추상적인 것에 논리의 구조를 적용할 수 있는 시기(11세~12세).

스위스의 심리학인 피아제(Piaget)는 그의 저서(어린이 지식의 근원)에서 형식적 조작기의 개념을 제시했다. 인지적 성숙은 이 시기에 이르러서야 도달

한다. 어린이의 인지 구조가 질적으로 변화하는 마지막 단계이고, 구체적인 지칭 대상이 없이도 추상적으로 생각할 수 있는 능력의 시기이다. 이러한 현상을 로프트(Looft, W. R.)는 사고에 대한 사고 능력이고, 베르존스키(Berzonsky, M. D.)는 이 현상을 현실과 가능성의 관계이며, 브레인어드(Brannerd, C. J.)는 사려의 추론이라고 하였다. 이 시기에 이르러 뚜렷하게 나타나는 것은 가설과 연역적 논리, 사고를 할 수 있는 능력이다. 가설과 연역적 논리는 실증적으로 입증된 사실이 아니라 가설인 전제(premise)부터 결론을 유도해 낼 수 있는 추리이다.

따라서 가설과 연역적 추리는 언어에 의존하는 정도가 크다. 인헬더(Inhelder, B.)와 피아제는 형식적 조작기에 와서 청년들이 구체적인 사상 없이도 문제에 대한 추리를 할 수 있다고 보았다. 조합적 사고(combinational thinking) 또는 조합의 추리 능력은 피아제의 무색 용액 실험 문제에서 잘 나타난다. 무색의 용액이 담긴 다섯 개의 병을 어린이 앞에 놓고, 1번 병에는 유황색을, 2번 병에는 물을, 3번 병에는 산화된 물을, 4번 병에는 티오황산을, 5번 병에는 옥화칼슘을 제시했다. 병의 용액을 마음대로 섞어 노랑의 용액을 만들도록 어린이에게 요구했다. 어린이는 5번 병과 1번병을 섞어 보다가 1번과 2번, 3번과 4번을 섞어 보기도 한다. 세 개가 아무런 변화가 없자 1번부터 4번까지 네 개의 병 용액에 5번의 용액을 섞는 식의 무선의 결합을 시도했다. 그러나 형식적 조작기의 어린이는 이 문제를 풀기 위해 좀 더 체계적인 시도[257]를 한다. 어린이는 빠진 순열이나 조합이 없는가를 면밀히 검토하면서 이 문제에 가능한 모든 조합을 적용한다.

---

257. 한 번에 한 용액, 다음에 둘, 그 다음에 셋으로 조합하는 방법으로 접근한다.

이와 같이 한 문제의 모든 가능한 조합이나 순열을 검토할 수 있는 능력이 형식적 조작기에 도달했다는 증거이다. 비율(proportion)에 있어서 구체적 조작기의 어린이들은 가벼운 무게는 무거운 무게보다 저울의 지렛대 받침이 멀리 떨어지면 평형을 이룰 수 있다는 것을 이해한다. 그러나 구체적 조작기의 어린이들은 무게나 길이를 비율로 이해하는 것은 어렵다. 형식적 조작기가 시작되면서 비율 개념을 일반적인 원리로 이해한다. 형식적 조작기의 어린이들은 무게와 길이 관계를 이해할 수 있고, 저울 문제를 추상적 방법으로 해결할 수 있다. 비율 문제를 다루는 데 있어 형식적 조작기의 어린이들은 무게가 두 배되는 물체를 가벼운 물체보다 지렛대 받침에서 떨어진 길이보다 절반만큼 떨어지게 함으로써 평형을 맞출 수 있다. 이와 같은 일반적인 원리는 형식적 조작기에 획득되며, 구체적인 조작기에서 볼 수 있었던 시행착오의 오류 없이 어느 문제도 성공적으로 적용시킬 수 있다.

진자 문제(pendulum problem)는 형식적 조작기의 사고 특성이 두드러지게 나타난다. 진자 과제는 진자 움직임의 빈도와 속도의 결정 요인을 찾는다. 진자의 흔들리는 속도는 진자가 달려 있는 줄의 길이와 관련된다.[258] 진자의 움직이는 속도는 줄의 길이 이외에 줄에 달린 물체의 무게와 진자가 처음에 움직이기 시작한 높이나 물체의 힘에 의존한다. 형식적 조작기에 어린이들이 이 과제를 좀더 체계적이고 과학적인 방법으로 해결할 수 있다. 관련된 요인들은 한 번에 하나씩 변화시키고, 움직이는 일정한 주기로 일정한 점의 주위에서 진동을 계속하는 물체와 빈도에 미치는 영향을 결정하여 관련된 요인들을 평가하며, 어린이들은 귀납적 방법을 성공적으로 적용하면서 조심스럽게 과학자의 접근을 시도한다. 형식적 조작기의 인지 구조 속에서 어린이의 사고가 변화하는 근본적인 것은 무엇일까? 피아제에 의하면, 새로운 지적 구조는 동일성(I : identity)과 부정(N : negation), 상호성(R : reciprocity), 상관성(C : crrelativity)이 획득되기 때문이다. 수학에서 나온 이 네 가지 조작은 특정한 형태의 가역성이 이루어지는 과정을 기술한다.

INRC 조작이 어린이로 하여금 자신의 상징 사고를 역으로 할 수 있고, 가설과 새로운 생각을 완전히 추상적 수준에서 창출할 수 있으며, 변형할 수도 있다. 따라서 INRC 조작은 어린이들 자신의 사고를 조작하고, 가설의 전제 위에 적용하며, 직접적이거나 구체적인 상황으로 자유롭게 한다. 이 조작은 명제의 논리를 사용할 수 있는 능력을 발달시킨다. 이 시기에 어린이가 사용하는 명제 논리의 가장 간단한 논리 형태는 이원(binary)이다. 명제 ㄱ : 개는 고양이보다 크다. 명제 ㄴ : 개는 고양이보다 털이 짧다. 이들 두 명제의 진위는 네 가지 방법으로 검토될 수 있다. 1. 둘 다 맞다. 2. 둘 다 틀리다. 3. 'ㄱ'은 맞고 'ㄴ'은 틀리다. 4. 'ㄴ'은 맞고 'ㄱ'은 틀리다. 이들 명제가 검토될 수 있는 가능한 총수는 열여섯 가지가 있다. 이원적 명제 논리의 결과를 열여섯 가지 가능성으로 유도해 낼 수 있는 능력은 특별한 의미를 갖는다. 이들 열여섯 가지 명제의 조작이 어린이로 하여금 행동을 내면화하도록 허용하며, 역으로 조작을 가능케 한다. 열여섯 가지 명제의 조작과 INRC 조작이 형식적 조작기 사고의 기초를 이루며, 피아제는 형식적 조작기 어린이의 사고 구조를 설명했다. 따라서 명제의 사고는 피아제가 주장하듯이 형식적 조작기 어린이에게만 국한되어 있지 않다.

258. 줄이 짧으면 짧을수록 움직이는 속도는 더 빨라지고, 끈이 길면 길수록 운동은 느려진다.

▌ Piaget, Jean, *The Origins of Intelligence in Children*,

(Trans.) by Margaret Cook, New York : International Univ. Press, 1952.

형태(形態, form)

사물의 생긴 모양.

블레이크(Blake, W.)는 그의 연구에서 색채보다 형태를 강조한다. 곧 예술의 표현은 외형을 그리려는 욕망에서 비롯된 것이라는 전제 아래 형태 우위를 주장했다. 자연에는 윤곽이 없지만 그것을 그리려면 선을 그릴 수밖에 없으며, 삼라만상(모든 현상)에는 윤곽이 없지만 상상의 표현에는 윤곽이 있다.

▌ 김정, 『아동의 미술교육 연구』, 창지사, 1989.

형태 시각(形態視覺, form visual)

사물의 생긴 모양을 통해 분간하는 감각.

링(Ling, L.)의 연구에서, 신생아의 형태 시각은 6개월이 되면 원과 삼각형, 사각형을 구별할 수 있다. 또한 형태의 위치, 방향, 크기들을 변화시켜도 아기의 형태 지각에는 별로 영향을 주지 않는다. 아기들이 물체를 지각하는 데 형태와 색채 중에 어느 것이 더 중요한 역할을 하느냐 하는 것을 결정하기 위한 실험에서는 형태로 짝을 짓는 경향이 높았다. 3세 이전의 아기들은 색깔보다는 형태에 의해 짝을 지었다. 또한 물체나 형태를 지각하는데, 그 물체의 이름을 알기에 앞서서 여러 가지 형태들을 정확히 구별할 수 있으며, 이 사실은 지각이 언어 개발보다 먼저 발달되고 있음을 보여 준다.

▌ 김정, 『아동의 미술교육 연구』, 창지사, 1989.

형태와 색채(形態 – 色彩, color and form)

형태와 색채를 구별할 수 있는 능력의 관계.

미국의 여성 미술 교육학자인 구드너프(Goodenough)는 그의 저서(그림에 의한 지능 측정)에서 형태와 색채의 개념을 설명했다. 어린이의 선택 행동

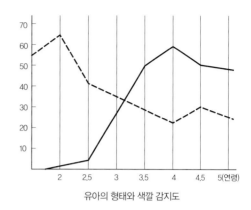

유아의 형태와 색깔 감지도

을 결정짓는 요인으로 형태가 적용되는지 또는 색채가 적용되는지를 연구했다. 연구 결과 3세 전후의 아이들은 물체를 색채로 선택하는 경향이 있고, 형태보다 색채에 더 많은 비중이 점차 나타난다.

▌ Goodenough, F. L., *Measurement of Intelligence by Drawing*, New York : World Book Co., 1926.

브레인(Brain, C. R.)은 그의 연구에서, 어린이의 행동을 결정짓는 요인으로 형태가 더 적용되는지 또는 색채가 더 적용되는지를 연구했다. 이 두 개념을 상대로 강도의 발달 경향을 연구한 결과 3세 전후의 어린이는 색채로 물체를 선택하는 경향이 성장하고 있다. 따라서 형태보다는 점차 색채에 더 많은 비중을 두면서 커 간다.

▌ 김정, 『아동의 미술교육 연구』, 창지사, 1989.

형태 지각 검사(形態知覺檢査, Aspective Perception Test, APT)

윌슨(Wilson)은 형태 지각의 검사에서 사전 검사와 사후 검사를 제시했다.

〈형태 지각 검사〉는 20세기 유명한 작품 34점으로 구성되어 있고, 지각에 영향을 미치는 인지적 요인 세 가지를 언급했다. 첫째, 학생들은 작품의 사실적인 형태에만 관심을 기울였으나 교육을 받은 후 그

이상을 볼 수 있게 되었다. 그들은 특성과 특성 사이의 관계에 관심을 가졌다. 둘째, 학생들은 〈게르니카〉[259]의 형태 측면을 보는 단계의 학습을 통해 구별하는 기능과 태도를 발달시켰다. 셋째, 학생들은 언어적 개념을 획득하여 자신이 보았던 작품의 질에 대해 이야기할 수 있게 되었다.

▌Wilson, B., "An Experimental Study Designed to Alter Fifth and Sixth Grade Student's Perception of Paintings", *Studies in Art Education*, (Vol. 8), No. 1, Autumn, 1966.

혼색(混色, color mixture)
두 가지 이상의 색을 혼합하는 색.

화를 내는 시간(火−時間, time when gets angry)
브리지스(Bridges, B.)의 연구에 의하면 어린이가 하루 중에 화를 가장 잘 내는 시간은 오전 10시~2시까지이다.

▌김정, 『아동의 미술교육 연구』, 창지사, 1989.

회색(灰色, gray)
하양과 검정을 혼합한 색.
회색의 상징적 효과는 애매한 느낌과 세련된 느낌을 동시에 주며, 유해에 영향을 받지 않는다. 밝은 회색은 고급스러움, 지성, 효율성을 나타내며, 어두운 회색은 퇴색, 침울, 진지함, 성숙의 의미를 나타낸다.

▌박현일, 『디자인 강의』, 교우사, 2008.

회전 혼합(回傳混合, rotation mixture)
색깔이 있는 팽이나 풍차를 빠르게 회전시키는 혼합.
회전 혼합은 명도나 채도가 낮아지거나 높아지지 않으며, 두 색의 명도나 채도의 합을 면적 비율로 나눈

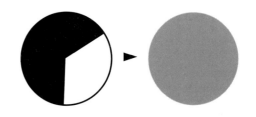

평균값이다. 원판의 색은 물체색이지만 물체색 자체가 혼합되는 것이 아니라 물체색이 반사하는 반사광이 혼합된다. 다른 두 가지의 색을 회전판에 적당한 비례로 붙이고 2,000~3,000회/min의 속도로 돌리면 판면은 혼합되어 보인다. 맥스웰(Maxwell)이 이 현상을 발견하여 맥스웰 회전판이라고 부른다.

▌박현일 외, 『색채학 사전』, 국제, 2006.

회화(繪畵, painting)
지지재(支持材)나 장소, 각종 안료를 사용하여 형상을 표현한 예술.
회화는 표현 태도에 따라 사생화, 상상화, 임화로 분류할 수 있다. 표현 대상에 따라 동물화, 인물화, 정물화, 풍경화로 분류된다. 표현 재료에 따라 단색화, 채색화로 분류된다.
사용된 기자재나 표현된 장소에 따라 동굴화, 벽화, 암벽화, 제단화, 타블로화 들로 분류된다. 표현 재료와 기법에 따라 모자이크(mosaic), 소묘, 수채화, 스테인드글라스(stained glass), 유화, 콜라주, 템페라(Tempera)화, 판화, 프레스코(fresco)로 분류된다. 주제의 선택에 따라 구상, 추상, 역사화, 신화화(神話畵), 종교화, 풍속화, 정물화로 분류된다. 추상에는 서정적 추상과 표현주의적 추상으로 나누어진다. 이런 기법, 양식, 장식 대상, 장르는 각 시대의 요청에 따라 변화하며, 선사 시대부터 현대에 이르는 최대의 상형 표현 예술(象形表現藝術)인 회화의 역사를 구성하고 있다.

---

259. 게르니카는 피카소의 작품으로 스페인의 내란전쟁을 다루고 있다.

■ 월간미술 편,『세계미술용어사전』, 중앙일보사, 1989.

회화 유형(繪畵類型, fine art type)

그림의 비슷한 틀.

도어터(Doerter)는 그의 논문("학생들의 회화 유형에 관한 교사의 영향")에서 무작위로 세 개 대학의 회화과에서 8명의 학생들을 뽑았다. 각 학과에서 지도교수는 자신의 그림 2점을, 학생들은 그 지도 교수와 공부한 동안에 처음과 마지막에 그린 그림을 제공했다. 그는 학생의 그림에 등급을 매겨 평가표를 만들고, 그렇게 할 판단 기준을 선정한 후 학생의 작품에서 지도 교수의 회화 양식(style)이 나타나는지 아닌지를 판단했다. 연구 결과에서, 많은 비율의 학생들은 지도 교수의 영향을 받을 뿐 아니라 학기 동안 그들의 지도 교수 양식을 닮아 간다.

■ Doerter, J., "Influences of College Art Instructors upon Their Student's Paintings", *Studies in Art Education*, (Vol. 7), Spring, 1966.

회화의 표현(繪畵 – 表現, expression of fine art)

그림을 드러내어 나타냄.

구드너프(Goodenough)의 제자, 미국의 펜실베이니아주립대학교 교수, 여성 심리학자인 해리스(Harris)는 그의 저서(성숙한 지적 측정 도구로서 어린이들의 그림)에서, 어른이나 어린이의 모든 상태가 회화의 표현으로 나타난다고 언급했다. 회화의 표현은 정서의 반영에 대해 어른이나 어린이 모두 색채를 구사하여 자기의 기분과 마음의 상태, 정감을 적절히 나타낸다. 그러나 그러한 표현에서 과연 어떤 선과 색채가 특수한 정감을 지시하느냐 하는 것은 뚜렷한 증거나 흔적이 있다고 주장하기는 곤란하다. 다시 말해서 현재로선 어느 그림을 놓고 이러이러한 형태나 색채, 표현 내용이 이러이러한 정서 상태를 제시한다고 말

할 수 없다. 정서란 항상 움직이는 것으로서, 대단히 다양한 모습으로 인간 행동에 구현되기 때문에 틀을 잡아 공식적으로 읽어 낼 수 없으며, 어떤 정서가 어떻게 상징화될지 예측할 수 없다.

■ Harris, Dale B., *Children's Drawings as Measure of Intellectual Maturity : A Revision and Extension of the Goodenough Draw-a-Man Test*, New York : Harcourt, Brace & World, Inc., 1963.

회화 통각 검사(繪畵統覺檢査, Children's Apperception Test, CAT)[260]

어린이가 가지고 있는 갈등, 부모의 관계, 형제간의 문제(sibling rivalry), 여러 가지 공포, 배설의 습관에 관한 잠재적 심리를 측정하는 방법.

미국 엘름허스트(Elmhurst)종합병원의 정신과 의사인 벨라크(Bellak, L.)는 벨라크(Bellak, S. S.)와 함께 이 검사를 만들었다.

〈회화 통각 검사〉는 형식적인 유아(아동)용 투사 방법의 성격 검사이다. 이 검사의 적용 범위는 3세~10세까지이며, 10장의 도판으로 구성되어 있다. 어린이가 쉽게 자기와 동일화시키는 것은 인물보다 동물이라는 관점에서 도판에 모두 의인화시킨 동물들을 등장시켰다. 각 도판에는 과거와 현재, 미래를 포함하는 이야기를 피험자로 하여금 만들게 했다.

■ 교육학사전편찬위원회 편,『교육학 대사전』, 교육서관, 1989.

후광 효과(後光效果, halo effect)

어떤 대상이나 사람에 대한 일반적인 견해가 그 대상이나 사람의 구체적인 특성을 평가하는 데 영향을 미치는 현상.

---

260. 이 검사를 〈주제 통각 검사(Thematic Apperception Test, TAT)〉라고 부른다.

후퇴 색(後退色, retreat color)

색이 후퇴되어 작게 보이는 색.

진출 색과 후퇴 색은 빛과 파장에 따른 굴절률의 차이에서 온다. 명도나 채도가 높은 색은 자극이 강하므로 그 자극이 망막 상에서 퍼지는 성질이 있어 크게 보인다. 안구 안의 굴절률 차이로 진출 색과 후퇴 색이 나타나는 현상이다. 이것은 저명도나 저채도, 차가운 색을 말하고, 단파장의 색상이 여기에 속한다.

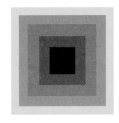

■ 박현일 외, 『색채학 사전』, 국제, 2006.

흑색(黑色, black color) → 검정

흡수(吸收, absorption)

물리적인 기체가 고체나 액체의 내부로 빨려 들어가는 현상.

빛을 모두 흡수하면 검정으로 보이고, 빛을 모두 반사하면 하양으로 보인다. 물체색은 빛의 반사와 흡수하는 양에 따라 결정된다. 빛의 반사와 흡수에서 하양은 모든 파장을 반사하고, 검정은 모든 파장을 흡수[261]한다. 회색은 파장을 부분적으로 흡수하고, 동일한 양을 흡수하고 반사한다. 시안(cyan) 색은 빨강 파장을 흡수하고, 녹색과 파랑 파장을 반사한다. 마젠타(magenta) 색은 녹색 파장을 흡수하고, 빨강

과 파랑 파장을 반사한다. 노랑은 파랑 파장을 흡수하고, 빨강과 녹색 파장을 반사한다.

■ 박현일 외, 『색채학 사전』, 국제, 2006.

흥미 검사(興味檢査, Academic Interest Inventory, AII)

1946년 그레고리(Gregory)에 의해 제작된 이 검사는 〈스트롱(Strong, Edward K.) 흥미 검사〉와 마찬가지로 경험적 접근에 의해 제작된 점이 특징이다.

〈흥미 검사〉는 대학생으로 하여금 전공과목 선택(직업적 의미에서)을 하는 데 도움이 되도록 제작되었다. 문항은 150개로 구성되어 있고, 그것을 28개 전공 분야로 채점할 수 있다. 채점 방법은 거의 스트롱 형식을 따르고 있다. 각 전공은 상당히 세분되어 있다. 예를 들면 공과 계통(工科系統)은 공공봉사 공과(公共奉仕工科, public service engineering), 기계 공과(機械工科, mechanical engineering), 전기공과(電氣工科, electrical engineering), 일반 공과(一般工科, civil engineering)로 나누어져 있다.

■ Gregory, W. S., 〈Academic Interest Inventory〉, 1946. / 교육학사전편찬위원회 편, 『교육학대사전』, 교육서관, 1989.

흥미 검사(興味檢査, Interest Test, IT)

흥을 느끼는 재미를 조사하여 시비를 판단하는 방법.

흥미를 검사하는 방법에는 여러 가지가 있다. 그것을 크게 나누면 직접적 관찰, 실험에 의한 관찰, 질문지법, 표준화 검사 네 가지가 있다.

〈흥미 검사〉라고 할 때는 대개 표준화 검사를 지칭하는 말로 사용하고 있다. 흥미를 측정하도록 고안된 검사에는 두 가지 방법이 있다. 하나는 〈스트롱(Strong) 흥미 검사〉이며, 또 하나는 〈쿠더(Kuder) 흥미 검사〉이다. 〈스트롱 흥미 검사〉는 1927년 스트롱이 미국에서 제작한 것으로 흔히 경험적, 예언적, 직업적인 특징을 지닌 검사로 부르고 있다.

---

261. 검정은 모든 빛을 흡수하기 때문에, 기후가 낮은 겨울철에 검정이나 어두운색 계열의 옷을 입으면 따뜻하다. 이런 이유 때문에 한때 교복(동복)의 색이 검정이었다.

이 검사의 제작에는 두 가지가 있다.

첫째, 같은 직업에 종사하고 있는 사람들의 흥미는 서로 비슷한 데가 있다.

둘째, 각 개인의 직업은 거의 변하지 않는 고정적인 것이라는 가정이 밑받침되고 있다.

검사는 〈남자용 검사(Strong Vocational Interest Blank for Men)〉와 〈여자용 검사(Strong Vocational Interest Blank for Women)〉로 되어 있다. 흔히 약호로 VIB라고 한다. 문항은 각각 400개의 직업 명칭으로 구성되어 있어서 각 직업에 대해 L(좋아한다), D(싫어한다), I(관심 없다)의 세 가지로 답하게 되어 있다. 이 검사의 특징은 직업명을 여러 가지 직업에 종사하고 있는 사람에게 실시한 다음, 그 결과를 분석해서 직업의 흥미 점수 비중을 매겼다. 이 검사는 이런 점에서 경험적인 것과 예언적, 직업적인 특징을 지닌 〈흥미 검사〉라고 할 수 있다. 〈스트롱 흥미 검사〉는 흥미를 기술하려는 입장이 아니라 한 사람의 흥미 형태가 직업 집단의 흥미 형태와 어느 정도로 일치하느냐를 보려는 데 있다.

〈쿠더 흥미 검사〉는 여러 가지 점에서 스트롱과 달리 합리적이며 기술적인 흥미 검사이다. 현재 사용되고 있는 것은 〈쿠더 직업 흥미 검사〉와 〈쿠더 인성 흥미 검사〉 두 가지 종류이다. 직업적 흥미 검사는 흥미의 영역을 열 개의 분야로, 인성적 흥미 검사는 다섯 개의 분야로 나누어 각 개인이 가지고 있는 흥미의 강도가 상대적으로 얼마나 되느냐를 기술하는 것이 목적이다. 문항의 해석은 강제 선택법(forced-choice method)이 있다.

▌ 교육학사전편찬위원회 편, 『교육학대사전』, 교육서관, 1989.

흥분색(興奮色, excitement color)

인간의 감정을 일으키는 색.

흥분색은 주로 술집이나 화장실에서 사용된다. 밝고 경쾌한 색, 명도나 채도가 높은 색, 난색 계열의 색은 흥분감을 준다. 채도가 높은 색은 자극적이고, 피로감을 준다.

▌ 박현일 외, 『색채학 사전』, 국제, 2006.

히스테리(‒, hysterie)

신체적·기질적 장애가 없음에도 신체의 일부분이 장애를 일으키는 현상.

히스테리는 자궁을 뜻하는 그리스어에서 온 용어이며, 사람이 어렵고 힘든 상태에서 벗어나기 위한 방편으로 신체적 증상을 발달시키는 방어 기제라 할 수 있다. 히스테리는 한때 여성 고유의 질환으로 여겨지기도 했으나, 정신 의학에서는 이 용어를 신경적 행동을 일컬을 때 쓰게 되었다.

▌ 류경남 외, 『가족상담심리 용어사전』, 학지사, 2006.

프로이트(Freud, S.)는 자신의 연구에서 무의식적 환상, 갈등, 억압, 동일시, 전이를 발견했으며, 이 발견으로부터 정신 분석이 시작되었다. 그는 히스테리 증후를 성에 대한 기억과 환상이 억압되어 신체적 증후로 바뀐 것이라 설명했다.

▌ 미국정신분석학회 편, 이재훈 역, 『정신분석용어사전』, 한국심리치료연구소, 2002.

흰색(白色, white color) → 하양

교육과 미술 교육,
미술 치료에
관련된 검사들

가족 미술 검사(家族美術檢査, Family Art Test, FAT)

〈가족 미술 검사〉는 루빈(Rubin)에 의해 실시되었으며, 세 가지 과제를 연속적으로 준다. 첫째, 각자 개인 앞에 있는 16절지에 난화를 그리고, 그릴 때 눈은 감아도 되고 떠도 된다. 모든 가족이 그림을 다 그리면 각자 그림을 설명한 뒤 가족들의 반응을 듣는다. 둘째, 가족을 상징하는 가족 초상화를 그리거나 찰흙으로 작업을 해도 된다. 작업이 끝나면 벽에 붙이든지, 테이블 위에 올려놓든지, 한꺼번에 볼 수 있도록 배열한다. 그런 뒤 서로의 작품을 보고 질문하며 이야기를 나눈다. 셋째, 벽에 붙인 넓은 종이(90cm×180cm)에 가족이 공동으로 작업을 한다. 공동 작업은 어떤 사람이 문제의 결정을 주도하는지, 어떻게 상호 작용을 하는지 보여 주는 장면이며, 가족들 간에 문제를 해결하기 위해 필수적인 단계이다.

▌Rubin, J. A., *Child Art Therapy : Understanding & Helping Children Through Art*, (Revised, Ed., 1984), New York : Van Nostrand Reinhold Publishing Co., 1978. / Rubin, J. A., *The Art of Art Therapy*, New York : Brunner & Mazel Publishers, 1984. / Rubin, J. A., *A Child Art Therapy : Understanding and Helping Children Grow through Art*, New York : Van Nostrand Reinhold, Publishing Co., 1984. / Rubin, J. A., (Ed.), *Approaches to Art Therapy*, New York : Brunner & Mazel Publishers, 1984. / Rubin, J. A., *Art Therapy : An Introduction*, Washington, D. C. : Taylor & Francis, 1999.

키아코스카(Kwiatkowska)는 주로 심각한 심리적 문제로 입원한 청소년이나 성인의 가족을 대상으로 〈가족 미술 검사〉를 실시했다. 첫 번째 자유화는 분위기를 부드럽게 하기 위한 일종의 완화제로 사용되며, 지시를 하지 않고 가족 구성원들이 자유롭고 유연하게 반응할 수 있도록 한다. 두 번째와 세 번째 가족화는 가족들이 있는 상태에서 가족을 그린다고 하는 것 자체가 매우 의미 있는 반응을 끌어내곤 한다. 대개 가족들은 서로의 그림에 대해 반응하며 상호 작용하는데, 그런 관계가 그림에도 잘 드러나게 된다. 세 번째 과제인 추상적인 가족화는 가장 어려워한다. 이 과제는 각 구성원의 추상적 사고 능력을 보여 주지만 그보다 가족들에 대한 생각과 느낌이 어떠했는지가 매우 흥미롭다. 네 번째와 다섯 번째 과제는 둘 다 난화이다. 하나는 개인적으로 하는 것이고, 다른 하나는 가족이 공동으로 작업하는 것이다. 이러한 공동 작업은 가족 구성원이 어떤 방식으로 의견을 조정하고 결정하는지, 어떻게 서로 의사소통을 하는지 잘 보여준다. 만약 가족들이 난화에서 이미지를 찾는 것을 잘 이해하지 못한다면, 구름을 보았을 때 여러 가지 형태가 나타난다. 마지막 그림은 첫 번째 그림과 마찬가지로 자유화이다. 두 그림 간의 차이와 공통점을 비교해보면, 가족들 간의 상호 작용 흐름과 그에 따른 변화를 살펴볼 수 있다.

키아코스카는 마지막 자유화가 매우 의미 있는 그림이라고 보았다. 이 그림은 가족들이 함께 검사를 받는 동안 각자 느꼈던 긴장이나 스트레스를 집약해서 보여 준다. 그리는 과정이 끝나면 이름을 쓰고, 제목을 붙이고, 날짜도 기입한다.

▌Kwiatkowska, H. Y., *Family Therapy & Evaluation through Art*, Springfield, Illinois : Charles C. Thomas, 1978.

가족화 검사(家族畵檢査, Family Drawing Test, FDT)

〈가족화 검사〉는 내담자(아이들 또는 환자)에게 가족 전체를 그리게 한다. 내담자가 그린 그림 속 사람의 크기, 위치, 배열, 가족 관계들을 파악한다. 이 검사는 내담자가 집안에서 사랑을 받고 있는지 또는 미움을 받고 있는지를 쉽게 파악할 수 있다.

▌박현일 · 조홍중, 『그림을 통한 성격 치료 미술 치료』, 시그마프레스, 2009.

개인 검사(個人檢査, Individual Test, IT)

〈개인 검사〉는 신뢰성과 타당성을 측정할 수 있고, 피검사자는 검사의 관찰을 통해 문제를 해결하는 접근 방법이나 피험자의 성격 특성에 관한 임상적 자료를 얻을 수 있다.

▌한국교육심리학회 편, 『교육심리학 용어사전』, 학지사, 2000.

구분할 통합 회화 검사(九分割統合繪畵檢査, Nine Division Fine Art Test, NDFAT)

〈구분할 통합 회화 검사〉는 일본의 아이치(愛知)의 과대학 심리학과 교수인 모리타니(森谷)가 제안한 기법이다. 이 기법은 다양한 이미지를 포괄적이고 통합적으로 표현하기 위한 것이며, 가족을 포함한 일상생활 중에서 생각나는 대로, 머리에 떠오르는 대로, 그림을 그리지 못할 경우에는 문자, 도형, 기호들을 그려도 상관없으며, 각 그림에 간단한 설명을 써 넣게 한다. 그림을 그린 후 "전체를 보면 어떤 주제가 생각납니까?"라고 질문을 한다. 구분할 통합 회화 검사의 특성은 아홉 개의 칸에 생각나는 대로 그림을 그리는 방법이고, 이는 종이 위에 이루어지는 자유연상의 표현이며, 공간적·시간적 요소를 동시에 표현하는 특성이 있다.

▌森谷寬之・杉浦京子・入江茂・山中康裕, 『コラージュ療法入門』, 東京 : 岩崎學術出版社, 1993.

그림 대화 검사(−對話檢査, Draw a Story Test, DAST)

실버(Silver)는 그의 저서〈세 가지 그림 평가〉에서, 〈그림 대화 검사〉는 응답자에게 자극의 그림 배열에서 두 개를 선택하고, 선택한 대상 사이에 일어난 것을 상상하도록 하며, 자신들의 그림 속에 일어난 내용을 보여 주도록 요구한다. 그림 그리기가 끝나고, 가능할 때 이야기를 첨가하며, 토의한 후 표에 제시된 5점 평정 척도에 따라 반응을 채점한다.

〈DAST의 내용 평가를 위한 평정 척도〉

점수	내용
1점 (강한 부정)	• 도움을 받을 수 없거나, 슬프거나, 고립되어 있거나, 죽음에 처해 있는 사람 • 파괴적 또는 생명에 위협적인 관계
2점 (중간 정도의 부정)	• 무서움, 공포, 좌절 또는 운이 없는 사람 • 스트레스 또는 적의를 느끼는 관계
3점 (중간 단계)	• 애매하거나 갈등, 부정적인 또는 긍정적인 관계를 나타내는 사람 • 분명하거나 명료하지 않은 관계를 나타내는 사람 • 긍정적, 부정적, 비정서적인 관계를 나타내는 사람 • 그림을 그린 대상이나 관계에 대해서 전혀 감정이 없는 사람
4점 (중간 정도의 긍정)	• 운은 있는데, 행동이 수동적인 사람 • 친한 관계를 나타냄
5점 (강한 긍정)	• 목표를 달성해 행복해 보이는 사람 • 챙겨 주거나 사랑하는 관계

▌Silver, R., *Draw a Story : Screening for depression*, Mamaroneck, New York : Ablin, 1988. / Silver, R., *Draw a Story : Screening for depression and age or gender difference*, New York : Trillium, 1993.

그림 좌절 검사(−挫折檢査, Picture Frustration Test, PFT)

〈회화 좌절 검사〉라고도 한하며, 미국에서는 〈피 에프 스터디(P. F. Study)〉라고도 부른다.

로젠즈바이크(Rosenzweig, S.)가 그의 욕구 좌절의 이론에 따라 제작한 투사적 방법의 성격 검사로서 아동용과 성인용 두 가지로 나누었다. 각 검사는 스케치 풍의 그림이 그려진 24매의 카드로 구성되어 있다. 그림에는 두 사람이 등장하고, 그 중 한 사람이 다른 사람에게 욕구 좌절을 일으키도록 하는 그림이며, 피험자는 '만약 피험자가 그러한 경우 어떻게 대답하겠는가'를 빈칸에 써넣도록 되어 있다.

욕구 좌절의 원천은 두 가지 종류가 있다. 하나는 자아가 좌절당하는 경우이며, 또 하나는 초자아가 좌절당하는 경우이다. 전자는 자기의 능력에 실망하는 경우이고, 후자는 남에게 비난을 받는 경우이다. 이 검사는 피험자가 써 넣은 대답을 분석하여 성격을 진단하고자 하는 것인데, 피험자가 가정한 그림의 인물을 동일시한다. 물론 이 경우에는 〈성격 검사〉의 목적을 달성할 수 있지만, 만약 동일시하지 않고 그림에 나타난 상황을 흔히 있는 일상적 사실로 보고 대답한다면 〈성격 검사〉라고 하기보다 태도 검사에 가깝다.

욕구 좌절에 대한 반응을 해석하는 준거는 다음과 같다. 반응의 형으로는 장해우위형(障害優位型, O-D), 자기방어형(自己防禦型, E-D), 요구고집형(要求固執型)으로 나눈다. 공격이 있을 것이라는 가정 아래 공격의 방향으로는 외벌적 방향(外罰的方向), 내벌적 방향(內罰的方向), 무벌적 방향(無罰的方向, M)으로 나누어 해석한다. 그러나 해석은 이 유형적 판단에만 의하는 것이 아니고, 유형의 비율 24매의 전반적 반응과 후반의 반응, 순서의 반응에서도 해석의 단서를 찾는다.

▌ Rosenzweig, S., 〈Picture Frustration Test〉, 1945. / 교육학사전편찬위원회 편, 『교육학대사전』, 교육서관, 1989.

근사적 소시오메트릭 검사(近似的 – 檢查, Near Sociometric Test, NST)

이 검사의 창시자 모레노(Moreno, J. L.)에 의하면,

순수한 형의 〈소시오메트릭 검사〉는 여섯 가지 요건을 갖는다. 첫째, 피험자에 의한 선택 혹은 배척의 대상이 되는 집단 성원의 범위가 한정될 것. 둘째, 피험자에게 무제한으로 선택 또는 배척이 허용될 것. 셋째, 피험자에게는 특정한 규준(선택 양면)에 의해 선택 혹은 배척하도록 요구되는 일. 넷째, 검사는 집단을 무엇인가의 의미로 재구성하기 위해 시행되어야 할 일. 다섯째, 반응 내용의 비밀 보지(保持)가 결속될 것. 여섯째, 검사에 사용되는 질문은 피험자가 구체적으로 이해할 수 있도록 작성할 것.

▌ 교육학사전편찬위원회 편, 『교육학대사전』, 교육서관, 1989.

기질 검사(氣質檢査, Temperament Survey, TS)

〈기질 검사〉는 길포드(Guilford)와 짐머만(Zimmerman)이 〈STDCR 인자의 인격 목록〉, 〈GAMIN 인자의 인격 목록〉, 〈인사 인격 목록(personal inventory)〉의 세 가지를 개정하고 요약하여 제작한 질문지법에 의한 〈인격 검사〉이다. 이 검사는 일반 운동성(G : general activity), 억압(R : restraint), 지배성(A : ascendance), 사회성(S : sociability), 정서 안정성(E : emotional stability), 객관성(O : objectivity), 우호성(F : friendliness), 사려성(T : thoughtfulness), 개인적 관계(P : personal relations), 남성의(M : masculinity) 인자 열 가지 특성으로 구성되어 있다.

▌ Guilford, Joy P. & Zimmerman, W. S., 〈Temperament Survey〉, 1949. / 교육학사전편찬위원회 편, 『교육학대사전』, 교육서관, 1989.

길포드 – 슈나이드만 – 짐머만 기질 검사(– 氣質檢査, Guilford-Schneidman-Zimmerman Temperament Survey, GSZTS)

1943년 길포드(Guilford), 슈나이드만(Schneidman, E.), 짐머만(Zimmerman) 들과 함께 제작한 것으로, 길포드가 요인 분석에 의해 밝힌 기초적 흥미 특성

(primary interest traits)을 측정했다.

흥미 특성에 있어서 예술적(artistic) 흥미에는 감상적(appreciative) 흥미와 표현적(expressive) 흥미, 언어적(languistic) 흥미에는 감상적(appreciative) 흥미와 표현적(expressive) 흥미, 과학적(scientific) 흥미에는 조사의(investigatory) 흥미와 이론적(theoretical) 흥미, 기공적(mechanical) 흥미에는 조작적(manipulative) 흥미와 제작의(designing) 흥미, 야외(out-door)의 흥미에는 자연적(natural) 흥미와 운동의(athletic) 흥미, 상업-정치적(business-political) 흥미에는 상업적(merchantable) 흥미와 지도의(leadership) 흥미, 사회 활동(social activity) 흥미에는 설득적(persuasive) 흥미와 군집적(gregarious) 흥미, 봉사적 흥미에는 개인적인 봉사(personal service) 흥미와 사회적인(social welfare) 봉사 흥미, 사무적(office work) 흥미에는 서기의(clerical) 흥미와 계수의(numerical) 흥미가 있다. 열여덟 가지 흥미 특성에 대해 직업의 점수와 취향의 점수가 나오게 된다.

▌Guilford, Joy P., *Intelligence, Creativity, and Their Educational Implications*, San Diego : California, Robert, R. Knapp, 1968.

길포드-짐머만 기질 검사(－氣質檢査, Guilford-Zimmerman Temperament Survey, GZTS)

1936년에 길포드(Guilford)와 짐머만(Zimmerman)에 의해서 제작된 이 검사는 1936년에 제작된 〈STDCR 요인 조사(STDCR Inventory of Factory)〉, 〈길포드-마틴 성격 검사(Guilford-Martin Personal Inventory)〉, 〈GAMIN 요인 검사(GAMIN Inventory of Factory)〉의 세 가지 검사를 종합하고 변인을 줄여서 1949년에 만들어졌다.

이 검사에서 다룬 요인은 열 개이며, 각 변인에 대해 30개의 문항, 총 300개의 문항으로 구성되어 있다. 첫 번째는 일반적 활동성(G : general activity), 두 번째는 자제성 대 태평성(R : restraint vs rhathymia), 세 번째는 지배성(A : ascendance), 네 번째는 사회성(S : sociability), 다섯 번째는 정서적 안정성(E : emotional stability), 여섯 번째는 객관성(O : objectivity), 일곱 번째는 우호성(F : friendliness), 여덟 번째는 사려성(T : thoughtfulness), 아홉 번째는 대인 관계(P : personal relations), 열 번째는 남성의(M : masculinity)이다.

이 검사는 9세부터 성인에 이르기까지 사용할 수 있는 것으로, 각 요인에 대해 나온 원점수는 남녀별로 백분위와 C·T 표준 점수 규준으로 비교할 수 있다.

▌Guilford, Joy P. & Zimmerman, W. S., 〈Guilford-Zimmerman Temperament Survey〉, 1949. / 교육학사전 편찬위원회 편, 『교육학대사전』, 교육서관, 1989.

나무 그림 검사(－檢査, Tree Drawings Test, TDT)

나무는 내담자의 질병 상태를 파악할 수 있고, 나무를 전체적(뿌리, 줄기, 가지, 열매, 잎)으로 분석한다.

▌박현일·조홍중, 『그림을 통한 성격 치료 미술 치료』, 시그마프레스, 2009.

난화 검사(亂畵檢査, Scribble Test, ST)

1966년 나움버그(Naumburg)가 개발한 이 검사는 그림을 그린 사람의 무의식 속에 잠자고 있는 상상을 표출시키는 데 도움을 줄 수 있으며, 이것은 아동 분석의 방법 내지 미술 치료의 수단을 나타내는 고유 명사이다. 위니코트(Winnicott)가 개발한 난화(squiggle)와 다른 이것은 '휘갈겨 그리기'보다 '빙빙 돌리며 그리기'나 '아무렇게나 그리기'로 보는 것이 더 낫다. 회화 용법이 때때로 기능을 요구해 저항에 부딪히는 경우가 많았지만, 이 검사는 아동에게 훨씬 저항감을 적게 줄 수 있는 효과적인 방법이다.

▌Naumburg, Margaret, *Dynamically Oriented Art Therapy : Its Principles and Practices*, Chicago : Magnolia Street Publishers, 1966.

위니코트(Winnicott)는 아동 환자에게 은유적으로 의사소통할 수 있는 〈난화 검사〉를 소개했다. 이 검사는 단기 상담의 한 방법으로 치료자와 아동이 함께하며, 빈 종이 위에 차례로 난화를 만들고, 그것에 부가하여 형상을 만들어 그 형상이 무엇처럼 보이는지 이야기를 나눈다. 이 검사의 목표는 아동의 내적 사고와 감정들에 대한 의사소통을 확고히 하는 것이다.

▌Winnicott, D. W., *Therapeutic Consultations in Child Psychiatry*, New York : Basic Books, 1971.

난화 게임 검사(亂畵－檢査, Scribble Game Test, SGT)

클레맨(Claman, 1980)은 위니코트(Winnicott)의 〈난화 검사〉와 가드너(Gardner)의 〈이야기하기(Story Telling) 검사〉를 응용하여 이 검사를 아동의 치료에 사용했다. 이 검사는 아동에게서 중요한 주제의 자료를 얻을 수 있고, 아동과의 의사소통을 증진시킬 수 있는 기법을 입증했다.

〈난화 게임 검사〉는 치료사와 아동이 연필로 각자의 종이에 낙서를 한 후 교환하고, 그 낙서에서 연상되는 그림을 크레파스로 그리며, 한 번 더 반복하여 네 장의 그림을 완성한다. 가위바위보를 하여 이긴 사람이 네 장의 그림을 보이지 않게 섞은 뒤 치료사와 아동이 한 장씩 번갈아 가면서 네 장의 이야기를 꾸민다.

▌이근매, 『미술치료 이론과 실재』, 양서원, 2008.

난화 상호 대화 검사(亂畵相互對話檢査, Mutual Scribble Story Making, MSSM)

〈난화 상호 대화 검사〉는 난화 속에서 자기의 심상을 형상화하는 것이 아동에게 있어서 쉬운 일은 아니므로, 야마나카(山中康裕, 1984)는 이 점을 보완하기 위해 미리 치료자가 연필로 난화를 그려 준다. 이 방법을 그는 '찾기'라고 이름을 붙였다. 보통 한 장의 종이를 사용하며 내담자의 면전에서 행하지만 그림의 완성은 숙제 법을 취하기도 한다. 야마나카는 자신이 개량한 난화 검사를 좀 더 개량하고, 〈테두리 검사〉를 첨가하여 만들었다. 또한 야마나카(1991)는 〈난화 상호 대화 검사〉에 콜라주를 덧붙여 MSSM C(Mutual Scribble Story Making Collage)라는 새로운 기법을 만들었다.

▌김동연 외, 『미술치료의 이론과 실재』, 동아문화사, 1994.

단계별 검사(段階別檢査, Stages Test, ST)

박현일 · 조홍중은 그들의 저서에서 〈윤곽선 검사

(Outline Test, OT)〉와 〈색칠 검사(Color Stroke Test, CST)〉를 아홉 단계로 나누었다. 1단계는 4세까지 어린이의 모양 그리기 I, 2단계는 5세 어린이의 모양 그리기 II, 3단계는 6세 어린이의 모양 그리기 III, 4단계는 7세까지 어린이(초등학교 입학 전)의 거미줄 그리기, 5단계는 초등학교 1학년(8세)의 형태 그리기 I, 6단계는 초등학교 2학년(9세)의 형태 그리기 II, 7단계는 초등학교 3학년(10세)의 형태 그리기 III, 8단계는 초등학교 4학년(11세)의 형태 그리기 IV, 9단계는 초등학교 5학년~6학년)의 형태 그리기 V가 있다.

1단계는 어린이들이 색연필을 사용해서 작은 원, 중간 원, 큰 원 세 개의 형태를 그리고, 모양 안에 하나씩 색을 칠하는 과정이다. 이 과정은 세 가지 난이도로 나누어졌다. 첫째는 원, 둘째는 삼각형, 셋째는 사각형으로 구성되어 있다. 차례대로 실시하는 것이 아이들에게 더욱 바람직하다.

(1단계)

교사(치료사) 그리는 부분	아이(내담자)가 그리는 부분
작은 원	↑ 윤곽선 ↓ 수평선
중간 원	
큰 원	

2단계는 어린이들이 크레파스를 사용해서 정원, 정삼각형, 정사각형 세 개의 형태를 그리고, 모양 안에 하나씩 색을 칠하는 과정이다. 이 과정이 끝나면 원,[262] 삼각형,[263] 사각형[264] 세 가지 형태를 세 번 반복

---

262. 작은 원, 중간 원, 큰 원
263. 작은 삼각형, 중간 삼각형, 큰 삼각형
264. 작은 사각형, 중간 사각형, 큰 사각형

적으로 그리게 하고, 이 모양 안에 색을 칠한다.

(2단계)

교사(치료사) 그리는 부분	아이(내담자)가 그리는 부분
작은 삼각형	↑ 윤곽선 ↓ 수평선
중간 삼각형	
큰 삼각형	

3단계는 어린이들이 크레파스를 사용해서 원, 수직 타원, 수평 타원, 클로버, 정삼각형, 수직 이등변삼각형, 수평 이등변삼각형, 정사각형, 수직 직사각형, 수평 직사각형 열 개의 형태를 그리고, 모양 안에 하나씩 색을 칠한다.

(3단계)

교사(치료사) 그리는 부분	아이(내담자)가 그리는 부분
작은 사각형	↑ 윤곽선 ↓ 수평선
중간 사각형	
큰 사각형	

4단계는 어린이들이 연필, 색연필, 볼펜, 사인펜, 크레파스를 사용하여 스케치북에 가로 선과 세로 선을 그으면 사각형 형태가 생기며, 이 사각형의 공간에 색을 칠하는 과정이다. 이것은 일명 '거미줄'이라는 방식이다. 이 공간의 형태와 모양이 조형의 능력을 가늠하는 열쇠가 되므로, 교사는 아이들에게 자

세한 설명을 하고, 아이가 스스로 할 수 있도록 도와 준다. 이 방식은 아이들 스스로가 해결하기 때문에 앞에서 언급한 모양 그리기[265]보다 여러 가지로 난이도가 높으며, 특히 가로 선과 세로 선을 그으면 아이들이 미처 발견하지 못한 새로운 공간의 크기가 나타난다.

(4단계)

5단계는 초등학교 1학년이 연필, 색연필, 볼펜, 사인펜을 사용해서 큰 원, 작은 원, 중간 원, 정원, 수직 타원, 수평 타원의 형태를 겹치게 그리고, 여러 가지 형태의 겹친 부분에 색을 칠한다. 이 방식은 4단계보다 난이도가 훨씬 높기 때문에 교사의 자세한 설명이 더욱더 요구된다.

6단계는 초등학교 2학년이 연필, 색연필, 볼펜, 사인펜을 사용해서 작은 삼각형, 중간 삼각형, 큰 삼각형, 이등변삼각형, 중간 사각형, 작은 사각형, 큰 사각형, 이등변 사각형의 형태를 겹치게 그리고, 여러 가지 형태의 겹친 부분에 색을 칠한다. 이 방식은 학생(5단계)들이 하는 것과 비슷한 난이도이지만, 형태가 한 가지 더 추가되어 공간 활용이 까다롭다.

7단계는 초등학교 3학년이 연필, 색연필, 볼펜, 사

인펜을 사용해서 작은 삼각형, 중간 삼각형, 큰 삼각형, 이등변삼각형, 작은 사각형, 중간 사각형, 큰 사각형, 이등변사각형, 클로버 형태를 겹치게 그리고, 여러 가지 형태의 겹친 부분에 색을 칠한다. 이 방식은 학생(6단계)들이 하는 것과 비슷한 난이도이지만, 형태가 한 가지 더 추가되어 공간 활용이 까다롭다. 좁은 공간(스케치북)의 활용도가 아이들의 조형, 지각 능력을 배양시킨다.

8단계는 초등학교 4학년이 연필, 색연필, 볼펜, 사인펜을 사용해서 토끼 얼굴, 나비, 연필, 자, 컵, 가방, 필통, 신발의 형태를 겹치게 그리고, 여러 가지 형태의 겹친 부분에 색을 칠한다. 이 방식은 학생(7단계)들이 하는 것보다 형태가 구체적이고, 난이도가 훨씬 높기 때문에 교사의 자세한 설명이 더욱더 요구된다. 특히 형태를 그릴 때 아이들 주위에 있는 물건으로 하면 더욱 쉽게 접근할 수 있다. 예를 들면 크레파스, 스케치북, 지우개, 책상, 삼각자, 의자, 칠판, 주전자, 모자 들이 있다.

9단계는 초등학교 5학년~6학년이 연필과 색연필, 볼펜, 사인펜을 사용해서 한글, 알파벳, 우산, 필통, 하트 모양, 신발, 우체통, 포크, 리본, 물고기의 형태를 겹치게 그리고, 여러 가지 형태의 겹친 부분과 그 형태의 공간에 색을 칠한다. 이 방식은 학생(8단계)들이 하는 것과 비슷한 난이도이지만, 한글과 알파벳이 추가되므로 형태 그리기가 더 까다롭다.

▌박현일 · 조홍중, 『그림을 통한 성격 치료 미술 치료』, 시그마프레스, 2009.

단어 연상 검사(單語聯想檢査, Word Association Test, WAT)
1879년 갈턴(Galton, F.)에 의해서 시작된 검사이다. 이 방법은 융(Jung, C. G.)이 일반적인 정서적 도착(emotion complex)을 찾아내기 위해 피험자에게 100개의 단어를 불러 주고, 제일 먼저 마음에 떠오르

---

265. 원, 클로버, 삼각형, 사각형

는 단어를 말하게 한 것이 시초이다.

가장 유명한 〈단어 연상 검사〉는 켄트(Kent, G. H.)와 로사노프(Rosanoff, A. J.)가 정신병 환자와 정상인을 변별하기 위해 사용한 방법이다.

▌ Galton, Francis, 〈Word Association Test〉, 1879. / 교육학사전편찬위원회 편, 『교육학대사전』, 교육서관, 1989.

동그라미 중심 가족화 검사(－中心家族畵檢査, Parents-Self Centered Drawing Test, PSCDT)

〈동그라미 중심 가족화〉는 번스(Burns, R. C.)에 의해 개발된 투사적 그림 방법이며, 원을 중심[266]으로 그리고, 각 인물에서 떠오르는 상징[267]을 표현함으로써 연상되는 상징을 탐색한다. 이 상징은 시각적인 자유 연상을 기본으로 하고 있으며, 이를 통해 추상화된 사고와 정서를 발견할 수 있다. 이러한 상징 중심 탐색은 무의식을 자극하여 긍정적인 에너지와 부정적인 에너지를 노출시킨다. 이 가족화는 내재되어 있는 부모와 자신과의 관계를 통해 자기 자신을 바라보는 방법이다. 특히 부모와 자기 자신의 주위에 그려진 상징을 뽑아 그것에 연상된 상징을 탐색하며, 부모와 자녀의 관계를 깊이 탐구할 수 있다.

▌ Burns, R. C. & Kaufman, S. H., *Action, Style, and Symbols in Kinetic Family Drawings*, New York : Brunner & Mazel Publishers, 1972. / Burns, R. C., *Kinetic House-Tree-Person Drawings*, New York : Brunner & Mazel Publishers, 1987.

동물 가족화 검사(動物家族畵檢査, Animal Family Drawing Test, AFDT)

번스(Burns)와 카우프만(Kaufman)은 그들의 저서 (동적 가족화에서 행동, 스타일, 그리고 상징)에서, "〈동물 가족화〉는 동물이 주는 상징적인 의미가 있으

므로, 언어 능력이 부족하거나 연령이 낮은 유아와 아동의 경우에 효과적이다. 가족 구성원들을 특정 동물로 표현한 배경과 이유, 표현하기 가장 어려웠던 사람은 누구인지, 어떤 부분이 힘들었는지에 대해 이야기를 나눈다. 다른 가족이 자신을 어떤 동물로 표현하는지에 대해 생각하고, 서로 표현이 다르다면 어떤 부분 때문인지에 대해서도 이야기를 나눈다."고 보았다.

치료자는 관찰하는 과정에서 내담자의 행동에 대해 이야기를 나누는 것도 좋다. 예를 들면 누군가를 그리면서 망설였다든가, 계속 지우고 다시 그렸다든가, 어떤 부분에 어려움이 있었는지에 대해 이야기를 나누고, 내담자의 그런 마음을 수용할 필요가 있다.

▌ Burns, R. C. & Kaufman, S. H., *Action, Style, and Symbols in Kinetic Family Drawings*, New York : Brunner & Mazel Publishers, 1972.

동적 가족화 검사(動的家族畵檢査, Kinetic Drawings a Family Test, KDFT)

동적 가족화는 〈가족화 검사〉에 움직임을 첨가한 일종의 투사화로 번스(Burns)와 카우프만(Kaufman)에 의해 개발되었다.

동적 가족화의 해석은 인물의 행위(actions), 양식(styles), 상징(symbols), 역동성(dynamics), 인물의 특성(figure characteristics) 다섯 개의 진단 영역으로 나누어진다. 일체감이 있는 가족의 정경인가, 각기 독자적인 행동을 하고 있는가에 따라 가족 전체의 역동성을 엿볼 수 있다. 인물에서 묘사의 순서는 가정 내의 일상적 서열, 중요도가 나타난다. 크기는 인물에 대한 관심, 심리적 영향의 크기를 나타낸다. 거리는 중첩, 접촉, 접근, 먼 거리를 검토하여 심리적 거리를 나타낸다. 인물의 얼굴 방향, 인물의 생략, 타인의 묘사가 속한다.

---

266. 부모, 모친, 자기의 상
267. 시각적인 자유 연상

▌ Burns, R. C.& Kaufman, S. H., *Action, Style, and Symbols in Kinetic Family Drawings*, New York : Brunner & Mazel Publishers, 1972.

콘먼(Cornman)은 암환자 아동들이 가지는 문제와 그 가족이 직면하고 있는 다양한 문제점을 이해하고 해결점을 찾기 위해, 개정된 동적 가족화를 사용하여 아동의 그림을 통해 가족의 지각도를 이해하려고 사용했다.

▌ Cornman, B. J., "Childhood Cancer, Differential Effects on the Family Members", *Oncology Nursing Forum*, 20, 1993.

동적 집-나무-사람 검사(動的-檢査, Kinetic House-Tree-Person Test, KHTPT)

번스(Burns)는 그의 저서(동적 집-나무-사람)에서, KHTP의 해석은 HTP의 해석의 바탕에 두고 있는 정신 분석학적인 관점과 달리 발달적 체계를 적용한다. HTP의 해석은 '정신 병리적' 집단에 대한 프로이트 학파의 이론적 기반에 의해 주로 이루어졌다. 인간의 건강한 면보다 병리적인 면이 더 강조되었다. 그러나 이 검사는 전체로서 인간을 보는, 다시 말해서 건강하지 못한 면뿐만 아니라 건강한 면, 한계성뿐만 아니라 잠재력도 고려되었다.

KHTP의 일반적인 분석에서 집은 우리 생활의 물리적 측면을, 나무는 생활의 에너지와 에너지의 방향이며, 사람은 감독자를 상징한다. 집을 먼저 그린 경우에는 세상에 소속되고자 하는 욕구, 생존을 위한 욕구, 신체 욕구 혹은 강박 관념을 나타낼 수 있다. 집은 성공이나 혹은 성공에 대한 멸시를 보여 주고, 양육을 위한 가정, 양육을 주고받기 위한 가정, 창조적이고 즐거운 장소를 뜻한다.

나무를 가장 먼저 그리는 경우에는 생활 에너지와 성장을 가장 중요하게 생각한다. 이것은 성장하려고 하는 사람이나 살아 있는 사람의 전형적인 유형이다. 자살하고 싶은 충동을 가진 사람, 살려는 의지를 잃어버린 사람, 위로 향하고자 또는 성장하고자 하는 사람들은 나무를 먼저 그린다. 물론 이 해석이 가치 있게 되려면 나무를 전체적으로 보아야 한다. 나무가 부착되어 있는가? 죽었는가? 어느 쪽을 향해 굽어 있는가? 이 같은 정보는 의미를 더욱 분명하게 한다.

사람을 먼저 그린 경우에는 세상에 대한 소속감의 통제와 관련된 관심을 의미하고, 신체를 드러내거나 혹은 숨김은 성공에 대한 경멸과 양육적인 사람이고 즐겁게 주고받는 사람이며, 만일 자신 이외의 사람을 그린다면 그것은 특별한 사람이다. 예를 들면 죽은 가족 성원, 사랑하는 사람, 증오하는 사람, 영웅 혹은 영웅적이지 못한 인물에 사로잡혀 있다는 것을 반영한다.

▌ Burns, R. C., *Kinetic House-Tree-Person Drawings*, New York : Brunner & Mazel Publishers, 1987.

로르샤흐 검사(-檢査, Rorschach Method, RM)

로르샤흐(Rorschach, Hermann)가 의학을 공부하면서 정신 질환에 흥미를 가진 심리진단 검사인 〈로르샤흐 검사〉를 만들었다. 이 검사는 오늘날 나비 형상을 닮은 '잉크 얼룩'으로 널리 알려져 있으며, 열 장(17㎝×12㎝) 중에서 다섯 장은 단순히 검정과 하양으로만 이루어져 있고, 두 장은 검정과 빨강, 세 장은 다양한 원색으로 구성되어 있다.

이 검사는 환자가 검사 판을 보는 동안 그들의 얼굴 표정과 신체적인 움직임을 살핀다. 그들은 이것을 통해 자신의 삶과 세상에 잘 순응하며, 색을 좋아하는 사람들이나 신경증 징후를 보이는 사람들은 조울증이 나타난다. 그러나 색 때문에 괴로워하거나 색을 거부한 사람들은 정신 분열증의 성향을 가지고 있다. 색채에 대한 반응은 간질 환자의 치매 정도를 측정하는 수단이 되었으며, 색의 충격[268]은 정신 분열증, 히스테리 발작, 강박 관념을 가진 인간, 조울증 환자들에게도 나타난다. 신경 쇠약증으로 괴로워하고 있는 사람들은 색에 대한 반응이 나타나지 않는다. 형태보다 색이 강조되면 환자의 내면세계로 침입하여 위험한 소용돌이로 빠져든다. 흑백 카드가 색채 카드보다 더 선호되면 우울증이 심한 경우이며, 정상적인 사람들은 원색을 선호하는 반면에 신경증 징후를 보이는 사람은 하양, 갈색, 검정을 선택한다.

▌ 교육학사전편찬위원회 편, 『교육학대사전』, 교육서관, 1989.

에머리(Emery)는 그의 논문("색채 치료")에서 〈로르샤흐 검사〉에 대해 다음과 같이 언급했다. 정신 분석학자들은 '기가 꺾인' 정신 분열 증세로 고통을 받은 사람들의 잠재의식 속에 죽음에 대한 갈망, 누군가를 죽여서 피를 뿌리려는 욕망이 깔려 있다고 설명한다. 어떤 사람이 빨강을 선택하면 그의 정신 상태는 정상이라고 볼 수 없다. 성 심리 유치증(幼稚症) 환자들과 마음이 약한 소녀들은 간혹 초록을 선택하기도 한다. 어린아이처럼 정신 연령이 후퇴하거나 또는 수준을 넘어서지 못한 환자들은 거의 노랑을 선택한다.

▌ Emery, Marguerite, "Color Therapy", *Occupational*

---

268. 색에 대한 거부 반응

Therapy & Rehabilitation, February, 1942.

오브시안키나(Ovsiankina, Maria Rickers)는 인간 성격의 깊이를 탐구하기 위해 만들어진 〈로르샤흐 검사〉와 관련하여 다음과 같이 언급했다. 색채 경험은 형태 경험보다 더 순간적이고 직접적인 감각이 나타난다. 왜냐하면 지각 작용은 피험자에게 편견이 없는 객관적인 태도를 수반하기 때문이다. 따라서 색채 경험은 지각 작용보다 순간적이므로 더 정조적(情調的)인 특성을 포함하고 있다.

〈로르샤흐 검사〉에 의해 밝혀질 수 있는 성격 측면은 세 가지가 있다. 첫째는 사고의 독창성, 생산성, 문제 접근 방식의 인지적 측면. 둘째는 타인에 대한 반응, 일반적인 정서 상태, 정서적 긴장에 대한 반응의 정서적 측면. 셋째는 갈등이나 방어, 자아 기능의 측면.

▌ 류경남 외, 『가족상담심리 용어사전』, 학지사, 2006.

무니 문제 검사 목록(−問題檢査目錄, Mooney Problem Check Lists, MPCL)

1950년 무니(Mooney, R. L.)와 고든(Gordon, L. V.)이 제작한 것으로, 생활에서 부딪히는 여러 가지 문제를 영역별로 나누어 측정·진단하도록 되어 있다.

그들은 〈무니 문제 체크 리스트〉에서 부딪히는 여러 가지 문제를 영역별로 나누어 측정과 진단을 했다. 이 검사에서는 중학교, 고등학교, 대학교, 성인용이 따로 마련되어 있고, 영역은 비슷하지만 문항은 성별에 따라 다르게 되어 있다.

중학교용 문제 영역은 다음과 같이 일곱 가지로 나누었다. 첫 번째는 건강이나 신체 발달(health and physical development), 두 번째는 학교(school), 세 번째는 가정이나 가족(home or family), 네 번째는 경제나 일, 미래(money, work and the future), 다섯 번째는 이성 관계(boy and girl relations), 여섯

번째는 일반적인 대인 관계(relations with people in general), 일곱 번째는 자아의 관심(self-centered concerns)이다.

고등학교나 대학교용에는 이 일곱 가지 영역 이외의 도덕과 종교(moral and religion), 교육 과정이나 교육 방법(curriculum and teaching procedure)이 추가되었다.

일반적인 개념으로 보면, 무니 문제 체크 리스트는 검사라고 할 수 없으나, 교사나 카운슬러가 학생들의 문제를 찾아 이해하고 지도나 진단하기 위한 방향의 자료로서 대단히 유용하다.

▌ Mooney, R. L. & Gordon, L. V., 〈Mooney Problem Check Lists〉, 1950.

문장 완성 검사(文狀完成檢査, Sentence Completion Test, SCT)

〈문장 완성 검사〉의 종류는 매우 다양하나, 기본 형식은 완성되지 않은 문장으로 피검자가 떠오르는 생각을 자유롭게 완성하게 한다. 다른 투사 검사와는 달리 검사 자극이 분명하며, 검사 자극의 내용을 지각할 수 있어서 다른 투사 검사에 비해 보다 의식적 수준을 측정한다.

▌ 류경남 외, 『가족상담심리 용어사전』, 학지사, 2006.

미술 검사(美術檢査, Art Test, AT)

미술 검사는 미술 감상력을 측정하기 위해 마련된 검사이다. 미국에서는 〈맥아도리 미술 감상력 검사(McAdory Art Test)〉(1929년), 〈레베렌츠 미술 기초 능력 검사(Lewerenz Test in Fundamental Abilities of Visual Arts)〉(1927년), 메이어(Meier, Norman C.)의 〈미술 판단력 검사(Art Judgement Test)〉(1940년)가 있다.

〈맥아도리의 미술 감상력 검사〉는 72매의 도판에

각각 네 가지의 그림이 있는데, 예를 들면 다음과 같은 네 가지의 그림(맥아도리 참고)에 대해 미적인 판단에 따라 순위를 매긴다.

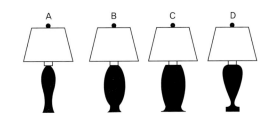

▌ McAdory, M., *McAdory Art Test*, Bureau of Publications, Teachers College, Columbia Univ., 1929.

메이어의 〈미술 판단력 검사〉는 100쌍의 서로 유사한 그림을 사용하며 일반 비교법에 의해 어느 쪽이 더 미적인가를 판단하는 방식을 쓰고 있다. 일반적으로 미술 검사는 유익한 방법이기는 하나 순위를 매기는 기준에 대해 연구해야 할 부분이 많다.

▌ Meier, Norman C., 〈Art Judgement Test〉, Bureau of Educational Research and Service, State Univ. of Iowa, Iowa City, Iowa, 1940.

미술 적성 검사(美術適性檢査, Artistic Aptitude Test, AAT)

교과 또는 재능의 영역 중에서 얼마나 미술로 향하고 있는가를 조사하는 검사이다. 이것은 선, 형, 색, 광, 공간, 재질들의 구성, 밸런스, 리듬, 하모니, 통일, 다양성, 상징성, 입체감, 모티브, 테마에 대해 이해하고, 감상하고, 표현하고, 창작하는 능력 외에 가정환경이 미술에 적합한가, 주위나 본인이 미술 전공을 희망하는가, 본인이 미술에 흥미를 나타내는가, 달성 동기가 높은가에 따라 종합적인 진단이 필요하다.

▌ 교육학사전편찬위원회 편, 『교육학대사전』, 교육서관, 1989.

바움 검사(－檢査, Baum Test, BT)

"될 수 있는 대로 열매를 맺는 나무를 그리세요."라

고 제시하고, 그려진 수목화(樹木畵)를 피험자의 인격으로 진단하는 검사이다. 1949년 스위스의 코흐(Koch, E.)는 육커(Jucker, E.)의 생각에 기초를 두고, 1928년부터 인격 진단법으로서 수목화의 연구에 착수하여 그 경험과 고찰에 의한 체계를 발표했다.

코흐는 주로 직업 지도의 목적으로 이 검사를 발전시켰는데, 그때 존재의 심층에 있는 전 인격의 필요성을 느끼고 그 파악의 기초를 융(Jung)의 심층 심리학에서 구했으며, 나아가서 묘화 표현의 의의를 크레피옥스-자민(Crépieux-Jamin)이나 클레게스(Klages, L.)의 필적학 및 펄버(Pulver, M.)의 공간 상징 의미를 부여해서 그 체계를 세웠다.

발테그 검사(-檢査, Wartegg Test, WT)

이 검사는 〈발테그(Wartegg) 묘화 검사〉라고도 하고, 특히 독일, 스위스, 오스트리아의 독일어권에서 널리 사용되고 있다.

이 검사는 묘화 완성 검사이고, 4㎝ 칸 속에 작은 점 또는 선으로 그려져 있으며, 이것을 사용하여 임의로 묘화를 완성시킨다. 검사 결과의 해석 방법은 세 가지 종류가 있으나, 그 중에 하나인 킨제의 통제적·유형학적 방법은 자극 도형과 묘화와의 관계, 묘화의 내용(낙서, 추상화, 회화), 묘화 모양(형태 수준 묘선 음영 구성)의 세 가지 과정부터 분석 평가하고, 여러 가지 묘화 특징에 대해 3점법으로 평점하여 그 결과에 따라 인성의 모습을 프로필(profile)한다.

▌교육학사전편찬위원회 편,『교육학대사전』, 교육서관, 1989.

번로터 성격 검사(-性格檢査, Bernreuter Personality Inventory, BPI)

1932년 번로터(Bernreuter, R. T.)가 신경질적 경향(neurotic tendency), 자기 충족감(self sufficiency), 내향성-외향성(introversion-extroversion), 지배-종속(dominance-submission), 자신감(confidence in oneself), 사회성(sociability) 여섯 가지 성격의 특성을 측정하기 위해 제작된 검사이다.

▌Bernreuter, R. T., 〈Bernreuter Personality Inventory〉, 1932. / 교육학사전편찬위원회 편,『교육학대사전』, 교육서관, 1989.

베일리 유아 발달 검사(-幼兒發達檢査, Bayley Scales of Infant Development, BSID)

〈베일리 유아 발달 검사〉의 초판은 2개월~30개월에 이르는 영유아를 대상으로 정상적인 발달의 이탈 여부와 이탈 정도를 파악하기 위해 고안되었다. 베일리 척도는 베일리(Bayley, Nancy)와 동료 연구자들에 의해 40년 이상의 오랜 연구를 거쳐 개발되었으며, 초기에는 일련의 〈캘리포니아 검사〉로 알려졌으며, 이 검사의 운동 척도에 기초하여 정신 척도와 운동 척도가 발전된 것이다. 최근까지 사용되어 온 베일리 유아 발달 척도는 1969년도 판으로서 1984년에 실시 요강의 보충 판이 출간되었고, 1991년 개정 작업이 시작되어 1993년 새로운 규준과 함께 개정판이 출판되었다.

이 검사의 용도 및 기능은 유아와 아동의 현재 발달 기능을 평가와 발달상의 지연 진단 및 치료 계획에 사용한다. 평가의 기본 개념은 유아의 관심을 파악하고, 관찰 가능한 행동 세트를 이끌어 낼 수 있는 상황과 과제를 유아에게 제공하며, 유아의 발달 기능 적절성을 평가한다.

베일리는 생후 2년간 능력의 발달이 정신(mental)

과 운동(motor)의 두 가지로 깔끔하게 분리될 수 있는 것은 아니며, 초기의 능력과 특질은 시간에 따라 변한다는 점을 지적하고, 능력의 다른 요인을 측정하는 수평적인 분류는 인위적이며 가치가 없다고 했다. 표준화된 절차는 척도를 표준화하고, 사용한 절차를 정확하게 따라야 규준으로 해석할 수 있다. 어떤 문항에서는 보호자의 도움을 받아야 한다. 그러나 문항에 대한 지시는 보호자의 도움을 명세화하지 않았다면 보호자가 돕는 것은 배제해야 한다. 유아의 기질, 물질(material)과 과제에 대한 흥미, 신뢰감(rapport)에 따라 평가 초기에 실시되었던 문항들을 후반에 다시 실시할 수 있다. 실시에 유연성(flexibility)을 주는 목적은 표준화된 절차 하에 유아의 전형적인 수행을 얻어내기 위한 것이다.

검사 시간은 유아의 주의와 인내가 제한되어 있으므로 최대한 실시 시간을 줄이는 것이 좋다. 유아마다 과제에 주의를 기울이는 시간이 다르지만, 일반적으로 연령에 따라 15개월 미만은 25분~35분, 15개월 이상은 60분으로 한다. 유아가 다소 지쳤거나 예민해졌다고 느껴지면 검사를 중단하고, 실시된 문항을 정확히 확인하며, 외적인 요인(질병, 경험, 성숙)의 영향을 최소한으로 줄일 수 있도록 첫 시행과 다음 시행간의 간격을 줄여라.

▌ 이상복, 『정서 · 행동장애 아동의 진단 및 평가』, 한국정서 · 학습장애아교육학회, 2001.

벤더-게슈탈트 검사(-檢査, Bender-Gestalt Test, BGT)

〈벤더(Bender, Lauretta A.) 지각 운동 게슈탈트 검사(Bender Visual Motor Gestalt)〉라고도 부른다.

이 검사는 아홉 개의 단순한 도표로 되어 있다. 시험 대상자는 이 도표를 한 개씩 제시받고, 이것을 묘사하도록 지시를 받는다. 이 도표는 '벨트-하이머'가 시각을 연구하는 데 사용했고, 게슈탈트 심리학의 원리에 대하여 대응하고 있다. 벤더는 이 검사를 여러 가지 정신 장애를 가지고 있는 아동이나 성인에게 실시하고 있으나 자료들은 보고되고 있지 않다.

▌ Bender, L. A., 〈The Bender Visual Motor Gestalt Test〉, 1938.

벤턴 검사(-檢査, Benton Test, BT)

1945년 벤턴(Benton)이 기질성 뇌질환의 진단과 기억력 장애의 유무를 감별하기 위하여 작성한 검사이다.

도판은 전체 30매이지만 제시된 방법과 검사법은 열한 가지이다. 예를 들면 C계열의 문제 중 교시(敎示) A에서는 도판을 10초간 제시하여 기명(記銘)시키고, 즉시 본대로 그림이나 크기를 도표의 용지에 쓰게 한다. 교시 M에서는 관찰 도판을 10초간 제시한 다음 선택 도판을 제시하여 동일한 도형을 선택하게 한다. 채점은 재생 도형을 가지고서 생략된 것, 부가된 것, 왜곡된 것, 회전된 것, 위치가 틀린 것, 크기가 틀린 것에 의해 행한다. 벤턴에 의하면, IQ와의 상관은 0.7이고 생활 연령의 상관도 높다. 특히 뇌의 질환이나 기억력 장애의 진단에는 유효하다.

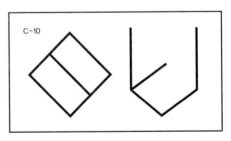

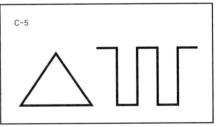

▌ Benton, 〈Benton Test〉, 1945. / 교육학사전편찬위원회 편, 『교육학대사전』, 교육서관, 1989.

벨 적응 검사(-檢査, Bell Adjustment Inventory, BAI)

1938년 벨(Bell, H. M.)이 개인에게 당면하는 가정의 적응(home adjustment), 사회적 적응(social adjustment), 건강의 적응(health adjustment), 정서적 적응(emotional adjustment) 네 가지 적응 영역을 측정함으로써 임상적 진단의 자료를 찾기 위해 제작했다.

이 검사의 항목 선정에서 모체가 된 것은 헤이먼즈(Heymans)와 위어스마(Wiersma)가 1905년에 준비한 것, 호크(Hoch)와 암스덴이 준비한 것, 웰즈(Wells, F. L.)가 1914년에 준비한 것, 우드워스(Woodworth)의 개인 자료지이다.

▮ Bell, H. M., 〈Bell Adjustment Inventory〉, 1938. / 교육학사전편찬위원회 편,『교육학대사전』, 교육서관, 1989.

불안 척도 검사(不安尺度檢査, Test Anxiety Scale, TAS)

예일대학교의 사라손(Sarason, S. B.)에 의해서 작성된 아동의 검사 불안을 측정하기 위한 척도이다. 〈불안 척도 검사〉는 프로이트의 불안 반응의 세 가지 규준(불쾌, 생리적 부수 변화, 자각)에 합치되어 있는 검사나 검사의 유사 장면에 대한 태도나 그러한 것에 관련되어 있는 43개 항목으로 구성되어 있다. 이 척도는 집단적으로 시행되어 각 항목이 낭독된 다음에 회답 용지의 'Yes'나 'No'에 기호를 표시하게 되어 있다.

2학년부터 5학년까지 1,697명에 실시한 결과에서, 검사 불안 득점은 학년과 함께 증가하여 지능 지수와 부적 상관(負的相關)을 보이고 있다. 또한 이 득점은 교사에 의한 아동의 불안 행동에 관한 평점과 잘 일치하고 있다. 교사가 학업상 또는 행동상 문제가 있다고 진단한 아동은 그렇지 않은 아동보다 유의미하게 높은 검사 불안 득점을 나타내는 경향이 있다. 이 척도를 이용하여 아동을 대상으로 하는 학습과 불안의 관계에 관한 많은 연구가 실시되고 있다.

▮ Sarason, S. B., 〈Test Anxiety Scale〉. / 교육학사전편찬위원회 편,『교육학대사전』, 교육서관, 1989.

비네-시몽 검사(-檢査, Binet-Simon Scale, BSS)

프랑스의 정신 의학자인 비네(Binet, A.)와 의사인 시몽(Simon, T.)이 함께 제작한 이 검사는 프랑스 문화부의 특수 경영법에 관한 위원회 위원으로서 위촉을 받아 제작하였으며, 최초의 지능 검사 척도이다. 이 실험의 결과는 1905년 정상아와 정신박약아를 구별할 수 있는 문항 30개를 제작했으며, 쉬운 문항에서 어려운 문항으로 배열되어 있다. 1905년 이 검사는 척도를 개정하여 문항 수를 54문항으로 늘렸고, 3세~13세까지 각 연령에 배당했으며, 획기적인 방법으로 정신 연령을 나타냈다. 이 방법으로 정상아, 우수아, 정신박약아를 식별할 수 있는 지표가 생기게 되었으며, 1911년 실험의 결과를 다시 개정하여 문항의 곤란도를 배열했으나 11세, 13세, 14세에 배당할 문항이 없어졌다. 이 해에 비네가 세상을 떠났기 때문에 이 검사는 완성하지 못한 채 끝나고 말았다.

이 검사의 특징으로는 다섯 가지를 들 수 있다. 첫 번째, 과거에는 지능을 측정하기 위해 변별력과 기억력 같은 단일 검사를 사용했으나, 이 검사는 종합적인 성격으로 지능을 결정한다. 두 번째, 검사 문제는 특별한 교육에 의하지 않고 환경 속에서 생활한 사람이라면 누구나 알고 있는 문제를 택했다. 세 번째, 검사 결과를 정신 연령(Mental Age, MA)으로 표시했다. 네 번째, 검사 문제를 각 연령에 배당하기 위해 실험의 결과를 객관적으로 했다. 다섯 번째, 검사의 실시 방법이나 채점 방법을 직관적으로 할 수 있도록 고안했다. 심리학을 역사적으로 볼 때, 지능 측정의 분야는 〈비네-시몽 검사〉가 최초로 만들어졌다.

▮ Binet, A. & Simon, T., 〈Binet-Simon Scale〉, 1905. / 교육학사전편찬위원회 편,『교육학대사전』, 교육서관, 1989.

빈 의자 기법(-技法, Empty Chair Technic, ECT)
현재의 치료 장면에 와 있지 않은 사람과 관련된 사
건을 다룰 때 많이 사용되는 방법이며, 특정 인물이
빈 의자에 앉아 있다고 생각하고 하고 싶은 말을 하
도록 하는 방법.
이는 내담자의 내면의 내적 대화를 외적 대화로
만들어 준다. 빈 의자 기법은 원래 프래드릭 펄스
(Frederick Perls)의 '게슈탈트 치료'에 의해 널리 소
개되었다.
▋ 류경남 외, 『가족상담심리 용어사전』, 학지사, 2006.

사회성 성숙 검사(社會性成熟檢查, Social Maturity Scale,
SMS)
돌(Doll, E. A.)은 개체의 사회생활 능력을 중요시 여
겨 자립(self-help), 운동 능력(loconmotion), 의사 전
달(communication), 작업(occupation), 자기 지도
(self-direction), 사회화(socialization) 여섯 가지 항목
으로 작성되었다.
　교사나 부모가 이 항목에 따라 자기 자식을 관찰하
여 기록하게 되어 있다. 특히 정신박약아에게는 지능
검사보다 사회 성열도 검사가 더 의의가 있다.
▋ Doll, E. A., 〈Social Maturity Scale〉. / 교육학사전편찬위
　원회 편, 『교육학대사전』, 교육서관, 1989.

색채 상징 검사(色彩象徵檢查, Color Symbolism Test, CST)
개인이 가지고 있는 성격 경향, 성도(性度), 향성(向
性), 이상도(異常度)를 색채의 호의(好意)나 '집', '인
생', '자기'에 관해서 색채 이미지를 검사하는 것.
색채 상징 검사는 CST라고 부르며, 자극어(刺戟語)에
는 감정적인 단어인 향추, 불안, 단념, 고독이 선택되
고, 각 단어에서 받는 느낌을 열여섯 가지 색채 카드 가
운데서 선택하는 방법이며, 일정한 수속에 의해 진단
자료로 사용된다. 초점은 통계적 방법에 의해 남성 ·

여성도, 내향적 · 외향적, 히스테리의 분열적 · 조울적
(躁鬱的)으로 평정되어 개인의 득점을 산정한다.
▋ 교육학사전편찬위원회 편, 『교육학대사전』, 교육서관, 1989.

색칠 검사(色漆檢查, Color Stroke Test, CST)
박현일과 조홍중에 의해서 작성된 검사이고, 아
이들이 형태 안에 얼마나 정성껏 색칠했는지 색칠
(stroke)의 변인을 측정한다.
　이 검사는 아이들이 형태 안의 색칠을 통해서 성
격을 교정하는 데 목적이 있고, 아이들의 성격을 5단
계로 분류했으며, 대상자는 유치원 어린이부터 초등
학교 6학년까지이다. 색칠 검사는 각 단계별로 왼쪽
칸에 있는 형태를 어떤 스트로크로 어떻게 표현했는
지에 대한 결과이며, 그 색칠한 변인에 따라 점수화
한다.

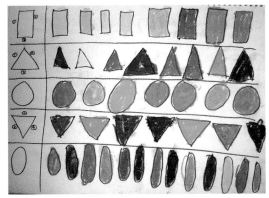

CST는 전체 스트로크 중에서 아이가 색칠한 여백이 없는 스트로크가 차지하는 비율(형태의 여백이 없는 스트로크÷전체 스트로크의 수×100)로 결과가 나타난다. 색칠 검사의 평가 기준은 소심한 아이(91%~100%), 세심한 아이(81%~90%), 차분한 아이(71%~80%), 덤벙대는 아이(61%~70%), 산만한 아이(51%~60%), 과잉 행동하는 아이(51% 이하) 여섯 가지가 있다.

단계별 성격 치료는 아홉 가지가 있다. 1단계는 4세 어린이까지, 2단계는 5세 어린이, 3단계는 6세 어린이, 4단계는 7세 어린이(초등학교 입학 전), 5단계는 초등학생 1학년(8세), 6단계는 초등학생 2학년(9세), 7단계는 초등학생 3학년(10세), 8단계는 초등학생 4학년(11세), 9단계는 초등학생 5학년~6학년이다.

▎박현일 · 조홍중, 『그림을 통한 성격 치료 미술 치료』, 시그마프레스, 2009.

서스톤 성격 검사(-性格檢查, Thurstone's Personality Schedule, TPS)

1928년 서스톤(Thurstone, L. L.)이 서스톤(Thurstone, T. G.)과 함께 제작한 것으로 223개의 문항으로 구성되어 있으며, 대답은 '예', '아니요', '?'로 하게 되어 있다. 검사의 목적은 대학 신입생의 신경질적 경향의 타당한 지수를 마련하기 위한 것이다. 제작 절차는 진술문의 수집, 진술문의 편집, 선험적 채점반(採點盤)의 제작, 검사를 피험자에게 실시, 문장 분석, 규준의 제작 여섯 가지가 있다.

▎Thurstone, L. L. & Thurstone, T. G., 〈Thurstone's Personality Schedule〉, 1928. / 교육학사전편찬위원회 편, 『교육학대사전』, 교육서관, 1989.

성격 검사(性格檢査, Personality Test, PT)

성격을 측정하고 진단하는 검사를 말하며, 역사적으로 보아 이 검사는 제1차 세계대전 중에 만들어진 우드워스(Woodworth)의 성격 자료 용지(Personality Data Sheet)에서 시작하여 그 이후의 성격 이론의 발전과 더불어 놀랄 만한 발전을 이룩했으며, 현재는 그 검사를 분류하기에 너무 많다.

자기 보고(自己報告) 형식의 성격 검사에는 우드워스(Woodworth)의 〈성격 자료 용지〉와 〈콜게이트 정신 위생 검사(Colgate Mental Hygiene Test)〉, 올포트(Allport)의 〈지배 복종 검사(Ascendance-Submission Test)〉, 서스톤의 〈성격 조사표(Personality Schedule)〉, 번로터(Bernreuter)의 〈자기만족 검사(Self-Sufficiency Test)〉, 터먼-밀즈(Terman-Miles)의 〈태도 흥미 분석 검사(Attitude Interest Analysis Test)〉가 있다.

한 검사 속에서 여러 가지 요인의 성격 특성을 측정하는 다차원 검사에는 번로터의 〈성격 검사(Personlity Inventory)〉, 〈길포드 검사(Guilford Inventory)〉, 〈길포드-짐머만 기질 검사(Guilford-Zimmerman Temperament Survey)〉, 〈험-우드워스 기질 검사(Humm-Woodworth Temperament Scale)〉, 〈미네소타 다면적 기질 검사(Minnesota Multiphasic Personality Inventory)〉, 올포트-버넌(Allport-Vernon)의 〈가치 연구(Study of Value)〉가 있다.

흥미 검사에는 경험적으로 구성된 스트롱(Strong)의 〈직업 흥미 검사(Vocational Interest Blank)〉와 기술적 흥미 검사인 〈쿠더의 흥미 검사(Kuder Preference Schedule)〉가 유명하다.

투사적 방법으로는 유명한 로르샤흐(Rorschach)의 〈잉크 반점 검사(Ink-Blot Test)〉와 머레이(Murray)와 모건(Morgan)의 〈주제 통각 검사(Thematic Apperception Test)〉, 로터(Rotter)의 〈문장 완성 검사(Sentence Completion Test)〉, 로젠즈바이크(Rosenzweig)의 〈회화 단절 검사(Picture Frustration

Test)〉가 있다.

■ 교육학사전편찬위원회 편, 『교육학대사전』, 교육서관, 1989.

스탠퍼드-비네 지능 검사 (-知能檢査, Stanford-Binet Intelligence Scale, SBIS)

1916년 스탠퍼드대학교 터먼(Terman, L. M.) 교수가 최초의 지능 검사인 〈비네-시몽 검사〉를 미국의 피험자에게 알맞게 수정했다. 이것이 〈스탠퍼드-비네 지능 검사〉이고, 〈웩슬러 지능 검사(Wechsler Intelligence Scale)〉와 쌍벽을 이루고 있다.

이 검사의 특징은 여섯 가지가 있다. 첫 번째는 〈비네-시몽 검사〉에 문항을 약 3분의 1가량 새로 넣었을 뿐만 아니라 그냥 남겨둔 문항도 수정하고 재배치하여 변별력의 가치를 높였다. 두 번째는 1916년도 판(1937년 제2차 개정판이 있음)에서 처음으로 생활 연령과 정신 연령의 비율에 기초한 지능 지수(IQ)의 사용이 시작되었다. 아마 IQ의 사용은 지능 검사의 보편성, 실용성, 이론적 발달을 끝없이 제공했을 것이다. 이 검사가 약 20년간 전 세계적으로 개인 진단, 심리 실험, 인간 자원의 개발에 널리 사용되었다는 것은 이러한 특수성, 실용성, 타당성 때문이다. 세 번째는 개인 검사라는 점이다. 검사는 집단적으로 실시할 수 없고, 반드시 훈련받은 검사자가 한 사람의 피험자를 상대로 검사를 실시해야 한다. 네 번째는 1937년도 판에서 L형, M형의 〈동형 검사(equivalent test)〉를 만들어 추수(追隨) 연구, 비교 연구, 종속적 연구에 제공되었다. 다섯 번째, 1937년도 판 검사에서는 1916년도 판에서 90문항밖에 되지 않던 문항을 129개 문항으로 늘렸다. 여섯 번째는 1937년도 판에서 능력의 범위나 연령의 범위가 훨씬 넓어졌다. 2세부터 성인 상 I, 상 II, 상 III에 이르기까지 여러 단계로 나누어 측정할 수 있다.

L형의 2세 문제로는 여섯 가지가 있다. 첫 번째는 작은 나무토막 세 개를 뚫려 있는 판자의 구멍에 집어넣게 한다. 두 번째는 이름을 대면 인형을 지적한다. 세 번째는 명칭을 말하면 종이 인형의 해당되는 신체 부분을 지적하게 한다. 네 번째는 나무토막으로 탑을 쌓게 한다(검사자가 한 번 시범을 보인 후 그대로 따라 하게 한다.). 다섯 번째는 여러 개의 그림에서 흔히 보는 물건의 이름을 말하게 한다. 여섯 번째는 두 개의 단어로 된 문장을 마음대로 말하게 한다.

■ Terman, L. M., 〈Stanford-Binet Intelligence Scale〉, 1916. / 교육학사전편찬위원회 편, 『교육학대사전』, 교육서관, 1989.

스트롱 흥미 검사 (-興味檢査, Strong Vocational Interest Blank, SVIB)

1927년 스트롱(Strong, Edward K.)이 제작한 것으로 경험적(empirical), 예상적(predictive), 직업적(vocational)인 특징을 지닌 검사이다. 이 검사는 남녀별로 되어 있는데, 남자용 검사의 명칭은 〈Strong Vocational Interest Blank for Men〉이고, 여자용 검사의 명칭은 〈Strong Vocational Interest Blank for Women〉이다.

이 검사는 통칭 VIB라고 하고, 제작에는 두 가지가 있다. 첫째, 같은 직업에 종사하고 있는 사람의 흥미는 서로 비슷한 데가 있다. 둘째, 각 개인의 직업은 거의 변하지 않는 고정적인 것이라는 두 가지 가정이 밑받침 되고 있다. 이 검사의 주된 목적은 각 개인의 흥미가 여러 가지 직업에서 성공하고 있는 남녀의 흥미 유형과 어느 정도 일치하느냐의 정도를 남녀별로 밝혀 보자는 데 있다.

이 검사의 직업군은 11개로 나누어지는데, 이 중 채점만으로 사용하고 있는 것은 여섯 개의 직업군이다. 첫 번째, 창의적 · 과학적으로는 미술가, 심리학자, 건축가, 외과의사, 치과의사. 두 번째, 기공적으로는 수학자, 물리학자, 엔지니어, 화학자. 세 번째, 사회 사무적으로는 YMCA, 체육 지도자, 인사 관리인, YMCA 서기, 사회 과학 교사, 교육감, 목사. 네 번째, 사무적으로는 회계사, 사무원, 판매 대리인, 은행가. 다섯 번째, 섭외적으로는 판매 관리인, 부동산 판매인, 생명보험 외무원. 여섯 번째, 언어적으로는 광고인, 법률가, 저술가, 저널리스트이다.

▌ Strong, Edward K., 〈Strong Vocational Interest Blank〉, 1927. / 교육학사전편찬위원회 편,『교육학대사전』, 교육서관, 1989.

시몬즈 도형 검사(－圖形檢査, Symonds Picture Study Test, SPST)

이 검사는 시몬즈(Symonds)에 의해 제작된 것으로 투사적 방법의 성격 검사이다.

이 검사는 그림을 보여 주고 그림이 비어 있는 칸에 피험자가 반응하게 한 다음, 그 결과에 의해 성격을 진단한다.

▌ Symonds, 〈Symonds Picture Study Test〉. / 교육학사전편찬위원회 편,『교육학대사전』, 교육서관, 1989.

시카고 기본 정신 능력 검사(－基本精神能力檢査, Chicago Test of Basic Mental Abilities, CTBMA)

1941년 서스톤(Thurstone, L. L.)이 스피어먼(Spearman, C. E.)의 '지능 이인자(二因子)설'에 반대하여 '다인자(多因子)설'을 주장했고, 지능의 인자 분석 결과 축출된 인자를 기본적 정신 능력이라고 했으며, 그 '다인자설'을 기초로 하여 제작한 검사이다.

이 검사는 세계 최초의 진단 검사이며, 기초적 정신 능력(지능 인자)으로서 수(N), 지각(P), 공간(S), 언어(V), 추리(R), 언어의 유창(W) 여섯 개 인자로 나뉘며, 이를 개별적으로 측정하여 프로필에 의해 지능 구조의 횡단면적(橫斷面的)으로 파악했다. 이 검사는 5세부터 7세까지, 7세부터 11세까지, 11세부터 17

세까지 세 종류로 나누어져 있다.

▌ Thurstone, L. L. & Spearman, C. E., 〈Chicago Test of Basic Mental Abilities〉, 1941. / 교육학사전편찬위원회 편,『교육학대사전』, 교육서관, 1989.

신뢰성 검사(信賴性檢査, reliability test)

일본의 우시지마(牛島義支)에 의해 성격 검사 속에서 피험자의 정직성을 객관적으로 보고자 한 검사이다. 아래와 같은 그림 속에서 피험자에게 눈을 감고 소도(小圖) 속에 ×인, △인, ○인을 기입하도록 지시하고 피험자가 지시한 대로 눈을 감고 소도 속에서 몇 개의 기호를 기입했는가를 추정한다. 피험자가 이 검사에 있어서 눈을 감고 있었다면 소도 특히 ③이나 ④와 같은 작은 동그라미 속에 기호를 기입한다는 것은 거의 불가능하다. 따라서 검사에서 ③과 ④ 속에 기호를 많이 기입한 자는 신뢰를 배반(背反)하여 커닝한 것으로 간주한다.

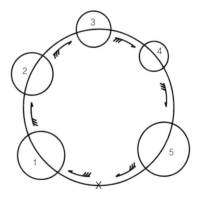

▌ 교육학사전편찬위원회 편,『교육학대사전』, 교육서관, 1989.

실버 그림 검사(－檢査, Silver Drawing Test, SDT)

말이나 글을 대신하여 인지와 정서를 측정하는 그림 검사 방법.

〈실버 그림 검사〉는 실버(Silver)가 개발한 그림 검사이고, 이 검사는 그림이 언어적 결함인 말이나 글을 대신할 수 있는 근거로 제작되었다. 인지적 정보와 정서적 정보는 언어적 규칙뿐 아니라 시각적 규칙에 의해 명백하며, 단어를 통해 확인되고 평가될 수 있으나 이미지를 통해 확인되고 평가된다.

〈실버 그림 검사〉는 말하는 것이 어렵거나 말을 이해하기 어려운 아동들과 언어 소통을 위해 시도되었으며, 미술 경험은 생각과 감정을 자발적으로 표현할 뿐 아니라 언어적 결함을 보충할 수 있다. 이 검사 도구의 개발 원인은 중증 청각 장애인들의 상상력이나 미술 활동의 창의력이 낮다는 토렌스(Torrance)의 〈창의적 사고 검사〉에 대한 반대 가설을 두고 있으며, 농아동의 인지적 기능과 창의적 기능을 발달시키는 데 잠재력이 있는 것으로 보았다. 이 검사의 도구는 그림이 언어화될 수 없는 사고와 감정을 표현하기 위해 능력, 지식, 흥미, 태도, 요구를 평가하기 위한 도구로서 이용될 수 있다는 다섯 개의 관찰 결과를 지지하고 있다. 미술 상징은 사고와 경험을 조직하는 도구로서, 회상, 일반화, 평가, 상상력을 발달시킬 수 있는 도구로 이용될 수 있다는 것을 제시했다.

〈실버 그림 검사〉는 다른 투사 검사보다 현실에 가깝다는 장점을 가지고 있으며, 실버가 제시한 다른 투사 검사와 다른 장점으로는 인지 능력과 정서적 특성을 파악 할 수 있을 뿐 아니라 그림을 그린 사람의 심리적 문제를 치료하고, 그림의 내용을 통해 언어 표현 능력과 개념 획득의 의사소통 기술을 지도하는 수단으로 사용했다.

〈실버 그림 검사〉는 상상화(drawing from imagination), 예언화(predictive drawing), 관찰화(drawing from observation)의 세 가지 하위 검사를 포함하는 정서적 요소와 인지적 요소로 구성되었다. 이러한 하위 검사들은 물체의 모양이 바뀌어도 동일하다는 것을 인식하는 보존 능력에 근거하며, 내담자에게 자극 그림을 선택하도록 하고, 그것들 간에 발생하

는 무엇인가를 상상하여 그리도록 한다. 동일한 자극 그림은 개인에 따라 다른 관찰에 근거하는데, 과거의 경험은 지각에 영향을 주고, 반응은 정서와 인지적 기능의 측면을 반영한다. 정서 내용–자아상 척도, 인지 내용–추상적 능력, 결합 능력–그림의 인물을 결합하거나 통합할 수 있는 능력, 표현 능력(창의성)–창의성과 지능을 분리하는 데 주의해야 한다. 예언화 하위 검사에서는 내담자에게 제시된 그림에 선을 첨가하여 대상의 외부에 변화를 예측하도록 요구한다. 7세까지의 아동들은 체계적으로 대상을 배열하거나 보존할 수 없다. 반응은 수 계열적 순서 개념(Bruner), 수평 개념, 수직 개념이 있다. 관찰화 하위 검사에서 관찰화의 목적은 과제가 제시되는 내담자의 능력 수준을 평가할 뿐 아니라 높이, 깊이, 넓이에 대한 능력을 알아보는 데 있다.

▌ Silver, R., *Stimulus drawings and techniques in therapy, development, and assessment*, New York : Trillium, 1986. / Silver, R., *Art as language : Access to emotions and cognitive skills*, Philadelphia : Brunner/Routledge, 2001.

아동 불안 측정 척도(兒童不安測定尺度, Children's Manifest Anxiety Scale, CMAS)

카스터네다(Casterneda, A.)와 맥칸드레스(Mccandless, B. S.)가 4세부터 6세까지의 아동에 보급시키기 위해서 작성되었다. 실시를 위한 제시나 항목을 이해하기 쉽게 42항목을 선정했다.

이 척도는 피험자의 불안 항목에 허위 경향의 지표가 되는 11항목으로 된 허위 척도가 부가되어 있다. 일주일 간격으로 실시된 재검사에서는 불안 척도는 약 .90, 허위 척도는 .70의 신뢰도가 나타난다. 불안 척도와 허위 척도 간의 상관은 거의 령(零)으로 양자는 독립되어 있으나, 불안 척도와 허위 척도에서 여자가 유의에 높은 점수를 따고 있어 성차가 있다.

▌ Casterneda, A. & Mccandless, B. S., 〈Children's

Manifest Anxiety Scale〉. / 교육학사전편찬위원회 편,『교육학대사전』, 교육서관, 1989.

아동 통각 검사(兒童統覺檢査, Children's Apperception Test, CAT)

1947년 벨라크(Bellak, L.)와 벨라크(Bellak, S. S.)가 제작한 것으로 유아(幼兒) 아동용 인격 검사의 한 종류이다. 이것을 〈주제 통각 검사(Thematic Apperception Test)〉라고도 부른다. 적용 범위는 3세부터 10세까지이고, 10매의 도판으로 구성되어 있다. 어린이가 쉽게 자기와 동일화시키는 것은 인물보다 동물이라는 관점에서 도판에 의인화시킨 동물을 등장시켰다.

이 검사는 유아의 경우에 유희 요법의 용구로 사용되는데, 일반적으로는 각각의 도판에 대해 과거, 현재, 장래를 포함하는 이야기를 피험자에게 말하게 하고 그 결과를 정리한다. 이 검사는 어린이들이 가지고 있는 문제, 예를 들면 식물에 대한 갈등, 부모와 관계, 형제 사이의 적대 관계, 여러 가지의 공포, 배설에 대한 습관을 밝히는 것이다.

▌ Bellak, L. & Bellak, S. S., 〈Children's Apperception Test〉, 1947. / 교육학사전편찬위원회 편,『교육학대사전』, 교육서관, 1989.

언어 검사(言語檢査, Verbal Test, VT)

언어 검사는 대개 〈지능 검사〉를 구성하는 하위 검사(sub-test)의 일종이며, 언어적인 지능 요인을 통틀어 일컫는 말이다. 언어 요인은 지능 중에서도 가장 비중이 큰 요인이며, 일찍부터 이러한 종류의 검사가 사용되어 왔다. 이 언어 검사의 대표적인 종류에는 〈동의(반대)어 검사(Synonym (Oppersite) Test)〉, 〈문장 완성 검사(Sentence Completion Test)〉, 〈문장 재구성 검사(Sentence Rearrangement Test)〉, 〈문장 이해력 검사(Reading Completion Test)〉 네 가지로 나

누어진다.

언어 요인 이외에 이와 비슷한 요인으로는 서스톤(Thurstone, L. L.)의 언어 유창성(word fluency) 요인을 들고 있다. 이 요인은 서스톤의 요인 분석에서 밝혀낸 것으로 PMA(Primary Mental Ability)라는 기본 정신 능력 중의 하나다. 진단적 지능 검사인 〈웩슬러 지능 검사〉에는 언어 검사와 동작 검사가 따로 되어 있으나, 〈스탠퍼드-비네 지능 검사〉나 기타의 지능 검사에는 별도의 검사가 구성되어 있지 않고 검사의 전체 속에 섞여 있다.

▌ 교육학사전편찬위원회 편,『교육학대사전』, 교육서관, 1989.

에드워드 자기애 검사(- 自己愛檢査, Edward's Personal Preference Schedule, EPPS)

에드워드(Edward, A. L.)에 의해서 작성된 이 검사는 머레이(Murray)의 욕구 체계에서 선택한 현재(顯在) 욕구(성취, 공순(恭順), 질서, 현시, 자율, 친지, 내면적 인지, 구호, 지배, 복종, 양호, 변화, 지구성, 이성애, 공격)의 상대적 강도를 측정하는 인간성 검사이다.

각 욕구는 아홉 개의 기술로 표현되고 있으며, 각 욕구의 기술은 다른 욕구의 기술과 쌍을 이루고 있어서 일대(一對) 비교의 형식으로 이루어지고, 각 욕구끼리 쌍의 조립으로 2회가 반복된다. 이 검사에서는 쌍을 형성하고 있는 두 가지 기술의 사회적 요구성(要求性)과 거의 동등하게 되어 있어서 사회적 요구성의 판단에 영향이 최소가 되도록 배려했다. 득점은 각 요구에 관한 득점, 일관성 득점, 프로필 안전성 득점의 세 가지 종류를 구할 수 있다. 일대 비교로 강제 선택의 형식이기 때문에 구해지는 득점은 독자적이다. 개인 간의 비교를 위해서 T 득점 규준과 퍼센트 순위 규준이 남녀별로 준비되어 있다.

▌ Edward, A. L., 〈Edward's Personal Preference Schedule〉. / 교육학사전편찬위원회 편,『교육학대사전』, 교육서관, 1989.

엠비티아이(-, The Myers-Briggs Type Indicator, MBTI)

〈엠비티아이〉는 마이어-브릭스 유형 지표(The Myers-Briggs Type Indicator)의 약어이고, 융(Jung, C. G.)의 심리 유형론을 근거로 하는 심리 검사이다. 마이어-브릭스 성격 진단 또는 성격 유형 지표라고도 한다. 1921년~1975년에 브릭스(Briggs, Katharine Cook)와 마이어(Myers, Isabel Briggs) 모녀에 의해 개발되었다.

〈엠비티아이〉는 개인이 쉽게 응답할 수 있도록 자기 보고 문항을 각자 인식하고 판단하며, 선호하는 경향들이 행동에 어떤 영향을 끼치는가를 파악하여 실생활에 응용한다. 1921년부터 본격적인 연구를 시작하여 A형~E형이 개발되었고, F형은 1962년 미국 ETS(Educational Testing Service)에서 출판했다. 1975년에는 G형이 개발되었으며 이후 K형과 M형이 개발되었다.

한국에는 1990년에 도입되어 초급, 보수, 중급, 어린이 및 청소년, 적용 프로그램, 일반 강사 교육 과정이 개발되었다. 성격 유형은 모두 16개이며, 외향형과 내향형, 감각형과 직관형, 사고형과 감정형, 판단형과 인식형의 네 가지의 분리된 선호 경향으로 구성되었다. 선호 경향은 교육이나 환경의 영향을 받기 이전에 잠재되어 있는 선천적 심리 경향을 말하며, 각 개인은 자신의 기질과 성향에 따라 각각 네 가지의 한쪽 성향을 띠게 된다.

▌『두산백과사전』, 동아출판사, 1982.

연상 검사(聯想檢査, Association Test, AT)

심리적 요소가 결합된 모양을 검사하는 방법을 가리키는 말이다. 일반적인 용어이기 때문에 그 의미도 막연하다. 현재에도 이 용어의 의미는 특정한 뜻을 갖고 있지 않다. 연상을 이용하는 모든 검사를 통칭하는 말로 사용하고 있다. 잘 알려진 것으로는 〈단어 연상 검사(Word Association Test)〉를 지칭하는 경우가 많다. 〈단어 연상 검사〉는 〈자유 연상 검사(Free Association Test)〉라고 부르는 경우도 있다. 같은 자유 연상이라는 용어를 프로이트(Freud, S.)가 사용할 때 자발적인 연상의 의미였다.

연상 검사는 대단히 오래된 검사이며, 오늘날의 투사적 방법(projective technique) 중의 한 가지 방법으로 유효하게 사용되고 있다. 투사적 방법의 〈단어 연상 검사〉는 1879년 갈턴(Galton)에 의해 처음 고안되었으며, 프로이트가 이를 수정하여 그의 정신 분석에 있어서 〈자유 연상 검사법〉으로 꿈에 사용했다. 이 검사는 검사자가 대개 50개~100개 정도의 자극어를 읽어 주고, 피험자가 자기 머리에 제일 먼저 떠오르는 단어를 말하게 하는 방법을 사용했다. 이 방법에는 융(Jung)의 방법, 레퍼포트(Rapaport, D.)의 방법, 켄트-로사노프(Kent-Rosanoff)의 방법, 캐텔(Catell, R. B.)의 방법, 멜처(Meltzer, H.)의 방법이 있다.

▌교육학사전편찬위원회 편, 『교육학대사전』, 교육서관, 1989.

올포트 지배 복종 검사(-支配僕從檢査, Allport's Ascendance Submission Reaction Study, AASRS)

1928년 올포트(Allport, G. W.)와 올포트(Allport, F. H.)가 제작한 검사이다. 그들은 지배와 복종의 두 가지 특성이 존재한다는 것을 가정하고, 한 개인에 있어서 한쪽 특성이 강하면 다른 한쪽 특성이 약해진다는 이론 위에서 출발했다.

이 검사는 남자용 33개 장면에 41개의 문항, 123개의 선택지로 구성되어 있다. 여자용은 35개의 장면, 49개의 문항, 140개의 선택지로 구성되어 있다. 이 검사의 제작 절차는 장면의 목록을 선택, 이것을 실험 집단에 실시, 피험자 및 그와 가까운 동료들이 7단계 평가 척도로 대답, 각 문항에 대한 각 선택지의 평균 평정 점수를 결정, 점수 비중의 결정, 규준의 제작 여섯 가지 단계가 있다.

Allport, G. W. & Allport, F. H., 〈Allport's Ascendance-Submission Reaction Study〉, 1928. / 교육학사전편찬위원회 편, 『교육학대사전』, 교육서관, 1989.

우찌다-크레펠린 정신 작업 검사(－精神作業檢査, 內田-Kraepelin Test Mental Work, KTMW)

독일의 정신 병리학자 크레펠린(Kraepelin)이 정신 병자의 작업 장애 연구에서 나타난 연속 가산 작업을 일본의 우찌다(內田 勇三郞)가 보통 사람의 성격을 알아볼 수 있도록 제작한 것이다.

작업의 내용은 단순한 수치의(1위 수) 연속적인 더하기 작업인데, 15분 작업 5분 휴식 그리고 15분(혹은 10분) 작업을 시킨다.

결과를 처리할 때는 작업 결과의 작업량, 오류와 탈락의 수, 작업 곡선형 세 가지로 처리한다. 작업량은 ABCD 네 가지 단계로 나누고, 동요가 심하고 범위가 불명확한 것은 E로 한다. 오류율이 2%가 넘으면 이상(異常)으로 취급한다. 작업 곡선은 작업 경과를 지배하는 의지, 긴장, 흥분, 관숙(慣熟), 연습 효과, 피로의 다섯 가지 정신 기능 요인을 염두에 두고 판정한다. 이 결과에 의해 작업 곡선이 결정되고, 작업 곡선이 정상적이냐 이상적(異常的)이냐에 따라 성격 진단을 할 수 있다.

교육학사전편찬위원회 편, 『교육학대사전』, 교육서관, 1989.

웩슬러-벨레뷰 지능 검사(－知能檢査, Wechsler-Bellevue Intelligence Scale, W-BIS)

1944년 웩슬러(Wechsler, D.)가 발표한 새로운 성인용 지능 검사로서 그 전까지 널리 사용되고 있었던 〈스탠퍼드-비네 지능 검사〉와 여러 가지 면에서 색다른 특징을 띤 검사이다.

그 특징으로는 다섯 가지가 있다. 첫 번째는 개별적으로 실시한다는 것, 두 번째는 종래의 〈비네 검사〉와는 지능 지수(IQ)의 산출이 정신 연령에 의하지 않고 지능 편차치에 있다는 것, 세 번째는 〈언어 검사〉와 〈동작 검사〉의 두 가지 종류로 되어 있어서 두 가지에 대해 따로따로 지능 지수가 나올 뿐 아니라 종합적인 지능 지수도 나오게 된다는 것, 네 번째는 하위 검사와 다섯 개 내지 여섯 개로 짝지어 있어서 각 검사에 대해 프로필(profile)을 할 수 있다는 것, 다섯 번째는 지능 진단을 성격 구조의 유형에 따라 할 수 있도록 되어 있다는 것, 다시 말해서 정신병, 신경증, 정신박약, 대뇌 장애의 유형을 진단할 수 있다.

〈웩슬러-벨레뷰 지능 검사〉에는 두 가지 종류의 검사가 있다. 하나는 처음에 제작했던 〈성인용 지능 검사(Wechsler-Bellevue Adult Intelligence Scale, WAIS)〉와 다음에 제작했던 〈아동용 지능 검사(Wechsler Intelligence Scale for Children, WISC)〉이다. 이 지능 검사는 현재에도 〈스탠퍼드-비네 지능 검사〉와 함께 진단적 지능 검사로서 세계에서 널리 사용되고 있는 검사의 일종이다.

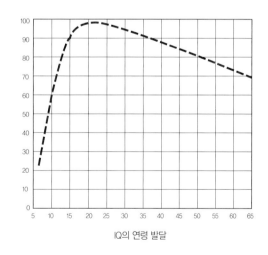

IQ의 연령 발달

Wechsler, D., 〈Wechsler-Bellevue Intelligence Scale〉, 1944. / Wechsler, D., *Wechsler Intelligence Scale for Children*, Revised, 1974. / 교육학사전편찬위원회 편, 『교육학대사전』, 교육서관, 1989.

유추 검사(類推檢査, Analogy Test, AT)

이 검사는 〈지능 검사〉의 한 분야이다. 주어진 한 쌍의 언어 관계에 비추어 주어진 다른 한 개의 자극어에 알맞은 말을 생각하는 검사이다. 이것은 스피어먼(Spearman)이 생각하는 지능에 아주 알맞은 형식의 검사라 할 수 있다. 예를 들면 '탐구-호기심에 대한 것은 식사하는 것, 첫째 마시는 것, 둘째 기아(飢餓), 셋째 흥미, 넷째 수면이 된다.'와 같은 식사하는 것과 탐구와 호기심 간의 관계가 되는가를 식사하는 것 다음에 들려준 네 개의 말 가운데서 하나를 고른다.

▌교육학사전편찬위원회 편,『교육학대사전』, 교육서관, 1989.

윤곽선 검사(輪郭線檢査, Outline Test, OT)

이 검사는 박현일과 조홍중에 의해서 작성된 검사이고, 아이들이 형태를 얼마나 정확하게 그리는지 모양의 변인을 측정한다.

이 검사는 아이들이 그린 밑그림과 그 형태의 지각 능력을 통해서 성격을 교정하는 데 목적이 있고, 아이들의 성격을 6단계로 분류했으며, 대상자는 유치원 어린이부터 초등학교 6학년까지이다.

윤곽선 검사의 방법은 아이들로 하여금 각 단계별 왼쪽 그림을 보고 그리게 한다. 1단계부터 3단계까지는 아이들이 각 단계별 형태를 그리고, 그 형태의 정확도 변인에 따라 점수화(%)한다. OT는 전체 개수에서 아이가 정확히 그린 형태의 개수가 차지하는 비율(정확한 형태의 개수÷전체의 개수×100)로 결과가 나타난다. 4단계는 가로 선과 세로 선의 정확도와 이 선들에 의해서 공간의 개수(너비와 높이), 공간의 대소 관계가 자동적으로 나타난다. 특히 이 단계에서는 선의 정확도에 의해서 변인을 점수화한다(정확한 가로 선의 개수÷전체의 가로 선×100 또는 정확한 세로 선의 개수÷전체의 세로 선×100). 5단계부터 9단계까지는 각 단계별 형태의 모양과 형태의 개수, 형태의 대소 관계, 공간의 배치가 나타난다. 이 단계에서는 각 형태의 모양을 정확도의 비율에 의해서 평가한다(각 형태별 정확한 형태의 개수÷각 형태의 전체 개수×100).

윤곽선 검사의 평가 기준으로는 소심한 아이(91%~100%), 세심한 아이(81%~90%), 차분한 아이(71%~80%), 덤벙대는 아이(61%~70%), 산만한 아이(51%~60%), 과잉 행동하는 아이(51% 이하) 여섯 가지가 있다.

단계별 성격 치료는 아홉 가지가 있다. 1단계는 4세 어린이까지, 2단계는 5세 어린이, 3단계는 6세 어린이, 4단계는 7세 어린이(초등학교 입학 전), 5단계는 초등학생 1학년(8세), 6단계는 초등학생 2학년(9세), 7단계는 초등학생 3학년(10세), 8단계는 초등학생 4학년(11세), 9단계는 초등학생 5학년~6학년이다.

〈윤곽선 검사〉

치료사(교사)가 그리는 부분	내담자(아이)가 그리는 부분
원	
타원	
타원	
클로버	
정삼각형	
이등변 삼각형	

역정 삼각형	
정사각형	
직사각형	
직사각형	

▌ 박현일 · 조홍중, 『그림을 통한 성격 치료 미술 치료』, 시그마프레스, 2009.

의지 기질 검사(意志氣質檢査, Will Temperament Test, WTT)

1927년 울브록크(Uhrbrock, R. S.)와 다우니(Downey, J. E.)에 의해서 작성된 검사이다. 다우니에 의하면, 의지 기질은 개인의 선천적인 항구적(恒久的) 성질을 의미하며, 그것은 신경 에너지의 양 및 운동 면에 방출되는 경향에 의해 규정되고 있다.

성격의 형성은 의지 기질에 의해 결정되는데, 내용은 규정되지 않는다. 이 생각에 입각하여 반응의 속도와 유창성 반응의 강도, 결단성, 조심성, 인내성에 관한 의지 기질의 형을 측정한다.

▌ Uhrbrock, R. S. & Downey, J. E., 〈Will Temperament Test〉, 1927. / 교육학사전편찬위원회 편, 『교육학대사전』, 교육서관, 1989.

인물화 검사(人物畵檢査, Draw a Person Test, DPT)

미국의 여성 미술 교육학자인 구드너프(Goodenough)는 그의 저서(그림에 의한 지능 측정)에서, 〈인물화 검사〉는 성격 진단, 언어 결함, 인지 능력의 결함을 진단할 수 있는 투사법으로 발전했으며, 어린이의 그림은 지적 요소와 밀접한 관계가 있다. 그녀는 인물화로 지능 측정 척도를 만들었으며, 지능 지수(IQ)와 묘사 능력의 상관관계를 통해 지능 검사로 만들었고,[269] 지력이 발달함에 따라 표현이 달라진다는 연구가 그녀의 대표적인 이론이다. 지능론은 어린이가 보는 것을 그리는 것이 아니라 아는 것을 그린다.

그녀는 어린이의 〈인물화 검사〉 결과를 네 가지로 구분하고, 그림마다 특성을 발견했으며, 그것은 여러 행동과 깊은 관련이 있다. 첫째는 다언형, 둘째는 개인의 반응형, 셋째는 비약형, 넷째는 균형이 없는 것. 이와 같은 검사는 행동에 이상이 있는 어린이(abnormal child)가 대상이 되었다.

인물화의 분석은 HTP나 가족화가 기초가 된다. 예를 들면 남성이 여성을 먼저 그리면 성에 혼란이 있거나, 이성의 부모에 대한 의존이나 집착으로 해석되며, 눈동자가 생략되면 죄책감을 나타내므로 감추어진 팔이나 손의 모습과 관련지어 해석한다. 코와 입은 성과 깊은 관련이 있으며, 큰 입은 성적인 이상을 의미한다. 길이가 다른 다리와 발은 충동과 자기 통제 사이에서 겪는 갈등으로 본다.

인물화의 해석은 묘사된 인물의 부분적인 특징과 각 신체의 정확한 비율, 내담자가 처한 상황, 증상, 각 신체의 상징에 대한 심리적 특성을 파악했다. 특히 그녀는 인물화에 있어서 아동의 발달 단계를 고려하며, 여섯 가지 핵심 사항을 제시했다.

첫째, 인물화 순서에서 80% 이상의 전체 피검자는 자신과 동일한 성의 인물을 먼저 그린다. 그러나 간혹 반대되는 성을 먼저 그리는 경우가 있는데, 그 인물은 자신에게 중요한 존재이며, 이성 부모 또는 이성에 대한 강한 애착과 의존의 표현이다.

둘째, 그림의 크기를 종이의 크기와 비교해 볼 때, 그림의 상대적 크기는 내담자와 환경과의 관계를 암

---

269. 그림 그리는 능력을 지력이라 한다.

시한다. 인물의 크기가 작으면 위축되거나 환경의 요구에 열등감을 느끼는 경우이며, 인물의 크기가 크면 우월한 자아상과 공격적 태도를 나타낸다. 때때로 인물은 자아상을 나타내지 않고 이상적 자아상 또는 부모상을 반영한다. 부모상이 투사될 경우 큰 인물은 강하고 능력이 있으며, 의지할 수 있는 관계이며, 위협적이고 공격적인 부모상을 반영한다. 또한 인물의 크기가 크면 열등감을 보상받으려는 시도이다.

셋째, 그림의 위치가 중앙보다 위에 위치하면 불안정한 자아상과 연관이 있고, 아래에 위치하면 보다 안정된 상태 또는 우울감, 패배감을 나타내며, 왼편에 위치하면 내향적 성향을 의미한다. 중앙의 적절한 위치는 적응적 자아 중심적 경향과 관계가 있다.

넷째, 인물의 동작에서는 매우 활발한 움직임을 보이는 경우 운동 활동에 대한 강한 충동 또는 불안정하여 안절부절못하는 상태, 정서 장애의 조증 상태를 나타낸다. 반대로 자세가 굳어 있어 움직임이 적으면 강박적 억제의 표현이며, 억압된 불안이 내재해 있음을 나타낸다. 앉아 있거나 기대고 있는 모습은 활동력이 적고 정서적으로 메마른 상태를 의미한다.

다섯째, 왜곡되거나 생략된 신체 부분은 심리적 갈등이 그 부분과 관련이 있으며, 과장 또는 강조되거나 흐린 모습의 신체 부분은 심리적 갈등을 의미한다.

여섯째, 마지막으로 각 신체 부분의 상징이다. 머리는 지적인 면과 자아 개념의 관계이며, 이것이 강조되면 매우 공격적이거나 지적인 야심, 때로는 머리 부분의 신체적 고통과 관련이 있음을 암시한다. 입은 구강적 공격과 고착을 상징하며, 공격성의 표현으로 입이나 치아를 강조하는 경우가 있다. 눈은 눈동자가 생략되어 있으면 자아 중심적, 자아도취적 경향으로 해석하며, 강조된 큰 눈은 대체로 망상의 표현이고, 눈을 감고 있는 경우 현실 도피를 의미한다. 목

은 충동적인 행동을 통제하는 부분이며, 가늘고 긴 목은 의존성을 나타내고, 굵고 짧은 목은 충동적 통제의 어려움을 의미한다. 생략된 팔과 손은 현실 접촉의 어려움, 죄책감을 의미하며, 손이 강조되어 있으면 현실적 불만과 열등감에 대한 보상적 욕구로 표출하는 경향이 있다. 팔이 신체에 가까이 붙어 있을수록 수동적이거나 방어적이며, 외부로 뻗쳐 있을수록 공격적 표현으로 해석할 수 있다. 발과 다리는 이동성과 관계가 있으며, 병으로 누워 있는 사람은 발이나 다리를 그리지 않는 경우가 많다. 길게 그린 다리는 자율성에 대한 욕구를 나타내며, 가슴 부분에 붙은 주머니의 단추는 애정 결핍과 박탈을 상징하며, 유아적이고 의존적인 성격을 의미한다.

❚ Goodenough, F. L., *Measurement of Intelligence by Drawings*, New York : World Book, Co., 1926.

〈인물화 검사〉는 그림을 통해 내담자의 성격 검사와 심리 검사에 많이 사용되고 있다. 특히 이 검사는 자유화 검사보다 내담자의 저항이 적기 때문에 검사가 용이하다.

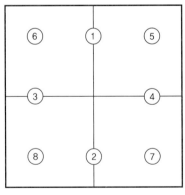

인물화의 위치 판단 기준

❚ 박현일 · 조홍중, 『그림을 통한 성격 치료 미술 치료』, 시그마프레스, 2009.

잉크 반점 검사(-斑點檢査, Ink Blot Test, IBT)

1911년부터 1921년까지 스위스 정신병학자 로르샤흐(Rorschach)가 완성한 투사적 방법에 의한 대표적인 심리 검사이다. 이 검사는 종이에 잉크 방울을 떨어트린 후 마주 접어서 생기는 좌우 대칭의 그림을 이용한다.

이 검사는 흑백으로 된 5매와 색채가 섞인 5매 총 10매로 되어 있으며, 지각의 무의식적 요인을 연구하고, 행동이나 성격의 역동적 요인을 밝혀내기 위한 임상적 수단의 검사로서 사용했다. 이 검사의 사용은 고도의 전문성이 요구되므로, 홀츠만은 해석의 객관성을 유지하기 위한 방안을 고려할 잉크 반점 검사를 만들었다.

▌ Rorschach, Hermann, 〈Ink-Blot Test〉, 1911~1921.

자아 감각 발달 검사(自我感覺發達檢査, Self Sense Development Test, SSDT)

〈자아 감각 발달 검사〉는 지체 장애인이나 섭식(攝食) 내담자에게 자화상 그리기, 손도장 찍기, 발도장 찍기, 손 본뜨기, 씨앗으로 얼굴 만들기, 가면 만들기를 권장하면 효과적이다.

▌ 박현일·조홍중, 『그림을 통한 성격 치료 미술 치료』, 시그마프레스, 2009.

자아 초자아 자극 검사(自我初自我刺戟檢査, Impulse Ego Superego Test, IEST)

1951년 돈보로즈(Donbrose, L. A.)와 스로빈(Slobin, M. S.)이 공표한 검사로서 목적은 충동, 자아, 초자아의 대상적 강도 이 세 가지 기능의 복합적인 상호 관계를 측정하는 데 있다.

이 검사는 하위 검사로 〈화살표 점선 검사(Arrow-Dot Test)〉, 〈사진 분석 검사(Photo Analysis)〉, 〈그림 이야기 완성 검사(Picture Story Completion Test)〉 및 〈회화 주제 검사〉의 네 가지가 있다. 이와 같은 검사 작업을 통해 충동, 자아, 초자아가 명확히 측정 가능한 방법으로 행동에 나타난다. I(충동) 득점은 성욕, 적의, 통제의 자유성과 외재성(外在性)을 반영하는 반응과 금지를 깨는 것에 대해 주어진다. S(자아) 득점은 현실 검증 문제 해결의 정위(定位)와 추측으로 수용 불가능한 행동의 조절을 반영하는 반응에 대해 주어진다. 이 검사는 실시의 간편성과 소재에 많은 매력이 갖추어져 있으나 타당성과 신뢰성에 관해 아직 문제가 남아 있다.

▌ Donbrose, L. A. & Slobin, M. S., 〈Impulse Ego Superego Test〉, 1951. / 교육학사전편찬위원회 편, 『교육학대사전』, 교육서관, 1989.

자유 연상 검사(自由聯想檢査, Free Association Test, FAT)

하나의 사상(事象)에서 다른 사상을 연상하는 경우를 자유 연상이라고 하며, 이 자유 연상을 이용해서 개인에 대한 성격 검사의 한 방법으로 삼는 것을 자유 연상 검사라고 한다. 자유 연상 검사는 많은 경우 몇 가지의 자극어를 주고 그에 대하여 자유 연상에 의한 반응어의 경우 또는 반응 시간에서 피험자의 심리 상태를 진단하는 것이다. 이것은 정신 분석 학파들에 의해 정신 분석의 한 방법으로 사용된 자유 연상법에서 유래한다.

융(Jung, C. G.)은 노래, 여자, 꽃, 사랑, 침대들의 감정적인 색채를 지니고 있는 100%의 자극어를 주고 피험자의 반응의 불규칙성에 의해 정신 장애의 원인이 되는 무의식계의 콤플렉스(complex)를 찾아내려고 노력했다. 이어서 켄트(Kent), 로사노프(Rosanoff)는 비교적 감성적인 색채가 없는 자극어 100개에 대한 반응어를 분석하여 정상자, 이상자, 연령, 성인종(性人種)을 비교했다. 자유 연상 검사는 범인의 발견에도 응용되는 경우가 있다.

이와 같이 자유 연상에 의한 진단법은 그 후 많은 검토를 거쳐 최근에는 프로젝티브 테크닉(projective technique)의 한 방법으로 중시되어 왔다. 예를 들면 샌포드(Sanford, R. N.)는 식사에 관계있는 자극어 48개에 대해 식전과 식후, 보통의 상태와 24시간 절식 후의 반응어를 분석하여 식욕이 행동에 미치는 영향을 조사했다. 레퍼포트(Rapaport)는 65개의 자극어를 사용해서 자유 연상 검사를 행하였는데, 반응어의 내용보다도 그때그때 피험자의 전체적인 행동 특징을 진단적으로 중시했다.

▌ 교육학사전편찬위원회 편, 『교육학대사전』, 교육서관, 1989.

자유 연상법은 프로이트(Freud)가 창시자로서 정신 분석에서 무의식계 또는 피억압자의 의식화 또는 구명(究明)에 응용되는 기법의 하나이다.

프로이트는 브로이어(Breuer, J.)의 지도 아래 신경질 치료의 초기에 최면술을 응용하고, 심적 외상을 회상시키는 방법을 취하였으나 나중에는 최면술을 포기하고 회상시키는 방법을 사용했다. 그는 회상에 있어서 곤란함을 제거하기 위해 자기비판을 떠나 환자에게 자유로운 연상을 이야기하는 방법을 취했다.

▌ 교육학사전편찬위원회 편, 『교육학대사전』, 교육서관, 1989.

자유화 검사(自由畵檢査, Free Drawing Test, FDT)

미국의 여성 심리학자인 알슐러(Alschuler)는 해트윅(Hattwick)과 함께 쓴 저서(회화와 개성)에서 어린이의 그림을 심리학으로 분석했다. 그들은 이 저서에서 어린이들에게 그리고 싶은 것을 자유롭게 그리도록 하는 자유화 검사를 통해 그들의 정서적 상태와 2세~8세 어린이(88명)의 자유화를 통한 색채 선호도를 정신 분석학으로 분석했다. 4년 6개월~5세 어린이들은 색채 선호도가 바뀌고 있다. 그것은 빨강에 대한 선호가 줄어들고, 파랑을 좋아하는 경향이 나타나는 것이다. 또한 3세~5세 어린이는 난색이 줄고, 한색이 늘어나며, 혼색에 대한 관심이 싹튼다. 어린이의 그림에서 나타난 혼색은 심리적 억압이 있을 때 나타나는 현상으로 해석했다. 어린이의 그림에는 행동의 기능과 감정, 애정의 욕구, 자기 표출의 수준, 여러 가지 불만이 표현으로 나타난다.

▌ Alschuler, Rose H. & Hattwick, La Berta W., *Art and Personality : A Study of Young Children*, Chicago : Univ. of Chicago Press, (Vol. 1) & 2, 1947.

〈자유화 검사〉는 아이(내담자)에게 스스로 종이의 크기, 재료, 방법들을 결정하게 한다.

▌ 박현일 · 조홍중, 『그림을 통한 성격 치료 미술 치료』, 시그마프레스, 2009.

정신 검사(精神檢査, Mental Test, MT)

이 검사는 여러 정신 작용 중에서도 특히 지적인 면에 많이 사용되고 있기 때문에 지능 검사와 같은 뜻으로 사용되는 경우가 많다. 이 검사는 지능 검사라는 말 대신에 정신 발달 검사라고도 하는데, 이때에도 지적 능력의 면을 가리킨다. 이것은 1890년 미국의 캐텔(Cattell, J. M.)이 쓴 "정신 검사 및 측정"이라는 논문으로 시작된다. 프랑스의 비네(Binet)도 그의 〈지능 검사〉를 이와 같이 부르고 있다.

그러나 부로스(Buros, O. K.)의 〈정신 측정 연감(Mental Measurement Yearbook)〉이 사용되는 경우도 있다. 이것은 '성격 및 인격'이나 '지능', '적성'과 같이 심리적 제 검사의 개관이며, 많은 〈성취도 검사(Achievement Test)〉의 개관이기도 하다. 이와 같이 정신은 대단히 넓은 뜻으로 사용된다.

▌ 교육학사전편찬위원회 편, 『교육학대사전』, 교육서관, 1989.

종합 집-나무-사람 검사(綜合-檢査, Synthetic-House-Tree Person Test, S-HTPT)

마루노(Maruno)와 도쿠다(Tokuda)는 나카이(中井)의 방법과 다이아몬드(Diamond, 1954)의 기법을 도입해 종합적 HTP 검사를 도입했다.

〈S-HTP 검사〉의 장점은 HTP와 비교하여 한 장의 종이에 그리므로 내담자의 부담이 적다는 것이다. 이 검사의 해석은 집, 나무, 사람에 대한 버크(Buck)의 견해에 따르고 있다. 집은 가정생활이나 가족 내 인간관계에 따른 연상의 표현이다. 나무는 보다 무의식적인 자기상이나 자기상에 대한 감정을 나타낸다. 사람은 의식에 가까운 부분에서 자기상이나 환경과의 관계를 나타낸다.

사람의 평가에서는 인원수와 크기를 분석한다. 인원수는 한 사람 혹은 복수를 그리는 경우가 있는데, 고립 경향이 있는 사람은 한 사람을 그리는 경우가 많다. 사람이 집이나 나무에 비해 균형이 맞는지가 중요하다. 이성만 그리는 경우는 문제가 있고, 방향은 다른 것과 관련해서 다양하게 해석할 수 있다. 동작을 나타낼 때는 질문해서 확인하고, 그 동작이 심적 상황이나 원망을 나타내는 경우도 있다. S-HTP에서는 간략하게 그리고, 방어적 태도를 나타낸다.

집의 평가에서는 크기, 안정감, 벽을 분석한다. 집은 가족과의 관계를 나타낸다. 초등학생은 집을 크게 그리는 경우가 많은데, 안정감이 없는 집은 가족 관계의 불안정이나 내적 불안정성을 나타낸다. 벽면수는 발달과 관계가 있다. 문은 외계와의 교류, 적극적인 인간관계에 대한 태도를 나타낸다. 창문은 간접적인 교류, 수동적인 외계와의 접촉의 방법을 나타낸다. 초등학생 이하에서는 생략하는 경우도 있다. 그 밖에 굴뚝이나 커튼이 그려지는 경우가 많다.

나무는 복수로 그리는 경우가 많은데, 이 경우는 각각의 나무가 간략화된다. 복수의 경우는 세부적인 분석보다 전체적인 평가가 중심이 된다. 각각의 평가는 〈바움 검사〉의 평가에 준한다.

▌ 三上直子, 『S-HTP法-統合型HTP法による臨床的・發達的アプローチ』, 東京, 誠信書房, 1995.

주제 통각 검사(主題統覺檢査, Thematic Apperception Test, TAT)

1935년 하버드대학교 심리학연구소에서 머레이(Murray, H. A.)와 모건(Morgan, C. D.)이 발표한 것으로 로르샤흐(Rorschach) 검사와 함께 쌍벽을 이루는 투사적 방식의 검사이다.

TAT는 피험자에게 애매하고 분명치 않은 그림을 보여 주고 그에 대한 반응을 분석함으로써 성격 구조에 관한 통찰을 얻으려는 방법이다. 특히 TAT의 목적은 피험자의 욕구, 동기, 기본적 태도를 밝혀 주는 데 있다. 이 방법은 피험자 자신이 자각하지 못하거나 다른 방법으로 관찰자에게 준다. 이 방법의 이론적 배경은 프로이트의 정신 분석에 있으며, 특히 정신 분석의 동일화 기제(mechanism of identification)에 있다. 그림을 보고 이야기를 만든 결과에서 한 인간의 성격 구조를 알 수 있다는 것은 다음의 두 가지 이론적 배경에 있다. 첫째, 인간은 애매한 사회 장면을 해석하려고 할 때 자기의 과거 경험이나 현재의 욕구에 더해서 그것을 설명하려고 하는 경향이 있다. 둘째, 이야기를 만드는 사람은 그 재료를 자기의 경험에서 가져오며, 의식적으로 또는 무의식적으로 자기 자신의 감정 요구를 이야기 속에 집어넣게 된다.

검사의 구성은 30매의 애매한 그림으로 된 카드와 1매의 백지로 된 카드로 구성되어 있다. 이것을 소년용(B), 소녀용(G), 성인남자용(M), 성인여자용(F)으로 나누면 20매씩 조합이 되도록 기호가 정해져 있다. 이 20매의 카드를 10매씩 나누어 두 번에 실시한다.

결과의 해석은 여러 가지 방법이 있다. 여기에서

설명된 방법은 머레이(Murray)의 해석법이다. 머레이는 여섯 가지로 분석했다. 첫 번째는 주인공(hero) : 누가 주인공이냐? 피험자가 누구와 동일시하고 있느냐?, 두 번째는 주인공의 욕구 · 동기 · 감정의 분석, 세 번째는 주인공에게 주는 환경의 압력에 대한 분석, 네 번째는 결과 : 결과가 어떻게 끝났느냐?, 해피 엔딩이냐 아니냐? 성공이냐 실패냐, 다섯 번째는 테마, 여섯 번째는 흥미와 감정이다.

▌ Murray, Henry Alexander, Morgan, C. D., 〈Thematic Apperception Test〉, 1935.

지 검사(－檢査, Z Test)

이 검사는 '잉크 반점(ink-blot)'을 투영시키는 검사의 한 종류이다. 추리거(Zulliger, H.)에 의해서 〈로르샤흐 검사〉의 축소판으로 작성되었다.

〈로르샤흐 검사〉에서는 10매의 도판으로 구성되어 있으나, 이 검사에서는 불과 3매의 도판으로 구성되어 있다. 이 때문에 실시에 요하는 시간이나 해석에 소요되는 노력을 절약할 수 있다는 점이 특색이다. 이 점을 제외하면 〈로르샤흐 검사〉와 별다른 차이는 없고 시행법, 분류, 해석이 같다.

▌ 교육학사전편찬위원회 편, 『교육학대사전』, 교육서관, 1989.

지능 검사(知能檢査, Intelligence Test, IT)

지능 요인을 측정 혹은 진단할 수 있도록 제작된 검사를 〈지능 검사〉라고 한다. 〈지능 검사〉의 출발은 프랑스의 의사이며 심리학자인 비네(Binet)와 시몽(Simon)이 함께 제작한 〈비네－시몽 지능 검사〉이다.

이 실험의 결과로 1905년 정상아와 정신박약아를 구별할 수 있는 문항 30개를 제작했으며, 문항은 쉬운 문항에서 어려운 문항으로 배열되어 있다. 1905년에는 척도를 개정하여 문항 수를 54문항으로 늘렸고, 3세~13세까지 각 연령에 배당했으며, 획기적인 방법으로 정신 연령을 나타냈다. 이 방법으로 정상아, 우수아, 정신박약아를 식별할 수 있는 지표가 생기게 되었으며, 1911년 실험 결과를 다시 개정하여 문항의 곤란도를 배열했으나 11세, 13세, 14세에 배당할 문항이 없어졌다. 이 해에 비네가 세상을 떠났기 때문에 이 검사는 완성하지 못한 채 끝나고 말았다.

이 검사의 특징으로는 다섯 가지를 들 수 있다. 첫 번째, 과거에는 지능을 측정하기 위해 변별력과 기억력 같은 단일 검사를 사용했으나, 현재에는 종합적인 성격으로 지능을 결정한다. 두 번째, 검사 문제는 특별한 교육에 의하지 않고, 보통의 환경 속에서 생활한 사람이 누구나 알고 있는 문제를 택했다. 세 번째는 검사 결과를 정신 연령(Mental Age, MA)으로 표시했다. 네 번째는 검사 문제를 각 연령에 배당하기 위해 실험의 결과를 객관적으로 했다. 다섯 번째는 검사의 실시 방법이나 채점 방법을 직관적으로 할 수 있도록 고안했다. 심리학을 역사적으로 볼 때, 지능 측정의 분야에서는 〈비네－시몽(Binet-Simon) 검사〉가 최초로 만들어졌다.

▌ 교육학사전편찬위원회 편, 『교육학대사전』, 교육서관, 1989.

직업 흥미 검사(職業興味檢査, Occupational Interest Inventory, OII)

1943년 리(Lee, E. B.)와 토르페(Thorpe, L. P.)가 제작한 것으로, 스트롱(Strong)식과 쿠더(Kuder, G.)식과는 전혀 다른 이론적 접근(logical approach)으로 이루어졌다는 점이 특색이다.

스트롱식과 쿠더식이 모두 통계적인 조작에 의해 제작 · 채점하는 반면, 이것은 장면 검사처럼 순전히 이론적 판단에 의존하고 있다는 점이다. 그들은 여섯 개 분야의 직종을 택하고, 그 직종의 상중하 정도에 맞는 직업을 선택하고 그것을 짝지었다. 피험자는 짝지어진 작업 중에서 어느 것을 보다 더 좋아하는가를 선택한다. 첫 번째는 직종으로 개인적·사회적(personal-social), 두 번째는 자연적(natural), 세 번째는 기공적(mechanical), 네 번째는 사무(business), 다섯 번째는 예술, 여섯 번째는 과학의 항목이다. 각 개인의 점수는 이 여섯 항목에 따라 채점된다.

▌ Lee, E. B. & Thorpe, L. P., 〈Occupational Interest Inventory〉, 1943. / 교육학사전편찬위원회 편, 『교육학대사전』, 교육서관, 1989.

진단성 지능 검사(診斷性知能檢査, Diagnostic Intelligence Test, DIT)

이 검사는 단순히 지능 지수라든지 지능 편차치를 산출하여 지능 검사 결과를 전체의 지능으로 보는 것이 아니라 지능 인자나 지능 구조를 분석적으로 보는 검사이다. 이 검사는 스피어먼(Spearman)의 이인자설(二因子說)이나 서스톤, 길포드의 지능 인자의 연구, 웩슬러의 새로운 지능관이 나온 다음 지능을 단순히 고저(高低)뿐만 아니라 지능 구조를 진단적으로 측정하려는 것으로서 WISC, WAIS나 서스톤(Thurstone, L. L.)의 〈기본적 정신 능력 검사〉가 있다.

〈WISC〉는 언어성 검사와 동작성 검사로 나누어지고, 양 검사가 각각 여섯 종류의 하위 검사로 나누어져 지능 구조의 진단뿐만 아니라 성격 진단 및 문제 행동의 진단까지 실시했다. 서스톤의 검사는 지능을 여섯 개의 지능 인자인 S, P, M, N, V, R로 나누어서 지능 인자를 진단했다. 이와 같은 지능 구조나 지능 인자, 각 교과의 학습과 어떤 관계가 있는지도 연구했으며, 학업 부진의 진단에도 이용되고 있다.

▌ 교육학사전편찬위원회 편, 『교육학대사전』, 교육서관, 1989.

집-나무-사람 검사(-檢査, Home-Tree-Person Test, HTPT)

버크(Buck, J. N.)가 고안한 묘사법에 의한 투영법 검사이다.

피험자는 지우개가 달린 연필과 여덟 가지 색의 크레용으로 집, 나무, 사람을 하나씩 검사 용지의 별지에 그리도록 한다. 여기에서 시간, 그림 부분의 계속, 자발적인 주석, 감정의 표현에 관한 기록을 취한다. 그림이 완성된 후 일정한 질문이 실시된다. 자발적으로 그리지 않았던 경우에는 각 그림에 태양이나 지면을 첨가할 것을 요구한다. 세부, 비율, 원근, 시간, 선의 질, 색의 사용, 피험자의 묘화와 질문 중의 일반적 행동이나 주석의 수량적·질적 분석에 의해서 채점된다. 버크는 '집'은 피험자의 가정이나 함께 살고 있는 사람에 대한 연상, '나무'는 생활적 역할이나 환경에서 만족에 관련된 연상, '사람'은 대인 관계에 대한 연상을 환기시킨다고 주장했다.

▌ Buck, J. N., "The H-T-P Test", *Journal Clinic Psychology*, 4, pp. 151~159, 1948. / Buck, J. N., "The H-T-P Technique : A Qualitative & Quantitative Scoring Technique", *Journal Clinic Psychology*, No. 5, October, 397~405, 1948.

창조성 검사(創造性檢査, Creativity Test, CT)

1920년대부터 유희 재료나 잉크의 얼룩에 대한 어린이의 행동 반응을 관찰하여 창조성을 평가한 기록은 있으나, 〈창조성 검사〉로서 사용되는 측정법은 1960년대에 실용화가 되었다.

겟절스(Getzels, J. W.)와 잭슨(Jackson, P. W.)은 고교생의 단위 의미, 물건의 용도, 도덕성의 문제, 묘화로 된 〈창조성 검사〉를 시행하여 지능 검사와 성적과의 관계를 조사했다. 그 결과 어느 정도 양자에 정상관(正相關)은 있었으나, 지능이 높고 창조성이 낮은 군과 창조성은 높으나 지능이 낮은 군은 그 질에 차이가 있었다. 다시 말해서 고지능군(高知能群)이 수렴적 사고(convergent thinking)를 가지고 있는 데 비해 고창조군은 발산적 사고(divergent thinking)를 특징으로 하고 있다. 고지능군이 보존적 인지를 하는데 비해 고창조군은 건설적 인지를 하고 있다.

미네소타대학교 교육연구소의 토렌스(Torrance, E. P.)는 불완전 도형을 완성하고, 제품 개량이나 보통이 아닌 사용법을 생각하며, 상상적 이야기를 짓는 등 언어적인 것과 비언어적인 것으로 된 조직력, 감수성, 독창성, 심리적 동찰(洞察), 풍부성의 다섯 가지를 기본으로 평정하고 있다. 그 밖에 해리스(Harris, R.)에 의한 〈AC 창조력 검사〉가 있다.

▌ Getzels, J. W. & Jackson, P. W., *Creativity and Intelligence*, 1962. / Torrance, E. P., *Guiding Creative Talent*, 1960.

출발 그림 검사(出發 – 檢查, Starter Sheet Test, SST)

〈출발 그림 검사〉는 치료사가 그림을 직접 그려 주거나 사진을 오려서 완성시키며, 이 검사는 지적 장애자나 정신 질환자들이 처음으로 그림을 그릴 때 사용한다.

▌ 박현일 · 조홍중, 『그림을 통한 성격 치료 미술 치료』, 시그마프레스, 2009.

취학 적성 검사(就學適性檢查, Aptitude Test for School Beginning, ATSB)

독일의 케른(Kern, A.)은 취학 전 아동을 중심으로 양 형태(量形態)의 모사, 인물화 검사, 연속 문양 검사들을 사용하여 분절성의 발달에 관해서 연구했다.

이 검사를 사용한 결과 초등학교에서 유급 아동의 40%가 취학 시기에 충분한 학령 성숙에 도달하지 못했다는 것을 발견했다. 독일에서는 이와 같은 연구에 따라 취학 학령을 반년 인상하는 행정 조치를 청구하게 되었다. 그러나 그 결과 학령 미숙자는 전부 감소되지 않았고, 학령 성숙은 생물학적으로 규정되는 것이 아니라 교육에 의해서 어느 정도 좌우되는 것이라는 것을 논했다.

▌ 교육학사전편찬위원회 편, 『교육학대사전』, 교육서관, 1989.

캘리포니아 심리 목록 검사(– 心理目錄檢查, California Psychological Inventory, CPI)

거흐(Gough, H. G.)가 질문지법으로 인격을 사회적 태도로 파악했으며, 458개의 질문 항목이 있는 검사이다.

검사 결과는 지배성(리더십의 뜻, Do), 사회적 능력(Cs), 사교성(Sy), 사회적 품위(Sp), 자기 수용(Sa), 행복감(Wb), 책임성(Re), 사회화(So), 자기 통제(Sc), 관용성(To), 좋은 인상(Gi), 상식성(Cm), 관습의 순응적 액티브멘트(Ac), 독립적 액티브멘트(Al), 지적 유효성(Ie), 심리적 흥미(Py), 유연성(Fx), 여성적 적성(Fe)의 각 카테고리로 정리되어 있다. 이 중 사회화 척도(socialization)는 특히 비행(非行) 척도로서 국제적 비교 연구도 실시되고 있다.

▌ Coulson, J. E., (Ed), *Programmed Learning and Computer-Based Instruction*, 1962.

캘리포니아 정신 성숙 검사(– 精神成熟檢查, California Test of Mental Maturity, CTMM)

1951년 설리번(Sullivan, C. T.), 에라크(Elark, W. W.), 티이그스(Tiegs, E. W.)에 의해 제작된 것으로 현재 가장 널리 사용되고 있는 검사의 하나이다.

이 검사는 유치원부터 성인에 이르기까지 모든 피험자를 대상으로 하고 있으며, 검사는 연령에 따라 예비형(유치원~초등 1년), 기초형(초등 1년~3년), 초급형(초등 4년~중등 2년), 중급형(중등 1년~고등 1년 및 성인), 고급형(중등 3년~성인) 다섯 가지로 나누어진다. 그러나 형은 달라도 정신 요인을 측정하도록 되어 있고, 지능은 언어 IQ와 비언어 IQ로 나누어 표시하게 되어 있으며, 각 하위 검사별로 프로필을 나타낼 수 있다.

▌ Sullivan, C. T., Elark, W. W. & Tiegs, E. W., 〈California

Test of Mental Maturity〉, 1951. / 교육학사전편찬위원회 편,『교육학대사전』, 교육서관, 1989.

콜게이트 정신 위생 검사(-精神衛生檢査, Colgate Mental Hygiene Test, CMHT)

1926년 레이어드(Laird, D. A.)가 제작한 검사로서, 검사의 목적은 '정신 위생을 필요로 하는 사람을 가려내기 위한 신뢰롭고 객관적이며, 타당한 방법을 제공하기 위해서' 또는 '이상(異常)의 정도와 종류를 아주 정확하게 양적으로 측정하기 위한 도구를 제공하기 위해서' 제작되었다.

이 검사의 제작 절차는 진술문의 수립, 편집, 실험 집단의 실시, 이상적(異常的)인 응답의 결정, 백분위 규준의 준비 다섯 가지가 있다. 여기서 사용된 진술문은 〈우드워스의 검사〉에서 빌려온 것이 대부분이다. 이 검사에서는 뚜렷한 두 가지 특징을 발견할 수 있다. 첫째는 편차 의식도(deviant signification)를 결정하기 위해 각 진술문의 반응을 분포로 만들어 사용했고, 둘째는 피험자의 대답을 도식에 의해 기록하고 있다.

▌Laird, D. A., 〈Colgate Mental Hygiene Test〉, 1926. / 교육학사전편찬위원회 편,『교육학대사전』, 교육서관, 1989.

쿠더 흥미 검사(-興味檢査, Kuder Preference Record, KPR)

1940년대 쿠더(Kuder)가 제작한 것으로 기술적(descriptive), 합리적(rational), 동질성(homogeneous)의 특징을 지닌 검사이다. 이 검사는 A, B, C, D형이 있는데 A형은 일종의 성격 검사이며, B형은 직업적 흥미 검사의 초기 판이고, C형은 이것에 배치되어 현재 사용되고 있는 것이며, D형은 최근에 스트롱식 흥미 검사처럼 특정한 직업을 예언하는 것이다.

이 검사는 직업 흥미를 열 개의 군집으로 나누고, 각 흥미군에 동질적인 문제를 정했다. 그 흥미군은 기공적 흥미(mechanical interest), 계수적 흥미(computation interest), 학구적 흥미(scientific interest), 설논적 흥미(persuasive interest), 미술적 흥미(artistic interest), 문예적 흥미(literary interest), 음악적 흥미(musical interest), 사회 봉사적 흥미(social service interest), 사무적 흥미(clerial interest), 운동적 흥미(out-door interest)로 나누었다.

▌Kuder, G., 〈Kuder Preference Record〉, 1940. / 교육학사전편찬위원회 편,『교육학대사전』, 교육서관, 1989.

쿨먼-앤더슨 지능 검사(-知能檢査, Kuhlman-Anderson Intelligence Test, KAIT)

1952년 쿨먼(Kuhlman, F.)과 앤더슨(Anderson, R. G.)이 제작한 지능 검사로 미국의 집단 지능 검사 중에서 가장 유명한 검사.

이 검사는 아홉 개의 검사 시리즈로 구성되어 있고, 각 피험자는 자기 능력에 적당한 시리즈를 선택하여 검사를 받도록 되어 있는 것이 특징이다. 예를 들면 책자(探字) K(유치원)는 1~10까지의 소검사로, A(1학년)는 4~13의 소검사로, B(2학년)는 8~17의 소책자로, H(9학년~12학년)까지의 39개 소검사로 구성되어 있다.

이 검사는 비교적 비네의 원칙에 많이 따르고 있는 셈이어서 언어 능력을 중시하고 있는 편이다. 측정하는 내용은 거의 〈스탠퍼드-비네 지능 검사〉와 같아서 상관이 완전할 정도이다.

▌Anderson, R. G. & Kuhlman, F., 〈Kuhlman-Anderson Intelligence Test〉, 1952. / 교육학사전편찬위원회 편,『교육학대사전』, 교육서관, 1989.

크레펠린 정신 작업 검사(-精神作業檢査, Kraepelin Test, KT)

독일의 정신 병리학자 크레펠린(Kraepelin, E.)이 정신병자의 작업 장애 연구의 실험에 사용한 연속 가산 작업에 의한 검사.

이 검사의 작업은 횡으로 81자의 계열에 대해서 옆에 있는 숫자의 연속 가산 작업을 행하게 한다. 1분마다 단을 바꾸어 15분 작업, 5분 쉬게 한 다음, 같은 방법으로 15분 또는 10분 작업을 행하게 한다.

작업 결과는 작업량 오류와 탈락 수, 작업 곡선형의 세 가지 항목에 따라 처리한다. 작업량은 탈락 수를 제외한 것을 각 단마다 기입하고, 각 단을 가산한 최종의 숫자를 작업 곡선으로 구한다.

▌ 교육학사전편찬위원회 편, 『교육학대사전』, 교육서관, 1989.

투사적 방법(投射的方法, Projective Technique, PT)

투사적 방법이란 인간의 성격을 표준화 검사가 아닌 투사적 방법을 통해 측정한다.

이 말은 프랑크(Frank, L. K.)에 의해 1938년부터 사용되어 왔으며, 현재에는 굉장히 넓은 뜻으로 사용되고 있다. 프로젝션(projection)이란 의미는 프로이트가 창안한 인간 심리의 기제를 지칭하는 말인데, 자아가 불안하거나 죄의식의 감정에서 벗어나기 위해 취하는 심리를 말한다. 이 방법은 자기에게 어디엔가 나쁜 점이 있어서 생기는 죄악감 혹은 자기의 요구, 원망, 공포들을 자기 밖의 어딘가에 투사 혹은 투영시키는 현상이다. 밤중에 겁을 집어먹고 걸어가면 길거리의 나뭇가지가 유령으로 보이는 수가 많다. 사람이 유령이 나올 것이라고 겁을 집어먹고 있기 때문에 나뭇가지를 유령으로 오인하는 것이다. 예를 들면 이것은 사람을 영사기로 생각하고 그 사람의 정신 내용을 영화의 필름이라고 가정할 때 영사막에 그 필름이 투사되는 것과 같은 과정이다.

투사적 방법의 유리한 점은 네 가지가 있다. 첫 번째, 표준화 검사에서는 일반적으로 피험자가 문항에 대답할 때 자신에게 유리하게 대답하거나, 혹은 모르는 사이에 유리하게 대답할 가능성이 많다. 이에 비해 투사적 방법은 이것이 불가능하다. 그러므로 정직한 반응을 얻을 수 있다. 두 번째, 표준화 검사에서는 가령 피험자가 정직하게 대답했다고 가정해도 그것이 개인의 내성적인 보고이기 때문에 그것을 전적으로 신뢰할 수는 없다. 왜냐하면 피험자가 자기 자신을 잘 이해하고 있어야 한다는 전제 조건이 성립되어야 하는데, 모든 사람이 자신을 올바르게 이해하고 있다고 단정할 수 없기 때문이다. 그러나 투사적 방법에서는 피험자의 내성이라는 여과 작용이 필요 없기 때문에 정확한 성격 진단이 가능하다. 세 번째, 피험자가 비교적 부드럽고 편안한 자세로 대답할 수 있다. 왜냐하면 표준화 검사는 아무래도 어느 대답을 할까 망설여야 하는 심리적 불안이 있지만, 투사적 방법에는 이것이 없다. 네 번째, 가장 큰 이점은 각 피험자가 자신은 알 수 없는 성격의 심층에 놓여 있는 무의식을 파헤칠 수 있다. 그러나 결점도 있는데, 그것은 해석의 곤란이다. 주관적인 해석법이 스며들어 진단의 타당성을 낮출 위험성이 있다. 진단법의 해설서를 보는 정도로는 진단을 할 수 없고, 장기적으로 임상적인 경험이 요구된다.

투사적 방법의 종류에는 시각적 자극을 사용하는 방법으로 〈로르샤흐 검사(Rorschach Ink-blot Test)〉, 〈주제 통각 검사(Thematic Apperception Test, TAT)〉가 있다. 이 두 가지 검사는 투사적 방법 중에 가장 유명한 것이다. 또 〈존디 검사(Szondi Test)〉, 로젠즈바이크(Rosenzweig)의 〈그림 좌절 검사(Picture Frustration Test)〉가 있다. 언어의 자극을 사용하는 방법으로는 〈언어 연상 검사(Word Association Test)〉, 〈문장 완성 검사(Sentence Completion Test)〉가 있다.

▌ 교육학사전편찬위원회 편, 『교육학대사전』, 교육서관, 1989.

티 에이 검사(－檢査, Test Anxiety Scale, TAS)

예일대학교의 사라손(Sarason, S. B.)에 의해 작성된 아동의 검사 불안을 측정하기 위한 척도.

〈티 에이 검사〉는 프로이트(Freud, S.)의 불안 반응의 세 가지 규준(불쾌, 생리적 부수 변화, 자각)에 합치되어 있는 검사나 검사의 유사 장면에 대한 태도나 그러한 것에 관련되어 있는 43개 항목으로 구성되어 있다. 이 척도는 집단적으로 시행되어 각 항목이 낭독된 다음에 회답 용지의 'Yes'나 'No'로 표시한다.

2학년~5학년까지 1,697명에게 실시한 결과 검사 불안 득점은 학년과 함께 증가하여 지능 지수와 부적 상관(負的相關)을 보이고 있다. 또한 이 득점은 교사에 의한 아동의 불안 행동에 관한 평점과 잘 일치하고 있다. 교사가 학업상 또는 행동상 문제가 있다고 진단한 아동은 그렇지 않은 아동보다 유의미하게 높은 검사 불안 득점을 나타내는 경향이 있다. 이 척도를 이용하여 학습과 불안에 대한 많은 연구가 실시되고 있다.

▍ 교육학사전편찬위원회 편,『교육학 대사전』, 교육서관, 1989.

풍경 구성 검사(風景構成檢査, Landscape Montage Technique, LMT)

정신 분열증 환자에게 자연 경치나 풍경을 그리게 하는 미술 치료의 방법.

〈풍경 구성 검사〉는 미술 치료의 진단적 도구에 속하며, 1969년 일본의 미술 치료학자 나카이(中井久夫)가 개발했고, 원래 정신 분열증 환자를 대상으로 했으나 이론적 가치가 인정되어 치료의 목적으로 사용되고 있다.

▍ 한국미술치료학회 편,『미술치료의 이론과 실제』, 동화문화사, 2000.

핑거 페인팅 검사(－檢査, Finger Painting Test, FPT)

손가락으로 형태나 물체를 표현한 그림을 검사하는 방법.

〈손가락 그림 검사〉는 내담자의 정서적 안정, 이완, 저항의 감소 효과가 나타나며, 손가락으로 그림을 그리므로 스트레스 해소에 좋고, 내담자뿐만 아니라 일반 사람에게도 도움이 된다.

▍ 박현일 · 조홍중,『그림을 통한 성격 치료 미술 치료』, 시그마프레스, 2009.

학교 생활화 검사(學校生活化檢査, School Life Drawing Test, SLDT)

선생님이나 친구들을 포함한 학교생활에 대해 그린 그림을 투사하는 방법.

〈학교 생활화 검사〉는 학교생활에 잘 적응하고 있는지를 파악하고, 내담자의 학교생활을 분석한다. 이

검사나 친구화(畵)는 또래 집단 내에서 내담자의 위치나 역할, 친밀도, 적응 상태를 나타낸다.

■ 박현일·조홍중, 『그림을 통한 성격 치료 미술 치료』, 시그마프레스, 2009.

향성 검사(向性檢査, Introversion Extroversion, IE)

목록표 형식의 〈인격 검사(Personality Test)〉이다. 융(Jung, C. G.)은 정신적 에너지, 다시 말해서 리비도(libido)가 향하는 방향에 따라 인격의 유형을 내향성과 외향성으로 나누고, 이 중 어느 쪽이 상대적으로 우세하냐에 따라 내향, 외향의 성격으로 분류했다. 그러나 현재 사용되고 있는 여러 가지 〈향성 검사〉는 융의 당초 개념과는 다소 다른 입장에서 만들어졌다.

미국에서는 레이어드(Laird)의 검사를 비롯해서 길포드(Guilford) 검사 또는 많은 검사가 있다. 길포드 목록표는 사교적 내향성-외향성(social introversion-extroversion), 사색적 내향성-외향성(thinking introversion-extroversion), 우울증(depression), 희귀성(cycloid disposition), 태평성(rhathymia)의 다섯 개의 특성을 잴 수 있도록 되어 있다.

■ 교육학사전편찬위원회 편, 『교육학대사전』, 교육서관, 1989.

형태 지각 검사(形態知覺檢査, Aspective Perception Test, APT)

윌슨(Wilson)은 형태 지각의 검사에서 사전 검사와 사후 검사를 제시했다.

〈형태 지각 검사〉는 20세기 유명한 작품 34점으로 구성되어 있고, 지각에 영향을 미치는 인지적 요인 세 가지를 언급했다. 첫째, 학생들은 작품의 사실적인 형태에만 관심을 기울었으나 교육을 받은 후 그 이상을 볼 수 있게 되었다. 그들은 특성과 특성 사이의 관계에 관심을 가졌다. 둘째, 학생들은 〈게르니카〉[270]의 형태 측면을 보는 단계의 학습을 통해 구별하는 기능과 태도를 발달시켰다. 셋째, 학생들은 언어적 개념을 획득하여 자신이 보았던 작품의 질에 대해 이야기할 수 있게 되었다.

■ Wilson, B., "An Experimental Study Designed to Alter Fifth and Sixth Grade Student's Perception of Paintings", *Studies in Art Education*, (Vol. 8), No. 1, Autumn, 1966.

1946년 그레고리(Gregory, W. S.)에 의해 제작된 이 검사는 〈스트롱(Strong, Edward K.) 흥미 검사〉와 마찬가지로 경험적 접근에 의해 제작되었다는 점이 특징이다.

〈흥미 검사〉는 대학생으로 하여금 전공과목 선택(직업적 의미에서)을 하는 데 도움이 되도록 제작된 것이다. 문항은 150개로 구성되어 있고, 그것을 28개 전공분야로 채점할 수 있으며, 채점 방법은 거의 스트롱 형식을 따르고 있다. 각 전공은 상당히 세분되어 있다. 예를 들면 공과 계통(工科系統)은 공공봉사공과(公共奉仕工科, public service engineering), 기계공과(機械工科, mechanical engineering), 전기공과(電氣工科, electrical engineering), 일반 공과(一般工科, civil engineering)로 나누어져 있다.

■ Gregory, W. S., 〈Academic Interest Inventory〉, 1946. / 교육학사전편찬위원회 편, 『교육학대사전』, 교육서관, 1989.

흥미 검사(興味檢査, Academic Interest Inventory, AII)

1946년 그레고리(Gregory, W. S.)에 의해 제작된 이 검사는 〈스트롱(Strong, Edward K.) 흥미 검사〉와 마찬가지로 경험적 접근에 의해 제작되었다는 점이 특징이다.

〈흥미 검사〉는 대학생으로 하여금 전공과목 선택

---

270. 게르니카는 피카소의 작품으로 스페인의 내란전쟁을 다루고 있다.

(직업적 의미에서)을 하는 데 도움이 되도록 제작된 것이다. 문항은 150개로 구성되어 있고, 그것을 28개 전공분야로 채점할 수 있으며, 채점 방법은 거의 스트롱 형식을 따르고 있다. 각 전공은 상당히 세분되어 있다. 예를 들면 공과 계통(工科系統)은 공공봉사 공과(公共奉仕工科, public service engineering), 기계공과(機械工科, mechanical engineering), 전기공과(電氣工科, electrical engineering), 일반 공과(一般 工科, civil engineering)로 나누어져 있다.

▌ Gregory, W. S., 〈Academic Interest Inventory〉, 1946. / 교육학사전편찬위원회 편, 『교육학대사전』, 교육서관, 1989.

흥미 검사(興味檢査, Interest Test, IT)
흥미를 검사하는 방법에는 여러 가지가 있다. 그것을 크게 나누면 직접적 관찰, 실험에 의한 관찰, 질문지법, 표준화 검사 네 가지가 있다.

흥미 검사라고 할 때는 대개 표준화 검사를 지칭하는 말로 사용하고 있다. 흥미를 측정하도록 고안된 검사에는 두 가지 방법이 있다. 하나는 〈스트롱(Strong)식 흥미 검사〉이며, 또 하나는 〈쿠더(Kuder)식 흥미 검사〉이다. 〈스트롱식 흥미 검사〉는 스트롱이 1927년 미국에서 제작한 것으로 흔히 경험적, 예언적, 직업적인 특징을 지닌 검사로 부르고 있다.

이 검사의 제작에는 첫째, 같은 직업에 종사하고 있는 사람의 흥미는 서로 비슷한 데가 있다는 것과 둘째, 각 개인의 직업은 거의 변하지 않는 고정적인 것이라는 가정이 그 밑받침이 되고 있다. 검사는 남녀별로 되어 있으며, 〈남자용 검사(Strong Vocational Interest Blank for Men)〉와 〈여자용 검사(Strong Vocational Interest Blank for Women)〉로 되어 있다. 흔히 약호로 VIB라고 한다. 문항은 각각 400개의 여러 가지 직업 명칭으로 구성되어 있어서 각 직업에 대해 L(좋아한다), D(싫어한다), I(관심 없다)의 세 가지로 답하게 되어 있다.

이 검사의 특징은 각 문항, 다시 말해서 직업명을 여러 가지 직업에 종사하고 있는 사람에게 실시한 다음, 그 결과를 분석해서 어떤 문항에 어떤 답을 하면 그 직업의 흥미 점수 비중을 매긴다는 것이다. 이런 점에서, 이 검사는 경험적인 것과 예언적, 직업적인 특징을 지닌 흥미 검사라고 할 수 있다. 또 〈스트롱 흥미 검사〉는 흥미를 기술하려는 입장이 아니라 한 사람의 흥미 형태가 직업 집단의 흥미 형태와 어느 정도로 일치하느냐를 보려는 데 있다.

〈쿠더식 흥미 검사〉는 여러 가지 점에서 스트롱식과는 달리 합리적이며 기술적인 흥미 검사이다. 현재 사용되고 있는 것은 두 가지 종류로서 〈쿠더의 직업적 흥미 검사〉와 〈쿠더의 인성적 흥미 검사〉가 그것이다. 〈쿠더의 직업적 흥미 검사〉는 흥미의 영역을 열 개의 분야로, 인성적 흥미 검사는 다섯 개의 분야로 나누어 각 개인이 가지고 있는 흥미의 강도가 상대적으로 얼마나 되느냐를 기술하는 것이 목적이다. 문항의 해석은 강제 선택법(forced-choice method)이 있다.

▌ 교육학사전편찬위원회 편, 『교육학대사전』, 교육서관, 1989.

찾아보기

ㅅ

참고문헌

青木誠四郎,『兒童の人物畵發達的考察』, 中文館書店, 1922.

長岡重雄,『汽車の研究』, 日本兒童畵研究會, レポート, 1951.

田原輝夫,「繪畫と民族性」,『美術敎育』, 東京敎育大學 敎育大學硏究室 編, 金子書房, 1952.

淺利篤,『無意識の言語』, 日本兒童畵研究會, レポート, 岩手新聞社刊, 1953.

香川勇,『太陽の研究』, 日本兒童畵研究會, レポート, 1954.

長谷川望,『虹の研究』, 日本兒童畵研究會, レポート, 1954.

臟田言羲哉,『蝶の研究』, 日本兒童畵研究會, レポート, 1954.

淺利篤,「色彩と生理」,『Color』, 日本兒童畵研究會, レポート, 1954.

守尾光雄,「精神薄弱兒に關する臨床的研究(4)」,『心理學研究』, 二五卷, 1954.

淺利篤,『兒童畵の秘密』, 黎明書房, 1956.

淺利篤,『兒童畵と家庭』, 黎明書房, 1956.

勝井晃,「兒童畵の紫色と疾病傷害と關係」,『教育心理』, 第四卷, 1956.

長島貞夫(書評), 香川勇の「兒童畵の秘密」,『兒童心理』, 十卷 八號, 1956.

川口勇,『創造教育をこえて』, 黎明書房, 1956.

角尾禾念,「兒童の描畵と性格(I)」,『日本心理學會』, 第二八回 大會發表論文 抄錄, 1956.

中西良男,『兒童畵の讀み方』, 金子書房, 1957.

大伴公馬,『人格診斷法』, 黎明書房, 1958.

扇田博元,『繪による兒童診斷法』, 黎明書房, 1960.

大伴茂,『人物畵による性格診斷法』, 黎明書房, 1960.

倉田三郎・手塚又四郎,『世界の美術教育』, 美術出版社(株), 1963.

小林重順,『デザインのための色彩心理學』, 誠信書房, 1965.

小林重順,『デザインのための色彩心理學』, 誠信書房, 1965.

恩田彰,『創造性開發と授業改造』, 明治圖書, 1969.

霜田靜志,『兒童畵の心理と教育』, 金子書房, 1969.

田淸,『子供の繪の伸は"し方』, 創元社, 1970.

安村重己,『描畵療法』, 明治圖書, 1971.

邦順田茂,『兒童美術教育』, 造形社, 1971.

守尾光雄,「兒童畵による性格形成」,『兒童畵の性格』, 金子書房, 1971.

後臟光勇,『兒童觀察の理論と方法』, 目黒書店, 1972.

土家田敢,『色彩の美學』, 1979.

浜畑紀,『色彩生理心理學』, 黎明書房, 1989.

末永蒼生,『色彩トレンド』, フレジデント, 1990.

中西芳夫,『繪で診る心のSOS』, シチケン出版社, 1995.

瀧本孝雄・藤澤英昭,『入門色彩心理學』, 大日本圖書, 1996.

松岡武,『色彩とパーソナリテイ一』, 金子書房, 1999.

Cheskin, L., Color : What They can do You, 大智浩 譯,『役だつ色彩』, 白陽社, 1962.

Morris, D., 小野嘉明 譯,『美術の生物學』, 法政大學出版局, 1975.

Sully, J., 霜田靜志 譯,『兒童期の研究』, 金子書房, 1974.

Abercrombie, M. L. J. Lindon, R. L. & Tyson, M. C., "Direction of Drawing Movements", *Developmental Medicine and Child Neurology*, 10, pp. 83~97, 1968.

Ackerman, N., *The Psychodynamic of Family Life*, New York : Basic Books, 1958.

Adler, G., *The Living Symbol*, New York : Bollingen, 1961.

Akeret, R. U., *Photoanalysis*, New York : Peter H. Wyden, 1973.

Alan, C., Healing, "Arts Therapies and Person-Centered Dementia Care", *Nursing Older People*, 14, 38, 2002.

Alexander, F., *Fundamentals of Psychoanalysis*, New York : W. W. Norton Co., 1948.

Allen, Pat B., *Art is a Way of Knowing* : A Guide to Self-Knowledge and Spiritual Fulfillment through Creativity, Boston : Shambhala, 1995.

Alschuler, Rose H. & Hattwick, La Berta W., "Easel Painting as an Index of Personality in Preschool Children", *American Journal of Orthopsychiatry*, (Vol. 13), pp. 616~625, 1943.

_____, *Painting and Personality* : A Study of Painting and Personality of Young Children, Chicago : Univ. of Chicago Press, (Vol. 2), 1947. (Revised, 1969.)

_____, *Art and Personality* : A Study of Young Children, Chicago : Univ. of Chicago Press, (Vol. 1), 1947.

Anastasi, A. & Foley, J. P., "A Survey of the Literature on Artistic Behavior in Abnormal", III, Spontaneous Productions, *Psychology Monograpy*, 52, pp. 1~71, 1940.

_____, "An Analysis of Spontaneous Artistic Productions by the Abnormal", *Journal Gen. Psychology*, 28, pp. 297~314. 1943.

Anderson, Frances E., *Art Centered Education & Theory for Children with Disabilities*, Springfield, Illinois : Charles C. Thomas, 1994.

Anderson, W., (Ed.), *Therapy & the Arts*, New York : Harper & Row, 1977.

Appel, K. E., "Drawing by Children as Aids to Personality Studies", *American Journal Orthopsychiatry*, (Vol. 1), pp. 129~144, 1931.

Arnheim, Rudolf, *Art and Visual Perception*, Berkeley California : Univ. of California Press, 1954.

_____, *Towards a Psychology of Art*, Berkeley, California : Univ. of California Press, 1967.

_____, *Visual Thinking, Berkeley*, California : Univ. of California Press, 1969.

_____, *Artistic Symbols-Freud and Otherwise in Toward a Psychology of Art*, Berkeley, California : Univ. of California Press, 1972.

Bailey, H. T., "Picture Study : A Symposium", *School Arts Book*, 7, pp. 482~499, 1908.

Bannon, Laura, *Mind Your Child's Art*, New York : Farrar, Strauss & Cudahy Ins., 1952.

Barkan, Manuel, *A Foundation for Art Education*, New York : Ronald Press Co., 1955.

Barlow, G., "Editorial-Art Therapy and Art Education : A Special Issue", *Art Education*, 33(4), 1980.

Barron, Frank, "The Psychology of Imagination", *Scientific American*, (Vol. 199), pp. 150~166, September, 1958.

Bejjani, F. J., *Current Research in Arts Medicine*, Pennington, New Jersey : Cappella Books, 1993.

Bender, L. A., *Child Psychiatric Techniques*, Springfield, Illinois : Charles C. Thomas, 1952.

Bender, L. & Rapaport, J., "Animal Drawings of Children", *American Journal Orthopsychiatry*, (Vol. 14), pp. 521~527, 1944.

Bender, L. & Wolfson, W. Q., "The Nautical Theme in the Art and Fantasy of Children", *American Journal Orthopsychiatry*, 13, pp. 462~467, 1943.

Bertman, S. L., *Facing Death*, Bristol, Pennsylvania, Washington, D. C. : Taylor & Francis, 1991.

Bertoia, J., *Drawings from a Dying Child*, New York : Routledge, 1993.

Betensky, M., "Pattern of Visual Expression in Art Psychotherapy", *Art Psychotherapy*, 1, pp. 121~129, 1973.

——————, "The Phenomenological Approach to Art Expression and Art Therapy", *Art Psychotherapy*, 4, pp. 173~179, 1976.

——————, "Phenomenology of Self-Expression in Theory and Practice", *Confinia Psychiatrica*, 21, pp. 31~36, 1978.

——————, "Media Potential : Its Use and Misuse in Art Therapy", *Processing, 10th Annual Conference*, Baltimore, Maryland : American Art Therapy Association, 1982.

Betensky, M. & Nucho, A. O., "The Phenomenological Approach to Art Therapy", *Processing, 10th Annual Conference*, Baltimore, Maryland : American Art Therapy Association, 1979.

Brenner, C., *Psychoanalysis Technique and Psychic Conflict*, New York : Appleton, 1929.

Bricks, M., "Mental Hygiene Value of Children's Art Work", *American Journal Orthopsychiatry*, (Vol. 14), pp. 136~146, 1944.

Brooke, S., *A Therapists Guide to Art Therapy Assessment*, Springfield, Illinois : Charles C. Thomas, 1996.

——————, *Art Therapy with Sexual Abuse Servivors*, Springfield, Illinois : Charles C. Thomas, 1997.

Brown, D., *Principles of Art Therapies*, London : Thomas, 1997.

Brown, W., *Introduction to Psycho-Iconography*, New York : Schering, 1967.

Buck, J. N., "The H-T-P Test", *Journal Clinic Psychology*, 4, pp. 151~159, 1948.

——————, "The H-T-P Technique : A Qualitative & Quantitative Scoring Technique", *Journal Clinic Psychology*, No. 5, October, 397~405, 1948.

Bühler, C., "Basic The oretical Concepts of Humanistic Psychology", *American Psychologist*, 24, pp. 378~386, 1971.

Bühler, Karl, *The Mental Development of the Child*, New York : Harcourt, Brace & World, Inc., 1930.

Burns, R. C. & Kaufman, S. H., *Action, Style, and Symbols in Kinetic Family Drawings*, New York : Brunner & Mazel Publishers, 1972.

Burns, R. C., *Kinetic House-Tree-Person Drawings*, New York : Brunner & Mazel Publishers, 1987.

Bush, J., *The Handbook of School Art Therapy*, Springfield, Illinois : Charles C. Thomas, 1977.

Campbell, J., *Creative Art in Groupwork*, Bicester, UK : Winslow, 1993.

Case, B. & Cox, C. T., *Telling Without Talking : Art as a Window into the World of Multiple Personality*, New York : W.

W. Norton Co., 1995.

Cizke, F., *Children's Cut Paper Work*, Vienna : Anton Schroll Co., 1927.

Cohen, B. M. Barnes, M. M. & Rankin, A., *Managing Traumatic Stress through Art*, Litherville, Maryland : Sidren Press, 1995.

Cohen, E. P., "Color Me Black", *Art Education*, Virginia : N. A. E. A.(National Art Education Association), (Vol. 22), No. 45, pp. 1~12, April, 1969.

Colby, K. M., *A Primer for Psychotherapist*, New York : Ronald Press, 1951.

Coleman, V. D. & Farris-Dufrene, P. B., *Art Therapy & Psychotherapy*, Washington, D. C. : Taylor & Francis, 1996.

Corey, G., *Theory and Practice of Counselling and Psychotherapy*, California : Brooks & Cole, 1996.

Corn, A. L., *Visual Thinking*, Berkeley, California : Univ. of California Press, 1983.

Cox, M. V., *Children's Drawings of the Human Figure*, Hillsdale, New Jersey : Lawrence Erlnaum, 1993.

Dalley, T., (Ed.), *Art as Therapy*, London : Routledge & Kegan Paul, Ltd., 1984.

Dalley, T., Case, C., Schaverien, J., Weir, F., Halliday, D., Hall, P. N., Waller, D., *Images of Art Therapy*, London : Routledge & Kegan Paul, Ltd., 1987.

Dalley, T., Rifkind, G., Terry, K., *Three Voices of Art Therapy : Image, Client , Therapist*, London : Rougtledge, 1993.

D'Amico, Victor, *Creative Teaching in Art*, Revised (Ed.), Scranton, Pennsylvania : International Textbook Co., 1953, Original work published, 1942.

D'Amico, Victor, & Wilson, Frances, *Art for the Family*, New York : Museum of Modern Art, 1956.

Dax, E. C., *Experimental Studies in Psychiatric Art*, London : Faber & Faber, 1953.

De Bono, E., *Teaching Thinking*, Pelican Books, 1976.

Dennis, Wayne, *Group Values through Children's Drawings*, New York : John Wiley & Sons, Inc., 1966.

Dennis, Wayne, & Raskin, E., "Further Evidences Concerning the Effect of Handwriting Habits on the Location of Drawings", *Journal of Consulting Psychology*, 24, pp. 548~549, 1960.

Despert, J. L., "A Method for the Study of Personality Reactions in Preschool Age Children by Means of Analysis of Their Play", *Journal Psychology*, 9, pp. 17~29, 1940.

Despert, J. L. & Potter, H. W., "Technical Approaches Used in the Study and Treatment of Emotional Problem in Children(I)", *Psychiatry Quart*, pp. 619~638, 1936.

Dewald, P. A., (2nd Ed.), *Psychotherapy a Dynamic Approach*, New York : Basic Books, 1969.

Di Leo, Joseph H., *Young Children and Their Drawing*, New York : Brunner & Mazel Publishers, 1970.

_____, *Children's Drawing as Diagnostic Aids*, New York : Brunner & Mazel Publishers, 1975.

_____, *Interpreting Children's Drawings*, New York : Brunner & Mazel Publishers, 1983.

Dimondstein, Geraldine, *Exploring the Arts with Children*, New York : Macmillan Publishing Co., Inc., 1974.

Dokter, D., (Ed.), *Arts Therapies & Clients with Eating Disorders*, London : Jessica Kingsley, 1994.

_____, *Arts Therapies, Refuges, & Migrants*, London : Jessica Kingsley, 1998.

_____, *Arts Therapies, Races, & Culture*, London : Jessica Kingsley, 1999.

Drachnik, C., *Interpreting Metaphors in Children's Drawings : A Manual, Burlingame*, California : Abbeygate Press, 1995.

Edwards, B., *Drawing on the Right Side of the Brain*, Los Angeles : Jeremy Tarcher, 1979.

_____, *Drawing on the Artist Within*, New York : Simon & Schuster, 1986.

Elkisch, P., "Children's Drawings in a Projective Technique", *Psychology Monograpy*, 58, No. 1~31, 1954.

Ellis, A., *Reason and Emotion in Psychotherapy*, New York : Lyle Stuart, 1962.

Eng, Helga, *The Psychology of Child and Youth Drawing*, New York : Harcourt, Brace & World, Inc., 1957.

England, A. O., "A Psychological Study of Children's Drawings : Comparison of Public School, Retarded, Institutionalized and Delinquent Children's Drawings", *American Journal Orthopsychiatry*, (Vol. 13), pp. 525~530, 1943.

Fairbairn, W. R. D., *Endopsychic Structure Considered in Terms of Object-Relationship's in Psychoanalytic Studies of the Personality*, London : Routledge & Kegan Paul, Ltd., 1952.

_____, "The Interpersonal Process in Psychotherapy : Development of Research Method", *Journal of Abnormal Psychology*, 47, pp. 236~244, 1952.

Fausek, D., *A Practical Guide to Art Therapy Group*, New York : Haworth, 1997.

Feder, E. & Feder, B., *The Expressive Arts Therapies*, Englewood Cliffs, New Jersey : Prentice Hall, 1981.

Fenichel, O., *The Psychoanalysis Theory of Neurosis*, New York : W. W. Norton Co., 1945.

Finnegan, R. A., Hodges, E. V. E. & Perry, D. G., "Victimization by Peers : Associations with Children's Reports of Mother-Child Interaction", *Journal of Personality and Social Psychology*, 75(4), pp. 1076~1086, 1998.

Fleshman, B. & Fryrear, J. L., *The Arts in Therapy*, Chicago : Nelson Hall, 1981.

Flitton, B., "Exploring the Effects of a 14 Week Person-Centered Counselling Intervention with Learning Disabled Children", *Emotion & Behaviour Difficulties*, 7, 164, 2002.

Ford, C. S., Prothero, E. T. & Child, I. L.,"Some Transcultural Comparisons of Aesthetic Judgement", *Journal of Social Psychology*, (Vol. 68), pp. 19~26, 1966.

Freeman, N. H., "Process and Product in Children's Drawing", *Perception*, 1, pp. 123~140, 1972.

_____, "Do Children Draw Men with Arms Coming Out of the Head?", *Nature*, 254, pp. 416~417, 1975.

Freud, S., "The Descriptive and the Dynamic Unconscious", *S. E.*, 19, 52, 1923.

————, *The Ego and the Id*, London : Hogarth Press, 1935.

————, *The Ego and Mechanism of Defense*, New York : International Univ. Press, 1936.

Fryrear, J. L. & Corbit, I. E., *Photo Art Therapy : A Jungian Perspective, Springfield*, Illinois : Charles C. Thomas, 1992.

Fryrear, J. L. & Fleshman, B., (Eds.), *Videotherapy in Mental Health*, Springfield, Illinois : Charles C. Thomas, 1981.

Frankle, V., *Man's Search for Meaning*, Boston : Beacon Press, 1969.

_____, *The Unheard Cry for Meaning*, New York : Simon & Schuster(Touchstone), 1978.

Furrer, P. J., *Art Therapy Activities & Lesson Plans for Individuals & Groups*, Springfield, Illinois : Charles C. Thomas, 1982.

Furth, G. M., *The Secret World of Drawing*, Boston : Sigo, 1988.

Gabbard, G. L., *Psychodynamic Psychiatry in Clinical Practice*, Washington, D. C. : American Psychiatric Press, Inc., 1994.

Gaitskell, Charles D., *Children and Their Art*, New York : Harcourt, Brace & World, Inc., 1958.

Gaitskell, Charles D. & Gaitskell, Margaret, *Art Education in the Kindergarten*, Toronto : Reyrson Press, 1952.

Gantt. L. & Tabone., C., *Rating Manual for the Formal Elements Art Therapy Scale*, W. V. Morgantown, : Gargoyle

Press, 1997.

Gantt. L. & Schmal, M. S., "Art Therapy : A Bibliography", (1/40~6/73), Washington, D. C. : National Institutes of Mental Health, 1974.

Garai, J. E., "New Vistas in the Exploration of Inner and Outer Space through Art Therapy", *Art Psychotherapy*, 3, pp. 157~167, 1976.

Gardner, H., *The Arts and Human Development*, New York : John Wiley & Sons, Inc., 1973.

_____, *Artful Scribbles*, New York : Basic Books, 1980.

_____, *Art, Mind and Brain*, New York : Basic Books, 1982.

Gesell, Amold, *He Child from Five to Ten*, New York : Harper & Brothers, 1946.

Gesell, Amold, & Ilg, Frances L., *The Child from Five to Ten*, New York : Harper & Brothers., 1946.

Gesell, Amold, & Ames, L. B., "The Development of Directionality in Drawing", *Journal of Genetic Psychology*, 68, pp. 45~61, 1946.

Ghent, L., "Form and Its Orientation : A Child's Eye View", *American Journal of Psychology*, 74, pp. 177~190, 1961.

Gillespie, J., *The Projective Use of Mother-and-Child Drawings*, New York : Brunner & Mazel Publishers, 1994.

Gilroy, A. & Lee, C., (Eds.), *Art & Music : Theory & Research*, London : Routledge & Kegan Paul, Ltd., 1995.

Gombrich, E. H., "Visual Discovery through Art", *Psychology and the Visual Arts*, (Ed.), James Hogg, Baltimore : Penguin Books, , pp. 215~238, 1969.

Gondor, E. I., *Art and Play Therapy*, New York : Doubleday, 1954.

Goodenough, F. L., "Studies in the Psychology of Children's Drawings", *Psychology Bull*, 25, pp. 272~279, 1928.

_____, "Studies in the Psychology of Children's Drawings II", 1928~1949, *Psychology Bull*, 47, pp. 369~433, 1950.

Goodnow, Jacqueline J., *Children Drawing*, Massachusetts, Cambridge : Harvard Univ. Press, 1977.

Goodnow, Jacqueline J. & Friedman, S., "Orientation in Children's Human Figure Drawings : An Aspect of Graphic Language", *Developmental Psychology*, 7, pp. 10~16, 1972.

Goodnow, Jacqueline J., Friedman, S., Berbaum, M. & Lehman, E. B., "Direction and Sequence in Copying : The Effect of Learning to Write in English and Hebrew", *Journal of Cross-Cultural Psychology*, 4, pp. 263~282, 1973.

Gray, P., "Memory as Resistance and Telling of a Dream", *Journal of American Psychoanalysis Association*, 40, 307~326, 1992.

Greenberg, Pearl, *Children's Experiences in Art*, New York : Van Nostrand Reinhold Publishing Co., 1966.

_____, *Art and Ideas for Young People*, New York : Van Nostrand Reinhold Publishing Co., 1970.

Guilford, Joy P., "The Affective Value of Color as a Function of Hue, Tint, and Chroma", *Journal of Experimental Psychology*, June, 1934.

Gussak, D. & Virshup, E., (Eds.), *Drawing Time : Art Therapy in Prisons & Forensic Settings*, Chicago : Magnolia Street Publishers, 1997.

Hanes, K. M., *Art Therapy and Group Work : An Annotated Bibliography*, Westport, Connecticut : Greenwood Press, 1982.

Harms, E., "The Psychology of Formal Creativeness(I) : Six Fundamental Types of Formal Expression", *Journal Genet.*, *Psychology*, 69, pp. 97~120, 1946.

Harris, Dale B., *Children's Drawings as Measure of Intellectual Maturity : A Revision and Extension of the Goodenough Draw-a-Man Test*, New York : Harcourt, Brace & World, Inc., 1963.

Hartmann, H., *Comments on the Psychoanalytic Theory of Instinctual Drives : Essay on Ego Psychology*, New York : International Univ. Press, 1948.

Hauschka, M., *Fundamentals of Artistic Therapy*, London : Rudolf Steiner Press(English Trans. of 1978 Book), 1985.

Havighurst, R. J., "Environment and the Draw-a-Man Test, the Performance of Indian Children", *Journal of Abnormal Social Psychology*, 41, pp. 50~63, 1946.

Henley, D. R., *Exceptional Children : Exceptional Art*, Worcester, Massachusetts : Davis Publications, 1992.

Herrick, M. A., "Children's Drawings", *Ped. Sem.*, 3, pp. 338~339, 1893.

Hiscox, A. & Calisch A., (Eds.), *Tapestry of Cultural Issues in Art Therapy*, London : Jessica Kingsley, 1977.

Hoffman, D., Greenberg, P. & Fitzner, D., "Lifelong learning & the Visual Arts", *Art Education*, Virginia : N. A. E. A.(National Art Education Association), 1977.

Hogan, S., (Ed.), *Feminist Approaches to Art Therapy*, New York : Routledge, 1997.

Horovitz-Darby, E. G., *Spiritual Art Therapy,* Springfield, Illinois : Charles C. Thomas, 1994.

Horowitz, M. J., *Image Formation & Psychotherapy*(originally imagery & cognition, 1970), New York : Jason Aronson, 1983.

Inuma, K. & Watanabe, K., "Observation on Moving Objects Drawn by Children : Orientation and Motion of Railway Trains", *Japanese Journal of Psychology*, 12, pp. 393~403, 1937.

Jacobs, M., *Psychodynamic Counselling in Action*, London : Sage, 1988.

Jennings, S., & Minde, A., *Art Therapy and Dramatherapy*, London : Jessica Kingsley, 1993.

Jolles, I., "A Catalogue for the Qualitative Interpretation of the H-P-T Manual", *Journal of Consult. Psychology*, pp. 416~476, 1952.

Jung, C. G., *Man and His Symbols*, Garden, New York : Doubleday, 1964.

Junge, M. B., Asawa, P. P., "A History of Art Therapy in the United States", *Mundelein*, Illinois : American Art Therapy Association, 1994.

Karmer, Edith, *Art as Therapy with Children*, New York : Schoken, Books, 1972.

Karwoski, F. Theodore, & Odbert, Henry S., "Color Music", *Psychological Monographs*, (Vol. 50), No. 2, Columbus, Ohio State Univ., 1938.

Kellogg, Rhoda, *What Children Scribble and Why*, Palo Alto, California : National Press Books, 1959.

Kellogg, Rhoda, & O'dell, S., *Psychology of Children's Art*, California : C. R. M., Inc., 1967.

Kerr, M., "Children's Drawings of Houses", *Brit. Journal Med. Psychology*, 16, pp. 206~218, 1937.

Kiell, N., *Psychiatry and Psychology in the Visual Arts and Aesthetic*, Madison, Wisconsin : Univ. of Wisconsin Press, 1965.

Killick, K., & Shaverien, J., (Ed.), *Art, Psychology, and Psychosis*, London : Routledge & Kegan Paul, Ltd., 1977.

Kirchner, L., *Dynamic Drawing : Its Therapeutic Aspect*, Spring Valley, New York : Neecury Press, 1977.

Klein, M., *The Psycho-Analysis of Children*, New York : Dell, 1975.

Knill, P. J., Barba, H. N. & Fuchs, M. N., *Minstrels of Soul : Intermodal Expressive Therapy*, Toronto : Palmerston Press, 1995.

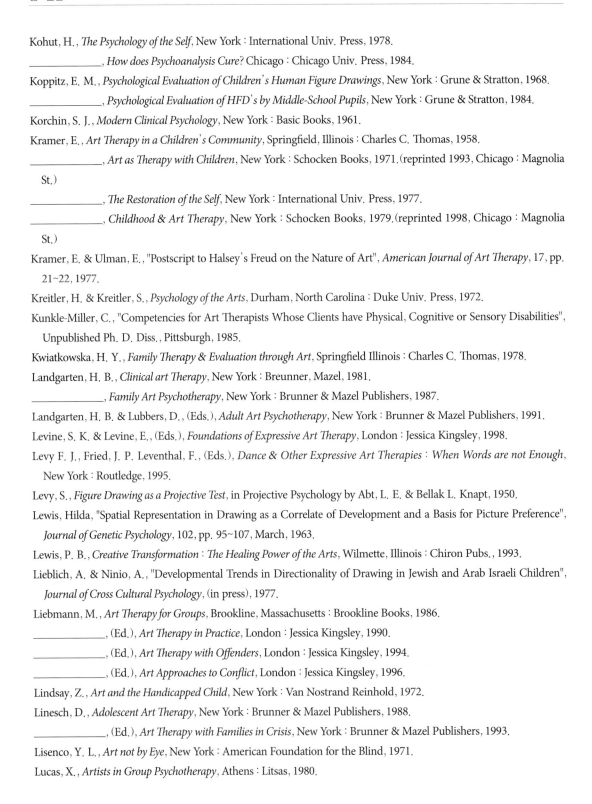

Kohut, H., *The Psychology of the Self*, New York : International Univ. Press, 1978.

_____, *How does Psychoanalysis Cure?* Chicago : Chicago Univ. Press, 1984.

Koppitz, E. M., *Psychological Evaluation of Children's Human Figure Drawings*, New York : Grune & Stratton, 1968.

_____, *Psychological Evaluation of HFD's by Middle-School Pupils*, New York : Grune & Stratton, 1984.

Korchin, S. J., *Modern Clinical Psychology*, New York : Basic Books, 1961.

Kramer, E., *Art Therapy in a Children's Community*, Springfield, Illinois : Charles C. Thomas, 1958.

_____, *Art as Therapy with Children*, New York : Schocken Books, 1971.(reprinted 1993, Chicago : Magnolia St.)

_____, *The Restoration of the Self*, New York : International Univ. Press, 1977.

_____, *Childhood & Art Therapy*, New York : Schocken Books, 1979.(reprinted 1998, Chicago : Magnolia St.)

Kramer, E. & Ulman, E., "Postscript to Halsey's Freud on the Nature of Art", *American Journal of Art Therapy*, 17, pp. 21~22, 1977.

Kreitler, H. & Kreitler, S., *Psychology of the Arts*, Durham, North Carolina : Duke Univ. Press, 1972.

Kunkle-Miller, C., "Competencies for Art Therapists Whose Clients have Physical, Cognitive or Sensory Disabilities", Unpublished Ph. D. Diss., Pittsburgh, 1985.

Kwiatkowska, H. Y., *Family Therapy & Evaluation through Art*, Springfield Illinois : Charles C. Thomas, 1978.

Landgarten, H. B., *Clinical art Therapy*, New York : Breunner, Mazel, 1981.

_____, *Family Art Psychotherapy*, New York : Brunner & Mazel Publishers, 1987.

Landgarten, H. B. & Lubbers, D., (Eds.), *Adult Art Psychotherapy*, New York : Brunner & Mazel Publishers, 1991.

Levine, S. K. & Levine, E., (Eds.), *Foundations of Expressive Art Therapy*, London : Jessica Kingsley, 1998.

Levy F. J., Fried, J. P. Leventhal, F., (Eds.), *Dance & Other Expressive Art Therapies : When Words are not Enough*, New York : Routledge, 1995.

Levy, S., *Figure Drawing as a Projective Test*, in Projective Psychology by Abt, L. E. & Bellak L. Knapt, 1950.

Lewis, Hilda, "Spatial Representation in Drawing as a Correlate of Development and a Basis for Picture Preference", *Journal of Genetic Psychology*, 102, pp. 95~107, March, 1963.

Lewis, P. B., *Creative Transformation : The Healing Power of the Arts*, Wilmette, Illinois : Chiron Pubs., 1993.

Lieblich, A. & Ninio, A., "Developmental Trends in Directionality of Drawing in Jewish and Arab Israeli Children", *Journal of Cross Cultural Psychology*, (in press), 1977.

Liebmann, M., *Art Therapy for Groups*, Brookline, Massachusetts : Brookline Books, 1986.

_____, (Ed.), *Art Therapy in Practice*, London : Jessica Kingsley, 1990.

_____, (Ed.), *Art Therapy with Offenders*, London : Jessica Kingsley, 1994.

_____, (Ed.), *Art Approaches to Conflict*, London : Jessica Kingsley, 1996.

Lindsay, Z., *Art and the Handicapped Child*, New York : Van Nostrand Reinhold, 1972.

Linesch, D., *Adolescent Art Therapy*, New York : Brunner & Mazel Publishers, 1988.

_____, (Ed.), *Art Therapy with Families in Crisis*, New York : Brunner & Mazel Publishers, 1993.

Lisenco, Y. L., *Art not by Eye*, New York : American Foundation for the Blind, 1971.

Lucas, X., *Artists in Group Psychotherapy*, Athens : Litsas, 1980.

Lusebrink, V., *Imagery & Visual Expression in Therapy*, New York : Plenum Press, 1990.

MacGreger, J. M., *The Discovery of the Art of the Insane*, Princeton, New Jersey : Princeton Univ. Press, 1989.

Machover, K., *Personality Projection in the Drawing of Human Figure*, Illinois : Charles C. Thomas, Publisher, 1949.

Makin, S., *A Consumer's Guide to Art Therapy*, Springfield, Illinois : Charles C. Thomas, 1994.

Malchiodi, C. A., *Breaking the Silence*, *Art Therapy with Children from Violent Homes*, (2nd Ed., 1997), New York : Brunner & Mazel Publishers, 1990.

_____, *Understanding Children's Drawings*, New York : Guilford Press, 1998.

_____, *The Art Therapy Sourcebook*, L. A., California : Lowell House, 1998.

_____, *Handbook of Art Therapy*, New York : Guilford Press, 2003.

May, R., *Courage to Create*, New York : W. W. Norton Co., 1975.

_____, (Ed.), *Medical Art Therapy*, Vol. 1 : Children, Vol. 2 : Adults, London : Jessica Kingsley, 1998, 1999.

McElhaney, M., *Clinical Psychological Assessment of the Human Figure Drawing*, Springfield, Illinois : Charles C. Thomas, 1969.

McLoughlin, B., "The Client Becomes a Counsellor", in Mearns, D. & Dryden, W., (Eds), *Experiences of Counselling in Action*, London : Sage Publications, 1990.

_____, *Developing Psychodynamic Counselling*, London : Sage Publications, 1995.

_____, *Dynamically Oriented Art Therapy : Its Principles and Practices,* New York : Grune & Stratton, 1966.

McNiff, S., *The Arts & Psychotherapy*, Springfield, Illinois : Charles C. Thomas, 1981.

_____, *Educating the Creative Arts Therapist*, Springfield, Illinois : Charles C. Thomas, 1986.

_____, *Fundamental of Art Therapy*, Springfield, Illinois : Charles C. Thomas, 1988.

_____, *Depth Psychology of Art*, Springfield, Illinois : Charles C. Thomas, 1989.

_____, *Art as Medicine*, Boston : Shambhala, 1994.

_____, *Art-Based Research*, London : Jessica Kingsley, 1998.

Miller, A., *Picture of a Childhood*, New York : Farrar, Straus & Giroux, 1986.

Mills, J. C. & Crowley, R., *Therapeutic Metaphors for Children and the Child within*, New York : Brunner, Mazel, 1986.

Moon, B. L., *Essentials of Art Therapy Training & Practice*, Springfield, Illinois : Charles C. Thomas, 1992.

_____, *Introduction to Art Therapy*, Springfield, Illinois : Charles C. Thomas, 1994.

_____, *Art and Soul*, Springfield, Illinois : Charles C. Thomas, 1997.

Moon, P. & Spencer, D. E., "Geometric Formulation of Classical Color Harmony", *Journal of the Optical Society of America*, 1, 1944.

_____, "Area in Color Harmony", *Journal of the Optical Society of America*, 2, 1944.

_____, "Aesthetic Measure Applied to Color Harmony", *Journal of the Optical Society of America*, 4, 1944.

Moore, R. W., *Art Therapy in Mental Health*, Washington : NIMH., 1981.

Morgenthaler, W., *Madness and Art*, Lincoln, Nebraska : Univ. Nebraska Press, 1921~1922.

Mosse E. P., "Color Therapy", *Occupational Therapy and Rehabilitation*, February, 1942.

Moustakas, C., *Psychotherapy with Children*, New York : Harper, 1959.

Munro, Thomas, *Art Education : Its Philosophy and Psychology*, New York : Liberal Arts Press, 1956.

Naevestad, M., *The Colors of Rage & love*, London : Whitefriars Press, 1979.

Naumberg, Margaret, "Children's Art Expressions and War", *Nerv. Child*, 2, pp. 360~373, 1943.

_____, "The Drawing of an Adolescent Girl Suffering from Conversion Hysteria with Amnesia", *Psychiatry Quart.*, 18, pp. 197~224, 1944.

_____, "Studies of the 'Free' Art Expression of Behavior Problem Children in Adolescence as a Means of Diagnosis and Therapy", *Nervous Mental Disorders Monograph*, No. 71, New York : Coolidge Foundation, 1947, (2nd Ed.), An Introduction to Art Therapy, 1973.

_____, *Schizophrenic Art : Its Meaning in Psychotherapy*, New York : Grune & Stratton, Inc., 1950.

Naumburg, Margaret, *Psychoneurotic Art*, New York : Grunne & Stratton, 1953.

_____, *Art Therapy : Its Scope and Function in the Clinical Application of Projective Drawings*, by Hammer, E. F., Springfield, Illinois : Charles C. Thomas, 1958.

_____, *Dynamically Oriented Art Therapy : Its Principles and Practices*, Chicago : Magnolia Street Publishers, 1966.

Nucho, A., *Psychocybernetic Model of Art Therapy*, Springfield, Illinois : Charles C. Thomas, 1987.

Nye, R. D., *Three Psychologies-Perspectives from Freud*, Skinner, and Rogers, (2nd Ed.), Brooks & Cole Pub. Co., 1981.

Palombo, S. R., "Deconstructing the Manifest Dream", *Journal of American Psychoanalysis Association*, 32, pp. 405~420, 1984.

Panter, M., Panter, L., Virshup, E. & Virshup, B., *Creativity and Madness : Psychological Studies of Art & Artists*, Burbank, California : AIMED Press, 1995.

Paraskevas, C. B., *A Structure Approach to Art Therapy Methods*, Elmsford, New York : Collegium Pub, 1979.

Payne, H., (Ed.), *Handbook of Inquiry in the Arts Therapies : One River, Many Currents*, London : Jessica Kingsley, 1994.

Perls, F., *The Gestalt Approach and Eye Witness to Therapy*, New York : Bantam Books, 1973.

Peterson, L. W. & Hardin, M. E., *Children in Distress : A Guide for Screening Children's Art*, New York : W. W. Norton Co., 1997.

Piaget, Jean, & Inhelder, B., *The Child's Conception of Space*, London : Routledge & Kegan Paul, Ltd., 1956.

_____, *The Psychology of the Child*, New York : Basic Books, 1969.

Pick, H. L., *Tactual and Haptic Perception*, In Welsh, R. L., & Blash, B. B., Foundation of Orientation Mobility, New York : A. F. B., 1981.

Pickford, R. W., *Psychology and Visual Aesthetics*, New York : Hutchinson Educational Publisher, 1970.

_____, *Studies in Psychiatric Art*, Springfield, Illinois : Charles C. Thomas, 1997.

Polster, E. & Polster M., *Gestalt Therapy Integrated*, New York : Beunner, Mazel, 1974.

Pratt, A. & Wood, M. J. M., (Eds.), *Art Therapy in Palliative Care*, London : Routledge & Kegan Paul, Ltd., 1998.

Raider, M. & Jessup, B., *Art and Human Value*, Englewood Cliffs, New Jersey : Prentice & Hall, Inc., 1976.

Ranger, S. K., *Expressiveness : Problems of Art*, New York : Charles Scribner's Sons, 1957.

Reinecke, M. A., Dattilio, F. M. & Freeman A., *Cognitive Therapy with Children and Adolescents*, New York : Guilford Press, 2003.

Rhyne, J., *The Gestalt Art Experience*, Monterey, California : Books & Cole Publishing, (2nd Ed., 1995, Chicago :

Magnolia St.), 1973.

Riley, S. & Malchiodi, C., *Integrative Approaches to Family Art Psychotherapy*, Chicago : Magnolia St. Publishers, 1994.

Robbins, A. *Experience Therapy*, New York : Human Science Press, 1980.

_____, *The Artist as Therapy*, New York : Human Science Press, 1987.

_____, *A Multi-Model Approach to Creative Art Therapy*, Bristol, Pennsylvania : Jessica Kingsley, 1994.

Robbins, A. & Sibley, L., *Creative Art Therapy*, New York : Brunner & Mazel Publishers, 1976.

Rogers, C., *Counselling and Psychotherapy*, Boston : Houghton Mifflin, Co., 1942.

_____, *Client-Centered Therapy-Its Current Practice, Implications, and Theory*, Boston : Houghton Mifflin Company, 1951.

_____, "The Necessary and Sufficient Conditions of Therapeutic Personality Change", *Journal of Counselling Psychology*, 21, 1957.

_____, *On Becoming a Person*, Boston : Houghton Mifflin, Co., 1961.

_____, *Freedom to Learn : A View of What Education might Become*, Columbus, Ohio : Charles E. Merrill, 1969.

Rogers, C. & Freiberg, H. J., *Freedom to Learn*, (3rd Ed.), New York : Macmillan & College Pub. Co. 1994.

Rosal, M., *Approaches to Art Therapy with Children*, Burlingame, California : Abbeygate Press, 1996.

Roth, E. A., "Art Therapy with Emotionally Disturbed-Mentally Retarded Children : A Technique of Reality Shaping", In Mandel, B. K., et al., (Eds.), "The Dynamics of Creativity", Baltimore : American Art Therapy Association, pp. 168~172, 1978.

Rubin, J. A., *Child Art Therapy : Understanding & Helping Children Through Art*, (Revised, Ed., 1984), New York : Van Nostrand Reinhold/Wiley, 1978.

_____, *The Art of Art Therapy*, New York : Brunner & Mazel Publishers, 1984.

_____, *A Child Art Therapy : Understanding and Helping Children Grow through Art*, New York : Van Nostrand Reinhold, 1984.

_____, (Ed.), *Approaches to Art Therapy*, New York : Brunner & Mazel Publishers, 1984.

_____, *Art Therapy : An Introduction*, Washington, D. C. : Taylor & Francis, 1999.

Sandle, D., (Ed.), *Development and Diversity : New Applications in Art Therapy*, London : Free Association Books, 1998.

Sarason, S. B., *The Challenge of Art to Psychology*, New Haven, Connecticut : Yale Univ. Press, 1990.

Saul, L., *Technique and Practice of Psychoanalysis*, Philadelphia : Lippincott, J. B., 1958.

_____, *Emotional Maturity*, (3rd Ed.), Philadelphia : Lippincott, Chap, 25, 207, 1971.

_____, *Psychodynamically Based Psychotherapy*, New York : Science House, 1972.

_____, *The Childhood Emotional Pattern : The Key to Personality*, its Disorders and Therapy, New York : Van Nostrand Reinhold, 1977.

Schaverien, J., *The Revealing Image : Analytical Art Psychotherapy in Theory & Practice*, London : Routledge & Kegan Paul, Ltd., 1992.

Schaverien, J. & Killick, K., (Eds.), *Art, Psychotherapy & Psycosis*, New York : Routledge, 1997.

Schilder, P., *The Image & Appearance of the Human Body*, New York : John Wiley & Sons, 1950.

Sechehaye, M., *Symbolic Realization*, New York : International Univ. Press, 1951.

Senior, P. & Croall, J., *Helping to Heal : The Arts in Health Care*, London : Calouste Gulbenkian Foundation, 1993.

Sharf, R. S., (3rd Ed.), *Theories of Psychotherapy and Counselling, Concepts and Cases*, Brooks/Cole, Thomson Leaning, 2004.

Shaw, R. F., *Finger Painting*, Boston : Little & Brown, 1934.

Silver, R., *Developing Cognitive & Creative Skills through Art*, Baltimore, Maryland : Univ. Park Press, 1978.

Silver, R. & Carrion, F., "Using the Silver Drawing Test in school and hospital", *American Journal of Art Therapy*, 30(2), 36~43, 1991.

Silverstone, L., (2nd Ed.), *Art Therapy-the Person-Centered Way*, London : Jessica Kingsley, 1997.

Simon, R., *The Symbolism of Style*, London : Routledge & Kegan Paul, Ltd., 1992.

_____, *Symbolic Images in Art as Therapy*, London : Routledge & Kegan Paul, Ltd., 1997.

Skaife, S. & Huet, V., (Eds.), *Art Psychotherapy Groups*, London : Routledge, 1998.

Spencer, C., *How Art and Music Speak to US*, New York : John Day, 1963.

Spiegelberg, H., *Phenomenology in Psychology and Psychiatry*, Evanston, Illinois : Northwestern Univ. Press, 1972.

Spoerl, D. T., "The Drawing Ability of Mentally Retarded Children", *Journal Genet. Psychology*, 57, pp. 259~278, 1940.

Sproul, Adelaide, *With a Free Hand*, New York : Van Nostrand Reinhold Publishing Co., 1968.

Symonds, P. M., *The Psychology of Parent-Child Relationships*, New York : D. Appleton & Century Crafts, Inc., 1939.

Tarachow, S., *An Introduction to Psychotherapy*, New York : International Univ. Press, 1963.

Thomas, G. V. & Silk, M. J., *An Introduction to the Psychology of Children's Drawings*, New York : New York Univ. Press, 1990.

Thomson, M., *On Art & Therapy*, London : Virago, 1989.

Ude-Pestel, A., *Betty : History & Art of Child in Therapy*, Palo Alto, California : Science & Behavior Boks, 1977.

Ulman, E., "Art Education for the Emotionally Disturbed", *American Journal of Art Therapy*, 17, pp. 13~16, 1977.

Ulman, E., Kramer, E. & Kwiatkowska, H. Y., *Art Therapy in the United States*, Craftsbury Common, Vermont : Art Therapy Publications, 1977.

Ulman, E. & Levy, C., (Eds.), *Art Therapy Viewpoints*, New York : Schocken Press, 1981.

Ursano, R. J., Sonnenberg, S. M. & Lazer, S. G., *Psychodynamic Psychotherapy*, Washington, D. C. : American Psychiatric Press, Inc., 1998.

Virshpu, E., *Right-Brained People in a Left-Brained World*, Los Angeles, California : Art Therapy West, 1978.

Wadeson, H., *Art Psychotherapy*, New York : John Wiley & Sons, 1980.

_____, *The Dynamics of Art Psychotherapy*, New York : John Wiley & Sons, 1987.

Wadeson, H., Durkin, J. & Perach, D., (Eds.), *Advances in Art Therapy*, New York : John Wiley & Sons, 1989.

Waehner, T. S., "Interpretations of Spontaneous Drawings and Paintings", *Genet. Psychology Monograpy*, 33, pp. 3~70, 1946.

Waller, D., *Becoming a Profession : The History of Art Therapy in Britain*, 1940~1982, London : Tavistock, 1991.

_____, *Group Interactive Art Therapy*, New York : Routledge, 1993.

Waller, D. & Gilroy, A., (Eds.), *Art Therapy : A Handbook*, Buckingham, UK. : Open Univ. Press, 1992.

Warren, B., (Ed.), *Using the Creative Arts in Therapy*, (2nd Ed., 1993), 1984.

Weiser, J., *Phototherapy Techniques*, San Francisco, Calfornia : Jossey-Bass, 1993.

Williams, G. H. & Wood, M. M., *Developmental Art Therapy*, Baltimore, Maryland : Univ. Park Press, 1977.

Winner, E., *Invented Worlds : The Psychology of the Arts*, Cambridge, Massachusetts : Harvard Univ. Press, 1982.

Winnicott, D. W., "The Capacity to be Alone", *International Journal of Psycho-Analysis*, 39, pp. 416~420, 1958.

─────────────────, *Therapeutic Consultations in Child Psychiatry*, New York : Basic Books, 1971.

Wolberg, L. R., *The Technique of Psychotherapy*, New York : Grune & Stratton, 1977.

Wysuph, C. L., *Jackson Pollock : Psychoanalytic Drawings*, New York : Horizon, 1970.

Yontef, G. M. & Simkin, J. S., *Gestalt Therapy*, In Corsini, R., (Ed.), Current Psychotherapies, (4th Ed.) Itasca, Illinois : F. E. Peacock, 1989.

Zinker, J., *Creative Process in Gestalt Therapy*, New York : Brunner & Mazel Publishers, 1977.